中国植物
大化石记录
1865—2005

Ⅶ 第Ⅰ—Ⅵ分册
植物属种名
索引

Index of Generic and Specific Names to Volumes Ⅰ—Ⅵ

吴向午 王 冠 / 编

科学技术部科技基础性工作专项
(2013FY113000) 资助

中国科学技术大学出版社

内容简介

本书主要编制"中国植物大化石记录(1865—2005)"第Ⅰ—Ⅵ分册的植物属名索引和种名索引。全书分中文和英文两个部分,共收录属名644个(包括依据中国标本建立的属名179个),种名4265个(包括依据中国标本建立的种名1928个)。

图书在版编目(CIP)数据

第Ⅰ—Ⅵ分册植物属种名索引/吴向午,王冠编.—合肥:中国科学技术大学出版社, 2020.8

(中国植物大化石记录:1865—2005)

ISBN 978-7-312-04862-3

Ⅰ. 第… Ⅱ. ①吴… ②王… Ⅲ. 植物化石—目录索引—中国 Ⅳ. ①Z88 ②Q914.2

中国版本图书馆 CIP 数据核字(2020)第 070448 号

出版	中国科学技术大学出版社
	安徽省合肥市金寨路 96 号
	http://press.ustc.edu.cn
	https://zgkxjsdxcbs.tmall.com
印刷	合肥华苑印刷包装有限公司
发行	中国科学技术大学出版社
经销	全国新华书店
开本	787 mm×1092 mm 1/16
印张	18
插页	1
字数	600 千
版次	2020 年 8 月第 1 版
印次	2020 年 8 月第 1 次印刷
定价	168.00 元

总序

古生物学作为一门研究地质时期生物化石的学科,历来十分重视和依赖化石的记录,古植物学作为古生物学的一个分支,亦是如此。对古植物化石名称的收录和编纂,早在19世纪就已经开始了。在K. M. von Sternberg 于1820年开始在古植物研究中采用林奈双名法不久后,F. Unger 就注意收集和整理植物化石的分类单元名称,并于1845年和1850年分别出版了 *Synopsis Plantarum Fossilium* 和 *Genera et Species Plantarium Fossilium* 两部著作,对古植物学科的发展起了历史性的作用。在这以后,多国古植物学家和相关的机构相继编著了古植物化石记录的相关著作,其中影响较大的先后有:由大英博物馆主持,A. C. Seward 等著名学者在19世纪末20世纪初编著的该馆地质分部收藏的标本目录;荷兰 W. J. Jongmans 和他的后继者 S. J. Dijkstra 等用多年时间编著的 *Fossilium Catalogus II : Plantae*;英国 W. B. Harland 等和 M. J. Benton 先后主编的 *The Fossil Record (Volume 1)* 和 *The Fossil Record (Volume 2)*;美国地质调查所出版的由 H. N. Andrews Jr. 及其继任者 A. D. Watt 和 A. M. Blazer 等编著的 *Index of Generic Names of Fossil Plants*,以及后来由隶属于国际生物科学联合会的国际植物分类学会和美国史密森研究院以这一索引作为基础建立的"Index Nominum Genericorum (ING)"电子版数据库等。这些记录尽管详略不一,但各有特色,都早已成为各国古植物学工作者的共同资源,是他们进行科学研究十分有用的工具。至于地区性、断代的化石记录和单位库存标本的编目等更是不胜枚举:早年 F. H. Knowlton 和 L. F. Ward 以及后来的 R. S. La Motte 等对北美白垩纪和第三纪植物化石的记录,S. Ash 编写的美国西部晚三叠世植物化石名录,荷兰 M. Boersma 和 L. M. Broekmeyer 所编的石炭纪、二叠纪和侏罗纪大化石索引,R. N. Lakhanpal 等编写的印度植物化石目录,S. V. Meyen 的植物化石编录以及 V. A. Vachrameev 的有关苏联中生代孢子植物和裸子植物的索引等。这些资料也都对古植物学成果的交流和学科的发展起到了积极的作用。从上述目录和索引不难看出,编著者分布在一些古植物学比较发达、有关研究论著和专业人员众多的国家或地区。显然,目录和索引的编纂,是学科发展到一定阶段的需要和必然的产物,因而代表了这些国家或地区古植物学研究的学术水平和学科发展的程度。

虽然我国地域广大,植物化石资源十分丰富,但古植物学的发展较晚,直到20世纪50年代以后,才逐渐有较多的人员从事研究和出版论著。随着改革开放的深化,国家对科学日益重视,从20世纪80年代开始,我国古植物学各个方面都发展到了一个新的阶段。研究水平不断提高,研究成果日益增多,不仅迎合了国内有关科研、教学和生产部门的需求,也越来越多地得到了国际同行的重视和引用。一些具有我国特色的研究材料和成果已成为国际同行开展相关研究的重要参考资料。在这样的背景下,我国也开始了植物化石记录的收集和整理工作,同时和国际古植物学协会开展的"Plant Fossil Record (PFR)"项目相互配合,编撰有关著作并筹建了自己的数据库。吴向午研究员在这方面是我国起步最早、做得最多的。早在1993年,他就发表了文章《中国中、新生代大植物化石新属索引(1865—1990)》,出版了专著《中国中生代大植物化石属名记录(1865—1990)》。2006年,他又整理发表了1990年以后的属名记录。刘裕生等(1996)则编制了《中国新生代植物大化石目录》。这些都对学科的交流起到了有益的作用。

由于古植物学内容丰富、资料繁多,要对其进行全面、综合和详细的记录,显然是不可能在短时间内完成的。经过多年的艰苦奋斗,现终能根据资料收集的情况,将中国植物化石记录按照银杏植物、真蕨植物、苏铁植物、松柏植物、被子植物等门类,结合地质时代分别编纂出版。与此同时,还要将收集和编录的资料数据化,不断地充实已经初步建立起来的"中国古生物和地层学专业数据库"和"地球生物多样性数据库(GBDB)"。

"中国植物大化石记录(1865—2005)"丛书的编纂和出版是我国古植物学科发展的一件大事,无疑将为学科的进一步发展提供良好的基础信息,同时也有利于国际交流和信息的综合利用。作为一个长期从事古植物学研究的工作者,我热切期盼该丛书的出版。

前言

在我国,对植物化石的研究有着悠久的历史。最早的文献记载,可追溯到北宋学者沈括(1031—1095)编著的《梦溪笔谈》。在该书第21卷中,详细记述了陕西延州永宁关(今陕西省延安市延川县延水关)的"竹笋"化石[据邓龙华(1976)考辨,可能为似木贼或新芦木髓模]。此文也对古地理、古气候等问题做了阐述。

和现代植物一样,对植物化石的认识、命名和研究离不开双名法。双名法系瑞典探险家和植物学家Carl von Linné于1753年在其巨著《植物种志》(*Species Plantarum*)中创立的用于现代植物的命名法。捷克矿物学家和古植物学家K. M. von Sternberg在1820年开始发表其系列著作《史前植物群》(*Flora der Vorwelt*)时率先把双名法用于化石植物,确定了化石植物名称合格发表的起始点(McNeill等,2006)。因此收录于本丛书的现生属、种名以1753年后(包括1753年)创立的为准,化石属、种名则采用1820年后(包括1820年)创立的名称。用双名法命名中国的植物化石是从美国史密森研究院(Smithsonian Institute)的J. S. Newberry[1865(1867)]撰写的《中国含煤地层化石的描述》(*Description of Fossil Plants from the Chinese Coal-bearing Rocks*)一文开始的,本丛书对数据的采集时限也以这篇文章的发表时间作为起始点。

我国幅员辽阔,各地质时代地层发育齐全,蕴藏着丰富的植物化石资源。新中国成立后,特别是改革开放以来,随着国家建设的需要,尤其是地质勘探、找矿事业以及相关科学研究工作的不断深入,我国古植物学的研究发展到了一个新的阶段,积累了大量的古植物学资料。据不完全统计,1865(1867)—2000年间正式发表的中国古植物大化石文献有2000多篇[周志炎、吴向午(主编),2002];1865(1867)—1990年间发表的用于中国中生代植物大化石的属名有525个(吴向午,1993a);至1993年止,用于中国新生代植物大化石的属名有281个(刘裕生,1996);至2000年,根据中国中、新生代植物大化石建立的属名有154个(吴向午,1993b,2006)。但这些化石资料零散地刊载于浩瀚的国内外文献之中,使古植物学工作者的查找、统计和引用极为不便,而且有许多文献仅以中文或其他文字发表,不利于国内外同行的引用与交流。

为了便于检索、引用和增进学术交流,编者从20世纪80年代开始，在广泛查阅文献和系统采集数据的基础上，把这些分散的资料做了系统编录，并进行了系列出版。如先后出版了《中国中生代大植物化石属名记录（1865－1990）》（吴向午，1993a）、《中国中、新生代大植物化石新属索引（1865－1990）》（吴向午，1993b）和《中国中、新生代大植物化石新属记录（1991－2000）》（吴向午，2006）。这些著作仅涉及属名记录，未收录种名信息，因此编写一部包括属、种名记录的中国植物大化石记录显得非常必要。本丛书主要编录1865－2005年间正式发表的中国中生代植物大化石信息。由于篇幅较大，我们按苔藓植物、石松植物、有节植物、真蕨植物、苏铁植物、银杏植物、松柏植物、被子植物等门类分别编写和出版。

本丛书以种和属为编写的基本单位。科、目等不立专门的记录条目，仅在属的"分类位置"栏中注明。为了便于读者全面地了解植物大化石的有关资料，对模式种（模式标本）并非产自中国的属（种），我们也尽可能做了收录。

属的记录：按拉丁文属名的词序排列。记述内容包括属（属名）的创建者、创建年代、异名表、模式种[现生属不要求，但在"模式种"栏以"（现生属）"形式注明]及分类位置等。

种的记录：在每一个属中首先列出模式种，然后按种名的拉丁文词序排列。记录种（种名）的创建者、创建年代等信息。某些附有"aff.""Cf.""cf.""ex gr.""?"等符号的种名，作为一个独立的分类单元记述，排列在没有此种符号的种名之后。每个属内的未定种（sp.）排列在该属的最后。如果一个属内包含两个或两个以上未定种，则将这些未定种罗列在该属的未定多种（spp.）的名称之下，以发表年代先后为序排列。

种内的每一条记录（或每一块中国标本的记录）均以正式发表的为准；仅有名单，既未描述又未提供图像的，一般不做记录。所记录的内容包括发表年代、作者（或鉴定者）的姓名，文献页码、图版、插图、器官名称，产地、时代、层位等。已发表的同一种内的多个记录（或标本），以文献发表年代先后为序排列；年代相同的则按作者的姓名拼音升序排列。如果同一作者同一年内发表了两篇或两篇以上文献，则在年代后加"a""b"等以示区别。

在属名或种名前标有"△"者，表示此属名或种名是根据中国标本建立的分类单元。凡涉及模式标本信息的记录，均根据原文做了尽可能详细的记述。

为了全面客观地反映我国古植物学研究的基本面貌，本丛书一律按原始文献收录所有属、种和标本的数据，一般不做删舍，不做修改，也不做评论，但尽可能全面地引证和记录后来发表的不同见解和修订意见，尤其对于那些存在较大问题的，包括某些不合格发表的属、种名等做了注释。

《国际植物命名法规》(《维也纳法规》)第36.3条规定:自1996年1月1日起,植物(包括孢粉型)化石名称的合格发表,要求提供拉丁文或英文的特征集要和描述。如果仅用中文发表,属不合格发表[McNeill 等,2006;周志炎,2007;周志炎、梅盛吴(编译),1996;《古植物学简讯》第38期]。为便于读者查证,本记录在收录根据中国标本建立的分类单元时,从1996年起注明原文的发表语种。

为了增进和扩大学术交流,促使国际学术界更好地了解我国古植物学研究现状,所有属、种的记录均分为内容基本相同的中文和英文两个部分。参考文献用英文(或其他西文)列出,其中原文未提供英文(或其他西文)题目的,参考周志炎、吴向午(2002)主编的《中国古植物学(大化石)文献目录(1865-2000)》的翻译格式。

"中国植物大化石记录(1865—2005)"丛书的出版,不仅是古植物学科积累和发展的需要,而且将为进一步了解中国不同类群植物化石在地史时期的多样性演化与辐射以及相关研究提供参考,同时对促进国内外学者在古植物学方面的学术交流也会有诸多益处。

"中国植物大化石记录(1865—2005)"丛书第Ⅰ—Ⅵ分册共记录1865—2005年间正式出版的中国中生代植物大化石属名644个(包括依据中国标本建立的属名179个),种名4265个(包括依据中国标本建立的种名1928个)。第Ⅰ分册《中国苔藓植物和中国中生代石松植物、有节植物大化石记录》共记录属名52个(包括依据中国标本建立的属名16个),种名353个(包括依据中国标本建立的种名169个);第Ⅱ分册《中国中生代真蕨植物大化石记录》共记录属名106个(包括依据中国标本建立的属名34个),种名902个(包括依据中国标本建立的种名400个);第Ⅲ分册《中国中生代苏铁植物大化石记录》共记录属名144个(包括依据中国标本建立的属名52个),种名1315个(包括依据中国标本建立的种名676个);第Ⅳ分册《中国银杏植物大化石记录》共记录属名63个(包括依据中国标本建立的属名14个),种名583个(包括依据中国标本建立的种名240个);第Ⅴ分册《中国中生代松柏植物大化石记录》共记录属名139个(包括依据中国标本建立的属名24个),种名828个(包括依据中国标本建立的种名353个);第Ⅵ分册《中国中生代被子植物大化石记录》共记录属名140个(包括依据中国标本建立的属名39个),种名284个(包括依据中国标本建立的种名90个)。本分册则为第Ⅰ—Ⅵ分册的属名索引和种名索引。

本项工作得到了国家科学技术部科技基础性工作专项(2013FY113000)、国家基础研究发展计划项目(2012CB822003,2006CB700401)、国家自然科学基金项目(No. 41272010)、现代古生物学和地层学国家重点实验室项目(No. 103115)、中国科学院知识创新工程重要方向性项目（ZKZCX2-YW-154）及信息化建设专项（INF105-SDB-1-42），以及中国科学院科技创新交叉团队项目等的联合资助。

本书在编写过程中得到了中国科学院南京地质古生物研究所古植物学与孢粉学研究室主任王军等有关专家和同行的关心与支持，尤其是周志炎院士给予了多方面帮助和鼓励并撰写了总序；南京地质古生物研究所图书馆张小萍和冯曼等协助借阅图书和网上下载文献。此外，本书的顺利编写和出版与杨群所长以及现代古生物学和地层学国家重点实验室戎嘉余院士、沈树忠院士、袁训来主任的关心和帮助是分不开的。编者在此一并致以衷心的感谢。

编　者

目　录

总序 | i

前言 | iii

第1章　属名索引（Ⅰ－Ⅵ分册） | 1

第2章　种名索引（Ⅰ－Ⅵ分册） | 18

GENERAL FOREWORD | 133

INTRODUCTION | 135

Chapter 1　Index of Generic Names（Volumes Ⅰ－Ⅵ） | 141

Chapter 2　Index of Specific Names（Volumes Ⅰ－Ⅵ） | 158

REFERENCES | 271

第1章 属名索引（Ⅰ—Ⅵ分册）

(按中文名称的汉语拼音升序排列,属名后为丛书分册号/中文记录页码/英文记录页码,"△"号示依据中国标本建立的属名)

A

阿措勒叶属 *Arthollia* ·· Ⅵ /6 /123
阿尔贝杉属 *Albertia* ··· Ⅴ /1 /239
爱博拉契蕨属 *Eboracia* ·· Ⅱ /122 /426
爱河羊齿属 *Aipteris* ·· Ⅲ /2 /314
爱斯特拉属 *Estherella* ··· Ⅲ /62 /392
安杜鲁普蕨属 *Amdrupia* ··· Ⅲ /3 /316
桉属 *Eucalyptus* ··· Ⅵ /25 /143

B

八角枫属 *Alangium* ··· Ⅵ /2 /118
巴克兰茎属 *Bucklandia* ·· Ⅲ /22 /341
芭蕉叶属 *Musophyllum* ·· Ⅵ /37 /157
白粉藤属 *Cissus* ·· Ⅵ /16 /134
△白果叶属 *Baiguophyllum* ·· Ⅳ /18 /192
柏木属 *Cupressus* ·· Ⅴ /38 /283
柏型木属 *Cupressinoxylon* ··· Ⅴ /37 /282
柏型枝属 *Cupressinocladus* ··· Ⅴ /32 /276
拜拉属 *Baiera* ··· Ⅳ /3 /171
拜拉属 *Bayera* ·· Ⅳ /19 /192
板栗属 *Castanea* ··· Ⅵ /11 /128
瓣轮叶属 *Lobatannularia* ··· Ⅰ /49 /186
蚌壳蕨属 *Dicksonia* ·· Ⅱ /110 /412
棒状茎属 *Rhabdotocaulon* ·· Ⅲ /175 /543
薄果穗属 *Leptostrobus* ·· Ⅳ /67 /251
鲍斯木属 *Boseoxylon* ·· Ⅲ /22 /340
杯囊蕨属 *Kylikipteris* ··· Ⅱ /146 /455
杯叶属 *Phyllotheca* ·· Ⅰ /69 /213
北极拜拉属 *Arctobaiera* ·· Ⅳ /3 /171

| 北极蕨属 Arctopteris | Ⅱ/10/280 |
| 北极蕨属 Arctopteris | Ⅱ/10/280 |

北极蕨属 Arctopteris ································· Ⅱ/10/280
△北票果属 Beipiaoa ································· Ⅵ/9/125
贝尔瑙蕨属 Bernouillia Heer,1876 ex Seward,1910 ······· Ⅱ/19/292
贝尔瑙蕨属 Bernoullia Heer,1876 ······················ Ⅱ/20/293
贝西亚果属 Baisia ··································· Ⅵ/8/125
本内苏铁果属 Bennetticarpus ·························· Ⅲ/20/338
△本内缘蕨属 Bennetdicotis ··························· Ⅵ/9/126
△本溪羊齿属 Benxipteris ····························· Ⅲ/21/339
篦羽羊齿属 Ctenopteris ······························· Ⅲ/39/363
篦羽叶属 Ctenis ····································· Ⅲ/26/346
△变态鳞木属 Metalepidodendron ······················· Ⅰ/53/191
变态叶属 Aphlebia ··································· Ⅲ/19/337
宾尼亚球果属 Beania ································· Ⅲ/19/337
伯恩第属 Bernettia ·································· Ⅲ/22/340

C

侧羽叶属 Pterophyllum ······························· Ⅲ/139/492
叉叶属 Dicranophyllum ······························· Ⅳ/27/202
叉羽叶属 Ptilozamites ······························· Ⅲ/171/538
查米果属 Zamiostrobus ······························· Ⅲ/235/620
查米亚属 Zamia ····································· Ⅲ/233/617
查米羽叶属 Zamiophyllum ···························· Ⅲ/233/618
檫木属 Sassafras ··································· Ⅵ/57/180
铲叶属 Saportaea ··································· Ⅳ/91/280
长门果穗属 Nagatostrobus ··························· Ⅴ/80/333
△朝阳序属 Chaoyangia ······························· Ⅴ/27/270
△朝阳序属 Chaoyangia ······························· Ⅵ/14/131
△城子河叶属 Chengzihella ··························· Ⅵ/15/132
翅似查米亚属 Pterozamites ·························· Ⅲ/164/528
△垂饰杉属 Stalagma ································ Ⅴ/157/427
茨康叶属 Czekanowskia ······························ Ⅳ/19/193
  茨康叶(瓦氏叶亚属) Czekanowskia (Vachrameevia) ····· Ⅳ/26/201
枞型枝属 Elatocladus ······························· Ⅴ/52/300

D

大芦孢穗属 Macrostachya ···························· Ⅰ/52/191
△大箐羽叶属 Tachingia ····························· Ⅲ/196/570
△大舌羊齿属 Macroglossopteris ····················· Ⅲ/76/409
△大同叶属 Datongophyllum ·························· Ⅳ/26/201
大网羽叶属 Anthrophyopsis ·························· Ⅲ/16/333
大叶带羊齿属 Macrotaeniopteris ····················· Ⅲ/77/409
△大羽羊齿属 Gigantopteris ·························· Ⅲ/64/394
带似查米亚属 Taeniozamites ························· Ⅲ/208/587

带羊齿属 *Taeniopteris*	Ⅲ /196 /571
带叶属 *Doratophyllum*	Ⅲ /57 /386
带状叶属 *Desmiophyllum*	Ⅲ /52 /380
单子叶属 *Monocotylophyllum*	Ⅵ /36 /156
德贝木属 *Debeya*	Ⅵ /20 /138
第聂伯果属 *Borysthenia*	Ⅴ /8 /247
雕鳞杉属 *Glyptolepis*	Ⅴ /69 /322
蝶蕨属 *Weichselia*	Ⅱ /210 /535
△蝶叶属 *Papilionifolium*	Ⅲ /127 /479
丁菲羊齿属 *Thinnfeldia*	Ⅲ /211 /590
顶缺银杏属 *Phylladoderma*	Ⅳ /79 /265
△渡口痕木属 *Dukouphyton*	Ⅲ /62 /392
△渡口叶属 *Dukouphyllum*	Ⅲ /61 /392
△渡口叶属 *Dukouphyllum*	Ⅳ /28 /204
短木属 *Brachyoxylon*	Ⅴ /8 /247
短叶杉属 *Brachyphyllum*	Ⅴ /9 /248
椴叶属 *Tiliaephyllum*	Ⅵ /62 /185
堆囊穗属 *Sorosaccus*	Ⅳ /94 /283
盾形叶属 *Aspidiophyllum*	Ⅵ /7 /124
盾籽属 *Peltaspermum*	Ⅲ /130 /481

E

| 耳羽叶属 *Otozamites* | Ⅲ /114 /460 |
| 二叉羊齿属 *Dicrodium* | Ⅲ /54 /382 |

F

榧属 *Torreya*	Ⅴ /169 /441
△榧型枝属 *Torreyocladus*	Ⅴ /170 /443
费尔干木属 *Ferganodendron*	Ⅰ /45 /183
费尔干杉属 *Ferganiella*	Ⅴ /64 /315
枫杨属 *Pterocarya*	Ⅵ /50 /172
△缝鞘杉属 *Suturovagina*	Ⅴ /162 /433
伏脂杉属 *Voltzia*	Ⅴ /173 /446
△辐叶属 *Radiatifolium*	Ⅳ /87 /274
△副葫芦藓属 *Parafunaria*	Ⅰ /7 /134
△副镰羽叶属 *Paradrepanozamites*	Ⅲ /129 /480
副落羽杉属 *Parataxodium*	Ⅴ /89 /345
△副球果属 *Paraconites*	Ⅴ /89 /344
副苏铁属 *Paracycas*	Ⅲ /128 /479

G

| 盖涅茨杉属 *Geinitzia* | Ⅴ /68 /321 |

△甘肃芦木属 Gansuphyllites	Ⅰ /46 /183
革叶属 Scytophyllum	Ⅲ /185 /556
格伦罗斯杉属 Glenrosa	Ⅴ /68 /321
格子蕨属 Clathropteris	Ⅱ /74 /362
葛伯特蕨属 Goeppertella	Ⅱ /132 /439
根茎蕨属 Rhizomopteris	Ⅱ /174 /490
△根状茎属 Rhizoma	Ⅵ /54 /176
古柏属 Palaeocyparis	Ⅴ /87 /342
古地钱属 Marchantiolites	Ⅰ /4 /130
古尔万果属 Gurvanella	Ⅴ /71 /324
古尔万果属 Gurvanella	Ⅵ /28 /146
△古果属 Archaefructus	Ⅵ /5 /121
古维他叶属 Palaeovittaria	Ⅲ /127 /478
骨碎补属 Davallia	Ⅱ /110 /411
△广西叶属 Guangxiophyllum	Ⅲ /67 /398
鬼灯檠属 Rogersia	Ⅵ /55 /177
桂叶属 Laurophyllum	Ⅵ /32 /151
棍穗属 Gomphostrobus	Ⅴ /71 /323

H

哈定蕨属 Haydenia	Ⅱ /140 /449
△哈勒角籽属 Hallea	Ⅴ /71 /324
哈瑞士羊齿属 Harrisiothecium	Ⅲ /67 /398
△哈瑞士叶属 Tharrisia	Ⅲ /210 /589
哈兹叶属 Hartzia Harris,1935 (non Nikitin,1965)	Ⅳ /64 /247
哈兹叶属 Hartzia Nikitin,1965 (non Harris,1935)	Ⅵ /28 /147
禾草叶属 Graminophyllum	Ⅵ /27 /146
合囊蕨属 Marattia	Ⅱ /149 /459
荷叶蕨属 Hausmannia	Ⅱ /135 /443
荷叶蕨(原始扇状蕨亚属) Hausmannia (Protorhipis)	Ⅱ /137 /446
黑龙江羽叶属 Heilungia	Ⅲ /68 /398
黑三棱属 Sparganium	Ⅵ /60 /183
恒河羊齿属 Gangamopteris	Ⅲ /63 /393
红豆杉属 Taxus	Ⅴ /167 /439
红杉属 Sequoia	Ⅴ /151 /420
厚边羊齿属 Lomatopteris	Ⅲ /76 /408
厚羊齿属 Pachypteris	Ⅲ /124 /475
△湖北叶属 Hubeiophyllum	Ⅲ /69 /400
△湖南木贼属 Hunanoequisetum	Ⅰ /47 /185
槲寄生穗属 Ixostrobus	Ⅳ /65 /248
槲叶属 Dryophyllum	Ⅵ /23 /142
△花穗杉果属 Amentostrobus	Ⅴ /3 /241
△华脉蕨属 Abropteris	Ⅱ /1 /269
△华网蕨属 Areolatophyllum	Ⅱ /12 /283

桦木属 *Betula*	Ⅵ /10 /127
桦木叶属 *Betuliphyllum*	Ⅵ /10 /127
槐叶萍属 *Salvinia*	Ⅱ /178 /496

J

△鸡西叶属 *Jixia*	Ⅵ /29 /148
基尔米亚叶属 *Tyrmia*	Ⅲ /220 /602
△吉林羽叶属 *Chilinia*	Ⅲ /23 /341
脊囊属 *Annalepis*	Ⅰ /12 /140
荚蒾属 *Viburnum*	Ⅵ /66 /190
荚蒾叶属 *Viburniphyllum*	Ⅵ /66 /189
假篦羽叶属 *Pseudoctenis*	Ⅲ /134 /486
△假带羊齿属 *Pseudotaeniopteris*	Ⅲ /138 /492
假丹尼蕨属 *Pseudodanaeopsis*	Ⅲ /138 /491
△假耳蕨属 *Pseudopolystichum*	Ⅱ /169 /484
假拟节柏属 *Pseudofrenelopsis*	Ⅴ /138 /404
假苏铁属 *Pseudocycas*	Ⅲ /137 /490
假托勒利叶属 *Pseudotorellia*	Ⅳ /82 /268
假元叶属 *Pseudoprotophyllum*	Ⅵ /50 /171
尖囊蕨属 *Acitheca*	Ⅱ /5 /274
坚叶杉属 *Pagiophyllum*	Ⅴ /82 /336
△间羽蕨属 *Mixopteris*	Ⅱ /154 /466
△间羽叶属 *Mixophylum*	Ⅲ /79 /412
△江西叶属 *Jiangxifolium*	Ⅱ /143 /452
桨叶属 *Eretmophyllum*	Ⅳ /29 /204
△蛟河蕉羽叶属 *Tsiaohoella*	Ⅲ /219 /601
△蛟河羽叶属 *Tchiaohoella*	Ⅲ /209 /588
蕉带羽叶属 *Nilssoniopteris*	Ⅲ /106 /450
蕉羊齿属 *Compsopteris*	Ⅲ /24 /343
蕉羽叶属 *Nilssonia*	Ⅲ /83 /417
金钱松属 *Pseudolarix*	Ⅴ /141 /408
金松型木属 *Sciadopityoxylon*	Ⅴ /150 /419
△金藤叶属 *Stephanofolium*	Ⅵ /61 /184
金鱼藻属 *Ceratophyllum*	Ⅵ /13 /130
茎干蕨属 *Caulopteris*	Ⅱ /22 /295
△荆门叶属 *Jingmenophyllum*	Ⅲ /71 /403
卷柏属 *Selaginella*	Ⅰ /80 /227
决明属 *Cassia*	Ⅵ /11 /128
蕨属 *Pteridium*	Ⅱ /170 /485

K

卡肯果属 *Karkenia*	Ⅳ /67 /251
科达似查米亚属 *Rhiptozamites*	Ⅲ /177 /546

名称	卷/页/页
克拉松穗属 *Classostrobus*	V /28 /271
克里木属 *Credneria*	VI /18 /136
克鲁克蕨属 *Klukia*	II /144 /453
苦戈维里属 *Culgoweria*	IV /19 /192
△宽甸叶属 *Kuandiania*	III /71 /403
宽叶属 *Euryphyllum*	III /63 /393
奎氏叶属 *Quereuxia*	VI /52 /174
昆栏树属 *Trochodendron*	VI /64 /188

L

名称	卷/页/页
拉发尔蕨属 *Raphaelia*	II /171 /486
拉谷蕨属 *Laccopteris*	II /146 /456
△拉萨木属 *Lhassoxylon*	V /72 /326
△剌蕨属 *Acanthopteris*	II /1 /269
劳达尔特属 *Leuthardtia*	III /75 /407
勒桑茎属 *Lesangeana*	II /147 /457
肋木属 *Pleuromeia*	I /71 /216
类香蒲属 *Typhaera*	VI /65 /188
里白属 *Hicropteris*	II /141 /450
栎属 *Quercus*	VI /51 /173
连蕨属 *Cynepteris*	II /105 /405
△连山草属 *Lianshanus*	VI /33 /152
连香树属 *Cercidiphyllum*	VI /14 /131
莲座蕨属 *Angiopteris*	II /9 /278
镰刀羽叶属 *Drepanozamites*	III /59 /388
镰鳞果属 *Drepanolepis*	V /47 /295
△辽宁缘蕨属 *Liaoningdicotis*	VI /33 /153
△辽宁枝属 *Liaoningocladus*	V /73 /326
△辽西草属 *Liaoxia*	V /74 /327
△辽西草属 *Liaoxia*	VI /34 /153
列斯里叶属 *Lesleya*	III /74 /407
裂鳞果属 *Schizolepis*	V /146 /414
裂脉叶-具刺孢穗属 *Schizoneura-Echinostachys*	I /79 /226
裂脉叶属 *Schizoneura*	I /77 /224
裂叶蕨属 *Lobifolia*	II /148 /458
林德勒枝属 *Lindleycladus*	V /74 /327
鳞毛蕨属 *Dryopteris*	II /120 /424
鳞杉属 *Ullmannia*	V /172 /445
鳞羊齿属 *Lepidopteris*	III /72 /404
△鳞籽属 *Squamocarpus*	V /156 /426
△灵乡叶属 *Lingxiangphyllum*	III /75 /408
菱属 *Trapa*	VI /63 /186
柳杉属 *Cryptomeria*	V /31 /275
柳属 *Salix*	VI /56 /179

柳叶属 *Saliciphyllum* Conwentz, 1886 (non Fontaine, 1889)	Ⅵ	/56 /178
柳叶属 *Saliciphyllum* Fontaine, 1889 (non Conwentz, 1886)	Ⅵ	/56 /178
△六叶属 *Hexaphyllum*	Ⅰ	/47 /184
△龙凤山苔属 *Longfengshania*	Ⅰ	/3 /130
△龙井叶属 *Longjingia*	Ⅵ	/35 /155
△龙蕨属 *Dracopteris*	Ⅱ	/119 /424
芦木属 *Calamites* Suckow, 1784 (non Schlotheim, 1820, nec Brongniart, 1828)	Ⅰ	/18 /148
芦木属 *Calamites* Schlotheim, 1820 (non Brongniart, 1828, nec Suckow, 1784)	Ⅰ	/19 /149
芦木属 *Calamites* Brongniart, 1828 (non Schlotheim, 1820, nec Suckow, 1784)	Ⅰ	/19 /149
卤叶蕨属 *Acrostichopteris*	Ⅱ	/5 /274
鲁福德蕨属 *Ruffordia*	Ⅱ	/176 /492
轮松属 *Cyclopitys*	Ⅴ	/45 /292
轮叶属 *Annularia*	Ⅰ	/15 /144
罗汉松属 *Podocarpus*	Ⅴ	/114 /374
罗汉松型木属 *Podocarpoxylon*	Ⅴ	/113 /374
螺旋蕨属 *Spiropteris*	Ⅱ	/189 /508
螺旋器属 *Spirangium*	Ⅲ	/194 /568
裸籽属 *Allicospermum*	Ⅳ	/1 /169
落登斯基果属 *Nordenskioldia*	Ⅵ	/38 /158
落羽杉属 *Taxodium*	Ⅴ	/166 /438
落羽杉型木属 *Taxodioxylon*	Ⅴ	/165 /437
△吕蕨属 *Luereticopteris*	Ⅱ	/148 /458

M

马甲子属 *Paliurus*	Ⅵ	/40 /160
马克林托叶属 *Macclintockia*	Ⅵ	/35 /155
马斯克松属 *Marskea*	Ⅴ	/78 /331
毛茛果属 *Ranunculaecarpus*	Ⅵ	/52 /174
毛茛属 *Ranunculus*	Ⅵ	/53 /175
△毛茛叶属 *Ranunculophyllum*	Ⅵ	/53 /175
毛羽叶属 *Ptilophyllum*	Ⅲ	/164 /528
毛状叶属 *Trichopitys*	Ⅳ	/115 /309
毛籽属 *Problematospermum*	Ⅴ	/132 /398
米勒尔茎属 *Millerocaulis*	Ⅱ	/154 /465
密锥蕨属 *Thyrsopteris*	Ⅱ	/198 /519
△膜质叶属 *Membranifolia*	Ⅲ	/78 /410
木贼穗属 *Equisetostachys*	Ⅰ	/39 /175
木贼属 *Equisetum*	Ⅰ	/40 /176

N

△那琳壳斗属 *Norinia*	Ⅲ	/113 /459
那氏蕨属 *Nathorstia*	Ⅱ	/154 /466
△南票叶属 *Nanpiaophyllum*	Ⅲ	/79 /412

南蛇藤属 *Celastrus*	⋯⋯	Ⅵ /13 /130
南蛇藤叶属 *Celastrophyllum*	⋯⋯	Ⅵ /12 /129
南洋杉属 *Araucaria*	⋯⋯	Ⅴ /4 /242
南洋杉型木属 *Araucarioxylon*	⋯⋯	Ⅴ /4 /242
△南漳叶属 *Nanzhangophyllum*	⋯⋯	Ⅲ /80 /413
△拟爱博拉契蕨属 *Eboraciopsis*	⋯⋯	Ⅱ /124 /430
△拟安杜鲁普蕨属 *Amdrupiopsis*	⋯⋯	Ⅲ /4 /317
拟安马特衫属 *Ammatopsis*	⋯⋯	Ⅴ /3 /241
△拟瓣轮叶属 *Lobatannulariopsis*	⋯⋯	Ⅰ /50 /188
拟查米蕨属 *Zamiopsis*	⋯⋯	Ⅱ /211 /537
拟翅籽属 *Samaropsis*	⋯⋯	Ⅴ /144 /411
拟刺葵属 *Phoenicopsis*	⋯⋯	Ⅳ /69 /253
拟刺葵（苦果维尔叶亚属）*Phoenicopsis* (*Culgoweria*)	⋯⋯	Ⅳ /76 /262
拟刺葵（拟刺葵亚属）*Phoenicopsis* (*Phoenicopsis*)	⋯⋯	Ⅳ /76 /263
△拟刺葵（斯蒂芬叶亚属）*Phoenicopsis* (*Stephenophyllum*)	⋯⋯	Ⅳ /77 /263
拟刺葵（温德瓦狄叶亚属）*Phoenicopsis* (*Windwardia*)	⋯⋯	Ⅳ /78 /264
拟粗榧属 *Cephalotaxopsis*	⋯⋯	Ⅴ /25 /268
△拟带枝属 *Taeniocladopsis*	⋯⋯	Ⅰ /83 /231
拟丹尼蕨属 *Danaeopsis*	⋯⋯	Ⅱ /105 /406
拟合囊蕨属 *Marattiopsis*	⋯⋯	Ⅱ /151 /462
拟花藓属 *Calymperopsis*	⋯⋯	Ⅰ /1 /127
拟节柏属 *Frenelopsis*	⋯⋯	Ⅴ /67 /319
拟金粉蕨属 *Onychiopsis*	⋯⋯	Ⅱ /155 /467
△拟蕨属 *Pteridiopsis*	⋯⋯	Ⅱ /169 /485
拟轮叶属 *Annulariopsis*	⋯⋯	Ⅰ /15 /144
拟落叶松属 *Laricopsis*	⋯⋯	Ⅴ /72 /325
拟密叶杉属 *Athrotaxopsis*	⋯⋯	Ⅴ /7 /246
△拟片叶苔属 *Riccardiopsis*	⋯⋯	Ⅰ /7 /134
△拟斯托加枝属 *Parastorgaardis*	⋯⋯	Ⅴ /89 /344
拟松属 *Pityites*	⋯⋯	Ⅴ /95 /350
拟无患子属 *Sapindopsis*	⋯⋯	Ⅵ /57 /179
拟叶枝杉属 *Phyllocladopsis*	⋯⋯	Ⅴ /90 /345
拟银杏属 *Ginkgophytopsis*	⋯⋯	Ⅳ /59 /241
△拟掌叶属 *Psygmophyllopsis*	⋯⋯	Ⅳ /83 /270
拟竹柏属 *Nageiopsis*	⋯⋯	Ⅴ /81 /334
拟紫萁属 *Osmundopsis*	⋯⋯	Ⅱ /160 /473

P

帕里西亚杉属 *Palissya*	⋯⋯	Ⅴ /88 /343
帕里西亚杉属 *Palyssia*	⋯⋯	Ⅴ /88 /344
帕利宾蕨属 *Palibiniopteris*	⋯⋯	Ⅱ /161 /474
△潘广叶属 *Pankuangia*	⋯⋯	Ⅲ /127 /478
泡桐属 *Paulownia*	⋯⋯	Ⅵ /40 /161
平藓属 *Neckera*	⋯⋯	Ⅰ /7 /134

苹婆叶属 *Sterculiphyllum*	Ⅵ /61 /184
葡萄叶属 *Vitiphyllum* Nathorst,1888 (non Fontaine,1889)	Ⅵ /67 /191
葡萄叶属 *Vitiphyllum* Fontaine,1889 (non Nathorst,1888)	Ⅵ /68 /191
蒲逊叶属 *Pursongia*	Ⅲ /173 /541
普拉榆属 *Planera*	Ⅵ /42 /162

Q

桤属 *Alnus*	Ⅵ /3 /119
奇脉羊齿属 *Hyrcanopteris*	Ⅲ /69 /401
△奇脉叶属 *Mironeura*	Ⅲ /78 /411
△奇羊齿属 *Aetheopteris*	Ⅲ /1 /313
奇叶杉属 *Aethophyllum*	Ⅴ /1 /239
△奇叶属 *Acthephyllum*	Ⅲ /1 /313
△奇异木属 *Allophyton*	Ⅱ /8 /277
△奇异羊齿属 *Mirabopteris*	Ⅲ /78 /411
奇异蕨属 *Paradoxopteris* Hirmer,1927 (non Mi et Liu,1977)	Ⅱ /161 /475
△奇异羊齿属 *Paradoxopteris* Mi et Liu,1977 (non Hirmer,1927)	Ⅲ /128 /480
△奇异羽叶属 *Thaumatophyllum*	Ⅲ /210 /589
棋盘木属 *Grammaephloios*	Ⅰ /47 /184
青钱柳属 *Cycrocarya*	Ⅵ /20 /138
△琼海叶属 *Qionghaia*	Ⅲ /174 /542
屈囊蕨属 *Gonatosorus*	Ⅱ /134 /441

R

△热河似查米亚属 *Rehezamites*	Ⅲ /174 /542
△日蕨属 *Rireticopteris*	Ⅱ /175 /492
榕属 *Ficus*	Ⅵ /26 /145
榕叶属 *Ficophyllum*	Ⅵ /26 /144

S

萨尼木属 *Sahnioxylon*	Ⅲ /183 /554
萨尼木属 *Sahnioxylon*	Ⅵ /55 /177
三角鳞属 *Deltolepis*	Ⅲ /51 /379
三盔种鳞属 *Tricranolepis*	Ⅴ /171 /444
△三裂穗属 *Tricrananthus*	Ⅴ /171 /443
山菅兰属 *Dianella*	Ⅵ /21 /139
山西枝属 *Shanxicladus*	Ⅱ /180 /498
杉木属 *Cunninhamia*	Ⅴ /32 /276
扇羊齿属 *Rhacopteris*	Ⅲ /175 /543
扇叶属 *Rhipidopsis*	Ⅳ /87 /274
扇状枝属 *Rhipidiocladus*	Ⅴ /141 /408
舌鳞叶属 *Glossotheca*	Ⅲ /65 /396

舌似查米亚属 *Glossozamites*	III /66 /397
舌羊齿属 *Glossopteris*	III /64 /395
舌叶属 *Glossophyllum*	IV /60 /242
蛇葡萄属 *Ampelopsis*	VI /4 /120
△沈括叶属 *Shenkuoia*	VI /59 /181
△沈氏蕨属 *Shenea*	II /180 /498
石果属 *Carpites*	VI /10 /127
石花属 *Antholites*	IV /1 /169
石花属 *Antholithes*	IV /2 /170
石花属 *Antholithus*	IV /2 /170
石松穗属 *Lycostrobus*	I /52 /190
石叶属 *Phyllites*	VI /41 /161
石籽属 *Carpolithes* 或 *Carpolithus*	V /15 /256
史威登堡果属 *Swedenborgia*	V /163 /434
矢部叶属 *Yabeiella*	III /231 /616
△始木兰属 *Archimagnolia*	VI /6 /123
△始拟银杏属 *Primoginkgo*	IV /80 /266
△始水松属 *Eoglyptostrobus*	V /61 /312
△始团扇蕨属 *Eogonocormus* Deng, 1995 (non Deng, 1997)	II /125 /430
△始团扇蕨属 *Eogonocormus* Deng, 1997 (non Deng, 1995)	II /125 /431
△始羽蕨属 *Eogymnocarpium*	II /125 /431
柿属 *Diospyros*	VI /23 /141
匙羊齿属 *Zamiopteris*	III /234 /620
匙叶属 *Noeggerathiopsis*	III /112 /458
书带蕨叶属 *Vittaephyllum*	III /225 /609
梳羽叶属 *Ctenophyllum*	III /37 /361
鼠李属 *Rhamnus*	VI /54 /176
△束脉蕨属 *Symopteris*	II /191 /510
双囊蕨属 *Disorus*	II /119 /423
△双生叶属 *Geminofoliolum*	I /46 /184
双子叶属 *Dicotylophyllum* Saporta, 1894 (non Bandulska, 1923)	VI /21 /139
双子叶属 *Dicotylophyllum* Bandulska, 1923 (non Saporta, 1894)	VI /23 /141
水韭属 *Isoetes*	I /48 /185
水青树属 *Tetracentron*	VI /62 /185
水杉属 *Metasequoia*	V /79 /332
水松属 *Glyptostrobus*	V /70 /323
水松型木属 *Glyptostroboxylon*	V /70 /322
△似八角属 *Illicites*	VI /28 /147
似白粉藤属 *Cissites*	VI /15 /133
△似百合属 *Lilites*	VI /34 /154
似孢子体属 *Sporogonites*	I /8 /135
似蝙蝠葛属 *Menispermites*	VI /36 /155
似侧柏属 *Thuites*	V /168 /440
△似叉苔属 *Metzgerites*	I /5 /131
似查米亚属 *Zamites*	III /235 /621

△似齿囊蕨属 *Odontosorites*	Ⅱ	/155 /467
似翅籽树属 *Pterospermites*	Ⅵ	/50 /172
似枞属 *Elatides*	Ⅴ	/48 /295
似狄翁叶属 *Dioonites*	Ⅲ	/57 /386
似地钱属 *Marchantites*	Ⅰ	/4 /131
似豆属 *Leguminosites*	Ⅵ	/32 /152
△似杜仲属 *Eucommioites*	Ⅵ	/25 /144
似根属 *Radicites*	Ⅰ	/75 /222
△似狗尾草属 *Setarites*	Ⅵ	/58 /181
似管状叶属 *Solenites*	Ⅳ	/93 /281
似果穗属 *Strobilites*	Ⅴ	/160 /430
似红豆杉属 *Taxites*	Ⅴ	/165 /437
似胡桃属 *Juglandites*	Ⅵ	/30 /149
△似画眉草属 *Eragrosites*	Ⅴ	/64 /315
△似画眉草属 *Eragrosites*	Ⅵ	/24 /142
△似金星蕨属 *Thelypterites*	Ⅱ	/197 /519
△似茎状地衣属 *Foliosites*	Ⅰ	/1 /127
似卷柏属 *Selaginellites*	Ⅰ	/80 /227
△似卷囊蕨属 *Speirocarpites*	Ⅱ	/181 /498
△似克鲁克蕨属 *Klukiopsis*	Ⅱ	/145 /455
似昆栏树属 *Trochodendroides*	Ⅵ	/63 /187
△似兰属 *Orchidites*	Ⅵ	/39 /159
似里白属 *Gleichenites*	Ⅱ	/126 /432
似蓼属 *Polygonites* Saporta,1865 (non Wu S Q,1999)	Ⅵ	/44 /165
△似蓼属 *Polygonites* Wu S Q,1999 (non Saporta,1865)	Ⅵ	/45 /165
似鳞毛蕨属 *Dryopterites*	Ⅱ	/120 /424
似罗汉松属 *Podocarpites*	Ⅴ	/112 /372
似麻黄属 *Ephedrites*	Ⅴ	/62 /313
似密叶杉属 *Athrotaxites*	Ⅴ	/6 /245
似膜蕨属 *Hymenophyllites*	Ⅱ	/141 /450
△似木麻黄属 *Casuarinites*	Ⅵ	/12 /129
似木贼属 *Equisetites*	Ⅰ	/19 /149
△似南五味子属 *Kadsurrites*	Ⅵ	/31 /151
似南洋杉属 *Araucarites*	Ⅴ	/5 /244
似葡萄果穗属 *Staphidiophora*	Ⅳ	/110 /302
似桤属 *Alnites* Hisinger,1837 (non Deane,1902)	Ⅵ	/2 /118
似桤属 *Alnites* Deane,1902 (non Hisinger,1837)	Ⅵ	/2 /118
△似槭树属 *Acerites*	Ⅵ	/1 /117
似球果属 *Conites*	Ⅴ	/29 /272
似莎草属 *Cyperacites*	Ⅵ	/20 /138
似石松属 *Lycopodites*	Ⅰ	/50 /188
似鼠李属 *Rhamnites*	Ⅵ	/53 /175
似水韭属 *Isoetites*	Ⅰ	/48 /186
似水龙骨属 *Polypodites*	Ⅱ	/168 /484
似睡莲属 *Nymphaeites*	Ⅵ	/38 /158

似丝兰属 Yuccites Martius,1822 (non Schimper et Mougeot,1844)	Ⅴ/179/453
似丝兰属 Yuccites Schimper et Mougeot,1844 (non Martius,1822)	Ⅴ/179/453
似松柏属 Coniferites	Ⅴ/28/271
似松属 Pinites	Ⅴ/93/349
似苏铁属 Cycadites Sternberg,1825 (non Buckland,1836)	Ⅲ/46/372
似苏铁属 Cycadites Buckland,1836 (non Sternberg,1825)	Ⅲ/47/373
似苔属 Hepaticites	Ⅰ/2/128
△似提灯藓属 Mnioites	Ⅰ/5/132
似铁线蕨属 Adiantopteris	Ⅱ/6/276
△似铁线莲叶属 Clematites	Ⅵ/17/134
似托第蕨属 Todites	Ⅱ/198/520
△似乌头属 Aconitites	Ⅵ/1/117
似藓属 Muscites	Ⅰ/6/133
似杨属 Populites Viviani,1833 (non Goeppert,1852)	Ⅵ/45/166
似杨属 Populites Goeppert,1852 (non Viviani,1833)	Ⅵ/45/166
似叶状体属 Thallites	Ⅰ/8/136
△似阴地蕨属 Botrychites	Ⅱ/22/295
似银杏属 Ginkgoites	Ⅳ/43/221
似银杏枝属 Ginkgoitocladus	Ⅳ/57/239
△似雨蕨属 Gymnogrammitites	Ⅱ/135/443
△似圆柏属 Sabinites	Ⅴ/143/410
△似远志属 Polygatites	Ⅵ/44/165
似榛属 Corylites	Ⅵ/17/135
斯蒂芬叶属 Stephenophyllum	Ⅳ/113/307
斯卡伯格穗属 Scarburgia	Ⅴ/145/413
斯科勒斯比叶属 Scoresbya	Ⅲ/184/554
斯托加叶属 Storgaardia	Ⅴ/158/428
松柏茎属 Coniferocaulon	Ⅴ/29/272
松木属 Pinoxylon	Ⅴ/94/349
松属 Pinus	Ⅴ/94/350
松型果鳞属 Pityolepis	Ⅴ/98/355
松型果属 Pityostrobus	Ⅴ/110/370
松型木属 Pityoxylon	Ⅴ/112/372
松型叶属 Pityophyllum	Ⅴ/101/359
松型枝属 Pityocladus	Ⅴ/95/351
松型子属 Pityospermum	Ⅴ/107/367
楤木属 Aralia	Ⅵ/4/120
楤木叶属 Araliaephyllum	Ⅵ/4/121
苏格兰木属 Scotoxylon	Ⅴ/151/420
苏铁鳞片属 Cycadolepis	Ⅲ/47/374
△苏铁鳞叶属 Cycadolepophyllum	Ⅲ/50/377
苏铁杉属 Podozamites	Ⅴ/114/375
△苏铁缘蕨属 Cycadicotis	Ⅲ/45/371
△苏铁缘蕨属 Cycadicotis	Ⅵ/19/137
苏铁掌苞属 Cycadospadix	Ⅲ/50/378

穗蕨属 Stachypteris	Ⅱ /190 /509
穗杉属 Stachyotaxus	Ⅴ /157 /426
△穗藓属 Stachybryolites	Ⅰ /8 /135
桫椤属 Cyathea	Ⅱ /105 /405

T

台座木属 Dadoxylon	Ⅴ /47 /294
△太平场蕨属 Taipingchangella	Ⅱ /192 /512
桃金娘叶属 Myrtophyllum	Ⅵ /37 /157
特西蕨属 Tersiella	Ⅲ /209 /588
蹄盖蕨属 Athyrium	Ⅱ /17 /289
△天石枝属 Tianshia	Ⅳ /114 /308
△条叶属 Vittifoliolum	Ⅳ /116 /310
铁角蕨属 Asplenium	Ⅱ /13 /283
铁杉属 Tsuga	Ⅴ /172 /444
铁线蕨属 Adiantum	Ⅱ /7 /277
△铜川叶属 Tongchuanophyllum	Ⅲ /218 /599
图阿尔蕨属 Tuarella	Ⅱ /209 /535
△托克逊蕨属 Toksunopteris	Ⅱ /209 /534
托勒利叶属 Torellia	Ⅳ /114 /308
托列茨果属 Toretzia	Ⅳ /115 /308
托马斯枝属 Thomasiocladus	Ⅴ /168 /440

W

瓦德克勒果属 Vardekloeftia	Ⅲ /224 /608
△网格蕨属 Reteophlebis	Ⅱ /173 /489
网叶蕨属 Dictyophyllum	Ⅱ /112 /414
网羽叶属 Dictyozamites	Ⅲ /57 /386
威尔斯穗属 Willsiostrobus	Ⅴ /175 /448
威廉姆逊尼花属 Williamsonia	Ⅲ /227 /610
韦尔奇花属 Weltrichia	Ⅲ /226 /609
维特米亚叶属 Vitimia	Ⅲ /225 /608
尾果穗属 Ourostrobus	Ⅴ /81 /335
乌拉尔叶属 Uralophyllum	Ⅲ /224 /607
乌马果鳞属 Umaltolepis	Ⅳ /115 /309
乌斯卡特藓属 Uskatia	Ⅰ /11 /139
乌苏里枝属 Ussuriocladus	Ⅴ /172 /445
五味子属 Schisandra	Ⅵ /58 /181

X

| 西沃德杉属 Sewardiodendron | Ⅴ /153 /422 |
| 希默尔杉属 Hirmerella | Ⅴ /72 /325 |

△细毛蕨属 Ciliatopteris	Ⅱ /25 /299
狭羊齿属 Stenopteris	Ⅲ /194 /568
狭轴穗属 Stenorhachis	Ⅳ /110 /303
△夏家街蕨属 Xiajiajienia	Ⅱ /210 /536
香南属 Nectandra	Ⅵ /38 /158
香蒲属 Typha	Ⅵ /65 /188
△香溪叶属 Hsiangchiphyllum	Ⅲ /68 /399
小果穗属 Stachyopitys	Ⅳ /109 /302
△小蛟河蕨属 Chiaohoella	Ⅱ /23 /296
小威廉姆逊尼花属 Williamsoniella	Ⅲ /228 /612
小楔叶属 Sphenarion	Ⅳ /94 /283
楔拜拉属 Sphenobaiera	Ⅳ /96 /286
楔鳞杉属 Sphenolepis	Ⅴ /154 /423
楔羊齿属 Sphenopteris	Ⅱ /182 /499
△楔叶拜拉花属 Sphenobaieroanthus	Ⅳ /108 /301
△楔叶拜拉枝属 Sphenobaierocladus	Ⅳ /109 /302
楔叶属 Sphenophyllum	Ⅰ /83 /230
楔羽叶属 Sphenozamites	Ⅲ /191 /565
心籽属 Cardiocarpus	Ⅴ /15 /255
△新孢穗属 Neostachya	Ⅰ /68 /213
新查米亚属 Neozamites	Ⅲ /80 /413
△新疆蕨属 Xinjiangopteris Wu S Z,1983 (non Wu S Q et Zhou,1986)	Ⅱ /211 /536
△新疆蕨属 Xinjiangopteris Wu S Q et Zhou,1986 (non Wu S Z,1983)	Ⅱ /211 /537
△新龙叶属 Xinlongia	Ⅲ /230 /614
△新龙羽叶属 Xinlongophyllum	Ⅲ /231 /615
新芦木属 Neocalamites	Ⅰ /54 /193
新芦木穗属 Neocalamostachys	Ⅰ /68 /212
△新轮叶属 Neoannularia	Ⅰ /53 /192
星囊蕨属 Asterotheca	Ⅱ /14 /285
△星学花序属 Xingxueina	Ⅵ /68 /192
△星学叶属 Xingxuephyllum	Ⅵ /69 /193
△兴安叶属 Xinganphyllum	Ⅲ /230 /614
雄球果属 Androstrobus	Ⅲ /5 /318
雄球穗属 Masculostrobus	Ⅴ /78 /332
袖套杉属 Manica	Ⅴ /75 /328
△袖套杉(袖套杉亚属) Manica (Manica)	Ⅴ /76 /330
△袖套杉(长岭杉亚属) Manica (Chanlingia)	Ⅴ /76 /329
悬铃木属 Platanus	Ⅵ /42 /163
悬铃木叶属 Platanophyllum	Ⅵ /42 /162
悬羽羊齿属 Crematopteris	Ⅲ /25 /345
雪松型木属 Cedroxylon	Ⅴ /25 /268

Y

△牙羊齿属 Dentopteris	Ⅲ /52 /379

崖柏属 *Thuja*	Ⅴ /169 /441
△雅观木属 *Perisemoxylon*	Ⅲ /131 /483
△雅蕨属 *Pavoniopteris*	Ⅱ /162 /475
雅库蒂蕨属 *Jacutopteris*	Ⅱ /142 /451
雅库蒂羽叶属 *Jacutiella*	Ⅲ /71 /402
△亚洲叶属 *Asiatifolium*	Ⅵ /7 /123
△延吉叶属 *Yanjiphyllum*	Ⅵ /69 /193
眼子菜属 *Potamogeton*	Ⅵ /47 /168
△燕辽杉属 *Yanliaoa*	Ⅴ /179 /453
△羊齿缘蕨属 *Filicidicotis*	Ⅵ /27 /146
羊蹄甲属 *Bauhinia*	Ⅵ /8 /125
杨属 *Populus*	Ⅵ /46 /167
△耶氏蕨属 *Jaenschea*	Ⅱ /143 /452
叶枝杉型木属 *Phyllocladoxylon*	Ⅴ /90 /346
伊仑尼亚属 *Erenia*	Ⅵ /24 /143
△疑麻黄属 *Amphiephedra*	Ⅴ /3 /242
△义马果属 *Yimaia*	Ⅳ /118 /312
△义县叶属 *Yixianophyllum*	Ⅲ /232 /617
△异麻黄属 *Alloephedra*	Ⅴ /2 /241
异脉蕨属 *Phlebopteris*	Ⅱ /164 /477
异木属 *Xenoxylon*	Ⅴ /176 /450
异形羊齿属 *Anomopteris*	Ⅱ /9 /279
异叶蕨属 *Thaumatopteris*	Ⅱ /192 /512
△异叶属 *Pseudorhipidopsis*	Ⅳ /81 /267
异羽叶属 *Anomozamites*	Ⅲ /6 /319
银杏木属 *Ginkgophyton* Matthew,1910 (non Zalessky,1918)	Ⅳ /58 /240
银杏木属 *Ginkgophyton* Zalessky,1918 (non Matthew,1910)	Ⅳ /58 /240
银杏属 *Ginkgo*	Ⅳ /30 /206
银杏型木属 *Ginkgoxylon*	Ⅳ /60 /242
银杏叶属 *Ginkgophyllum*	Ⅳ /57 /239
隐脉穗属 *Ruehleostachys*	Ⅴ /143 /410
硬蕨属 *Scleropteris* Saporta,1872 (non Andrews,1942)	Ⅱ /179 /496
硬蕨属 *Scleropteris* Andrews,1942 (non Saporta,1872)	Ⅱ /180 /497
△永仁叶属 *Yungjenophyllum*	Ⅲ /232 /617
鱼网叶属 *Sagenopteris*	Ⅲ /177 /546
榆叶属 *Ulmiphyllum*	Ⅵ /65 /189
元叶属 *Protophyllum*	Ⅵ /47 /168
原始柏型木属 *Protocupressinoxylon*	Ⅴ /133 /399
△原始金松型木属 *Protosciadopityoxylon*	Ⅴ /137 /403
原始罗汉松型木属 *Protopodocarpoxylon*	Ⅴ /136 /402
原始落羽杉型木属 *Prototaxodioxylon*	Ⅴ /138 /404
原始鸟毛蕨属 *Protoblechnum*	Ⅲ /132 /484
△原始水松型木属 *Protoglyptostroboxylon*	Ⅴ /134 /399

原始雪松型木属 *Protocedroxylon*	Ⅴ /132 /398
原始叶枝杉型木属 *Protophyllocladoxylon*	Ⅴ /134 /400
原始银杏型木属 *Protoginkgoxylon*	Ⅳ /80 /266
原始云杉型木属 *Protopiceoxylon*	Ⅴ /135 /401
圆异叶属 *Cyclopteris*	Ⅲ /51 /378
云杉属 *Picea*	Ⅴ /92 /347
云杉型木属 *Piceoxylon*	Ⅴ /92 /348

Z

枣属 *Zizyphus*	Ⅵ /70 /194
△贼木属 *Phoroxylon*	Ⅲ /131 /483
△窄叶属 *Angustiphyllum*	Ⅲ /6 /319
樟树属 *Cinnamomum*	Ⅵ /15 /133
掌叶属 *Psygmophyllum*	Ⅳ /84 /270
掌状蕨属 *Chiropteris*	Ⅱ /24 /298
针叶羊齿属 *Rhaphidopteris*	Ⅲ /176 /544
珍珠梅属 *Sorbaria*	Ⅵ /60 /183
榛属 *Corylus*	Ⅵ /18 /136
榛叶属 *Corylopsiphyllum*	Ⅵ /18 /135
△郑氏叶属 *Zhengia*	Ⅵ /70 /193
枝脉蕨属 *Cladophlebis*	Ⅱ /26 /300
枝羽叶属 *Ctenozamites*	Ⅲ /40 /365
栉羊齿属 *Pecopteris*	Ⅱ /162 /476
△中国篦羽叶属 *Sinoctenis*	Ⅲ /187 /558
△中国似查米亚属 *Sinozamites*	Ⅲ /190 /563
△中国叶属 *Sinophyllum*	Ⅳ /92 /281
△中华古果属 *Sinocarpus*	Ⅵ /59 /182
△中华缘蕨属 *Sinodicotis*	Ⅵ /60 /183
△中间苏铁属 *Mediocycas*	Ⅲ /77 /410
柊叶属 *Phrynium*	Ⅵ /41 /161
皱囊蕨属 *Ptychocarpus*	Ⅱ /170 /486
△侏罗木兰属 *Juramagnolia*	Ⅵ /31 /150
△侏罗缘蕨属 *Juradicotis*	Ⅵ /30 /149
锥叶蕨属 *Coniopteris*	Ⅱ /81 /373
△准爱河羊齿属 *Aipteridium*	Ⅲ /1 /314
准柏属 *Cyparissidium*	Ⅴ /45 /293
准莲座蕨属 *Angiopteridium*	Ⅱ /8 /278
准马通蕨属 *Matonidium*	Ⅱ /153 /465
准脉羊齿属 *Neuropteridium*	Ⅲ /82 /415
准苏铁杉果属 *Cycadocarpidium*	Ⅴ /38 /284
准条蕨属 *Oleandridium*	Ⅲ /113 /459
准楔鳞杉属 *Sphenolepidium*	Ⅴ /153 /422

准银杏属 *Ginkgodium*	Ⅳ /41 /219
准银杏属 *Ginkgoidium*	Ⅳ /42 /220
△准枝脉蕨属 *Cladophlebidium*	Ⅱ /26 /300
紫萁属 *Osmunda*	Ⅱ /158 /471
紫萁座莲属 *Osmundacaulis*	Ⅱ /159 /473
紫杉型木属 *Taxoxylon*	Ⅴ /167 /439
棕榈叶属 *Amesoneuron*	Ⅵ /3 /119
纵裂蕨属 *Rhinipteris*	Ⅱ /174 /490
酢浆草属 *Oxalis*	Ⅵ /40 /160

第 2 章 种名索引（Ⅰ—Ⅵ分册）

(按中文名称的汉语拼音升序排列,属名或种名后为丛书分册号/中文记录页码/英文记录页码,"△"号示依据中国标本建立的属名或种名)

A

阿措勒叶属 *Arthollia* ··· Ⅵ /6 /123
    太平洋阿措勒叶 *Arthollia pacifica* ·· Ⅵ /6 /123
    △中国阿措勒叶 *Arthollia sinenis* ··· Ⅵ /7 /123
阿尔贝杉属 *Albertia* ··· Ⅴ /1 /239
    华丽阿尔贝杉 *Albertia speciosa* ··· Ⅴ /2 /240
    华丽阿尔贝杉(比较种) *Albertia* cf. *speciosa* ·· Ⅴ /2 /240
    阔叶阿尔贝杉 *Albertia latifolia* ·· Ⅴ /1 /240
    阔叶阿尔贝杉(比较种) *Albertia* cf. *latifolia* ·· Ⅴ /2 /240
    椭圆阿尔贝杉 *Albertia elliptica* ·· Ⅴ /2 /240
    阿尔贝杉(未定多种) *Albertia* spp. ·· Ⅴ /2 /240
    阿尔贝杉?(未定种) *Albertia*? sp. ··· Ⅴ /2 /241
爱博拉契蕨属 *Eboracia* ·· Ⅱ /122 /426
    △较大爱博拉契蕨 *Eboracia major* ··· Ⅱ /124 /429
    △康苏爱博拉契蕨 *Eboracia kansuensis* ·· Ⅱ /124 /429
    裂叶爱博拉契蕨 *Eboracia lobifolia* ·· Ⅱ /122 /427
    裂叶爱博拉契蕨(比较种) *Eboracia* cf. *lobifolia* ··· Ⅱ /124 /429
    裂叶爱博拉契蕨(比较属种) Cf. *Eboracia lobifolia* ·· Ⅱ /124 /429
    △同形爱博拉契蕨 *Eboracia uniforma* ··· Ⅱ /124 /430
    △永仁爱博拉契蕨 *Eboracia yungjenensis* ··· Ⅱ /124 /430
爱河羊齿属 *Aipteris* ··· Ⅲ /2 /314
    灿烂爱河羊齿 *Aipteris speciosa* ·· Ⅲ /2 /315
    合脉爱河羊齿 *Aipteris nervicon fluens* ·· Ⅲ /2 /315
    △卵圆形爱河羊齿 *Aipteris obovata* ··· Ⅲ /3 /315
    △陕西爱河羊齿 *Aipteris shensiensis* ··· Ⅲ /3 /315
    △五字湾爱河羊齿 *Aipteris wuziwanensis* Chow et Huang,1976
        (non Huang et Chow,1980) ·· Ⅲ /3 /315
    △五字湾爱河羊齿 *Aipteris wuziwanensis* Huang et Chow,1980
        (non Chow et Huang,1976) ·· Ⅲ /3 /315
    五字湾"爱河羊齿"(比较种) "*Aipteris*" cf. *wuziwanensis* ·· Ⅲ /3 /315

爱河羊齿(未定种) *Aipteris* sp.	Ⅲ /3 /316
爱斯特拉属 *Estherella*	Ⅲ /62 /392
细小爱斯特拉 *Estherella gracilis*	Ⅲ /62 /393
△纤细爱斯特拉 *Estherella delicatula*	Ⅲ /62 /393
安杜鲁普蕨属 *Amdrupia*	Ⅲ /3 /316
△广元? 安杜鲁普蕨 *Amdrupia? kwangyuanensis*	Ⅲ /4 /317
△喀什安杜鲁普蕨 *Amdrupia kashiensis*	Ⅲ /4 /316
狭形安杜鲁普蕨 *Amdrupia stenodonta*	Ⅲ /3 /316
△楔羊齿型安杜鲁普蕨 *Amdrupia sphenopteroides*	Ⅲ /4 /317
楔羊齿型安杜鲁普蕨(比较属种) Cf. *Amdrupia sphenopteroides*	Ⅲ /4 /317
△枝脉蕨型? 安杜鲁普蕨 *Amdrupia? cladophleboides*	Ⅲ /4 /316
安杜鲁普蕨(未定种) *Amdrupia* sp.	Ⅲ /4 /317
安杜鲁普蕨?(未定多种) *Amdrupia?* spp.	Ⅲ /4 /317
桉属 *Eucalyptus*	Ⅵ /25 /143
盖氏桉 *Eucalyptus geinitzii*	Ⅵ /25 /143
△矩圆桉 *Eucalyptus oblongifolia*	Ⅵ /25 /144
狭叶桉 *Eucalyptus angusta*	Ⅵ /25 /143
桉(未定种) *Eucalyptus* sp.	Ⅵ /25 /144

B

八角枫属 *Alangium*	Ⅵ /2 /118
△费家街八角枫 *Alangium feijiajieense*	Ⅵ /2 /118
八角枫?(未定种) *Alangium?* sp.	Ⅵ /2 /118
巴克兰茎属 *Bucklandia*	Ⅲ /22 /341
△北票巴克兰茎 *Bucklandia beipiaoensis*	Ⅲ /23 /341
△极小巴克兰茎 *Bucklandia minima*	Ⅲ /23 /341
异型巴克兰茎 *Bucklandia anomala*	Ⅲ /22 /341
巴克兰茎(未定种) *Bucklandia* sp.	Ⅲ /23 /341
芭蕉叶属 *Musophyllum*	Ⅵ /37 /157
截形芭蕉叶 *Musophyllum truncatum*	Ⅵ /37 /157
芭蕉叶(未定种) *Musophyllum* sp.	Ⅵ /37 /157
白粉藤属 *Cissus*	Ⅵ /16 /134
边缘白粉藤 *Cissus marginata*	Ⅵ /16 /134
△白果叶属 *Baiguophyllum*	Ⅳ /18 /192
△利剑白果叶 *Baiguophyllum lijianum*	Ⅳ /18 /192
柏木属 *Cupressus*	Ⅴ /38 /283
? 柏木(未定种) ? *Cupressus* sp.	Ⅴ /38 /283
柏型木属 *Cupressinoxylon*	Ⅴ /37 /282
△宝密桥柏型木 *Cupressinoxylon baomiqiaoense*	Ⅴ /37 /282
△辅仁柏型木 *Cupressinoxylon fujeni*	Ⅴ /37 /282
△含山柏型木 *Cupressinoxylon hanshanense*	Ⅴ /37 /283
△嘉荫柏型木 *Cupressinoxylon jiayinense*	Ⅴ /37 /283
亚等形柏型木 *Cupressinoxylon subaequale*	Ⅴ /37 /282
柏型木(未定多种) *Cupressinoxylon* spp.	Ⅴ /37 /283

?柏型木（未定种）?*Cupressinoxylon* sp. Ⅴ/38/283
柏型木?（未定种）*Cupressinoxylon*? sp. Ⅴ/38/283
柏型枝属 *Cupressinocladus* Ⅴ/32/276
 △粗枝柏型枝 *Cupressinocladus crassirameus* Ⅴ/32/276
 △钝圆柏型枝 *Cupressinocladus obtusirotundus* Ⅴ/35/280
 △缝鞘杉型柏型枝 *Cupressinocladus suturovaginoides* Ⅴ/36/281
 △海丰柏型枝 *Cupressinocladus haifengensis* Ⅴ/34/279
 △含山柏型枝 *Cupressinocladus hanshanensis* Ⅴ/34/279
 △黄家坞柏型枝 *Cupressinocladus huangjiawuensis* Ⅴ/34/279
 △简单柏型枝 *Cupressinocladus simplex* Ⅴ/35/281
 △莱阳柏型枝 *Cupressinocladus laiyangensis* Ⅴ/34/279
 莱阳柏型枝（比较种）*Cupressinocladus* cf. *laiyangensis* Ⅴ/35/280
 △劳村柏型枝 *Cupressinocladus laocunensis* Ⅴ/35/280
 △李氏柏型枝 *Cupressinocladus lii* Ⅴ/35/280
 △灵乡柏型枝 *Cupressinocladus lingxiangensis* Ⅴ/35/280
 柳型柏型枝 *Cupressinocladus salicornoides* Ⅴ/32/276
 △卵形柏型枝 *Cupressinocladus ovatus* Ⅴ/35/280
 △美丽柏型枝 *Cupressinocladus speciosus* Ⅴ/36/281
 △美形柏型枝 *Cupressinocladus pulchelliformis* Ⅴ/35/280
 美形柏型枝（比较种）*Cupressinocladus* cf. *pulchelliformis* Ⅴ/35/281
 △石壁柏型枝 *Cupressinocladus shibiense* Ⅴ/35/281
 △细小柏型枝 *Cupressinocladus gracilis* Ⅴ/33/278
 细小柏型枝（比较种）*Cupressinocladus* cf. *gracilis* Ⅴ/34/279
 细小柏型枝（比较属种）Cf. *Cupressinocladus gracilis* Ⅴ/34/279
 △肖楠柏型枝 *Cupressinocladus calocedruformis* Ⅴ/32/276
 △雅致柏型枝 *Cupressinocladus elegans* Ⅴ/33/277
 雅致柏型枝（比较种）*Cupressinocladus* cf. *elegans* Ⅴ/33/278
 △异叶柏型枝 *Cupressinocladus heterphyllus* Ⅴ/34/279
 柏型枝（未定多种）*Cupressinocladus* spp. Ⅴ/36/281
 柏型枝?（未定多种）*Cupressinocladus*? spp. Ⅴ/36/282
拜拉属 *Baiera* Ⅳ/3/171
 阿涅特拜拉 *Baiera ahnertii* Ⅳ/4/172
 阿涅特拜拉（比较种）*Baiera* cf. *ahnertii* Ⅳ/4/172
 △巴列伊拜拉 *Baiera balejensis* Ⅳ/5/173
 △白田坝拜拉 *Baiera baitianbaensis* Ⅳ/5/173
 △北方拜拉 *Baiera borealis* Ⅳ/5/174
 △不对称拜拉 *Baiera asymmetrica* Ⅳ/5/173
 叉状拜拉 *Baiera furcata* Ⅳ/7/176
 叉状拜拉（比较种）*Baiera* cf. *furcata* Ⅳ/8/178
 叉状拜拉（比较属种）Cf. *Baiera furcata* Ⅳ/8/178
 长叶拜拉 *Baiera longifolia* Ⅳ/11/182
 长叶拜拉（比较种）*Baiera* cf. *longifolia* Ⅳ/11/182
 茨康诺斯基拜拉 *Baiera czekanowskiana* Ⅳ/6/175
 △刺拜拉 *Baiera spinosa* Ⅳ/15/187
 △东北拜拉 *Baiera manchurica* Ⅳ/12/183

△东方拜拉 *Baiera orientalis*	IV /14/186
△东巩拜拉 *Baiera donggongensis*	IV /6/175
△多裂拜拉 *Baiera multipartita*	IV /14/185
多裂拜拉(比较种) *Baiera* cf. *multipartita*	IV /14/186
多型拜拉 *Baiera polymorpha*	IV /15/187
菲利蒲斯拜拉 *Baiera phillipsi*	IV /15/187
菲利蒲斯拜拉(比较种) *Baiera* cf. *phillipsi*	IV /15/187
△赫勒拜拉 *Baiera hallei*	IV /10/181
赫勒拜拉(比较种) *Baiera* cf. *hallei*	IV /11/181
△厚叶拜拉 *Baiera crassifolia*	IV /6/175
△黄氏拜拉 *Baiera huangi*	IV /11/181
基尔豪马特拜拉 *Baiera guilhaumati*	IV /10/180
基尔豪马特拜拉(比较种) *Baiera* cf. *guilhaumati*	IV /10/181
极小拜拉 *Baiera minuta*	IV /13/184
极小拜拉(比较属种) *Baiera* cf. *B. minuta*	IV /13/184
△假纤细拜拉 *Baiera pseudogracilis*	IV /15/187
两裂拜拉 *Baiera dichotoma*	IV /3/172
林德勒拜拉 *Baiera lindgleyana*	IV /11/182
林德勒拜拉(比较种) *Baiera* cf. *lindleyana*	IV /11/182
林德勒拜拉(比较属种) Cf. *Baiera lindleyana*	IV /11/182
△岭西拜拉 *Baiera lingxiensis*	IV /11/182
卢波夫拜拉 *Baiera luppovi*	IV /12/183
敏斯特拜拉 *Baiera muensteriana*	IV /13/184
敏斯特拜拉(比较种) *Baiera* cf. *muensteriana*	IV /13/185
△木户拜拉 *Baiera kidoi*	IV /11/182
△木里拜拉 *Baiera muliensis*	IV /14/185
南方拜拉 *Baiera australis*	IV /5/173
南方拜拉(比较种) *Baiera* cf. *australis*	IV /5/173
△浅田拜拉 *Baiera asadai*	IV /4/172
浅田拜拉(比较种) *Baiera* cf. *asadai*	IV /4/173
△强劲拜拉 *Baiera valida*	IV /15/188
△青海? 拜拉 *Baiera? qinghaiensis*	IV /15/187
稍美丽拜拉 *Baiera pulchella*	IV /15/187
△瘦形拜拉 *Baiera exiliformis*	IV /7/176
△树形? 拜拉 *Baiera? dendritica*	IV /6/175
△细脉拜拉 *Baiera tenuistriata*	IV /15/188
狭叶拜拉 *Baiera angustiloba*	IV /4/172
狭叶拜拉(比较种) *Baiera* cf. *angustiloba*	IV /4/172
纤细拜拉 *Baiera gracilis*	IV /8/178
纤细拜拉(比较种) *Baiera* cf. *gracilis*	IV /9/179
△小型拜拉 *Baiera exilis*	IV /7/176
雅致拜拉 *Baiera elegans*	IV /6/175
雅致拜拉(比较种) *Baiera* cf. *elegans*	IV /6/175
优雅拜拉 *Baiera concinna*	IV /5/174
优雅拜拉(比较种) *Baiera* cf. *concinna*	IV /6/174

优雅拜拉(比较属种) Cf. *Baiera concinna*	IV /6 /174
△秭归拜拉 *Baiera ziguiensis* Chen G X,1984 (non Meng,1987)	IV /16 /188
△秭归拜拉 *Baiera ziguiensis* Meng,1987 (non Chen G X,1984)	IV /16 /188
△最小拜拉 *Baiera minima*	IV /12 /183
最小拜拉(比较种) *Baiera* cf. *minima*	IV /13 /184
拜拉(未定多种) *Baiera* spp.	IV /16 /188
拜拉?(未定多种) *Baiera*? spp.	IV /18 /191
?拜拉(未定多种) ?*Baiera* spp.	IV /18 /191
拜拉属 *Bayera*	IV /19 /192
两裂拜拉 *Bayera dichotoma*	IV /19 /192
板栗属 *Castanea*	VI /11 /128
△汤原板栗 *Castanea tangyuaensis*	VI /11 /129
瓣轮叶属 *Lobatannularia*	I /49 /186
不等叶瓣轮叶 *Lobatannularia inequifolia*	I /49 /187
△川滇瓣轮叶 *Lobatannularia chuandianensis*	I /49 /187
△合川瓣轮叶 *Lobatannularia hechuanensis*	I /49 /187
△开县瓣轮叶 *Lobatannularia kaixianensis*	I /49 /187
△吕家山瓣轮叶 *Lobatannularia lujiashanensis*	I /49 /187
平安瓣轮叶(比较种) *Lobatannularia* cf. *heianensis*	I /49 /187
瓣轮叶(未定多种) *Lobatannularia* spp.	I /50 /187
瓣轮叶?(未定种) *Lobatannularia*? sp.	I /50 /188
蚌壳蕨属 *Dicksonia*	II /110 /412
北极蚌壳蕨 *Dicksonia arctica*	II /110 /412
△常河营子蚌壳蕨 *Dicksonia changheyingziensis*	II /111 /412
△革质蚌壳蕨 *Dicksonia coriacea*	II /111 /413
肯达尔蚌壳蕨 *Dicksonia kendallii*	II /111 /413
马利羊齿式蚌壳蕨 *Dicksonia mariopteris*	II /111 /413
△孙家湾蚌壳蕨 *Dicksonia sunjiawanensis*	II /112 /414
△索氏蚌壳蕨 *Dicksonia suessii*	II /112 /414
△西拉普蚌壳蕨 *Dicksonia silapensis*	II /111 /413
△喜悦蚌壳蕨 *Dicksonia charieisa*	II /111 /412
优雅蚌壳蕨 *Dicksonia concinna*	II /111 /412
优雅蚌壳蕨(比较种) *Dicksonia* cf. *concinna*	II /111 /413
蚌壳蕨(未定种) *Dicksonia* sp.	II /112 /414
蚌壳蕨?(未定种) *Dicksonia*? sp.	II /112 /414
棒状茎属 *Rhabdotocaulon*	III /175 /543
蔡氏棒状茎 *Rhabdotocaulon zeilleri*	III /175 /543
棒状茎(未定种) *Rhabdotocaulon* sp.	III /175 /543
薄果穗属 *Leptostrobus*	IV /67 /251
长薄果穗 *Leptostrobus longus*	IV /68 /252
长薄果穗(比较种) *Leptostrobus* cf. *longus*	IV /68 /252
△较宽薄果穗 *Leptostrobus latior*	IV /68 /252
具边薄果穗 *Leptostrobus marginatus*	IV /68 /252
具边薄果穗(比较种) *Leptostrobus* cf. *marginatus*	IV /68 /252
△龙布拉德薄果穗 *Leptostrobus lundbladiae*	IV /68 /252

△球形薄果穗 *Leptostrobus sphaericus*	Ⅳ	/69 /253
疏花薄果穗 *Leptostrobus laxiflora*	Ⅳ	/67 /251
疏花薄果穗(比较种) *Leptostrobus* cf. *laxiflora*	Ⅳ	/68 /251
疏花薄果穗(比较属种) Cf. *Leptostrobus laxiflora*	Ⅳ	/67 /251
蟹壳薄果穗 *Leptostrobus cancer*	Ⅳ	/68 /252
蟹壳薄果穗(比较属种) *Leptostrobus* cf. *L. cancer*	Ⅳ	/68 /252
△中华薄果穗 *Leptostrobus sinensis*	Ⅳ	/68 /252
薄果穗(未定多种) *Leptostrobus* spp.	Ⅳ	/69 /253
△鲍斯木属 *Boseoxylon*	Ⅲ	/22 /340
△安德鲁斯鲍斯木 *Boseoxylon andrewii*	Ⅲ	/22 /340
杯囊蕨属 *Kylikipteris*	Ⅱ	/146 /455
△简单杯囊蕨 *Kylikipteris simplex*	Ⅱ	/146 /456
微尖杯囊蕨 *Kylikipteris argula*	Ⅱ	/146 /455
杯叶属 *Phyllotheca*	Ⅰ	/69 /213
澳洲杯叶 *Phyllotheca australis*	Ⅰ	/69 /214
△华美杯叶 *Phyllotheca bella*	Ⅰ	/69 /214
伞状杯叶(比较种) *Phyllotheca* cf. *deliquescens*	Ⅰ	/69 /214
△双枝杯叶 *Phyllotheca bicruris*	Ⅰ	/69 /214
似木贼型杯叶(比较种) *Phyllotheca* cf. *equisetoides*	Ⅰ	/69 /214
西伯利亚杯叶 *Phyllotheca sibirica*	Ⅰ	/70 /215
西伯利亚杯叶(比较种) *Phyllotheca* cf. *sibirica*	Ⅰ	/70 /215
△榆社杯叶 *Phyllotheca yusheensis*	Ⅰ	/70 /215
△缘边杯叶 *Phyllotheca marginans*	Ⅰ	/69 /214
杯叶(未定多种) *Phyllotheca* spp.	Ⅰ	/70 /215
杯叶?(未定多种) *Phyllotheca*? spp.	Ⅰ	/70 /215
北极拜拉属 *Arctobaiera*	Ⅳ	/3 /171
弗里特北极拜拉 *Arctobaiera flettii*	Ⅳ	/3 /171
△仁保北极拜拉 *Arctobaiera renbaoi*	Ⅳ	/3 /171
北极蕨属 *Arctopteris*	Ⅱ	/10 /280
△斑点北极蕨 *Arctopteris maculatus*	Ⅱ	/11 /281
△东方北极蕨 *Arctopteris orientalis*	Ⅱ	/11 /281
钝羽北极蕨 *Arctopteris obtuspinnata*	Ⅱ	/11 /281
△虎林北极蕨 *Arctopteris hulinensis*	Ⅱ	/11 /281
库累马北极蕨 *Arctopteris kolymensis*	Ⅱ	/10 /280
△宽叶北极蕨 *Arctopteris latifolius*	Ⅱ	/11 /281
稀脉北极蕨 *Arctopteris rarinervis*	Ⅱ	/11 /282
异小羽片北极蕨 *Arctopteris heteropinnula*	Ⅱ	/10 /281
△正阳北极蕨 *Arctopteris zhengyangensis*	Ⅱ	/12 /282
兹库密坎北极蕨 *Arctopteris tschumikanensis*	Ⅱ	/12 /282
北极蕨(未定多种) *Arctopteris* spp.	Ⅱ	/12 /282
△北票果属 *Beipiaoa*	Ⅵ	/9 /125
△强刺北票果 *Beipiaoa spinosa*	Ⅵ	/9 /126
△小北票果 *Beipiaoa parva*	Ⅵ	/9 /126
△园形北票果 *Beipiaoa rotunda*	Ⅵ	/9 /126
贝尔瑙蕨属 *Bernouillia* Heer,1876 ex Seward,1910	Ⅱ	/19 /292

△蔡耶贝尔瑙蕨 Bernouillia zeilleri ……………………………………………………… Ⅱ/20/292
△拟丹蕨型贝尔瑙蕨 Bernouillia danaeopsioides ……………………………………… Ⅱ/20/292
贝尔瑙蕨属 Bernoullia Heer, 1876 …………………………………………………………… Ⅱ/20/293
△蔡耶贝尔瑙蕨 Bernoullia zeilleri ……………………………………………………… Ⅱ/21/293
△丁菲羊齿型贝尔瑙蕨 Bernoullia thinnfeldioides ………………………………… Ⅱ/21/293
△假裂叶贝尔瑙蕨 Bernoullia pseudolobifolia ………………………………………… Ⅱ/21/293
瑞士贝尔瑙蕨 Bernoullia helvetica ……………………………………………………… Ⅱ/20/293
瑞士贝尔瑙蕨(比较种) Bernoullia cf. helvetica ……………………………………… Ⅱ/20/293
△栉羽贝尔瑙蕨 Bernoullia pecopteroides ……………………………………………… Ⅱ/20/293
贝尔瑙蕨?(未定种) Bernoullia? sp. …………………………………………………… Ⅱ/22/295
?贝尔瑙蕨(未定种) ?Bernoullia sp. …………………………………………………… Ⅱ/21/295
贝西亚果属 Baisia …………………………………………………………………………… Ⅵ/8/125
硬毛贝西亚果 Baisia hirsuta ……………………………………………………………… Ⅵ/8/125
贝西亚果(未定种) Baisia sp. …………………………………………………………… Ⅵ/8/125
本内苏铁果属 Bennetticarpus ……………………………………………………………… Ⅲ/20/338
△长珠孔本内苏铁果 Bennetticarpus longmicropylus ……………………………… Ⅲ/20/338
尖鳞本内苏铁果 Bennetticarpus oxylepidus ………………………………………… Ⅲ/20/338
△卵圆本内苏铁果 Bennetticarpus ovoides …………………………………………… Ⅲ/20/338
本内苏铁果(未定种) Bennetticarpus sp. …………………………………………… Ⅲ/20/338
△本内缘蕨属 Bennetdicotis ………………………………………………………………… Ⅵ/9/126
本内缘蕨(sp. indet.) Bennetdicotis sp. indet. ……………………………………… Ⅵ/9/126
△本溪羊齿属 Benxipteris ………………………………………………………………… Ⅲ/21/339
△多态本溪羊齿 Benxipteris polymorpha ……………………………………………… Ⅲ/21/339
△尖叶本溪羊齿 Benxipteris acuta ……………………………………………………… Ⅲ/21/339
△裂缺本溪羊齿 Benxipteris partita …………………………………………………… Ⅲ/21/339
△密脉本溪羊齿 Benxipteris densinervis ……………………………………………… Ⅲ/21/339
本溪羊齿(未定种) Benxipteris sp. …………………………………………………… Ⅲ/21/340
篦羽羊齿属 Ctenopteris …………………………………………………………………… Ⅲ/39/363
△侧羽叶型篦羽羊齿 Ctenopteris pterophylloides …………………………………… Ⅲ/39/364
△大叶篦羽羊齿 Ctenopteris megaphylla ……………………………………………… Ⅲ/39/364
沙兰篦羽羊齿 Ctenopteris sarranii ……………………………………………………… Ⅲ/39/364
沙兰篦羽羊齿(比较属种) Cf. Ctenopteris sarranii ………………………………… Ⅲ/40/364
苏铁篦羽羊齿 Ctenopteris cycadea ……………………………………………………… Ⅲ/39/363
△异羽叶型篦羽羊齿 Ctenopteris anomozamioides …………………………………… Ⅲ/39/363
△中华篦羽羊齿 Ctenopteris chinensis ………………………………………………… Ⅲ/39/363
篦羽羊齿?(未定种) Ctenopteris? sp. ………………………………………………… Ⅲ/40/364
?篦羽羊齿(未定种) ?Ctenopteris sp. ………………………………………………… Ⅲ/40/364
篦羽叶属 Ctenis …………………………………………………………………………… Ⅲ/26/346
奥洛维尔篦羽叶 Ctenis orovillensis ……………………………………………………… Ⅲ/33/356
奥洛维尔篦羽叶(比较种) Ctenis cf. orovillensis …………………………………… Ⅲ/33/356
△北京篦羽叶 Ctenis beijingensis ……………………………………………………… Ⅲ/28/347
△宾县篦羽叶 Ctenis binxianensis ……………………………………………………… Ⅲ/28/348
布列亚篦羽叶 Ctenis burejensis ………………………………………………………… Ⅲ/28/348
布列亚篦羽叶(比较种) Ctenis cf. burejensis ……………………………………… Ⅲ/28/348
△侧羽叶型篦羽叶 Ctenis pterophyoides ……………………………………………… Ⅲ/34/356

△长椭圆篦羽叶 *Ctenis oblonga*	Ⅲ	/33 /355
△粗脉篦羽叶 *Ctenis crassinervis*	Ⅲ	/29 /350
△大刀篦羽叶 *Ctenis acinacea*	Ⅲ	/27 /346
△大网叶型篦羽叶 *Ctenis anthrophioides*	Ⅲ	/27 /347
△大叶篦羽叶 *Ctenis macropinnata*	Ⅲ	/33 /354
东方篦羽叶 *Ctenis orientalis*	Ⅲ	/33 /356
△多脉篦羽叶 *Ctenis multinervis*	Ⅲ	/33 /355
△反弯篦羽叶 *Ctenis recurvus*	Ⅲ	/34 /356
△房山篦羽叶 *Ctenis fangshanensis*	Ⅲ	/30 /351
△规则篦羽叶 *Ctenis regularis*	Ⅲ	/34 /356
△海西州篦羽叶 *Cteni haisizhouensis*	Ⅲ	/30 /351
△畸形篦羽叶 *Ctenis deformis*	Ⅲ	/29 /350
△较宽篦羽叶 *Ctenis latior*	Ⅲ	/31 /353
△金原篦羽叶 *Ctenis kaneharai*	Ⅲ	/31 /352
△荆门篦羽叶 *Ctenis jingmenensis*	Ⅲ	/31 /352
△开县篦羽叶 *Ctenis kaixianensis*	Ⅲ	/31 /352
△李氏篦羽叶 *Ctenis leeiana*	Ⅲ	/32 /353
△理塘篦羽叶 *Ctenis litangensis*	Ⅲ	/32 /353
镰形篦羽叶 *Ctenis falcata*	Ⅲ	/27 /346
列氏篦羽叶 *Ctenis reedii*	Ⅲ	/34 /356
△凌源篦羽叶 *Ctenis lingyuanensis*	Ⅲ	/32 /353
美丽篦羽叶 *Ctenis formosa*	Ⅲ	/30 /351
美丽篦羽叶(比较种) *Ctenis* cf. *formosa*	Ⅲ	/30 /351
尼尔桑篦羽叶 *Ctenis nilssonii*	Ⅲ	/33 /355
△牛营子篦羽叶 *Ctenis niuyingziensis*	Ⅲ	/33 /355
庞特篦羽叶 *Ctenis pontica*	Ⅲ	/34 /356
△披针篦羽叶 *Ctenis lanceolata*	Ⅲ	/31 /353
△贫网篦羽叶 *Ctenis ananastomosans*	Ⅲ	/27 /347
△七弦琴形篦羽叶 *Ctenis lyrata*	Ⅲ	/32 /354
△奇异? 篦羽叶 *Ctenis? mirabilis*	Ⅲ	/33 /355
△浅裂篦羽叶 *Ctenis lobata*	Ⅲ	/32 /354
日本篦羽叶 *Ctenis japonica*	Ⅲ	/30 /351
日本篦羽叶(比较种) *Ctenis* cf. *japonica*	Ⅲ	/31 /352
山成篦羽叶 *Ctenis yamanarii*	Ⅲ	/35 /358
△上床篦羽叶 *Ctenis uwatokoi*	Ⅲ	/35 /358
△石门寨篦羽叶 *Ctenis shimenzhaiensis*	Ⅲ	/34 /457
△斯氏篦羽叶 *Ctenis szeiana*	Ⅲ	/35 /358
斯图瓦特篦羽叶 *Ctenis stewartiana*	Ⅲ	/34 /357
△塔里木篦羽叶 *Ctenis tarimensis*	Ⅲ	/35 /358
△天桥岭篦羽叶 *Ctenis tianqiaolingensis*	Ⅲ	/35 /358
稀脉篦羽叶 *Ctenis rarinervis* Kiritchkova,1966 (non Cao et Shang,1990)	Ⅲ	/34 /356
△稀脉篦羽叶 *Ctenis rarinervis* Cao et Shang,1990 (non Kiritchkova,1966)	Ⅲ	/34 /356
△细齿篦羽叶 *Ctenis denticulata*	Ⅲ	/30 /350
△狭裂片篦羽叶 *Ctenis angustiloba*	Ⅲ	/27 /347
△纤细篦羽叶 *Ctenis gracilis*	Ⅲ	/30 /351

△异羽叶型篦羽叶 *Ctenis anomozamioides* ⋯⋯⋯⋯⋯⋯⋯⋯⋯⋯⋯⋯⋯⋯⋯⋯ Ⅲ /27 /347
　　异羽叶型篦羽叶（比较属种） Cf. *Ctenis anomozamioides* ⋯⋯⋯⋯⋯⋯⋯ Ⅲ /27 /347
　　△永仁篦羽叶 *Ctenis yungjenensis* ⋯⋯⋯⋯⋯⋯⋯⋯⋯⋯⋯⋯⋯⋯⋯⋯⋯⋯ Ⅲ /36 /358
　　永仁篦羽叶（比较属种） *Ctenis* cf. *C. yungjenensis* ⋯⋯⋯⋯⋯⋯⋯⋯⋯ Ⅲ /36 /359
　　△优美篦羽叶 *Ctenis delicatus* ⋯⋯⋯⋯⋯⋯⋯⋯⋯⋯⋯⋯⋯⋯⋯⋯⋯⋯⋯⋯ Ⅲ /30 /350
　　△优雅篦羽叶 *Ctenis consinna* ⋯⋯⋯⋯⋯⋯⋯⋯⋯⋯⋯⋯⋯⋯⋯⋯⋯⋯⋯⋯ Ⅲ /29 /350
　　△玉门篦羽叶 *Ctenis yumenensis* ⋯⋯⋯⋯⋯⋯⋯⋯⋯⋯⋯⋯⋯⋯⋯⋯⋯⋯ Ⅲ /36 /359
　　△赵氏篦羽叶 *Ctenis chaoi* ⋯⋯⋯⋯⋯⋯⋯⋯⋯⋯⋯⋯⋯⋯⋯⋯⋯⋯⋯⋯⋯⋯ Ⅲ /28 /348
　　赵氏篦羽叶（比较种） *Ctenis* cf. *chaoi* ⋯⋯⋯⋯⋯⋯⋯⋯⋯⋯⋯⋯⋯⋯⋯ Ⅲ /29 /349
　　△中华篦羽叶 *Ctenis chinensis* ⋯⋯⋯⋯⋯⋯⋯⋯⋯⋯⋯⋯⋯⋯⋯⋯⋯⋯⋯ Ⅲ /29 /349
　　△中间篦羽叶 *Ctenis mediata* ⋯⋯⋯⋯⋯⋯⋯⋯⋯⋯⋯⋯⋯⋯⋯⋯⋯⋯⋯⋯ Ⅲ /33 /355
　　皱轴篦羽叶 *Ctenis sulcicaulis* ⋯⋯⋯⋯⋯⋯⋯⋯⋯⋯⋯⋯⋯⋯⋯⋯⋯⋯⋯⋯ Ⅲ /35 /357
　　篦羽叶（未定多种） *Ctenis* spp. ⋯⋯⋯⋯⋯⋯⋯⋯⋯⋯⋯⋯⋯⋯⋯⋯⋯⋯⋯ Ⅲ /36 /459
　　篦羽叶？（未定种） *Ctenis?* sp. ⋯⋯⋯⋯⋯⋯⋯⋯⋯⋯⋯⋯⋯⋯⋯⋯⋯⋯⋯ Ⅲ /37 /361
　　？篦羽叶（未定种） ?*Ctenis* sp. ⋯⋯⋯⋯⋯⋯⋯⋯⋯⋯⋯⋯⋯⋯⋯⋯⋯⋯⋯ Ⅲ /37 /361
△变态鳞木属 *Metalepidodendron* ⋯⋯⋯⋯⋯⋯⋯⋯⋯⋯⋯⋯⋯⋯⋯⋯⋯⋯⋯⋯ Ⅰ /53 /191
　　△下板城变态鳞木 *Metalepidodendron xiabanchengensis* ⋯⋯⋯⋯⋯⋯ Ⅰ /53 /192
　　△中国变态鳞木 *Metalepidodendron sinensis* ⋯⋯⋯⋯⋯⋯⋯⋯⋯⋯⋯⋯ Ⅰ /53 /191
变态叶属 *Aphlebia* ⋯⋯⋯⋯⋯⋯⋯⋯⋯⋯⋯⋯⋯⋯⋯⋯⋯⋯⋯⋯⋯⋯⋯⋯⋯⋯⋯ Ⅲ /19 /337
　　急尖变态叶 *Aphlebia acuta* ⋯⋯⋯⋯⋯⋯⋯⋯⋯⋯⋯⋯⋯⋯⋯⋯⋯⋯⋯⋯⋯ Ⅲ /19 /337
　　△异形变态叶 *Aphlebia dissimilis* ⋯⋯⋯⋯⋯⋯⋯⋯⋯⋯⋯⋯⋯⋯⋯⋯⋯⋯ Ⅲ /19 /337
　　变态叶（未定种） *Aphlebia* sp. ⋯⋯⋯⋯⋯⋯⋯⋯⋯⋯⋯⋯⋯⋯⋯⋯⋯⋯⋯ Ⅲ /19 /337
宾尼亚球果属 *Beania* ⋯⋯⋯⋯⋯⋯⋯⋯⋯⋯⋯⋯⋯⋯⋯⋯⋯⋯⋯⋯⋯⋯⋯⋯⋯ Ⅲ /19 /337
　　△朝阳宾尼亚球果 *Beania chaoyangensis* ⋯⋯⋯⋯⋯⋯⋯⋯⋯⋯⋯⋯⋯⋯ Ⅲ /19 /337
　　△密山宾尼亚球果 *Beania mishanensis* ⋯⋯⋯⋯⋯⋯⋯⋯⋯⋯⋯⋯⋯⋯⋯ Ⅲ /20 /337
　　纤细宾尼亚球果 *Beania gracilis* ⋯⋯⋯⋯⋯⋯⋯⋯⋯⋯⋯⋯⋯⋯⋯⋯⋯⋯ Ⅲ /19 /337
　　宾尼亚球果（未定种） *Beania* sp. ⋯⋯⋯⋯⋯⋯⋯⋯⋯⋯⋯⋯⋯⋯⋯⋯⋯ Ⅲ /20 /338
　　宾尼亚球果？（未定种） *Beania?* sp. ⋯⋯⋯⋯⋯⋯⋯⋯⋯⋯⋯⋯⋯⋯⋯⋯ Ⅲ /20 /338
伯恩第属 *Bernettia* ⋯⋯⋯⋯⋯⋯⋯⋯⋯⋯⋯⋯⋯⋯⋯⋯⋯⋯⋯⋯⋯⋯⋯⋯⋯⋯ Ⅲ /22 /340
　　蜂窝状伯恩第 *Bernettia phialophora* ⋯⋯⋯⋯⋯⋯⋯⋯⋯⋯⋯⋯⋯⋯⋯⋯ Ⅲ /22 /340
　　意外伯恩第 *Bernettia inopinata* ⋯⋯⋯⋯⋯⋯⋯⋯⋯⋯⋯⋯⋯⋯⋯⋯⋯⋯⋯ Ⅲ /22 /340

C

侧羽叶属 *Pterophyllum* ⋯⋯⋯⋯⋯⋯⋯⋯⋯⋯⋯⋯⋯⋯⋯⋯⋯⋯⋯⋯⋯⋯⋯⋯ Ⅲ /139 /492
　　阿斯他特侧羽叶 *Pterophyllum astartense* ⋯⋯⋯⋯⋯⋯⋯⋯⋯⋯⋯⋯⋯ Ⅲ /142 /497
　　阿斯他特侧羽叶（比较种） *Pterophyllum* cf. *astartense* ⋯⋯⋯⋯⋯⋯ Ⅲ /142 /497
　　△矮小侧羽叶 *Pterophyllum pumulum* ⋯⋯⋯⋯⋯⋯⋯⋯⋯⋯⋯⋯⋯⋯⋯ Ⅲ /155 /516
　　△斑点侧羽叶 *Pterophyllum punctatum* ⋯⋯⋯⋯⋯⋯⋯⋯⋯⋯⋯⋯⋯⋯ Ⅲ /155 /516
　　△包头侧羽叶 *Pterophyllum baotoum* ⋯⋯⋯⋯⋯⋯⋯⋯⋯⋯⋯⋯⋯⋯⋯ Ⅲ /142 /497
　　△变异侧羽叶 *Pterophyllum variabilum* ⋯⋯⋯⋯⋯⋯⋯⋯⋯⋯⋯⋯⋯⋯ Ⅲ /159 /521
　　变异侧羽叶 *Pterophyllum inconstans* ⋯⋯⋯⋯⋯⋯⋯⋯⋯⋯⋯⋯⋯⋯⋯ Ⅲ /147 /505
　　变异侧羽叶（比较种） *Pterophyllum* cf. *inconstans* ⋯⋯⋯⋯⋯⋯⋯⋯ Ⅲ /148 /505
　　变异侧羽叶（异羽叶） *Pterophyllum* (*Anomozamites*) *inconstans* ⋯⋯ Ⅲ /147 /505
　　波氏侧羽叶 *Pterophyllum portali* ⋯⋯⋯⋯⋯⋯⋯⋯⋯⋯⋯⋯⋯⋯⋯⋯⋯ Ⅲ /153 /513

波氏侧羽叶(比较种) *Pterophyllum* cf. *portali*	Ⅲ	/153 /513
△不等形侧羽叶 *Pterophyllum inaequale*	Ⅲ	/147 /504
布列亚侧羽叶 *Pterophyllum burejense*	Ⅲ	/143 /498
布列亚侧羽叶(比较种) *Pterophyllum* cf. *burejense*	Ⅲ	/143 /499
布列亚侧羽叶(亲近种) *Pterophyllum* aff. *burejense*	Ⅲ	/143 /498
△叉脉侧羽叶 *Pterophyllum furcata*	Ⅲ	/146 /503
△长裂片侧羽叶 *Pterophyllum dolicholobum*	Ⅲ	/145 /501
△长宁侧羽叶 *Pterophyllum changningense*	Ⅲ	/143 /499
长叶侧羽叶 *Pterophyllum longifolium*	Ⅲ	/139 /492
△粗脉侧羽叶 *Pterophyllum crassinervum*	Ⅲ	/144 /500
△大拖延侧羽叶 *Pterophyllum macrodecurrense*	Ⅲ	/150 /509
大型侧羽叶 *Pterophyllum hanesianum*	Ⅲ	/147 /504
等形侧羽叶 *Pterophyllum aequale*	Ⅲ	/139 /493
等形侧羽叶? *Pterophyllum aequale*?	Ⅲ	/141 /495
等形侧羽叶(比较种) *Pterophyllum* cf. *aequale*	Ⅲ	/141 /495
△东荣侧羽叶 *Pterophyllum dongrongense*	Ⅲ	/145 /501
△渡口侧羽叶 *Pterophyllum dukouense*	Ⅲ	/145 /501
对生侧羽叶 *Pterophyllum zygotacticum*	Ⅲ	/160 /523
对生侧羽叶(比较种) *Pterophyllum* cf. *zygotacticum*	Ⅲ	/160 /523
多条纹侧羽叶 *Pterophyllum multilineatum*	Ⅲ	/151 /510
多条纹侧羽叶(比较种) *Pterophyllum* cf. *multilineatum*	Ⅲ	/151 /510
△阜新侧羽叶 *Pterophyllum fuxinense* Zheng et Zhang,1984 (non Zhang Z C,1987)	Ⅲ	/146 /503
△阜新侧羽叶 *Pterophyllum fuxinense* Zhang Z C,1987 (non Zheng et Zhang,1984)	Ⅲ	/146 /503
△甘肃侧羽叶 *Pterophyllum kansuense*	Ⅲ	/149 /507
△贵州侧羽叶 *Pterophyllum guizhouense*	Ⅲ	/146 /503
△海拉尔侧羽叶 *Pterophyllum hailarense*	Ⅲ	/147 /504
△弧形侧羽叶 *Pterophyllum arcustum*	Ⅲ	/142 /496
△湖北侧羽叶 *Pterophyllum hubeiense*	Ⅲ	/147 /504
△华北侧羽叶 *Pterophyllum huabeiense*	Ⅲ	/147 /504
△霍林侧羽叶 *Pterophyllum huolinhense*	Ⅲ	/147 /504
△鸡西侧羽叶 *Pterophyllum jixiense*	Ⅲ	/149 /507
篦羽叶型侧羽叶 *Pterophyllum ctenoides*	Ⅲ	/144 /500
极细侧羽叶 *Pterophyllum bavieri*	Ⅲ	/142 /497
?极细侧羽叶 ?*Pterophyllum bavieri*	Ⅲ	/143 /498
极细侧羽叶(比较种) *Pterophyllum* cf. *bavieri*	Ⅲ	/143 /498
△假敏斯特侧羽叶 *Pterophyllum pseudomuesteri*	Ⅲ	/154 /514
△剑形侧羽叶 *Pterophyllum xiphida*	Ⅲ	/159 /522
△剑型侧羽叶 *Pterophyllum xiphioides*	Ⅲ	/159 /522
△江西侧羽叶 *Pterophyllum jiangxiense*	Ⅲ	/148 /506
△较小侧羽叶 *Pterophyllum minor*	Ⅲ	/151 /509
△紧挤侧羽叶 *Pterophyllum contiguum*	Ⅲ	/143 /499
紧挤侧羽叶(比较种) *Pterophyllum* cf. *contiguum*	Ⅲ	/144 /499
紧密侧羽叶 *Pterophyllum propinquum*	Ⅲ	/154 /514
紧密侧羽叶(比较种) *Pterophyllum* cf. *propinquum*	Ⅲ	/154 /514

科奇侧羽叶 *Pterophyllum kochii*	Ⅲ	/149 /507
△拉马沟侧羽叶 *Pterophyllum lamagouense*	Ⅲ	/149 /507
莱尔侧羽叶 *Pterophyllum lyellianum*	Ⅲ	/150 /508
莱尔侧羽叶(比较种) *Pterophyllum* cf. *lyellianum*	Ⅲ	/150 /508
△乐昌侧羽叶 *Pterophyllum lechangensis*	Ⅲ	/149 /507
△李氏侧羽叶 *Pterophyllum leei*	Ⅲ	/149 /507
△李希霍芬侧羽叶 *Pterophyllum richthofeni*	Ⅲ	/156 /517
李希霍芬侧羽叶(比较种) *Pterophyllum* cf. *richthofeni*	Ⅲ	/156 /517
△镰形侧羽叶 *Pterophyllum falcatum*	Ⅲ	/146 /502
△辽宁侧羽叶 *Pterophyllum liaoningense*	Ⅲ	/149 /507
△辽西侧羽叶 *Pterophyllum liaoxiense*	Ⅲ	/149 /508
△灵乡侧羽叶 *Pterophyllum lingxiangense*	Ⅲ	/150 /508
△门头沟侧羽叶 *Pterophyllum mentougouensis*	Ⅲ	/150 /509
敏斯特侧羽叶 *Pterophyllum muensteri*	Ⅲ	/151 /510
敏斯特侧羽叶(比较种) *Pterophyllum* cf. *muensteri*	Ⅲ	/151 /510
△明显侧羽叶 *Pterophyllum exhibens*	Ⅲ	/145 /502
△膜脊侧羽叶 *Pterophyllum costa*	Ⅲ	/144 /499
△那氏侧羽叶 *Pterophyllum nathorsti*	Ⅲ	/152 /511
那氏侧羽叶(比较属种) Cf. *Pterophyllum nathorsti*	Ⅲ	/152 /511
尼尔桑侧羽叶 *Pterophyllum nilssoni*	Ⅲ	/152 /511
尼尔桑侧羽叶(异羽叶) *Pterophyllum* (*Anomozamites*) *nilssoni*	Ⅲ	/152 /512
△祁连侧羽叶 *Pterophyllum qilianense*	Ⅲ	/155 /517
△陕西侧羽叶 *Pterophyllum shaanxiense*	Ⅲ	/156 /518
△舌形侧羽叶 *Pterophyllum lingulatum* Chen G X,1984 (non Wu S Q,1999)	Ⅲ	/150 /508
△舌形侧羽叶 *Pterophyllum lingulatum* Wu S Q,1999 (non Chen G X,1984)	Ⅲ	/150 /508
申西诺夫侧羽叶 *Pterophyllum sensinovianum*	Ⅲ	/156 /517
申西诺夫侧羽叶(比较种) *Pterophyllum* cf. *sensinovianum*	Ⅲ	/156 /518
△斯氏细侧羽叶 *Pterophyllum szei*	Ⅲ	/158 /520
△四川侧羽叶 *Pterophyllum sichuanense*	Ⅲ	/156 /518
苏昌侧羽叶 *Pterophyllum sutschanense*	Ⅲ	/158 /520
苏昌侧羽叶(比较种) *Pterophyllum* cf. *sutschanense*	Ⅲ	/158 /520
梯兹侧羽叶 *Pterophyllum tietzei*	Ⅲ	/158 /521
梯兹侧羽叶(比较种) *Pterophyllum* cf. *tietzei*	Ⅲ	/159 /521
托马斯侧羽叶 *Pterophyllum thomasi*	Ⅲ	/158 /521
托马斯侧羽叶(亲近种) *Pterophyllum* aff. *thomasi*	Ⅲ	/158 /521
△西南侧羽叶 *Pterophyllum xinanense*	Ⅲ	/159 /522
△稀脉侧羽叶 *Pterophyllum paucicostatum*	Ⅲ	/153 /512
△细弱侧羽叶 *Pterophyllum minutum*	Ⅲ	/151 /509
细弱侧羽叶(比较属种) *Pterophyllum* cf. *P. minutum*	Ⅲ	/151 /510
狭细侧羽叶 *Pterophyllum angustum*	Ⅲ	/141 /495
狭细侧羽叶(比较种) *Pterophyllum* cf. *angustum*	Ⅲ	/141 /496
狭细侧羽叶(比较属种) Cf. *Pterophyllum angustum*	Ⅲ	/142 /496
△狭细形侧羽叶 *Pterophyllum angustifolium*	Ⅲ	/141 /495
△下延侧羽叶 *Pterophyllum decurrens*	Ⅲ	/144 /500
△香溪侧羽叶 *Pterophyllum xiangxiensis*	Ⅲ	/159 /521

△小耳侧羽叶 *Pterophyllum otoboliolatum*	Ⅲ/152/512	
小耳侧羽叶(比较种) *Pterophyllum* cf. *otoboliolatum*	Ⅲ/153/512	
欣克侧羽叶 *Pterophyllum schenkii*	Ⅲ/156/517	
?欣克侧羽叶 ?*Pterophyllum schenkii*	Ⅲ/156/517	
亚等形侧羽叶 *Pterophyllum subaequale*	Ⅲ/157/519	
△亚狭细侧羽叶 *Pterophyllum subangustum*	Ⅲ/158/520	
耶格侧羽叶 *Pterophyllum jaegeri*	Ⅲ/148/505	
耶格侧羽叶(比较种) *Pterophyllum* cf. *jaegeri*	Ⅲ/148/506	
耶格侧羽叶(比较属种) *Pterophyllum* cf. *P. jaegeri*	Ⅲ/148/506	
伊塞克库尔侧羽叶 *Pterophyllum issykkulense*	Ⅲ/148/505	
△营城侧羽叶 *Pterophyllum yingchengense*	Ⅲ/159/522	
△硬叶侧羽叶 *Pterophyllum firmifolium*	Ⅲ/146/503	
优雅侧羽叶 *Pterophyllum concinnum*	Ⅲ/143/499	
羽毛侧羽叶 *Pterophyllum ptilum*	Ⅲ/154/514	
羽状侧羽叶 *Pterophyllum pinnatifidum*	Ⅲ/153/512	
羽状侧羽叶(比较种) *Pterophyllum* cf. *pinnatifidum*	Ⅲ/153/513	
△云南侧羽叶 *Pterophyllum yunnanense*	Ⅲ/160/522	
云南侧羽叶(比较种) *Pterophyllum* cf. *yunnanense*	Ⅲ/160/523	
△漳平侧羽叶 *Pterophyllum zhangpingeise* Wang,1982 (non He Dechang,1987)	Ⅲ/160/523	
△漳平侧羽叶 *Pterophyllum zhangpingeise* He,1987 (non Wang Guoping,1982)	Ⅲ/160/523	
△整齐侧羽叶 *Pterophyllum regulare*	Ⅲ/156/517	
△中国侧羽叶 *Pterophyllum sinense*	Ⅲ/157/518	
中国侧羽叶(比较种) *Pterophyllum* cf. *sinense*	Ⅲ/157/519	
△庄重侧羽叶 *Pterophyllum festum*	Ⅲ/146/502	
△壮观侧羽叶 *Pterophyllum magnificum*	Ⅲ/150/509	
壮观侧羽叶(比较种) *Pterophyllum* cf. *magnificum*	Ⅲ/150/509	
侧羽叶(未定多种) *Pterophyllum* spp.	Ⅲ/160/523	
侧羽叶?(未定多种) *Pterophyllum*? spp.	Ⅲ/163/527	
侧羽叶(异羽叶)(未定多种) *Pterophyllum* (*Anomozamites*) spp.	Ⅲ/164/528	
侧羽叶(比较属,未定多种) Cf. *Pterophyllum* spp.	Ⅲ/163/527	
叉叶属 *Dicranophyllum*	Ⅳ/27/202	
△叉状叉叶 *Dicranophyllum furcatum*	Ⅳ/27/202	
鸡毛状叉叶 *Dicranophyllum gallicum*	Ⅳ/27/202	
△宽叉叶 *Dicranophyllum latum*	Ⅳ/27/202	
宽叉叶(比较种) *Dicranophyllum* cf. *latum*	Ⅳ/27/203	
宽叉叶(比较属种) Cf. *Dicranophyllum latum*	Ⅳ/27/203	
△?四裂叉叶 ?*Dicranophyllum quadrilobatum*	Ⅳ/28/203	
△狭叶叉叶 *Dicranophyllum angustifolium*	Ⅳ/27/202	
△下延?叉叶 *Dicranophyllum*? *decurrens*	Ⅳ/27/202	
小叉叶 *Dicranophyllum paulum*	Ⅳ/28/203	
叉叶(未定多种) *Dicranophyllum* spp.	Ⅳ/28/203	
叉叶?(未定多种) *Dicranophyllum*? spp.	Ⅳ/28/203	
?叉叶(未定多种) ?*Dicranophyllum* spp.	Ⅳ/28/204	
叉羽叶属 *Ptilozamites*	Ⅲ/171/538	
△乐昌叉羽叶 *Ptilozamites lechangensis*	Ⅲ/173/541	

尼尔桑叉羽叶 *Ptilozamites nilssoni*	Ⅲ/171/538
尼尔桑叉羽叶（比较属种）Cf. *Ptilozamites nilssoni*	Ⅲ/172/539
细弱叉羽叶 *Ptilozamites tenuis*	Ⅲ/173/541
细弱叉羽叶（比较种）*Ptilozamites* cf. *tenuis*	Ⅲ/173/541
△小水叉羽叶 *Ptilozamites xiaoshuiensis*	Ⅲ/173/541
△中国叉羽叶 *Ptilozamites chinensis*	Ⅲ/172/539
叉羽叶（未定种）*Ptilozamites* sp.	Ⅲ/173/541
叉羽叶？（未定种）*Ptilozamites*? sp.	Ⅲ/173/541
？叉羽叶（未定种）？*Ptilozamites* sp.	Ⅲ/173/541

查米果属 *Zamiostrobus* Ⅲ/235/620
    大蕊查米果 *Zamiostrobus macrocephala* Ⅲ/235/621
    查米果？（未定种）*Zamiostrobus*? sp. Ⅲ/235/621

查米亚属 *Zamia* Ⅲ/233/617
    查米亚（未定种）*Zamia* sp. Ⅲ/233/618

查米羽叶属 *Zamiophyllum* Ⅲ/233/618
    布契查米羽叶 *Zamiophyllum buchianum* Ⅲ/233/618
    布契查米羽叶（比较属种）Cf. *Zamiophyllum buchianum* Ⅲ/234/619
    △较小？查米羽叶 *Zamiophyllum*? *minor* Ⅲ/234/619
    狭叶查米羽叶 *Zamiophyllum angustifolium* Ⅲ/234/619
    查米羽叶（未定种）*Zamiophyllum* sp. Ⅲ/234/620

檫木属 *Sassafras* Ⅵ/57/180
    白垩檫木异型变种 *Sassafras cretaceoue* var. *heterobum* Ⅵ/58/180
    白垩檫木异型变种（比较属种）Cf. *Sassafras cretaceoue* var. *heterobum* Ⅵ/58/180
    波托马克"檫木" "*Sassafras*" *potomacensis* Ⅵ/58/180
    檫木（未定种）*Sassafras* sp. Ⅵ/58/180

铲叶属 *Saportaea* Ⅳ/91/280
    △多脉铲叶 *Saportaea nervosa* Ⅳ/92/280
    多脉铲叶（比较种）*Saportaea* cf. *nervosa* Ⅳ/92/281
    掌叶型铲叶 *Saportaea salisburioides* Ⅳ/92/280
    铲叶（未定种）*Saportaea* sp. Ⅳ/92/281

长门果穗属 *Nagatostrobus* Ⅴ/80/333
    △备中长门果穗？*Nagatostrobus bitchuensis*？ Ⅴ/80/334
    内藤长门果穗 *Nagatostrobus naitoi* Ⅴ/80/334
    线形长门果穗 *Nagatostrobus linearis* Ⅴ/80/334

△朝阳序属 *Chaoyangia* Ⅴ/27/270
    △梁氏朝阳序 *Chaoyangia liangii* Ⅴ/27/271

△朝阳序属 *Chaoyangia* Ⅵ/14/131
    △梁氏朝阳序 *Chaoyangia liangii* Ⅵ/14/132

△城子河叶属 *Chengzihella* Ⅵ/15/132
    △倒卵城子河叶 *Chengzihella obovata* Ⅵ/15/132

翅似查米亚属 *Pterozamites* Ⅲ/164/528
    纤弱翅似查米亚 *Pterozamites scitamineus* Ⅲ/164/528
    △中国翅似查米亚 *Pterozamites sinensis* Ⅲ/164/528

△垂饰杉属 *Stalagma* Ⅴ/157/427
    △翅籽垂饰杉 *Stalagma samara* Ⅴ/158/428

茨康叶属 *Czekanowskia* ·········· Ⅳ/19/193
 △矮小茨康叶 *Czekanowskia pumila* ·········· Ⅳ/22/196
 △府谷茨康叶 *Czekanowskia fuguensis* ·········· Ⅳ/21/195
 府谷茨康叶(比较种) *Czekanowskia* cf. *fuguensis* ·········· Ⅳ/21/195
 刚毛茨康叶 *Czekanowskia setacea* ·········· Ⅳ/20/193
 刚毛茨康叶(比较种) *Czekanowskia* cf. *setacea* ·········· Ⅳ/21/194
 刚毛茨康叶(集合种) *Czekanowskia* ex gr. *setacea* ·········· Ⅳ/21/194
 哈兹茨康叶 *Czekanowskia hartzi* ·········· Ⅳ/21/195
 坚直茨康叶 *Czekanowskia rigida* ·········· Ⅳ/22/196
 ?坚直茨康叶 ?*Czekanowskia rigida* ·········· Ⅳ/24/199
 坚直茨康叶? *Czekanowskia rigida*? ·········· Ⅳ/24/199
 坚直茨康叶(比较种) *Czekanowskia* cf. *rigida* ·········· Ⅳ/24/199
 坚直茨康叶(集合种) *Czekanowskia* ex gr. *rigida* ·········· Ⅳ/24/199
 宽叶茨康叶 *Czekanowskia latifolia* ·········· Ⅳ/22/195
 宽叶茨康叶(比较种) *Czekanowskia* cf. *latifolia* ·········· Ⅳ/22/196
 △宽展茨康叶 *Czekanowskia explicita* ·········· Ⅳ/21/195
 穆雷茨康叶 *Czekanowskia murrayana* ·········· Ⅳ/22/196
 那氏茨康叶 *Czekanowskia nathorsti* ·········· Ⅳ/22/196
 那氏茨康叶(比较种) *Czekanowskia* cf. *nathorsti* ·········· Ⅳ/22/196
 △奇丽茨康叶 *Czekanowskia speciosa* ·········· Ⅳ/24/199
 △柔弱? 茨康叶 *Czekanowskia? debilis* ·········· Ⅳ/21/195
 △神木茨康叶 *Czekanowskia shenmuensis* ·········· Ⅳ/24/199
 △狭窄茨康叶 *Czekanowskia stenophylla* ·········· Ⅳ/25/199
 △雅致茨康叶 *Czekanowskia elegans* ·········· Ⅳ/21/195
 茨康叶(未定多种) *Czekanowskia* spp. ·········· Ⅳ/25/200
 茨康叶?(未定多种) *Czekanowskia*? spp. ·········· Ⅳ/26/201
 ?茨康叶(未定多种) ?*Czekanowskia* spp. ·········· Ⅳ/26/201
茨康叶(瓦氏叶亚属) *Czekanowskia* (*Vachrameevia*) ·········· Ⅳ/26/201
 澳大利亚茨康叶(瓦氏叶) *Czekanowskia* (*Vachrameevia*) *australis* ·········· Ⅳ/26/201
 茨康叶(瓦氏叶)(未定种) *Czekanowskia* (*Vachrameevia*) sp. ·········· Ⅳ/26/201
枞型枝属 *Elatocladus* ·········· Ⅴ/52/300
 △薄叶枞型枝 *Elatocladus leptophyllus* ·········· Ⅴ/54/303
 △柴达木枞型枝 *Elatocladus qaidamensis* ·········· Ⅴ/56/306
 粗榧型枞型枝 *Elatocladus cephalotaxoides* ·········· Ⅴ/52/301
 粗榧型枞型枝(比较种) *Elatocladus* cf. *cephalotaxoides* ·········· Ⅴ/53/301
 董氏枞型枝 *Elatocladus dunii* ·········· Ⅴ/53/302
 董氏枞型枝(比较种) *Elatocladus* cf. *dunii* ·········· Ⅴ/53/302
 短叶枞型枝 *Elatocladus brevifolius* ·········· Ⅴ/52/301
 短叶枞型枝(比较种) *Elatocladus* cf. *brevifolius* ·········· Ⅴ/52/301
 △华彩枞型枝 *Elatocladus splendidus* ·········· Ⅴ/56/306
 开展枞型枝 *Elatocladus pactens* ·········· Ⅴ/56/305
 开展枞型枝(比较种) *Elatocladus* cf. *pactens* ·········· Ⅴ/56/306
 △克氏枞型枝(拟粗榧?) *Elatocladus* (*Cephalotaxopsis*?) *krasseri* ·········· Ⅴ/53/302
 △辽西枞型枝 *Elatocladus liaoxiensis* ·········· Ⅴ/54/303
 △林东枞型枝 *Elatocladus lindongensis* ·········· Ⅴ/54/303

△满洲枞型枝 *Elatocladus manchurica*	Ⅴ	/54/303
满洲枞型枝(比较种) *Elatocladus* cf. *manchurica*	Ⅴ	/55/305
满洲枞型枝(亲近种) *Elatocladus* aff. *manchurica*	Ⅴ	/55/305
疏松枞型枝 *Elatocladus ramosus*	Ⅴ	/56/306
疏松枞型枝(比较种) *Elatocladus* cf. *ramosus*	Ⅴ	/56/306
斯密特枞型枝 *Elatocladus smittianus*	Ⅴ	/56/306
△弯叶枞型枝(似枞) *Elatocladus* (*Elatides*) *curvifolia*	Ⅴ	/53/302
△万全枞型枝 *Elatocladus wanqunensis*	Ⅴ	/57/308
细弱枞型枝 *Elatocladus tenerrimus*	Ⅴ	/57/308
细小枞型枝 *Elatocladus minutus*	Ⅴ	/55/305
△狭叶枞型枝(拟粗榧?) *Elatocladus* (*Cephalotaxopsis*?) *angustifolius*	Ⅴ	/52/301
亚查米亚型枞型枝 *Elatocladus subzamioides*	Ⅴ	/57/307
△亚满洲枞型枝 *Elatocladus submanchurica*	Ⅴ	/57/307
亚满洲枞型枝(比较种) *Elatocladus* cf. *submanchurica*	Ⅴ	/57/307
△岩井枞型枝 *Elatocladus iwaianus*	Ⅴ	/53/302
异叶枞型枝 *Elatocladus heterophylla*	Ⅴ	/52/301
异叶枞型枝(比较种) *Elatocladus* cf. *heterophylla*	Ⅴ	/52/301
△羽状枞型枝 *Elatocladus pinnatus*	Ⅴ	/56/306
△侏罗枞型枝(拟三尖杉) *Elatocladus* (*Cephalotaxopsis*) *jurassica*	Ⅴ	/53/302
枞型枝(未定多种) *Elatocladus* spp.	Ⅴ	/57/308
枞型枝(?榧)(未定种) *Elatocladus* (? *Torreya*) sp.	Ⅴ	/61/312
枞型枝(拟粗榧?)(未定多种) *Elatocladus* (*Cephalotaxopsis*?) spp.	Ⅴ	/61/312

D

大芦孢穗属 *Macrostachya*	Ⅰ	/52/191
漏斗状大芦孢穗 *Macrostachya infundibuliformis*	Ⅰ	/52/191
△纤细大芦孢穗 *Macrostachya gracilis* Wang Z et Wang L,1989 (non Wang Z et Wang L,1990)	Ⅰ	/53/191
△纤细大芦孢穗 *Macrostachya gracilis* Wang Z et Wang L,1990 (non Wang Z et Wang L,1989)	Ⅰ	/53/191
△大箐羽叶属 *Tachingia*	Ⅲ	/196/570
△羽状大箐羽叶 *Tachingia pinniformis*	Ⅲ	/196/570
△大舌羊齿属 *Macroglossopteris*	Ⅲ	/76/409
△李氏大舌羊齿 *Macroglossopteris leeiana*	Ⅲ	/76/409
李氏大舌羊齿(比较属种) Cf. *Macroglossopteris leeiana*	Ⅲ	/76/409
△大同叶属 *Datongophyllum*	Ⅳ	/26/201
△长柄大同叶 *Datongophyllum longipetiolatum*	Ⅳ	/26/201
大同叶(未定种) *Datongophyllum* sp.	Ⅳ	/27/202
大网羽叶属 *Anthrophyopsis*	Ⅲ	/16/333
粗脉大网羽叶 *Anthrophyopsis crassinervis*	Ⅲ	/16/333
粗脉大网羽叶(比较种) *Anthrophyopsis* cf. *crassinervis*	Ⅲ	/17/334
△多脉大网羽叶 *Anthrophyopsis multinervis*	Ⅲ	/17/335
△具瘤大网羽叶 *Anthrophyopsis tuberculata*	Ⅲ	/18/335
△具毛? 大网羽叶 *Anthrophyopsis*? *pilophorus*	Ⅲ	/18/335

  △李氏大网羽叶 *Anthrophyopsis leeana* ⋯⋯⋯⋯⋯ Ⅲ /17 /334
  △涟漪大网羽叶 *Anthrophyopsis ripples* ⋯⋯⋯⋯⋯ Ⅲ /18 /335
  尼尔桑大网羽叶 *Anthrophyopsis nilssoni* ⋯⋯⋯⋯⋯ Ⅲ /16 /333
  △细脉大网羽叶 *Anthrophyopsis venulosa* ⋯⋯⋯⋯⋯ Ⅲ /18 /336
  大网羽叶(未定多种) *Anthrophyopsis* spp. ⋯⋯⋯⋯⋯ Ⅲ /18 /336
  大网羽叶?(未定种) *Anthrophyopsis*? sp. ⋯⋯⋯⋯⋯ Ⅲ /19 /336
大叶带羊齿属 *Macrotaeniopteris* ⋯⋯⋯⋯⋯ Ⅲ /77 /409
  大大叶带羊齿 *Macrotaeniopteris major* ⋯⋯⋯⋯⋯ Ⅲ /77 /409
  加利福尼亚大叶带羊齿 *Macrotaeniopteris californica* ⋯⋯⋯⋯⋯ Ⅲ /77 /410
  加利福尼亚大叶带羊齿(比较种) *Macrotaeniopteris* cf. *californica* ⋯⋯⋯⋯⋯ Ⅲ /77 /410
  △李希霍芬大叶带羊齿 *Macrotaeniopteris richthofeni* ⋯⋯⋯⋯⋯ Ⅲ /77 /410
△大羽羊齿属 *Gigantopteris* ⋯⋯⋯⋯⋯ Ⅲ /64 /394
  齿状大羽羊齿 *Gigantopteris dentata* ⋯⋯⋯⋯⋯ Ⅲ /64 /395
  △烟叶大羽羊齿 *Gigantopteris nicotianaefolia* ⋯⋯⋯⋯⋯ Ⅲ /64 /394
  大羽羊齿(未定种) *Gigantopteris* sp. ⋯⋯⋯⋯⋯ Ⅲ /64 /395
带似查米亚属 *Taeniozamites* ⋯⋯⋯⋯⋯ Ⅲ /208 /587
  狭叶带似查米亚 *Taeniozamites vittata* ⋯⋯⋯⋯⋯ Ⅲ /209 /587
  △上床带似查米亚 *Taeniozamites uwatokoi* ⋯⋯⋯⋯⋯ Ⅲ /209 /587
带羊齿属 *Taeniopteris* ⋯⋯⋯⋯⋯ Ⅲ /196 /571
  △凹顶带羊齿 *Taeniopteris cavata* ⋯⋯⋯⋯⋯ Ⅲ /197 /572
  大带羊齿 *Taeniopteris gigantea* ⋯⋯⋯⋯⋯ Ⅲ /198 /574
  大带羊齿(比较种) *Taeniopteris* cf. *gigantea* ⋯⋯⋯⋯⋯ Ⅲ /198 /574
  大叶带羊齿 *Taeniopteris magnifolia* ⋯⋯⋯⋯⋯ Ⅲ /200 /576
  大叶带羊齿(比较种) *Taeniopteris* cf. *magnifolia* ⋯⋯⋯⋯⋯ Ⅲ /200 /577
  △稻城带羊齿 *Taeniopteris daochengensis* ⋯⋯⋯⋯⋯ Ⅲ /197 /572
  △德·特拉带羊齿 *Taeniopteris de terrae* ⋯⋯⋯⋯⋯ Ⅲ /198 /573
  △滴道带羊齿 *Taeniopteris didaoensis* ⋯⋯⋯⋯⋯ Ⅲ /198 /573
  △东巩带羊齿 *Taeniopteris donggongensis* ⋯⋯⋯⋯⋯ Ⅲ /198 /573
  多脉带羊齿 *Taeniopteris nervosa* ⋯⋯⋯⋯⋯ Ⅲ /202 /578
  △多褶带羊齿 *Taeniopteris multiplicata* ⋯⋯⋯⋯⋯ Ⅲ /201 /577
  △海南带羊齿 *Taeniopteris hainanensis* ⋯⋯⋯⋯⋯ Ⅲ /198 /574
  △红泥带羊齿 *Taeniopteris hongniensis* ⋯⋯⋯⋯⋯ Ⅲ /198 /574
  △厚缘带羊齿 *Taeniopteris pachyloma* ⋯⋯⋯⋯⋯ Ⅲ /202 /579
  △脊带羊齿 *Taeniopteris costiformis* ⋯⋯⋯⋯⋯ Ⅲ /197 /572
  △间脉带羊齿 *Taeniopteris alternata* ⋯⋯⋯⋯⋯ Ⅲ /197 /572
  △具边带羊齿 *Taeniopteris marginata* ⋯⋯⋯⋯⋯ Ⅲ /201 /577
  宽轴带羊齿 *Taeniopteris platyrachis* ⋯⋯⋯⋯⋯ Ⅲ /203 /579
  宽轴带羊齿(比较种) *Taeniopteris* cf. *platyrachis* ⋯⋯⋯⋯⋯ Ⅲ /203 /580
  △李希霍芬带羊齿 *Taeniopteris richthofeni* ⋯⋯⋯⋯⋯ Ⅲ /203 /580
  △列克勒带羊齿 *Taeniopteris leclerei* ⋯⋯⋯⋯⋯ Ⅲ /199 /575
  列克勒带羊齿(比较种) *Taeniopteris* cf. *leclerei* ⋯⋯⋯⋯⋯ Ⅲ /200 /576
  列克勒带羊齿(比较属种) *Taeniopteris* cf. *T. leclerei* ⋯⋯⋯⋯⋯ Ⅲ /200 /576
  △柳江带羊齿 *Taeniopteris liujiangensis* ⋯⋯⋯⋯⋯ Ⅲ /200 /576
  △陇县?带羊齿 *Taeniopteris? longxianensis* ⋯⋯⋯⋯⋯ Ⅲ /200 /576
  △麻山带羊齿 *Taeniopteris mashanensis* ⋯⋯⋯⋯⋯ Ⅲ /201 /577

马氏带羊齿 *Taeniopteris mac clellandi*	Ⅲ /200 /576
马氏带羊齿? *Taeniopteris mac clellandi*?	Ⅲ /200 /576
△密脉带羊齿 *Taeniopteris densissima*	Ⅲ /197 /572
△南漳带羊齿 *Taeniopteris nanzhangensis*	Ⅲ /201 /578
难波带羊齿 *Taeniopteris nabaensis*	Ⅲ /201 /578
难波带羊齿(比较种) *Taeniopteris* cf. *nabaensis*	Ⅲ /201 /578
尼尔桑型带羊齿 *Taeniopteris nilssonioides*	Ⅲ /202 /578
披针带羊齿 *Taeniopteris lanceolata*	Ⅲ /199 /574
△蒲圻带羊齿 *Taeniopteris puqiensis*	Ⅲ /203 /580
△奇脉带羊齿 *Taeniopteris mironervis*	Ⅲ /201 /577
△奇异带羊齿 *Taeniopteris mirabilis*	Ⅲ /201 /577
△上床带羊齿 *Taeniopteris uwatokoi*	Ⅲ /205 /583
稍小带羊齿 *Taeniopteris parvula*	Ⅲ /202 /579
?稍小带羊齿 ?*Taeniopteris parvula*	Ⅲ /202 /579
稍小带羊齿(比较种) *Taeniopteris* cf. *parvula*	Ⅲ /202 /579
△少脉带羊齿 *Taeniopteris rarinervis*	Ⅲ /203 /580
△疏脉带羊齿 *Taeniopteris remotinervis*	Ⅲ /203 /580
△天桥岭带羊齿 *Taeniopteris tianqiaolingensis*	Ⅲ /204 /582
条纹带羊齿 *Taeniopteris vittata*	Ⅲ /196 /571
条纹带羊齿? *Taeniopteris vittata*?	Ⅲ /197 /571
条纹带羊齿(比较种) *Taeniopteris* cf. *vittata*	Ⅲ /197 /571
△椭圆带羊齿 *Taeniopteris elliptica*	Ⅲ /198 /573
微缺带羊齿 *Taeniopteris emarginata*	Ⅲ /198 /573
微缺带羊齿(比较种) *Taeniopteris* cf. *emarginata*	Ⅲ /198 /573
细脉带羊齿 *Taeniopteris tenuinervis*	Ⅲ /204 /581
细脉带羊齿(比较种) *Taeniopteris* cf. *tenuinervis*	Ⅲ /204 /582
细脉带羊齿(比较属种) *Taeniopteris* cf. *T. tenuinervis*	Ⅲ /204 /582
△细小带羊齿 *Taeniopteris minuscula*	Ⅲ /201 /577
狭叶带羊齿 *Taeniopteris stenophylla*	Ⅲ /203 /581
狭叶带羊齿(比较种) *Taeniopteris* cf. *stenophylla*	Ⅲ /204 /581
下凹带羊齿 *Taeniopteris immersa*	Ⅲ /199 /574
下凹带羊齿(比较种) *Taeniopteris* cf. *immersa*	Ⅲ /199 /574
△线形带羊齿 *Taeniopteris linearis*	Ⅲ /200 /576
△斜脉带羊齿 *Taeniopteris obliqua*	Ⅲ /202 /579
雄德带羊齿 *Taeniopteris youndyi*	Ⅲ /205 /583
△雅致带羊齿 *Taeniopteris elegans*	Ⅲ /198 /573
△羊草沟带羊齿 *Taeniopteris yangcaogouensis*	Ⅲ /205 /583
△洋源带羊齿 *Taeniopteris yangyuanensis*	Ⅲ /205 /583
异形带羊齿 *Taeniopteris abnormis*	Ⅲ /197 /571
△云阳带羊齿 *Taeniopteris yunyangensis*	Ⅲ /205 /583
窄薄带羊齿 *Taeniopteris spathulata*	Ⅲ /203 /581
△皱波状带羊齿 *Taeniopteris crispata*	Ⅲ /197 /572
带羊齿(未定多种) *Taeniopteris* spp.	Ⅲ /205 /583
带羊齿?(未定多种) *Taeniopteris*? spp.	Ⅲ /208 /587
带叶属 *Doratophyllum*	Ⅲ /57 /386

阿斯塔脱带叶 *Doratophyllum astartensis*	Ⅲ /58 /386
阿斯塔脱带叶（比较种）*Doratophyllum* cf. *astartensis*	Ⅲ /58 /386
阿斯塔脱带叶（比较属种）*Doratophyllum* cf. *D. astartensis*	Ⅲ /58 /387
阿斯塔脱带叶（比较属种）Cf. *Doratophyllum astartensis*	Ⅲ /58 /387
△美丽带叶 *Doratophyllum decoratum*	Ⅲ /58 /387
美丽?带叶（比较种）*Doratophyllum*? cf. *decoratum*	Ⅲ /58 /387
△须家河带叶 *Doratophyllum hsuchiahoense*	Ⅲ /58 /387
?须家河带叶 ?*Doratophyllum hsuchiahoense*	Ⅲ /59 /388
?须家河带叶（比较种）?*Doratophyllum* cf. *hsuchiahoense*	Ⅲ /59 /388
带叶（未定种）*Doratophyllum* sp.	Ⅲ /59 /388

带状叶属 *Desmiophyllum* .... Ⅲ /52 /380
    △海西州带状叶 *Desmiophyllum haisizhouense* .... Ⅲ /53 /380
    △特别带状叶 *Desmiophyllum speciosum* .... Ⅲ /53 /380
    纤细带状叶 *Desmiophyllum gracile* .... Ⅲ /52 /380
    带状叶（未定多种）*Desmiophyllum* spp. .... Ⅲ /53 /380

单子叶属 *Monocotylophyllum* .... Ⅵ /36 /156
    单子叶（未定种）*Monocotylophyllum* sp. .... Ⅵ /36 /156
    单子叶（未定多种）*Monocotylophyllum* spp. .... Ⅵ /37 /156

德贝木属 *Debeya* .... Ⅵ /20 /138
    第氏德贝木 *Debeya tikhonovichii* .... Ⅵ /21 /139
    锯齿德贝木 *Debeya serrata* .... Ⅵ /20 /139

第聂伯果属 *Borysthenia* .... Ⅴ /8 /247
    束状第聂伯果 *Borysthenia fasciculata* .... Ⅴ /8 /247
    △丰富第聂伯果 *Borysthenia opulenta* .... Ⅴ /8 /247

雕鳞杉属 *Glyptolepis* .... Ⅴ /69 /322
    长苞雕鳞杉 *Glyptolepis longbracteata* .... Ⅴ /69 /322
    长苞雕鳞杉（比较属种）Cf. *Glyptolepis longbracteata* .... Ⅴ /69 /322
    考依普雕鳞杉 *Glyptolepis keuperiana* .... Ⅴ /69 /322
    雕鳞杉（未定种）*Glyptolepis* sp. .... Ⅴ /70 /322

蝶蕨属 *Weichselia* .... Ⅱ /210 /535
    具网蝶蕨 *Weichselia reticulata* .... Ⅱ /210 /536
    连生蝶蕨 *Weichselia ludovicae* .... Ⅱ /210 /535

△蝶叶属 *Papilionifolium* .... Ⅲ /127 /479
    △徐氏蝶叶 *Papilionifolium hsui* .... Ⅲ /128 /479

丁菲羊齿属 *Thinnfeldia* .... Ⅲ /211 /590
    △单羽状"丁菲羊齿" "*Thinnfeldia*" *monopinnata* .... Ⅲ /214 /594
    △东方丁菲羊齿 *Thinnfeldia orientalis* .... Ⅲ /215 /596
    华丽丁菲羊齿 *Thinnfeldia spesiosa* .... Ⅲ /216 /597
    华丽丁菲羊齿（比较种）*Thinnfeldia* cf. *spesiosa* .... Ⅲ /216 /597
    △坚直丁菲羊齿 *Thinnfeldia rigida* .... Ⅲ /216 /596
    ?坚直丁菲羊齿 ?*Thinnfeldia rigida* .... Ⅲ /216 /597
    △简单丁菲羊齿 *Thinnfeldia simplex* .... Ⅲ /216 /597
    △剑形丁菲羊齿 *Thinnfeldia ensifolium* .... Ⅲ /213 /592
    △江山丁菲羊齿 *Thinnfeldia jiangshanensis* .... Ⅲ /213 /593
    较大丁菲羊齿 *Thinnfeldia major* .... Ⅲ /214 /594

△库车? 丁菲羊齿 *Thinnfeldia? kuqaensis* Gu et Hu,1979 (non Gu et Hu,1984, nec Gu et Hu,1987) ·············· Ⅲ /213 /593
△库车? 丁菲羊齿 *Thinnfeldia? kuqaensis* Gu et Hu,1984 (non Gu et Hu,1979, nec Gu et Hu,1987) ·············· Ⅲ /213 /593
△库车? 丁菲羊齿 *Thinnfeldia? kuqaensis* Gu et Hu,1987 (non Gu et Hu,1979, nec Gu et Hu,1984) ·············· Ⅲ /213 /593
菱形丁菲羊齿 *Thinnfeldia rhomboidalis* ·············· Ⅲ /211 /590
菱形丁菲羊齿(比较种) *Thinnfeldia* cf. *rhomboidalis* ·············· Ⅲ /212 /592
菱形丁菲羊齿(比较属种) *Thinnfeldia* cf. *Th. rhomboidalis* ·············· Ⅲ /212 /592
△鹿厂? 丁菲羊齿 *Thinnfeldia? luchangensis* ·············· Ⅲ /214 /594
△南漳丁菲羊齿 *Thinnfeldia nanzhangensis* ·············· Ⅲ /214 /594
诺登斯基丁菲羊齿 *Thinnfeldia nordenskioeldii* ·············· Ⅲ /214 /595
诺登斯基? 丁菲羊齿 *Thinnfeldia? nordenskioeldii* ·············· Ⅲ /215 /596
? 诺登斯基丁菲羊齿 ? *Thinnfeldia nordenskioeldii* ·············· Ⅲ /215 /595
诺登斯基丁菲羊齿(比较属种) Cf. *Thinnfeldia nordenskioeldii* ·············· Ⅲ /215 /596
△蒲圻丁菲羊齿 *Thinnfeldia puqiensis* ·············· Ⅲ /215 /596
锐裂丁菲羊齿 *Thinnfeldia incisa* ·············· Ⅲ /213 /593
△神奇? 丁菲羊齿 *Thinnfeldia? magica* ·············· Ⅲ /214 /594
△匙形丁菲羊齿 *Thinnfeldia spatulata* ·············· Ⅲ /216 /597
△松弛丁菲羊齿 *Thinnfeldia laxa* ·············· Ⅲ /213 /593
△西河丁菲羊齿 *Thinnfeldia xiheensis* ·············· Ⅲ /217 /598
△湘东丁菲羊齿 *Thinnfeldia xiangdongensis* ·············· Ⅲ /217 /598
△小水丁菲羊齿 *Thinnfeldia xiaoshuiensis* ·············· Ⅲ /217 /598
△星芒丁菲羊齿 *Thinnfeldia stellata* ·············· Ⅲ /216 /597
△雅致丁菲羊齿 *Thinnfeldia elegans* ·············· Ⅲ /212 /592
△远安丁菲羊齿 *Thinnfeldia yuanensis* ·············· Ⅲ /217 /598
△中华丁菲羊齿 *Thinnfeldia sinensis* ·············· Ⅲ /216 /597
△座延羊齿型丁菲羊齿 *Thinnfeldia alethopteroides* ·············· Ⅲ /212 /592
座延羊齿型丁菲羊齿(比较种) *Thinnfeldia* cf. *alethopteroides* ·············· Ⅲ /212 /592
丁菲羊齿(未定多种) *Thinnfeldia* spp. ·············· Ⅲ /217 /598
丁菲羊齿? (未定多种) *Thinnfeldia?* spp. ·············· Ⅲ /218 /599
? 丁菲羊齿(未定种) ? *Thinnfeldia* sp. ·············· Ⅲ /218 /599
顶缺银杏属 *Phylladoderma* ·············· Ⅳ /79 /265
舌形顶缺银杏 *Phylladoderma arberi* ·············· Ⅳ /79 /266
舌形顶缺银杏(比较种) *Phylladoderma* cf. *arberi* ·············· Ⅳ /79 /266
顶缺银杏? (未定种) *Phylladoderma?* sp. ·············· Ⅳ /80 /266
顶缺银杏(等孔叶)(未定种) *Phylladoderma (Aequistomia)* sp. ·············· Ⅳ /80 /266
△渡口痕木属 *Dukouphyton* ·············· Ⅲ /62 /392
△较小渡口痕木 *Dukouphyton minor* ·············· Ⅲ /62 /392
△渡口叶属 *Dukouphyllum* ·············· Ⅲ /61 /392
△诺格拉齐蕨型渡口叶 *Dukouphyllum noeggerathioides* ·············· Ⅲ /62 /392
△渡口叶属 *Dukouphyllum* ·············· Ⅳ /28 /204
△诺格拉齐蕨型渡口叶 *Dukouphyllum noeggerathioides* ·············· Ⅳ /29 /204
△陕西渡口叶 *Dukouphyllum shensiense* ·············· Ⅳ /29 /204
短木属 *Brachyoxylon* ·············· Ⅴ /8 /247

斑点短木 *Brachyoxylon notabile* ……………………………………… Ⅴ /9/247
△萨尼短木 *Brachyoxylon sahnii* ……………………………………… Ⅴ /9/247
短木(未定种) *Brachyoxylon* sp. ……………………………………… Ⅴ /9/248
短叶杉属 *Brachyphyllum* ………………………………………………… Ⅴ /9/248
    北方短叶杉 *Brachyphyllum boreale* ……………………………… Ⅴ /9/248
    △长穗短叶杉 *Brachyphyllum longispicum* ……………………… Ⅴ /10/249
    粗肥短叶杉 *Brachyphyllum obesum* ……………………………… Ⅴ /11/251
    粗肥短叶杉(比较种) *Brachyphyllum* cf. *obesum* ……………… Ⅴ /12/252
    △大短叶杉 *Brachyphyllum magnum* ……………………………… Ⅴ /10/250
    △钝短叶杉 *Brachyphyllum obtusum* ……………………………… Ⅴ /12/252
    钝短叶杉(比较种) *Brachyphyllum* cf. *obtusum* ……………… Ⅴ /12/252
    △钝头短叶杉 *Brachyphyllum obtusicapitum* …………………… Ⅴ /12/252
    厚叶短叶杉 *Brachyphyllum crassum* ……………………………… Ⅴ /9/248
    △湖北短叶杉 *Brachyphyllum hubeiense* ………………………… Ⅴ /10/249
    扩张短叶杉 *Brachyphyllum expansum* …………………………… Ⅴ /10/249
    △灵乡短叶杉 *Brachyphyllum lingxiangense* …………………… Ⅴ /10/249
    △菱突短叶杉 *Brachyphyllum rhombimaniferum* ……………… Ⅴ /12/253
    菱突短叶杉(比较种) *Brachyphyllum* cf. *rhombimaniferum* … Ⅴ /13/253
    马咪勒短叶杉 *Brachyphyllum mamillare* ………………………… Ⅴ /9/248
    △密枝短叶杉 *Brachyphyllum multiramosum* …………………… Ⅴ /10/250
    敏氏短叶杉 *Brachyphyllum muensteri* …………………………… Ⅴ /10/250
    敏氏短叶杉(希默尔杉?) *Brachyphyllum* (*Hirmerella*?) *muensteri* ……… Ⅴ /11/250
    △南天门短叶杉 *Brachyphyllum nantianmense* ………………… Ⅴ /11/250
    △宁夏短叶杉 *Brachyphyllum ningshiaense* …………………… Ⅴ /11/250
    宁夏短叶杉(比较种) *Brachyphyllum* cf. *ningshiaense* ……… Ⅴ /11/250
    日本短叶杉 *Brachyphyllum japonicum* …………………………… Ⅴ /10/249
    日本短叶杉(比较种) *Brachyphyllum* cf. *japonicum* ………… Ⅴ /10/249
    稀枝短叶杉 *Brachyphyllum parceramosum* …………………… Ⅴ /12/252
    △斜方短叶杉 *Brachyphyllum rhombicum* ……………………… Ⅴ /12/252
    △雅致短叶杉 *Brachyphyllum elegans* …………………………… Ⅴ /9/248
    短叶杉(未定多种) *Brachyphyllum* spp. ………………………… Ⅴ /13/253
    短叶杉?(未定多种) *Brachyphyllum*? spp. ……………………… Ⅴ /14/255
    ?短叶杉(未定种) ?*Brachyphyllum* sp. …………………………… Ⅴ /14/255
    短叶杉(异形枝?)(未定种) *Brachyphyllum* (*Allocladus*?) sp. … Ⅴ /15/255
椴叶属 *Tiliaephyllum* …………………………………………………… Ⅵ /62/185
    查加杨椴叶 *Tiliaephyllum tsagajannicum* ……………………… Ⅵ /62/185
    查加杨椴叶(比较属种) Cf. *Tiliaephyllum tsagajannicum* …… Ⅵ /62/186
    查加杨椴叶(比较种) *Tiliaephyllum* cf. *tsagajannicum* ……… Ⅵ /62/186
    △吉林椴叶 *Tiliaephyllum jilinense* ……………………………… Ⅵ /62/185
    可疑椴叶 *Tiliaephyllum dubium* ………………………………… Ⅵ /62/185
堆囊穗属 *Sorosaccus* …………………………………………………… Ⅳ /94/283
    细纤堆囊穗 *Sorosaccus gracilis* …………………………………… Ⅳ /94/283
盾形叶属 *Aspidiophyllum* ……………………………………………… Ⅵ /7/124
    三裂盾形叶 *Aspidiophyllum trilobatum* ………………………… Ⅵ /8/124
    盾形叶(未定种) *Aspidiophyllum* sp. …………………………… Ⅵ /8/124

盾籽属 *Peltaspermum* ⋯⋯⋯⋯⋯⋯⋯⋯⋯⋯⋯⋯⋯⋯⋯⋯⋯⋯⋯⋯⋯⋯⋯⋯⋯⋯ Ⅲ /130 /481
　△多脊盾籽 *Peltaspermum multicostatum* ⋯⋯⋯⋯⋯⋯⋯⋯⋯⋯⋯⋯⋯⋯ Ⅲ /130 /482
　△萼状形盾籽 *Peltaspermum calycinum* ⋯⋯⋯⋯⋯⋯⋯⋯⋯⋯⋯⋯⋯⋯⋯ Ⅲ /130 /482
　△奇肋盾籽 *Peltaspermum miracarinatum* ⋯⋯⋯⋯⋯⋯⋯⋯⋯⋯⋯⋯⋯⋯ Ⅲ /130 /482
　△圆瓣形盾籽 *Peltaspermum lobulatum* ⋯⋯⋯⋯⋯⋯⋯⋯⋯⋯⋯⋯⋯⋯⋯ Ⅲ /130 /482
　圆形盾籽 *Peltaspermum rotula* ⋯⋯⋯⋯⋯⋯⋯⋯⋯⋯⋯⋯⋯⋯⋯⋯⋯⋯⋯ Ⅲ /130 /481
　圆形盾籽（比较种）*Peltaspermum* cf. *rotula* ⋯⋯⋯⋯⋯⋯⋯⋯⋯⋯⋯⋯ Ⅲ /130 /481
　盾籽（未定多种）*Peltaspermum* spp. ⋯⋯⋯⋯⋯⋯⋯⋯⋯⋯⋯⋯⋯⋯⋯⋯ Ⅲ /131 /483
　？盾籽（未定种）？*Peltaspermum* sp. ⋯⋯⋯⋯⋯⋯⋯⋯⋯⋯⋯⋯⋯⋯⋯⋯ Ⅲ /131 /483

E

耳羽叶属 *Otozamites* ⋯⋯⋯⋯⋯⋯⋯⋯⋯⋯⋯⋯⋯⋯⋯⋯⋯⋯⋯⋯⋯⋯⋯⋯ Ⅲ /114 /460
　△安龙？耳羽叶 *Otozamites? anlungensis* ⋯⋯⋯⋯⋯⋯⋯⋯⋯⋯⋯⋯⋯⋯ Ⅲ /114 /461
　△白果湾耳羽叶 *Otozamites baiguowanensis* ⋯⋯⋯⋯⋯⋯⋯⋯⋯⋯⋯⋯⋯ Ⅲ /114 /461
　毕氏耳羽叶 *Otozamites bechei* ⋯⋯⋯⋯⋯⋯⋯⋯⋯⋯⋯⋯⋯⋯⋯⋯⋯⋯ Ⅲ /115 /461
　边氏耳羽叶 *Otozamites beani* ⋯⋯⋯⋯⋯⋯⋯⋯⋯⋯⋯⋯⋯⋯⋯⋯⋯⋯ Ⅲ /114 /461
　草状耳羽叶 *Otozamites gramineus* ⋯⋯⋯⋯⋯⋯⋯⋯⋯⋯⋯⋯⋯⋯⋯⋯ Ⅲ /116 /463
　齿状耳羽叶 *Otozamites denticulatus* ⋯⋯⋯⋯⋯⋯⋯⋯⋯⋯⋯⋯⋯⋯⋯⋯ Ⅲ /115 /462
　△楚耳羽叶 *Otozamites chuensis* ⋯⋯⋯⋯⋯⋯⋯⋯⋯⋯⋯⋯⋯⋯⋯⋯⋯ Ⅲ /115 /462
　△串珠耳羽叶 *Otozamites margaritaceus* ⋯⋯⋯⋯⋯⋯⋯⋯⋯⋯⋯⋯⋯⋯ Ⅲ /119 /467
　△大叶耳羽叶 *Otozamites megaphyllus* ⋯⋯⋯⋯⋯⋯⋯⋯⋯⋯⋯⋯⋯⋯⋯ Ⅲ /119 /467
　△大羽耳羽叶 *Otozamites gigantipinnatus* ⋯⋯⋯⋯⋯⋯⋯⋯⋯⋯⋯⋯⋯⋯ Ⅲ /116 /463
　△当阳耳羽叶 *Otozamites tangyangensis* ⋯⋯⋯⋯⋯⋯⋯⋯⋯⋯⋯⋯⋯⋯ Ⅲ /121 /471
　钝耳羽叶 *Otozamites obtusus* ⋯⋯⋯⋯⋯⋯⋯⋯⋯⋯⋯⋯⋯⋯⋯⋯⋯⋯⋯ Ⅲ /114 /460
　△反弯耳羽叶 *Otozamites recurvus* ⋯⋯⋯⋯⋯⋯⋯⋯⋯⋯⋯⋯⋯⋯⋯⋯ Ⅲ /121 /470
　△华安耳羽叶 *Otozamites huaanensis* ⋯⋯⋯⋯⋯⋯⋯⋯⋯⋯⋯⋯⋯⋯⋯ Ⅲ /117 /465
　△华夏耳羽叶 *Otozamites cathayanus* ⋯⋯⋯⋯⋯⋯⋯⋯⋯⋯⋯⋯⋯⋯⋯⋯ Ⅲ /115 /462
　△混型耳羽叶 *Otozamites mixomorphus* ⋯⋯⋯⋯⋯⋯⋯⋯⋯⋯⋯⋯⋯⋯⋯ Ⅲ /120 /468
　混型耳羽叶（比较种）*Otozamites* cf. *mixomorphus* ⋯⋯⋯⋯⋯⋯⋯⋯⋯ Ⅲ /120 /469
　尖头耳羽叶 *Otozamites graphicus* ⋯⋯⋯⋯⋯⋯⋯⋯⋯⋯⋯⋯⋯⋯⋯⋯⋯ Ⅲ /116 /463
　△江油耳羽叶 *Otozamites jiangyouensis* ⋯⋯⋯⋯⋯⋯⋯⋯⋯⋯⋯⋯⋯⋯ Ⅲ /117 /465
　△较小耳羽叶 *Otozamites minor* ⋯⋯⋯⋯⋯⋯⋯⋯⋯⋯⋯⋯⋯⋯⋯⋯⋯ Ⅲ /119 /468
　△荆门耳羽叶 *Otozamites jingmenensis* ⋯⋯⋯⋯⋯⋯⋯⋯⋯⋯⋯⋯⋯⋯ Ⅲ /118 /465
　克氏耳羽叶 *Otozamites klipsteinii* ⋯⋯⋯⋯⋯⋯⋯⋯⋯⋯⋯⋯⋯⋯⋯⋯⋯ Ⅲ /118 /466
　克氏耳羽叶（比较种）*Otozamites* cf. *klipsteinii* ⋯⋯⋯⋯⋯⋯⋯⋯⋯⋯ Ⅲ /118 /466
　△兰溪耳羽叶 *Otozamites lanxiensis* ⋯⋯⋯⋯⋯⋯⋯⋯⋯⋯⋯⋯⋯⋯⋯⋯ Ⅲ /118 /466
　△镰状耳羽叶 *Otozamites falcata* ⋯⋯⋯⋯⋯⋯⋯⋯⋯⋯⋯⋯⋯⋯⋯⋯⋯ Ⅲ /116 /463
　林肯耳羽叶 *Otozamites leckenbyi* ⋯⋯⋯⋯⋯⋯⋯⋯⋯⋯⋯⋯⋯⋯⋯⋯⋯ Ⅲ /118 /466
　马蒂耳羽叶 *Otozamites mattiellianus* ⋯⋯⋯⋯⋯⋯⋯⋯⋯⋯⋯⋯⋯⋯⋯⋯ Ⅲ /119 /467
　毛羽叶型耳羽叶 *Otozamites ptilophylloides* ⋯⋯⋯⋯⋯⋯⋯⋯⋯⋯⋯⋯⋯ Ⅲ /121 /470
　毛羽叶型耳羽叶（比较属种）Cf. *Otozamites ptilophylloides* ⋯⋯⋯⋯⋯⋯ Ⅲ /121 /470
　孟加拉耳羽叶 *Otozamites bengalensis* ⋯⋯⋯⋯⋯⋯⋯⋯⋯⋯⋯⋯⋯⋯⋯ Ⅲ /115 /461
　孟加拉耳羽叶（比较种）*Otozamites* cf. *bengalensis* ⋯⋯⋯⋯⋯⋯⋯⋯ Ⅲ /115 /462
　△纳拉箐耳羽叶 *Otozamites nalajingensis* ⋯⋯⋯⋯⋯⋯⋯⋯⋯⋯⋯⋯⋯ Ⅲ /120 /469

△南漳耳羽叶 *Otozamites nanzhangensis* ……………………………… Ⅲ /120 /469
　　拟态耳羽叶 *Otozamites mimetes* ……………………………………… Ⅲ /119 /468
　　拟态耳羽叶(比较种) *Otozamites* cf. *mimetes* ……………………… Ⅲ /119 /468
　　帕米尔耳羽叶 *Otozamites pamiricus* ………………………………… Ⅲ /120 /470
　　△披针耳羽叶 *Otozamites lanceolatus* ………………………………… Ⅲ /118 /466
　　△舌状耳羽叶 *Otozamites linguifolius* ………………………………… Ⅲ /118 /466
　　△斯氏耳羽叶 *Otozamites szeianus* …………………………………… Ⅲ /121 /471
　　土耳库斯坦耳羽叶 *Otozamites turkestanica* ………………………… Ⅲ /121 /471
　　△西南耳羽叶 *Otozamites xinanensis* ………………………………… Ⅲ /122 /471
　　△纤柔耳羽叶 *Otozamites tenellus* …………………………………… Ⅲ /121 /471
　　△香溪耳羽叶 *Otozamites hsiangchiensis* …………………………… Ⅲ /116 /463
　　△潇湘耳羽叶 *Otozamites xiaoxiangensis* …………………………… Ⅲ /122 /471
　　△小耳羽叶 *Otozamites parvus* ………………………………………… Ⅲ /121 /470
　　△小剑耳羽叶 *Otozamites parviensifolius* …………………………… Ⅲ /120 /470
　　秀厄德耳羽叶 *Otozamites sewardii* …………………………………… Ⅲ /121 /470
　　△雅布赖耳羽叶 *Otozamites yabulaense* ……………………………… Ⅲ /122 /472
　　△亚尖头耳羽叶 *Otozamites apiculatus* ……………………………… Ⅲ /114 /461
　　△宜章耳羽叶 *Otozamites yizhangensis* ……………………………… Ⅲ /122 /472
　　英国耳羽叶 *Otozamites anglica* ………………………………………… Ⅲ /114 /460
　　△云和耳羽叶 *Otozamites yunheensis* ………………………………… Ⅲ /122 /472
　　针形耳羽叶 *Otozamites lancifolius* …………………………………… Ⅲ /118 /466
　　针形耳羽叶(比较种) *Otozamites* cf. *lancifolius* …………………… Ⅲ /118 /466
　　中印耳羽叶 *Otozamites indosinensis* ………………………………… Ⅲ /117 /465
　　中印耳羽叶(比较种) *Otozamites* cf. *indosinensis* ………………… Ⅲ /117 /465
　　耳羽叶(未定多种) *Otozamites* spp. …………………………………… Ⅲ /122 /472
　　耳羽叶?(未定多种) *Otozamites*? spp. ………………………………… Ⅲ /124 /475
二叉羊齿属 *Dicrodium* ……………………………………………………… Ⅲ /54 /382
　　△变形二叉羊齿 *Dicrodium allophyllum* ……………………………… Ⅲ /54 /382
　　齿羊齿型二叉羊齿 *Dicrodium odontopteroides* ……………………… Ⅲ /54 /382

F

榧属 *Torreya* ………………………………………………………………… Ⅴ /169 /441
　　巴山榧 *Torreya fargesii* ………………………………………………… Ⅴ /170 /442
　　△北方榧 *Torreya borealis* ……………………………………………… Ⅴ /169 /442
　　△房山榧 *Torreya fangshanensis* ……………………………………… Ⅴ /170 /442
　　△海州榧 *Torreya haizhouensis* ………………………………………… Ⅴ /170 /442
　　△周氏?榧 *Torreya*? *chowii* …………………………………………… Ⅴ /169 /442
　　周氏榧?(比较种) *Torreya*? cf. *chowii* ……………………………… Ⅴ /170 /442
　　榧?(未定种) *Torreya*? sp. ……………………………………………… Ⅴ /170 /443
　　?榧(未定种) ?*Torreya* sp. ……………………………………………… Ⅴ /170 /443
△榧型枝属 *Torreyocladus* ………………………………………………… Ⅴ /170 /443
　　△明显榧型枝 *Torreyocladus spectabilis* …………………………… Ⅴ /170 /443
费尔干木属 *Ferganodendron* ……………………………………………… Ⅰ /45 /183
　　费尔干木(未定种) *Ferganodendron* sp. ……………………………… Ⅰ /46 /183

？费尔干木(未定种)？*Ferganodendron* sp.	Ⅰ	/46 /183
费尔干杉属 *Ferganiella*	Ⅴ	/64 /315
△耳羽叶型？费尔干杉 *Ferganiella*? *otozamioides*	Ⅴ	/65 /316
△间细脉费尔干杉 *Ferganiella mesonervis*	Ⅴ	/65 /316
披针形费尔干杉 *Ferganiella lanceolatus*	Ⅴ	/65 /316
披针形费尔干杉(比较种) *Ferganiella* cf. *lanceolatus*	Ⅴ	/65 /316
△疏脉费尔干杉 *Ferganiella paucinervis*	Ⅴ	/65 /316
疏脉费尔干杉(比较种) *Ferganiella* cf. *paucinervis*	Ⅴ	/65 /317
△苏铁杉型费尔干杉 *Ferganiella podozamioides*	Ⅴ	/65 /317
苏铁杉型费尔干杉(比较种) *Ferganiella* cf. *podozamioides*	Ⅴ	/66 /318
苏铁杉型费尔干杉(比较属种) *Ferganiella* cf. *F. podozamioides*	Ⅴ	/66 /318
△威远费尔干杉 *Ferganiella weiyuanensis*	Ⅴ	/66 /318
乌梁海费尔干杉 *Ferganiella urjachaica*	Ⅴ	/64 /316
乌梁海费尔干杉(比较种) *Ferganiella* cf. *urjachaica*	Ⅴ	/64 /316
费尔干杉(未定多种) *Ferganiella* spp.	Ⅴ	/66 /318
费尔干杉?(未定多种) *Ferganiella*? spp.	Ⅴ	/67 /319
枫杨属 *Pterocarya*	Ⅵ	/50 /172
△中华枫杨 *Pterocarya siniptera*	Ⅵ	/50 /172
△缝鞘杉属 *Suturovagina*	Ⅴ	/162 /433
△过渡缝鞘杉 *Suturovagina intermedia*	Ⅴ	/163 /434
缝鞘杉(未定种) *Suturovagina* sp.	Ⅴ	/163 /434
伏脂杉属 *Voltzia*	Ⅴ	/173 /446
克伦伏脂杉(比较种) *Voltzia* cf. *koeneni*	Ⅴ	/174 /447
宽叶伏脂杉 *Voltzia brevifolia*	Ⅴ	/173 /446
瓦契杉形伏脂杉 *Voltzia walchiaeformis*	Ⅴ	/174 /447
瓦契杉形伏脂杉(比较种) *Voltzia* cf. *walchiaeformis*	Ⅴ	/174 /447
△弯叶伏脂杉 *Voltzia curtifolis*	Ⅴ	/173 /446
魏斯曼伏脂杉 *Voltzia weismanni*	Ⅴ	/174 /447
△五瓣伏脂杉 *Voltzia quinquepetala*	Ⅴ	/174 /447
异叶伏脂杉 *Voltzia heterophylla*	Ⅴ	/173 /446
异叶伏脂杉(比较种) *Voltzia* cf. *heterophylla*	Ⅰ	/174 /447
伏脂杉(未定多种) *Voltzia* spp.	Ⅴ	/174 /448
伏脂杉?(未定多种) *Voltzia*? spp.	Ⅴ	/175 /448
△辐叶属 *Radiatifolium*	Ⅳ	/87 /274
△大辐叶 *Radiatifolium magnusum*	Ⅳ	/87 /274
△副葫芦藓属 *Parafunaria*	Ⅰ	/7 /134
△中国副葫芦藓 *Parafunaria sinensis*	Ⅰ	/7 /134
△副镰羽叶属 *Paradrepanozamites*	Ⅲ	/129 /480
△大道场副镰羽叶 *Paradrepanozamites dadaochangensis*	Ⅲ	/129 /481
△小副镰羽叶 *Paradrepanozamites minor*	Ⅲ	/129 /481
副落羽杉属 *Parataxodium*	Ⅴ	/89 /345
魏更斯副落羽杉 *Parataxodium wigginsii*	Ⅴ	/89 /345
雅库特副落羽杉 *Parataxodium jacutensis*	Ⅴ	/90 /345
△副球果属 *Paraconites*	Ⅴ	/89 /344
△伸长副球果 *Paraconites longifolius*	Ⅴ	/89 /344

副苏铁属 *Paracycas* ·········· Ⅲ /128 /479
    劲直副苏铁 *Paracycas rigida* ·········· Ⅲ /128 /480
    △劲直? 副苏铁 *Paracycas? rigida* ·········· Ⅲ /128 /479
    △三峡? 副苏铁 *Paracycas? sanxiaenses* ·········· Ⅲ /128 /480
    梳子副苏铁 *Paracycas cteis* ·········· Ⅲ /128 /479
    梳子副苏铁(比较种) *Paracycas* cf. *cteis* ·········· Ⅲ /128 /479

G

盖涅茨杉属 *Geinitzia* ·········· Ⅴ /68 /321
    白垩盖涅茨杉 *Geinitzia cretacea* ·········· Ⅴ /68 /321
    盖涅茨杉(未定多种) *Geinitzia* spp. ·········· Ⅴ /68 /321
△甘肃芦木属 *Gansuphyllites* ·········· Ⅰ /46 /183
    △多脉甘肃芦木 *Gansuphyllites multivervis* ·········· Ⅰ /46 /183
革叶属 *Scytophyllum* ·········· Ⅲ /185 /556
    △朝阳革叶 *Scytophyllum chaoyangensis* ·········· Ⅲ /185 /556
    △倒卵形革叶 *Scytophyllum obovatifolium* ·········· Ⅲ /186 /557
    △湖南革叶 *Scytophyllum hunanense* ·········· Ⅲ /186 /557
    △库车革叶 *Scytophyllum kuqaense* ·········· Ⅲ /186 /557
    培根革叶 *Scytophyllum bergeri* ·········· Ⅲ /185 /556
    培根革叶(比较种) *Scytophyllum* cf. *bergeri* ·········· Ⅲ /185 /556
    △五字湾革叶 *Scytophyllum wuziwanensis* ·········· Ⅲ /186 /558
    △隐脉? 革叶 *Scytophyllum? cryptonerve* ·········· Ⅲ /186 /557
    革叶(未定多种) *Scytophyllum* spp. ·········· Ⅲ /186 /558
格伦罗斯杉属 *Glenrosa* ·········· Ⅴ /69 /321
    得克萨斯格伦罗斯杉 *Glenrosa texensis* ·········· Ⅴ /69 /321
    △南京格伦罗斯杉 *Glenrosa nanjingensis* ·········· Ⅴ /69 /321
格子蕨属 *Clathropteris* ·········· Ⅱ /74 /362
    △北京格子蕨 *Clathropteris pekingensis* ·········· Ⅱ /78 /369
    倒卵形格子蕨 *Clathropteris obovata* ·········· Ⅱ /77 /368
    倒卵形格子蕨(比较种) *Clathropteris* cf. *obovata* ·········· Ⅱ /78 /368
    △多角格子蕨 *Clathropteris polygona* ·········· Ⅱ /80 /371
    △拱脉格子蕨 *Clathropteris arcuata* ·········· Ⅱ /76 /366
    △极小格子蕨 *Clathropteris pusilla* ·········· Ⅱ /80 /371
    阔叶格子蕨 *Clathropteris platyphylla* ·········· Ⅱ /78 /369
    阔叶格子蕨(比较种) *Clathropteris* cf. *platyphylla* ·········· Ⅱ /80 /371
    蒙古盖格子蕨 *Clathropteris mongugaica* ·········· Ⅱ /77 /367
    蒙古盖格子蕨(比较种) *Clathropteris* cf. *mongugaica* ·········· Ⅱ /77 /367
    △密脉格子蕨 *Clathropteris tenuinervis* ·········· Ⅱ /80 /371
    密脉格子蕨(比较种) *Clathropteris* cf. *tenuinervis* ·········· Ⅱ /80 /372
    密脉格子蕨(比较属种) *Clathropteris* cf. *C. tenuinervis* ·········· Ⅱ /80 /372
    新月蕨型格子蕨 *Clathropteris meniscioides* ·········· Ⅱ /74 /363
    新月蕨型格子蕨(比较种) *Clathropteris* cf. *meniscioides* ·········· Ⅱ /76 /366
    △新月蕨型格子蕨较小异型 *Clathropteris meniscioides* f. *minor* ·········· Ⅱ /76 /366
    雅致格子蕨 *Clathropteris elegans* ·········· Ⅱ /76 /366

雅致格子蕨(比较种) *Clathropteris* cf. *elegans*		Ⅱ /77 /367
△镇巴格子蕨 *Clathropteris zhenbaensis*		Ⅱ /80 /372
格子蕨(未定多种) *Clathropteris* spp.		Ⅱ /80 /372
格子蕨?(未定多种) *Clathropteris*? spp.		Ⅱ /81 /373

葛伯特蕨属 *Goeppertella* ········· Ⅱ /132 /439
    多间羽葛伯特蕨 *Goeppertella memoria-watanabei* ········· Ⅱ /133 /440
    △广元葛伯特蕨 *Goeppertella kwanyuanensis* ········· Ⅱ /132 /440
    广元葛伯特蕨(比较种) *Goeppertella* cf. *kwanyuanensis* ········· Ⅱ /133 /440
    △冕宁葛伯特蕨 *Goeppertella mianningensis* ········· Ⅱ /133 /440
    △纳拉箐葛伯特蕨 *Goeppertella nalajingensis* ········· Ⅱ /133 /440
    △舌形葛伯特蕨 *Goeppertella kochobei* ········· Ⅱ /132 /440
    △乡城葛伯特蕨 *Goeppertella xiangchengensis* ········· Ⅱ /133 /441
    小裂片葛伯特蕨 *Goeppertella microloba* ········· Ⅱ /132 /439
    △异叶蕨型葛伯特蕨 *Goeppertella thaumatopteroides* ········· Ⅱ /133 /441
    葛伯特蕨(未定多种) *Goeppertella* spp. ········· Ⅱ /133 /441
    葛伯特蕨?(未定种) *Goeppertella*? sp. ········· Ⅱ /134 /441

根茎蕨属 *Rhizomopteris* ········· Ⅱ /174 /490
    △带状根茎蕨 *Rhizomopteris taeniana* ········· Ⅱ /175 /491
    石松型根茎蕨 *Rhizomopteris lycopodioides* ········· Ⅱ /174 /490
    △窑街根茎蕨 *Rhizomopteris yaojiensis* Sun et Shen,1986
        (non Sun et Shen,1998) ········· Ⅱ /175 /491
    △窑街根茎蕨 *Rhizomopteris yaojiensis* Sun et Shen,1998
        (non Sun et Shen,1986) ········· Ⅱ /175 /491
    △中华根茎蕨 *Rhizomopteris sinensis* Gu,1978 (non Gu,1984) ········· Ⅱ /174 /490
    △中华根茎蕨 *Rhizomopteris sinensis* Gu,1984 (non Gu,1978) ········· Ⅱ /174 /491
    根茎蕨(未定多种) *Rhizomopteris* spp. ········· Ⅱ /175 /491

△根状茎属 *Rhizoma* ········· Ⅵ /54 /176
    △椭圆形根状茎 *Rhizoma elliptica* ········· Ⅵ /54 /177

古柏属 *Palaeocyparis* ········· Ⅴ /87 /342
    扩张古柏 *Palaeocyparis expansus* ········· Ⅴ /87 /343
    弯曲古柏 *Palaeocyparis flexuosa* ········· Ⅴ /87 /343
    弯曲古柏(比较种) *Palaeocyparis* cf. *flexuosa* ········· Ⅴ /88 /343

古地钱属 *Marchantiolites* ········· Ⅰ /4 /130
    布莱尔莫古地钱 *Marchantiolites blairmorensis* ········· Ⅰ /4 /131
    多孔古地钱 *Marchantiolites porosus* ········· Ⅰ /4 /130
    △沟槽古地钱 *Marchantiolites sulcatus* ········· Ⅰ /4 /131

古尔万果属 *Gurvanella* ········· Ⅴ /71 /324
    网翅古尔万果 *Gurvanella dictyoptera* ········· Ⅴ /71 /324
    △优美古尔万果 *Gurvanella exquisites* ········· Ⅴ /71 /324

古尔万果属 *Gurvanella* ········· Ⅵ /28 /146
    网翅古尔万果 *Gurvanella dictyoptera* ········· Ⅵ /28 /146
    △优美古尔万果 *Gurvanella exquisites* ········· Ⅵ /28 /147

△古果属 *Archaefructus* ········· Ⅵ /5 /121
    △辽宁古果 *Archaefructus liaoningensis* ········· Ⅵ /5 /121
    △中国古果 *Archaefructus sinensis* ········· Ⅵ /6 /122

古果(未定种) *Archaefructus* sp.	Ⅵ/6/122	
古维他叶属 *Palaeovittaria*	Ⅲ/127/478	
库兹古维他叶 *Palaeovittaria kurzii*	Ⅲ/127/478	
△山西古维他叶 *Palaeovittaria shanxiensis*	Ⅲ/127/478	
骨碎补属 *Davallia*	Ⅱ/110/411	
△泥河子骨碎补 *Davallia niehhutzuensis*	Ⅱ/110/411	
泥河子?骨碎补 *Davallia? niehhutzuensis*	Ⅱ/110/411	
△广西叶属 *Guangxiophyllum*	Ⅲ/67/398	
△上思广西叶 *Guangxiophyllum shangsiense*	Ⅲ/67/398	
鬼灯檠属 *Rogersia*	Ⅵ/55/177	
披针形鬼灯檠 *Rogersia lanceolata*	Ⅵ/55/177	
窄叶鬼灯檠 *Rogersia angustifolia*	Ⅵ/55/177	
长叶鬼灯檠 *Rogersia longifolia*	Ⅵ/55/177	
桂叶属 *Laurophyllum*	Ⅵ/32/151	
琼楠型桂叶 *Laurophyllum beilschmiedioides*	Ⅵ/32/151	
桂叶(未定多种) *Laurophyllum* spp.	Ⅵ/32/151	
棍穗属 *Gomphostrobus*	Ⅴ/71/323	
分裂棍穗 *Gomphostrobus bifidus*	Ⅴ/71/324	
异叶棍穗 *Gomphostrobus heterophylla*	Ⅴ/71/323	

H

哈定蕨属 *Haydenia*	Ⅱ/140/449
伞序蕨型哈定蕨 *Haydenia thyrsopteroides*	Ⅱ/141/450
?伞序蕨型哈定蕨 ?*Haydenia thyrsopteroides*	Ⅱ/141/450
△哈勒角籽属 *Hallea*	Ⅴ/71/324
△北京哈勒角籽 *Hallea pekinensis*	Ⅴ/72/324
哈瑞士羊齿属 *Harrisiothecium*	Ⅲ/67/398
苹型哈瑞士羊齿 *Harrisiothecium marsilioides*	Ⅲ/67/398
哈瑞士羊齿?(未定种) *Harrisiothecium*? sp.	Ⅲ/67/398
△哈瑞士叶属 *Tharrisia*	Ⅲ/210/589
△侧生瑞士叶 *Tharrisia lata*	Ⅲ/210/589
△迪纳塞尔哈瑞士叶 *Tharrisia dinosaurensis*	Ⅲ/210/589
△优美哈瑞士叶 *Tharrisia spectabilis*	Ⅲ/210/589
哈兹叶属 *Hartzia* Harris,1935 (non Nikitin,1965)	Ⅳ/64/247
△宽叶哈兹叶 *Hartzia latifolia*	Ⅳ/64/248
细弱哈兹叶 *Hartzia tenuis*	Ⅳ/64/247
?细弱哈兹叶 ?*Hartzia tenuis*	Ⅳ/64/248
细弱哈兹叶(比较属种) Cf. *Hartzia tenuis*	Ⅳ/64/247
哈兹叶(未定种) *Hartzia* sp.	Ⅳ/64/248
哈兹籽属 *Hartzia* Nikitin,1965 (non Harris,1935)	Ⅵ/28/147
洛氏哈兹籽 *Hartzia rosenkjari*	Ⅵ/28/147
禾草叶属 *Graminophyllum*	Ⅵ/27/146
琥珀禾草叶 *Graminophyllum succineum*	Ⅵ/27/146
禾草叶(未定种) *Graminophyllum* sp.	Ⅵ/27/146

合囊蕨属 *Marattia* ⋯⋯⋯⋯⋯⋯⋯⋯⋯⋯⋯⋯⋯⋯⋯⋯⋯⋯⋯⋯⋯⋯⋯⋯⋯⋯⋯⋯⋯⋯⋯⋯⋯⋯⋯ Ⅱ/149/459
 △古合囊蕨 *Marattia antiqua* ⋯⋯⋯⋯⋯⋯⋯⋯⋯⋯⋯⋯⋯⋯⋯⋯⋯⋯⋯⋯⋯⋯⋯⋯⋯⋯⋯⋯ Ⅱ/149/459
 霍尔合囊蕨 *Marattia hoerensis* ⋯⋯⋯⋯⋯⋯⋯⋯⋯⋯⋯⋯⋯⋯⋯⋯⋯⋯⋯⋯⋯⋯⋯⋯⋯⋯⋯⋯ Ⅱ/150/460
 △卵形合囊蕨 *Marattia ovalis* ⋯⋯⋯⋯⋯⋯⋯⋯⋯⋯⋯⋯⋯⋯⋯⋯⋯⋯⋯⋯⋯⋯⋯⋯⋯⋯⋯⋯⋯ Ⅱ/151/461
 敏斯特合囊蕨 *Marattia muensteri* ⋯⋯⋯⋯⋯⋯⋯⋯⋯⋯⋯⋯⋯⋯⋯⋯⋯⋯⋯⋯⋯⋯⋯⋯⋯⋯⋯ Ⅱ/150/461
 △少脉合囊蕨 *Marattia paucicostata* ⋯⋯⋯⋯⋯⋯⋯⋯⋯⋯⋯⋯⋯⋯⋯⋯⋯⋯⋯⋯⋯⋯⋯⋯⋯ Ⅱ/151/461
 △四川合囊蕨 *Marattia sichuanensis* ⋯⋯⋯⋯⋯⋯⋯⋯⋯⋯⋯⋯⋯⋯⋯⋯⋯⋯⋯⋯⋯⋯⋯⋯⋯ Ⅱ/151/462
 亚洲合囊蕨 *Marattia asiatica* ⋯⋯⋯⋯⋯⋯⋯⋯⋯⋯⋯⋯⋯⋯⋯⋯⋯⋯⋯⋯⋯⋯⋯⋯⋯⋯⋯⋯⋯ Ⅱ/149/459
 亚洲合囊蕨（比较种） *Marattia* cf. *asiatica* ⋯⋯⋯⋯⋯⋯⋯⋯⋯⋯⋯⋯⋯⋯⋯⋯⋯⋯⋯ Ⅱ/150/460
 合囊蕨（未定种） *Marattia* sp. ⋯⋯⋯⋯⋯⋯⋯⋯⋯⋯⋯⋯⋯⋯⋯⋯⋯⋯⋯⋯⋯⋯⋯⋯⋯⋯⋯⋯ Ⅱ/151/462
 合囊蕨？（未定种） *Marattia*? sp. ⋯⋯⋯⋯⋯⋯⋯⋯⋯⋯⋯⋯⋯⋯⋯⋯⋯⋯⋯⋯⋯⋯⋯⋯⋯⋯ Ⅱ/151/462
荷叶蕨属 *Hausmannia* ⋯⋯⋯⋯⋯⋯⋯⋯⋯⋯⋯⋯⋯⋯⋯⋯⋯⋯⋯⋯⋯⋯⋯⋯⋯⋯⋯⋯⋯⋯⋯⋯⋯⋯ Ⅱ/135/443
 △峨眉荷叶蕨 *Hausmannia emeiensis* ⋯⋯⋯⋯⋯⋯⋯⋯⋯⋯⋯⋯⋯⋯⋯⋯⋯⋯⋯⋯⋯⋯⋯⋯⋯ Ⅱ/136/444
 二歧荷叶蕨 *Hausmannia dichotoma* ⋯⋯⋯⋯⋯⋯⋯⋯⋯⋯⋯⋯⋯⋯⋯⋯⋯⋯⋯⋯⋯⋯⋯⋯⋯⋯ Ⅱ/136/443
 △李氏荷叶蕨 *Hausmannia leeiana* ⋯⋯⋯⋯⋯⋯⋯⋯⋯⋯⋯⋯⋯⋯⋯⋯⋯⋯⋯⋯⋯⋯⋯⋯⋯⋯ Ⅱ/136/444
 △蛇不歹荷叶蕨 *Hausmannia shebudaiensis* ⋯⋯⋯⋯⋯⋯⋯⋯⋯⋯⋯⋯⋯⋯⋯⋯⋯⋯⋯⋯⋯ Ⅱ/136/444
 △似掌叶型荷叶蕨 *Hausmannia chiropterioides* ⋯⋯⋯⋯⋯⋯⋯⋯⋯⋯⋯⋯⋯⋯⋯⋯⋯⋯ Ⅱ/136/443
 乌苏里荷叶蕨 *Hausmannia ussuriensis* ⋯⋯⋯⋯⋯⋯⋯⋯⋯⋯⋯⋯⋯⋯⋯⋯⋯⋯⋯⋯⋯⋯⋯⋯ Ⅱ/136/445
 乌苏里荷叶蕨（比较种） *Hausmannia* cf. *ussuriensis* ⋯⋯⋯⋯⋯⋯⋯⋯⋯⋯⋯⋯⋯⋯ Ⅱ/137/445
 圆齿荷叶蕨 *Hausmannia crenata* ⋯⋯⋯⋯⋯⋯⋯⋯⋯⋯⋯⋯⋯⋯⋯⋯⋯⋯⋯⋯⋯⋯⋯⋯⋯⋯⋯ Ⅱ/136/444
 荷叶蕨（未定多种） *Hausmannia* spp. ⋯⋯⋯⋯⋯⋯⋯⋯⋯⋯⋯⋯⋯⋯⋯⋯⋯⋯⋯⋯⋯⋯⋯⋯ Ⅱ/137/446
荷叶蕨（原始扇状蕨亚属） *Hausmannia* (*Protorhipis*) ⋯⋯⋯⋯⋯⋯⋯⋯⋯⋯⋯⋯⋯⋯⋯⋯ Ⅱ/137/446
 布氏荷叶蕨（原始扇状蕨） *Hausmannia* (*Protorhipis*) *buchii* ⋯⋯⋯⋯⋯⋯⋯⋯⋯ Ⅱ/138/446
 成羽荷叶蕨（原始扇状蕨） *Hausmannia* (*Protorhipis*) *nariwaensis* ⋯⋯⋯⋯⋯ Ⅱ/139/448
 齿状荷叶蕨（原始扇状蕨） *Hausmannia* (*Protorhipis*) *dentata* ⋯⋯⋯⋯⋯⋯⋯ Ⅱ/138/446
 齿状荷叶蕨（原始扇状蕨）（比较种） *Hausmannia* (*Protorhipis*) cf. *dentata* ⋯⋯⋯⋯⋯ Ⅱ/138/446
 △蝶形荷叶蕨（原始扇状蕨） *Hausmannia* (*Protorhipis*) *papilionacea*
  Chow et Huang, 1976 (non Liu, 1980) ⋯⋯⋯⋯⋯⋯⋯⋯⋯⋯⋯⋯⋯⋯⋯⋯⋯⋯⋯⋯⋯ Ⅱ/139/448
 △蝶形荷叶蕨（原始扇状蕨） *Hausmannia* (*Protorhipis*) *papilionacea*
  Liu, 1980 (non Chow et Huang, 1976) ⋯⋯⋯⋯⋯⋯⋯⋯⋯⋯⋯⋯⋯⋯⋯⋯⋯⋯⋯⋯⋯ Ⅱ/139/448
 △峨眉荷叶蕨（原始扇状蕨） *Hausmannia* (*Protorhipis*) *emeiensis* ⋯⋯⋯⋯⋯ Ⅱ/138/447
 峨眉荷叶蕨（原始扇状蕨）（比较种） *Hausmannia* (*Protorhipis*) cf. *emeiensis* ⋯⋯⋯⋯ Ⅱ/138/447
 △李氏荷叶蕨（原始扇状蕨） *Hausmannia* (*Protorhipis*) *leeiana* ⋯⋯⋯⋯⋯⋯⋯ Ⅱ/138/447
 △万龙荷叶蕨（原始扇状蕨） *Hausmannia* (*Protorhipis*) *wanlongensis* ⋯⋯⋯ Ⅱ/140/449
 乌苏里荷叶蕨（原始扇状蕨） *Hausmannia* (*Protorhipis*) *ussuriensis* ⋯⋯⋯⋯⋯ Ⅱ/139/448
 圆齿荷叶蕨（原始扇状蕨） *Hausmannia* (*Protorhipis*) *crenata* ⋯⋯⋯⋯⋯⋯⋯⋯ Ⅱ/138/446
 珍贵荷叶蕨（原始扇状蕨） *Hausmannia* (*Protorhipis*) *rara* ⋯⋯⋯⋯⋯⋯⋯⋯⋯⋯ Ⅱ/139/448
 荷叶蕨（原始扇状蕨）（未定多种） *Hausmannia* (*Protorhipis*) spp. ⋯⋯⋯⋯⋯⋯ Ⅱ/140/449
黑龙江羽叶属 *Heilungia* ⋯⋯⋯⋯⋯⋯⋯⋯⋯⋯⋯⋯⋯⋯⋯⋯⋯⋯⋯⋯⋯⋯⋯⋯⋯⋯⋯⋯⋯⋯⋯⋯⋯ Ⅲ/68/398
 阿穆尔黑龙江羽叶 *Heilungia amurensis* ⋯⋯⋯⋯⋯⋯⋯⋯⋯⋯⋯⋯⋯⋯⋯⋯⋯⋯⋯⋯⋯⋯⋯ Ⅲ/68/399
 黑龙江羽叶（未定种） *Heilungia* sp. ⋯⋯⋯⋯⋯⋯⋯⋯⋯⋯⋯⋯⋯⋯⋯⋯⋯⋯⋯⋯⋯⋯⋯⋯ Ⅲ/68/399
黑三棱属 *Sparganium* ⋯⋯⋯⋯⋯⋯⋯⋯⋯⋯⋯⋯⋯⋯⋯⋯⋯⋯⋯⋯⋯⋯⋯⋯⋯⋯⋯⋯⋯⋯⋯⋯⋯⋯ Ⅵ/60/183
 △丰宁? 黑三棱 *Sparganium*? *fengningense* ⋯⋯⋯⋯⋯⋯⋯⋯⋯⋯⋯⋯⋯⋯⋯⋯⋯⋯⋯⋯ Ⅵ/61/184
恒河羊齿属 *Gangamopteris* ⋯⋯⋯⋯⋯⋯⋯⋯⋯⋯⋯⋯⋯⋯⋯⋯⋯⋯⋯⋯⋯⋯⋯⋯⋯⋯⋯⋯⋯⋯⋯ Ⅲ/63/393
 △沁水恒河羊齿 *Gangamopteris qinshuiensis* ⋯⋯⋯⋯⋯⋯⋯⋯⋯⋯⋯⋯⋯⋯⋯⋯⋯⋯⋯⋯ Ⅲ/63/394

名称	卷/页
△屯村? 恒河羊齿 *Gangamopteris? tuncunensis*	Ⅲ /63 /394
狭叶恒河羊齿 *Gangamopteris angostifolia*	Ⅲ /63 /394
红豆杉属 *Taxus*	Ⅴ /167 /439
△急尖红豆杉 *Taxus acuta*	Ⅴ /167 /439
△中间红豆杉 *Taxus intermedium*	Ⅴ /167 /439
红杉属 *Sequoia*	Ⅴ /151 /420
△宽叶红杉 *Sequoia obesa*	Ⅴ /152 /421
雷氏红杉 *Sequoia reichenbachii*	Ⅴ /152 /422
△热河红杉 *Sequoia jeholensis*	Ⅴ /152 /421
热河? 红杉 *Sequoia? jeholensis*	Ⅴ /152 /421
△纤细红杉 *Sequoia gracilis*	Ⅴ /152 /421
相关红杉 *Sequoia affinis*	Ⅴ /151 /420
小红杉 *Sequoia minuta*	Ⅴ /152 /421
△中华红杉 *Sequoia chinensis*	Ⅴ /152 /421
红杉(未定种) *Sequoia* sp.	Ⅴ /153 /422
红杉?(未定多种) *Sequoia?* spp.	Ⅴ /153 /422
厚边羊齿属 *Lomatopteris*	Ⅲ /76 /408
侏罗厚边羊齿 *Lomatopteris jurensis*	Ⅲ /76 /408
△资兴厚边羊齿 *Lomatopteris zixingensis*	Ⅲ /76 /409
厚羊齿属 *Pachypteris*	Ⅲ /124 /475
△东方厚羊齿 *Pachypteris orientalis*	Ⅲ /125 /476
△乐平厚羊齿 *Pachypteris lepingensis*	Ⅲ /125 /476
菱形厚羊齿 *Pachypteris rhomboidalis*	Ⅲ /125 /476
美丽厚羊齿 *Pachypteris specifica*	Ⅲ /126 /476
△帕米尔厚羊齿 *Pachypteris pamirensis*	Ⅲ /125 /476
披针厚羊齿 *Pachypteris lanceolata*	Ⅲ /125 /475
披针形厚羊齿(比较种) *Pachypteris* cf. *lanceolata*	Ⅲ /125 /475
斯拜肯厚羊齿 *Pachypteris speikernensis*	Ⅲ /126 /477
斯拜肯厚羊齿(比较种) *Pachypteris* cf. *speikernensis*	Ⅲ /126 /477
△塔里木厚羊齿 *Pachypteris tarimensis*	Ⅲ /126 /477
△星芒厚羊齿 *Pachypteris stellata*	Ⅲ /126 /477
△永仁厚羊齿 *Pachypteris yungjenensis*	Ⅲ /126 /477
△中国厚羊齿 *Pachypteris chinensis*	Ⅲ /125 /475
中国厚羊齿(比较属种) Cf. *Pachypteris chinensis*	Ⅲ /125 /476
厚羊齿(未定多种) *Pachypteris* spp.	Ⅲ /126 /477
△湖北叶属 *Hubeiophyllum*	Ⅲ /69 /400
△狭细湖北叶 *Hubeiophyllum angustum*	Ⅲ /69 /400
△楔形湖北叶 *Hubeiophyllum cuneifolium*	Ⅲ /69 /400
△湖南木贼属 *Hunanoequisetum*	Ⅰ /47 /185
△浏阳湖南木贼 *Hunanoequisetum liuyangense*	Ⅰ /47 /185
槲寄生穗属 *Ixostrobus*	Ⅳ /65 /248
格陵兰槲寄生穗 *Ixostrobus groenlandicus*	Ⅳ /65 /249
海尔槲寄生穗 *Ixostrobus heeri*	Ⅳ /65 /249
△海拉尔槲寄生穗 *Ixostrobus hailarensis*	Ⅳ /65 /249
怀特槲寄生穗 *Ixostrobus whitbiensis*	Ⅳ /66 /250

怀特榧寄生穗(比较种) *Ixostrobus* cf. *whitbiensis*	Ⅳ	/66 /250
△美丽榧寄生穗 *Ixostrobus magnificus*	Ⅳ	/66 /250
美丽榧寄生穗(比较种) *Ixostrobus* cf. *magnificus*	Ⅳ	/66 /250
清晰榧寄生穗 *Ixostrobus lepida*	Ⅳ	/66 /249
△柔弱榧寄生穗 *Ixostrobus delicatus*	Ⅳ	/65 /248
斯密拉兹基榧寄生穗 *Ixostrobus siemiradzkii*	Ⅳ	/65 /248
榧寄生穗(未定多种) *Ixostrobus* spp.	Ⅳ	/66 /250
榧寄生穗?(未定种) *Ixostrobus?* sp.	Ⅳ	/67 /250
榧叶属 *Dryophyllum*	Ⅵ	/23 /142
亚镰榧叶 *Dryophyllum subcretaceum*	Ⅵ	/23 /142
△花穗杉果属 *Amentostrobus*	Ⅴ	/3 /241
花穗杉果(sp. indet.) *Amentostrobus* sp. indet.	Ⅴ	/3 /241
△华脉蕨属 *Abropteris*	Ⅱ	/1 /269
△弗吉尼亚华脉蕨 *Abropteris virginiensis*	Ⅱ	/1 /269
△永仁华脉蕨 *Abropteris yongrenensis*	Ⅱ	/1 /269
△华网蕨属 *Areolatophyllum*	Ⅱ	/12 /283
△青海华网蕨 *Areolatophyllum qinghaiense*	Ⅱ	/12 /283
桦木属 *Betula*	Ⅵ	/10 /127
古老桦木 *Betula prisca*	Ⅵ	/10 /127
萨哈林桦木 *Betula sachalinensis*	Ⅵ	/10 /127
桦木叶属 *Betuliphyllum*	Ⅵ	/10 /127
巴塔哥尼亚桦木叶 *Betuliphyllum patagonicum*	Ⅵ	/10 /127
△珲春桦木叶 *Betuliphyllum hunchunensis*	Ⅵ	/10 /127
槐叶萍属 *Salvinia*	Ⅱ	/178 /496
△吉林槐叶萍 *Salvinia jilinensis*	Ⅱ	/178 /496
槐叶萍(未定种) *Salvinia* sp.	Ⅱ	/178 /496

J

△鸡西叶属 *Jixia*	Ⅵ	/29 /148
△城子河鸡西叶 *Jixia chenzihenura*	Ⅵ	/29 /148
△羽裂鸡西叶 *Jixia pinnatipartita*	Ⅵ	/29 /148
鸡西叶(未定种) *Jixia* sp.	Ⅵ	/30 /149
基尔米亚叶属 *Tyrmia*	Ⅲ	/220 /602
波利诺夫基尔米亚叶 *Tyrmia polynovii*	Ⅲ	/222 /605
侧羽叶型基尔米亚叶 *Tyrmia pterophyoides*	Ⅲ	/223 /606
△叉脉基尔米亚叶 *Tyrmia furcata*	Ⅲ	/221 /603
△长椭圆基尔米亚叶 *Tyrmia oblongifolia*	Ⅲ	/222 /605
△朝阳基尔米亚叶 *Tyrmia chaoyangensis*	Ⅲ	/220 /602
△大叶基尔米亚叶 *Tyrmia grandifolia*	Ⅲ	/221 /603
△等形?基尔米亚叶 *Tyrmia? aequalis*	Ⅲ	/220 /602
△厚叶基尔米亚叶 *Tyrmia pachyphylla*	Ⅲ	/222 /605
基尔米亚基尔米亚叶 *Tyrmia tyrmensis*	Ⅲ	/220 /602
△尖齿基尔米亚叶 *Tyrmia acrodonta*	Ⅲ	/220 /602
△较宽基尔米亚叶 *Tyrmia latior*	Ⅲ	/221 /603

△矩形基尔米亚叶 *Tyrmia calcariformis*		Ⅲ /220 /602
△宽羽基尔米亚叶 *Tyrmia eurypinnata*		Ⅲ /221 /603
△密脉基尔米亚叶 *Tyrmia densinervosa*		Ⅲ /220 /603
△那氏基尔米亚叶 *Tyrmia nathorsti*		Ⅲ /222 /604
那氏基尔米亚叶(比较种) *Tyrmia* cf. *nathorsti*		Ⅲ /222 /605
那氏基尔米亚叶(比较属种) Cf. *Tyrmia nathorsti*		Ⅲ /222 /605
△奇异基尔米亚叶 *Tyrmia mirabilia*		Ⅲ /221 /604
△强壮基尔米亚叶 *Tyrmia valida*		Ⅲ /223 /606
△宿松基尔米亚叶 *Tyrmia susongensis*		Ⅲ /223 /606
△台子山基尔米亚叶 *Tyrmia taizishanensis*		Ⅲ /223 /606
△欣克基尔米亚叶 *Tyrmia schenkii*		Ⅲ /223 /606
△优美基尔米亚叶 *Tyrmia lepida*		Ⅲ /221 /604
△中华基尔米亚叶 *Tyrmia sinensis*		Ⅲ /223 /606
基尔米亚叶(未定多种) *Tyrmia* spp.		Ⅲ /223 /606
基尔米亚叶?(未定种) *Tyrmia*? sp.		Ⅲ /224 /607
△吉林羽叶属 *Chilinia*		Ⅲ /23 /341
△篦羽叶型吉林羽叶 *Chilinia ctenioides*		Ⅲ /23 /342
△阜新吉林羽叶 *Chilinia fuxinensis*		Ⅲ /24 /342
△健壮吉林羽叶 *Chilinia robusta*		Ⅲ /24 /343
△雅致吉林羽叶 *Chilinia elegans*		Ⅲ /24 /342
脊囊属 *Annalepis*		Ⅰ /12 /140
蔡耶脊囊 *Annalepis zeilleri*		Ⅰ /12 /140
蔡耶脊囊(比较种) *Annalepis* cf. *zeilleri*		Ⅰ /12 /141
△承德脊囊 *Annalepis chudeensis*		Ⅰ /13 /141
△短囊脊囊 *Annalepis brevicystis*		Ⅰ /13 /141
△芙蓉桥脊囊 *Annalepis furongqioensis*		Ⅰ /13 /142
△宽叶脊囊 *Annalepis latiloba*		Ⅰ /13 /142
△桑植脊囊 *Annalepis sangzhiensis*		Ⅰ /14 /142
△山西? 脊囊 *Annalepis*? *shanxiensis*		Ⅰ /14 /143
△狭尖脊囊 *Annalepis angusta*		Ⅰ /13 /141
脊囊(未定多种) *Annalepis* spp.		Ⅰ /14 /143
脊囊?(未定种) *Annalepis*? sp.		Ⅰ /14 /143
荚蒾属 *Viburnum*		Ⅵ /66 /190
粗糙荚蒾 *Viburnum asperum*		Ⅵ /66 /190
古老荚蒾 *Viburnum antiquum*		Ⅵ /66 /190
拉凯斯荚蒾 *Viburnum lakesii*		Ⅵ /67 /190
美丽荚蒾 *Viburnum speciosum*		Ⅵ /67 /190
扭曲荚蒾(比较种) *Viburnum* cf. *contortum*		Ⅵ /67 /190
荚蒾(未定种) *Viburnum* sp.		Ⅵ /67 /191
荚蒾叶属 *Viburniphyllum*		Ⅵ /66 /189
大型荚蒾叶 *Viburniphyllum giganteum*		Ⅵ /66 /189
疏齿荚蒾叶 *Viburniphyllum finale*		Ⅵ /66 /189
△细齿荚蒾叶 *Viburniphyllum serrulutum*		Ⅵ /66 /189
假篦羽叶属 *Pseudoctenis*		Ⅲ /134 /486
△棒状假篦羽叶 *Pseudoctenis rhabdoides*		Ⅲ /136 /489

△长叶假篦羽叶 *Pseudoctenis longiformis*	Ⅲ	/135 /488
粗脉假篦蕉羽叶 *Pseudoctenis crassinervis*	Ⅲ	/134 /487
粗脉假篦蕉羽叶(比较种) *Pseudoctenis* cf. *crassinervis*	Ⅲ	/134 /487
△大叶假篦羽叶 *Pseudoctenis gigantea*	Ⅲ	/134 /487
短羽假篦羽叶 *Pseudoctenis brevipennis*	Ⅲ	/134 /486
多脂假篦羽叶 *Pseudoctenis oleosa*	Ⅲ	/135 /488
多脂假篦羽叶(比较种) *Pseudoctenis* cf. *oleosa*	Ⅲ	/135 /488
△二叉假篦羽叶 *Pseudoctenis bifurcata*	Ⅲ	/134 /486
△合川假篦羽叶 *Pseudoctenis hechuanensis*	Ⅲ	/135 /487
赫氏假篦羽叶 *Pseudoctenis herriesi*	Ⅲ	/135 /487
赫氏假篦羽叶(比较种) *Pseudoctenis* cf. *herriesi*	Ⅲ	/135 /487
△厚叶假篦羽叶 *Pseudoctenis pachyphylla*	Ⅲ	/136 /489
△剑形假篦羽叶 *Pseudoctenis xiphida*	Ⅲ	/136 /489
△较小? 假篦羽叶 *Pseudoctenis? minor*	Ⅲ	/135 /488
兰氏假篦羽叶 *Pseudoctenis lanei*	Ⅲ	/135 /488
兰氏假篦羽叶(比较种) *Pseudoctenis* cf. *lanei*	Ⅲ	/135 /488
△美丽假篦羽叶 *Pseudoctenis pulchra*	Ⅲ	/136 /489
△绵竹假篦羽叶 *Pseudoctenis mianzhuensis*	Ⅲ	/135 /488
△铁山假篦羽叶 *Pseudoctenis tieshanensis*	Ⅲ	/136 /489
△徐氏假篦羽叶 *Pseudoctenis hsui*	Ⅲ	/135 /488
伊兹假篦羽叶 *Pseudoctenis eathiensis*	Ⅲ	/134 /486
假篦羽叶(未定多种) *Pseudoctenis* spp.	Ⅲ	/136 /489
假篦羽叶?(未定种) *Pseudoctenis?* sp.	Ⅲ	/137 /490
?假篦羽叶(未定种) ?*Pseudoctenis* sp.	Ⅲ	/137 /490
△假带羊齿属 *Pseudotaeniopteris*	Ⅲ	/138 /492
△鱼形假带羊齿 *Pseudotaeniopteris piscatorius*	Ⅲ	/138 /492
假丹尼蕨属 *Pseudodanaeopsis*	Ⅲ	/138 /491
△中国假丹尼蕨 *Pseudodanaeopsis sinensis*	Ⅲ	/138 /491
刚毛状假丹尼蕨 *Pseudodanaeopsis seticulata*	Ⅲ	/138 /491
假丹尼蕨(未定种) *Pseudodanaeopsis* sp.	Ⅲ	/138 /492
△假耳蕨属 *Pseudopolystichum*	Ⅱ	/169 /484
△白垩假耳蕨 *Pseudopolystichum cretaceum*	Ⅱ	/169 /484
假拟节柏属 *Pseudofrenelopsis*	Ⅴ	/138 /404
△大拉子假拟节柏 *Pseudofrenelopsis dalatzensis*	Ⅴ	/138 /405
大拉子假拟节柏(比较种) *Pseudofrenelopsis* cf. *dalatzensis*	Ⅴ	/139 /405
费尔克斯假拟节柏 *Pseudofrenelopsis felixi*	Ⅴ	/138 /405
△甘肃假拟节柏 *Pseudofrenelopsis gansuensis*	Ⅴ	/139 /405
△黑山假拟节柏 *Pseudofrenelopsis heishanensis*	Ⅴ	/139 /405
△穹孔假拟节柏 *Pseudofrenelopsis tholistoma*	Ⅴ	/140 /407
△乳突假拟节柏 *Pseudofrenelopsis papillosa*	Ⅴ	/139 /406
乳突假拟节柏(比较种) *Pseudofrenelopsis* cf. *papillosa*	Ⅴ	/140 /406
少枝假拟节柏 *Pseudofrenelopsis parceramosa*	Ⅴ	/140 /406
△疏孔假拟节柏 *Pseudofrenelopsis sparsa*	Ⅴ	/140 /407
△窝穴假拟节柏 *Pseudofrenelopsis foveolata*	Ⅴ	/139 /405
假拟节柏(未定多种) *Pseudofrenelopsis* spp.	Ⅴ	/140 /407

假苏铁属 *Pseudocycas* ··· Ⅲ /137 /490
　　△满洲假苏铁 *Pseudocycas manchurensis* ·· Ⅲ /137 /490
　　特殊假苏铁 *Pseudocycas insignis* ·· Ⅲ /137 /490
　　栉形？假苏铁 *Pseudocycas? pecten* ·· Ⅲ /137 /491
　　假苏铁（未定种）*Pseudocycas* sp. ··· Ⅲ /138 /491
　　假苏铁？（未定种）*Pseudocycas?* sp. ··· Ⅲ /138 /491
假托勒利叶属 *Pseudotorellia* ··· Ⅳ /82 /268
　　埃菲假托勒利叶 *Pseudotorellia ephela* ·· Ⅳ /82 /269
　　埃菲假托勒利叶（比较种）*Pseudotorellia* cf. *ephela* ································ Ⅳ /82 /269
　　△长披针形假托勒利叶 *Pseudotorellia longilancifolia* ······························· Ⅳ /83 /269
　　△常宁假托勒利叶 *Pseudotorellia changningensis* ······································ Ⅳ /82 /268
　　刀形假托勒利叶 *Pseudotorellia ensiformis* ··· Ⅳ /82 /269
　　刀形假托勒利叶宽异型 *Pseudotorellia ensiformis* f. *latior* ························ Ⅳ /82 /269
　　△湖南假托勒利叶 *Pseudotorellia hunanensis* ··· Ⅳ /82 /269
　　诺氏假托勒利叶 *Pseudotorellia nordenskiöldi* ·· Ⅳ /82 /268
　　△青海假托勒利叶 *Pseudotorellia qinghaiensis* ·· Ⅳ /83 /269
　　假托勒利叶（未定多种）*Pseudotorellia* spp. ·· Ⅳ /83 /270
　　假托勒利叶？（未定多种）*Pseudotorellia?* spp. ······································· Ⅳ /83 /270
假元叶属 *Pseudoprotophyllum* ··· Ⅵ /50 /171
　　具齿假元叶 *Pseudoprotophyllum dentatum* ·· Ⅵ /50 /172
　　具齿假元叶（比较种）*Pseudoprotophyllum* cf. *dentatum* ························ Ⅵ /50 /172
　　无边假元叶 *Pseudoprotophyllum emarginatum* ·· Ⅵ /50 /172
尖囊蕨属 *Acitheca* ·· Ⅱ /5 /274
　　多型尖囊蕨 *Acitheca polymorpha* ·· Ⅱ /5 /274
　　△青海尖囊蕨 *Acitheca qinghaiensis* ·· Ⅱ /5 /274
坚叶杉属 *Pagiophyllum* ·· Ⅴ /82 /336
　　△北票坚叶杉 *Pagiophyllum beipiaoense* ·· Ⅴ /82 /336
　　△钝头坚叶杉 *Pagiophyllum obtusior* ··· Ⅴ /84 /338
　　法司曼达坚叶杉 *Pagiophyllum feistmanteli* ·· Ⅴ /83 /337
　　法司曼达氏坚叶杉（比较种）*Pagiophyllum* cf. *feistmanteli* ····················· Ⅴ /83 /337
　　厚叶坚叶杉 *Pagiophyllum crassifolium* ··· Ⅴ /82 /336
　　厚叶坚叶杉（比较种）*Pagiophyllum* cf. *crassifolium* ······························ Ⅴ /82 /336
　　可疑坚叶杉 *Pagiophyllum ambiguum* ··· Ⅴ /82 /336
　　△劳村坚叶杉 *Pagiophyllum laocunense* ··· Ⅴ /83 /338
　　镰形坚叶杉 *Pagiophyllum falcatum* ·· Ⅴ /83 /337
　　镰形坚叶杉（比较种）*Pagiophyllum* cf. *falcatum* ··································· Ⅴ /83 /337
　　△临海坚叶杉 *Pagiophyllum linhaiense* ··· Ⅴ /83 /338
　　奇异坚叶杉 *Pagiophyllum peregriun* ··· Ⅴ /84 /338
　　奇异坚叶杉（比较种）*Pagiophyllum* cf. *peregriun* ································· Ⅴ /84 /338
　　△强乳突坚叶杉 *Pagiophyllum stenopapillae* ·· Ⅴ /84 /339
　　△柔弱坚叶杉 *Pagiophyllum delicatum* ··· Ⅴ /83 /337
　　三角坚叶杉 *Pagiophyllum triangulare* ··· Ⅴ /85 /339
　　△沙河子坚叶杉 *Pagiophyllum shahozium* ·· Ⅴ /84 /339
　　△坨里坚叶杉 *Pagiophyllum touliense* ··· Ⅴ /84 /339
　　△细小坚叶杉 *Pagiophyllum pusillum* ··· Ⅴ /84 /338

△纤细坚叶杉 *Pagiophyllum gracile*	Ⅴ	/83 /337
纤细坚叶杉(比较种) *Pagiophyllum* cf. *gracile*	Ⅴ	/83 /338
△新昌坚叶杉 *Pagiophyllum xinchangense*	Ⅴ	/85 /340
圆形坚叶杉 *Pagiophyllum circincum*	Ⅴ	/82 /336
△浙江坚叶杉 *Pagiophyllum zhejiangense*	Ⅴ	/85 /340
△爪形坚叶杉 *Pagiophyllum unguifolium*	Ⅴ	/85 /339
坚叶杉(未定多种) *Pagiophyllum* spp.	Ⅴ	/85 /340
坚叶杉?(未定种) *Pagiophyllum*? sp.	Ⅴ	/87 /342
坚叶杉(?拟密叶杉)(未定种) *Pagiophyllum* (?*Athrotaxopsis*) sp.	Ⅴ	/87 /342
坚叶杉(似南羊齿?)(未定种) *Pagiophyllum* (*Araucarites*?) sp.	Ⅴ	/87 /342
坚叶杉(楔鳞杉?)(未定种) *Pagiophyllum* (*Sphenolepis*?) sp.	Ⅴ	/87 /342
△间羽蕨属 *Mixopteris*	Ⅱ	/154 /466
△插入间羽蕨 *Mixopteris intercalaris*	Ⅱ	/154 /466
△间羽叶属 *Mixophylum*	Ⅲ	/79 /412
△简单间羽叶 *Mixophylum simplex*	Ⅲ	/79 /412
△江西叶属 *Jiangxifolium*	Ⅱ	/143 /452
△短尖头江西叶 *Jiangxifolium mucronatum*	Ⅱ	/143 /452
△细齿江西叶 *Jiangxifolium denticulatum*	Ⅱ	/143 /453
桨叶属 *Eretmophyllum*	Ⅳ	/29 /204
△宽桨叶 *Eretmophyllum latifolium*	Ⅳ	/29 /205
△宽叶桨叶 *Eretmophyllum latum*	Ⅳ	/29 /205
柔毛桨叶 *Eretmophyllum pubescens*	Ⅳ	/29 /205
柔毛桨叶(比较种) *Eretmophyllum* cf. *pubescens*	Ⅳ	/29 /205
△柔弱桨叶 *Eretmophyllum subtile*	Ⅳ	/30 /205
赛汗桨叶 *Eretmophyllum saighanense*	Ⅳ	/30 /205
桨叶(未定多种) *Eretmophyllum* spp.	Ⅳ	/30 /205
桨叶?(未定多种) *Eretmophyllum*? spp.	Ⅳ	/30 /205
△蛟河蕉羽叶属 *Tsiaohoella*	Ⅲ	/219 /601
△奇异蛟河蕉羽叶 *Tsiaohoella mirabilis*	Ⅲ	/219 /601
△新似查米亚型蛟河蕉羽叶 *Tsiaohoella neozamioides*	Ⅲ	/220 /601
△蛟河羽叶属 *Tchiaohoella*	Ⅲ	/209 /588
△奇异蛟河羽叶 *Tchiaohoella mirabilis*	Ⅲ	/209 /588
蛟河羽叶(未定种) *Tchiaohoella* sp.	Ⅲ	/209 /588
蕉带羽叶属 *Nilssoniopteris*	Ⅲ	/106 /450
△安氏蕉带羽叶 *Nilssoniopteris aniana*	Ⅲ	/106 /451
贝氏蕉带羽叶 *Nilssoniopteris beyrichii*	Ⅲ	/107 /451
贝氏蕉带羽叶(带羊齿) *Nilssoniopteris* (*Taniopteris*) *beyrichii*	Ⅲ	/106 /451
△变异蕉带羽叶 *Nilssoniopteris inconstans*	Ⅲ	/108 /453
△波状?蕉带羽叶 *Nilssoniopteris*? *undufolia*	Ⅲ	/110 /456
△伯乐蕉带羽叶 *Nilssoniopteris bolei*	Ⅲ	/107 /452
△滴道蕉带羽叶 *Nilssoniopteris didaoensis*	Ⅲ	/107 /452
△多形蕉带羽叶 *Nilssoniopteris multiformis*	Ⅲ	/109 /455
格陵兰蕉带羽叶 *Nilssoniopteris groenlandensis*	Ⅲ	/107 /452
格陵兰蕉带羽叶(比较种) *Nilssoniopteris* cf. *groenlandensis*	Ⅲ	/107 /452
格陵兰蕉带羽叶(比较属种) Cf. *Nilssoniopteris groenlandensis*	Ⅲ	/107 /452

名称	页码
△海拉尔蕉带羽叶 *Nilssoniopteris hailarensis*	Ⅲ/107/452
△霍林河蕉带羽叶 *Nilssoniopteris huolinhensis*	Ⅲ/108/452
△间脉蕉带羽叶 *Nilssoniopteris introvenius*	Ⅲ/108/453
箭齿蕉带羽叶 *Nilssoniopteris pristis*	Ⅲ/110/456
宽叶蕉带羽叶 *Nilssoniopteris latifolia* Kiritchkova,1973 (non Zheng et Zhang,1996)	Ⅲ/109/454
△宽叶蕉带羽叶 *Nilssoniopteris latifolia* Zheng et Zhang,1996 (non Kiritchkova,1973)	Ⅲ/109/454
△立新蕉带羽叶 *Nilssoniopteris lixinensis*	Ⅲ/109/454
△联接蕉带羽叶 *Nilssoniopteris conjugata*	Ⅲ/107/452
卵形蕉带羽叶 *Nilssoniopteris ovalis*	Ⅲ/110/455
密脉蕉带羽叶 *Nilssoniopteris jourdyi*	Ⅲ/108/453
密脉蕉带羽叶? *Nilssoniopteris jourdyi*?	Ⅲ/109/454
密脉蕉带羽叶(比较种) *Nilssoniopteris* cf. *jourdyi*	Ⅲ/109/454
密脉蕉带羽叶(比较属种) Cf. *Nilssoniopteris jourdyi*	Ⅲ/109/454
普利纳达蕉带羽叶 *Nilssoniopteris prynadae*	Ⅲ/110/456
弱脉蕉带羽叶 *Nilssoniopteris tenuinervis*	Ⅲ/106/450
弱脉蕉带羽叶(比较种) *Nilssoniopteris* cf. *tenuinervis*	Ⅲ/106/451
弱脉蕉带羽叶(比较属种) Cf. *Nilssoniopteris tenuinervis*	Ⅲ/106/451
△上床? 蕉带羽叶 *Nilssoniopteris*? *uwatokoi*	Ⅲ/111/456
△疏毛蕉带羽叶 *Nilssoniopteris oligotricha*	Ⅲ/110/455
△双鸭山蕉带羽叶 *Nilssoniopteris shuangyashanensis*	Ⅲ/110/456
狭长蕉带羽叶 *Nilssoniopteris longifolius* Doludenko,1969 (non Chang,1976)	Ⅲ/109/455
△狭长蕉带羽叶 *Nilssoniopteris longifolius* Chang,1976 (non Doludenko,1969)	Ⅲ/109/455
狭长蕉带羽叶(比较属种) Cf. *Nilssoniopteris longifolius*	Ⅲ/109/455
△狭蕉带羽叶 *Nilssoniopteris angustifolia*	Ⅲ/106/451
狭叶蕉带羽叶 *Nilssoniopteris vittata*	Ⅲ/111/457
狭叶? 蕉带羽叶 *Nilssoniopteris*? *vittata*	Ⅲ/111/457
狭叶蕉带羽叶(比较种) *Nilssoniopteris* cf. *vittata*	Ⅲ/111/457
狭叶蕉带羽叶(比较属种) Cf. *Nilssoniopteris vittata*	Ⅲ/111/457
下凹蕉带羽叶 *Nilssoniopteris immersa*	Ⅲ/108/453
下凹蕉带羽叶(比较属种) Cf. *Nilssoniopteris immersa*	Ⅲ/108/453
△徐氏蕉带羽叶 *Nilssoniopteris xuiana*	Ⅲ/111/458
蕉带羽叶(未定多种) *Nilssoniopteris* spp.	Ⅲ/112/458
蕉羊齿属 *Compsopteris*	Ⅲ/24/343
阿兹蕉羊齿 *Compsopteris adzvensis*	Ⅲ/24/343
△粗脉蕉羊齿 *Compsopteris crassinervis*	Ⅲ/24/343
△尖裂蕉羊齿 *Compsopteris acutifida*	Ⅲ/24/343
△阔叶蕉羊齿 *Compsopteris platyphylla*	Ⅲ/25/344
△青海蕉羊齿 *Compsopteris qinghaiensis*	Ⅲ/25/344
△疏脉蕉羊齿 *Compsopteris laxivenosa*	Ⅲ/25/344
△西河蕉羊齿 *Compsopteris xiheensis*	Ⅲ/25/344
△细脉蕉羊齿 *Compsopteris tenuinervis*	Ⅲ/25/344
休兹蕉羊齿 *Compsopteris hughesii*	Ⅲ/24/343
休兹? 蕉羊齿 *Compsopteris*? *hughesii*	Ⅲ/25/343

△中华蕉羊齿 *Compsopteris zhonghuaensis* ……………………………………… Ⅲ /25 /344
蕉羽叶属 *Nilssonia* ……………………………………………………………… Ⅲ /83 /417
　波皱蕉羽叶 *Nilssonia undulata* ……………………………………………… Ⅲ /101 /444
　波皱蕉羽叶 (比较种) *Nilssonia* cf. *undulata* ……………………………… Ⅲ /101 /444
　波皱蕉羽叶 (比较属种) *Nilssonia* cf. *N. undulata* ……………………… Ⅲ /101 /444
　侧羽叶型蕉羽叶 *Nilssonia pterophylloides* ………………………………… Ⅲ /96 /436
　侧羽叶型蕉羽叶 (比较种) *Nilssonia* cf. *pterophylloides* ………………… Ⅲ /96 /437
　△叉脉蕉羽叶 *Nilssonia furcata* ……………………………………………… Ⅲ /87 /423
　△柴达木蕉羽叶 *Nilssonia qaidamensis* …………………………………… Ⅲ /97 /437
　迟熟蕉羽叶 *Nilssonia serotina* ……………………………………………… Ⅲ /98 /438
　刺蕉羽叶 *Nilssonia spinosa* ………………………………………………… Ⅲ /99 /441
　粗脉蕉羽叶 *Nilssonia grossinervis* ………………………………………… Ⅲ /88 /425
　△粗轴蕉羽叶 *Nilssonia crassiaxis* ………………………………………… Ⅲ /86 /422
　脆弱蕉羽叶 *Nilssonia fragilis* ……………………………………………… Ⅲ /87 /423
　大蕉羽叶 *Nilssonia magnifolia* Samylina, 1964 (non Tsao, 1968, nec Chen G X, 1984) …… Ⅲ /91 /429
　△大蕉羽叶 *Nilssonia magnifolia* Tsao, 1968 (non Samylina, 1964,
　　nec Chen G X, 1984) …………………………………………………… Ⅲ /91 /429
　△大蕉羽叶 *Nilssonia magnifolia* Chen G X, 1984 (non Samylina, 1964,
　　nec Tsao, 1968) ………………………………………………………… Ⅲ /92 /430
　△大叶蕉羽叶 *Nilssonia grandifolia* Chow et Huang, 1976
　　(non Huang et Chow, 1980) ……………………………………………… Ⅲ /88 /424
　△大叶蕉羽叶 *Nilssonia grandifolia* Huang et Chow, 1980
　　(non Huang et Chow, 1976) ……………………………………………… Ⅲ /88 /424
　带羊齿型蕉羽叶 *Nilssonia taeniopteroides* ………………………………… Ⅲ /100 /442
　带羊齿型蕉羽叶 (比较种) *Nilssonia* cf. *taeniopteroides* ………………… Ⅲ /100 /442
　△带状蕉羽叶 *Nilssonia loriformis* ………………………………………… Ⅲ /91 /429
　△德令哈蕉羽叶 *Nilssonia delinghaensis* …………………………………… Ⅲ /87 /422
　东方蕉羽叶 *Nilssonia orientalis* ……………………………………………… Ⅲ /93 /432
　东方蕉羽叶 (比较种) *Nilssonia* cf. *orientalis* …………………………… Ⅲ /94 /433
　东方蕉羽叶 (比较属种) *Nilssonia* cf. *N. orientalis* ……………………… Ⅲ /94 /433
　东方蕉羽叶 (集合种) *Nilssonia* ex gr. *orientalis* ………………………… Ⅲ /94 /433
　△渡口蕉羽叶 *Nilssonia dukouensis* ………………………………………… Ⅲ /87 /423
　短叶蕉羽叶 *Nilssonia brevis* ………………………………………………… Ⅲ /83 /417
　短叶蕉羽叶 (比较种) *Nilssonia* cf. *brevis* ………………………………… Ⅲ /83 /418
　△多脉蕉羽叶 *Nilssonia multinervis* ………………………………………… Ⅲ /93 /431
　多型蕉羽叶 *Nilssonia polymorpha* …………………………………………… Ⅲ /95 /435
　多型蕉羽叶 (比较种) *Nilssonia* cf. *polymorpha* ………………………… Ⅲ /95 /435
　多型蕉羽叶 (比较属种) *Nilssonia* cf. *N. polymorpha* …………………… Ⅲ /95 /435
　△副短蕉羽叶 *Nilssonia parabrevis* ………………………………………… Ⅲ /94 /434
　?副短蕉羽叶 ?*Nilssonia parabrevis* ………………………………………… Ⅲ /95 /434
　△合生蕉羽叶 *Nilssonia connata* …………………………………………… Ⅲ /86 /421
　合生蕉羽叶 *Nilssonia syllis* ………………………………………………… Ⅲ /100 /442
　合生蕉羽叶 (比较属种) *Nilssonia* cf. *N. syllis* …………………………… Ⅲ /100 /442
　△赫氏蕉羽叶 *Nilssonia helmerseniana* …………………………………… Ⅲ /88 /425
　赫氏蕉羽叶 (比较种) *Nilssonia* cf. *helmerseniana* ……………………… Ⅲ /88 /425

△红泥蕉羽叶 *Nilssonia hongniensis*	Ⅲ /89 /425	
△湖北蕉羽叶 *Nilssonia hubeiensis*	Ⅲ /89 /425	
△华丽蕉羽叶 *Nilssonia splendens*	Ⅲ /99 /442	
△尖叶蕉羽叶 *Nilssonia acutifolia*	Ⅲ /84 /419	
简单蕉羽叶 *Nilssonia simplex*	Ⅲ /98 /439	
?简单蕉羽叶 ?*Nilssonia simplex*	Ⅲ /98 /439	
简单蕉羽叶(比较种) *Nilssonia* cf. *simplex*	Ⅲ /98 /439	
渐尖蕉羽叶 *Nilssonia acuminata*	Ⅲ /83 /418	
渐尖蕉羽叶(比较种) *Nilssonia* cf. *acuminata*	Ⅲ /84 /418	
△江苏蕉羽叶 *Nilssonia jiangsuensis*	Ⅲ /89 /426	
△江油蕉羽叶 *Nilssonia jiangyouensis*	Ⅲ /89 /426	
△紧挤蕉羽叶 *Nilssonia comtigua*	Ⅲ /86 /421	
井上蕉羽叶 *Nilssonia inouyei*	Ⅲ /89 /426	
井上蕉羽叶(比较种) *Nilssonia* cf. *inouyei*	Ⅲ /89 /426	
△巨大蕉羽叶 *Nilssonia gigantea*	Ⅲ /88 /424	
△具褶蕉羽叶 *Nilssonia corrugata*	Ⅲ /86 /421	
锯齿蕉羽叶 *Nilssonia incisoserrata*	Ⅲ /89 /426	
锯齿蕉羽叶(比较种) *Nilssonia* cf. *incisoserrata*	Ⅲ /89 /426	
肯达尔蕉羽叶 *Nilssonia kendallii*	Ⅲ /89 /426	
△宽叶蕉羽叶 *Nilssonia latifolia*	Ⅲ /90 /427	
△坤头营子蕉羽叶 *Nilssonia kuntouyingziensis*	Ⅲ /89 /427	
△乐昌蕉羽叶 *Nilssonia lechangensis*	Ⅲ /90 /427	
△辽宁蕉羽叶 *Nilssonia liaoningensis*	Ⅲ /90 /427	
△零陵蕉羽叶 *Nilssonia linglingensis*	Ⅲ /91 /428	
△浏阳蕉羽叶 *Nilssonia liuyangensis*	Ⅲ /91 /429	
△柳江蕉羽叶 *Nilssonia liujiangensis*	Ⅲ /91 /428	
△砻铺蕉羽叶 *Nilssonia longpuensis*	Ⅲ /91 /429	
△毛羽叶型蕉羽叶 *Nilssonia ptilophylloides*	Ⅲ /97 /437	
密脉蕉羽叶 *Nilssonia densinervis*	Ⅲ /87 /422	
密脉蕉羽叶(比较种) *Nilssonia* cf. *densinervis*	Ⅲ /87 /423	
敏斯特蕉羽叶 *Nilssonia muensteri*	Ⅲ /92 /431	
?敏斯特蕉羽叶 ?*Nilssonia muensteri*	Ⅲ /93 /431	
敏斯特蕉羽叶(比较种) *Nilssonia* cf. *muensteri*	Ⅲ /93 /431	
敏斯特蕉羽叶(比较属种) *Nilssonia* cf. *N. muensteri*	Ⅲ /93 /431	
△摩西拉蕉羽叶 *Nilssonia mosserayi*	Ⅲ /92 /430	
摩西拉蕉羽叶(比较种) *Nilssonia* cf. *mosserayi*	Ⅲ /92 /431	
△磨山蕉羽叶 *Nilssonia moshanensis*	Ⅲ /92 /430	
那氏蕉羽叶(那氏侧羽叶) *Nilssonia nathorsti* (*Pterophyllum nathorsti*)	Ⅲ /93 /432	
△南漳蕉羽叶 *Nilssonia nanzhangensis*	Ⅲ /93 /432	
浅齿蕉羽叶 *Nilssonia lobatidentata*	Ⅲ /91 /429	
柔脉蕉羽叶 *Nilssonia tenuinervis*	Ⅲ /101 /443	
柔脉蕉羽叶(比较种) *Nilssonia* cf. *tenuinervis*	Ⅲ /101 /443	
柔脉蕉羽叶(比较属种) *Nilssonia* cf. *N. tenuinervis*	Ⅲ /101 /444	
柔轴蕉羽叶 *Nilssonia tenuicaulis*	Ⅲ /100 /442	
柔轴蕉羽叶(比较种) *Nilssonia* cf. *tenuicaulis*	Ⅲ /101 /443	

赛甘蕉羽叶 Nilssonia saighanensis ⋯⋯⋯⋯⋯⋯⋯⋯⋯⋯⋯⋯⋯⋯⋯⋯⋯⋯⋯⋯⋯⋯⋯⋯⋯ Ⅲ /97 /437
赛甘蕉羽叶(比较种) Nilssonia cf. saighanensis ⋯⋯⋯⋯⋯⋯⋯⋯⋯⋯⋯⋯⋯⋯⋯⋯⋯⋯⋯ Ⅲ /97 /438
△三角形蕉羽叶 Nilssonia triagularis ⋯⋯⋯⋯⋯⋯⋯⋯⋯⋯⋯⋯⋯⋯⋯⋯⋯⋯⋯⋯⋯⋯⋯⋯ Ⅲ /101 /444
稍小蕉羽叶 Nilssonia parvula ⋯⋯⋯⋯⋯⋯⋯⋯⋯⋯⋯⋯⋯⋯⋯⋯⋯⋯⋯⋯⋯⋯⋯⋯⋯⋯⋯ Ⅲ /95 /434
绍姆堡蕉羽叶 Nilssonia schaumburgensis ⋯⋯⋯⋯⋯⋯⋯⋯⋯⋯⋯⋯⋯⋯⋯⋯⋯⋯⋯⋯⋯⋯ Ⅲ /97 /438
绍姆堡蕉羽叶(比较种) Nilssonia cf. schaumburgensis ⋯⋯⋯⋯⋯⋯⋯⋯⋯⋯⋯⋯⋯⋯ Ⅲ /97 /438
△舌形蕉羽叶 Nilssonia glossa ⋯⋯⋯⋯⋯⋯⋯⋯⋯⋯⋯⋯⋯⋯⋯⋯⋯⋯⋯⋯⋯⋯⋯⋯⋯⋯⋯ Ⅲ /88 /424
施密特蕉羽叶 Nilssonia schmidtii ⋯⋯⋯⋯⋯⋯⋯⋯⋯⋯⋯⋯⋯⋯⋯⋯⋯⋯⋯⋯⋯⋯⋯⋯⋯⋯ Ⅲ /97 /438
施密特蕉羽叶(比较种) Nilssonia cf. schmidtii ⋯⋯⋯⋯⋯⋯⋯⋯⋯⋯⋯⋯⋯⋯⋯⋯⋯⋯⋯ Ⅲ /97 /438
首要蕉羽叶 Nilssonia princeps ⋯⋯⋯⋯⋯⋯⋯⋯⋯⋯⋯⋯⋯⋯⋯⋯⋯⋯⋯⋯⋯⋯⋯⋯⋯⋯⋯ Ⅲ /95 /435
首要蕉羽叶(比较种) Nilssonia cf. princeps ⋯⋯⋯⋯⋯⋯⋯⋯⋯⋯⋯⋯⋯⋯⋯⋯⋯⋯⋯⋯ Ⅲ /96 /435
△疏松蕉羽叶 Nilssonia laxa ⋯⋯⋯⋯⋯⋯⋯⋯⋯⋯⋯⋯⋯⋯⋯⋯⋯⋯⋯⋯⋯⋯⋯⋯⋯⋯⋯⋯ Ⅲ /90 /427
△双鸭山蕉羽叶 Nilssonia shuangyashanensis ⋯⋯⋯⋯⋯⋯⋯⋯⋯⋯⋯⋯⋯⋯⋯⋯⋯⋯⋯⋯ Ⅲ /98 /439
△双阳蕉羽叶 Nilssonia shuangyangensis ⋯⋯⋯⋯⋯⋯⋯⋯⋯⋯⋯⋯⋯⋯⋯⋯⋯⋯⋯⋯⋯⋯ Ⅲ /98 /439
△凸脉蕉羽叶 Nilssonia costanervis ⋯⋯⋯⋯⋯⋯⋯⋯⋯⋯⋯⋯⋯⋯⋯⋯⋯⋯⋯⋯⋯⋯⋯⋯ Ⅲ /86 /422
托马斯蕉羽叶 Nilssonia thomasii ⋯⋯⋯⋯⋯⋯⋯⋯⋯⋯⋯⋯⋯⋯⋯⋯⋯⋯⋯⋯⋯⋯⋯⋯⋯⋯ Ⅲ /101 /444
△完达山蕉羽叶 Nilssonia wandashanensis ⋯⋯⋯⋯⋯⋯⋯⋯⋯⋯⋯⋯⋯⋯⋯⋯⋯⋯⋯⋯⋯ Ⅲ /101 /444
△微小蕉羽叶 Nilssonia minutus ⋯⋯⋯⋯⋯⋯⋯⋯⋯⋯⋯⋯⋯⋯⋯⋯⋯⋯⋯⋯⋯⋯⋯⋯⋯⋯ Ⅲ /92 /430
△魏氏蕉羽叶 Nilssonia weii ⋯⋯⋯⋯⋯⋯⋯⋯⋯⋯⋯⋯⋯⋯⋯⋯⋯⋯⋯⋯⋯⋯⋯⋯⋯⋯⋯⋯ Ⅲ /102 /445
△线形蕉羽叶 Nilssonia linearis ⋯⋯⋯⋯⋯⋯⋯⋯⋯⋯⋯⋯⋯⋯⋯⋯⋯⋯⋯⋯⋯⋯⋯⋯⋯⋯ Ⅲ /90 /427
△小刀形蕉羽叶 Nilssonia cultrata ⋯⋯⋯⋯⋯⋯⋯⋯⋯⋯⋯⋯⋯⋯⋯⋯⋯⋯⋯⋯⋯⋯⋯⋯⋯ Ⅲ /86 /422
小刀形蕉羽叶(比较属种) Cf. Nilssonia cultrata ⋯⋯⋯⋯⋯⋯⋯⋯⋯⋯⋯⋯⋯⋯⋯⋯⋯⋯ Ⅲ /86 /422
△新兴蕉羽叶 Nilssonia xinxingensis ⋯⋯⋯⋯⋯⋯⋯⋯⋯⋯⋯⋯⋯⋯⋯⋯⋯⋯⋯⋯⋯⋯⋯ Ⅲ /102 /445
△亚洲蕉羽叶 Nilssonia asiatica ⋯⋯⋯⋯⋯⋯⋯⋯⋯⋯⋯⋯⋯⋯⋯⋯⋯⋯⋯⋯⋯⋯⋯⋯⋯ Ⅲ /85 /420
△硬叶蕉羽叶 Nilssonia sterophylla ⋯⋯⋯⋯⋯⋯⋯⋯⋯⋯⋯⋯⋯⋯⋯⋯⋯⋯⋯⋯⋯⋯⋯⋯ Ⅲ /100 /442
硬叶? 蕉羽叶 Nilssonia? sterophylla ⋯⋯⋯⋯⋯⋯⋯⋯⋯⋯⋯⋯⋯⋯⋯⋯⋯⋯⋯⋯⋯⋯⋯⋯ Ⅲ /100 /442
△云和蕉羽叶 Nilssonia yunheensis ⋯⋯⋯⋯⋯⋯⋯⋯⋯⋯⋯⋯⋯⋯⋯⋯⋯⋯⋯⋯⋯⋯⋯⋯ Ⅲ /102 /445
△云阳蕉羽叶 Nilssonia yunyangensis ⋯⋯⋯⋯⋯⋯⋯⋯⋯⋯⋯⋯⋯⋯⋯⋯⋯⋯⋯⋯⋯⋯⋯ Ⅲ /102 /445
△斋堂蕉羽叶 Nilssonia zhaitangensis ⋯⋯⋯⋯⋯⋯⋯⋯⋯⋯⋯⋯⋯⋯⋯⋯⋯⋯⋯⋯⋯⋯⋯ Ⅲ /102 /445
斋堂蕉羽叶(比较属种) Nilssonia cf. N. zhaitangensis ⋯⋯⋯⋯⋯⋯⋯⋯⋯⋯⋯⋯⋯⋯⋯ Ⅲ /102 /446
△窄小蕉羽叶 Nilssonia angustissima ⋯⋯⋯⋯⋯⋯⋯⋯⋯⋯⋯⋯⋯⋯⋯⋯⋯⋯⋯⋯⋯⋯⋯ Ⅲ /84 /419
△哲里木蕉羽叶 Nilssonia zelimunsia ⋯⋯⋯⋯⋯⋯⋯⋯⋯⋯⋯⋯⋯⋯⋯⋯⋯⋯⋯⋯⋯⋯⋯ Ⅲ /102 /445
△褶皱蕉羽叶 Nilssonia complicatis ⋯⋯⋯⋯⋯⋯⋯⋯⋯⋯⋯⋯⋯⋯⋯⋯⋯⋯⋯⋯⋯⋯⋯⋯ Ⅲ /85 /420
△栉形蕉羽叶 Nilssonia pecten ⋯⋯⋯⋯⋯⋯⋯⋯⋯⋯⋯⋯⋯⋯⋯⋯⋯⋯⋯⋯⋯⋯⋯⋯⋯⋯ Ⅲ /95 /434
△中国蕉羽叶 Nilssonia sinensis ⋯⋯⋯⋯⋯⋯⋯⋯⋯⋯⋯⋯⋯⋯⋯⋯⋯⋯⋯⋯⋯⋯⋯⋯⋯ Ⅲ /98 /439
中国蕉羽叶(比较种) Nilssonia cf. sinensis ⋯⋯⋯⋯⋯⋯⋯⋯⋯⋯⋯⋯⋯⋯⋯⋯⋯⋯⋯⋯⋯ Ⅲ /99 /441
中间蕉羽叶 Nilssonia mediana ⋯⋯⋯⋯⋯⋯⋯⋯⋯⋯⋯⋯⋯⋯⋯⋯⋯⋯⋯⋯⋯⋯⋯⋯⋯⋯ Ⅲ /92 /430
装饰蕉羽叶 Nilssonia compta ⋯⋯⋯⋯⋯⋯⋯⋯⋯⋯⋯⋯⋯⋯⋯⋯⋯⋯⋯⋯⋯⋯⋯⋯⋯⋯⋯ Ⅲ /85 /420
装饰蕉羽叶(比较种) Nilssonia cf. compta ⋯⋯⋯⋯⋯⋯⋯⋯⋯⋯⋯⋯⋯⋯⋯⋯⋯⋯⋯⋯⋯⋯ Ⅲ /85 /421
装饰蕉羽叶(比属较种) Nilssonia cf. N. compta ⋯⋯⋯⋯⋯⋯⋯⋯⋯⋯⋯⋯⋯⋯⋯⋯⋯⋯ Ⅲ /86 /421
△最美蕉羽叶 Nilssonia elegantissima ⋯⋯⋯⋯⋯⋯⋯⋯⋯⋯⋯⋯⋯⋯⋯⋯⋯⋯⋯⋯⋯⋯⋯ Ⅲ /87 /423
蕉羽叶(未定多种) Nilssonia spp. ⋯⋯⋯⋯⋯⋯⋯⋯⋯⋯⋯⋯⋯⋯⋯⋯⋯⋯⋯⋯⋯⋯⋯⋯⋯ Ⅲ /102 /446
蕉羽叶?(未定多种) Nilssonia? spp. ⋯⋯⋯⋯⋯⋯⋯⋯⋯⋯⋯⋯⋯⋯⋯⋯⋯⋯⋯⋯⋯⋯⋯ Ⅲ /105 /450
金钱松属 Pseudolarix ⋯⋯⋯⋯⋯⋯⋯⋯⋯⋯⋯⋯⋯⋯⋯⋯⋯⋯⋯⋯⋯⋯⋯⋯⋯⋯⋯⋯⋯⋯⋯ Ⅴ /141 /408
亚洲金钱松 Pseudolarix asiatica ⋯⋯⋯⋯⋯⋯⋯⋯⋯⋯⋯⋯⋯⋯⋯⋯⋯⋯⋯⋯⋯⋯⋯⋯⋯⋯ Ⅴ /141 /408

△中国"金钱松" "*Pseudolarix*" *sinensis*	Ⅴ	/141 /408
"金钱松"(未定种) "*Pseudolarix*" sp.	Ⅴ	/141 /408
金松型木属 *Sciadopityoxylon*	Ⅴ	/150 /419
具罩金松型木 *Sciadopityoxylon vestuta*	Ⅴ	/150 /419
魏氏金松型木 *Sciadopityoxylon wettsteini*	Ⅴ	/151 /419
△平壤金松型木 *Sciadopityoxylon heizyoense*	Ⅴ	/151 /419
△辽宁金松型木 *Sciadopityoxylon liaoningensis*	Ⅴ	/151 /420
△金藤叶属 *Stephanofolium*	Ⅵ	/61 /184
△卵形金藤叶 *Stephanofolium ovatiphyllum*	Ⅵ	/61 /184
金鱼藻属 *Ceratophyllum*	Ⅵ	/13 /130
△吉林金鱼藻 *Ceratophyllum jilinense*	Ⅵ	/13 /131
茎干蕨属 *Caulopteris*	Ⅱ	/22 /295
初生茎干蕨 *Caulopteris primaeva*	Ⅱ	/22 /296
孚日茎干蕨 *Caulopteris vogesiaca*	Ⅱ	/23 /296
△纳拉箐茎干蕨 *Caulopteris nalajingensis*	Ⅱ	/22 /296
茎干蕨?(未定多种) *Caulopteris*? spp.	Ⅱ	/23 /296
△荆门叶属 *Jingmenophyllum*	Ⅲ	/71 /403
△西河荆门叶 *Jingmenophyllum xiheense*	Ⅲ	/71 /403
卷柏属 *Selaginella*	Ⅰ	/80 /227
△云南卷柏 *Selaginella yunnanensis*	Ⅰ	/80 /227
决明属 *Cassia*	Ⅵ	/11 /128
弗耶特决明 *Cassia fayettensis*	Ⅵ	/11 /128
弗耶特决明(比较种) *Cassia* cf. *fayettensis*	Ⅵ	/11 /128
小叶决明 *Cassia marshalensis*	Ⅵ	/11 /128
蕨属 *Pteridium*	Ⅱ	/170 /485
△大青山蕨 *Pteridium dachingshanense*	Ⅱ	/170 /485

K

卡肯果属 *Karkenia*	Ⅳ	/67 /251
△河南卡肯果 *Karkenia henanensis*	Ⅳ	/67 /251
内弯卡肯果 *Karkenia incurva*	Ⅳ	/67 /251
科达似查米亚属 *Rhiptozamites*	Ⅲ	/177 /546
葛伯特科达似查米亚 *Rhiptozamites goeppertii*	Ⅲ	/177 /546
克拉松穗属 *Classostrobus*	Ⅴ	/28 /271
小克拉松穗 *Classostrobus rishra*	Ⅴ	/28 /271
△华夏克拉松穗 *Classostrobus cathayanus*	Ⅴ	/28 /271
克里木属 *Credneria*	Ⅵ	/18 /136
不规则克里木 *Credneria inordinata*	Ⅵ	/19 /136
完整克里木 *Credneria integerrima*	Ⅵ	/18 /136
克鲁克蕨属 *Klukia*	Ⅱ	/144 /453
布朗克鲁克蕨 *Klukia browniana*	Ⅱ	/144 /453
布朗克鲁克蕨(比较属种) Cf. *Klukia browniana*	Ⅱ	/144 /454
布朗克鲁克蕨(枝脉蕨)(比较属种) Cf. *Klukia* (*Cladophlebis*) *browniana*	Ⅱ	/144 /454
瘦直克鲁克蕨 *Klukia exilis*	Ⅱ	/144 /453

瘦直克鲁克蕨(比较属种) Cf. *Klukia exilis* ⋯⋯⋯⋯⋯⋯⋯⋯⋯⋯⋯⋯⋯⋯⋯⋯ Ⅱ /144 /453
△文成克鲁克蕨 *Klukia wenchengensis* ⋯⋯⋯⋯⋯⋯⋯⋯⋯⋯⋯⋯⋯⋯⋯⋯ Ⅱ /145 /454
△西藏克鲁克蕨 *Klukia xizangensis* ⋯⋯⋯⋯⋯⋯⋯⋯⋯⋯⋯⋯⋯⋯⋯⋯⋯ Ⅱ /145 /454
△小克鲁克蕨 *Klukia mina* ⋯⋯⋯⋯⋯⋯⋯⋯⋯⋯⋯⋯⋯⋯⋯⋯⋯⋯⋯⋯⋯ Ⅱ /144 /454
克鲁克蕨(未定种) *Klukia* sp. ⋯⋯⋯⋯⋯⋯⋯⋯⋯⋯⋯⋯⋯⋯⋯⋯⋯⋯⋯⋯ Ⅱ /145 /455
克鲁克蕨?(未定种) *Klukia*? sp. ⋯⋯⋯⋯⋯⋯⋯⋯⋯⋯⋯⋯⋯⋯⋯⋯⋯⋯⋯ Ⅱ /145 /455
苦戈维里属 *Culgoweria* ⋯⋯⋯⋯⋯⋯⋯⋯⋯⋯⋯⋯⋯⋯⋯⋯⋯⋯⋯⋯⋯⋯⋯⋯⋯ Ⅳ /19 /192
奇异苦戈维里叶 *Culgoweria mirobilis* ⋯⋯⋯⋯⋯⋯⋯⋯⋯⋯⋯⋯⋯⋯⋯⋯⋯ Ⅳ /19 /192
△西湾苦戈维里叶 *Culgoweria xiwanensis* ⋯⋯⋯⋯⋯⋯⋯⋯⋯⋯⋯⋯⋯⋯⋯ Ⅳ /19 /193
△宽甸叶属 *Kuandiania* ⋯⋯⋯⋯⋯⋯⋯⋯⋯⋯⋯⋯⋯⋯⋯⋯⋯⋯⋯⋯⋯⋯⋯⋯ Ⅲ /71 /403
△粗茎宽甸叶 *Kuandiania crassicaulis* ⋯⋯⋯⋯⋯⋯⋯⋯⋯⋯⋯⋯⋯⋯⋯⋯ Ⅲ /72 /403
宽叶属 *Euryphyllum* ⋯⋯⋯⋯⋯⋯⋯⋯⋯⋯⋯⋯⋯⋯⋯⋯⋯⋯⋯⋯⋯⋯⋯⋯⋯⋯ Ⅲ /63 /393
怀特宽叶 *Euryphyllum whittianum* ⋯⋯⋯⋯⋯⋯⋯⋯⋯⋯⋯⋯⋯⋯⋯⋯⋯⋯ Ⅲ /63 /393
宽叶?(未定种) *Euryphyllum*? sp. ⋯⋯⋯⋯⋯⋯⋯⋯⋯⋯⋯⋯⋯⋯⋯⋯⋯⋯ Ⅲ /63 /393
奎氏叶属 *Quereuxia* ⋯⋯⋯⋯⋯⋯⋯⋯⋯⋯⋯⋯⋯⋯⋯⋯⋯⋯⋯⋯⋯⋯⋯⋯⋯⋯ Ⅵ /52 /174
具棱奎氏叶 *Quereuxia angulata* ⋯⋯⋯⋯⋯⋯⋯⋯⋯⋯⋯⋯⋯⋯⋯⋯⋯⋯⋯ Ⅵ /52 /174
昆栏树属 *Trochodendron* ⋯⋯⋯⋯⋯⋯⋯⋯⋯⋯⋯⋯⋯⋯⋯⋯⋯⋯⋯⋯⋯⋯⋯⋯ Ⅵ /64 /188
昆栏树(未定种) *Trochodendron* sp. ⋯⋯⋯⋯⋯⋯⋯⋯⋯⋯⋯⋯⋯⋯⋯⋯⋯ Ⅵ /64 /188

L

拉发尔蕨属 *Raphaelia* ⋯⋯⋯⋯⋯⋯⋯⋯⋯⋯⋯⋯⋯⋯⋯⋯⋯⋯⋯⋯⋯⋯⋯⋯⋯⋯ Ⅱ /171 /486
△白垩拉发尔蕨 *Raphaelia cretacea* ⋯⋯⋯⋯⋯⋯⋯⋯⋯⋯⋯⋯⋯⋯⋯⋯⋯ Ⅱ /171 /487
△齿状拉发尔蕨 *Raphaelia denticulata* ⋯⋯⋯⋯⋯⋯⋯⋯⋯⋯⋯⋯⋯⋯⋯ Ⅱ /171 /487
△狄阿姆拉发尔蕨 *Raphaelia diamensis* ⋯⋯⋯⋯⋯⋯⋯⋯⋯⋯⋯⋯⋯⋯⋯ Ⅱ /171 /487
?狄阿姆拉发尔蕨 ?*Raphaelia diamensis* ⋯⋯⋯⋯⋯⋯⋯⋯⋯⋯⋯⋯⋯⋯⋯ Ⅱ /172 /488
狄阿姆拉发尔蕨(紫萁?) *Raphaelia* (*Osmunda*?) *diamensis* ⋯⋯⋯⋯⋯ Ⅱ /172 /488
狄阿姆拉发尔蕨(比较种) *Raphaelia* cf. *diamensis* ⋯⋯⋯⋯⋯⋯⋯⋯ Ⅱ /172 /488
脉羊齿型拉发尔蕨 *Raphaelia nueropteroides* ⋯⋯⋯⋯⋯⋯⋯⋯⋯⋯⋯⋯ Ⅱ /171 /486
脉羊齿型拉发尔蕨(比较种) *Raphaelia* cf. *nueropteroides* ⋯⋯⋯⋯⋯ Ⅱ /171 /486
普里纳达拉发尔蕨 *Raphaelia prinadai* ⋯⋯⋯⋯⋯⋯⋯⋯⋯⋯⋯⋯⋯⋯⋯ Ⅱ /173 /488
△舌形拉发尔蕨 *Raphaelia glossoides* ⋯⋯⋯⋯⋯⋯⋯⋯⋯⋯⋯⋯⋯⋯⋯⋯ Ⅱ /172 /488
狭窄拉发尔蕨 *Raphaelia stricta* ⋯⋯⋯⋯⋯⋯⋯⋯⋯⋯⋯⋯⋯⋯⋯⋯⋯⋯⋯ Ⅱ /173 /488
拉发尔蕨(未定多种) *Raphaelia* spp. ⋯⋯⋯⋯⋯⋯⋯⋯⋯⋯⋯⋯⋯⋯⋯⋯ Ⅱ /173 /489
拉发尔蕨?(未定多种) *Raphaelia*? spp. ⋯⋯⋯⋯⋯⋯⋯⋯⋯⋯⋯⋯⋯⋯⋯ Ⅱ /173 /489
拉谷蕨属 *Laccopteris* ⋯⋯⋯⋯⋯⋯⋯⋯⋯⋯⋯⋯⋯⋯⋯⋯⋯⋯⋯⋯⋯⋯⋯⋯⋯⋯ Ⅱ /146 /456
水龙骨型拉谷蕨 *Laccopteris polypodioides* ⋯⋯⋯⋯⋯⋯⋯⋯⋯⋯⋯⋯⋯ Ⅱ /146 /456
水龙骨型拉谷蕨(比较种) *Laccopteris* cf. *polypodioides* ⋯⋯⋯⋯⋯ Ⅱ /147 /457
雅致拉谷蕨 *Laccopteris elegans* ⋯⋯⋯⋯⋯⋯⋯⋯⋯⋯⋯⋯⋯⋯⋯⋯⋯⋯⋯ Ⅱ /146 /456
△拉萨木属 *Lhassoxylon* ⋯⋯⋯⋯⋯⋯⋯⋯⋯⋯⋯⋯⋯⋯⋯⋯⋯⋯⋯⋯⋯⋯⋯⋯ Ⅴ /73 /326
△阿普特拉萨木 *Lhassoxylon aptianum* ⋯⋯⋯⋯⋯⋯⋯⋯⋯⋯⋯⋯⋯⋯⋯ Ⅴ /73 /326
△刺蕨属 *Acanthopteris* ⋯⋯⋯⋯⋯⋯⋯⋯⋯⋯⋯⋯⋯⋯⋯⋯⋯⋯⋯⋯⋯⋯⋯⋯ Ⅱ /1 /269
△高腾刺蕨 *Acanthopteris gothani* ⋯⋯⋯⋯⋯⋯⋯⋯⋯⋯⋯⋯⋯⋯⋯⋯⋯ Ⅱ /2 /270
△尖叶刺蕨 *Acanthopteris acutata* ⋯⋯⋯⋯⋯⋯⋯⋯⋯⋯⋯⋯⋯⋯⋯⋯⋯ Ⅱ /3 /272
△具翼刺蕨 *Acanthopteris alata* ⋯⋯⋯⋯⋯⋯⋯⋯⋯⋯⋯⋯⋯⋯⋯⋯⋯⋯⋯ Ⅱ /3 /272

△拟金粉蕨型刺蕨 *Acanthopteris onychioides*		Ⅱ /4 /273
△斯氏刺蕨 *Acanthopteris szei*		Ⅱ /4 /273
刺蕨(未定多种) *Acanthopteris* spp.		Ⅱ /4 /274
刺蕨?(未定种) *Acanthopteris*? sp.		Ⅱ /5 /274
劳达尔特属 *Leuthardtia*		Ⅲ /75 /407
卵形劳达尔特 *Leuthardtia ovalis*		Ⅲ /75 /408
勒桑茎属 *Lesangeana*		Ⅱ /147 /457
伏氏勒桑茎 *Lesangeana voltzii*		Ⅱ /147 /457
孚日勒桑茎 *Lesangeana vogesiaca*		Ⅱ /147 /457
△沁县勒桑茎 *Lesangeana qinxianensis*		Ⅱ /147 /457
肋木属 *Pleuromeia*		Ⅰ /71 /216
△唇形肋木 *Pleuromeia labiata*		Ⅰ /72 /218
俄罗斯肋木 *Pleuromeia rossica*		Ⅰ /73 /219
△肥厚肋木 *Pleuromeia altinis*		Ⅰ /71 /217
△湖南肋木 *Pleuromeia hunanensis*		Ⅰ /72 /217
△交城肋木 *Pleuromeia jiaochengensis*		Ⅰ /72 /217
△美丽肋木 *Pleuromeia epicharis*		Ⅰ /72 /217
△盘形肋木 *Pleuromeia pateriformis*		Ⅰ /73 /219
△三峡肋木 *Pleuromeia sanxiaensis*		Ⅰ /74 /219
斯氏肋木 *Pleuromeia sternbergi*		Ⅰ /71 /216
△铜川肋木 *Pleuromeia tongchuanensis*		Ⅰ /74 /220
△五字湾肋木 *Pleuromeia wuziwanensis* Chow et Huang,1976 (non Huang et Chow,1980)		Ⅰ /74 /220
△五字湾肋木 *Pleuromeia wuziwanensis* Huang et Chow,1980 (non Chow et Huang,1976)		Ⅰ /74 /221
△缘边肋木 *Pleuromeia marginulata*		Ⅰ /73 /218
肋木(未定多种) *Pleuromeia* spp.		Ⅰ /75 /221
肋木?(未定种) *Pleuromeia*? sp.		Ⅰ /75 /221
?肋木(未定多种) ?*Pleuromeia* spp.		Ⅰ /75 /221
类香蒲属 *Typhaera*		Ⅵ /65 /188
纺锤形类香蒲 *Typhaera fusiformis*		Ⅵ /65 /188
里白属 *Hicropteris*		Ⅱ /141 /450
△三叠里白 *Hicropteris triassica*		Ⅱ /141 /450
栎属 *Quercus*		Ⅵ /51 /173
△圆叶栎 *Quercus orbicularis*		Ⅵ /52 /174
连蕨属 *Cynepteris*		Ⅱ /105 /405
具毛连蕨 *Cynepteris lasiophora*		Ⅱ /105 /405
△连山草属 *Lianshanus*		Ⅵ /33 /152
连山草(sp. indet.) *Lianshanus* sp. indet.		Ⅵ /33 /152
连香树属 *Cercidiphyllum*		Ⅵ /14 /131
北极连香树 *Cercidiphyllum arcticum*		Ⅵ /14 /131
椭圆连香树 *Cercidiphyllum ellipticum*		Ⅵ /14 /131
连香树(未定种) *Cercidiphyllum* sp.		Ⅵ /14 /131
莲座蕨属 *Angiopteris*		Ⅱ /9 /278
△带羊齿型? 莲座蕨 *Angiopteris*? *taeniopteroides*		Ⅱ /9 /279

- △古莲座蕨 *Angiopteris antiqua* ⋯⋯⋯⋯⋯⋯⋯⋯⋯⋯⋯⋯⋯⋯⋯⋯ Ⅱ /9 /278
- △? 红泥莲座蕨 *?Angiopteris hongniensis* ⋯⋯⋯⋯⋯⋯⋯⋯⋯⋯ Ⅱ /9 /279
- △李希霍芬莲座蕨 *Angiopteris richthofeni* ⋯⋯⋯⋯⋯⋯⋯⋯⋯⋯ Ⅱ /9 /279
- △永仁莲座蕨 *Angiopteris yungjenensis* ⋯⋯⋯⋯⋯⋯⋯⋯⋯⋯⋯⋯ Ⅱ /9 /279

镰刀羽叶属 *Drepanozamites* ⋯⋯⋯⋯⋯⋯⋯⋯⋯⋯⋯⋯⋯⋯⋯⋯⋯⋯⋯ Ⅲ /59 /388
- △多裂镰刀羽叶 *Drepanozamites multipartitus* ⋯⋯⋯⋯⋯⋯⋯⋯ Ⅲ /60 /390
- △较小镰刀羽叶 *Drepanozamites minor* ⋯⋯⋯⋯⋯⋯⋯⋯⋯⋯⋯⋯ Ⅲ /60 /390
- △裂瓣镰刀羽叶 *Drepanozamites lobata* ⋯⋯⋯⋯⋯⋯⋯⋯⋯⋯⋯⋯ Ⅲ /60 /390
- △裂叶镰刀羽叶 *Drepanozamites schizophylla* ⋯⋯⋯⋯⋯⋯⋯⋯ Ⅲ /61 /391
- △密脉镰刀羽叶 *Drepanozamites densinervis* ⋯⋯⋯⋯⋯⋯⋯⋯⋯ Ⅲ /60 /390
- △南漳镰刀羽叶 *Drepanozamites nanzhangensis* ⋯⋯⋯⋯⋯⋯⋯ Ⅲ /61 /390
- 尼尔桑镰刀羽叶 *Drepanozamites nilssoni* ⋯⋯⋯⋯⋯⋯⋯⋯⋯⋯⋯ Ⅲ /59 /388
- 尼尔桑镰刀羽叶（比较种）*Drepanozamites* cf. *nilssoni* ⋯⋯⋯⋯ Ⅲ /60 /390
- △潘氏? 镰刀羽叶 *Drepanozamites? p'anii* ⋯⋯⋯⋯⋯⋯⋯⋯⋯ Ⅲ /61 /391
- △锐裂镰刀羽叶 *Drepanozamites incisus* ⋯⋯⋯⋯⋯⋯⋯⋯⋯⋯⋯ Ⅲ /60 /390
- △义马镰刀羽叶 *Drepanozamites yimaensis* ⋯⋯⋯⋯⋯⋯⋯⋯⋯ Ⅲ /61 /391
- 镰刀羽叶（未定多种）*Drepanozamites* spp. ⋯⋯⋯⋯⋯⋯⋯⋯⋯ Ⅲ /61 /391
- 镰刀羽叶?（未定多种）*Drepanozamites?* spp. ⋯⋯⋯⋯⋯⋯⋯ Ⅲ /61 /391

镰鳞果属 *Drepanolepis* ⋯⋯⋯⋯⋯⋯⋯⋯⋯⋯⋯⋯⋯⋯⋯⋯⋯⋯⋯⋯ Ⅴ /47 /295
- 狭形镰鳞果 *Drepanolepis angustior* ⋯⋯⋯⋯⋯⋯⋯⋯⋯⋯⋯⋯⋯ Ⅴ /47 /295
- △美丽镰鳞果 *Drepanolepis formosa* ⋯⋯⋯⋯⋯⋯⋯⋯⋯⋯⋯⋯⋯ Ⅴ /47 /295

△辽宁缘蕨属 *Liaoningdicotis* ⋯⋯⋯⋯⋯⋯⋯⋯⋯⋯⋯⋯⋯⋯⋯⋯⋯ Ⅵ /33 /153
- 辽宁缘蕨（sp. indet.）*Liaoningdicotis* sp. indet. ⋯⋯⋯⋯⋯⋯ Ⅵ /33 /153

△辽宁枝属 *Liaoningocladus* ⋯⋯⋯⋯⋯⋯⋯⋯⋯⋯⋯⋯⋯⋯⋯⋯⋯⋯ Ⅴ /73 /326
- △薄氏辽宁枝 *Liaoningocladus boii* ⋯⋯⋯⋯⋯⋯⋯⋯⋯⋯⋯⋯⋯ Ⅴ /73 /326

△辽西草属 *Liaoxia* ⋯⋯⋯⋯⋯⋯⋯⋯⋯⋯⋯⋯⋯⋯⋯⋯⋯⋯⋯⋯⋯⋯ Ⅴ /74 /327
- △陈氏辽西草 *Liaoxia chenii* ⋯⋯⋯⋯⋯⋯⋯⋯⋯⋯⋯⋯⋯⋯⋯⋯ Ⅴ /74 /327

△辽西草属 *Liaoxia* ⋯⋯⋯⋯⋯⋯⋯⋯⋯⋯⋯⋯⋯⋯⋯⋯⋯⋯⋯⋯⋯⋯ Ⅵ /34 /153
- △常氏辽西草 *Liaoxia changii* ⋯⋯⋯⋯⋯⋯⋯⋯⋯⋯⋯⋯⋯⋯⋯ Ⅵ /34 /154
- △陈氏辽西草 *Liaoxia chenii* ⋯⋯⋯⋯⋯⋯⋯⋯⋯⋯⋯⋯⋯⋯⋯⋯ Ⅵ /34 /153

列斯里叶属 *Lesleya* ⋯⋯⋯⋯⋯⋯⋯⋯⋯⋯⋯⋯⋯⋯⋯⋯⋯⋯⋯⋯⋯⋯ Ⅲ /74 /407
- 谷粒列斯里叶 *Lesleya grandis* ⋯⋯⋯⋯⋯⋯⋯⋯⋯⋯⋯⋯⋯⋯⋯ Ⅲ /75 /407
- △三叠列斯里叶 *Lesleya triassica* ⋯⋯⋯⋯⋯⋯⋯⋯⋯⋯⋯⋯⋯⋯ Ⅲ /75 /407

裂鳞果属 *Schizolepis* ⋯⋯⋯⋯⋯⋯⋯⋯⋯⋯⋯⋯⋯⋯⋯⋯⋯⋯⋯⋯⋯ Ⅴ /146 /414
- 白垩裂鳞果 *Schizolepis cretaceus* ⋯⋯⋯⋯⋯⋯⋯⋯⋯⋯⋯⋯⋯⋯ Ⅴ /147 /415
- 白垩裂鳞果（比较种）*Schizolepis* cf. *cretaceus* ⋯⋯⋯⋯⋯⋯ Ⅴ /147 /415
- △北票裂鳞果 *Schizolepis beipiaoensis* Wu S Q,1999（non Zheng,2001） ⋯⋯ Ⅴ /146 /414
- △北票裂鳞果 *Schizolepis beipiaoensis* Zheng,2001（non Wu S Q,1999） ⋯⋯ Ⅴ /147 /415
- △翅形裂鳞果 *Schizolepis pterygoideus* ⋯⋯⋯⋯⋯⋯⋯⋯⋯⋯⋯ Ⅴ /150 /418
- △唇形裂鳞果 *Schizolepis chilitica* ⋯⋯⋯⋯⋯⋯⋯⋯⋯⋯⋯⋯⋯ Ⅴ /147 /415
- △大板沟裂鳞果 *Schizolepis dabangouensis* ⋯⋯⋯⋯⋯⋯⋯⋯⋯ Ⅴ /147 /415
- △丰宁裂鳞果 *Schizolepis fengningensis* ⋯⋯⋯⋯⋯⋯⋯⋯⋯⋯⋯ Ⅴ /147 /415
- △黑龙江裂鳞果 *Schizolepis heilongjiangensis* ⋯⋯⋯⋯⋯⋯⋯⋯ Ⅴ /148 /416
- 渐尖裂鳞果 *Schizolepis acuminata* ⋯⋯⋯⋯⋯⋯⋯⋯⋯⋯⋯⋯⋯ Ⅴ /146 /414
- △巨大裂鳞果 *Schizolepis gigantea* ⋯⋯⋯⋯⋯⋯⋯⋯⋯⋯⋯⋯⋯ Ⅴ /147 /416

△辽西裂鳞果 *Schizolepis liaoxiensis*	Ⅴ	/148 /417
△龙骨状裂鳞果 *Schizolepis carinatus*	Ⅴ	/147 /415
缪勒裂鳞果 *Schizolepis moelleri*	Ⅴ	/149 /417
缪勒裂鳞果(比较种) *Schizolepis* cf. *moelleri*	Ⅴ	/149 /418
缪勒裂鳞果(类群种) *Schizolepis* exgr. *moelleri*	Ⅴ	/149 /418
△内蒙裂鳞果 *Schizolepis neimengensis*	Ⅴ	/149 /418
△平列裂鳞果 *Schizolepis planidigesita*	Ⅴ	/149 /418
普里纳达裂鳞果 *Schizolepis prynadae*	Ⅴ	/149 /418
△热河裂鳞果 *Schizolepis jeholensis*	Ⅴ	/148 /416
△三瓣裂鳞果 *Schizolepis trilobata*	Ⅴ	/150 /418
狭足裂鳞果 *Schizolepis angustipeduncuraris*	Ⅴ	/146 /414
△纤细裂鳞果 *Schizolepis gracilis*	Ⅴ	/148 /416
△小翅裂鳞果 *Schizolepis micropetra*	Ⅴ	/149 /417
侏罗-三叠裂鳞果 *Schizolepis liaso-keuperinus*	Ⅴ	/146 /414
裂鳞果(未定多种) *Schizolepis* spp.	Ⅴ	/150 /419
裂脉叶-具刺孢穗属 *Schizoneura-Echinostachys*	Ⅰ	/79 /226
奇异裂脉叶-具刺孢穗 *Schizoneura-Echinostachys paradoxa*	Ⅰ	/79 /226
裂脉叶属 *Schizoneura*	Ⅰ	/77 /224
侧生裂脉叶 *Schizoneura lateralis*	Ⅰ	/78 /225
△大叶裂脉叶(具刺孢穗?) *Schizoneura* (*Echinostachys*?) *megaphylla*	Ⅰ	/78 /225
冈瓦那裂脉叶 *Schizoneura gondwanensis*	Ⅰ	/78 /224
?冈瓦那裂脉叶 ?*Schizoneura gondwanensis*	Ⅰ	/78 /224
霍尔裂脉叶 *Schizoneura hoerensis*	Ⅰ	/78 /225
?霍尔裂脉叶 ?*Schizoneura hoerensis*	Ⅰ	/78 /225
卡勒莱裂脉叶 *Schizoneura carrerei*	Ⅰ	/78 /224
奇异裂脉叶 *Schizoneura paradoxa*	Ⅰ	/77 /224
△天全裂脉叶 *Schizoneura tianquqnensis*	Ⅰ	/79 /225
装饰裂脉叶 *Schizoneura ornata*	Ⅰ	/78 /225
裂脉叶(未定多种) *Schizoneura* spp.	Ⅰ	/79 /225
裂脉叶?(未定多种) *Schizoneura?* spp.	Ⅰ	/79 /226
裂叶蕨属 *Lobifolia*	Ⅱ	/148 /458
新包氏裂叶蕨 *Lobifolia novopokovskii*	Ⅱ	/148 /458
林德勒枝属 *Lindleycladus*	Ⅴ	/74 /327
披针林德勒枝 *Lindleycladus lanceolatus*	Ⅴ	/74 /327
披针林德勒枝(比较属种) Cf. *Lindleycladus lanceolatus*	Ⅴ	/75 /328
△苏铁杉型林德勒枝 *Lindleycladus podozamioides*	Ⅴ	/75 /328
林德勒枝(未定种) *Lindleycladus* sp.	Ⅴ	/75 /328
鳞毛蕨属 *Dryopteris*	Ⅱ	/120 /424
△中国鳞毛蕨 *Dryopteris sinensis*	Ⅱ	/120 /424
鳞杉属 *Ullmannia*	Ⅴ	/172 /445
布隆鳞杉 *Ullmannia bronnii*	Ⅴ	/172 /445
鳞杉(未定种) *Ullmannia* sp.	Ⅴ	/172 /445
鳞羊齿属 *Lepidopteris*	Ⅲ	/72 /404
奥托鳞羊齿 *Lepidopteris ottonis*	Ⅲ	/73 /405
奥托鳞羊齿(比较属种) Cf. *Lepidopteris ottonis*	Ⅲ	/74 /406

都兰鳞羊齿 *Lepidopteris dulanensis*	Ⅲ	/73 /404
△都兰? 鳞羊齿 *Lepidopteris? dulanensis*	Ⅲ	/72 /404
△渡口鳞羊齿 *Lepidopteris dukouensis*	Ⅲ	/72 /404
△广元鳞羊齿 *Lepidopteris guanyuanensis*	Ⅲ	/73 /405
司图加鳞羊齿 *Lepidopteris stuttgartiensis*	Ⅲ	/72 /404
△四川鳞羊齿 *Lepidopteris sichuanensis*	Ⅲ	/74 /406
托勒兹鳞羊齿 *Lepidopteris toretziensis*	Ⅲ	/74 /406
托勒兹鳞羊齿(比较种) *Lepidopteris* cf. *toretziensis*	Ⅲ	/74 /407
△须家河鳞羊齿 *Lepidopteris xujiahensis*	Ⅲ	/74 /407
鳞羊齿(未定种) *Lepidopteris* sp.	Ⅲ	/74 /407
△鳞籽属 *Squamocarpus*	Ⅴ	/156 /426
△蝶形鳞籽 *Squamocarpus papilioformis*	Ⅴ	/156 /426
△灵乡叶属 *Lingxiangphyllum*	Ⅲ	/75 /408
△首要灵乡叶 *Lingxiangphyllum princeps*	Ⅲ	/75 /408
菱属 *Trapa*	Ⅵ	/63 /186
肖叶菱 *Trapa angulata*	Ⅵ	/63 /186
小叶? 菱 *Trapa? microphylla*	Ⅵ	/63 /186
菱?(未定种) *Trapa?* sp.	Ⅵ	/63 /186
柳杉属 *Cryptomeria*	Ⅴ	/31 /275
△巴漠? 柳杉 *Cryptomeria? bamoca*	Ⅴ	/31 /275
长叶柳杉 *Cryptomeria fortunei*	Ⅴ	/31 /275
柳叶属 *Saliciphyllum* Conwentz, 1886 (non Fontaine, 1889)	Ⅵ	/56 /178
琥珀柳叶 *Saliciphyllum succineum*	Ⅵ	/56 /178
柳叶属 *Saliciphyllum* Fontaine, 1889 (non Conwentz, 1886)	Ⅵ	/56 /178
长叶柳叶 *Saliciphyllum longifolium*	Ⅵ	/56 /178
柳叶(未定种) *Saliciphyllum* sp.	Ⅵ	/56 /179
柳属 *Salix*	Ⅵ	/56 /179
米克柳 *Salix meeki*	Ⅵ	/57 /179
米克柳(比较种) *Salix* cf. *meeki*	Ⅵ	/57 /179
△六叶属 *Hexaphyllum*	Ⅰ	/47 /184
△中国六叶 *Hexaphyllum sinense*	Ⅰ	/47 /185
△龙凤山苔属 *Longfengshania*	Ⅰ	/3 /130
△柄龙凤山苔 *Longfengshania stipitata*	Ⅰ	/3 /130
△龙井叶属 *Longjingia*	Ⅵ	/35 /155
△细叶龙井叶 *Longjingia gracilifolia*	Ⅵ	/35 /155
△龙蕨属 *Dracopteris*	Ⅱ	/119 /424
△辽宁龙蕨 *Dracopteris liaoningensis*	Ⅱ	/119 /424
芦木属 *Calamites* Suckow, 1784 (non Schlotheim, 1820, nec Brongniart, 1828)	Ⅰ	/18 /148
△山西芦木 *Calamites shanxiensis*	Ⅰ	/18 /148
芦木(未定种) *Calamites* sp.	Ⅰ	/18 /148
芦木属 *Calamites* Schlotheim, 1820 (non Brongniart, 1828, nec Suckow, 1784)	Ⅰ	/19 /149
管状芦木 *Calamites cannaeformis*	Ⅰ	/19 /149
芦木属 *Calamites* Brongniart, 1828 (non Schlotheim, 1820, nec Suckow, 1784)	Ⅰ	/19 /149
辐射芦木 *Calamites radiatus*	Ⅰ	/19 /149
卤叶蕨属 *Acrostichopteris*	Ⅱ	/5 /274

△拜拉型? 卤叶蕨 *Acrostichopteris? baierioides*	Ⅱ /5 /275
长羽片卤叶蕨 *Acrostichopteris longipennis*	Ⅱ /5 /275
△间小羽片卤叶蕨 *Acrostichopteris interpinnula*	Ⅱ /6 /275
△辽宁卤叶蕨 *Acrostichopteris liaoningensis*	Ⅱ /6 /275
△临海? 卤叶蕨 *Acrostichopteris? linhaiensis*	Ⅱ /6 /275
△平泉卤叶蕨 *Acrostichopteris pingquanensis*	Ⅱ /6 /275
△西山卤叶蕨 *Acrostichopteris xishanensis*	Ⅱ /6 /275
△张家口? 卤叶蕨 *Acrostichopteris? zhangjiakouensis*	Ⅱ /6 /276
卤叶蕨(未定多种) *Acrostichopteris* spp.	Ⅱ /6 /276
鲁福德蕨属 *Ruffordia*	Ⅱ /176 /492
葛伯特鲁福德蕨 *Ruffordia goepperti*	Ⅱ /176 /492
葛伯特鲁福德蕨(比较属种) Cf. *Ruffordia goepperti*	Ⅱ /178 /495
葛伯特鲁福德蕨(楔羊齿) *Ruffordia (Sphenopteris) goepperti*	Ⅱ /178 /495
葛伯特鲁福德蕨(楔羊齿)(比较属种) Cf. *Ruffordia (Sphenopteris) goepperti*	Ⅱ /178 /495
鲁福德蕨(未定种) *Ruffordia* sp.	Ⅱ /178 /495
鲁福德蕨?(未定种) *Ruffordia?* sp.	Ⅱ /178 /495
轮松属 *Cyclopitys*	Ⅴ /45 /292
诺氏轮松 *Cyclopitys nordenskioeldi*	Ⅴ /45 /292
轮叶属 *Annularia*	Ⅰ /15 /144
短镰轮叶 *Annularia shirakii*	Ⅰ /15 /144
细刺轮叶 *Annularia spinulosa*	Ⅰ /15 /144
罗汉松型木属 *Podocarpoxylon*	Ⅴ /113 /374
桧型罗汉松型木 *Podocarpoxylon juniperoides*	Ⅴ /113 /374
△陆均松型罗汉松型木 *Podocarpoxylon dacrydioides*	Ⅴ /113 /374
罗汉松型木(未定多种) *Podocarpoxylon* spp.	Ⅴ /113 /374
罗汉松属 *Podocarpus*	Ⅴ /114 /374
△阜新罗汉松 *Podocarpus fuxinensis*	Ⅴ /114 /374
查加扬罗汉松 *Podocarpus tsagajanicus*	Ⅴ /114 /375
查加扬罗汉松(比较属种) Cf. *Podocarpus tsagajanicus*	Ⅴ /114 /375
罗汉松?(未定种) *Podocarpus?* sp.	Ⅴ /114 /375
螺旋蕨属 *Spiropteris*	Ⅱ /189 /508
米氏螺旋蕨 *Spiropteris miltoni*	Ⅱ /189 /508
螺旋蕨(未定多种) *Spiropteris* spp.	Ⅱ /189 /508
螺旋器属 *Spirangium*	Ⅲ /194 /568
石炭螺旋器 *Spirangium carbonicum*	Ⅲ /194 /568
△中朝螺旋器 *Spirangium sino-coreanum*	Ⅲ /194 /568
裸籽属 *Allicospermum*	Ⅳ /1 /169
光滑裸籽 *Allicospermum xystum*	Ⅳ /1 /169
?光滑裸籽 ?*Allicospermum xystum*	Ⅳ /1 /169
△卵圆形裸籽 *Allicospermum ovoides*	Ⅳ /1 /169
裸籽(未定种) *Allicospermum* sp.	Ⅳ /1 /169
落登斯基果属 *Nordenskioldia*	Ⅵ /38 /158
北方落登斯基果 *Nordenskioldia borealis*	Ⅵ /38 /158
北方落登斯基果(比较种) *Nordenskioldia* cf. *borealis*	Ⅵ /38 /158
落羽杉属 *Taxodium*	Ⅴ /166 /438

奥尔瑞克落羽杉 *Taxodium olrokii*	Ⅴ	/166 /438
落羽杉型木属 *Taxodioxylon*	Ⅴ	/165 /437
葛伯特落羽杉型木 *Taxodioxylon goepperti*	Ⅴ	/166 /437
红杉式落羽杉型木 *Taxodioxylon sequoianum*	Ⅴ	/166 /438
柳杉型落羽杉型木 *Taxodioxylon cryptomerioides*	Ⅴ	/166 /437
△斯氏落羽杉型木 *Taxodioxylon szei*	Ⅴ	/166 /438
△吕蕨属 *Luereticopteris*	Ⅱ	/148 /458
△大叶吕蕨 *Luereticopteris megaphylla*	Ⅱ	/148 /458

M

马甲子属 *Paliurus*	Ⅵ	/40 /160
△中华马甲子 *Paliurus jurassinicus*	Ⅵ	/40 /160
马克林托叶属 *Macclintockia*	Ⅵ	/35 /155
齿状马克林托叶 *Macclintockia dentata*	Ⅵ	/35 /155
三脉马克林托叶(比较种) *Macclintockia* cf. *trinervis*	Ⅵ	/35 /155
马斯克松属 *Marskea*	Ⅴ	/78 /331
托马斯马斯克松 *Marskea thomasiana*	Ⅴ	/78 /331
马斯克松(未定多种) *Marskea* spp.	Ⅴ	/78 /332
毛茛果属 *Ranunculaecarpus*	Ⅵ	/52 /174
五角形毛茛果 *Ranunculaecarpus quiquecarpellatus*	Ⅵ	/52 /174
毛茛果(未定种) *Ranunculaecarpus* sp.	Ⅵ	/52 /174
毛茛属 *Ranunculus*	Ⅵ	/53 /175
△热河毛茛 *Ranunculus jeholensis*	Ⅵ	/53 /175
△毛茛叶属 *Ranunculophyllum*	Ⅵ	/53 /175
△羽状全裂毛茛叶 *Ranunculophyllum pinnatisctum*	Ⅵ	/53 /175
羽状全裂毛茛叶? *Ranunculophyllum pinnatisctum*?	Ⅵ	/53 /175
毛羽叶属 *Ptilophyllum*	Ⅲ	/164 /528
北方毛羽叶 *Ptilophyllum boreale*	Ⅲ	/165 /529
北方毛羽叶(比较种) *Ptilophyllum* cf. *boreale*	Ⅲ	/165 /530
北方毛羽叶(比较属种) Cf. *Ptilophyllum boreale*	Ⅲ	/165 /530
北极毛羽叶 *Ptilophyllum arcticum*	Ⅲ	/165 /529
北极毛羽叶(比较种) *Ptilophyllum* cf. *arcticum*	Ⅲ	/165 /529
粗轴毛羽叶 *Ptilophyllum pachyrachis*	Ⅲ	/168 /534
粗轴毛羽叶(比较种) *Ptilophyllum* cf. *pachyrachis*	Ⅲ	/168 /534
△大澳毛羽叶 *Ptilophyllum taioense*	Ⅲ	/169 /536
△大叶毛羽叶 *Ptilophyllum grandifolium*	Ⅲ	/167 /532
△反曲毛羽叶 *Ptilophyllum reflexum*	Ⅲ	/169 /535
高加索毛羽叶 *Ptilophyllum caucasicum*	Ⅲ	/166 /530
△古里桥毛羽叶 *Ptilophyllum guliqiaoense*	Ⅲ	/167 /532
△华夏毛羽叶 *Ptilophyllum cathayanum*	Ⅲ	/166 /530
尖叶毛羽叶 *Ptilophyllum acutifolium*	Ⅲ	/164 /529
△紧挤毛羽叶 *Ptilophyllum contiguum*	Ⅲ	/166 /531
△宽叶毛羽叶 *Ptilophyllum latipinnatum*	Ⅲ	/168 /533
△乐昌毛羽叶 *Ptilophyllum lechangensis*	Ⅲ	/168 /533

扇状毛羽叶 *Ptilophyllum pectinoides*	Ⅲ	/169 /535
扇状毛羽叶(比较种) *Ptilophyllum* cf. *pectinoides*	Ⅲ	/169 /535
索卡尔毛羽叶 *Ptilophyllum sokalense*	Ⅲ	/169 /535
索卡尔毛羽叶(比较种) *Ptilophyllum* cf. *sokalense*	Ⅲ	/169 /535
索卡尔毛羽叶(比较属种) *Ptilophyllum* cf. *P. sokalense*	Ⅲ	/169 /535
△王氏毛羽叶 *Ptilophyllum wangii*	Ⅲ	/169 /536
△香港毛羽叶 *Ptilophyllum hongkongense*	Ⅲ	/167 /532
△兴山毛羽叶 *Ptilophyllum hsingshanense*	Ⅲ	/167 /532
△雅致毛羽叶 *Ptilophyllum elegans*	Ⅲ	/167 /532
△永嘉毛羽叶 *Ptilophyllum yongjiaense*	Ⅲ	/169 /536
△云和毛羽叶 *Ptilophyllum yunheense*	Ⅲ	/170 /536
△政和毛羽叶 *Ptilophyllum zhengheense*	Ⅲ	/170 /536
栉形毛羽叶 *Ptilophyllum pecten*	Ⅲ	/168 /534
栉形毛羽叶(比较种) *Ptilophyllum* cf. *pecten*	Ⅲ	/168 /535
毛羽叶(未定多种) *Ptilophyllum* spp.	Ⅲ	/170 /536
毛羽叶?(未定多种) *Ptilophyllum*? spp.	Ⅲ	/171 /537
毛状叶属 *Trichopitys*	Ⅳ	/115 /309
不等形毛状叶 *Trichopitys heteromorpha*	Ⅳ	/115 /309
刚毛毛状叶 *Trichopitys setacea*	Ⅳ	/115 /309
毛籽属 *Problematospermum*	Ⅴ	/132 /398
卵形毛籽 *Problematospermum ovale*	Ⅴ	/132 /398
△北票毛籽 *Problematospermum beipiaoense*	Ⅴ	/132 /398
米勒尔茎属 *Millerocaulis*	Ⅱ	/154 /465
顿氏米勒尔茎 *Millerocaulis dunlopii*	Ⅱ	/154 /465
△辽宁米勒尔茎 *Millerocaulis liaoningensis*	Ⅱ	/154 /465
密锥蕨属 *Thyrsopteris*	Ⅱ	/198 /519
△阿氏密锥蕨 *Thyrsopteris ahnertii*	Ⅱ	/198 /519
△东方密锥蕨 *Thyrsopteris orientalis*	Ⅱ	/198 /519
原始密锥蕨 *Thyrsopteris prisca*	Ⅱ	/198 /519
△膜质叶属 *Membranifolia*	Ⅲ	/78 /410
△奇异膜质叶 *Membranifolia admirabilis*	Ⅲ	/78 /410
木贼穗属 *Equisetostachys*	Ⅰ	/39 /175
木贼穗(未定种) *Equisetostachys* sp.	Ⅰ	/39 /175
木贼穗(未定多种) *Equisetostachys* spp.	Ⅰ	/39 /175
木贼穗?(未定多种) *Equisetostachys*? spp.	Ⅰ	/40 /176
木贼属 *Equisetum*	Ⅰ	/40 /176
布尔查特木贼 *Equisetum burchardtii*	Ⅰ	/41 /177
布列亚木贼 *Equisetum burejense*	Ⅰ	/41 /177
侧生木贼 *Equisetum laterale*	Ⅰ	/42 /179
侧生木贼(比较种) *Equisetum* cf. *laterale*	Ⅰ	/43 /179
多齿木贼 *Equisetum multidendatum*	Ⅰ	/43 /180
多枝木贼 *Equisetum ramosus*	Ⅰ	/43 /180
多枝木贼(比较种) *Equisetum* cf. *ramosus*	Ⅰ	/43 /180
费尔干木贼 *Equisetum ferganense*	Ⅰ	/41 /177
费尔干木贼(比较种) *Equisetum* cf. *ferganense*	Ⅰ	/41 /177

△芙蓉木贼 *Equisetum furongense* …… Ⅰ/41/178
△郭家店木贼 *Equisetum guojiadianense* …… Ⅰ/42/178
△赫勒木贼 *Equisetum hallei* …… Ⅰ/42/178
△珲春木贼 *Equisetum hunchunense* …… Ⅰ/42/178
宽脊木贼 *Equisetum takahashii* …… Ⅰ/44/181
宽脊木贼(比较种) *Equisetum* cf. *takahashii* …… Ⅰ/44/181
△拉马沟木贼 *Equisetum lamagouense* …… Ⅰ/42/178
△老虎沟木贼 *Equisetum laohugouense* …… Ⅰ/42/178
△李三沟木贼 *Equisetum lisangouense* …… Ⅰ/43/179
洛东木贼 *Equisetum naktongense* …… Ⅰ/43/180
穆氏木贼 *Equisetum mougeotii* …… Ⅰ/43/179
牛凡木贼 *Equisetum ushimarense* …… Ⅰ/44/181
苹氏木贼 *Equisetum beanii* …… Ⅰ/40/177
△三角齿木贼 *Equisetum deltodon* …… Ⅰ/41/177
沙兰木贼 *Equisetum sarrani* …… Ⅰ/44/180
沙兰木贼(比较种) *Equisetum* cf. *sarrani* …… Ⅰ/44/181
砂地木贼 *Equisetum arenaceus* …… Ⅰ/40/176
△山东木贼 *Equisetum shandongense* …… Ⅰ/44/181
△西伯利亚木贼 *Equisetum sibiricum* …… Ⅰ/44/181
△西圪堵木贼 *Equisetum xigeduense* …… Ⅰ/44/182
纤细木贼 *Equisetum gracile* …… Ⅰ/42/178
线形木贼 *Equisetum filum* …… Ⅰ/41/178
△新芦木型木贼 *Equisetum neocalamioides* …… Ⅰ/43/180
亚洲木贼 *Equisetum asiaticum* …… Ⅰ/40/176
伊尔米亚木贼 *Equisetum ilmijense* …… Ⅰ/42/178
木贼(未定多种) *Equisetum* spp. …… Ⅰ/44/182
木贼?(未定种) *Equisetum*? sp. …… Ⅰ/45/183

N

△那琳壳斗属 *Norinia* …… Ⅲ/113/459
　△僧帽状那琳壳斗 *Norinia cucullata* …… Ⅲ/113/459
　那琳壳斗(未定种) *Norinia* sp. …… Ⅲ/113/459
那氏蕨属 *Nathorstia* …… Ⅱ/154/466
　狭叶那氏蕨 *Nathorstia angustifolia* …… Ⅱ/155/466
　栉形那氏蕨 *Nathorstia pectinnata* …… Ⅱ/155/466
△南票叶属 *Nanpiaophyllum* …… Ⅲ/79/412
　△心形南票叶 *Nanpiaophyllum cordatum* …… Ⅲ/80/413
南蛇藤叶属 *Celastrophyllum* …… Ⅵ/12/129
　卵形南蛇藤叶 *Celastrophyllum ovale* …… Ⅵ/12/130
　狭叶南蛇藤叶 *Celastrophyllum attenuatum* …… Ⅵ/12/129
　新贝里南蛇藤叶 *Celastrophyllum newberryanum* …… Ⅵ/12/129
　△亚原始叶南蛇藤叶 *Celastrophyllum subprotophyllum* …… Ⅵ/12/130
　△卓资南蛇藤叶 *Celastrophyllum zhouziense* …… Ⅵ/13/130
　南蛇藤叶(未定种) *Celastrophyllum* sp. …… Ⅵ/13/130

南蛇藤叶?(未定种) *Celastrophyllum*? sp.	Ⅵ/13/130	
南蛇藤属 *Celastrus*	Ⅵ/13/130	
小叶南蛇藤 *Celastrus minor*	Ⅵ/13/130	
南洋杉型木属 *Araucarioxylon*	Ⅴ/4/242	
△巴图南洋杉型木 *Araucarioxylon batuense*	Ⅴ/4/243	
△即墨南洋杉型木 *Araucarioxylon jimoense*	Ⅴ/4/243	
△热河南洋杉型木 *Araucarioxylon jeholense*	Ⅴ/5/243	
日本南洋杉型木 *Araucarioxylon japonicum*	Ⅴ/5/243	
石炭南洋杉型木 *Araucarioxylon carbonceum*	Ⅴ/4/243	
西都南洋杉型木 *Araucarioxylon sidugawaense*	Ⅴ/5/243	
△新昌南洋杉型木 *Araucarioxylon xinchangense*	Ⅴ/5/243	
△自贡南洋杉型木 *Araucarioxylon zigongense*	Ⅴ/5/243	
南洋杉属 *Araucaria*	Ⅴ/4/242	
△早熟南洋杉 *Araucaria prodromus*	Ⅴ/4/242	
△南漳叶属 *Nanzhangophyllum*	Ⅲ/80/413	
△东巩南漳叶 *Nanzhangophyllum donggongense*	Ⅲ/80/413	
△拟爱博拉契蕨属 *Eboraciopsis*	Ⅱ/124/430	
△三裂叶拟爱博拉契蕨 *Eboraciopsis trilobifolia*	Ⅱ/124/430	
△拟安杜鲁普蕨属 *Amdrupiopsis*	Ⅲ/4/317	
△楔羊齿型拟安杜鲁普蕨 *Amdrupiopsis sphenopteroides*	Ⅲ/5/317	
拟安马特杉属 *Ammatopsis*	Ⅴ/3/241	
奇异拟安马特杉 *Ammatopsis mira*	Ⅴ/3/241	
奇异拟安马特杉(比较属种) Cf. *Ammatopsis mira*	Ⅴ/3/242	
△拟瓣轮叶属 *Lobatannulariopsis*	Ⅰ/50/188	
△云南拟瓣轮叶 *Lobatannulariopsis yunnanensis*	Ⅰ/50/188	
拟查米蕨属 *Zamiopsis*	Ⅱ/211/537	
△阜新拟查米蕨 *Zamiopsis fuxinensis*	Ⅱ/212/538	
羽状拟查米蕨 *Zamiopsis pinnafida*	Ⅱ/212/538	
拟翅籽属 *Samaropsis*	Ⅴ/144/411	
△菱形拟翅籽 *Samaropsis rhombicus*	Ⅴ/144/412	
△偏斜拟翅籽 *Samaropsis obliqua*	Ⅴ/144/411	
△青海拟翅籽 *Samaropsis qinghaiensis*	Ⅴ/144/411	
细小拟翅籽 *Samaropsis parvula*	Ⅴ/144/411	
榆树形拟翅籽 *Samaropsis ulmiformis*	Ⅴ/144/411	
圆形拟翅籽 *Samaropsis rotundata*	Ⅴ/144/412	
拟翅籽(未定多种) *Samaropsis* spp.	Ⅴ/145/412	
拟刺葵属 *Phoenicopsis*	Ⅳ/69/253	
△波托尼拟刺葵 *Phoenicopsis potoniei*	Ⅳ/73/258	
大拟刺葵 *Phoenicopsis magnum*	Ⅳ/72/257	
厄尼塞捷拟刺葵 *Phoenicopsis enissejensis*	Ⅳ/72/256	
△湖南拟刺葵 *Phoenicopsis hunanensis*	Ⅳ/72/257	
华丽拟刺葵 *Phoenicopsis speciosa*	Ⅳ/73/258	
华丽拟刺葵(比较种) *Phoenicopsis* cf. *speciosa*	Ⅳ/74/260	
华丽拟刺葵(比较属种) Cf. *Phoenicopsis speciosa*	Ⅳ/74/260	
华丽拟刺葵(亲近种) *Phoenicopsis* aff. *speciosa*	Ⅳ/74/260	

？华丽拟刺葵(亲近种) ? *Phoenicopsis* aff. *speciosa*	Ⅳ	/74/260
较宽拟刺葵 *Phoenicopsis latior*	Ⅳ	/72/257
较宽拟刺葵(比较种) *Phoenicopsis* cf. *latior*	Ⅳ	/72/257
△宽叶拟刺葵 *Phoenicopsis latifolia*	Ⅳ	/72/257
△满洲拟刺葵 *Phoenicopsis manchurensis* Yabe et Ôishi,1935	Ⅳ	/72/257
满洲拟刺葵(比较种) *Phoenicopsis* cf. *manchurensis*	Ⅳ	/72/258
△满洲拟刺葵 *Phoenicopsis manchurica* Yabe et Ôishi ex Ôishi,1940	Ⅳ	/73/258
△山田？拟刺葵 *Phoenicopsis*? *yamadai*	Ⅳ	/75/260
△塔什克斯拟刺葵 *Phoenicopsis taschkessiensis*	Ⅳ	/74/260
狭叶拟刺葵 *Phoenicopsis angustifolia*	Ⅳ	/69/253
狭叶拟刺葵(比较种) *Phoenicopsis* cf. *angustifolia*	Ⅳ	/71/256
狭叶拟刺葵(比较属种) Cf. *Phoenicopsis angustifolia*	Ⅳ	/71/256
狭叶拟刺葵(集合种) *Phoenicopsis* ex gr. *angustifolia*	Ⅳ	/71/256
狭叶拟刺葵(亲近种) *Phoenicopsis* aff. *angustifolia*	Ⅳ	/71/256
△狭叶拟刺葵中间异型 *Phoenicopsis angustifolia* f. *media*	Ⅳ	/71/256
窄小拟刺葵 *Phoenicopsis angustissima*	Ⅳ	/71/256
△直叶拟刺葵 *Phoenicopsis euthyphylla*	Ⅳ	/72/257
△中间拟刺葵 *Phoenicopsis media*	Ⅳ	/73/258
拟刺葵(未定多种) *Phoenicopsis* spp.	Ⅳ	/75/261
拟刺葵？(未定多种) *Phoenicopsis*? spp.	Ⅳ	/75/261
拟刺葵(比较属,未定种) Cf. *Phoenicopsis* sp.	Ⅳ	/76/262
拟刺葵(苦果维尔叶亚属) *Phoenicopsis* (*Culgoweria*)	Ⅳ	/76/262
△霍林河拟刺葵(苦戈维尔叶) *Phoenicopsis* (*Culgoweria*) *huolinheiana*	Ⅳ	/76/262
奇异拟刺葵(苦戈维尔叶) *Phoenicopsis* (*Culgoweria*) *mirabilis*	Ⅳ	/76/262
△珠斯花拟刺葵(苦戈维尔叶) *Phoenicopsis* (*Culgoweria*) *jus'huaensis*	Ⅳ	/76/262
拟刺葵(拟刺葵亚属) *Phoenicopsis* (*Phoenicopsis*)	Ⅳ	/76/263
狭叶拟刺葵(拟刺葵) *Phoenicopsis* (*Phoenicopsis*) *angustifolia*	Ⅳ	/77/263
狭叶拟刺葵(拟刺葵)(比较种) *Phoenicopsis* (*Phoenicopsis*) cf. *angustifolia*	Ⅳ	/77/263
拟刺葵(拟刺葵?)(未定种) *Phoenicopsis* (*Phoenicopsis*?) sp.	Ⅳ	/77/263
△拟刺葵(斯蒂芬叶亚属) *Phoenicopsis* (*Stephenophyllum*)	Ⅳ	/77/263
△厄尼塞捷拟刺葵(斯蒂芬叶) *Phoenicopsis* (*Stephenophyllum*) *enissejensis*	Ⅳ	/77/264
△美形拟刺葵(斯蒂芬叶) *Phoenicopsis* (*Stephenophyllum*) *decorata*	Ⅳ	/77/263
△索尔姆斯拟刺葵(斯蒂芬叶) *Phoenicopsis* (*Stephenophyllum*) *solmsi*	Ⅳ	/77/263
△塔什克斯拟刺葵(斯蒂芬叶) *Phoenicopsis* (*Stephenophyllum*) *taschkessiensis*	Ⅳ	/78/264
塔什克斯拟刺葵(斯蒂芬叶)(比较种) *Phoenicopsis* (*Stephenophyllum*) cf. *taschkessiensis*	Ⅳ	/78/264
△特别拟刺葵(斯蒂芬叶) *Phoenicopsis* (*Stephenophyllum*) *mira*	Ⅳ	/78/264
拟刺葵(温德瓦狄叶亚属) *Phoenicopsis* (*Windwardia*)	Ⅳ	/78/264
△潮水拟刺葵(温德瓦狄叶) *Phoenicopsis* (*Windwardia*) *chaoshuiensis*	Ⅳ	/79/265
△吉林拟刺葵(温德瓦狄叶) *Phoenicopsis* (*Windwardia*) *jilinensis*	Ⅳ	/79/265
克罗卡利拟刺葵(温德瓦狄叶) *Phoenicopsis* (*Windwardia*) *crookalii*	Ⅳ	/78/265
西勒普拟刺葵(温德瓦狄叶) *Phoenicopsis* (*Windwardia*) *silapensis*	Ⅳ	/79/265
拟刺葵(温德瓦狄叶)(未定种) *Phoenicopsis* (*Windwardia*) sp.	Ⅳ	/79/265
拟粗榧属 *Cephalotaxopsis*	Ⅴ	/25/268
△薄叶拟粗榧 *Cephalotaxopsis leptophylla*	Ⅴ	/26/269

大叶拟粗榧 *Cephalotaxopsis magnifolia*	⋯⋯	Ⅴ /25 /268
大叶拟粗榧(比较种) *Cephalotaxopsis* cf. *magnifolia*	⋯⋯	Ⅴ /26 /268
△阜新拟粗榧 *Cephalotaxopsis fuxinensis*	⋯⋯	Ⅴ /26 /269
△海州拟粗榧 *Cephalotaxopsis haizhouensis*	⋯⋯	Ⅴ /26 /269
△亚洲拟粗榧 *Cephalotaxopsis asiatica*	⋯⋯	Ⅴ /26 /269
亚洲拟粗榧(比较种) *Cephalotaxopsis* cf. *asiatica*	⋯⋯	Ⅴ /26 /269
△中国拟粗榧 *Cephalotaxopsis sinensis*	⋯⋯	Ⅴ /26 /270
拟粗榧(未定多种) *Cephalotaxopsis* spp.	⋯⋯	Ⅴ /26 /270
?拟粗榧(未定多种) ?*Cephalotaxopsis* spp.	⋯⋯	Ⅴ /27 /270
拟粗榧?(未定种) *Cephalotaxopsis*? sp.	⋯⋯	Ⅴ /27 /270

△拟带枝属 *Taeniocladopsis* ⋯⋯ Ⅰ /83 /231
  △假根茎型拟带枝 *Taeniocladopsis rhizomoides* ⋯⋯ Ⅰ /83 /231
  拟带枝(未定多种) *Taeniocladopsis* spp. ⋯⋯ Ⅰ /84 /232

拟丹尼蕨属 *Danaeopsis* ⋯⋯ Ⅱ /105 /406
  △扁平拟丹尼蕨 *Danaeopsis plana* ⋯⋯ Ⅱ /109 /410
  扁平拟丹尼蕨(比较种) *Danaeopsis* cf. *plana* ⋯⋯ Ⅱ /109 /410
  △大叶拟丹尼蕨 *Danaeopsis magnifolia* ⋯⋯ Ⅱ /109 /410
  多实拟丹尼蕨 *Danaeopsis fecunda* ⋯⋯ Ⅱ /106 /406
  ?多实拟丹尼蕨 ?*Danaeopsis fecunda* ⋯⋯ Ⅱ /108 /409
  多实拟丹尼蕨(比较种) *Danaeopsis* cf. *fecunda* ⋯⋯ Ⅱ /108 /409
  △赫勒拟丹尼蕨(假拟丹尼蕨) *Danaeopsis* (*Pseudodanaeopsis*) *hallei* ⋯⋯ Ⅱ /108 /409
  △极小拟丹尼蕨 *Danaeopsis minuta* ⋯⋯ Ⅱ /109 /410
  枯萎拟丹尼蕨 *Danaeopsis marantacea* ⋯⋯ Ⅱ /106 /406
  枯萎拟丹尼蕨(比较种) *Danaeopsis* cf. *marantacea* ⋯⋯ Ⅱ /106 /406
  休兹拟丹尼蕨 *Danaeopsis hughesi* ⋯⋯ Ⅱ /108 /409
  休兹"拟丹尼蕨" "*Danaeopsis*" *hughesi* ⋯⋯ Ⅱ /109 /410
  拟丹尼蕨(未定多种) *Danaeopsis* spp. ⋯⋯ Ⅱ /109 /410
  ?拟丹尼蕨(未定种) ?*Danaeopsis* sp. ⋯⋯ Ⅱ /110 /411
  拟丹尼蕨?(未定多种) *Danaeopsis*? spp. ⋯⋯ Ⅱ /109 /411

拟合囊蕨属 *Marattiopsis* ⋯⋯ Ⅱ /151 /462
  △东方拟合囊蕨 *Marattiopsis orientalis* ⋯⋯ Ⅱ /153 /464
  霍尔拟合囊蕨 *Marattiopsis hoerensis* ⋯⋯ Ⅱ /153 /464
  △理塘拟合囊蕨 *Marattiopsis litangensis* ⋯⋯ Ⅱ /153 /464
  敏斯特拟合囊蕨 *Marattiopsis muensteri* ⋯⋯ Ⅱ /151 /462
  敏斯特拟合囊蕨(比较种) *Marattiopsis* cf. *muensteri* ⋯⋯ Ⅱ /152 /463
  亚洲拟合囊蕨 *Marattiopsis asiatica* ⋯⋯ Ⅱ /152 /463

拟花藓属 *Calymperopsis* ⋯⋯ Ⅰ /1 /127
  △云浮拟花藓 *Calymperopsis yunfuensis* ⋯⋯ Ⅰ /1 /127

拟节柏属 *Frenelopsis* ⋯⋯ Ⅴ /67 /319
  多枝拟节柏 *Frenelopsis ramosissima* ⋯⋯ Ⅴ /68 /320
  多枝拟节柏(比较种) *Frenelopsis* cf. *ramosissima* ⋯⋯ Ⅴ /68 /320
  霍氏拟节柏 *Frenelopsis hoheneggeri* ⋯⋯ Ⅴ /67 /319
  霍氏拟节柏(比较属种) Cf. *Frenelopsis hoheneggeri* ⋯⋯ Ⅴ /67 /319
  少枝拟节柏 *Frenelopsis parceramosa* ⋯⋯ Ⅴ /67 /320
  △雅致拟节柏 *Frenelopsis elegans* ⋯⋯ Ⅴ /67 /319

拟节柏(未定多种) *Frenelopsis* spp.	V	/68 /320
拟节柏?(未定多种) *Frenelopsis*? spp.	V	/68 /320
拟金粉蕨属 *Onychiopsis*	II	/155 /467
△卵形拟金粉蕨 *Onychiopsis ovata*	II	/157 /469
伸长拟金粉蕨 *Onychiopsis elongata*	II	/156 /467
松叶兰型拟金粉蕨 *Onychiopsis psilotoides*	II	/157 /469
△楔形拟金粉蕨 *Onychiopsis sphenoforma*	II	/158 /471
拟金粉蕨(未定多种) *Onychiopsis* spp.	II	/158 /471
拟金粉蕨?(未定种) *Onychiopsis*? sp.	II	/158 /471
△拟蕨属 *Pteridiopsis*	II	/169 /485
△滴道拟蕨 *Pteridiopsis didaoensis*	II	/170 /485
△柔弱拟蕨 *Pteridiopsis tenera*	II	/170 /485
△沙金沟拟蕨 *Pteridiopsis shajingouensis*	II	/170 /485
拟轮叶属 *Annulariopsis*	I	/15 /144
△瓣轮叶型拟轮叶 *Annulariopsis lobatannularioides*	I	/16 /145
△长叶拟轮叶 *Annulariopsis longifolia*	I	/16 /145
东京拟轮叶 *Annulariopsis inopinata*	I	/15 /144
东京拟轮叶(比较种) *Annulariopsis* cf. *inopinata*	I	/15 /145
东京拟轮叶(比较属种) *Annulariopsis* cf. *A. inopinata*	I	/16 /145
△合川拟轮叶 *Annulariopsis hechuanensis*	I	/16 /145
△西北拟轮叶 *Annulariopsis xibeiensis*	I	/17 /146
辛普松拟轮叶 *Annulariopsis simpsonii*	I	/16 /145
△羊草沟拟轮叶 *Annulariopsis yancaogouensis*	I	/17 /146
△轮叶型拟轮叶 *Annulariopsis annularioides*	I	/16 /145
△中国? 拟轮叶 *Annulariopsis*? *sinensis*	I	/16 /146
拟轮叶(未定多种) *Annulariopsis* spp.	I	/17 /146
拟轮叶?(未定多种) *Annulariopsis*? spp.	I	/18 /147
拟落叶松属 *Laricopsis*	V	/73 /325
长叶拟落叶松 *Laricopsis logifolia*	V	/73 /326
拟密叶杉属 *Athrotaxopsis*	V	/7 /246
大拟密叶杉 *Athrotaxopsis grandis*	V	/7 /246
膨胀拟密叶杉 *Athrotaxopsis expansa*	V	/8 /246
拟密叶杉(未定种) *Athrotaxopsis* sp.	V	/8 /246
拟密叶杉?(未定种) *Athrotaxopsis*? sp.	V	/8 /246
△拟片叶苔属 *Riccardiopsis*	I	/7 /134
△徐氏拟片叶苔 *Riccardiopsis hsüi*	I	/7 /134
△拟斯托加枝属 *Parastorgaardis*	V	/89 /344
△门头沟拟斯托加枝 *Parastorgaardis mentoukouensis*	V	/89 /345
拟松属 *Pityites*	V	/95 /350
索氏拟松 *Pityites solmsi*	V	/95 /351
△岩井拟松 *Pityites iwaiana*	V	/95 /351
拟无患子属 *Sapindopsis*	VI	/57 /179
变异拟无患子(比较种) *Sapindopsis* cf. *variabilis*	VI	/57 /180
大叶拟无患子 *Sapindopsis magnifolia*	VI	/57 /179
心形拟无患子 *Sapindopsis cordata*	VI	/57 /179

拟叶枝杉属 *Phyllocladopsis*	Ⅴ /90 /345
异叶拟叶枝杉 *Phyllocladopsis heterophylla*	Ⅴ /90 /345
异叶拟叶枝杉(比较种) *Phyllocladopsis* cf. *heterophylla*	Ⅴ /90 /345
拟银杏属 *Ginkgophytopsis*	Ⅳ /59 /241
△绰尔河拟银杏 *Ginkgophytopsis chuoerheensis*	Ⅳ /59 /241
△刺缘拟银杏 *Ginkgophytopsis spinimarginalis*	Ⅳ /59 /241
△福建拟银杏 *Ginkgophytopsis fukienensis*	Ⅳ /59 /241
福建拟银杏(比较种) *Ginkgophytopsis* cf. *fukienensis*	Ⅳ /59 /241
扇形拟银杏 *Ginkgophytopsis flabellata*	Ⅳ /59 /241
兴安拟银杏 *Ginkgophytopsis xinganensis*	Ⅳ /59 /242
△兴安? 拟银杏 *Ginkgophytopsis*? *xinganensis*	Ⅳ /60 /241
△中国拟银杏 *Ginkgophytopsis zhonguoensis*	Ⅳ /60 /242
拟银杏(未定多种) *Ginkgophytopsis* spp.	Ⅳ /60 /242
△拟掌叶属 *Psygmophyllopsis*	Ⅳ /83 /270
△诺林拟掌叶 *Psygmophyllopsis norinii*	Ⅳ /84 /270
拟竹柏属 *Nageiopsis*	Ⅴ /81 /334
查米亚型拟竹柏 *Nageiopsis zamioides*	Ⅴ /81 /335
查米亚型拟竹柏(类群种) *Nageiopsis* ex gr. *zamioides*	Ⅴ /81 /335
长叶拟竹柏 *Nageiopsis longifolia*	Ⅴ /81 /335
狭叶拟竹柏 *Nageiopsis angustifolia*	Ⅴ /81 /335
拟竹柏?(未定种) *Nageiopsis*? sp.	Ⅴ /81 /335
拟紫萁属 *Osmundopsis*	Ⅱ /160 /473
距羽拟紫萁 *Osmundopsis plectrophora*	Ⅱ /160 /474
距羽拟紫萁(比较种) *Osmundopsis* cf. *plectrophora*	Ⅱ /161 /474
△距羽拟紫萁点痕变种 *Osmundopsis plectrophora* var. *punctata*	Ⅱ /161 /474
司都尔拟紫萁 *Osmundopsis sturii*	Ⅱ /160 /473
司都尔拟紫萁(比较属种) Cf. *Osmundopsis sturii*	Ⅱ /160 /474
拟紫萁(未定种) *Osmundopsis* sp.	Ⅱ /161 /474
?拟紫萁(未定种) ?*Osmundopsis* sp.	Ⅱ /161 /474

P

帕里西亚杉属 *Palissya*	Ⅴ /88 /343
布劳恩帕里西亚杉 *Palissya brunii*	Ⅴ /88 /343
△满洲帕里西亚杉 *Palissya manchurica*	Ⅴ /88 /343
帕里西亚杉(未定种) *Palissya* sp.	Ⅴ /88 /343
帕里西亚杉属 *Palyssia*	Ⅴ /88 /344
△满洲帕里西亚杉 *Palyssia manchurica*	Ⅴ /88 /344
帕利宾蕨属 *Palibiniopteris*	Ⅱ /161 /474
△变叶帕利宾蕨 *Palibiniopteris variafolius*	Ⅱ /161 /475
不等叶帕利宾蕨 *Palibiniopteris inaequipinnata*	Ⅱ /161 /475
△潘广叶属 *Pankuangia*	Ⅲ /127 /478
△海房沟潘广叶 *Pankuangia haifanggouensis*	Ⅲ /127 /478
泡桐属 *Paulownia*	Ⅵ /40 /161
△尚志? 泡桐 *Paulownia*? *shangzhiensis*	Ⅵ /40 /161

平藓属 *Neckera* ··· Ⅰ /7 /134
　　△山旺平藓 *Neckera shanwanica* ··· Ⅰ /7 /134
苹婆叶属 *Sterculiphyllum* ··· Ⅵ /61 /184
　　具边苹婆叶 *Sterculiphyllum limbatum* ··· Ⅵ /61 /184
　　优美苹婆叶 *Sterculiphyllum eleganum* ··· Ⅵ /61 /184
葡萄叶属 *Vitiphyllum* Nathorst,1888 (non Fontaine,1889) ······················· Ⅵ /67 /191
　　△吉林葡萄叶 *Vitiphyllum jilinense* ··· Ⅵ /67 /191
　　劳孟葡萄叶 *Vitiphyllum raumanni* ··· Ⅵ /67 /191
葡萄叶属 *Vitiphyllum* Fontaine,1889 (non Nathorst,1888) ······················· Ⅵ /68 /191
　　厚叶葡萄叶 *Vitiphyllum crassiflium* ··· Ⅵ /68 /191
　　葡萄叶(未定种) *Vitiphyllum* sp. ··· Ⅵ /68 /192
　　葡萄叶?(未定种) *Vitiphyllum*? sp. ··· Ⅵ /68 /192
蒲逊叶属 *Pursongia* ··· Ⅲ /173 /541
　　阿姆利茨蒲逊叶 *Pursongia amalitzkii* ··· Ⅲ /174 /542
　　蒲逊叶?(未定种) *Pursongia*? sp. ··· Ⅲ /174 /542
普拉榆属 *Planera* ··· Ⅵ /42 /162
　　小叶普拉榆(比较种) *Planera* cf. *microphylla* ·································· Ⅵ /42 /162

Q

桤属 *Alnus* ·· Ⅵ /3 /119
　　△原始髯毛桤 *Alnus protobarbata* ··· Ⅵ /3 /119
奇脉羊齿属 *Hyrcanopteris* ··· Ⅲ /69 /401
　　△大叶奇脉羊齿 *Hyrcanopteris magnifolia* ··· Ⅲ /70 /401
　　谢万奇脉羊齿 *Hyrcanopteris sevanensis* ··· Ⅲ /70 /401
　　△中国奇脉羊齿 *Hyrcanopteris sinensis* ··· Ⅲ /70 /401
　　中国奇脉羊齿(比较种) *Hyrcanopteris* cf. *sinensis* ··························· Ⅲ /70 /402
　　△中华奇脉羊齿 *Hyrcanopteris zhonghuaensis* ·································· Ⅲ /70 /402
　　奇脉羊齿(未定多种) *Hyrcanopteris* spp. ··· Ⅲ /70 /402
△奇脉叶属 *Mironeura* ··· Ⅲ /78 /411
　　△大坑奇脉叶 *Mironeura dakengensis* ··· Ⅲ /78 /411
　　△多脉奇脉叶 *Mironeura multinervis* ··· Ⅲ /79 /412
　　△湖北奇脉叶 *Mironeura hubeiensis* ··· Ⅲ /79 /412
　　奇脉叶(未定种) *Mironeura* sp. ··· Ⅲ /79 /412
△奇羊齿属 *Aetheopteris* ··· Ⅲ /1 /313
　　△坚直奇羊齿 *Aetheopteris rigida* ··· Ⅲ /1 /313
奇叶杉属 *Aethophyllum* ··· Ⅴ /1 /239
　　有柄奇叶杉 *Aethophyllum stipulare* ··· Ⅴ /1 /239
　　△牛营子? 奇叶杉 *Aethophyllum*? *niuingziensis* ······························· Ⅴ /1 /239
　　奇叶杉?(未定种) *Aethophyllum*? sp. ··· Ⅴ /1 /239
△奇叶属 *Acthephyllum* ··· Ⅲ /1 /313
　　△开县奇叶 *Acthephyllum kaixianense* ··· Ⅲ /1 /313
奇异蕨属 *Paradoxopteris* Hirmer,1927 (non Mi et Liu,1977) ······················· Ⅱ /161 /475
　　司氏奇异蕨 *Paradoxopteris stromeri* ··· Ⅱ /161 /475
△奇异木属 *Allophyton* ··· Ⅱ /8 /277

△丁青奇异木 Allophyton dengqenensis	Ⅱ	/8 /278
△奇异羊齿属 Mirabopteris	Ⅲ	/78 /411
△浑江奇异羊齿 Mirabopteris hunjiangensis	Ⅲ	/78 /411
△奇异羊齿属 Paradoxopteris Mi et Liu,1977 (non Hirmer,1927)	Ⅲ	/128 /480
△浑江奇异羊齿 Paradoxopteris hunjiangensis	Ⅲ	/129 /480
△奇异羽叶属 Thaumatophyllum	Ⅲ	/210 /589
△多条纹奇异羽叶 Thaumatophyllum multilineatum	Ⅲ	/211 /590
△羽毛奇异羽叶 Thaumatophyllum ptilum	Ⅲ	/210 /590
△羽毛奇异羽叶粗肥变种 Thaumatophyllum ptilum var. obesum	Ⅲ	/211 /590
棋盘木属 Grammaephloios	Ⅰ	/47 /184
鱼鳞状棋盘木 Grammaephloios icthya	Ⅰ	/47 /184
青钱柳属 Cycrocarya	Ⅵ	/20 /138
△大翅青钱柳 Cycrocarya macroptera	Ⅵ	/20 /138
△琼海叶属 Qionghaia	Ⅲ	/174 /542
△肉质琼海叶 Qionghaia carnosa	Ⅲ	/174 /542
屈囊蕨属 Gonatosorus	Ⅱ	/134 /441
△大煤沟屈囊蕨 Gonatosorus dameigouensis	Ⅱ	/134 /442
凯托娃屈囊蕨 Gonatosorus ketova	Ⅱ	/134 /442
凯托娃屈囊蕨(比较属种) Cf. Gonatosorus ketova	Ⅱ	/134 /442
裂瓣屈囊蕨 Gonatosorus lobifolius	Ⅱ	/135 /442
那氏屈囊蕨 Gonatosorus nathorsti	Ⅱ	/134 /441
△山西屈囊蕨 Gonatosorus shansiensis	Ⅱ	/135 /443
屈囊蕨?(未定种) Gonatosorus? sp.	Ⅱ	/135 /443

R

△热河似查米亚属 Rehezamites	Ⅲ	/174 /542
△不等裂热河似查米亚 Rehezamites anisolobus	Ⅲ	/174 /542
热河似查米亚(未定种) Rehezamites sp.	Ⅲ	/175 /543
△日蕨属 Rireticopteris	Ⅱ	/175 /492
△小叶日蕨 Rireticopteris microphylla	Ⅱ	/176 /492
榕叶属 Ficophyllum	Ⅵ	/26 /144
粗脉榕叶 Ficophyllum crassinerve	Ⅵ	/26 /144
榕叶(未定种) Ficophyllum sp.	Ⅵ	/26 /145
榕属 Ficus	Ⅵ	/26 /145
番石榴叶榕 Ficus myrtifolius	Ⅵ	/26 /145
瑞香型榕 Ficus daphnogenoides	Ⅵ	/26 /145
施特凡榕 Ficus steophensoni	Ⅵ	/27 /145
悬铃木型榕 Ficus platanicostata	Ⅵ	/27 /145

S

萨尼木属 Sahnioxylon	Ⅵ	/55 /177
拉杰马哈尔萨尼木 Sahnioxylon rajmahalense	Ⅵ	/55 /178
萨尼木属 Sahnioxylon	Ⅲ	/183 /554

拉杰马哈尔萨尼木 Sahnioxylon rajmahalense	Ⅲ/183/554
三角鳞属 Deltolepis	Ⅲ/51/379
△较长? 三角鳞 Deltolepis? longior	Ⅲ/52/379
圆洞三角鳞 Deltolepis credipota	Ⅲ/51/379
三角鳞(未定多种) Deltolepis spp.	Ⅲ/52/379
三角鳞?(未定种) Deltolepis? sp.	Ⅲ/52/379
三盔种鳞属 Tricranolepis	Ⅴ/171/444
单籽三盔种鳞 Tricranolepis monosperma	Ⅴ/171/444
△钝三盔种鳞 Tricranolepis obtusiloba	Ⅴ/171/444
△三裂穗属 Tricrananthus	Ⅴ/171/443
△箭头状三裂穗 Tricrananthus sagittatus	Ⅴ/171/443
△瓣状三裂穗 Tricrananthus lobatus	Ⅴ/171/444
山菅兰属 Dianella	Ⅵ/21/139
△长叶山菅兰 Dianella longifolia	Ⅵ/21/139
△山西枝属 Shanxicladus	Ⅱ/180/498
△疹形山西枝 Shanxicladus pastulosus	Ⅱ/180/498
杉木属 Cunninhamia	Ⅴ/32/276
△亚洲杉木 Cunninhamia asiatica	Ⅴ/32/276
扇羊齿属 Rhacopteris	Ⅲ/175/543
△高腾? 扇羊齿 Rhacopteris? gothani	Ⅲ/175/544
华丽扇羊齿 Rhacopteris elegans	Ⅲ/175/544
扇羊齿(不等羊齿)(未定种) Rhacopteris (Anisopteris) sp.	Ⅲ/176/544
扇叶属 Rhipidopsis	Ⅳ/87/274
△凹顶扇叶 Rhipidopsis concava	Ⅳ/88/275
拜拉型扇叶 Rhipidopsis baieroides	Ⅳ/87/275
△瓣扇叶 Rhipidopsis lobata	Ⅳ/88/276
瓣扇叶(比较属种) Cf. Rhipidopsis lobata	Ⅳ/88/276
△长叶扇叶 Rhipidopsis longifolia	Ⅳ/89/276
△多分叉扇叶 Rhipidopsis multifurcata	Ⅳ/89/277
△多裂扇叶 Rhipidopsis lobulata	Ⅳ/88/276
冈瓦那扇叶 Rhipidopsis gondwanensis	Ⅳ/88/275
△贵州扇叶 Rhipidopsis guizhouensis	Ⅳ/88/275
△红山扇叶 Rhipidopsis hongshanensis	Ⅳ/88/275
△今泉扇叶 Rhipidopsis imaizumii	Ⅳ/88/276
△潘氏扇叶 Rhipidopsis p'anii	Ⅳ/89/277
潘氏扇叶(比较种) Rhipidopsis cf. p'anii	Ⅳ/90/278
△山田扇叶 Rhipidopsis yamadai	Ⅳ/91/279
△射扇叶 Rhipidopsis radiata	Ⅳ/90/278
△石发扇叶 Rhipidopsis shifaensis	Ⅳ/90/278
△水城扇叶 Rhipidopsis shuichengensis	Ⅳ/90/278
△汤旺河扇叶 Rhipidopsis tangwangheensis	Ⅳ/90/279
△陶海营扇叶 Rhipidopsis taohaiyingensis	Ⅳ/90/279
△小扇叶 Rhipidopsis minor	Ⅳ/89/276
△兴安扇叶 Rhipidopsis xinganensis	Ⅳ/90/279
银杏状扇叶 Rhipidopsis ginkgoides	Ⅳ/87/274

银杏状扇叶(比较种) *Rhipidopsis* cf. *ginkgoides*	Ⅳ /87 /275
掌状扇叶 *Rhipidopsis palmata*	Ⅳ /89 /277
掌状扇叶(比较种) *Rhipidopsis* cf. *palmata*	Ⅳ /89 /277
掌状扇叶(亲近种) *Rhipidopsis* aff. *palmata*	Ⅳ /89 /277
△最小扇叶 *Rhipidopsis minutus*	Ⅳ /89 /277
扇叶(未定多种) *Rhipidopsis* spp.	Ⅳ /91 /279
扇叶?(未定种) *Rhipidopsis*? sp.	Ⅳ /91 /280
?扇叶(未定种) ?*Rhipidopsis* sp.	Ⅳ /91 /280

扇状枝属 *Rhipidiocladus* ... Ⅴ /141 /408
 小扇状枝 *Rhipidiocladus flabellata* ... Ⅴ /141 /408
 △渐尖扇状枝 *Rhipidiocladus acuminatus* ... Ⅴ /142 /409
 △河北扇状枝 *Rhipidiocladus hebeiensis* ... Ⅴ /142 /409
 △细尖扇状枝 *Rhipidiocladus mucronata* ... Ⅴ /142 /409

舌鳞叶属 *Glossotheca* ... Ⅲ /65 /396
 △具柄舌鳞叶 *Glossotheca petiolata* ... Ⅲ /66 /397
 △匙舌鳞叶 *Glossotheca cochlearis* ... Ⅲ /66 /396
 乌太卡尔舌鳞叶 *Glossotheca utakalensis* ... Ⅲ /66 /396
 △楔舌鳞叶 *Glossotheca cuneiformis* ... Ⅲ /66 /396

舌似查米亚属 *Glossozamites* ... Ⅲ /66 /397
 长叶舌似查米亚 *Glossozamites oblongifolius* ... Ⅲ /66 /397
 △霍氏舌似查米亚 *Glossozamites hohenggeri* ... Ⅲ /66 /397
 △尖头舌似查米亚 *Glossozamites acuminatus* ... Ⅲ /66 /397
 舌似查米亚(比较属,未定种) Cf. *Glossozamites* sp. ... Ⅲ /67 /397

舌羊齿属 *Glossopteris* ... Ⅲ /64 /395
 布朗舌羊齿 *Glossopteris browniana* ... Ⅲ /65 /395
 △山西舌羊齿 *Glossopteris shanxiensis* ... Ⅲ /65 /396
 狭叶舌羊齿 *Glossopteris angustifolia* ... Ⅲ /65 /395
 狭叶舌羊齿(比较种) *Glossopteris* cf. *angustifolia* ... Ⅲ /65 /395
 印度舌羊齿 *Glossopteris indica* ... Ⅲ /65 /396
 △中华舌羊齿 *Glossopteris chinensis* ... Ⅲ /65 /395
 舌羊齿?(未定种) *Glossopteris*? sp. ... Ⅲ /65 /396

舌叶属 *Glossophyllum* ... Ⅳ /60 /242
 蔡耶舌叶 *Glossophyllum zeilleri* ... Ⅳ /63 /246
 △蔡耶?舌叶 *Glossophyllum*? *zeilleri* ... Ⅳ /63 /246
 △长叶?舌叶 *Glossophyllum*? *longifolium* (Salfeld) Lee,1963 (non Yang,1978) ... Ⅳ /61 /243
 △长叶舌叶 *Glossophyllum longifolium* Yang,1978 [non (Salfeld) Lee,1963] ... Ⅳ /61 /243
 傅兰林舌叶 *Glossophyllum florini* ... Ⅳ /60 /243
 傅兰林舌叶(比较种) *Glossophyllum* cf. *florini* ... Ⅳ /61 /243
 傅兰林舌叶(比较属种) Cf. *Glossophyllum florini* ... Ⅳ /61 /243
 陕西舌叶 *Glossophyllum shensiense* ... Ⅳ /61 /243
 △陕西?舌叶 *Glossophyllum*? *shensiense* ... Ⅳ /62 /244
 陕西舌叶(比较属种) Cf. *Glossophyllum shensiense* ... Ⅳ /62 /244
 舌叶(未定多种) *Glossophyllum* spp. ... Ⅳ /63 /246
 ?舌叶(未定多种) ?*Glossophyllum* spp. ... Ⅳ /64 /247
 舌叶?(未定多种) *Glossophyllum*? spp. ... Ⅳ /63 /246

蛇葡萄属 *Ampelopsis*	Ⅵ	/4 /120
槭叶蛇葡萄 *Ampelopsis acerifolia*	Ⅵ	/4 /120
△沈括叶属 *Shenkuoia*	Ⅵ	/59 /181
△美脉沈括叶 *Shenkuoia caloneura*	Ⅵ	/59 /182
△沈氏蕨属 *Shenea*	Ⅱ	/180 /498
△希氏沈氏蕨 *Shenea hirschmeierii*	Ⅱ	/181 /498
石果属 *Carpites*	Ⅵ	/10 /127
核果状石果 *Carpites pruniformis*	Ⅵ	/11 /128
石果(未定种) *Carpites* sp.	Ⅵ	/11 /128
石花属 *Antholites*	Ⅳ	/1 /169
△中国石花 *Antholites chinensis*	Ⅳ	/2 /170
石花属 *Antholithes*	Ⅳ	/2 /170
百合石花 *Antholithes liliacea*	Ⅳ	/2 /170
石花属 *Antholithus*	Ⅳ	/2 /170
△富隆山石花 *Antholithus fulongshanensis*	Ⅳ	/2 /170
△卵形石花 *Antholithus ovatus*	Ⅳ	/2 /170
魏氏石花 *Antholithus wettsteinii*	Ⅳ	/2 /170
△杨树沟石花 *Antholithus yangshugouensis*	Ⅳ	/3 /171
石花(未定多种) *Antholithus* spp.	Ⅳ	/3 /171
石松穗属 *Lycostrobus*	Ⅰ	/52 /190
△具柄石松穗 *Lycostrobus petiolatus*	Ⅰ	/52 /190
斯苛脱石松穗 *Lycostrobus scottii*	Ⅰ	/52 /190
石叶属 *Phyllites*	Ⅵ	/41 /161
白杨石叶 *Phyllites populina*	Ⅵ	/41 /161
石叶(未定多种) *Phyllites* spp.	Ⅵ	/41 /162
?石叶(未定种) ?*Phyllites* sp.	Ⅵ	/41 /162
石籽属 *Carpolithes* 或 *Carpolithus*	Ⅴ	/15 /256
布诺克石籽 *Carpolithus brookensis*	Ⅴ	/16 /257
△蚕豆形石籽 *Carpolithus fabiformis*	Ⅴ	/16 /257
△长纤毛石籽 *Carpolithus longiciliosus*	Ⅴ	/17 /258
△刺石籽 *Carpolithus acanthus*	Ⅴ	/16 /256
△多籽石籽 *Carpolithus multiseminalis*	Ⅴ	/17 /258
△耳状石籽 *Carpolithus auritus*	Ⅴ	/16 /256
△肥瘤石籽 *Carpolithus pachythelis*	Ⅴ	/17 /258
弗吉尼亚石籽 *Carpolithus virginiensis*	Ⅴ	/18 /259
△厚缘刺石籽 *Carpolithus latizonus*	Ⅴ	/17 /258
△鸡东石籽 *Carpolithus jidongensis*	Ⅴ	/16 /257
△灵乡石籽 *Carpolithus lingxiangensis*	Ⅴ	/17 /258
△瘤状石籽 *Carpolithus strumatus*	Ⅴ	/18 /259
△球状石籽 *Carpolithus globularis*	Ⅴ	/16 /257
△山下石籽 *Carpolithus yamasidai*	Ⅴ	/18 /259
△寿昌石籽 *Carpolithus shouchangensis*	Ⅴ	/18 /259
△网状石籽 *Carpolithus retioformus*	Ⅴ	/17 /258
围绕石籽 *Carpolithus cinctus*	Ⅴ	/16 /257
围绕石籽(比较种) *Carpolithus* cf. *cinctus*	Ⅴ	/16 /257

△圆形石籽 *Carpolithus rotundatus*	Ⅴ/17/258	
圆形石籽(比较种) *Carpolithus* cf. *rotundatus*	Ⅴ/17/259	
石籽(未定多种) *Carpolithus* spp.	Ⅴ/18/259	
石籽?(未定多种) *Carpolithus*? spp.	Ⅴ/24/267	
?石籽(未定多种) ?*Carpolithus* spp.	Ⅴ/25/267	
石籽(与三棱籽比较)(未定种) *Carpolithus* (Cf. *Trigonocarpus*) sp.	Ⅴ/25/267	

史威登堡果属 *Swedenborgia* ············ Ⅴ/163/434
 较小史威登堡果 *Swedenborgia minor* ············ Ⅴ/164/436
 △林家史威登堡果 *Swedenborgia linjiaensis* ············ Ⅴ/164/436
 柳杉型史威登堡果 *Swedenborgia cryptomerioides* ············ Ⅴ/163/435
 ?柳杉型史威登堡果 ?*Swedenborgia cryptomerioides* ············ Ⅴ/164/436
 柳杉型史威登堡果(比较种) *Swedenborgia* cf. *cryptomerioides* ············ Ⅴ/164/436
 史威登堡果(未定多种) *Swedenborgia* spp. ············ Ⅴ/164/436
 史威登堡果?(未定种) *Swedenborgia*? sp. ············ Ⅴ/165/436

矢部叶属 *Yabeiella* ············ Ⅲ/231/616
 △多脉矢部叶 *Yabeiella multinervis* ············ Ⅲ/232/616
 马雷耶斯矢部叶 *Yabeiella mareyesiaca* ············ Ⅲ/232/616
 马雷耶斯矢部叶(比较种) *Yabeiella* cf. *mareyesiaca* ············ Ⅲ/232/616
 短小矢部叶 *Yabeiella brachebuschiana* ············ Ⅲ/232/616

△始木兰属 *Archimagnolia* ············ Ⅵ/6/123
 △喙柱始木兰 *Archimagnolia rostrato-stylosa* ············ Ⅵ/6/123

△始拟银杏属 *Primoginkgo* ············ Ⅳ/80/266
 △深裂始拟银杏 *Primoginkgo dissecta* ············ Ⅳ/80/266

△始水松属 *Eoglyptostrobus* ············ Ⅴ/61/312
 △清风藤型始水松 *Eoglyptostrobus sabioides* ············ Ⅴ/62/313

△始团扇蕨属 *Eogonocormus* Deng,1995 (non Deng,1997) ············ Ⅱ/125/430
 △白垩始团扇蕨 *Eogonocormus cretaceum* Deng,1995 (non Deng,1997) ············ Ⅱ/125/430
 △线形始团扇蕨 *Eogonocormus linearifolium* ············ Ⅱ/125/431

△始团扇蕨属 *Eogonocormus* Deng,1997 (non Deng,1995) ············ Ⅱ/125/431
 △白垩始团扇蕨 *Eogonocormus cretaceum* Deng,1997 (non Deng,1995) ············ Ⅱ/125/431

△始羽蕨属 *Eogymnocarpium* ············ Ⅱ/125/431
 △中国始羽蕨 *Eogymnocarpium sinense* ············ Ⅱ/126/432

柿属 *Diospyros* ············ Ⅵ/23/141
 圆叶柿 *Diospyros rotundifolia* ············ Ⅵ/23/142

匙羊齿属 *Zamiopteris* ············ Ⅲ/234/620
 △东宁匙羊齿 *Zamiopteris dongningensis* ············ Ⅲ/235/620
 舌羊齿型匙羊齿 *Zamiopteris glossopteroides* ············ Ⅲ/235/620
 △微细匙羊齿 *Zamiopteris minor* ············ Ⅲ/235/620

匙叶属 *Noeggerathiopsis* ············ Ⅲ/112/458
 △湖北? 匙叶 *Noeggerathiopsis*? *hubeiensis* ············ Ⅲ/112/459
 △辽宁匙叶 *Noeggerathiopsis liaoningensis* ············ Ⅲ/113/459
 希氏匙叶 *Noeggerathiopsis hislopi* ············ Ⅲ/112/459

书带蕨叶属 *Vittaephyllum* ············ Ⅲ/225/609
 二叉书带蕨叶 *Vittaephyllum bifurcata* ············ Ⅲ/225/609
 书带蕨叶(未定种) *Vittaephyllum* sp. ············ Ⅲ/225/609

梳羽叶属 *Ctenophyllum* ⋯⋯⋯⋯⋯⋯⋯⋯⋯⋯⋯⋯⋯⋯⋯⋯⋯⋯⋯⋯⋯⋯⋯ Ⅲ /37 /361
　　布劳恩梳羽叶 *Ctenophyllum braunianum* ⋯⋯⋯⋯⋯⋯⋯⋯⋯⋯⋯ Ⅲ /38 /361
　　△陈垸梳羽叶 *Ctenophyllum chenyuanense* ⋯⋯⋯⋯⋯⋯⋯⋯⋯⋯⋯ Ⅲ /38 /362
　　△粗脉梳羽叶 *Ctenophyllum crassinerve* ⋯⋯⋯⋯⋯⋯⋯⋯⋯⋯⋯⋯ Ⅲ /38 /362
　　△大叶梳羽叶 *Ctenophyllum macrophyllum* ⋯⋯⋯⋯⋯⋯⋯⋯⋯⋯⋯ Ⅲ /38 /362
　　△湖北梳羽叶 *Ctenophyllum hubeiense* ⋯⋯⋯⋯⋯⋯⋯⋯⋯⋯⋯⋯⋯ Ⅲ /38 /362
　　△疏叶梳羽叶 *Ctenophyllum laxilobum* ⋯⋯⋯⋯⋯⋯⋯⋯⋯⋯⋯⋯⋯ Ⅲ /38 /362
　　△下延梳羽叶 *Ctenophyllum decurrens* ⋯⋯⋯⋯⋯⋯⋯⋯⋯⋯⋯⋯⋯ Ⅲ /38 /362
　　△显脉梳羽叶 *Ctenophyllum nervosum* ⋯⋯⋯⋯⋯⋯⋯⋯⋯⋯⋯⋯⋯ Ⅲ /38 /363
　　梳羽叶(未定种) *Ctenophyllum* sp. ⋯⋯⋯⋯⋯⋯⋯⋯⋯⋯⋯⋯⋯⋯⋯⋯ Ⅲ /38 /363
鼠李属 *Rhamnus* ⋯⋯⋯⋯⋯⋯⋯⋯⋯⋯⋯⋯⋯⋯⋯⋯⋯⋯⋯⋯⋯⋯⋯⋯⋯ Ⅵ /54 /176
　　△门士鼠李 *Rhamnus menchigensis* ⋯⋯⋯⋯⋯⋯⋯⋯⋯⋯⋯⋯⋯⋯⋯ Ⅵ /54 /176
　　△尚志鼠李 *Rhamnus shangzhiensis* ⋯⋯⋯⋯⋯⋯⋯⋯⋯⋯⋯⋯⋯⋯⋯ Ⅵ /54 /176
△束脉蕨属 *Symopteris* ⋯⋯⋯⋯⋯⋯⋯⋯⋯⋯⋯⋯⋯⋯⋯⋯⋯⋯⋯⋯⋯⋯ Ⅱ /191 /510
　　△蔡耶束脉蕨 *Symopteris zeilleri* ⋯⋯⋯⋯⋯⋯⋯⋯⋯⋯⋯⋯⋯⋯⋯⋯ Ⅱ /191 /511
　　△密脉束脉蕨 *Symopteris densinervis* ⋯⋯⋯⋯⋯⋯⋯⋯⋯⋯⋯⋯⋯⋯ Ⅱ /191 /511
　　密脉束脉蕨(比较种) *Symopteris* cf. *densinervis* ⋯⋯⋯⋯⋯⋯⋯ Ⅱ /191 /511
　　△瑞士束脉蕨 *Symopteris helvetica* ⋯⋯⋯⋯⋯⋯⋯⋯⋯⋯⋯⋯⋯⋯⋯ Ⅱ /191 /511
　　瑞士束脉蕨(比较属种) Cf. *Symopteris helvetica* ⋯⋯⋯⋯⋯⋯⋯⋯ Ⅱ /191 /511
　　束脉蕨(未定种) *Symopteris* sp. ⋯⋯⋯⋯⋯⋯⋯⋯⋯⋯⋯⋯⋯⋯⋯⋯ Ⅱ /192 /512
双囊蕨属 *Disorus* ⋯⋯⋯⋯⋯⋯⋯⋯⋯⋯⋯⋯⋯⋯⋯⋯⋯⋯⋯⋯⋯⋯⋯⋯ Ⅱ /119 /423
　　尼马康双囊蕨 *Disorus nimakanensis* ⋯⋯⋯⋯⋯⋯⋯⋯⋯⋯⋯⋯⋯⋯ Ⅱ /119 /423
　　△最小双囊蕨 *Disorus minimus* ⋯⋯⋯⋯⋯⋯⋯⋯⋯⋯⋯⋯⋯⋯⋯⋯ Ⅱ /119 /423
△双生叶属 *Geminofoliolum* ⋯⋯⋯⋯⋯⋯⋯⋯⋯⋯⋯⋯⋯⋯⋯⋯⋯⋯⋯⋯ Ⅰ /46 /184
　　△纤细双生叶 *Geminofoliolum gracilis* ⋯⋯⋯⋯⋯⋯⋯⋯⋯⋯⋯⋯⋯ Ⅰ /46 /184
双子叶属 *Dicotylophyllum* Saporta,1894 (non Bandulska,1923) ⋯⋯⋯ Ⅵ /21 /139
　　△珲春叶双子叶 *Dicotylophyllum hunchuniphyllum* ⋯⋯⋯⋯⋯⋯ Ⅵ /21 /139
　　菱形双子叶 *Dicotylophyllum rhomboidale* ⋯⋯⋯⋯⋯⋯⋯⋯⋯⋯⋯ Ⅵ /22 /140
　　△微小双子叶 *Dicotylophyllum minutissimus* ⋯⋯⋯⋯⋯⋯⋯⋯⋯⋯ Ⅵ /21 /139
　　尾状双子叶 *Dicotylophyllum cerciforme* ⋯⋯⋯⋯⋯⋯⋯⋯⋯⋯⋯⋯ Ⅵ /21 /139
　　△亚梨形双子叶 *Dicotylophyllum subpyrifolium* ⋯⋯⋯⋯⋯⋯⋯⋯ Ⅵ /22 /140
　　双子叶(未定多种) *Dicotylophyllum* spp. ⋯⋯⋯⋯⋯⋯⋯⋯⋯⋯⋯⋯ Ⅵ /22 /140
双子叶属 *Dicotylophyllum* Bandulska,1923 (non Saporta,1894) ⋯⋯⋯ Ⅵ /23 /141
　　斯氏双子叶 *Dicotylophyllum stopesii* ⋯⋯⋯⋯⋯⋯⋯⋯⋯⋯⋯⋯⋯⋯ Ⅵ /23 /141
水韭属 *Isoetes* ⋯⋯⋯⋯⋯⋯⋯⋯⋯⋯⋯⋯⋯⋯⋯⋯⋯⋯⋯⋯⋯⋯⋯⋯⋯⋯ Ⅰ /48 /185
　　△二马营水韭 *Isoetes ermayingensis* ⋯⋯⋯⋯⋯⋯⋯⋯⋯⋯⋯⋯⋯⋯ Ⅰ /48 /185
水青树属 *Tetracentron* ⋯⋯⋯⋯⋯⋯⋯⋯⋯⋯⋯⋯⋯⋯⋯⋯⋯⋯⋯⋯⋯⋯ Ⅵ /62 /185
　　△乌云水青树 *Tetracentron wuyunense* ⋯⋯⋯⋯⋯⋯⋯⋯⋯⋯⋯⋯⋯ Ⅵ /62 /185
水杉属 *Metasequoia* ⋯⋯⋯⋯⋯⋯⋯⋯⋯⋯⋯⋯⋯⋯⋯⋯⋯⋯⋯⋯⋯⋯⋯ Ⅴ /79 /332
　　△水松型水杉 *Metasequoia glyptostroboides* ⋯⋯⋯⋯⋯⋯⋯⋯⋯⋯ Ⅴ /79 /333
　　二列水杉 *Metasequoia disticha* ⋯⋯⋯⋯⋯⋯⋯⋯⋯⋯⋯⋯⋯⋯⋯⋯ Ⅴ /79 /333
　　楔形水杉 *Metasequoia cuneata* ⋯⋯⋯⋯⋯⋯⋯⋯⋯⋯⋯⋯⋯⋯⋯⋯ Ⅴ /79 /333
　　水杉(未定种) *Metasequoia* sp. ⋯⋯⋯⋯⋯⋯⋯⋯⋯⋯⋯⋯⋯⋯⋯⋯ Ⅴ /79 /333
水松属 *Glyptostrobus* ⋯⋯⋯⋯⋯⋯⋯⋯⋯⋯⋯⋯⋯⋯⋯⋯⋯⋯⋯⋯⋯⋯⋯ Ⅴ /70 /323
　　欧洲水松 *Glyptostrobus europaeus* ⋯⋯⋯⋯⋯⋯⋯⋯⋯⋯⋯⋯⋯⋯⋯ Ⅴ /70 /323

水松型木属 *Glyptostroboxylon*	Ⅴ /70 /322
葛伯特水松型木 *Glyptostroboxylon goepperti*	Ⅴ /70 /323
△西大坡水松型木 *Glyptostroboxylon xidapoense*	Ⅴ /70 /323
△似八角属 *Illicites* ······ Ⅵ /28 /147
    似八角(sp. indet.) *Illicites* sp. indet. ······ Ⅵ /29 /147
似白粉藤属 *Cissites* ······ Ⅵ /15 /133
    △珲春似白粉藤 *Cissites hunchunensis* ······ Ⅵ /16 /133
    △京西似白粉藤 *Cissites jingxiensis* ······ Ⅵ /16 /133
    槭树型似白粉藤 *Cissites aceroides* ······ Ⅵ /16 /133
    似白粉藤(未定种) *Cissites* sp. ······ Ⅵ /16 /134
    似白粉藤?(未定种) *Cissites*? sp. ······ Ⅵ /16 /134
△似百合属 *Lilites* ······ Ⅵ /34 /154
    △热河似百合 *Lilites reheensis* ······ Ⅵ /35 /154
似孢子体属 *Sporogonites* ······ Ⅰ /8 /135
    茂盛似孢子体 *Sporogonites exuberans* ······ Ⅰ /8 /135
    △云南似孢子体 *Sporogonites yunnanense* ······ Ⅰ /8 /135
似蝙蝠葛属 *Menispermites* ······ Ⅵ /36 /155
    波托马克似蝙蝠葛? *Menispermites potomacensis*? ······ Ⅵ /36 /156
    钝叶似蝙蝠葛 *Menispermites obtsiloba* ······ Ⅵ /36 /156
    久慈似蝙蝠葛 *Menispermites kujiensis* ······ Ⅵ /36 /156
似侧柏属 *Thuites* ······ Ⅴ /168 /440
    奇异似侧柏 *Thuites aleinus* ······ Ⅴ /168 /441
    似侧柏?(未定种) *Thuites*? sp. ······ Ⅴ /168 /441
△似叉苔属 *Metzgerites* ······ Ⅰ /5 /131
    △巴里坤似叉苔 *Metzgerites barkolensis* ······ Ⅰ /5 /132
    △多枝似叉苔 *Metzgerites multiramea* ······ Ⅰ /5 /132
    △明显似叉苔 *Metzgerites exhibens* ······ Ⅰ /5 /132
    △蔚县似叉苔 *Metzgerites yuxinanensis* ······ Ⅰ /5 /132
似查米亚属 *Zamites* ······ Ⅲ /235 /621
    △大叶似查米亚 *Zamites macrophyllus* ······ Ⅲ /239 /625
    △倒披针形似查米亚 *Zamites oblanceolatus* ······ Ⅲ /239 /625
    △东巩似查米亚 *Zamites donggongensis* ······ Ⅲ /236 /622
    △范家塘?似查米亚 *Zamites? fanjiachangensis* ······ Ⅲ /237 /622
    分离似查米亚 *Zamites distans* ······ Ⅲ /236 /622
    △分明似查米亚 *Zamites insignis* ······ Ⅲ /238 /623
    △和恩格尔似查米亚 *Zamites hoheneggerii* ······ Ⅲ /237 /623
    和恩格尔似查米亚(比较种) *Zamites* cf. *hoheneggerii* ······ Ⅲ /237 /623
    △湖北似查米亚 *Zamites hubeiensis* ······ Ⅲ /237 /623
    △华亭似查米亚(耳羽叶?) *Zamites* (*Otozanites*?) *huatingensis* ······ Ⅲ /237 /623
    △剑形似查米亚 *Zamites ensitformis* ······ Ⅲ /236 /622
    △江西似查米亚 *Zamites jiangxiensis* ······ Ⅲ /238 /623
    截形似查米亚 *Zamites truncatus* ······ Ⅲ /239 /626
    巨大似查米亚 *Zamites gigas* ······ Ⅲ /236 /621
    巨大似查米亚(比较种) *Zamites* cf. *gigas* ······ Ⅲ /236 /621
    △镰状似查米亚 *Zamites falcatus* ······ Ⅲ /236 /622

△龙宫似查米亚 *Zamites longgongensis*	Ⅲ	/238 /624
秣叶似查米亚 *Zamites feneonis*	Ⅲ	/237 /622
披针似查米亚 *Zamites lanceolatus* (Lindley et Hutton) Braun, 1840 (non Cao, Liang et Ma, 1995)	Ⅲ	/238 /624
△披针似查米亚 *Zamites lanceolatus* Cao, Liang et Ma, 1995 [non (Lindley et Hutton) Braun, 1840]	Ⅲ	/238 /624
齐氏似查米亚 *Zamites zittellii*	Ⅲ	/240 /626
齐氏似查米亚(比较种) *Zamites* cf. *zittellii*	Ⅲ	/240 /626
△舌形似查米亚 *Zamites linguifolium*	Ⅲ	/238 /624
△四川似查米亚 *Zamites sichuanensis*	Ⅲ	/239 /625
土佐似查米亚 *Zamites tosanus*	Ⅲ	/239 /626
△拖延似查米亚 *Zamites decurens*	Ⅲ	/236 /621
△姚河似查米亚 *Zamites yaoheensis*	Ⅲ	/239 /626
△义县似查米亚 *Zamites yixianensis*	Ⅲ	/240 /626
△中国似查米亚 *Zamites sinensis*	Ⅲ	/239 /625
中国似查米亚(比较种) *Zamites* cf. *sinensis*	Ⅲ	/239 /625
△秭归似查米亚 *Zamites ziguiensis*	Ⅲ	/240 /626
似查米亚(未定多种) *Zamites* spp.	Ⅲ	/240 /627
似查米亚?(未定多种) *Zamites*? spp.	Ⅲ	/241 /628
△似齿囊蕨属 *Odontosorites*	Ⅱ	/155 /467
△海尔似齿囊蕨 *Odontosorites heerianus*	Ⅱ	/155 /467
似翅籽树属 *Pterospermites*	Ⅵ	/50 /172
△东方似翅籽树 *Pterospermites orientalis*	Ⅵ	/51 /173
△盾叶似翅籽树 *Pterospermites peltatifolius*	Ⅵ	/51 /173
△黑龙江似翅籽树 *Pterospermites heilongjiangensis*	Ⅵ	/51 /173
漫游似翅籽树 *Pterospermites vagans*	Ⅵ	/51 /172
心耳叶似翅籽树 *Pterospermites auriculaecordatus*	Ⅵ	/51 /173
似翅籽树(未定种) *Pterospermites* sp.	Ⅵ	/51 /173
似枞属 *Elatides*	Ⅴ	/48 /295
薄氏似枞 *Elatides bommeri*	Ⅴ	/49 /296
△薄叶似枞 *Elatides leptolepis*	Ⅴ	/50 /298
布兰迪似枞 *Elatides brandtiana*	Ⅴ	/49 /296
布兰迪? 似枞 *Elatides? brandtiana*	Ⅴ	/49 /296
△哈氏似枞 *Elatides harrisii*	Ⅴ	/50 /298
镰形似枞 *Elatides falcata*	Ⅴ	/50 /298
卵形似枞 *Elatides ovalis*	Ⅴ	/48 /295
卵形似枞(比较种) *Elatides* cf. *ovalis*	Ⅴ	/48 /295
△马涧? 似枞 *Elatides? majianensis*	Ⅴ	/50 /298
△满洲似枞 *Elatides manchurensis*	Ⅴ	/50 /298
满洲? 似枞 *Elatides? manchurensis*	Ⅴ	/50 /299
△南洋杉型似枞 *Elatides araucarioides*	Ⅴ	/48 /296
南洋杉型似枞(比较种) *Elatides* cf. *araucarioides*	Ⅴ	/48 /296
弯叶似枞 *Elatides curvifolia*	Ⅴ	/49 /297
弯叶似枞(比较种) *Elatides* cf. *curvifolia*	Ⅴ	/49 /297
弯叶似枞(比较属种) Cf. *Elatides curvifolia*	Ⅴ	/49 /297

威廉逊似枞 *Elatides williamsoni*	Ⅴ/51/299
威廉逊似枞(比较属种) Cf. *Elatides williamsoni*	Ⅴ/51/299
亚洲似枞 *Elatides asiatica*	Ⅴ/48/296
△圆柱似枞 *Elatides cylindrica*	Ⅴ/49/297
△张家口似枞 *Elatides zhangjiakouensis*	Ⅴ/51/299
△中国似枞 *Elatides chinensis*	Ⅴ/49/296
中国"似枞" "*Elatides*" *chinensis*	Ⅴ/49/297
似枞(未定多种) *Elatides* spp.	Ⅴ/51/299
似枞?(未定多种) *Elatides*? spp.	Ⅴ/51/300
?似枞(未定种) ?*Elatides* sp.	Ⅴ/52/300

似狄翁叶属 *Dioonites* Ⅲ/57/386
    布朗尼阿似狄翁叶 *Dioonites brongniarti* Ⅲ/57/386
    窗状似狄翁叶 *Dioonites feneonis* Ⅲ/57/386
    小藤似狄翁叶 *Dioonites kotoi* Ⅲ/57/386

似地钱属 *Marchantites* Ⅰ/4/131
    塞桑似地钱 *Marchantites sesannensis* Ⅰ/4/131
    △桃山似地钱 *Marchantites taoshanensis* Ⅰ/4/131
    似地钱(未定种) *Marchantites* sp. Ⅰ/5/131

似豆属 *Leguminosites* Ⅵ/32/152
    亚旦形似豆 *Leguminosites subovatus* Ⅵ/32/152
    似豆(未定多种) *Leguminosites* spp. Ⅵ/32/152

△似杜仲属 *Eucommioites* Ⅵ/25/144
    △东方似杜仲 *Eucommioites orientalis* Ⅵ/25/144

似根属 *Radicites* Ⅰ/75/222
    △大同似根 *Radicites datongensis* Ⅰ/76/222
    △辐射似根 *Radicites radiatus* Ⅰ/76/222
    毛发似根 *Radicites capillacea* Ⅰ/76/222
    △美丽似根 *Radicites eucallus* Ⅰ/76/222
    △山东似根 *Radicites shandongensis* Ⅰ/76/222
    似根(未定多种) *Radicites* spp. Ⅰ/76/223

△似狗尾草属 *Setarites* Ⅵ/58/181
    似狗尾草(sp. indet.) *Setarites* sp. indet. Ⅵ/59/181

似管状叶属 *Solenites* Ⅳ/93/281
    △东方似管状叶 *Solenites orientalis* Ⅳ/94/282
    柳条似管状叶 *Solenites vimineus* Ⅳ/94/283
    △滦平似管状叶 *Solenites luanpingensis* Ⅳ/93/282
    穆雷似管状叶 *Solenites murrayana* Ⅳ/93/281
    穆雷似管状叶(比较种) *Solenites* cf. *murrayana* Ⅳ/93/282

似果穗属 *Strobilites* Ⅴ/160/430
    △红豆杉型似果穗 *Strobilites taxusoides* Ⅴ/160/431
    △紧挤似果穗 *Strobilites contigua* Ⅴ/160/431
    △居间似果穗 *Strobilites interjecta* Ⅴ/160/431
    伸长似果穗 *Strobilites elongata* Ⅴ/160/430
    △矢部似果穗 *Strobilites yabei* Ⅴ/160/431
    矢部?似果穗 *Strobilites*? *yabei* Ⅴ/161/431

△乌灶似果穗 Strobilites wuzaoensis ……………………………………………………… V /160 /431
　　似果穗(未定多种) Strobilites spp. …………………………………………………… V /161 /431
　　似果穗?(未定种) Strobilites? sp. …………………………………………………… V /162 /433
似红豆杉属 Taxites ……………………………………………………………………………… V /165 /437
　　杜氏似红豆杉 Taxites tournalii ……………………………………………………… V /165 /437
△宽叶似红豆杉 Taxites latior ………………………………………………………… V /165 /437
△匙形似红豆杉 Taxites spatulatus …………………………………………………… V /165 /437
似胡桃属 Juglandites ………………………………………………………………………… Ⅵ /30 /149
△灰叶似胡桃 Juglandites polophyllus ……………………………………………… Ⅵ /30 /149
　　纽克斯塔林似胡桃 Juglandites nuxtaurinensis …………………………………… Ⅵ /30 /149
　　深波似胡桃 Juglandites sinuatus …………………………………………………… Ⅵ /30 /149
△似画眉草属 Eragrosites …………………………………………………………………… V /64 /315
△常氏似画眉草 Eragrosites changii ………………………………………………… V /64 /315
△似画眉草属 Eragrosites …………………………………………………………………… Ⅵ /24 /142
△常氏似画眉草 Eragrosites changii ………………………………………………… Ⅵ /24 /142
△似金星蕨属 Thelypterites ………………………………………………………………… Ⅱ /197 /519
　　似金星蕨(未定种 A) Thelypterites sp. A ………………………………………… Ⅱ /197 /519
　　似金星蕨(未定多种) Thelypterites spp. ………………………………………… Ⅱ /197 /519
△似茎状地衣属 Foliosites ………………………………………………………………… Ⅰ /1 /127
△美丽似茎状地衣 Foliosites formosus ……………………………………………… Ⅰ /1 /127
△纤细似茎状地衣 Foliosites gracilentus …………………………………………… Ⅰ /2 /128
　　似茎状地衣(未定种) Foliosites sp. ………………………………………………… Ⅰ /2 /128
似卷柏属 Selaginellites ……………………………………………………………………… Ⅰ /80 /227
△朝阳似卷柏 Selaginellites chaoyangensis ………………………………………… Ⅰ /81 /228
△匙形似卷柏 Selaginellites spatulatus ……………………………………………… Ⅰ /82 /229
△多产似卷柏 Selaginellites fausta …………………………………………………… Ⅰ /81 /228
△镰形似卷柏 Selaginellites drepaniformis ………………………………………… Ⅰ /81 /228
△孙氏似卷柏 Selaginellites suniana ………………………………………………… Ⅰ /82 /229
　　索氏似卷柏 Selaginellites suissei …………………………………………………… Ⅰ /80 /227
△狭细似卷柏 Selaginellites angustus ……………………………………………… Ⅰ /80 /227
　　狭细?似卷柏 Selaginellites? angustus …………………………………………… Ⅰ /80 /227
　　?狭细似卷柏 ?Selaginellites angustus …………………………………………… Ⅰ /81 /228
△亚洲似卷柏 Selaginellites asiatica ………………………………………………… Ⅰ /81 /228
△云南似卷柏 Selaginellites yunnanensis …………………………………………… Ⅰ /82 /229
△中国似卷柏 Selaginellites sinensis ………………………………………………… Ⅰ /81 /229
　　似卷柏(未定多种) Selaginellites spp. ……………………………………………… Ⅰ /82 /230
　　似卷柏?(未定多种) Selaginellites? spp. …………………………………………… Ⅰ /83 /230
△似卷囊蕨属 Speirocarpites ……………………………………………………………… Ⅱ /181 /498
△渡口似卷囊蕨 Speirocarpites dukouensis ………………………………………… Ⅱ /181 /499
△弗吉尼亚似卷囊蕨 Speirocarpites virginiensis …………………………………… Ⅱ /181 /499
△日蕨型似卷囊蕨 Speirocarpites rireticopteroides ………………………………… Ⅱ /181 /499
△中国似卷囊蕨 Speirocarpites zhonguoensis ……………………………………… Ⅱ /181 /499
△似克鲁克蕨属 Klukiopsis ………………………………………………………………… Ⅱ /145 /455
△侏罗似克鲁克蕨 Klukiopsis jurassica ……………………………………………… Ⅱ /145 /455
似昆栏树属 Trochodendroides ……………………………………………………………… Ⅵ /63 /187

北极似昆栏树 *Trochodendroides arctica*	Ⅵ/64/187
渐尖似昆栏树 *Trochodendroides smilacifolia*	Ⅵ/64/187
菱形似昆栏树 *Trochodendroides rhomboideus*	Ⅵ/64/187
瓦西连柯似昆栏树 *Trochodendroides vassilenkoi*	Ⅵ/64/187

△似兰属 *Orchidites* Ⅵ/39/159
    △披针叶似兰 *Orchidites lancifolius* Ⅵ/39/159
    △线叶似兰 *Orchidites linearifolius* Ⅵ/39/159

似里白属 *Gleichenites* Ⅱ/126/432
    △本溪似里白 *Gleichenites benxiensis* Ⅱ/127/433
    △朝阳似里白 *Gleichenites chaoyangensis* Ⅱ/127/433
    △单囊群似里白 *Gleichenites monosoratus* Ⅱ/129/435
    △东宁似里白 *Gleichenites dongningensis* Ⅱ/127/433
    △短羽？似里白 *Gleichenites? brevipennatus* Ⅱ/127/433
    △改则？似里白 *Gleichenites? gerzeensis* Ⅱ/127/434
    △鸡西似里白 *Gleichenites jixiensis* Ⅱ/128/435
    吉萨克似里白 *Gleichenites gieseckianus* Ⅱ/128/434
    吉萨克似里白(比较属种) Cf. *Gleichenites gieseckianus* Ⅱ/128/434
    △剑状似里白 *Gleichenites gladiatus* Ⅱ/128/434
    △密山似里白 *Gleichenites mishanensis* Ⅱ/128/435
    诺登斯基似里白 *Gleichenites nordenskioldi* Ⅱ/130/436
    濮氏似里白 *Gleichenites porsildi* Ⅱ/126/432
    日本似里白 *Gleichenites nipponensis* Ⅱ/129/435
    日本似里白(比较种) *Gleichenites* cf. *nipponensis* Ⅱ/129/436
    苏铁状似里白 *Gleichenites cycadina* Ⅱ/127/433
    汤浅似里白 *Gleichenites yuasensis* Ⅱ/131/438
    纤细似里白 *Gleichenites gracilis* Ⅱ/128/435
    纤细似里白(比较属种) Cf. *Gleichenites gracilis* Ⅱ/128/435
    △一平浪似里白 *Gleichenites yipinglangensis* Ⅱ/130/437
    △元宝山似里白 *Gleichenites yuanbaoshanensis* Ⅱ/130/437
    整洁似里白 *Gleichenites nitida* Ⅱ/129/436
    直立？似里白 *Gleichenites? erecta* Ⅱ/127/434
    直立？似里白(比较种) *Gleichenites? * cf. *erecta* Ⅱ/127/434
    △竹山似里白 *Gleichenites takeyamae* Ⅱ/130/437
    竹山似里白(比较种) *Gleichenites* cf. *takeyamae* Ⅱ/130/437
    似里白(未定多种) *Gleichenites* spp. Ⅱ/131/438
    似里白？(未定多种) *Gleichenites?* spp. Ⅱ/131/439

似蓼属 *Polygonites* Saporta, 1865 (non Wu S Q, 1999) Ⅵ/44/165
    榆科似蓼 *Polygonites ulmaceus* Ⅵ/44/165

△似蓼属 *Polygonites* Wu S Q, 1999 (non Saporta, 1865) Ⅵ/45/165
    △扁平似蓼 *Polygonites planus* Ⅵ/45/166
    △多小枝似蓼 *Polygonites polyclonus* Ⅵ/45/166

似鳞毛蕨属 *Dryopterites* Ⅱ/120/424
    弗吉尼亚似鳞毛蕨 *Dryopterites virginica* Ⅱ/121/426
    △辽宁似鳞毛蕨 *Dryopterites liaoningensis* Ⅱ/121/425
    △三角似鳞毛蕨 *Dryopterites triangularis* Ⅱ/121/426

细囊似鳞毛蕨 *Dryopterites macrocarpa*	Ⅱ/120/424
△纤细似鳞毛蕨 *Dryopterites gracilis*	Ⅱ/121/425
△雅致似鳞毛蕨 *Dryopterites elegans*	Ⅱ/120/425
△直立似鳞毛蕨 *Dryopterites erecta*	Ⅱ/120/425
△中国似鳞毛蕨 *Dryopterites sinensis*	Ⅱ/121/425
似鳞毛蕨(未定种) *Dryopterites* sp.	Ⅱ/122/426

似罗汉松属 *Podocarpites* ······ Ⅴ/112/372
  尖头似罗汉松 *Podocarpites acicularis* ······ Ⅴ/112/373
  △瘤轴"似罗汉松" "*Podocarpites*" *tubercaulis* ······ Ⅴ/113/373
  △柳叶似罗汉松 *Podocarpites salicifolia* ······ Ⅴ/113/373
  △门头沟似罗汉松 *Podocarpites mentoukouensis* ······ Ⅴ/112/373
  门头沟"似罗汉松" "*Podocarpites*" *mentoukouensis* ······ Ⅴ/113/373
  门头沟"似罗汉松"(比较属种) Cf. "*Podocarpites*" *mentoukouensis* ······ Ⅴ/113/373
  △热河似罗汉松 *Podocarpites reheensis* ······ Ⅴ/113/373

似麻黄属 *Ephedrites* ······ Ⅴ/62/313
  △陈氏似麻黄 *Ephedrites chenii* ······ Ⅴ/62/313
  古似麻黄 *Ephedrites antiquus* ······ Ⅴ/62/313
  △国忠似麻黄 *Ephedrites guozhongiana* ······ Ⅴ/63/314
  △明显似麻黄 *Ephedrites exhibens* ······ Ⅴ/63/314
  △雅致? 似麻黄 *Ephedrites*? *elegans* ······ Ⅴ/63/314
  约氏似麻黄 *Ephedrites johnianus* ······ Ⅴ/62/313
  △中国似麻黄 *Ephedrites sinensis* ······ Ⅴ/63/314
  似麻黄(未定多种) *Ephedrites* spp. ······ Ⅴ/63/315

似密叶杉属 *Athrotaxites* ······ Ⅴ/6/245
  贝氏似密叶杉 *Athrotaxites berryi* ······ Ⅴ/6/245
  贝氏似密叶杉(比较种) *Athrotaxites* cf. *berryi* ······ Ⅴ/7/245
  △大叶似密叶杉 *Athrotaxites magnifolius* ······ Ⅴ/7/245
  △东方似密叶杉 *Athrotaxites orientalis* ······ Ⅴ/7/246
  石松型似密叶杉 *Athrotaxites lycopodioides* ······ Ⅴ/6/245

似膜蕨属 *Hymenophyllites* ······ Ⅱ/141/450
  △海拉尔似膜蕨 *Hymenophyllites hailarense* ······ Ⅱ/142/451
  槲叶似膜蕨 *Hymenophyllites quercifolius* ······ Ⅱ/141/451
  △娇嫩似膜蕨 *Hymenophyllites tenellus* ······ Ⅱ/142/451
  △宽大似膜蕨 *Hymenophyllites amplus* ······ Ⅱ/142/451
  △线形似膜蕨 *Hymenophyllites linearifolius* ······ Ⅱ/142/451

△似木麻黄属 *Casuarinites* ······ Ⅵ/12/129
  似木麻黄(sp. indet.) *Casuarinites* sp. indet. ······ Ⅵ/12/129

似木贼属 *Equisetites* ······ Ⅰ/19/149
  △北京似木贼 *Equisetites beijingensis* ······ Ⅰ/21/151
  △扁平似木贼 *Equisetites planus* ······ Ⅰ/28/161
  布列亚似木贼 *Equisetites burejensis* ······ Ⅰ/21/152
  布列亚似木贼(比较种) *Equisetites* cf. *burejensis* ······ Ⅰ/22/153
  布氏似木贼 *Equisetites burchardti* ······ Ⅰ/21/152
  布氏似木贼(比较种) *Equisetites* cf. *burchardti* ······ Ⅰ/21/152
  侧生似木贼 *Equisetites lateralis* ······ Ⅰ/25/157

侧生似木贼(比较种) *Equisetites* cf. *lateralis*	Ⅰ/25/158
△长齿似木贼 *Equisetites longidens*	Ⅰ/26/159
△长鞘似木贼 *Equisetites longevaginatus*	Ⅰ/26/158
△长筒似木贼 *Equisetites longiconis*	Ⅰ/26/159
朝鲜似木贼 *Equisetites koreanicus*	Ⅰ/24/156
朝鲜似木贼(比较种) *Equisetites* cf. *koreanicus*	Ⅰ/25/157
△稠齿似木贼 *Equisetites densatis*	Ⅰ/22/153
△大卵形似木贼 *Equisetites macrovalis*	Ⅰ/27/160
△短齿似木贼 *Equisetites brevidentatus*	Ⅰ/21/151
△短鞘似木贼 *Equisetites brevitubatus*	Ⅰ/21/152
多齿似木贼 *Equisetites multidentatus*	Ⅰ/27/160
多齿似木贼(比较种) *Equisetites* cf. *multidentatus*	Ⅰ/27/160
多齿似木贼(比较属种) *Equisetites* cf. *E. multidentatus*	Ⅰ/27/160
多齿似木贼(亲近种) *Equisetites* aff. *multidentatus*	Ⅰ/27/160
多枝似木贼 *Equisetites ramosus*	Ⅰ/29/162
费尔干似木贼 *Equisetites ferganensis*	Ⅰ/22/153
△高明似木贼 *Equisetites kaomingensis*	Ⅰ/24/156
△呼伦似木贼 *Equisetites hulunensis*	Ⅰ/23/155
△葫芦口似木贼 *Equisetites hulukouensis*	Ⅰ/24/155
△尖齿似木贼 *Equisetites acanthodon*	Ⅰ/20/150
△坚齿似木贼 *Equisetites stenodon*	Ⅰ/31/165
坚齿似木贼(比较种) *Equisetites* cf. *stenodon*	Ⅰ/31/166
△荆门似木贼 *Equisetites jingmenensis*	Ⅰ/24/156
巨大似木贼 *Equisetites arenaceus*	Ⅰ/20/150
巨大似木贼(比较种) *Equisetites* cf. *arenaceus*	Ⅰ/20/151
巨大似木贼 *Equisetites giganteus*	Ⅰ/23/154
宽齿似木贼 *Equisetites platyodon*	Ⅰ/28/161
宽脊似木贼 *Equisetites takahashii*	Ⅰ/32/166
宽脊似木贼(比较种) *Equisetites* cf. *takahashii*	Ⅰ/32/166
△乐昌似木贼 *Equisetites lechangensis*	Ⅰ/26/158
△漏斗似木贼 *Equisetites funnelformis*	Ⅰ/23/154
△禄丰似木贼 *Equisetites lufengensis*	Ⅰ/26/159
禄丰似木贼(比较种) *Equisetites* cf. *lufengensis*	Ⅰ/27/159
罗格西似木贼 *Equisetites rogersii*	Ⅰ/29/162
洛东似木贼 *Equisetites naktongensis*	Ⅰ/28/161
洛东似木贼细茎变种 *Equisetites naktongensis* var. *tenuicaulis*	Ⅰ/28/161
洛东似木贼细茎变种(比较种) *Equisetites* cf. *naktongensis* var. *tenuicaulis*	Ⅰ/28/161
敏斯特似木贼 *Equisetites münsteri*	Ⅰ/19/149
敏斯特似木贼(比较种) *Equisetites* cf. *münsteri*	Ⅰ/20/150
敏斯特似木贼(木贼穗)(比较属种) *Equisetites* (*Equisetostachys*) cf. *E. münsteri*	Ⅰ/20/150
莫贝尔基似木贼 *Equisetites mobergii*	Ⅰ/27/160
莫贝尔基似木贼(比较种) *Equisetites* cf. *mobergii*	Ⅰ/27/160
穆氏似木贼(比较种) *Equisetites* cf. *mougeoti*	Ⅰ/27/160
△拟三角齿似木贼 *Equisetites paradeltodon*	Ⅰ/28/161
△彭县似木贼 *Equisetites pengxianensis*	Ⅰ/28/161

平滑似木贼 *Equisetites laevis*	Ⅰ/25/157
苹氏似木贼 *Equisetites beanii*	Ⅰ/20/151
苹氏似木贼(比较种) *Equisetites* cf. *beanii*	Ⅰ/21/151
△琼海似木贼 *Equisetites qionghaiensis*	Ⅰ/28/162
△三角齿似木贼 *Equisetites deltodon*	Ⅰ/22/153
沙兰似木贼 *Equisetites sarrani*	Ⅰ/29/162
沙兰似木贼(比较种) *Equisetites* cf. *sarrani*	Ⅰ/30/164
沙兰似木贼(比较属种) *Equisetites* cf. *E. sarrani*	Ⅰ/30/164
△山东似木贼 *Equisetites shandongensis*	Ⅰ/31/165
伸长似木贼 *Equisetites praelongus*	Ⅰ/28/161
△神木似木贼 *Equisetites shenmuensis*	Ⅰ/31/165
石村似木贼 *Equisetites iwamuroensis*	Ⅰ/24/155
石村似木贼(比较种) *Equisetites* cf. *iwamuroensis*	Ⅰ/24/155
△瘦形似木贼 *Equisetites exiliformis*	Ⅰ/22/153
△双阳似木贼 *Equisetites shuangyangensis*	Ⅰ/31/165
斯堪尼似木贼 *Equisetites scanicus*	Ⅰ/30/164
斯堪尼似木贼(比较属种) *Equisetites* cf. *E. scanicus*	Ⅰ/31/164
△四川似木贼 *Equisetites sichuanensis*	Ⅰ/31/165
△铜川似木贼 *Equisetites tongchuanensis*	Ⅰ/32/166
△威远似木贼 *Equisetites weiyuanensis*	Ⅰ/32/166
维基尼亚似木贼 *Equisetites virginicus*	Ⅰ/32/166
维基尼亚似木贼(比较种) *Equisetites* cf. *virginicus*	Ⅰ/32/166
纤细似木贼 *Equisetites gracilis*	Ⅰ/23/154
纤细似木贼(比较种) *Equisetites* cf. *gracilis*	Ⅰ/23/155
纤细似木贼(比较属种) *Equisetites* cf. *E. gracilis*	Ⅰ/23/155
△线形? 似木贼 *Equisetites*? *linearis*	Ⅰ/26/158
△羊草沟似木贼 *Equisetites yangcaogouensis*	Ⅰ/32/167
△义马似木贼 *Equisetites yimaensis*	Ⅰ/32/167
皱纹似木贼 *Equisetites rugosus*	Ⅰ/29/162
柱状似木贼 *Equisetites columnaris*	Ⅰ/22/153
柱状似木贼(比较种) *Equisetites* cf. *columnaris*	Ⅰ/22/153
△准噶尔似木贼 *Equisetites junggarensis*	Ⅰ/24/156
纵条似木贼 *Equisetites intermedius*	Ⅰ/24/155
似木贼(未定多种) *Equisetites* spp.	Ⅰ/33/167
似木贼?(未定多种) *Equisetites*? spp.	Ⅰ/38/174
似木贼(木贼穗)(未定多种) *Equisetites* (*Equisetostachys*) spp.	Ⅰ/38/174
似木贼(新芦木?)(未定种) *Equisetites* (*Neocalamites*?) sp.	Ⅰ/38/174
△似南五味子属 *Kadsurrites*	Ⅵ/31/151
似南五味子(sp. indet.) *Kadsurrites* sp. indet.	Ⅵ/32/151
似南洋杉属 *Araucarites*	Ⅴ/5/244
葛伯特似南洋杉 *Araucarites goepperti*	Ⅴ/5/244
△较小似南洋杉 *Araucarites minor*	Ⅴ/6/244
微小似南洋杉 *Araucarites minutus*	Ⅴ/6/244
似南洋杉(未定多种) *Araucarites* spp.	Ⅴ/6/244
似南洋杉?(未定种) *Araucarites*? sp.	Ⅴ/6/245

似葡萄果穗属 *Staphidiophora*	Ⅳ /110 /302
弱小？似葡萄果穗 *Staphidiophora? exilis*	Ⅳ /110 /303
弱小？似葡萄果穗（比较属种）Cf. *Staphidiophora? exilis*	Ⅳ /110 /303
一侧生似葡萄果穗 *Staphidiophora secunda*	Ⅳ /110 /303
似葡萄果穗（未定多种）*Staphidiophora* spp.	Ⅳ /110 /303
似桤属 *Alnites* Hisinger, 1837 (non Deane, 1902) ⋯⋯ Ⅵ /2 /118
 弗利斯似桤 *Alnites friesii* ⋯⋯ Ⅵ /2 /118
似桤属 *Alnites* Deane, 1902 (non Hisinger, 1837) ⋯⋯ Ⅵ /2 /118
 杰氏似桤 *Alnites jelisejevii* ⋯⋯ Ⅵ /3 /119
 宽叶似桤 *Alnites latifolia* ⋯⋯ Ⅵ /2 /119
△似槭树属 *Acerites* ⋯⋯ Ⅵ /1 /117
 似槭树（sp. indet.）*Acerites* sp. indet. ⋯⋯ Ⅵ /1 /117
似球果属 *Conites* ⋯⋯ Ⅴ /29 /272
 布氏似球果 *Conites bucklandi* ⋯⋯ Ⅴ /29 /273
 △长齿似球果 *Conites longidens* ⋯⋯ Ⅴ /29 /273
 △石人沟似球果 *Conites shihjenkouensis* ⋯⋯ Ⅴ /29 /273
 似球果（未定多种）*Conites* spp. ⋯⋯ Ⅴ /30 /273
 似球果？（未定种）*Conites?* sp. ⋯⋯ Ⅴ /31 /275
似莎草属 *Cyperacites* ⋯⋯ Ⅵ /20 /138
 可疑似莎草 *Cyperacites dubius* ⋯⋯ Ⅵ /20 /138
 似莎草（未定种）*Cyperacites* sp. ⋯⋯ Ⅵ /20 /138
似石松属 *Lycopodites* ⋯⋯ Ⅰ /50 /188
 △多产似石松 *Lycopodites faustus* ⋯⋯ Ⅰ /51 /189
 △多枝似石松 *Lycopodites multifurcatus* ⋯⋯ Ⅰ /51 /190
 △华亭似石松 *Lycopodites huantingensis* ⋯⋯ Ⅰ /51 /189
 △华严寺似石松 *Lycopodites huayansiensis* ⋯⋯ Ⅰ /51 /189
 镰形似石松 *Lycopodites falcatus* ⋯⋯ Ⅰ /50 /188
 △卵形似石松 *Lycopodites ovatus* ⋯⋯ Ⅰ /51 /190
 威氏似石松 *Lycopodites williamsoni* ⋯⋯ Ⅰ /52 /190
 △壮丽似石松 *Lycopodites magnificus* ⋯⋯ Ⅰ /51 /189
 紫杉形似石松 *Lycopodites taxiformis* ⋯⋯ Ⅰ /50 /188
 似石松（未定种）*Lycopodites* sp. ⋯⋯ Ⅰ /52 /190
似鼠李属 *Rhamnites* ⋯⋯ Ⅵ /53 /175
 多脉似鼠李 *Rhamnites multinervatus* ⋯⋯ Ⅵ /54 /176
 显脉似鼠李 *Rhamnites eminens* ⋯⋯ Ⅵ /54 /176
似水韭属 *Isoetites* ⋯⋯ Ⅰ /48 /186
 △箭头似水韭 *Isoetites sagittatus* ⋯⋯ Ⅰ /49 /186
 交叉似水韭 *Isoetites crociformis* ⋯⋯ Ⅰ /48 /186
似水龙骨属 *Polypodites* ⋯⋯ Ⅱ /168 /484
 多囊群似水龙骨 *Polypodites polysorus* ⋯⋯ Ⅱ /169 /484
 多囊群"似水龙骨" "*Polypodites*" *polysorus* ⋯⋯ Ⅱ /169 /484
 曼脱尔似水龙骨 *Polypodites mantelli* ⋯⋯ Ⅱ /169 /484
似睡莲属 *Nymphaeites* ⋯⋯ Ⅵ /38 /158
 布朗似睡莲 *Nymphaeites browni* ⋯⋯ Ⅵ /39 /159
 泉女兰似睡莲 *Nymphaeites arethusae* ⋯⋯ Ⅵ /39 /159

似丝兰属 *Yuccites* Martius,1822 (non Schimper et Mougeot,1844) ⋯⋯⋯⋯⋯⋯⋯⋯⋯⋯⋯⋯ Ⅴ /179 /453
  大叶似丝兰 *Yuccites vogesiacus* ⋯⋯⋯⋯⋯⋯⋯⋯⋯⋯⋯⋯⋯⋯⋯⋯ Ⅴ /180 /454
  △网结似丝兰 *Yuccites anastomosis* ⋯⋯⋯⋯⋯⋯⋯⋯⋯⋯⋯⋯⋯⋯ Ⅴ /180 /454
  △优美似丝兰 *Yuccites decus* ⋯⋯⋯⋯⋯⋯⋯⋯⋯⋯⋯⋯⋯⋯⋯⋯ Ⅴ /180 /454
  △剑形似丝兰 *Yuccites ensiformis* ⋯⋯⋯⋯⋯⋯⋯⋯⋯⋯⋯⋯⋯⋯ Ⅴ /180 /455
  匙形似丝兰 *Yuccites spathulata* ⋯⋯⋯⋯⋯⋯⋯⋯⋯⋯⋯⋯⋯⋯⋯ Ⅴ /180 /455
  似丝兰(未定多种) *Yuccites* spp. ⋯⋯⋯⋯⋯⋯⋯⋯⋯⋯⋯⋯⋯⋯⋯ Ⅴ /181 /455
  似丝兰?(未定种) *Yuccites*? sp. ⋯⋯⋯⋯⋯⋯⋯⋯⋯⋯⋯⋯⋯⋯⋯ Ⅴ /181 /455
似丝兰属 *Yuccites* Schimper et Mougeot,1844 (non Martius,1822) ⋯⋯⋯⋯⋯⋯⋯⋯⋯⋯⋯⋯ Ⅴ /179 /453
  小叶似丝兰 *Yuccites microlepis* ⋯⋯⋯⋯⋯⋯⋯⋯⋯⋯⋯⋯⋯⋯⋯ Ⅴ /179 /453
似松柏属 *Coniferites* ⋯⋯⋯⋯⋯⋯⋯⋯⋯⋯⋯⋯⋯⋯⋯⋯⋯⋯⋯⋯⋯⋯⋯⋯⋯⋯⋯ Ⅴ /28 /271
  木质似松柏 *Coniferites lignitum* ⋯⋯⋯⋯⋯⋯⋯⋯⋯⋯⋯⋯⋯⋯⋯ Ⅴ /28 /271
  马尔卡似松柏 *Coniferites marchaensis* ⋯⋯⋯⋯⋯⋯⋯⋯⋯⋯⋯⋯ Ⅴ /28 /272
似松属 *Pinites* ⋯⋯⋯⋯⋯⋯⋯⋯⋯⋯⋯⋯⋯⋯⋯⋯⋯⋯⋯⋯⋯⋯⋯⋯⋯⋯⋯⋯⋯⋯⋯ Ⅴ /93 /349
  勃氏似松 *Pinites brandlingi* ⋯⋯⋯⋯⋯⋯⋯⋯⋯⋯⋯⋯⋯⋯⋯⋯⋯ Ⅴ /93 /349
  △库布克似松 *Pinites kubukensis* ⋯⋯⋯⋯⋯⋯⋯⋯⋯⋯⋯⋯⋯⋯ Ⅴ /93 /349
  林氏似松(松型叶) *Pinites (Pityophyllum) lindstroemi* ⋯⋯⋯⋯⋯ Ⅴ /93 /349
  △蛟河似松(松型叶) *Pinites (Pityophyllum) thiohoense* ⋯⋯⋯⋯ Ⅴ /93 /349
似苏铁属 *Cycadites* Sternberg,1825 (non Buckland,1836) ⋯⋯⋯⋯⋯⋯⋯⋯⋯⋯⋯⋯⋯⋯⋯ Ⅲ /46 /372
  △东北似苏铁 *Cycadites manchurensis* ⋯⋯⋯⋯⋯⋯⋯⋯⋯⋯⋯ Ⅲ /46 /372
  具沟似苏铁 *Cycadites sulcatus* ⋯⋯⋯⋯⋯⋯⋯⋯⋯⋯⋯⋯⋯⋯⋯ Ⅲ /46 /372
  尼尔桑似苏铁 *Cycadites nilssoni* ⋯⋯⋯⋯⋯⋯⋯⋯⋯⋯⋯⋯⋯⋯ Ⅲ /46 /372
  萨氏似苏铁 *Cycadites saladini* ⋯⋯⋯⋯⋯⋯⋯⋯⋯⋯⋯⋯⋯⋯⋯ Ⅲ /46 /372
  △英窝山似苏铁 *Cycadites yingwoshanensis* ⋯⋯⋯⋯⋯⋯⋯⋯ Ⅲ /46 /373
  似苏铁(未定多种) *Cycadites* spp. ⋯⋯⋯⋯⋯⋯⋯⋯⋯⋯⋯⋯⋯ Ⅲ /46 /373
似苏铁属 *Cycadites* Buckland,1836 (non Sternberg,1825) ⋯⋯⋯⋯⋯⋯⋯⋯⋯⋯⋯⋯⋯⋯⋯ Ⅲ /47 /373
  大叶似苏铁 *Cycadites megalophyllas* ⋯⋯⋯⋯⋯⋯⋯⋯⋯⋯⋯⋯ Ⅲ /47 /373
似苔属 *Hepaticites* ⋯⋯⋯⋯⋯⋯⋯⋯⋯⋯⋯⋯⋯⋯⋯⋯⋯⋯⋯⋯⋯⋯⋯⋯⋯⋯⋯⋯⋯ Ⅰ /2 /128
  △河北似苔 *Hepaticites hebeiensis* ⋯⋯⋯⋯⋯⋯⋯⋯⋯⋯⋯⋯⋯ Ⅰ /2 /128
  △极小似苔 *Hepaticites minutus* ⋯⋯⋯⋯⋯⋯⋯⋯⋯⋯⋯⋯⋯⋯ Ⅰ /2 /129
  △近圆形似苔 *Hepaticites subrotuntus* ⋯⋯⋯⋯⋯⋯⋯⋯⋯⋯⋯ Ⅰ /3 /129
  △卢氏似苔 *Hepaticites lui* ⋯⋯⋯⋯⋯⋯⋯⋯⋯⋯⋯⋯⋯⋯⋯⋯⋯ Ⅰ /2 /128
  螺展似苔 *Hepaticites solenotus* ⋯⋯⋯⋯⋯⋯⋯⋯⋯⋯⋯⋯⋯⋯⋯ Ⅰ /3 /129
  螺展似苔(比较属种) Cf. *Hepaticites solenotus* ⋯⋯⋯⋯⋯⋯⋯ Ⅰ /3 /129
  启兹顿似苔 *Hepaticites kidstoni* ⋯⋯⋯⋯⋯⋯⋯⋯⋯⋯⋯⋯⋯⋯ Ⅰ /2 /128
  △新疆似苔 *Hepaticites xinjiangensis* ⋯⋯⋯⋯⋯⋯⋯⋯⋯⋯⋯⋯ Ⅰ /3 /129
  △雅致似苔 *Hepaticites elegans* ⋯⋯⋯⋯⋯⋯⋯⋯⋯⋯⋯⋯⋯⋯ Ⅰ /2 /128
  △姚氏似苔 *Hepaticites yaoi* ⋯⋯⋯⋯⋯⋯⋯⋯⋯⋯⋯⋯⋯⋯⋯⋯ Ⅰ /3 /129
  似苔(未定种) *Hepaticites* sp. ⋯⋯⋯⋯⋯⋯⋯⋯⋯⋯⋯⋯⋯⋯⋯⋯ Ⅰ /3 /130
△似提灯藓属 *Mnioites* ⋯⋯⋯⋯⋯⋯⋯⋯⋯⋯⋯⋯⋯⋯⋯⋯⋯⋯⋯⋯⋯⋯⋯⋯⋯⋯⋯ Ⅰ /5 /132
  △短叶杉型似提灯藓 *Mnioites brachyphylloides* ⋯⋯⋯⋯⋯⋯⋯ Ⅰ /6 /132
似铁线蕨属 *Adiantopteris* ⋯⋯⋯⋯⋯⋯⋯⋯⋯⋯⋯⋯⋯⋯⋯⋯⋯⋯⋯⋯⋯⋯⋯⋯⋯⋯ Ⅱ /6 /276
  △希米德特似铁线蕨 *Adiantopteris schmidtianus* ⋯⋯⋯⋯⋯⋯ Ⅱ /7 /277
  秀厄德似铁线蕨 *Adiantopteris sewardii* ⋯⋯⋯⋯⋯⋯⋯⋯⋯⋯ Ⅱ /7 /276
  秀厄德似铁线蕨(比较种) *Adiantopteris* cf. *sewardii* ⋯⋯⋯⋯ Ⅱ /7 /276

△雅致似铁线蕨 *Adiantopteris eleganta* ······ Ⅱ /7 /276
似铁线蕨(未定种) *Adiantopteris* sp. ······ Ⅱ /7 /277
△似铁线莲叶属 *Clematites* ······ Ⅵ /17 /134
　△披针似铁线莲叶 *Clematites lanceolatus* ······ Ⅵ /17 /135
似托第蕨属 *Todites* ······ Ⅱ /198 /520
　△大青山似托第蕨 *Todites daqingshanensis* ······ Ⅱ /200 /523
　钝齿似托第蕨 *Todites crenatus* ······ Ⅱ /200 /522
　钝齿似托第蕨(比较属种) Cf. *Todites crenatus* ······ Ⅱ /200 /523
　△副裂叶似托第蕨 *Todites paralobifolius* ······ Ⅱ /203 /527
　葛伯特似托第蕨 *Todites goeppertianus* ······ Ⅱ /202 /525
　葛伯特似托第蕨(比较种) *Todites* cf. *goeppertianus* ······ Ⅱ /203 /526
　葛伯特似托第蕨(枝脉蕨) *Todites* (*Cladophlebis*) *goeppertianus* ······ Ⅱ /203 /526
　△广元似托第蕨 *Todites kwangyuanensis* ······ Ⅱ /203 /527
　怀特似托第蕨(枝脉蕨) *Todites* (*Cladophlebis*) *whitbyensis* ······ Ⅱ /208 /533
　怀特似托第蕨(枝脉蕨)(比较种) *Todites* (*Cladophlebis*) cf. *whitbyensis* ······ Ⅱ /208 /533
　△较大似托第蕨 *Todites major* ······ Ⅱ /203 /527
　△李氏似托第蕨 *Todites leei* ······ Ⅱ /203 /527
　洛氏似托第蕨 *Todites roessertii* ······ Ⅱ /205 /530
　洛氏似托第蕨(比较属种) Cf. *Todites roessertii* ······ Ⅱ /205 /530
　△南京似托第蕨 *Todites nanjingensis* ······ Ⅱ /203 /527
　△陕西似托第蕨 *Todites shensiensis* ······ Ⅱ /206 /531
　陕西似托第蕨(比较种) *Todites* cf. *shensiensis* ······ Ⅱ /207 /533
　陕西似托第蕨(比较属种) Cf. *Todites shensiensis* ······ Ⅱ /207 /533
　陕西似托第蕨(枝脉蕨) *Todites* (*Cladophlebis*) *shensiensis* ······ Ⅱ /207 /533
　首要似托第蕨 *Todites princeps* ······ Ⅱ /204 /528
　首要似托第蕨(比较种) *Todites* cf. *princeps* ······ Ⅱ /205 /530
　斯科勒斯比似托第蕨 *Todites scoresbyensis* ······ Ⅱ /205 /530
　斯科勒斯比似托第蕨(比较属种) *Todites* cf. *T. scoresbyensis* ······ Ⅱ /206 /531
　汤姆似托第蕨 *Todites thomasi* ······ Ⅱ /208 /533
　汤姆似托第蕨(比较种) *Todites* cf. *thomasi* ······ Ⅱ /208 /533
　威廉姆逊似托第蕨 *Todites williamsoni* ······ Ⅱ /198 /520
　威廉姆逊似托第蕨(比较种) *Todites* cf. *williamsoni* ······ Ⅱ /199 /522
　细齿似托第蕨 *Todites denticulatus* ······ Ⅱ /200 /523
　细齿似托第蕨(比较种) *Todites* cf. *denticulatus* ······ Ⅱ /202 /525
　细齿似托第蕨(枝脉蕨) *Todites* (*Cladophlebis*) *denticulatus* ······ Ⅱ /202 /525
　△细瘦似托第蕨 *Todites subtilis* ······ Ⅱ /208 /533
　下弯似托第蕨 *Todites recurvatus* ······ Ⅱ /205 /530
　△香溪似托第蕨 *Todites xiangxiensis* ······ Ⅱ /208 /534
　△小叶似托第蕨 *Todites microphylla* ······ Ⅱ /203 /527
　△谢氏似托第蕨 *Todites hsiehiana* ······ Ⅱ /203 /526
　△亚洲似托第蕨 *Todites asianus* ······ Ⅱ /200 /522
　△盐边似托第蕨 *Todites yanbianensis* ······ Ⅱ /208 /534
　似托第蕨(未定多种) *Todites* spp. ······ Ⅱ /208 /534
　似托第蕨?(未定多种) *Todites*? spp. ······ Ⅱ /209 /534
△似乌头属 *Aconitites* ······ Ⅵ /1 /117

似乌头(sp. indet.) *Aconitites* sp. indet. ⋯⋯⋯⋯⋯⋯⋯⋯⋯⋯⋯⋯⋯⋯⋯⋯⋯⋯⋯⋯⋯⋯ Ⅵ /1 /117
似藓属 *Muscites* ⋯⋯⋯⋯⋯⋯⋯⋯⋯⋯⋯⋯⋯⋯⋯⋯⋯⋯⋯⋯⋯⋯⋯⋯⋯⋯⋯⋯⋯⋯⋯⋯⋯⋯⋯⋯ Ⅰ /6 /133
 △镰状叶似藓 *Muscites drepanophyllus* ⋯⋯⋯⋯⋯⋯⋯⋯⋯⋯⋯⋯⋯⋯⋯⋯⋯⋯⋯⋯⋯ Ⅰ /6 /133
 △蔓藓型似藓 *Muscites meteorioides* ⋯⋯⋯⋯⋯⋯⋯⋯⋯⋯⋯⋯⋯⋯⋯⋯⋯⋯⋯⋯⋯⋯ Ⅰ /6 /133
 △南天门似藓 *Muscites nantimenensis* ⋯⋯⋯⋯⋯⋯⋯⋯⋯⋯⋯⋯⋯⋯⋯⋯⋯⋯⋯⋯⋯⋯ Ⅰ /6 /133
 △柔弱似藓 *Muscites tenellus* ⋯⋯⋯⋯⋯⋯⋯⋯⋯⋯⋯⋯⋯⋯⋯⋯⋯⋯⋯⋯⋯⋯⋯⋯⋯⋯ Ⅰ /6 /133
 图氏似藓 *Muscites tournalii* ⋯⋯⋯⋯⋯⋯⋯⋯⋯⋯⋯⋯⋯⋯⋯⋯⋯⋯⋯⋯⋯⋯⋯⋯⋯⋯⋯ Ⅰ /6 /133
 似藓(未定种) *Muscites* sp. ⋯⋯⋯⋯⋯⋯⋯⋯⋯⋯⋯⋯⋯⋯⋯⋯⋯⋯⋯⋯⋯⋯⋯⋯⋯⋯⋯ Ⅰ /7 /134
似杨属 *Populites* Viviani,1833 (non Goeppert,1852) ⋯⋯⋯⋯⋯⋯⋯⋯⋯⋯⋯⋯⋯⋯⋯⋯ Ⅵ /45 /166
 蝴蝶状似杨 *Populites phaetonis* ⋯⋯⋯⋯⋯⋯⋯⋯⋯⋯⋯⋯⋯⋯⋯⋯⋯⋯⋯⋯⋯⋯⋯⋯⋯ Ⅵ /45 /166
似杨属 *Populites* Goeppert,1852 (non Viviani,1833) ⋯⋯⋯⋯⋯⋯⋯⋯⋯⋯⋯⋯⋯⋯⋯⋯ Ⅵ /45 /166
 宽叶似杨 *Populites platyphyllus* ⋯⋯⋯⋯⋯⋯⋯⋯⋯⋯⋯⋯⋯⋯⋯⋯⋯⋯⋯⋯⋯⋯⋯⋯⋯ Ⅵ /46 /166
 争论似杨 *Populites litigiosus* ⋯⋯⋯⋯⋯⋯⋯⋯⋯⋯⋯⋯⋯⋯⋯⋯⋯⋯⋯⋯⋯⋯⋯⋯⋯⋯ Ⅵ /46 /167
 争论似杨(比较种) *Populites* cf. *litigiosus* ⋯⋯⋯⋯⋯⋯⋯⋯⋯⋯⋯⋯⋯⋯⋯⋯⋯⋯⋯ Ⅵ /46 /167
似叶状体属 *Thallites* ⋯⋯⋯⋯⋯⋯⋯⋯⋯⋯⋯⋯⋯⋯⋯⋯⋯⋯⋯⋯⋯⋯⋯⋯⋯⋯⋯⋯⋯⋯⋯⋯⋯ Ⅰ /8 /136
 蔡耶似叶状体 *Thallites zeilleri* ⋯⋯⋯⋯⋯⋯⋯⋯⋯⋯⋯⋯⋯⋯⋯⋯⋯⋯⋯⋯⋯⋯⋯⋯⋯ Ⅰ /10 /138
 △哈赫似叶状体 *Thallites hallei* ⋯⋯⋯⋯⋯⋯⋯⋯⋯⋯⋯⋯⋯⋯⋯⋯⋯⋯⋯⋯⋯⋯⋯⋯⋯ Ⅰ /9 /136
 △厚叶似叶状体 *Thallites dasyphyllus* ⋯⋯⋯⋯⋯⋯⋯⋯⋯⋯⋯⋯⋯⋯⋯⋯⋯⋯⋯⋯⋯⋯ Ⅰ /9 /136
 △嘉荫似叶状体 *Thallites jiayingensis* ⋯⋯⋯⋯⋯⋯⋯⋯⋯⋯⋯⋯⋯⋯⋯⋯⋯⋯⋯⋯⋯⋯ Ⅰ /9 /137
 △尖山沟似叶状体 *Thallites jianshangouensis* ⋯⋯⋯⋯⋯⋯⋯⋯⋯⋯⋯⋯⋯⋯⋯⋯⋯⋯ Ⅰ /9 /136
 △江宁似叶状体 *Thallites jiangninensis* ⋯⋯⋯⋯⋯⋯⋯⋯⋯⋯⋯⋯⋯⋯⋯⋯⋯⋯⋯⋯⋯ Ⅰ /9 /136
 △萍乡似叶状体 *Thallites pinghsiangensis* ⋯⋯⋯⋯⋯⋯⋯⋯⋯⋯⋯⋯⋯⋯⋯⋯⋯⋯⋯⋯ Ⅰ /9 /137
 △像钱苔似叶状体 *Thallites riccioides* ⋯⋯⋯⋯⋯⋯⋯⋯⋯⋯⋯⋯⋯⋯⋯⋯⋯⋯⋯⋯⋯⋯ Ⅰ /10 /137
 △宜都似叶状体 *Thallites yiduensis* ⋯⋯⋯⋯⋯⋯⋯⋯⋯⋯⋯⋯⋯⋯⋯⋯⋯⋯⋯⋯⋯⋯⋯ Ⅰ /10 /137
 △云南似叶状体 *Thallites yunnanensis* ⋯⋯⋯⋯⋯⋯⋯⋯⋯⋯⋯⋯⋯⋯⋯⋯⋯⋯⋯⋯⋯⋯ Ⅰ /10 /138
 直立似叶状体 *Thallites erectus* ⋯⋯⋯⋯⋯⋯⋯⋯⋯⋯⋯⋯⋯⋯⋯⋯⋯⋯⋯⋯⋯⋯⋯⋯⋯⋯ Ⅰ /9 /136
 似叶状体(未定多种) *Thallites* spp. ⋯⋯⋯⋯⋯⋯⋯⋯⋯⋯⋯⋯⋯⋯⋯⋯⋯⋯⋯⋯⋯⋯⋯ Ⅰ /10 /138
△似阴地蕨属 *Botrychites* ⋯⋯⋯⋯⋯⋯⋯⋯⋯⋯⋯⋯⋯⋯⋯⋯⋯⋯⋯⋯⋯⋯⋯⋯⋯⋯⋯⋯⋯⋯ Ⅱ /22 /295
 △热河似阴地蕨 *Botrychites reheensis* ⋯⋯⋯⋯⋯⋯⋯⋯⋯⋯⋯⋯⋯⋯⋯⋯⋯⋯⋯⋯⋯⋯ Ⅱ /22 /295
似银杏枝属 *Ginkgoitocladus* ⋯⋯⋯⋯⋯⋯⋯⋯⋯⋯⋯⋯⋯⋯⋯⋯⋯⋯⋯⋯⋯⋯⋯⋯⋯⋯⋯⋯⋯ Ⅳ /57 /239
 布列英似银杏枝 *Ginkgoitocladus burejensis* ⋯⋯⋯⋯⋯⋯⋯⋯⋯⋯⋯⋯⋯⋯⋯⋯⋯⋯⋯ Ⅳ /57 /239
 布列英似银杏枝(比较种) *Ginkgoitocladus* cf. *burejensis* ⋯⋯⋯⋯⋯⋯⋯⋯⋯⋯⋯⋯ Ⅳ /57 /239
 似银杏枝(未定种) *Ginkgoitocladus* sp. ⋯⋯⋯⋯⋯⋯⋯⋯⋯⋯⋯⋯⋯⋯⋯⋯⋯⋯⋯⋯⋯ Ⅳ /57 /239
似银杏属 *Ginkgoites* ⋯⋯⋯⋯⋯⋯⋯⋯⋯⋯⋯⋯⋯⋯⋯⋯⋯⋯⋯⋯⋯⋯⋯⋯⋯⋯⋯⋯⋯⋯⋯⋯⋯ Ⅳ /43 /221
 △阿干镇似银杏 *Ginkgoites aganzhenensis* ⋯⋯⋯⋯⋯⋯⋯⋯⋯⋯⋯⋯⋯⋯⋯⋯⋯⋯⋯⋯ Ⅳ /43 /221
 △奥勃鲁契夫似银杏 *Ginkgoites obrutschewi* ⋯⋯⋯⋯⋯⋯⋯⋯⋯⋯⋯⋯⋯⋯⋯⋯⋯⋯ Ⅳ /48 /228
 奥勃鲁契夫似银杏(比较种) *Ginkgoites* cf. *obrutschewi* ⋯⋯⋯⋯⋯⋯⋯⋯⋯⋯⋯⋯ Ⅳ /49 /229
 △宝山似银杏 *Ginkgoites baoshanensis* ⋯⋯⋯⋯⋯⋯⋯⋯⋯⋯⋯⋯⋯⋯⋯⋯⋯⋯⋯⋯⋯ Ⅳ /43 /222
 △北方似银杏 *Ginkgoites borealis* ⋯⋯⋯⋯⋯⋯⋯⋯⋯⋯⋯⋯⋯⋯⋯⋯⋯⋯⋯⋯⋯⋯⋯⋯ Ⅳ /43 /222
 △北京似银杏 *Ginkgoites beijingensis* ⋯⋯⋯⋯⋯⋯⋯⋯⋯⋯⋯⋯⋯⋯⋯⋯⋯⋯⋯⋯⋯⋯ Ⅳ /43 /222
 不整齐似银杏 *Ginkgoites acosmia* ⋯⋯⋯⋯⋯⋯⋯⋯⋯⋯⋯⋯⋯⋯⋯⋯⋯⋯⋯⋯⋯⋯⋯⋯ Ⅳ /43 /221
 不整齐似银杏(比较种) *Ginkgoites* cf. *acosmia* ⋯⋯⋯⋯⋯⋯⋯⋯⋯⋯⋯⋯⋯⋯⋯⋯⋯ Ⅳ /43 /221
 △昌都似银杏 *Ginkgoites qamdoensis* ⋯⋯⋯⋯⋯⋯⋯⋯⋯⋯⋯⋯⋯⋯⋯⋯⋯⋯⋯⋯⋯⋯ Ⅳ /50 /229
 粗脉似银杏 *Ginkgoites crassinervis* ⋯⋯⋯⋯⋯⋯⋯⋯⋯⋯⋯⋯⋯⋯⋯⋯⋯⋯⋯⋯⋯⋯⋯ Ⅳ /44 /223
 △粗脉? 似银杏 *Ginkgoites*? *crassinervis* ⋯⋯⋯⋯⋯⋯⋯⋯⋯⋯⋯⋯⋯⋯⋯⋯⋯⋯⋯⋯ Ⅳ /44 /223

△大峡口似银杏 Ginkgoites tasiakouensis	IV	/53 /234
△大叶似银杏 Ginkgoites gigantea	IV	/45 /224
大叶似银杏 Ginkgoites magnifolius	IV	/47 /226
大叶似银杏(比较种) Ginkgoites cf. magnifolius	IV	/47 /226
带状似银杏 Ginkgoites taeniata	IV	/52 /233
带状似银杏(比较种) Ginkgoites cf. taeniata	IV	/52 /233
△蝶形似银杏 Ginkgoites papilionaceous	IV	/49 /229
△东北似银杏 Ginkgoites manchuricus	IV	/47 /226
△东方似银杏 Ginkgoites orientalis	IV	/49 /229
△多脉似银杏 Ginkgoites myrioneurus	IV	/48 /228
△二叠似银杏 Ginkgoites permica	IV	/49 /229
△肥胖似银杏 Ginkgoites obesus	IV	/48 /228
费尔干似银杏 Ginkgoites ferganensis	IV	/45 /224
费尔干似银杏(比较种) Ginkgoites cf. ferganensis	IV	/45 /224
△阜新似银杏 Ginkgoites fuxinensis	IV	/45 /224
海尔似银杏 Ginkgoites heeri	IV	/46 /224
赫氏似银杏 Ginkgoites hermelini	IV	/46 /225
胡顿似银杏 Ginkgoites huttoni	IV	/46 /225
胡顿似银杏(比较属种) Ginkgoites cf. G. huttoni	IV	/46 /225
△吉林似银杏 Ginkgoites chilinensis	IV	/44 /222
△较小似银杏 Ginkgoites minisculus	IV	/48 /228
△截形似银杏 Ginkgoites truncatus	IV	/53 /234
截形似银杏(比较种) Ginkgoites cf. truncatus	IV	/53 /234
△近圆似银杏 Ginkgoites rotundus	IV	/50 /230
具边似银杏 Ginkgoites marginatus	IV	/47 /227
具边似银杏(比较种) Ginkgoites cf. marginatus	IV	/48 /227
拉拉米似银杏 Ginkgoites laramiensis	IV	/46 /225
拉拉米似银杏(比较种) Ginkgoites cf. laramiensis	IV	/46 /225
罗曼诺夫斯基似银杏 Ginkgoites romanowskii	IV	/50 /230
△平庄似银杏 Ginkgoites pingzhuangensis	IV	/49 /229
△强壮似银杏 Ginkgoites robustus	IV	/50 /230
清晰似银杏 Ginkgoites lepidus	IV	/46 /225
清晰似银杏(比较种) Ginkgoites cf. lepidus	IV	/47 /226
△四瓣?似银杏 Ginkgoites? quadrilobus	IV	/50 /230
△四川似银杏 Ginkgoites sichuanensis	IV	/52 /233
△四裂似银杏 Ginkgoites tetralobus	IV	/53 /234
△桃川似银杏 Ginkgoites taochuanensis	IV	/53 /234
铁线蕨型似银杏 Ginkgoites adiantoides	IV	/43 /221
椭圆似银杏 Ginkgoites obovatus	IV	/43 /221
△汪清似银杏 Ginkgoites wangqingensis	IV	/53 /235
△五龙似银杏 Ginkgoites wulungensis	IV	/53 /235
西伯利亚似银杏 Ginkgoites sibiricus	IV	/50 /230
西伯利亚似银杏(比较种) Ginkgoites cf. sibiricus	IV	/51 /232
西伯利亚似银杏(比较属种) Cf. Ginkgoites sibiricus	IV	/51 /232
西伯利亚似银杏(亲近种) Ginkgoites aff. sibiricus	IV	/51 /232

△小叶似银杏 *Ginkgoites microphyllus*	Ⅳ	/48 /227
△楔叶似银杏 *Ginkgoites cuneifolius*	Ⅳ	/44 /223
△新化似银杏 *Ginkgoites xinhuaensis*	Ⅳ	/54 /235
△新龙似银杏 *Ginkgoites xinlongensis*	Ⅳ	/54 /235
新龙似银杏(比较种) *Ginkgoites* cf. *xinlongensis*	Ⅳ	/54 /235
△雅致似银杏 *Ginkgoites elegans* Cao,1992 (non Yang,Sun et Shen,1988)	Ⅳ	/45 /224
△雅致似银杏 *Ginkgoites elegans* Yang,Sun et Shen,1988 (non Cao,1992)	Ⅳ	/45 /224
△亚铁线蕨型似银杏 *Ginkgoites subadiantoides*	Ⅳ	/52 /233
△窑街似银杏 *Ginkgoites yaojiensis*	Ⅳ	/54 /235
指状似银杏 *Ginkgoites digitatus*	Ⅳ	/44 /223
指状似银杏(比较种) *Ginkgoites* cf. *digitatus*	Ⅳ	/45 /223
指状似银杏胡顿变种 *Ginkgoites digitatus* var. *huttoni*	Ⅳ	/45 /223
△中国叶型似银杏 *Ginkgoites sinophylloides*	Ⅳ	/52 /233
△周氏似银杏 *Ginkgoites chowi*	Ⅳ	/44 /222
周氏似银杏(比较种) *Ginkgoites* cf. *chowi*	Ⅳ	/44 /223
似银杏(未定多种) *Ginkgoites* spp.	Ⅳ	/54 /235
似银杏?(未定多种) *Ginkgoites*? spp.	Ⅳ	/56 /238
?似银杏(未定种) ?*Ginkgoites* sp.	Ⅳ	/57 /238
△似雨蕨属 *Gymnogrammitites*	Ⅱ	/135 /443
△鲁福德蕨型似雨蕨 *Gymnogrammitites ruffordioides*	Ⅱ	/135 /443
△似圆柏属 *Sabinites*	Ⅴ	/143 /410
△内蒙古似圆柏 *Sabinites neimonglica*	Ⅴ	/143 /411
△纤细似圆柏 *Sabinites gracilis*	Ⅴ	/143 /411
△似远志属 *Polygatites*	Ⅵ	/44 /165
似远志(sp. indet.) *Polygatites* sp. indet.	Ⅵ	/44 /165
似榛属 *Corylites*	Ⅵ	/17 /135
福氏似榛 *Corylites fosteri*	Ⅵ	/17 /135
△珲春似榛 *Corylites hunchunensis*	Ⅵ	/17 /135
麦氏似榛 *Corylites macquarrii*	Ⅵ	/17 /135
斯蒂芬叶属 *Stephenophyllum*	Ⅳ	/113 /307
索氏斯蒂芬叶 *Stephenophyllum solmis*	Ⅳ	/113 /307
索氏斯蒂芬叶(比较种) *Stephenophyllum* cf. *solmis*	Ⅳ	/114 /307
斯卡伯格穗属 *Scarburgia*	Ⅴ	/145 /413
△三角斯卡伯格穗 *Scarburgia triangularis*	Ⅴ	/146 /413
希尔斯卡伯格穗 *Scarburgia hilli*	Ⅴ	/145 /413
△圆形斯卡伯格穗 *Scarburgia circularis*	Ⅴ	/145 /413
斯卡伯格穗(未定种) *Scarburgia* sp.	Ⅴ	/146 /413
斯科勒斯比叶属 *Scoresbya*	Ⅲ	/184 /554
齿状斯科勒斯比叶 *Scoresbya dentata*	Ⅲ	/184 /554
齿状斯科勒斯比叶(比较种) *Scoresbya* cf. *dentata*	Ⅲ	/184 /555
△美丽? 斯科勒斯比叶 *Scoresbya*? *speciosa*	Ⅲ	/185 /555
△完整斯科勒斯比叶 *Scoresbya integrifolia*	Ⅲ	/184 /555
△全缘斯科勒斯比叶 *Scoresbya entegra*	Ⅲ	/184 /555
△斯氏斯科勒斯比叶 *Scoresbya szeiana*	Ⅲ	/185 /556
斯科勒斯比叶(未定种) *Scoresbya* sp.	Ⅲ	/185 /556

斯科勒斯比叶?(未定种) *Scoresbya*? sp.	Ⅲ/185/556
斯托加叶属 *Storgaardia*	Ⅴ/158/428
奇观斯托加叶 *Storgaardia spectablis*	Ⅴ/158/428
奇观斯托加叶(比较属种) Cf. *Storgaardia spectablis*	Ⅴ/158/428
奇观斯托加叶(比较种) *Storgaardia* cf. *spectablis*	Ⅴ/158/428
△白音花?斯托加叶 *Storgaardia*? *baijenhuaense*	Ⅴ/158/429
△巨大?斯托加叶 *Storgaardia*? *gigantes*	Ⅴ/159/429
△纤细斯托加叶 *Storgaardia gracilis*	Ⅴ/159/429
△门头沟斯托加叶 *Storgaardia mentoukiouensis* (Stockm. et Math.) Duan,1987 (non Chen,Dou et Huang,1984)	Ⅴ/159/429
△门头沟?斯托加叶 *Storgaardia*? *mentoukiouensis* (Stockm. et Math.) Chen, Dou et Huang,1984 (non Duan,1987)	Ⅴ/159/430
△松形叶型斯托加叶 *Storgaardia pityophylloides*	Ⅴ/159/430
△中华斯托加叶 *Storgaardia sinensis*	Ⅴ/159/430
斯托加叶(未定种) *Storgaardia* sp.	Ⅴ/160/430
斯托加叶?(未定多种) *Storgaardia*? spp.	Ⅴ/160/430
松柏茎属 *Coniferocaulon*	Ⅴ/29/272
鸟形松柏茎 *Coniferocaulon colymbeaeforme*	Ⅴ/29/272
拉杰马哈尔松柏茎 *Coniferocaulon rajmahalense*	Ⅴ/29/272
松柏茎?(未定种) *Coniferocaulon*? sp.	Ⅴ/29/272
松木属 *Pinoxylon*	Ⅴ/94/349
达科他松木 *Pinoxylon dacotense*	Ⅴ/94/350
△矢部松木 *Pinoxylon yabei*	Ⅴ/94/350
松属 *Pinus*	Ⅴ/94/350
诺氏松 *Pinus nordenskioeldi*	Ⅴ/94/350
△滦平松 *Pinus luanpingensis*	Ⅴ/94/350
松型果鳞属 *Pityolepis*	Ⅴ/98/355
△粗肋松型果鳞 *Pityolepis pachylachis*	Ⅴ/100/357
△单裂松型果鳞 *Pityolplis monorimosus*	Ⅴ/99/356
△黄杉型松型果鳞 *Pityolepis pseudotsugaoides*	Ⅴ/100/357
△辽西松型果鳞 *Pityolepis liaoxiensis*	Ⅴ/99/356
△凌源松型果鳞 *Pityolepis lingyuanensis*	Ⅴ/99/356
凌源"松型果鳞" "*Pityolepis*" *lingyuanensis*	Ⅴ/99/356
△卵圆松型果鳞 *Pityolepis ovatus*	Ⅴ/99/357
卵圆?松型果鳞 *Pityolepis*? *ovatus*	Ⅴ/100/357
△落叶松形松型果鳞 *Pityolepis larixiformis*	Ⅴ/99/356
△平泉松型果鳞 *Pityolepis pingquanensis*	Ⅴ/100/357
△普兰店"松型果鳞" "*Pityolepis*" *pulandianensis*	Ⅴ/100/357
△三角松型果鳞 *Pityolepis deltatus*	Ⅴ/99/356
△山西?松型果鳞 *Pityolepis*? *shanxiensis*	Ⅴ/100/358
铁杉形松型果鳞 *Pityolepis tsugaeformis*	Ⅴ/99/356
椭圆松型果鳞 *Pityolepis oblonga*	Ⅴ/99/357
△楔形松型果鳞 *Pityolepis sphenoides*	Ⅴ/100/358
△锥型"松型果鳞" "*Pityolepis*" *zhuixingensis*	Ⅴ/100/358
松型果鳞(未定多种) *Pityolepis* spp.	Ⅴ/100/358

松型果鳞?(未定多种) *Pityolepis*? spp.	Ⅴ	/101 /358
松型果属 *Pityostrobus*	Ⅴ	/110 /370
粗榧型松型果 *Pityostrobus macrocephalus*	Ⅴ	/110 /370
董克尔松型果 *Pityostrobus dunkeri*	Ⅴ	/110 /370
董克尔松型果(比较种) *Pityostrobus* cf. *dunkeri*	Ⅴ	/110 /370
海尔松型果 *Pityostrobus heeri*	Ⅴ	/110 /370
△河北松型果 *Pityostrobus hebeiensis*	Ⅴ	/110 /370
△刘房子松型果 *Pityostrobus liufanziensis*	Ⅴ	/110 /371
△聂尔库松型果 *Pityostrobus nieerkuensis*	Ⅴ	/111 /371
△斯氏松型果 *Pityostrobus szeianus*	Ⅴ	/111 /371
△围场松型果 *Pityostrobus weichangensis*	Ⅴ	/111 /371
△盐边松型果 *Pityostrobus yanbianensis*	Ⅴ	/111 /371
△义县松型果 *Pityostrobus yixianensis*	Ⅴ	/111 /371
△远藤隆次松型果 *Pityostrobus endo-riujii*	Ⅴ	/110 /370
松型果(未定多种) *Pityostrobus* spp.	Ⅴ	/111 /372
松型果?(未定种) *Pityostrobus*? sp.	Ⅴ	/112 /372
松型木属 *Pityoxylon*	Ⅴ	/112 /372
桑德伯格松型木 *Pityoxylon sandbergerii*	Ⅴ	/112 /372
松型叶属 *Pityophyllum*	Ⅴ	/101 /359
长叶松型叶 *Pityophyllum longifolium*	Ⅴ	/104 /363
长叶松型叶(比较种) *Pityophyllum* cf. *longifolium*	Ⅴ	/105 /364
长叶松型叶(比较属种) Cf. *Pityophyllum longifolium*	Ⅴ	/105 /364
△蛟河松型叶 *Pityophyllum thiohoense*	Ⅴ	/106 /366
△克拉梭松型叶 *Pityophyllum krasseri*	Ⅴ	/102 /360
库布克松型叶(松型枝) *Pityophyllum* (*Pityocladus*) *kobukensis*	Ⅴ	/102 /360
宽叶松型叶 *Pityophyllum latifolium*	Ⅴ	/102 /360
宽叶松型叶(松型枝?) *Pityophyllum* (*Pityocladus*?) *latifolium*	Ⅴ	/103 /361
林氏松型叶 *Pityophyllum lindstroemi*	Ⅴ	/103 /361
林氏松型叶(比较种) *Pityophyllum* cf. *lindstroemi*	Ⅴ	/103 /362
林氏松型叶(比较属种) Cf. *Pityophyllum lindstroemi*	Ⅴ	/104 /363
林氏松型叶(亲近种) *Pityophyllum* aff. *lindstroemi*	Ⅴ	/103 /362
诺氏松型叶 *Pityophyllum nordenskioldi*	Ⅴ	/105 /365
诺氏松型叶(比较种) *Pityophyllum* cf. *nordenskioldi*	Ⅴ	/106 /365
史氏松型叶 *Pityophyllum staratschini*	Ⅴ	/101 /359
史氏松型叶(比较种) *Pityophyllum* cf. *staratschini*	Ⅴ	/102 /360
狭叶松型叶 *Pityophyllum angustifolium*	Ⅴ	/102 /360
松型叶(未定多种) *Pityophyllum* spp.	Ⅴ	/106 /366
松型叶?(未定种) *Pityophyllum*? sp.	Ⅴ	/107 /367
松型叶(马斯克松?)(未定种) *Pityophyllum* (*Marskea*?) sp.	Ⅴ	/107 /367
松型叶(比较属)(未定种) Cf. *Pityophyllum* sp.	Ⅴ	/107 /367
松型枝属 *Pityocladus*	Ⅴ	/95 /351
长叶松型枝 *Pityocladus longifolius*	Ⅴ	/95 /351
△粗壮松型枝 *Pityocladus robustus*	Ⅴ	/97 /353
费尔干松型枝 *Pityocladus ferganensis*	Ⅴ	/96 /352
△假金钱松型松型枝 *Pityocladus pseudolarixioides*	Ⅴ	/96 /353

△尖山沟松型枝 *Pityocladus jianshangouensis*	……	Ⅴ /96 /352
△库布克松型枝 *Pityocladus kobukensis*	……	Ⅴ /96 /352
△冷杉型松型枝 *Pityocladus abiesoides*	……	Ⅴ /95 /351
△岭东松型枝 *Pityocladus lingdongensis*	……	Ⅴ /96 /353
△密叶松型枝 *Pityocladus densifolius*	……	Ⅴ /95 /352
△山东松型枝 *Pityocladus shantungensis*	……	Ⅴ /97 /353
△矢部松型枝 *Pityocladus yabei*	……	Ⅴ /97 /354
矢部松型枝(比较种) *Pityocladus* cf. *yabei*	……	Ⅴ /97 /354
△苏子河松型枝 *Pityocladus suziheensis*	……	Ⅴ /97 /353
△台子山松型枝 *Pityocladus taizishanensis*	……	Ⅴ /97 /353
△岩井松型枝 *Pityocladus iwaianus*	……	Ⅴ /96 /352
△营城松型枝 *Pityocladus yingchengensis*	……	Ⅴ /97 /354
△扎赉诺尔松型枝 *Pityocladus zalainorense*	……	Ⅴ /98 /354
△针叶松型枝 *Pityocladus acusifolius*	……	Ⅴ /95 /351
松型枝(未定多种) *Pityocladus* spp.	……	Ⅴ /98 /355
松型枝?(未定种) *Pityocladus*? sp.	……	Ⅴ /98 /355
松型子属 *Pityospermum*	……	Ⅴ /107 /367
马肯松型子 *Pityospermum maakanum*	……	Ⅴ /107 /367
马肯松型子(比较种) *Pityospermum* cf. *maakanum*	……	Ⅴ /108 /367
缪勒松型子(比较种) *Pityospermum* cf. *moelleri*	……	Ⅴ /108 /368
南赛松型子 *Pityospermum nanseni*	……	Ⅴ /108 /368
南赛松型子(比较种) *Pityospermum* cf. *nanseni*	……	Ⅴ /108 /368
普里那达松型子 *Pityospermum prynadae*	……	Ⅴ /108 /368
普里那达松型子(比较种) *Pityospermum* cf. *prynadae*	……	Ⅴ /108 /368
△异常松型子 *Pityospermum insutum*	……	Ⅴ /108 /367
△最小松型子 *Pityospermum minimum*	……	Ⅴ /108 /367
松型子(未定多种) *Pityospermum* spp.	……	Ⅴ /108 /368
松型子?(未定种) *Pityospermum*? sp.	……	Ⅴ /109 /369
楤木叶属 *Araliaephyllum*	……	Ⅵ /4 /121
钝裂片楤木叶 *Araliaephyllum obtusilobum*	……	Ⅵ /5 /121
楤木属 *Aralia*	……	Ⅵ /4 /120
△坚强楤木 *Aralia firma*	……	Ⅵ /4 /120
△牡丹江楤木 *Aralia mudanjiangensis*	……	Ⅵ /4 /120
苏格兰木属 *Scotoxylon*	……	Ⅴ /151 /420
霍氏苏格兰木 *Scotoxylon horneri*	……	Ⅴ /151 /420
△延庆苏格兰木 *Scotoxylon yanqingense*	……	Ⅴ /151 /420
苏铁鳞片属 *Cycadolepis*	……	Ⅲ /47 /374
长毛苏铁鳞片 *Cycadolepis villosa*	……	Ⅲ /47 /374
光壳苏铁鳞片 *Cycadolepis nitens*	……	Ⅲ /48 /375
流苏苏铁鳞片 *Cycadolepis thysanota*	……	Ⅲ /49 /376
△南票苏铁鳞片 *Cycadolepis nanpiaoensis*	……	Ⅲ /48 /375
△茸毛苏铁鳞片 *Cycadolepis tomentosa*	……	Ⅲ /49 /376
△斯氏苏铁鳞片 *Cycadolepis szei*	……	Ⅲ /49 /376
△外山苏铁鳞片 *Cycadolepis toyamae*	……	Ⅲ /49 /376
楔形苏铁鳞片 *Cycadolepis spheniscus*	……	Ⅲ /49 /375

△优美苏铁鳞片 *Cycadolepis speciosa*	Ⅲ	/48 /375
褶纹苏铁鳞片 *Cycadolepis rugosa*	Ⅲ	/48 /375
褶纹苏铁鳞片? *Cycadolepis rugosa*?	Ⅲ	/48 /375
褶皱苏铁鳞片 *Cycadolepis corrugata*	Ⅲ	/47 /374
苏铁鳞片(未定多种) *Cycadolepis* spp.	Ⅲ	/49 /376
苏铁鳞片?(未定多种) *Cycadolepis*? spp.	Ⅲ	/49 /377

△苏铁鳞叶属 *Cycadolepophyllum* ... Ⅲ /50 /377
　　△长宁苏铁鳞叶 *Cycadolepophyllum changningense* ... Ⅲ /50 /377
　　△等形苏铁鳞叶 *Cycadolepophyllum aequale* ... Ⅲ /50 /377
　　△较小苏铁鳞叶 *Cycadolepophyllum minor* ... Ⅲ /50 /377
　　△异羽叶型苏铁鳞叶 *Cycadolepophyllum anomozamioides* ... Ⅲ /50 /377

苏铁杉属 *Podozamites* ... Ⅴ /114 /375
　　阿戈迪安苏铁杉 *Podozamites agardhianus* ... Ⅴ /115 /376
　　阿戈迪安苏铁杉(比较种) *Podozamites* cf. *agardhianus* ... Ⅴ /115 /376
　　阿斯塔特苏铁杉 *Podozamites astartensis* ... Ⅴ /116 /377
　　爱希华苏铁杉 *Podozamites eichwaldii* ... Ⅴ /117 /378
　　?爱希华苏铁杉 ?*Podozamites eichwaldii* ... Ⅴ /117 /378
　　爱希华苏铁杉(比较种) *Podozamites* cf. *eichwaldii* ... Ⅴ /117 /378
　　奥列尼克苏铁杉 *Podozamites olenekensis* ... Ⅴ /125 /389
　　草本苏铁杉 *Podozamites gramineus* ... Ⅴ /118 /379
　　点痕苏铁杉 *Podozamites punctatus* ... Ⅴ /126 /390
　　点痕苏铁杉(比较种) *Podozamites* cf. *punctatus* ... Ⅴ /126 /390
　　点痕苏铁杉(比较属种) *Podozamites* cf. *P. punctatus* ... Ⅴ /126 /390
　　△恩蒙斯苏铁杉 *Podozamites emmonsii* ... Ⅴ /117 /378
　　△肥胖苏铁杉 *Podozamites opimus* ... Ⅴ /125 /389
　　△副披针苏铁杉 *Podozamites paralanceolatus* ... Ⅴ /126 /390
　　△华南苏铁杉 *Podozamites austro-sinensis* ... Ⅴ /116 /377
　　△极小苏铁杉 *Podozamites minutus* ... Ⅴ /125 /388
　　尖头苏铁杉 *Podozamites mucronatus* ... Ⅴ /125 /389
　　尖头苏铁杉(比较种) *Podozamites* cf. *mucronatus* ... Ⅴ /125 /389
　　尖头苏铁杉(亲近种) *Podozamites* aff. *mucronatus* ... Ⅴ /125 /389
　　间离苏铁杉 *Podozamites distans* ... Ⅴ /115 /375
　　间离苏铁杉(比较种) *Podozamites* cf. *distans* ... Ⅴ /115 /376
　　间离苏铁杉-披针苏铁杉 *Podozamites distans-Podozamites lanceolatus* ... Ⅴ /115 /376
　　△较宽苏铁杉 *Podozamites latior* ... Ⅴ /124 /388
　　△巨大苏铁杉 *Podozamites giganteus* ... Ⅴ /117 /379
　　宽叶苏铁杉 *Podozamites latifolius* ... Ⅴ /124 /388
　　美丽苏铁杉 *Podozamites pulechellus* ... Ⅴ /126 /390
　　美丽苏铁杉(比较种) *Podozamites* cf. *pulechellus* ... Ⅴ /126 /390
　　△美丽苏铁杉 *Podozamites bullus* ... Ⅴ /116 /377
　　披针苏铁杉 *Podozamites lanceolatus* ... Ⅴ /118 /380
　　?披针苏铁杉 ?*Podozamites lanceolatus* ... Ⅴ /121 /384
　　披针苏铁杉(比较种) *Podozamites* cf. *lanceolatus* ... Ⅴ /121 /384
　　披针苏铁杉爱希瓦特变种 *Podozamites lanceolatus* var. *eichwaldi* ... Ⅴ /123 /387
　　披针苏铁杉爱希瓦特异型 *Podozamites lanceolatus* f. *eichwaldi* ... Ⅴ /122 /385

披针苏铁杉(类群种) *Podozamites* ex gr. *lanceolatus*	Ⅴ/121/385
△披针苏铁杉标准异型 *Podozamites lanceolatus* f. *typica*	Ⅴ/123/386
披针苏铁杉典型变种 *Podozamites lanceolatus* var. *genuina*	Ⅴ/124/387
△披针苏铁杉短叶变种 *Podozamites lanceolatus* var. *brevis*	Ⅴ/123/387
△披针苏铁杉多脉异型 *Podozamites lanceolatus* f. *multinervis*	Ⅴ/122/386
披针苏铁杉较宽变种 *Podozamites lanceolatus* var. *latifolia*	Ⅴ/124/387
披针苏铁杉较宽变种(比较变种) *Podozamites lanceolatus* cf. *latifolius*	Ⅴ/124/388
△披针苏铁杉较宽异型 *Podozamites lanceolatus* f. *latior*	Ⅴ/122/385
披针苏铁杉较小异型 *Podozamites lanceolatus* f. *minor*	Ⅴ/122/386
披针苏铁杉卵圆异型? *Podozamites lanceolatus* f. *ovalis*?	Ⅴ/123/386
披针苏铁杉卵圆异型 *Podozamites lanceolatus* f. *ovalis*	Ⅴ/122/386
披针苏铁杉疏脉变种 *Podozamites lanceolatus* var. *distans*	Ⅴ/123/387
披针苏铁杉中间异型 *Podozamites lanceolatus* f. *intermedius*	Ⅴ/122/385
任尼苏铁杉 *Podozamites reinii*	Ⅴ/126/390
任尼苏铁杉(比较属种) Cf. *Podozamites reinii*	Ⅴ/126/391
△沙溪庙苏铁杉 *Podozamites shanximiaoensis*	Ⅴ/128/392
斯特瓦尔苏铁杉 *Podozamites stewartensis*	Ⅴ/128/393
斯特瓦尔苏铁杉(比较属种) *Podozamites* cf. *P. stewartensis*	Ⅴ/128/393
△四川苏铁杉 *Podozamites sichuanensis*	Ⅴ/128/393
椭圆苏铁杉 *Podozamites ovalis*	Ⅴ/126/390
△稀脉苏铁杉 *Podozamites rarinervis*	Ⅴ/126/390
狭叶苏铁杉 *Podozamites angustifolius*	Ⅴ/116/376
纤细苏铁杉 *Podozamites gracilis*	Ⅴ/118/379
纤细苏铁杉(比较种) *Podozamites* cf. *gracilis*	Ⅴ/118/379
△显赫苏铁杉 *Podozamites nobilis*	Ⅴ/125/389
欣克苏铁杉 *Podozamites schenki*	Ⅴ/126/391
△亚卵形? 苏铁杉 *Podozamites*? *subovalis*	Ⅴ/128/393
伊萨克库耳苏铁杉 *Podozamites issykkulensis*	Ⅴ/118/379
伊萨克库苏铁杉(比较属种) *Podozamites* cf. *P. issykkulensis*	Ⅴ/118/379
远脉苏铁杉 *Podozamites distanstinervis*	Ⅴ/117/378
苏铁杉(未定多种) *Podozamites* spp.	Ⅴ/128/393
苏铁杉?(未定多种) *Podozamites*? spp.	Ⅴ/131/397
苏铁杉(比较属,未定种) Cf. *Podozamites* sp.	Ⅴ/132/397
△苏铁缘蕨属 *Cycadicotis*	Ⅵ/19/137
△蕉羽叶脉苏铁缘蕨 *Cycadicotis nissonervis*	Ⅵ/19/137
苏铁缘蕨(sp. indet.) *Cycadicotis* sp. indet.	Ⅵ/19/137
△苏铁缘蕨属 *Cycadicotis*	Ⅲ/45/371
△蕉羽叶脉苏铁缘蕨 *Cycadicotis nilssonervis*	Ⅲ/45/371
苏铁缘蕨(sp. indet.) *Cycadicotis* sp. indet.	Ⅲ/46/372
苏铁掌苞属 *Cycadospadix*	Ⅲ/50/378
何氏苏铁掌苞 *Cycadospadix hennocquei*	Ⅲ/51/378
△帚苏铁掌苞 *Cycadospadix scopulina*	Ⅲ/51/378
穗蕨属 *Stachypteris*	Ⅱ/190/509
△畸形? 穗蕨 *Stachypteris*? *anomala* Meng et Xu,1997 (non Meng,2003)	Ⅱ/190/510
△畸形? 穗蕨 *Stachypteris*? *anomala* Meng,2003 (non Meng et Xu,1997)	Ⅱ/191/510

△膜翼穗蕨 Stachypteris alata ················· Ⅱ/190/510
穗状穗蕨 Stachypteris spicans ················· Ⅱ/190/509
穗杉属 Stachyotaxus ················· Ⅴ/157/426
北方穗杉 Stachyotaxus septentrionalis ················· Ⅴ/157/427
△沙氏穗杉 Stachyotaxus saladinii ················· Ⅴ/157/427
雅致穗杉 Stachyotaxus elegana ················· Ⅴ/157/427
雅致穗杉? Stachyotaxus elegana? ················· Ⅴ/157/427
△穗藓属 Stachybryolites ················· Ⅰ/8/135
△周氏穗藓 Stachybryolites zhoui ················· Ⅰ/8/135
桫椤属 Cyathea ················· Ⅱ/105/405
△鄂尔多斯桫椤 Cyathea ordosica ················· Ⅱ/105/405
鄂尔多斯桫椤(比较种) Cyathea cf. ordosica ················· Ⅱ/105/405

T

台座木属 Dadoxylon ················· Ⅴ/47/294
怀氏台座木 Dadoxylon withami ················· Ⅴ/47/294
日本台座木(南洋杉型木) Dadoxylon (Araucarioxylon) japonicus ················· Ⅴ/47/294
日本台座木(南洋杉型木)(比较种) Dadoxylon (Araucarioxylon) cf. japonicus ················· Ⅴ/47/294
△太平场蕨属 Taipingchangella ················· Ⅱ/192/512
△中国太平场蕨 Taipingchangella zhongguoensis ················· Ⅱ/192/512
桃金娘叶属 Myrtophyllum ················· Ⅵ/37/157
盖尼茨桃金娘叶 Myrtophyllum geinitzi ················· Ⅵ/37/157
平子桃金娘叶 Myrtophyllum penzhinense ················· Ⅵ/37/157
桃金娘叶(未定种) Myrtophyllum sp. ················· Ⅵ/37/157
特西蕨属 Tersiella ················· Ⅲ/209/588
贝氏特西蕨 Tersiella beloussovae ················· Ⅲ/209/588
拉氏特西蕨 Tersiella radczenkoi ················· Ⅲ/209/588
蹄盖蕨属 Athyrium ················· Ⅱ/17/289
△白垩蹄盖蕨 Athyrium cretaceum ················· Ⅱ/18/289
△不对称蹄盖蕨 Athyrium asymmetricum ················· Ⅱ/17/289
△齿状蹄盖蕨 Athyrium dentosum ················· Ⅱ/18/290
△阜新蹄盖蕨 Athyrium fuxinense ················· Ⅱ/18/290
△海拉尔蹄盖蕨 Athyrium hailaerianum ················· Ⅱ/19/291
△呼伦蹄盖蕨 Athyrium hulunianum ················· Ⅱ/19/291
△内蒙蹄盖蕨 Athyrium neimongianum ················· Ⅱ/19/292
△天石枝属 Tianshia ················· Ⅳ/114/308
△伸展天石枝 Tianshia patens ················· Ⅳ/114/308
△条叶属 Vittifoliolum ················· Ⅳ/116/310
△多脉条叶 Vittifoliolum multinerve ················· Ⅳ/117/311
多脉条叶(比较属种) Cf. Vittifoliolum multinerve ················· Ⅳ/117/311
△少脉条叶 Vittifoliolum paucinerve ················· Ⅳ/117/311
△游离条叶 Vittifoliolum segregatum ················· Ⅳ/116/310
游离条叶(比较种) Vittifoliolum cf. segregatum ················· Ⅳ/117/311
游离条叶(比较属种) Cf. Vittifoliolum segregatum ················· Ⅳ/117/311

△游离条叶脊条异型 *Vittifoliolum segregatum* f. *costatum* ⋯⋯⋯⋯⋯⋯⋯⋯⋯⋯ Ⅳ/117/311
　　条叶(未定多种) *Vittifoliolum* spp. ⋯⋯⋯⋯⋯⋯⋯⋯⋯⋯⋯⋯⋯⋯⋯⋯⋯⋯⋯⋯⋯⋯⋯ Ⅳ/117/311
　　条叶?(未定种) *Vittifoliolum*? sp. ⋯⋯⋯⋯⋯⋯⋯⋯⋯⋯⋯⋯⋯⋯⋯⋯⋯⋯⋯⋯⋯⋯⋯⋯ Ⅳ/117/311
铁角蕨属 *Asplenium* ⋯⋯⋯⋯⋯⋯⋯⋯⋯⋯⋯⋯⋯⋯⋯⋯⋯⋯⋯⋯⋯⋯⋯⋯⋯⋯⋯⋯⋯⋯⋯⋯⋯ Ⅱ/13/283
　　蚌壳蕨型铁角蕨 *Asplenium dicksonianum* ⋯⋯⋯⋯⋯⋯⋯⋯⋯⋯⋯⋯⋯⋯⋯⋯⋯⋯⋯⋯ Ⅱ/13/283
　　蚌壳蕨型"铁角蕨" "*Asplenium*" *dicksonianum* ⋯⋯⋯⋯⋯⋯⋯⋯⋯⋯⋯⋯⋯⋯⋯⋯⋯ Ⅱ/13/284
　　彼德鲁欣铁角蕨 *Asplenium petruschinense* ⋯⋯⋯⋯⋯⋯⋯⋯⋯⋯⋯⋯⋯⋯⋯⋯⋯⋯⋯ Ⅱ/13/284
　　波波夫铁角蕨 *Asplenium popovii* ⋯⋯⋯⋯⋯⋯⋯⋯⋯⋯⋯⋯⋯⋯⋯⋯⋯⋯⋯⋯⋯⋯⋯⋯ Ⅱ/14/284
　　△菲氏铁角蕨 *Asplenium phillipsi* ⋯⋯⋯⋯⋯⋯⋯⋯⋯⋯⋯⋯⋯⋯⋯⋯⋯⋯⋯⋯⋯⋯⋯⋯ Ⅱ/13/284
　　怀特铁角蕨 *Asplenium whitbiense* ⋯⋯⋯⋯⋯⋯⋯⋯⋯⋯⋯⋯⋯⋯⋯⋯⋯⋯⋯⋯⋯⋯⋯⋯ Ⅱ/14/285
　　△铁法铁角蕨 *Asplenium tiefanum* ⋯⋯⋯⋯⋯⋯⋯⋯⋯⋯⋯⋯⋯⋯⋯⋯⋯⋯⋯⋯⋯⋯⋯⋯ Ⅱ/14/284
　　微尖铁角蕨 *Asplenium argutula* ⋯⋯⋯⋯⋯⋯⋯⋯⋯⋯⋯⋯⋯⋯⋯⋯⋯⋯⋯⋯⋯⋯⋯⋯⋯ Ⅱ/13/283
　　△小叶铁角蕨 *Asplenium parvum* ⋯⋯⋯⋯⋯⋯⋯⋯⋯⋯⋯⋯⋯⋯⋯⋯⋯⋯⋯⋯⋯⋯⋯⋯⋯ Ⅱ/13/284
　　铁角蕨(未定种) *Asplenium* sp. ⋯⋯⋯⋯⋯⋯⋯⋯⋯⋯⋯⋯⋯⋯⋯⋯⋯⋯⋯⋯⋯⋯⋯⋯⋯ Ⅱ/14/285
　　铁角蕨?(未定种) *Asplenium*? sp. ⋯⋯⋯⋯⋯⋯⋯⋯⋯⋯⋯⋯⋯⋯⋯⋯⋯⋯⋯⋯⋯⋯⋯⋯ Ⅱ/14/285
铁杉属 *Tsuga* ⋯⋯⋯⋯⋯⋯⋯⋯⋯⋯⋯⋯⋯⋯⋯⋯⋯⋯⋯⋯⋯⋯⋯⋯⋯⋯⋯⋯⋯⋯⋯⋯⋯⋯⋯⋯⋯ Ⅴ/172/444
　　△紫铁杉 *Tsuga taxoides* ⋯⋯⋯⋯⋯⋯⋯⋯⋯⋯⋯⋯⋯⋯⋯⋯⋯⋯⋯⋯⋯⋯⋯⋯⋯⋯⋯⋯⋯ Ⅴ/172/445
　　铁杉(未定种) *Tsuga* sp. ⋯⋯⋯⋯⋯⋯⋯⋯⋯⋯⋯⋯⋯⋯⋯⋯⋯⋯⋯⋯⋯⋯⋯⋯⋯⋯⋯⋯⋯ Ⅴ/172/445
铁线蕨属 *Adiantum* ⋯⋯⋯⋯⋯⋯⋯⋯⋯⋯⋯⋯⋯⋯⋯⋯⋯⋯⋯⋯⋯⋯⋯⋯⋯⋯⋯⋯⋯⋯⋯⋯⋯⋯ Ⅱ/7/277
　　△斯氏铁线蕨 *Adiantum szechenyi* ⋯⋯⋯⋯⋯⋯⋯⋯⋯⋯⋯⋯⋯⋯⋯⋯⋯⋯⋯⋯⋯⋯⋯⋯ Ⅱ/8/277
△铜川叶属 *Tongchuanophyllum* ⋯⋯⋯⋯⋯⋯⋯⋯⋯⋯⋯⋯⋯⋯⋯⋯⋯⋯⋯⋯⋯⋯⋯⋯⋯⋯⋯ Ⅲ/218/599
　　△巨叶铜川叶 *Tongchuanophyllum magnifolius* ⋯⋯⋯⋯⋯⋯⋯⋯⋯⋯⋯⋯⋯⋯⋯⋯ Ⅲ/218/600
　　△三角形铜川叶 *Tongchuanophyllum trigonus* ⋯⋯⋯⋯⋯⋯⋯⋯⋯⋯⋯⋯⋯⋯⋯⋯⋯ Ⅲ/219/600
　　△陕西铜川叶 *Tongchuanophyllum shensiense* ⋯⋯⋯⋯⋯⋯⋯⋯⋯⋯⋯⋯⋯⋯⋯⋯⋯ Ⅲ/219/600
　　陕西铜川叶(比较种) *Tongchuanophyllum* cf. *shensiense* ⋯⋯⋯⋯⋯⋯⋯⋯⋯⋯ Ⅲ/219/601
　　△小铜川叶 *Tongchuanophyllum minimum* ⋯⋯⋯⋯⋯⋯⋯⋯⋯⋯⋯⋯⋯⋯⋯⋯⋯⋯⋯ Ⅲ/219/600
　　△优美铜川叶 *Tongchuanophyllum concinnum* ⋯⋯⋯⋯⋯⋯⋯⋯⋯⋯⋯⋯⋯⋯⋯⋯⋯ Ⅲ/218/600
　　优美铜川叶(比较种) *Tongchuanophyllum* cf. *concinnum* ⋯⋯⋯⋯⋯⋯⋯⋯⋯⋯ Ⅲ/218/600
　　铜川叶(未定多种) *Tongchuanophyllum* spp. ⋯⋯⋯⋯⋯⋯⋯⋯⋯⋯⋯⋯⋯⋯⋯⋯⋯⋯ Ⅲ/219/601
图阿尔蕨属 *Tuarella* ⋯⋯⋯⋯⋯⋯⋯⋯⋯⋯⋯⋯⋯⋯⋯⋯⋯⋯⋯⋯⋯⋯⋯⋯⋯⋯⋯⋯⋯⋯⋯⋯⋯ Ⅱ/209/535
　　裂瓣图阿尔蕨 *Tuarella lobifolia* ⋯⋯⋯⋯⋯⋯⋯⋯⋯⋯⋯⋯⋯⋯⋯⋯⋯⋯⋯⋯⋯⋯⋯⋯⋯ Ⅱ/209/535
△托克逊蕨属 *Toksunopteris* ⋯⋯⋯⋯⋯⋯⋯⋯⋯⋯⋯⋯⋯⋯⋯⋯⋯⋯⋯⋯⋯⋯⋯⋯⋯⋯⋯⋯⋯ Ⅱ/209/534
　　△对生托克逊蕨 *Toksunopteris opposita* ⋯⋯⋯⋯⋯⋯⋯⋯⋯⋯⋯⋯⋯⋯⋯⋯⋯⋯⋯⋯ Ⅱ/209/535
托勒利叶属 *Torellia* ⋯⋯⋯⋯⋯⋯⋯⋯⋯⋯⋯⋯⋯⋯⋯⋯⋯⋯⋯⋯⋯⋯⋯⋯⋯⋯⋯⋯⋯⋯⋯⋯⋯⋯ Ⅳ/114/308
　　坚直托勒利叶 *Torellia rigida* ⋯⋯⋯⋯⋯⋯⋯⋯⋯⋯⋯⋯⋯⋯⋯⋯⋯⋯⋯⋯⋯⋯⋯⋯⋯⋯ Ⅳ/114/308
　　托勒利叶(未定种) *Torellia* sp. ⋯⋯⋯⋯⋯⋯⋯⋯⋯⋯⋯⋯⋯⋯⋯⋯⋯⋯⋯⋯⋯⋯⋯⋯⋯ Ⅳ/114/308
托列茨果属 *Toretzia* ⋯⋯⋯⋯⋯⋯⋯⋯⋯⋯⋯⋯⋯⋯⋯⋯⋯⋯⋯⋯⋯⋯⋯⋯⋯⋯⋯⋯⋯⋯⋯⋯⋯⋯ Ⅳ/115/308
　　△顺发托列茨果 *Toretzia shunfaensis* ⋯⋯⋯⋯⋯⋯⋯⋯⋯⋯⋯⋯⋯⋯⋯⋯⋯⋯⋯⋯⋯ Ⅳ/115/309
　　狭叶托列茨果 *Toretzia angustifolia* ⋯⋯⋯⋯⋯⋯⋯⋯⋯⋯⋯⋯⋯⋯⋯⋯⋯⋯⋯⋯⋯⋯⋯ Ⅳ/115/309
托马斯枝属 *Thomasiocladus* ⋯⋯⋯⋯⋯⋯⋯⋯⋯⋯⋯⋯⋯⋯⋯⋯⋯⋯⋯⋯⋯⋯⋯⋯⋯⋯⋯⋯⋯ Ⅴ/168/440
　　查米亚托马斯枝 *Thomasiocladus zamioides* ⋯⋯⋯⋯⋯⋯⋯⋯⋯⋯⋯⋯⋯⋯⋯⋯⋯⋯ Ⅴ/168/440
　　查米亚托马斯枝(比较属种) Cf. *Thomasiocladus zamioides* ⋯⋯⋯⋯⋯⋯⋯⋯ Ⅴ/168/440

W

瓦德克勒果属 *Vardekloeftia*	Ⅲ	/224/608
具槽瓦德克勒果 *Vardekloeftia sulcata*	Ⅲ	/224/608
△网格蕨属 *Reteophlebis*	Ⅱ	/173/489
△单式网格蕨 *Reteophlebis simplex*	Ⅱ	/173/489
网叶蕨属 *Dictyophyllum*	Ⅱ	/112/414
△承德网叶蕨 *Dictyophyllum chengdeense*	Ⅱ	/113/415
△等形网叶蕨 *Dictyophyllum aquale*	Ⅱ	/113/414
△较小网叶蕨 *Dictyophyllum minum*	Ⅱ	/114/416
锯缘网叶蕨 *Dictyophyllum serratum*	Ⅱ	/118/422
克氏网叶蕨 *Dictyophyllum kryshtofoviochii*	Ⅱ	/114/416
敏斯特网叶蕨 *Dictyophyllum muensteri*	Ⅱ	/114/416
敏斯特网叶蕨(比较种) *Dictyophyllum* cf. *muensteri*	Ⅱ	/114/417
那托斯特网叶蕨 *Dictyophyllum nathorsti*	Ⅱ	/114/417
那托斯特网叶蕨(比较种) *Dictyophyllum* cf. *nathorsti*	Ⅱ	/116/420
尼尔桑网叶蕨 *Dictyophyllum nilssoni*	Ⅱ	/116/420
尼尔桑网叶蕨(比较种) *Dictyophyllum* cf. *nilssoni*	Ⅱ	/117/421
瘦长网叶蕨 *Dictyophyllum exile*	Ⅱ	/113/415
△谭氏网叶蕨 *Dictyophyllum tanii*	Ⅱ	/118/422
小龙网叶蕨 *Dictyophyllum kotakiensis*	Ⅱ	/114/416
△小网网叶蕨 *Dictyophyllum gracile*	Ⅱ	/114/416
△优美网叶蕨 *Dictyophyllum exquisitum*	Ⅱ	/113/415
皱纹网叶蕨 *Dictyophyllum rugosum*	Ⅱ	/112/414
网叶蕨(未定多种) *Dictyophyllum* spp.	Ⅱ	/118/422
网叶蕨?(未定多种) *Dictyophyllum*? spp.	Ⅱ	/119/423
?网叶蕨(未定种) ?*Dictyophyllum* sp.	Ⅱ	/119/423
网羽叶属 *Dictyozamites*	Ⅲ	/54/382
阿氏网羽叶 *Dictyozamites asseretoi*	Ⅲ	/55/382
△巴青网羽叶 *Dictyozamites baqenensis*	Ⅲ	/55/383
△白田坝网羽叶 *Dictyozamites baitianbaensis*	Ⅲ	/55/383
川崎网羽叶 *Dictyozamites kawasakii*	Ⅲ	/56/384
△湖南网羽叶 *Dictyozamites hunanensis*	Ⅲ	/55/384
阔叶网羽叶(比较种) *Dictyozamites* cf. *latifolius*	Ⅲ	/56/384
镰形网羽叶 *Dictyozamites falcata*	Ⅲ	/54/382
△临安网羽叶 *Dictyozamites linanensis*	Ⅲ	/56/384
△美叶网羽叶 *Dictyozamites callophyllus*	Ⅲ	/55/383
肾形网羽叶 *Dictyozamites reniformis*	Ⅲ	/56/384
△网羽叶型网羽叶 *Dictyozamites dictyozamioides*	Ⅲ	/55/383
心形网羽叶 *Dictyozamites cordatus*	Ⅲ	/55/383
△中华网羽叶 *Dictyozamites zhonghuaensis*	Ⅲ	/56/385
网羽叶(未定多种) *Dictyozamites* spp.	Ⅲ	/56/385
网羽叶?(未定种) *Dictyozamites*? sp.	Ⅲ	/57/385
威尔斯穗属 *Willsiostrobus*	Ⅴ	/175/448

齿形威尔斯穗 *Willsiostrobus denticulatus*	Ⅴ/176/449
齿形威尔斯穗(比较种) *Willsiostrobus* cf. *denticulatus*	Ⅴ/176/449
△红崖头威尔斯穗 *Willsiostrobus hongyantouensis*	Ⅴ/176/449
舌形威尔斯穗 *Willsiostrobus ligulatus*	Ⅴ/176/449
威氏威尔斯穗 *Willsiostrobus willsii*	Ⅴ/175/448
威氏威尔斯穗(比较种) *Willsiostrobus* cf. *willsii*	Ⅴ/175/448
心形威尔斯穗 *Willsiostrobus cordiformis*	Ⅴ/175/449
心形威尔斯穗(比较种) *Willsiostrobus* cf. *cordiformis*	Ⅴ/175/449
威尔斯穗(未定种) *Willsiostrobus* sp.	Ⅴ/176/450
威廉姆逊尼花属 *Williamsonia*	Ⅲ/227/610
大威廉姆逊尼花 *Williamsonia gigas*	Ⅲ/227/610
弗吉尼亚威廉姆逊尼花 *Williamsonia virginiensis*	Ⅲ/228/612
弗吉尼亚威廉姆逊尼花(比较种) *Williamsonia* cf. *virginiensis*	Ⅲ/228/612
△尖山沟威廉姆逊尼花 *Williamsonia jianshangouensis*	Ⅲ/227/611
△美丽威廉姆逊尼花 *Williamsonia bella*	Ⅲ/227/611
△披针形? 威廉姆逊尼花 *Williamsonia*? *lanceolobata*	Ⅲ/227/611
△蛇不歹? 威廉姆逊尼花 *Williamsonia*? *shebudaiensis*	Ⅲ/228/611
△微小威廉姆逊尼花 *Williamsonia exiguos*	Ⅲ/227/611
威廉姆逊尼花(未定多种) *Williamsonia* spp.	Ⅲ/228/612
?威廉姆逊尼花(未定种) ?*Williamsonia* sp.	Ⅲ/228/612
韦尔奇花属 *Weltrichia*	Ⅲ/226/609
△道虎沟韦尔奇花 *Weltrichia daohugouensis*	Ⅲ/226/609
△黄半吉沟韦尔奇花 *Weltrichia huangbanjigouensis*	Ⅲ/226/610
奇异韦尔奇花 *Weltrichia mirabilis*	Ⅲ/226/609
韦尔奇花(未定多种) *Weltrichia* spp.	Ⅲ/226/610
韦尔奇花?(未定种) *Weltrichia*? sp.	Ⅲ/226/610
维特米亚叶属 *Vitimia*	Ⅲ/225/608
△长圆维特米亚叶 *Vitimia oblongifolia*	Ⅲ/225/608
多氏维特米亚叶 *Vitimia doludenkoi*	Ⅲ/225/608
△燕山维特米亚叶 *Vitimia yanshanensis*	Ⅲ/225/609
尾果穗属 *Ourostrobus*	Ⅴ/81/335
那氏尾果穗 *Ourostrobus nathorsti*	Ⅴ/81/335
那氏尾果穗(比较属种) Cf. *Ourostrobus nathorsti*	Ⅴ/82/335
乌拉尔叶属 *Uralophyllum*	Ⅲ/224/607
克氏乌拉尔叶 *Uralophyllum krascheninnikovii*	Ⅲ/224/607
拉氏乌拉尔叶 *Uralophyllum radczenkoi*	Ⅲ/224/607
拉氏? 乌拉尔叶(比较种) *Uralophyllum*? cf. *radczenkoi*	Ⅲ/224/607
乌马果鳞属 *Umaltolepis*	Ⅳ/115/309
△河北乌马果鳞 *Umaltolepis hebeiensis*	Ⅳ/116/310
河北乌马果鳞(比较种) *Umaltolepis* cf. *hebeiensis*	Ⅳ/116/310
瓦赫拉梅耶夫乌马果鳞 *Umaltolepis vachrameevii*	Ⅳ/116/309
乌斯卡特藓属 *Uskatia*	Ⅰ/11/139
密叶乌斯卡特藓 *Uskatia conferta*	Ⅰ/11/139
乌斯卡特藓(未定种) *Uskatia* sp.	Ⅰ/11/139
乌苏里枝属 *Ussuriocladus*	Ⅴ/172/445

多枝乌苏里枝 *Ussuriocladus racemosus*	Ⅴ	/173 /445
△安图乌苏里枝 *Ussuriocladus antuensis*	Ⅴ	/173 /446
五味子属 *Schisandra*	Ⅵ	/58 /181
△杜尔伯达五味子 *Schisandra durbudensis*	Ⅵ	/58 /181

X

西沃德杉属 *Sewardiodendron*	Ⅴ	/153 /422
疏松西沃德杉 *Sewardiodendron laxum*	Ⅴ	/153 /422
希默尔杉属 *Hirmerella*	Ⅴ	/72 /325
瑞替里阿斯希默尔杉 *Hirmerella rhatoliassica*	Ⅴ	/72 /325
敏斯特希默尔杉 *Hirmerella muensteri*	Ⅴ	/72 /325
敏斯特希默尔杉(比较属种) Cf. *Hirmerella muensteri*	Ⅴ	/72 /325
△湘潭希默尔杉 *Hirmerella xiangtanensis*	Ⅴ	/72 /325
△细毛蕨属 *Ciliatopteris*	Ⅱ	/25 /299
△栉齿细毛蕨 *Ciliatopteris pecotinata*	Ⅱ	/26 /299
狭羊齿属 *Stenopteris*	Ⅲ	/194 /568
迪纳塞尔狭羊齿 *Stenopteris dinosaurensis*	Ⅲ	/195 /569
弗吉尼亚狭羊齿 *Stenopteris virginica*	Ⅲ	/195 /570
弗吉尼亚狭羊齿(比较种) *Stenopteris* cf. *virginica*	Ⅲ	/195 /570
△两叉狭羊齿 *Stenopteris bifurcata*	Ⅲ	/194 /569
束状狭羊齿 *Stenopteris desmomera*	Ⅲ	/194 /569
威氏狭羊齿 *Stenopteris williamsonii*	Ⅲ	/195 /570
威氏狭羊齿(比较种) *Stenopteris* cf. *williamsonii*	Ⅲ	/195 /570
△纤细狭羊齿 *Stenopteris gracilis*	Ⅲ	/195 /569
△优美狭羊齿 *Stenopteris spectabilis*	Ⅲ	/195 /570
狭羊齿(未定种) *Stenopteris* sp.	Ⅲ	/196 /570
狭轴穗属 *Stenorhachis*	Ⅳ	/110 /303
△北票狭轴穗 *Stenorachis beipiaoensis*	Ⅳ	/111 /303
备中狭轴穗 *Stenorachis bitchuensis*	Ⅳ	/111 /304
△叉状狭轴穗 *Stenorachis furcata*	Ⅳ	/111 /304
△长柄狭轴穗 *Stenorachis longistitata*	Ⅳ	/112 /306
△固阳狭轴穗 *Stenorachis guyangensis*	Ⅳ	/111 /304
△美丽狭轴穗 *Stenorachis bellus*	Ⅳ	/111 /304
△美狭轴穗 *Stenorachis callistachyus*	Ⅳ	/111 /304
庞氏狭轴穗 *Stenorhachis ponseleti*	Ⅳ	/110 /303
清晰狭轴穗 *Stenorachis lepida*	Ⅳ	/112 /305
清晰狭轴穗(比较种) *Stenorachis* cf. *lepida*	Ⅳ	/112 /306
斯堪尼亚狭轴穗 *Stenorachis scanicus*	Ⅳ	/112 /306
西伯利亚狭轴穗 *Stenorachis sibirica*	Ⅳ	/113 /306
圆锥形狭轴穗(槲寄生穗?) *Stenorachis* (*Ixostrobus*?) *konianus*	Ⅳ	/111 /304
?圆锥狭轴穗(槲寄生穗?) ? *Stenorachis* (*Ixostrobus*?) *konianus*	Ⅳ	/111 /304
圆锥形狭轴穗(槲寄生穗?)(比较种) *Stenorachis* (*Ixostrobus*?) cf. *konianus*	Ⅳ	/111 /304
狭轴穗(未定多种) *Stenorachis* spp.	Ⅳ	/113 /306
△夏家街蕨属 *Xiajiajienia*	Ⅱ	/210 /536

△奇异夏家街蕨 *Xiajiajienia mirabila*	……	Ⅱ /210 /536
香南属 *Nectandra*	……	Ⅵ /38 /158
△广西香南 *Nectandra guangxiensis*	……	Ⅵ /38 /158
细脉香南 *Nectandra prolifica*	……	Ⅵ /38 /158
香蒲属 *Typha*	……	Ⅵ /65 /188
香蒲(未定种) *Typha* sp.	……	Ⅵ /65 /188
△香溪叶属 *Hsiangchiphyllum*	……	Ⅲ /68 /399
△三脉香溪叶 *Hsiangchiphyllum trinerve*	……	Ⅲ /68 /399
?三脉香溪叶 ? *Hsiangchiphyllum trinerve*	……	Ⅲ /69 /400
小果穗属 *Stachyopitys*	……	Ⅳ /109 /302
普雷斯利小果穗 *Stachyopitys preslii*	……	Ⅳ /109 /302
小果穗(未定种) *Stachyopitys* sp.	……	Ⅳ /109 /302
△小蛟河蕨属 *Chiaohoella*	……	Ⅱ /23 /296
△蝶形小蛟河蕨 *Chiaohoella papilioformia*	……	Ⅱ /24 /297
△奇异小蛟河蕨 *Chiaohoella mirabilis*	……	Ⅱ /23 /296
△新查米叶型小蛟河蕨 *Chiaohoella neozamioides*	……	Ⅱ /23 /297
小蛟河蕨?(未定多种) *Chiaohoella*? spp.	……	Ⅱ /24 /297
小威廉姆逊尼花属 *Williamsoniella*	……	Ⅲ /228 /612
布拉科娃小威廉姆逊尼花 *Williamsoniella burakove*	……	Ⅲ /229 /612
△大堡小威廉姆逊尼花 *Williamsoniella dabuensis*	……	Ⅲ /229 /613
△尖山沟小威廉姆逊尼花 *Williamsoniella jianshangouensis*	……	Ⅲ /229 /613
卡拉套小威廉姆逊尼花 *Williamsoniella karataviensis*	……	Ⅲ /229 /613
卡拉套小威廉姆逊尼花(比较种) *Williamsoniella* cf. *karataviensis*	……	Ⅲ /229 /613
科罗纳小威廉姆逊尼花 *Williamsoniella coronata*	……	Ⅲ /228 /612
△瘦形? 小威廉姆逊尼花 *Williamsoniella*? *exiliforma*	……	Ⅲ /229 /613
△中国小威廉姆逊尼花 *Williamsoniella sinensis*	……	Ⅲ /229 /613
最小小威廉姆逊尼花 *Williamsoniella minima*	……	Ⅲ /229 /613
小威廉姆逊尼花(未定多种) *Williamsoniella* spp.	……	Ⅲ /229 /614
小楔叶属 *Sphenarion*	……	Ⅳ /94 /283
薄叶小楔叶 *Sphenarion leptophylla*	……	Ⅳ /95 /284
薄叶小楔叶(比较属种) *Sphenarion* cf. *S. leptophylla*	……	Ⅳ /96 /285
薄叶小楔叶(比较属种) Cf. *Sphenarion leptophylla*	……	Ⅳ /95 /285
△均匀小楔叶 *Sphenarion parilis*	……	Ⅳ /96 /285
△开叉小楔叶 *Sphenarion dicrae*	……	Ⅳ /95 /284
宽叶小楔叶 *Sphenarion latifolia*	……	Ⅳ /95 /284
疏裂小楔叶 *Sphenarion paucipartita*	……	Ⅳ /95 /283
疏裂小楔叶(比较属种) Cf. *Sphenarion paucipartita*	……	Ⅳ /95 /284
△天桥岭小楔叶 *Sphenarion tianqiaolingense*	……	Ⅳ /96 /285
△线形小楔叶 *Sphenarion lineare*	……	Ⅳ /96 /285
△小叶小楔叶 *Sphenarion parvum*	……	Ⅳ /96 /285
△徐氏小楔叶 *Sphenarion xuii*	……	Ⅳ /96 /285
小楔叶(未定多种) *Sphenarion* spp.	……	Ⅳ /96 /285
楔拜拉属 *Sphenobaiera*	……	Ⅳ /96 /286
阿勃希里克楔拜拉 *Sphenobaiera abschirica*	……	Ⅳ /98 /287
白垩楔拜拉 *Sphenobaiera cretosa*	……	Ⅳ /99 /290

名称	页码
白垩楔拜拉(比较种) *Sphenobaiera* cf. *cretosa*	Ⅳ /99 /290
△北票楔拜拉 *Sphenobaiera beipiaoensis*	Ⅳ /98 /288
△并列楔拜拉 *Sphenobaiera jugata*	Ⅳ /101 /293
波氏楔拜拉 *Sphenobaiera boeggildiana*	Ⅳ /99 /289
波氏楔拜拉(比较属种) Cf. *Sphenobaiera boeggildiana*	Ⅳ /99 /289
叉状楔拜拉 *Sphenobaiera furcata*	Ⅳ /100 /290
?叉状楔拜拉 ?*Sphenobaiera furcata*	Ⅳ /100 /290
△柴达木楔拜拉 *Sphenobaiera qaidamensis*	Ⅳ /104 /296
长叶楔拜拉 *Sphenobaiera longifolia*	Ⅳ /103 /293
长叶楔拜拉(比较种) *Sphenobaiera* cf. *longifolia*	Ⅳ /103 /295
△城子河楔拜拉 *Sphenobaiera chenzihensis*	Ⅳ /99 /289
△刺楔拜拉 *Sphenobaiera spinosa*	Ⅳ /105 /297
△粗脉楔拜拉 *Sphenobaiera crassinervis*	Ⅳ /99 /289
粗脉楔拜拉(比较种) *Sphenobaiera* cf. *crassinervis*	Ⅳ /99 /289
△大楔拜拉 *Sphenobaiera grandis*	Ⅳ /100 /291
单脉楔拜拉 *Sphenobaiera uninervis*	Ⅳ /106 /298
△多裂楔拜拉 *Sphenobaiera multipartita*	Ⅳ /103 /295
△多脉楔拜拉 *Sphenobaiera tenuistriata*	Ⅳ /105 /298
多脉楔拜拉(比较种) *Sphenobaiera* cf. *tenuistriata*	Ⅳ /106 /298
△二裂楔拜拉 *Sphenobaiera biloba* Feng,1977 (non Prynada,1938)	Ⅳ /98 /288
△福建楔拜拉 *Sphenobaiera fujiaensis*	Ⅳ /100 /290
△刚毛楔拜拉 *Sphenobaiera setacea*	Ⅳ /105 /297
△黄氏楔拜拉 *Sphenobaiera huangi* (Sze) Hsu,1954 (non Sze,1956,nec Krassilov,1972)	Ⅳ /100 /291
△黄氏楔拜拉 *Sphenobaiera huangi* (Sze) Sze,1956 (non Hsu,1954,nec Krassilov,1972)	Ⅳ /101 /292
△黄氏楔拜拉 *Sphenobaiera huangi* (Sze) Krassilov,1972 (non Hsu,1954,nec Sze,1956)	Ⅳ /101 /292
黄氏楔拜拉(比较种) *Sphenobaiera* cf. *huangi*	Ⅳ /101 /292
△尖基楔拜拉 *Sphenobaiera acubasis*	Ⅳ /98 /288
△具皱?楔拜拉 *Sphenobaiera*? *rugata* Zhou,1984 /Mar. (non Wang,1984 /Dec.)	Ⅳ /105 /297
科尔奇楔拜拉 *Sphenobaiera colchica*	Ⅳ /99 /289
△宽基楔拜拉 *Sphenobaiera eurybasis*	Ⅳ /100 /290
△宽叶楔拜拉 *Sphenobaiera lata*	Ⅳ /102 /293
△两叉楔拜拉 *Sphenobaiera bifurcata*	Ⅳ /98 /288
△裂叶楔拜拉 *Sphenobaiera lobifolia*	Ⅳ /102 /293
美丽楔拜拉宽异型 *Sphenobaiera pulchella* f. *lata*	Ⅳ /104 /296
△南天门楔拜拉 *Sphenobaiera nantianmensis*	Ⅳ /103 /295
瓶尔小草状楔拜拉 *Sphenobaiera ophioglossum*	Ⅳ /103 /295
瓶尔小草状楔拜拉(比较种) *Sphenobaiera* cf. *ophioglossum*	Ⅳ /104 /295
△七星楔拜拉 *Sphenobaiera qixingensis*	Ⅳ /105 /297
奇丽楔拜拉 *Sphenobaiera spectabilis*	Ⅳ /97 /286
奇丽楔拜拉(比较种) *Sphenobaiera* cf. *spectabilis*	Ⅳ /97 /287
△前甸子楔拜拉 *Sphenobaiera qiandianziense*	Ⅳ /104 /296
稍美楔拜拉 *Sphenobaiera pulchella*	Ⅳ /104 /296

中文名	学名	卷/页/页
稍美楔拜拉(比较种)	*Sphenobaiera* cf. *pulchella*	Ⅳ /104 /296
少裂楔拜拉	*Sphenobaiera paucipartita*	Ⅳ /104 /295
双裂楔拜拉	*Sphenobaiera biloba* Prynada,1938 (non Feng,1977)	Ⅳ /98 /288
△斯氏楔拜拉	*Sphenobaiera szeiana*	Ⅳ /105 /298
△微脉楔拜拉	*Sphenobaiera micronervis*	Ⅳ /103 /295
细叶楔拜拉	*Sphenobaiera leptophylla*	Ⅳ /102 /293
狭叶楔拜拉	*Sphenobaiera angustifolia*	Ⅳ /98 /288
△旋? 楔拜拉	*Sphenobaiera? spirata*	Ⅳ /105 /297
伊科法特楔拜拉	*Sphenobaiera ikorfatensis*	Ⅳ /101 /292
△银杏状楔拜拉	*Sphenobaiera ginkgooides*	Ⅳ /100 /290
栉形楔拜拉	*Sphenobaiera pecten*	Ⅳ /104 /296
△皱纹楔拜拉	*Sphenobaiera rugata* Wang,1984 /Dec. (non Zhou,1984 /Mar.)	Ⅳ /105 /297
△皱叶楔拜拉	*Sphenobaiera crispifolia*	Ⅳ /99 /290
楔拜拉(未定多种)	*Sphenobaiera* spp.	Ⅳ /106 /298
楔拜拉?(未定多种)	*Sphenobaiera?* spp.	Ⅳ /108 /301
楔拜拉(?拜拉)(未定种)	*Sphenobaiera* (*?Baiera*) sp.	Ⅳ /108 /301
楔鳞杉属	***Sphenolepis***	Ⅴ /154 /423
库尔楔鳞杉	*Sphenolepis kurriana*	Ⅴ /155 /425
库尔楔鳞杉(比较种)	*Sphenolepis* cf. *kurriana*	Ⅴ /156 /425
库尔楔鳞杉(比较属种)	Cf. *Sphenolepis kurriana*	Ⅴ /155 /425
△密叶? 楔鳞杉	*Sphenolepis? densifolia*	Ⅴ /155 /424
△树形楔鳞杉	*Sphenolepis arborscens*	Ⅴ /155 /424
司腾伯楔鳞杉	*Sphenolepis sternbergiana*	Ⅴ /154 /424
司腾伯楔鳞杉(比较属种)	Cf. *Sphenolepis sternbergiana*	Ⅴ /154 /424
△纤细楔鳞杉	*Sphenolepis gracilis*	Ⅴ /155 /425
△雅致楔鳞杉	*Sphenolepis elegans*	Ⅴ /155 /424
△优雅? 楔鳞杉	*Sphenolepis? concinna*	Ⅴ /155 /424
楔鳞杉(未定多种)	*Sphenolepis* spp.	Ⅴ /156 /426
楔鳞杉?(未定多种)	*Sphenolepis?* spp.	Ⅴ /156 /426
楔鳞杉?(坚叶杉?)(未定多种)	*Sphenolepis?* (*Pagiophyllum?*) spp.	Ⅴ /156 /426
楔羊齿属	***Sphenopteris***	Ⅱ /182 /499
△阿氏楔羊齿	*Sphenopteris ahnerti*	Ⅱ /182 /500
△白垩楔羊齿	*Sphenopteris cretacea*	Ⅱ /183 /501
△勃利楔羊齿	*Sphenopteris boliensis*	Ⅱ /182 /500
布鲁尔楔羊齿	*Sphenopteris brulensis*	Ⅱ /183 /500
△凋落楔羊齿	*Sphenopteris delabens*	Ⅱ /183 /501
△东方楔羊齿	*Sphenopteris orientalis*	Ⅱ /186 /505
葛伯特楔羊齿	*Sphenopteris goepperti*	Ⅱ /184 /502
△佳木楔羊齿	*Sphenopteris diamensis*	Ⅱ /183 /502
尖齿楔羊齿	*Sphenopteris acrodentata*	Ⅱ /182 /500
间羽片楔羊齿	*Sphenopteris interstifolia*	Ⅱ /184 /503
△两叉楔羊齿	*Sphenopteris bifurcata*	Ⅱ /182 /500
△辽宁楔羊齿	*Sphenopteris liaoningensis*	Ⅱ /185 /503
△裂叶楔羊齿	*Sphenopteris lobifolia*	Ⅱ /185 /503
麦氏楔羊齿	*Sphenopteris mclearni*	Ⅱ /185 /503

△密山楔羊齿 Sphenopteris mishanensis ·················· Ⅱ /185 /504
△膜质楔羊齿 Sphenopteris hymenophylla ·················· Ⅱ /184 /502
△彭庄楔羊齿(锥叶蕨?) Sphenopteris (Coniopteris?) pengzhouangensis ·················· Ⅱ /186 /505
浅羽楔羊齿 Sphenopteris pinnatifida ·················· Ⅱ /186 /505
△稍亮楔羊齿 Sphenopteris nitidula ·················· Ⅱ /185 /504
稍亮楔羊齿(比较属种) Cf. Sphenopteris nitidula ·················· Ⅱ /186 /504
适中楔羊齿 Sphenopteris modesta ·················· Ⅱ /185 /504
△孙氏楔羊齿(锥叶蕨?) Sphenopteris (Coniopteris?) suessi ·················· Ⅱ /186 /505
△铁法楔羊齿 Sphenopteris tiefensis ·················· Ⅱ /187 /505
威廉姆逊楔羊齿 Sphenopteris williamsonii ·················· Ⅱ /187 /506
△细小楔羊齿 Sphenopteris pusilla ·················· Ⅱ /186 /505
△斜形楔羊齿 Sphenopteris obliqua ·················· Ⅱ /186 /505
雅致楔羊齿 Sphenopteris elegans ·················· Ⅱ /182 /500
雅致楔羊齿(拟金粉蕨) Sphenopteris (Onychiopsis) elegans ·················· Ⅱ /182 /500
△叶裂楔羊齿 Sphenopteris lobophylla ·················· Ⅱ /185 /503
△榆社楔羊齿 Sphenopteris yusheensis ·················· Ⅱ /187 /506
约氏楔羊齿 Sphenopteris johnstrupii ·················· Ⅱ /184 /503
约氏楔羊齿(铁角蕨?) Sphenopteris (Asploenium?) johnstrupii ·················· Ⅱ /184 /503
直立楔羊齿(似里白?) Sphenopteris (Gleichenites?) erecta ·················· Ⅱ /184 /502
直立楔羊齿(似里白?)(比较种) Sphenopteris (Gleichenites?) cf. erecta ·················· Ⅱ /184 /502
直立楔羊齿(比较种) Sphenopteris cf. erecta ·················· Ⅱ /184 /502
△指状楔羊齿 Sphenopteris digitata ·················· Ⅱ /184 /502
△周家湾?楔羊齿 Sphenopteris? chowkiawanensis ·················· Ⅱ /183 /501
周家湾楔羊齿 Sphenopteris chowkiawanensis ·················· Ⅱ /183 /501
楔羊齿(未定多种) Sphenopteris spp. ·················· Ⅱ /187 /506
楔羊齿?(未定多种) Sphenopteris? spp. ·················· Ⅱ /189 /508
楔羊齿(锥叶蕨?)(未定种) Sphenopteris (Coniopteris?) sp. ·················· Ⅱ /189 /508
△楔叶拜拉花属 Sphenobaieroanthus ·················· Ⅳ /108 /301
△中国楔叶拜拉花 Sphenobaieroanthus sinensis ·················· Ⅳ /108 /301
△楔叶拜拉枝属 Sphenobaierocladus ·················· Ⅳ /109 /302
△中国楔叶拜拉枝 Sphenobaierocladus sinensis ·················· Ⅳ /109 /302
楔叶属 Sphenophyllum ·················· Ⅰ /83 /230
微缺楔叶 Sphenophyllum emarginatum ·················· Ⅰ /83 /230
楔叶?(未定种) Sphenophyllum? sp. ·················· Ⅰ /83 /231
楔羽叶属 Sphenozamites ·················· Ⅲ /191 /565
毕氏楔羽叶 Sphenozamites beani ·················· Ⅲ /191 /565
△东巩楔羽叶 Sphenozamites donggongensis ·················· Ⅲ /192 /565
△分水岭楔羽叶 Sphenozamites fenshuilingensis ·················· Ⅲ /192 /566
△湖南楔羽叶 Sphenozamites hunanensis ·················· Ⅲ /192 /566
△荆门楔羽叶 Sphenozamites jingmenensis ·················· Ⅲ /193 /566
△镰形?楔羽叶 Sphenozamites? drepanoides ·················· Ⅲ /192 /566
△菱形楔羽叶 Sphenozamites rhombifolius ·················· Ⅲ /193 /567
△明显楔羽叶 Sphenozamites evidens ·················· Ⅲ /192 /566
△南漳楔羽叶 Sphenozamites nanzhangensis ·················· Ⅲ /193 /567
斜楔羽叶 Sphenozamites marionii ·················· Ⅲ /193 /567

斜楔羽叶(比较种) Sphenozamites cf. marionii	Ⅲ /193 /567
△永仁楔羽叶 Sphenozamites yunjenensis	Ⅲ /193 /567
永仁楔羽叶(比较种) Sphenozamites cf. yunjenensis	Ⅲ /193 /567
△章氏楔蕉羽叶 Sphenozamites changi	Ⅲ /192 /565
章氏楔羽叶(比较种) Sphenozamites cf. changi	Ⅲ /192 /565
章氏楔羽叶(比较属种) Sphenozamites cf. S. changi	Ⅲ /192 /565
楔羽叶(未定多种) Sphenozamites spp.	Ⅲ /193 /567
楔羽叶?(未定种) Sphenozamites? sp.	Ⅲ /194 /568
心籽属 Cardiocarpus	Ⅴ /15 /255
核果状心籽 Cardiocarpus drupaceus	Ⅴ /15 /255
△似丝兰型心籽 Cardiocarpus yuccinoides	Ⅴ /15 /255
心籽(未定多种) Cardiocarpus spp.	Ⅴ /15 /256
△新孢穗属 Neostachya	Ⅰ /68 /213
△陕西新孢穗 Neostachya shaanxiensis	Ⅰ /69 /213
新查米亚属 Neozamites	Ⅲ /80 /413
锯齿新查米亚 Neozamites denticulatus	Ⅲ /81 /414
列氏新查米亚 Neozamites lebedevii	Ⅲ /81 /415
列氏新查米亚(比较种) Neozamites cf. lebedevii	Ⅲ /81 /415
△锐裂新查米亚 Neozamites incisus	Ⅲ /81 /415
伸长新查米亚 Neozamites elongatus	Ⅲ /81 /415
维尔霍扬新查米亚 Neozamites verchojanensis	Ⅲ /80 /414
维尔霍扬新查米亚? Neozamites verchojanensis?	Ⅲ /81 /414
维尔霍扬新查米亚(比较种) Neozamites cf. verchojanensis	Ⅲ /81 /414
△新疆蕨属 Xinjiangopteris Wu S Z, 1983 (non Wu S Q et Zhou, 1986)	Ⅱ /211 /536
△托克逊新疆蕨 Xinjiangopteris toksunensis	Ⅱ /211 /537
△新疆蕨属 Xinjiangopteris Wu S Q et Zhou, 1986 (non Wu S Z, 1983)	Ⅱ /211 /537
△对生新疆蕨 Xinjiangopteris opposita	Ⅱ /211 /537
△新龙叶属 Xinlongia	Ⅲ /230 /614
△侧羽叶型新龙叶 Xinlongia pterophylloides	Ⅲ /230 /615
△和恩格尔新龙叶 Xinlongia hoheneggeri	Ⅲ /230 /615
△似查米亚新龙叶 Xinlongia zamioides	Ⅲ /231 /615
△新龙羽叶属 Xinlongophyllum	Ⅲ /231 /615
△篦羽羊齿型新龙羽叶 Xinlongophyllum ctenopteroides	Ⅲ /231 /615
△多条纹新龙羽叶 Xinlongophyllum multilineatum	Ⅲ /231 /615
新芦木穗属 Neocalamostachys	Ⅰ /68 /212
总花梗新芦木穗 Neocalamostachys pedunculatus	Ⅰ /68 /213
新芦木穗?(未定种) Neocalamostachys? sp.	Ⅰ /68 /213
新芦木属 Neocalamites	Ⅰ /54 /193
△粗糙新芦木 Neocalamites asperrimus	Ⅰ /57 /197
△当阳新芦木 Neocalamites dangyangensis	Ⅰ /62 /204
△短叶新芦木 Neocalamites brevifolius	Ⅰ /57 /197
△海房沟新芦木 Neocalamites haifanggouensis	Ⅰ /62 /205
△海西州新芦木 Neocalamites haixizhouensis	Ⅰ /62 /205
霍尔新芦木 Neocalamites hoerensis	Ⅰ /55 /193
霍尔新芦木? Neocalamites hoerensis?	Ⅰ /56 /196

霍尔新芦木(比较种) *Neocalamites* cf. *hoerensis*	Ⅰ	/56/196
卡勒莱新芦木 *Neocalamites carrerei*	Ⅰ	/59/200
卡勒莱新芦木(比较种) *Neocalamites* cf. *carrerei*	Ⅰ	/61/204
△瘤状? 新芦木 *Neocalamites? tubercalatus*	Ⅰ	/64/208
米氏新芦木 *Neocalamites merianii*	Ⅰ	/62/205
米氏新芦木(比较种) *Neocalamites* cf. *merianii*	Ⅰ	/63/206
米氏新芦木(比较属种) Cf. *Neocalamites merianii*	Ⅰ	/63/205
那氏新芦木 *Neocalamites nathorsti*	Ⅰ	/63/206
那氏新芦木(比较种) *Neocalamites* cf. *nathorsti*	Ⅰ	/63/207
△南漳新芦木 *Neocalamites nanzhangensis*	Ⅰ	/63/206
△拟轮叶型新芦木 *Neocalamites annulariopsis*	Ⅰ	/57/197
△山西新芦木 *Neocalamites shanxiensis*	Ⅰ	/64/208
△丝状? 新芦木 *Neocalamites? filifolius*	Ⅰ	/62/204
△乌灶新芦木 *Neocalamites wuzaoensis*	Ⅰ	/64/208
△细叶新芦木 *Neocalamites angustifolius*	Ⅰ	/57/196
蟹形新芦木 *Neocalamites carcinoides*	Ⅰ	/57/197
? 蟹形新芦木 ? *Neocalamites carcinoides*	Ⅰ	/59/199
蟹形新芦木(比较种) *Neocalamites* cf. *carcinoides*	Ⅰ	/59/199
蟹形新芦木(比较属种) *Neocalamites* cf. *N. carcinoides*	Ⅰ	/59/199
△皱纹新芦木 *Neocalamites rugosus*	Ⅰ	/63/207
新芦木(未定多种) *Neocalamites* spp.	Ⅰ	/64/208
新芦木? (未定多种) *Neocalamites*? spp.	Ⅰ	/67/211
? 新芦木(未定种) ? *Neocalamites* sp.	Ⅰ	/68/212
? 新芦木(? 似木贼)(未定种) ? *Neocalamites* (? *Equisetites*) sp.	Ⅰ	/68/212
新芦木(比较属,未定种) Cf. *Neocalamites* sp.	Ⅰ	/68/212
△新轮叶属 *Neoannularia*	Ⅰ	/53/192
△川滇新轮叶 *Neoannularia chuandianensis*	Ⅰ	/54/192
△密叶新轮叶 *Neoannularia confertifolia*	Ⅰ	/54/193
△三叠新轮叶 *Neoannularia triassica* Gu et Hu,1979 (non Gu et Hu,1984, nec Gu et Hu,1987)	Ⅰ	/54/193
△三叠新轮叶 *Neoannularia triassica* Gu et Hu,1984 (non Gu et Hu,1987, nec Gu et Hu,1979)	Ⅰ	/54/193
△三叠新轮叶 *Neoannularia triassica* Gu et Hu,1987 (non Gu et Hu,1984, nec Gu et Hu,1979)	Ⅰ	/54/193
△陕西新轮叶 *Neoannularia shaanxiensis*	Ⅰ	/54/192
△兴安叶属 *Xinganphyllum*	Ⅲ	/230/614
△等形兴安叶 *Xinganphyllum aequale*	Ⅲ	/230/614
△大叶? 兴安叶 *Xinganphyllum? grandifolium*	Ⅲ	/230/614
星囊蕨属 *Asterotheca*	Ⅱ	/14/285
冈藤星囊蕨 *Asterotheca okafujii*	Ⅱ	/15/287
△渐尖星囊蕨 *Asterotheca acuminata*	Ⅱ	/15/286
柯顿星囊蕨 *Asterotheca cottoni*	Ⅱ	/15/286
柯顿星囊蕨(比较种) *Asterotheca* cf. *cottoni*	Ⅱ	/15/286
柯顿星囊蕨(比较属种) Cf. *Asterotheca cottoni*	Ⅱ	/15/286
△偏羽星囊蕨 *Asterotheca latepinnata*	Ⅱ	/15/286

司腾伯星囊蕨 Asterotheca sternbergii	Ⅱ /15 /285
斯氏星囊蕨 Asterotheca szeiana	Ⅱ /16 /287
斯氏星囊蕨(比较属种) Cf. Asterotheca szeiana	Ⅱ /17 /288
△斯氏？星囊蕨 Asterotheca? szeiana	Ⅱ /16 /288
斯氏？星囊蕨(枝脉蕨) Asterotheca? (Cladophlebis) szeiana	Ⅱ /17 /288
五果星囊蕨 Asterotheca penticarpa	Ⅱ /16 /287
△显脉星囊蕨 Asterotheca phaenonerva	Ⅱ /16 /287
星囊蕨(未定多种) Asterotheca spp.	Ⅱ /17 /288
星囊蕨？(未定种) Asterotheca? sp.	Ⅱ /17 /289

△星学花序属 Xingxueina Ⅵ /68 /192
    △黑龙江星学花序 Xingxueina heilongjiangensis Ⅵ /68 /192
△星学叶属 Xingxuephyllum Ⅵ /69 /193
    △鸡西星学叶 Xingxuephyllum jixiense Ⅵ /69 /193
雄球果属 Androstrobus Ⅲ /5 /318
    查米亚型雄球果 Androstrobus zamioides Ⅲ /5 /318
    那氏雄球果 Androstrobus nathorsti Ⅲ /5 /318
    那氏雄球果(比较属种) Cf. Androstrobus nathorsti Ⅲ /5 /318
    △塔状雄球果 Androstrobus pagiodiformis Ⅲ /5 /318
    雄球果(未定种) Androstrobus sp. Ⅲ /5 /318
雄球穗属 Masculostrobus Ⅴ /78 /332
    蔡氏雄球穗 Masculostrobus zeilleri Ⅴ /78 /332
    △伸长？雄球穗 Masculostrobus? prolatus Ⅴ /78 /332
袖套杉属 Manica Ⅴ /75 /328
    希枝袖套杉 Manica parceramosa Ⅴ /75 /329
    △袖套杉(长岭杉亚属) Manica (Chanlingia) Ⅴ /76 /329
        △穹孔袖套杉(长岭杉) Manica (Chanlingia) tholistoma Ⅴ /76 /329
        △疏孔袖套杉(长岭杉?) Manica (Chanlingia?) sparsa Ⅴ /76 /329
    △袖套杉(袖套杉亚属) Manica (Manica) Ⅴ /76 /330
        △希枝袖套杉(袖套杉) Manica (Manica) parceramosa Ⅴ /76 /330
        希枝袖套杉(袖套杉)(比较种) Manica (Manica) cf. parceramosa Ⅴ /77 /330
        △大拉子袖套杉(袖套杉) Manica (Manica) dalatzensis Ⅴ /77 /330
        △窝穴袖套杉(袖套杉) Manica (Manica) foveolata Ⅴ /77 /330
        △乳突袖套杉(袖套杉) Manica (Manica) papillosa Ⅴ /77 /331
        乳突袖套杉(袖套杉)(比较种) Manica (Manica) cf. papillosa Ⅴ /78 /331
悬铃木叶属 Platanophyllum Ⅵ /42 /162
    叉脉悬铃木叶 Platanophyllum crossinerve Ⅵ /42 /162
    悬铃木叶(未定种) Platanophyllum sp. Ⅵ /42 /163
悬铃木属 Platanus Ⅵ /42 /163
    北方悬铃木 Platanus septentrioalis Ⅵ /43 /164
    附属悬铃木 Platanus appendiculata Ⅵ /42 /163
    假奎列尔悬铃木 Platanus pseudoguillemae Ⅵ /43 /163
    △密脉悬铃木 Platanus densinervis Ⅵ /43 /163
    纽贝里悬铃木(比较种) Platanus cf. newberryana Ⅵ /43 /163
    瑞氏悬铃木 Platanus raynoldii Ⅵ /43 /164
    瑞氏"悬铃木" "Platanus" raynoldii Ⅵ /43 /164

瑞氏? 悬铃木 *Platanus? raynoldii*	······	Ⅵ /43 /164
楔形悬铃木 *Platanus cuneifolia*	······	Ⅵ /43 /163
楔形悬铃木(比较种) *Platanus* cf. *cuneifolia*	······	Ⅵ /43 /163
△亚显赫悬铃木 *Platanus subnoblis*	······	Ⅵ /44 /164
△中华悬铃木 *Platanus sinensis*	······	Ⅵ /43 /164
悬铃木(未定多种) *Platanus* spp.	······	Ⅵ /44 /164
悬羽羊齿属 *Crematopteris*	······	Ⅲ /25 /345
标准悬羽羊齿 *Crematopteris typica*	······	Ⅲ /26 /345
标准悬羽羊齿(比较种) *Crematopteris* cf. *typica*	······	Ⅲ /26 /345
△短羽片悬羽羊齿 *Crematopteris brevipinnata*	······	Ⅲ /26 /345
△旋卷悬羽羊齿 *Crematopteris ciricinalis*	······	Ⅲ /26 /345
悬羽羊齿(未定多种) *Crematopteris* spp.	······	Ⅲ /26 /346
雪松型木属 *Cedroxylon*	······	Ⅴ /25 /268
怀氏雪松型木 *Cedroxylon withami*	······	Ⅴ /25 /268
△金沙雪松型木 *Cedroxylon jinshaense*	······	Ⅴ /25 /268

Y

△牙羊齿属 *Dentopteris*	······	Ⅲ /52 /379
△宽叶牙羊齿 *Dentopteris platyphylla*	······	Ⅲ /52 /380
△窄叶牙羊齿 *Dentopteris stenophylla*	······	Ⅲ /52 /379
崖柏属 *Thuja*	······	Ⅴ /169 /441
白垩崖柏 *Thuja cretacea*	······	Ⅴ /169 /441
△黑龙江崖柏 *Thuja heilongjiangensis*	······	Ⅴ /169 /441
△雅观木属 *Perisemoxylon*	······	Ⅲ /131 /483
△双螺纹雅观木 *Perisemoxylon bispirale*	······	Ⅲ /131 /483
雅观木(未定种) *Perisemoxylon* sp.	······	Ⅲ /131 /483
△雅蕨属 *Pavoniopteris*	······	Ⅱ /162 /475
△马通蕨型雅蕨 *Pavoniopteris matonioides*	······	Ⅱ /162 /475
雅库蒂蕨属 *Jacutopteris*	······	Ⅱ /142 /451
△后老庙雅库蒂蕨 *Jacutopteris houlaomiaoensis*	······	Ⅱ /142 /452
勒拿雅库蒂蕨 *Jacutopteris lenaensis*	······	Ⅱ /142 /451
△天水雅库蒂蕨 *Jacutopteris tianshuiensis*	······	Ⅱ /143 /452
雅库蒂羽叶属 *Jacutiella*	······	Ⅲ /71 /402
阿穆尔雅库蒂羽叶 *Jacutiella amurensis*	······	Ⅲ /71 /402
△细齿雅库蒂羽叶 *Jacutiella denticulata*	······	Ⅲ /71 /403
△亚洲叶属 *Asiatifolium*	······	Ⅵ /7 /123
△雅致亚洲叶 *Asiatifolium elegans*	······	Ⅵ /7 /124
△延吉叶属 *Yanjiphyllum*	······	Ⅵ /69 /193
△椭圆延吉叶 *Yanjiphyllum ellipticum*	······	Ⅵ /69 /193
眼子菜属 *Potamogeton*	······	Ⅵ /47 /168
△热河眼子菜 *Potamogeton jeholensis*	······	Ⅵ /47 /168
热河? 眼子菜 *Potamogeton? jeholensis*	······	Ⅵ /47 /168
眼子菜(未定种) *Potamogeton* sp.	······	Ⅵ /47 /168
眼子菜?(未定种) *Potamogeton?* sp.	······	Ⅵ /47 /168

名称	卷/页
△燕辽杉属 *Yanliaoa*	Ⅴ /179 /453
△中国燕辽杉 *Yanliaoa sinensis*	Ⅴ /179 /453
中国燕辽杉(比较种) *Yanliaoa* cf. *sinensis*	Ⅴ /179 /453
△羊齿缘蕨属 *Filicidicotis*	Ⅵ /27 /145
羊齿缘蕨(sp. indet.) *Filicidicotis* sp. indet.	Ⅵ /27 /146
羊蹄甲属 *Bauhinia*	Ⅵ /8 /125
△雅致羊蹄甲 *Bauhinia gracilis*	Ⅵ /8 /125
杨属 *Populus*	Ⅵ /46 /167
波托马克"杨" "*Populus*" *potomacensis*	Ⅵ /46 /167
宽叶杨 *Populus latior*	Ⅵ /46 /167
鲜艳叶杨 *Populus carneosa*	Ⅵ /46 /167
杨(未定种) *Populus* sp.	Ⅵ /46 /167
△耶氏蕨属 *Jaenschea*	Ⅱ /143 /452
△中国耶氏蕨 *Jaenschea sinensis*	Ⅱ /143 /452
叶枝杉型木属 *Phyllocladoxylon*	Ⅴ /90 /346
△海拉尔叶枝杉型木 *Phyllocladoxylon hailaerense*	Ⅴ /91 /346
缪勒叶枝杉型木 *Phyllocladoxylon muelleri*	Ⅴ /90 /346
△密轮叶枝杉型木 *Phyllocladoxylon densum*	Ⅴ /91 /346
平壤叶枝杉型木 *Phyllocladoxylon heizyoense*	Ⅴ /91 /347
象牙叶枝杉型木 *Phyllocladoxylon eboracense*	Ⅴ /91 /346
象牙叶枝杉型木(比较种) *Phyllocladoxylon* cf. *eboracense*	Ⅴ /91 /346
△新丘叶枝杉型木 *Phyllocladoxylon xinqiuense*	Ⅴ /91 /347
叶枝杉型木(未定多种) *Phyllocladoxylon* spp.	Ⅴ /91 /347
叶枝杉型木?(未定多种) *Phyllocladoxylon*? spp.	Ⅴ /91 /347
伊仑尼亚属 *Erenia*	Ⅵ /24 /143
狭翼伊仑尼亚 *Erenia stenoptera*	Ⅵ /24 /143
△疑麻黄属 *Amphiephedra*	Ⅴ /3 /242
△鼠李型疑麻黄 *Amphiephedra rhamnoides*	Ⅴ /4 /242
△义马果属 *Yimaia*	Ⅳ /118 /312
△赫勒义马果 *Yimaia hallei*	Ⅳ /118 /312
△外弯义马果 *Yimaia recurva*	Ⅳ /118 /312
△义县叶属 *Yixianophyllum*	Ⅲ /232 /617
△金家沟义县叶 *Yixianophyllum jinjiagouensie*	Ⅲ /232 /617
△异麻黄属 *Alloephedra*	Ⅴ /2 /241
△星学异麻黄 *Alloephedra xingxuei*	Ⅴ /3 /241
异脉蕨属 *Phlebopteris*	Ⅱ /164 /477
布劳异脉蕨 *Phlebopteris brauni*	Ⅱ /165 /479
?布劳异脉蕨 ?*Phlebopteris brauni*	Ⅱ /165 /480
布劳异脉蕨(比较种) *Phlebopteris* cf. *brauni*	Ⅱ /165 /480
△贡觉异脉蕨 *Phlebopteris gonjoensis*	Ⅱ /166 /480
△湖北异脉蕨 *Phlebopteris hubeiensis*	Ⅱ /166 /480
△华丽异脉蕨 *Phlebopteris splendidus*	Ⅱ /167 /482
敏斯特异脉蕨 *Phlebopteris muensteri*	Ⅱ /166 /481
念珠状异脉蕨 *Phlebopteris torosa*	Ⅱ /167 /482
念珠状异脉蕨(比较种) *Phlebopteris* cf. *torosa*	Ⅱ /167 /482

△石拐沟异脉蕨 *Phlebopteris shiguaigouensis*	Ⅱ	/166 /481
水龙骨异脉蕨 *Phlebopteris polypodioides*	Ⅱ	/164 /478
水龙骨异脉蕨(比较种) *Phlebopteris* cf. *polypodioides*	Ⅱ	/164 /478
△四川异脉蕨 *Phlebopteris sichuanensis*	Ⅱ	/166 /481
狭叶异脉蕨 *Phlebopteris angustloba*	Ⅱ	/165 /479
△线叶?异脉蕨 *Phlebopteris*? *linearifolis*	Ⅱ	/166 /481
△祥云异脉蕨 *Phlebopteris xiangyuensis*	Ⅱ	/167 /482
△小叶异脉蕨 *Phlebopteris microphylla*	Ⅱ	/166 /481
△指状异脉蕨 *Phlebopteris digitata* Chow et Huang,1976 (non Liu,1980)	Ⅱ	/166 /480
△指状异脉蕨 *Phlebopteris digitata* Liu,1980 (non Chow et Huang,1976)	Ⅱ	/166 /480
△秭归异脉蕨 *Phlebopteris ziguiensis*	Ⅱ	/168 /483
异脉蕨(未定多种) *Phlebopteris* spp.	Ⅱ	/168 /483
异脉蕨?(未定种) *Phlebopteris*? sp.	Ⅱ	/168 /483
异脉蕨(比较属,未定种) Cf. *Phlebopteris* sp.	Ⅱ	/168 /483
异木属 *Xenoxylon*	Ⅴ	/176 /450
△阜新异木 *Xenoxylon fuxinense*	Ⅴ	/177 /451
△河北异木 *Xenoxylon hopeiense*	Ⅴ	/178 /451
△霍林河异木 *Xenoxylon huolinhense*	Ⅴ	/178 /451
康氏异木 *Xenoxylon conchylianum*	Ⅴ	/177 /451
宽孔异木 *Xenoxylon latiporosum*	Ⅴ	/177 /450
△辽宁异木 *Xenoxylon liaoningense*	Ⅴ	/178 /452
?辽宁异木 ?*Xenoxylon liaoningense*	Ⅴ	/178 /452
△裴德异木 *Xenoxylon peidense*	Ⅴ	/178 /452
日本异木 *Xenoxylon japonicum*	Ⅴ	/178 /452
椭圆异木 *Xenoxylon ellipticum*	Ⅴ	/177 /451
△义县异木 *Xenoxylon yixianense*	Ⅴ	/178 /452
异木(未定种) *Xenoxylon* sp.	Ⅴ	/178 /452
异形羊齿属 *Anomopteris*	Ⅱ	/9 /279
△二马营?异形羊齿 *Anomopteris*? *ermayingensis*	Ⅱ	/10 /280
穆氏异形羊齿 *Anomopteris mougeotii*	Ⅱ	/10 /279
穆氏异形羊齿(比较种) *Anomopteris* cf. *mougeotii*	Ⅱ	/10 /280
穆氏异形羊齿(比较属种) Cf. *Anomopteris mougeotii*	Ⅱ	/10 /280
△微小异形羊齿 *Anomopteris minima*	Ⅱ	/10 /280
异形羊齿?(未定种) *Anomopteris*? sp.	Ⅱ	/10 /280
异叶蕨属 *Thaumatopteris*	Ⅱ	/192 /512
布劳异叶蕨 *Thaumatopteris brauniana*	Ⅱ	/192 /512
布劳异叶蕨(比较种) *Thaumatopteris* cf. *brauniana*	Ⅱ	/193 /513
董克异叶蕨 *Thaumatopteris dunkeri*	Ⅱ	/193 /514
董克异叶蕨(比较种) *Thaumatopteris* cf. *dunkeri*	Ⅱ	/193 /514
△福建异叶蕨 *Thaumatopteris fujianensis*	Ⅱ	/194 /515
△会理异叶蕨 *Thaumatopteris huiliensis*	Ⅱ	/194 /515
吉萨尔异叶蕨 *Thaumatopteris hissarica*	Ⅱ	/194 /515
△脊柱异叶蕨 *Thaumatopteris expansa*	Ⅱ	/194 /514
△结节异叶蕨 *Thaumatopteris nodosa*	Ⅱ	/195 /516
雷氏异叶蕨 *Thaumatopteris remauryi*	Ⅱ	/195 /516

雷氏异叶蕨(比较种) *Thaumatopteris* cf. *remauryi*	Ⅱ	/195 /517
△连平异叶蕨 *Thaumatopteris lianpingensis*	Ⅱ	/194 /515
日本异叶蕨 *Thaumatopteris nipponica*	Ⅱ	/194 /515
日本异叶蕨(比较种) *Thaumatopteris* cf. *nipponica*	Ⅱ	/195 /516
伸长异叶蕨 *Thaumatopteris elongata*	Ⅱ	/194 /514
伸长异叶蕨(比较种) *Thaumatopteris* cf. *elongata*	Ⅱ	/194 /514
△收缩异叶蕨 *Thaumatopteris contracta*	Ⅱ	/193 /513
维氏异叶蕨 *Thaumatopteris vieillardii*	Ⅱ	/196 /517
△细脉? 异叶蕨 *Thaumatopteris? tenuinervis*	Ⅱ	/196 /517
细小异叶蕨 *Thaumatopteris pusilla*	Ⅱ	/195 /516
细小异叶蕨(比较种) *Thaumatopteris* cf. *pusilla*	Ⅱ	/195 /516
△乡城异叶蕨 *Thaumatopteris xiangchengensis*	Ⅱ	/196 /517
欣克异叶蕨 *Thaumatopteris schenkii*	Ⅱ	/196 /517
欣克异叶蕨(比较种) *Thaumatopteris* cf. *schenkii*	Ⅱ	/196 /517
△新龙异叶蕨 *Thaumatopteris xinlongensis*	Ⅱ	/196 /518
△义乌异叶蕨 *Thaumatopteris yiwuensis*	Ⅱ	/196 /518
异缘异叶蕨 *Thaumatopteris fuchsi*	Ⅱ	/194 /514
异叶蕨(未定多种) *Thaumatopteris* spp.	Ⅱ	/196 /518
异叶蕨? (未定种) *Thaumatopteris*? sp.	Ⅱ	/197 /518
△异叶属 *Pseudorhipidopsis*	Ⅳ	/81 /267
△拜拉型异叶 *Pseudorhipidopsis baieroides*	Ⅳ	/81 /268
△短茎异叶 *Pseudorhipidopsis brevicaulis*	Ⅳ	/81 /267
异叶(未定种) *Pseudorhipidopsis* sp.	Ⅳ	/81 /268
异羽叶属 *Anomozamites*	Ⅲ	/6 /319
安氏异羽叶 *Anomozamites amdrupiana*	Ⅲ	/7 /320
安氏异羽叶(比较种) *Anomozamites* cf. *amdrupiana*	Ⅲ	/7 /320
北极异羽叶 *Anomozamites arcticus*	Ⅲ	/7 /321
变异异羽叶 *Anomozamites inconstans*	Ⅲ	/6 /319
变异异羽叶(比较种) *Anomozamites* cf. *inconstans*	Ⅲ	/7 /320
△昌都异羽叶 *Anomozamites qamdoensis*	Ⅲ	/14 /330
△东方异羽叶 *Anomozamites orientalis*	Ⅲ	/13 /329
△多脉异羽叶 *Anomozamites multinervis*	Ⅲ	/12 /328
△方形异羽叶 *Anomozamites quadratus*	Ⅲ	/14 /330
△访欧异羽叶 *Anomozamites fangounus*	Ⅲ	/8 /322
光亮异羽叶 *Anomozamites nitida*	Ⅲ	/12 /328
光亮异羽叶(比较种) *Anomozamites* cf. *nitida*	Ⅲ	/13 /328
哈兹异羽叶 *Anomozamites hartzii*	Ⅲ	/9 /323
哈兹异羽叶(比较种) *Anomozamites* cf. *hartzii*	Ⅲ	/9 /323
△海房沟异羽叶 *Anomozamites haifanggouensis*	Ⅲ	/9 /323
△厚缘异羽叶 *Anomozamites pachylomus*	Ⅲ	/13 /329
△假敏斯特异羽叶 *Anomozamites pseudomuensterii*	Ⅲ	/13 /329
△间脉异羽叶 *Anomozamites alternus*	Ⅲ	/7 /320
△简单异羽叶 *Anomozamites simplex*	Ⅲ	/14 /330
较大异羽叶 *Anomozamites major*	Ⅲ	/10 /325
? 较大异羽叶 ? *Anomozamites major*	Ⅲ	/10 /325

较大异羽叶(比较种) *Anomozamites* cf. *major*	Ⅲ /10 /325
较小异羽叶 *Anomozamites minor*	Ⅲ /11 /326
?较小异羽叶 ?*Anomozamites minor*	Ⅲ /11 /327
较小异羽叶(比较种) *Anomozamites* cf. *minor*	Ⅲ /12 /327
较小异羽叶(比较属种) Cf. *Anomozamites minor*	Ⅲ /12 /328
△荆门异羽叶 *Anomozamites jingmenensis*	Ⅲ /9 /323
△巨大异羽叶 *Anomozamites giganteus*	Ⅲ /8 /322
具缘异羽叶 *Anomozamites marginatus*	Ⅲ /11 /326
具缘异羽叶(比较种) *Anomozamites* cf. *marginatus*	Ⅲ /11 /326
具缘异羽叶(比较属种) Cf. *Anomozamites marginatus*	Ⅲ /11 /326
科尔尼洛夫异羽叶 *Anomozamites kornilovae*	Ⅲ /9 /323
△苦竹异羽叶 *Anomozamites kuzhuensis*	Ⅲ /9 /324
△宽羽状异羽叶 *Anomozamites latipinnatus*	Ⅲ /9 /324
△宽轴异羽叶 *Anomozamites latirhachis*	Ⅲ /9 /324
△洛采异羽叶 *Anomozamites loczyi*	Ⅲ /10 /324
洛采异羽叶(比较种) *Anomozamites* cf. *loczyi*	Ⅲ /10 /325
△密脉异羽叶 *Anomozamites densinervis*	Ⅲ /8 /322
莫理斯异羽叶 *Anomozamites morrisianus*	Ⅲ /12 /328
尼尔桑异羽叶 *Anomozamites nilssoni*	Ⅲ /13 /328
尼尔桑异羽叶(比较种) *Anomozamites* cf. *nilssoni*	Ⅲ /13 /329
△蒲圻异羽叶 *Anomozamites puqiensis*	Ⅲ /14 /330
△疏脉异羽叶 *Anomozamites paucinervis*	Ⅲ /13 /329
疏脉异羽叶(比较种) *Anomozamites* cf. *paucinervis*	Ⅲ /13 /329
△特别异羽叶 *Anomozamites specialis*	Ⅲ /14 /330
托氏异羽叶 *Anomozamites thomasi*	Ⅲ /14 /331
△乌兰异羽叶 *Anomozamites ulanensis*	Ⅲ /14 /331
狭角异羽叶 *Anomozamites angulatus*	Ⅲ /7 /321
狭角异羽叶(比较种) *Anomozamites* cf. *angulatus*	Ⅲ /7 /321
纤细异羽叶 *Anomozamites gracilis*	Ⅲ /8 /322
纤细异羽叶(比较种) *Anomozamites* cf. *gracilis*	Ⅲ /8 /322
纤细异羽叶(比较属种) *Anomozamites* cf. *A. gracilis*	Ⅲ /9 /323
△羽毛异羽叶 *Anomozamites ptilus*	Ⅲ /13 /330
△赵氏异羽叶 *Anomozamites chaoi*	Ⅲ /8 /321
△中国异羽叶 *Anomozamites sinensis*	Ⅲ /14 /330
异羽叶(未定多种) *Anomozamites* spp.	Ⅲ /15 /331
异羽叶?(未定种) *Anomozamites*? sp.	Ⅲ /16 /333
银杏木属 *Ginkgophyton* Matthew, 1910 (non Zalessky, 1918)	Ⅳ /58 /240
雷维特银杏木 *Ginkgophyton leavitti*	Ⅳ /58 /240
银杏木属 *Ginkgophyton* Zalessky, 1918 (non Matthew, 1910)	Ⅳ /58 /240
△旋?银杏木 *Ginkgophyton*? *spiratum*	Ⅳ /59 /240
银杏木(未定种) *Ginkgophyton* sp.	Ⅳ /58 /240
银杏型木属 *Ginkgoxylon*	Ⅳ /60 /242
△中国银杏型木 *Ginkgoxylon chinense*	Ⅳ /60 /242
中亚银杏型木 *Ginkgoxylon asiaemediae*	Ⅳ /60 /242
银杏叶属 *Ginkgophyllum*	Ⅳ /57 /239

格拉塞银杏叶 *Ginkgophyllum grasseti*	Ⅳ /57 /239
△中国银杏叶 *Ginkgophyllum zhongguoense*	Ⅳ /57 /239
银杏叶(未定多种) *Ginkgophyllum* spp.	Ⅳ /58 /240
银杏叶?(未定种) *Ginkgophyllum?* sp.	Ⅳ /58 /240

银杏属 *Ginkgo* .... Ⅳ /30 /206

  △奥勃鲁契夫银杏 *Ginkgo obrutschewi* .... Ⅳ /37 /214
  奥勃鲁契夫银杏(比较种) *Ginkgo* cf. *obrutschewi* ... Ⅳ /37 /214
  △北京银杏 *Ginkgo beijingensis* .... Ⅳ /31 /207
  不整齐银杏 *Ginkgo acosmia* .... Ⅳ /30 /206
  △柴达木银杏 *Ginkgo qaidamensis* .... Ⅳ /38 /215
  长叶银杏 *Ginkgo longifolius* .... Ⅳ /35 /212
  长叶银杏(比较属种) Cf. *Ginkgo longifolius* .... Ⅳ /36 /212
  △粗脉? 银杏 *Ginkgo? crassinervis* .... Ⅳ /32 /208
  △大同银杏 *Ginkgo tatongensis* .... Ⅳ /39 /216
  △大雁银杏 *Ginkgo dayanensis* .... Ⅳ /32 /208
  大叶银杏 *Ginkgo magnifolia* .... Ⅳ /36 /213
  大叶银杏(比较种) *Ginkgo* cf. *magnifolia* .... Ⅳ /36 /213
  带状银杏 *Ginkgo taeniata* .... Ⅳ /39 /216
  △东北银杏 *Ginkgo manchurica* .... Ⅳ /36 /213
  东方银杏 *Ginkgo orientalis* .... Ⅳ /37 /214
  东方银杏(比较种) *Ginkgo* cf. *orientalis* .... Ⅳ /37 /214
  多裂银杏 *Ginkgo pluripartita* .... Ⅳ /37 /214
  费尔干银杏 *Ginkgo ferganensis* .... Ⅳ /33 /209
  费尔干银杏(比较种) *Ginkgo* cf. *ferganensis* .... Ⅳ /33 /210
  副铁线蕨型银杏 *Ginkgo paradiantoides* .... Ⅳ /37 /214
  △刚毛银杏 *Ginkgo setacea* .... Ⅳ /38 /215
  革质银杏 *Ginkgo coriacea* .... Ⅳ /32 /207
  海氏银杏(拜拉?) *Ginkgo* (*Baiera?*) *hermelini* .... Ⅳ /34 /210
  海氏银杏(比较种) *Ginkgo* cf. *hermelini* .... Ⅳ /34 /210
  胡顿银杏 *Ginkgo huttoni* .... Ⅳ /34 /210
  胡顿银杏(比较种) *Ginkgo* cf. *huttoni* .... Ⅳ /35 /211
  胡顿银杏(比较属种) Cf. *Ginkgo huttoni* .... Ⅳ /34 /211
  怀特比银杏 *Ginkgo whitbiensis* .... Ⅳ /39 /217
  怀特银杏(比较种) *Ginkgo* cf. *whitbiensis* .... Ⅳ /39 /217
  △吉林银杏 *Ginkgo chilinensis* .... Ⅳ /31 /207
  极细银杏 *Ginkgo pusilla* .... Ⅳ /37 /215
  △截形银杏 *Ginkgo truncata* .... Ⅳ /39 /217
  △巨叶银杏 *Ginkgo ingentiphylla* .... Ⅳ /35 /211
  具边银杏 *Ginkgo marginatus* .... Ⅳ /36 /213
  具边银杏(比较种) *Ginkgo* cf. *marginatus* .... Ⅳ /36 /213
  浅裂银杏 *Ginkgo lobata* .... Ⅳ /35 /212
  清晰银杏 *Ginkgo lepida* .... Ⅳ /35 /211
  清晰银杏(比较种) *Ginkgo* cf. *lepida* .... Ⅳ /35 /212
  扇形银杏 *Ginkgo flabellata* .... Ⅳ /33 /210
  施密特银杏 *Ginkgo schmidtiana* .... Ⅳ /38 /215

△施密特银杏细小变种 *Ginkgo schmidtiana* var. *parvifolia*	IV	/38 /215
铁线蕨型银杏 *Ginkgo adiantoides*	IV	/30 /206
铁线蕨型银杏(比较种) *Ginkgo* cf. *adiantoides*	IV	/31 /206
△弯曲银杏 *Ginkgo curvata*	IV	/32 /208
△无珠柄银杏 *Ginkgo apodes*	IV	/31 /207
西伯利亚银杏 *Ginkgo sibirica*	IV	/38 /215
西伯利亚银杏(比较种) *Ginkgo* cf. *sibirica*	IV	/39 /216
△下花园银杏 *Ginkgo xiahuayuanensis*	IV	/39 /217
△楔拜拉状银杏 *Ginkgo mixta*	IV	/36 /213
△楔叶型银杏 *Ginkgo sphenophylloides*	IV	/39 /216
△雅致似银杏 *Ginkgo elegans*	IV	/33 /209
△义马银杏 *Ginkgo yimaensis*	IV	/39 /217
指状银杏 *Ginkgo digitata*	IV	/32 /208
指状银杏(比较种) *Ginkgo* cf. *digitata*	IV	/33 /209
银杏(未定多种) *Ginkgo* spp.	IV	/40 /218
银杏?(未定种) *Ginkgo*? sp.	IV	/41 /219
银杏(比较属,未定种) Cf. *Ginkgo* sp.	IV	/41 /219
原始银杏型木属 *Protoginkgoxylon*	IV	/80 /266
△本溪原始银杏型木 *Protoginkgoxylon benxiense*	IV	/80 /267
△大青山原始银杏型木 *Protoginkgoxylon daqingshanense*	IV	/80 /267
土库曼原始银杏型木 *Protoginkgoxylon dockumenense*	IV	/80 /267
隐脉穗属 *Ruehleostachys*	V	/143 /410
假有节隐脉穗 *Ruehleostachys pseudarticulatus*	V	/143 /410
△红崖头?隐脉穗 *Ruehleostachys*? *hongyantouensis*	V	/143 /410
硬蕨属 *Scleropteris* Saporta,1872 (non Andrews,1942)	II	/179 /496
△基连硬蕨 *Scleropteris juncta*	II	/179 /496
帕氏硬蕨 *Scleropteris pomelii*	II	/179 /496
△萨氏硬蕨 *Scleropteris saportana*	II	/179 /497
萨氏"硬蕨" "*Scleropteris*" *saportana*	II	/179 /497
维尔霍扬硬蕨 *Scleropteris verchojaensis*	II	/180 /497
△西藏硬蕨 *Scleropteris tibetica*	II	/179 /497
硬蕨属 *Scleropteris* Andrews,1942 (non Saporta,1872)	II	/180 /497
伊利诺斯硬蕨 *Scleropteris illinoienses*	II	/180 /498
△永仁叶属 *Yungjenophyllum*	III	/232 /617
△大叶永仁叶 *Yungjenophyllum grandifolium*	III	/233 /617
鱼网叶属 *Sagenopteris*	III	/177 /546
菲氏鱼网叶 *Sagenopteris phillipsii*	III	/181 /550
赫勒鱼网叶 *Sagenopteris hallei*	III	/179 /548
赫勒鱼网叶(比较种) *Sagenopteris* cf. *hallei*	III	/179 /548
△胶东鱼网叶 *Sagenopteris jiaodongensis*	III	/179 /548
△京西鱼网叶 *Sagenopteris jinxiensis*	III	/179 /548
△居中鱼网叶 *Sagenopteris mediana*	III	/180 /550
具柄鱼网叶 *Sagenopteris petiolata*	III	/180 /550
△莱阳鱼网叶 *Sagenopteris laiyangensis*	III	/179 /548
两瓣鱼网叶 *Sagenopteris bilobara*	III	/178 /547

△辽西鱼网叶 *Sagenopteris liaoxiensis*	Ⅲ	/180 /549
△临安鱼网叶 *Sagenopteris linanensis*	Ⅲ	/180 /549
曼特尔鱼网叶 *Sagenopteris mantelli*	Ⅲ	/180 /549
曼特尔鱼网叶(比较种) *Sagenopteris* cf. *mantelli*	Ⅲ	/180 /550
△密山鱼网叶 *Sagenopteris mishanensis*	Ⅲ	/180 /550
尼尔桑鱼网叶 *Sagenopteris nilssoniana*	Ⅲ	/178 /546
尼尔桑鱼网叶(比较种) *Sagenopteris* cf. *nilssoniana*	Ⅲ	/178 /546
△披针形鱼网叶 *Sagenopteris lanceolatus* Li et He,1979 [non Wang X F (MS) ex Wang Z Q,1984,nec Huang et Chow,1980]	Ⅲ	/179 /548
△披针形鱼网叶 *Sagenopteris lanceolatus* Huang et Chow,1980 [non Wang X F (MS) ex Wang Z Q,1984,nec Li et He,1979]	Ⅲ	/179 /548
△披针形鱼网叶 *Sagenopteris lanceolatus* Wang X F (MS) ex Wang Z Q,1984 (non Li et He,1979,nec Huang et Chow,1980)	Ⅲ	/180 /549
△偏柄鱼网叶 *Sagenopteris loxosteleor*	Ⅲ	/180 /549
鞘状鱼网叶 *Sagenopteris colpodes*	Ⅲ	/178 /547
鞘状鱼网叶(比较种) *Sagenopteris* cf. *colpodes*	Ⅲ	/178 /547
△舌羊齿型鱼网叶 *Sagenopteris glossopteroides*	Ⅲ	/179 /547
△匙形鱼网叶 *Sagenopteris spatulata*	Ⅲ	/181 /551
匙形鱼网叶(比较种) *Sagenopteris* cf. *spatulata*	Ⅲ	/181 /551
△寿昌鱼网叶 *Sagenopteris shouchangensis*	Ⅲ	/181 /550
寿昌鱼网叶(比较种) *Sagenopteris* cf. *shouchangensis*	Ⅲ	/181 /550
△似银杏型鱼网叶 *Sagenopteris ginkgoides*	Ⅲ	/179 /547
△绥芬鱼网叶 *Sagenopteris suifengensis*	Ⅲ	/181 /551
椭圆鱼网叶 *Sagenopteris elliptica*	Ⅲ	/178 /547
△网状?鱼网叶 *Sagenopteris? dictyozamioides*	Ⅲ	/178 /547
魏氏鱼网叶 *Sagenopteris williamsii*	Ⅲ	/182 /552
魏氏鱼网叶(比较种) *Sagenopteris* cf. *williamsii*	Ⅲ	/182 /552
△永安鱼网叶 *Sagenopteris yunganensis*	Ⅲ	/182 /552
△窄叶鱼网叶 *Sagenopteris stenofolia*	Ⅲ	/181 /551
鱼网叶(未定多种) *Sagenopteris* spp.	Ⅲ	/182 /552
鱼网叶?(未定多种) *Sagenopteris?* spp.	Ⅲ	/183 /553
榆叶属 *Ulmiphyllum*	Ⅵ	/65 /189
勃洛克榆叶 *Ulmiphyllum brookense*	Ⅵ	/65 /189
元叶属 *Protophyllum*	Ⅵ	/47 /168
△波边元叶 *Protophyllum undulotum*	Ⅵ	/49 /171
多脉元叶 *Protophyllum multinerve*	Ⅵ	/48 /170
海旦元叶 *Protophyllum haydenii*	Ⅵ	/48 /169
海旦元叶(比较种) *Protophyllum* cf. *haydenii*	Ⅵ	/48 /169
△卵形元叶 *Protophyllum ovatifolium* Guo et Li,1979 (non Tao,1986)	Ⅵ	/49 /170
△卵形元叶 *Protophyllum ovatifolium* Tao,1986 (non Guo et Li,1979)	Ⅵ	/49 /170
△肾形元叶 *Protophyllum renifolium*	Ⅵ	/49 /170
司腾伯元叶 *Protophyllum sternbergii*	Ⅵ	/47 /169
△乌云元叶 *Protophyllum wuyunense*	Ⅵ	/49 /171
△小元叶 *Protophyllum microphyllum*	Ⅵ	/48 /169
△心形元叶 *Protophyllum cordifolium*	Ⅵ	/48 /169

△圆形元叶 *Protophyllum rotundum*	…………………………	Ⅵ /49 /171
斋桑元叶 *Protophyllum zaissanicum*	…………………………	Ⅵ /49 /171

原始柏型木属 *Protocupressinoxylon* …………………………………………… Ⅴ /133 /399
  柏木型原始柏型木 *Protocupressinoxylon cupressoides* ……………… Ⅴ /133 /399
  △密山原始柏型木 *Protocupressinoxylon mishaniense* ……………… Ⅴ /133 /399
  原始柏型木(未定种) *Protocupressinoxylon* sp. ……………………… Ⅴ /133 /399
△原始金松型木属 *Protosciadopityoxylon* ……………………………………… Ⅴ /137 /403
  △辽宁原始金松型木 *Protosciadopityoxylon liaoningense* …………… Ⅴ /137 /404
  △热河原始金松型木 *Protosciadopityoxylon jeholense* ……………… Ⅴ /137 /404
  △辽西原始金松型木 *Protosciadopityoxylon liaoxiense* ……………… Ⅴ /138 /404
原始罗汉松型木属 *Protopodocarpoxylon* ……………………………………… Ⅴ /136 /402
  勃雷维尔原始罗汉松型木 *Protopodocarpoxylon blevillense* ………… Ⅴ /136 /402
  △装饰原始罗汉松型木 *Protopodocarpoxylon arnatum* ……………… Ⅴ /136 /403
  △巴图营子原始罗汉松型木 *Protopodocarpoxylon batuyingziense* … Ⅴ /137 /403
  △金沙原始罗汉松型木 *Protopodocarpoxylon jinshaense* …………… Ⅴ /137 /403
  △金刚山原始罗汉松型木 *Protopodocarpoxylon jingangshanense* … Ⅴ /137 /403
  △洛隆原始罗汉松型木 *Protopodocarpoxylon lalongense* …………… Ⅴ /137 /403
  东方原始罗汉松型木 *Protopodocarpoxylon orientalis* ……………… Ⅴ /137 /403
原始落羽杉型木属 *Prototaxodioxylon* ………………………………………… Ⅴ /138 /404
  孔氏原始落羽杉型木 *Prototaxodioxylon choubertii* ………………… Ⅴ /138 /404
  罗曼原始落羽杉型木 *Prototaxodioxylon romanense* ………………… Ⅴ /138 /404
原始鸟毛蕨属 *Protoblechnum* ………………………………………………… Ⅲ /132 /484
  霍定原始鸟毛蕨 *Protoblechnum holdeni* …………………………… Ⅲ /132 /484
  △南漳? 原始鸟毛蕨 *Protoblechnum? nanzhangense* ……………… Ⅲ /133 /485
  △翁氏原始鸟毛蕨 *Protoblechnum wongii* ………………………… Ⅲ /133 /486
  休兹原始鸟毛蕨 *Protoblechnum hughesi* …………………………… Ⅲ /132 /485
  ? 休兹原始鸟毛蕨 ? *Protoblechnum hughesi* ………………………… Ⅲ /133 /485
  △壮观? 原始鸟毛蕨 *Protoblechnum? magnificum* ………………… Ⅲ /133 /485
  原始鸟毛蕨(未定种) *Protoblechnum* sp. …………………………… Ⅲ /133 /486
△原始水松型木属 *Protoglyptostroboxylon* …………………………………… Ⅴ /134 /399
  △巨大原始水松型木 *Protoglyptostroboxylon giganteum* …………… Ⅴ /134 /400
  △伊敏原始水松型木 *Protoglyptostroboxylon yimiense* …………… Ⅴ /134 /400
原始雪松型木属 *Protocedroxylon* ……………………………………………… Ⅴ /132 /398
  南洋杉型原始雪松型木 *Protocedroxylon araucarioides* …………… Ⅴ /133 /398
  △灵武原始雪松型木 *Protocedroxylon lingwuense* ………………… Ⅴ /133 /398
  △东方原始雪松型木 *Protocedroxylon orientale* …………………… Ⅴ /133 /399
原始叶枝杉型木属 *Protophyllocladoxylon* …………………………………… Ⅴ /134 /400
  洛伊希斯原始叶枝杉型木 *Protophyllocladoxylon leuchsi* ………… Ⅴ /134 /400
  △朝阳原始叶枝杉型木 *Protophyllocladoxylon chaoyangense* …… Ⅴ /134 /400
  弗兰克原始叶枝杉型木 *Protophyllocladoxylon francoicum* ……… Ⅴ /134 /400
  △海州原始叶枝杉型木 *Protophyllocladoxylon haizhouense* ……… Ⅴ /134 /400
  △乐昌原始叶枝杉型木 *Protophyllocladoxylon lechangense* ……… Ⅴ /135 /400
  △斯氏原始叶枝杉型木 *Protophyllocladoxylon szei* ………………… Ⅴ /135 /401
原始云杉型木属 *Protopiceoxylon* ……………………………………………… Ⅴ /135 /401
  绝灭原始云杉型木 *Protopiceoxylon extinctum* …………………… Ⅴ /135 /401

△黑龙江原始云杉型木 *Protopiceoxylon amurense*	Ⅴ /135 /401
△朝阳原始云杉型木 *Protopiceoxylon chaoyangense*	Ⅴ /135 /401
△达科他原始云杉型木 *Protopiceoxylon dakotense*	Ⅴ /135 /401
△漠河原始云杉型木 *Protopiceoxylon mohense*	Ⅴ /136 /402
△新疆原始云杉型木 *Protopiceoxylon xinjiangense*	Ⅴ /136 /402
△矢部原始云杉型木 *Protopiceoxylon yabei*	Ⅴ /136 /402
△宜州原始云杉型木 *Protopiceoxylon yizhouense*	Ⅴ /136 /402
圆异叶属 *Cyclopteris*	Ⅲ /51 /378
肾形圆异叶 *Cyclopteris reniformis*	Ⅲ /51 /378
圆异叶(未定种) *Cyclopteris* sp.	Ⅲ /51 /378
云杉型木属 *Piceoxylon*	Ⅴ /92 /348
假铁杉云杉型木 *Piceoxylon pseudotsugae*	Ⅴ /92 /348
△东莞云杉型木 *Piceoxylon dongguanense*	Ⅴ /92 /348
△满洲云杉型木 *Piceoxylon manchuricum*	Ⅴ /92 /348
△原始云杉型木 *Piceoxylon priscum*	Ⅴ /93 /348
△枣刺山云杉型木 *Piceoxylon zaocishanense*	Ⅴ /93 /348
云杉属 *Picea*	Ⅴ /92 /347
?长叶云杉 ?*Picea smithiana*	Ⅴ /92 /347
云杉(未定种) *Picea* sp.	Ⅴ /92 /348

Z

枣属 *Zizyphus*	Ⅵ /70 /194
△假白垩枣 *Zizyphus pseudocretacea*	Ⅵ /70 /194
△辽西枣 *Zizyphus liaoxijujuba*	Ⅵ /70 /194
△贼木属 *Phoroxylon*	Ⅲ /131 /483
△多列椭线贼木 *Phoroxylon multiforium*	Ⅲ /132 /484
△茄子河贼木 *Phoroxylon qieziheense*	Ⅲ /132 /484
△梯纹状贼木 *Phoroxylon scalariforme*	Ⅲ /132 /484
△窄叶属 *Angustiphyllum*	Ⅲ /6 /319
△腰埠窄叶 *Angustiphyllum yaobuense*	Ⅲ /6 /319
樟树属 *Cinnamomum*	Ⅵ /15 /133
纽伯利樟树 *Cinnamomum newberryi*	Ⅵ /15 /133
西方樟树 *Cinnamomum hesperium*	Ⅵ /15 /133
掌叶属 *Psygmophyllum*	Ⅳ /84 /270
△等裂掌叶 *Psygmophyllum ginkgoides* Hu et Xiao,1987 (non Hu,Xiao et Ma,1996)	Ⅳ /84 /271
△等裂掌叶 *Psygmophyllum ginkgoides* Hu,Xiao et Ma,1996 (non Hu et Xiao,1987)	Ⅳ /84 /271
△多裂掌叶 *Psygmophyllum multipartitum*	Ⅳ /85 /271
多裂掌叶(比较种) *Psygmophyllum* cf. *multipartitum*	Ⅳ /85 /273
多裂掌叶(比较属种) Cf. *Psygmophyllum multipartitum*	Ⅳ /86 /273
△尖裂掌叶 *Psygmophyllum angustilobum*	Ⅳ /84 /271
△浅裂掌叶 *Psygmophyllum shallowpartitum*	Ⅳ /86 /273
三裂掌叶 *Psygmophyllum demetrianum*	Ⅳ /84 /271
三裂掌叶(比较属种) Cf. *Psygmophyllum demetrianum*	Ⅳ /84 /271
扇形掌叶 *Psygmophyllum flabellatum*	Ⅳ /84 /271

扇形掌叶（比较种）*Psygmophyllum* cf. *flabellatum* ················· Ⅳ/84/271
△天山掌叶 *Psygmophyllum tianshanensis* ················· Ⅳ/86/273
乌苏里掌叶 *Psygmophyllum ussuriensis* ················· Ⅳ/86/273
乌苏里掌叶（比较种）*Psygmophyllum* cf. *ussuriensis* ················· Ⅳ/86/273
西利伯亚掌叶 *Psygmophyllum sibiricum* ················· Ⅳ/86/273
西利伯亚掌叶（比较种）*Psygmophyllum* cf. *sibiricum* ················· Ⅳ/86/273
△小裂掌叶 *Psygmophyllum lobulatum* ················· Ⅳ/85/271
掌叶（未定多种）*Psygmophyllum* spp. ················· Ⅳ/86/273
掌叶？（未定多种）*Psygmophyllum*? spp. ················· Ⅳ/86/274
掌状蕨属 *Chiropteris* ················· Ⅱ/24/298
　△玛纳斯掌状蕨 *Chiropteris manasiensis* Gu et Hu,1979 (non Gu et Hu,1984, nec Gu et Hu,1987) ················· Ⅱ/24/298
　△玛纳斯掌状蕨 *Chiropteris manasiensis* Gu et Hu,1984 (non Gu et Hu,1979, nec Gu et Hu,1987) ················· Ⅱ/25/298
　△玛纳斯掌状蕨 *Chiropteris manasiensis* Gu et Hu,1987 (non Gu et Hu,1979, nec Gu et Hu,1984) ················· Ⅱ/25/298
　△太子河掌状蕨 *Chiropteris taizihoensis* ················· Ⅱ/25/298
　△银杏形掌状蕨 *Chiropteris ginkgoformis* ················· Ⅱ/24/298
　袁氏掌状蕨 *Chiropteris yuanii* ················· Ⅱ/25/299
　△袁氏？掌状蕨 *Chirpteris*? *yuanii* ················· Ⅱ/25/299
　指状掌状蕨 *Chiropteris digitata* ················· Ⅱ/24/298
　掌状蕨（未定多种）*Chiropteris* spp. ················· Ⅱ/25/299
　掌状蕨？（未定种）*Chiropteris*? sp. ················· Ⅱ/25/299
　？掌状蕨（未定种）？*Chiropteris* sp. ················· Ⅱ/25/299
针叶羊齿属 *Rhaphidopteris* ················· Ⅲ/176/544
　阿斯塔脱针叶羊齿 *Rhaphidopteris astartensis* ················· Ⅲ/176/544
　△角形针叶羊齿 *Rhaphidopteris cornuta* ················· Ⅲ/176/544
　△宽裂片针叶羊齿 *Rhaphidopteris latiloba* ················· Ⅲ/177/545
　△两叉针叶羊齿 *Rhaphidopteris bifurcata* ················· Ⅲ/176/544
　△六枝针叶羊齿 *Rhaphidopteris liuzhiensis* ················· Ⅲ/177/545
　△拟扇型针叶羊齿 *Rhaphidopteris rhipidoides* ················· Ⅲ/177/545
　△少华针叶羊齿 *Rhaphidopteris shaohuae* ················· Ⅲ/177/545
　△纤细针叶羊齿 *Rhaphidopteris gracilis* ················· Ⅲ/176/545
　△徐氏针叶羊齿 *Rhaphidopteris hsuii* ················· Ⅲ/176/545
　△皱纹针叶羊齿 *Rhaphidopteris rugata* ················· Ⅲ/177/545
珍珠梅属 *Sorbaria* ················· Ⅵ/60/183
　△乌云珍珠梅 *Sorbaria wuyunensis* ················· Ⅵ/60/183
榛叶属 *Corylopsiphyllum* ················· Ⅵ/18/135
　格陵兰榛叶 *Corylopsiphyllum groenlandicum* ················· Ⅵ/18/136
　△吉林榛叶 *Corylopsiphyllum jilinense* ················· Ⅵ/18/136
榛属 *Corylus* ················· Ⅵ/18/136
　肯奈榛 *Corylus kenaiana* ················· Ⅵ/18/136
△郑氏叶属 *Zhengia* ················· Ⅵ/70/193
　△中国郑氏叶 *Zhengia chinensis* ················· Ⅵ/70/193
枝脉蕨属 *Cladophlebis* ················· Ⅱ/26/300

阿尔培茨枝脉蕨 *Cladophlebis albertsii*	……………………………………	Ⅱ /27 /301
阿克塔什枝脉蕨 *Cladophlebis aktashensis*	……………………………	Ⅱ /27 /301
△斑点枝脉蕨 *Cladophlebis punctata*	…………………………………	Ⅱ /50 /332
斑点枝脉蕨(比较种) *Cladophlebis* cf. *punctata*	…………………	Ⅱ /50 /333
北方枝脉蕨 *Cladophlebis septentrionalis*	……………………………	Ⅱ /54 /338
△北京枝脉蕨 *Cladophlebis beijingensis*	………………………………	Ⅱ /30 /305
北京枝脉蕨(比较种) *Cladophlebis* cf. *beijingensis*	……………	Ⅱ /30 /305
备中枝脉蕨 *Cladophlebis bitchuensis*	…………………………………	Ⅱ /30 /305
备中枝脉蕨(比较种) *Cladophlebis* cf. *bitchuensis*	……………	Ⅱ /30 /305
备中枝脉蕨(比较属种) *Cladophlebis* cf. *C. bitchuensis*	……	Ⅱ /30 /305
△变小羽片枝脉蕨 *Cladophlebis variopinnulata*	……………………	Ⅱ /60 /346
△变异枝脉蕨 *Cladophlebis mutatus*	……………………………………	Ⅱ /47 /329
△波状枝脉蕨 *Cladophlebis undata*	……………………………………	Ⅱ /60 /346
△不对称枝脉蕨(蹄盖蕨?) *Cladophlebis* (*Athyrium*?) *asymmetrica*	……	Ⅱ /30 /305
布朗枝脉蕨 *Cladophlebis browniana*	…………………………………	Ⅱ /30 /305
布朗枝脉蕨? *Cladophlebis browniana*?	………………………………	Ⅱ /30 /306
布朗枝脉蕨(比较种) *Cladophlebis* cf. *browniana*	………………	Ⅱ /30 /306
△柴达木枝脉蕨 *Cladophlebis tsaidamensis*	……………………………	Ⅱ /59 /344
△柴达木枝脉蕨狭瘦异型 *Cladophlebis tsaidamensis* f. *angustus*	……	Ⅱ /59 /345
△昌都枝脉蕨 *Cladophlebis qamdoensis*	………………………………	Ⅱ /50 /333
长羽枝脉蕨 *Cladophlebis longipennis*	…………………………………	Ⅱ /46 /327
朝鲜枝脉蕨 *Cladophlebis koraiensis*	……………………………………	Ⅱ /44 /325
朝鲜枝脉蕨(克鲁克蕨?) *Cladophlebis* (*Klukia*?) *koraiensis*	……	Ⅱ /44 /325
齿形枝脉蕨 *Cladophlebis denticulata*	…………………………………	Ⅱ /32 /309
齿形枝脉蕨(比较种) *Cladophlebis* cf. *denticulata*	……………	Ⅱ /33 /310
齿形枝脉蕨(似托第蕨) *Cladophlebis* (*Todites*) *denticulata*	……	Ⅱ /34 /311
齿形枝脉蕨斑点变种 *Cladophlebis denticulata* var. *punctata*	……	Ⅱ /34 /311
△粗轴枝脉蕨 *Cladophlebis crassicaulis*	………………………………	Ⅱ /31 /307
△大巴山枝脉蕨(似里白?) *Cladophlebis* (*Gleichenites*?) *dabashanensis*	……	Ⅱ /32 /307
△大煤沟枝脉蕨 *Cladophlebis dameigouensis*	…………………………	Ⅱ /32 /308
△大溪枝脉蕨 *Cladophlebis daxiensis*	…………………………………	Ⅱ /32 /308
大叶枝脉蕨 *Cladophlebis magnifica*	……………………………………	Ⅱ /46 /328
△当阳枝脉蕨 *Cladophlebis dangyangensis*	……………………………	Ⅱ /32 /308
△丁氏枝脉蕨 *Cladophlebis tingii*	………………………………………	Ⅱ /58 /344
董克枝脉蕨 *Cladophlebis dunkeri*	………………………………………	Ⅱ /34 /312
△坊子枝脉蕨 *Cladophlebis fangtzuensis*	………………………………	Ⅱ /35 /313
△肥大枝脉蕨 *Cladophlebis obesus*	……………………………………	Ⅱ /48 /330
△福建枝脉蕨 *Cladophlebis fukiensis*	…………………………………	Ⅱ /36 /314
△阜新枝脉蕨 *Cladophlebis fuxinensis*	…………………………………	Ⅱ /36 /314
△副裂叶枝脉蕨 *Cladophlebis paralobifolia*	……………………………	Ⅱ /48 /331
副裂叶枝脉蕨(比较种) *Cladophlebis* cf. *paralobifolia*	………	Ⅱ /49 /331
△副纤柔枝脉蕨 *Cladophlebis paradelicatula*	…………………………	Ⅱ /48 /330
△富县枝脉蕨 *Cladophlebis fuxiaensis*	…………………………………	Ⅱ /36 /314
△覆瓦枝脉蕨 *Cladophlebis imbricata*	…………………………………	Ⅱ /42 /322
盖氏枝脉蕨 *Cladophlebis geyleriana*	…………………………………	Ⅱ /37 /314

盖氏枝脉蕨(比较种) *Cladophlebis* cf. *geyleriana*	Ⅱ/37/314
△甘肃枝脉蕨 *Cladophlebis kansuensis*	Ⅱ/43/324
△高氏枝脉蕨 *Cladophlebis kaoiana*	Ⅱ/43/324
高氏枝脉蕨(比较属种) *Cladophlebis* cf. *C. kaoiana*	Ⅱ/44/325
葛伯特枝脉蕨 *Cladophlebis goeppertianus*	Ⅱ/37/316
葛伯特枝脉蕨(比较种) *Cladophlebis* cf. *goeppertianus*	Ⅱ/38/316
葛伯特枝脉蕨(似托第蕨) *Cladophlebis* (*Todites*) *goeppertianus*	Ⅱ/38/316
△葛利普枝脉蕨 *Cladophlebis grabauiana*	Ⅱ/38/316
葛利普枝脉蕨(比较种) *Cladophlebis* cf. *grabauiana*	Ⅱ/38/316
沟槽枝脉蕨 *Cladophlebis sulcata*	Ⅱ/57/342
△广元枝脉蕨 *Cladophlebis kwangyuanensis*	Ⅱ/44/325
△哈达枝脉蕨 *Cladophlebis hadaensis*	Ⅱ/39/317
海庞枝脉蕨 *Cladophlebis haiburensis*	Ⅱ/39/317
海庞枝脉蕨(比较种) *Cladophlebis* cf. *haiburensis*	Ⅱ/40/319
寒冷枝脉蕨 *Cladophlebis frigida*	Ⅱ/36/314
△河北枝脉蕨 *Cladophlebis hebeiensis*	Ⅱ/40/319
△赫勒枝脉蕨 *Cladophlebis halleiana*	Ⅱ/40/319
△黑顶山枝脉蕨 *Cladophlebis heitingshanensis* Yang et Sun,1982 (non Yang et Sun,1985)	Ⅱ/40/320
△黑顶山枝脉蕨 *Cladophlebis heitingshanensis* Yang et Sun,1985 (non Yang et Sun,1982)	Ⅱ/40/320
华氏枝脉蕨 *Cladophlebis vasilevskae*	Ⅱ/60/346
怀特枝脉蕨 *Cladophlebis whitbyensis*	Ⅱ/61/348
怀特枝脉蕨(比较种) *Cladophlebis* cf. *whitbyensis*	Ⅱ/61/348
怀特枝脉蕨(亲近种) *Cladophlebis* aff. *whitbyensis*	Ⅱ/61/348
怀特枝脉蕨(似托第蕨) *Cladophlebis* (*Todites*) *whitbyensis*	Ⅱ/62/348
怀特枝脉蕨(似托第蕨)(比较种) *Cladophlebis* (*Todites*) cf. *whitbyensis*	Ⅱ/62/348
怀特枝脉蕨点痕变种 *Cladophlebis whitbyensis* var. *punctata*	Ⅱ/62/349
△极小枝脉蕨 *Cladophlebis minutusa*	Ⅱ/47/328
急尖枝脉蕨 *Cladophlebis acuta*	Ⅱ/27/301
急裂枝脉蕨 *Cladophlebis acutiloba*	Ⅱ/27/301
假拉氏枝脉蕨 *Cladophlebis pseudoraciborskii*	Ⅱ/50/332
△假微尖枝脉蕨 *Cladophlebis pseudoargutula*	Ⅱ/49/332
△假细齿枝脉蕨 *Cladophlebis psedodenticulata*	Ⅱ/50/332
假纤柔枝脉蕨 *Cladophlebis pseudodelicatula*	Ⅱ/49/332
假纤柔枝脉蕨(亲近种) *Cladophlebis* aff. *pseudodelicatula*	Ⅱ/49/332
△江山枝脉蕨 *Cladophlebis jiangshanensis*	Ⅱ/43/324
△靖远枝脉蕨 *Cladophlebis jingyuanensis*	Ⅱ/43/324
△矩羽枝脉蕨 *Cladophlebis calcariformis*	Ⅱ/31/306
巨大枝脉蕨 *Cladophlebis gigantea*	Ⅱ/37/315
巨大枝脉蕨(比较种) *Cladophlebis* cf. *gigantea*	Ⅱ/37/315
巨大枝脉蕨(亲近种) *Cladophlebis* aff. *gigantea*	Ⅱ/37/315
△具耳枝脉蕨 *Cladophlebis otophorus*	Ⅱ/48/330
△喀什枝脉蕨 *Cladophlebis kaxgensis*	Ⅱ/44/325
卡门克枝脉蕨 *Cladophlebis kamenkensis*	Ⅱ/43/324

△宽轴枝脉蕨(?似里白) Cladophlebis (?Gleichnites) platyrachis	……	Ⅱ/49/331
△阔基枝脉蕨 Cladophlebis latibasis	……	Ⅱ/45/326
拉氏枝脉蕨 Cladophlebis raciborskii	……	Ⅱ/51/333
拉氏枝脉蕨(比较种) Cladophlebis cf. raciborskii	……	Ⅱ/52/335
拉氏枝脉蕨(比较属种) Cladophlebis cf. C. raciborskii	……	Ⅱ/52/336
离生枝脉蕨 Cladophlebis distanis	……	Ⅱ/34/311
△镰形枝脉蕨 Cladophlebis harpophylla	……	Ⅱ/40/319
镰状枝脉蕨 Cladophlebis falcata	……	Ⅱ/35/313
镰状枝脉蕨(比较种) Cladophlebis cf. falcata	……	Ⅱ/35/313
裂叶枝脉蕨 Cladophlebis lobifolia	……	Ⅱ/45/326
裂叶枝脉蕨(比较种) Cladophlebis cf. lobifolia	……	Ⅱ/45/326
裂叶枝脉蕨(爱博拉契蕨) Cladophlebis (Eboracia) lobifolia	……	Ⅱ/45/326
裂叶枝脉蕨(?爱博拉契蕨) Cladophlebis (?Eboracia) lobifolia	……	Ⅱ/45/327
裂叶枝脉蕨(爱博拉契蕨?) Cladophlebis (Eboracia?) lobifolia	……	Ⅱ/45/327
△龙泉枝脉蕨 Cladophlebis longquanensis	……	Ⅱ/46/328
吕氏枝脉蕨 Cladophlebis ruetimeyerii	……	Ⅱ/53/336
吕氏枝脉蕨(比较种) Cladophlebis cf. ruetimeyerii	……	Ⅱ/53/337
罗氏枝脉蕨 Cladophlebis roessertii	……	Ⅱ/52/336
罗氏枝脉蕨(比较种) Cladophlebis cf. roessertii	……	Ⅱ/52/336
罗氏枝脉蕨(托第蕨) Cladophlebis (Todea) roessertii	……	Ⅱ/53/336
罗氏枝脉蕨(似托第蕨)(比较种) Cladophlebis (Todites) cf. roessertii	……	Ⅱ/53/336
△洛隆枝脉蕨 Cladophlebis lhorongensis	……	Ⅱ/45/326
洛隆枝脉蕨(比较属种) Cf. Cladophlebis lhorongensis	……	Ⅱ/45/326
毛点枝脉蕨 Cladophlebis hirta	……	Ⅱ/41/320
△内蒙枝脉蕨 Cladophlebis neimongensis	……	Ⅱ/48/330
纳利夫金枝脉蕨 Cladophlebis nalivkini	……	Ⅱ/47/329
纳利夫金枝脉蕨(比较属种) Cladophlebis cf. C. nalivkini	……	Ⅱ/47/329
尼本枝脉蕨 Cladophlebis nebbensis	……	Ⅱ/47/329
尼本枝脉蕨(比较种) Cladophlebis cf. nebbensis	……	Ⅱ/48/330
△普通枝脉蕨 Cladophlebis vulgaris Chow et Zhang,1982 (non Zhow et Zhang,1984)	…	Ⅱ/60/347
△普通枝脉蕨 Cladophlebis vulgaris Zhou et Zhang,1984 (non Chow et Zhang,1982)	……	Ⅱ/61/347
普通枝脉蕨(比较种) Cladophlebis cf. vulgaris	……	Ⅱ/61/347
△七星枝脉蕨 Cladophlebis qixinensis	……	Ⅱ/50/333
恰丹枝脉蕨 Cladophlebis tschagdamensis	……	Ⅱ/59/345
恰丹枝脉蕨(比较种) Cladophlebis cf. tschagdamensis	……	Ⅱ/59/345
△前甸子枝脉蕨 Cladophlebis qiandianziensis	……	Ⅱ/50/333
乾膜质枝脉蕨 Cladophlebis scariosa	……	Ⅱ/53/337
乾膜质枝脉蕨(比较种) Cladophlebis cf. scariosa	……	Ⅱ/53/337
乾膜质枝脉蕨(亲近种) Cladophlebis aff. scariosa	……	Ⅱ/53/337
浅裂枝脉蕨 Cladophlebis lobulata	……	Ⅱ/46/327
浅裂枝脉蕨(比较种) Cladophlebis cf. lobulata	……	Ⅱ/46/327
倾斜枝脉蕨 Cladophlebis inclinata	……	Ⅱ/42/322
倾斜枝脉蕨(比较种) Cladophlebis cf. inclinata	……	Ⅱ/42/322
清晰枝脉蕨 Cladophlebis arguta	……	Ⅱ/27/302
清晰枝脉蕨(比较种) Cladophlebis cf. arguta	……	Ⅱ/28/302

全缘枝脉蕨 *Cladophlebis integra*	……	Ⅱ/43/323
△柔弱枝脉蕨 *Cladophlebis tenerus*	……	Ⅱ/58/343
三角形枝脉蕨 *Cladophlebis triangularis*	……	Ⅱ/59/344
△沙河子枝脉蕨 *Cladophlebis shaheziensis*	……	Ⅱ/54/338
△山西枝脉蕨 *Cladophlebis shansiensis*	……	Ⅱ/54/338
山西枝脉蕨(比较种) *Cladophlebis* cf. *shansiensis*	……	Ⅱ/55/339
△杉桥枝脉蕨 *Cladophlebis shanqiaoensis*	……	Ⅱ/54/338
△杉松枝脉蕨 *Cladophlebis shansungensis*	……	Ⅱ/55/339
△陕西枝脉蕨 *Cladophlebis shensiensis*	……	Ⅱ/55/340
陕西枝脉蕨(似托第蕨) *Cladophlebis* (*Todites*) *shensiensis*	……	Ⅱ/56/340
△收缩枝脉蕨 *Cladophlebis contracta*	……	Ⅱ/31/307
瘦形枝脉蕨 *Cladophlebis exiliformis*	……	Ⅱ/35/312
瘦形枝脉蕨(比较种) *Cladophlebis* cf. *exiliformis*	……	Ⅱ/35/312
△疏齿枝脉蕨 *Cladophlebis oligodonta*	……	Ⅱ/48/330
△水西沟枝脉蕨 *Cladophlebis shuixigouensis*	……	Ⅱ/56/340
斯科勒斯比枝脉蕨 *Cladophlebis scoresbyensis*	……	Ⅱ/54/338
?斯科勒斯比枝脉蕨 ?*Cladophlebis scoresbyensis*	……	Ⅱ/54/338
斯科勒斯比枝脉蕨(似托第蕨) *Cladophlebis* (*Todites*) *scoresbyensis*	……	Ⅱ/54/338
△斯氏枝脉蕨 *Cladophlebis szeiana*	……	Ⅱ/57/343
斯氏枝脉蕨(星囊蕨?) *Cladophlebis* (*Asterotheca*?) *szeiana*	……	Ⅱ/57/343
斯维德贝尔枝脉蕨 *Cladophlebis svedbergii*	……	Ⅱ/57/342
△似托第蕨型枝脉蕨 *Cladophlebis todioides*	……	Ⅱ/59/344
苏鲁克特枝脉蕨 *Cladophlebis suluktensis*	……	Ⅱ/57/342
苏鲁克特枝脉蕨粗变种 *Cladophlebis suluktensis* var. *crassa*	……	Ⅱ/57/342
△孙氏枝脉蕨 *Cladophlebis suniana*	……	Ⅱ/57/342
特大枝脉蕨 *Cladophlebis ingens*	……	Ⅱ/42/322
△天桥岭枝脉蕨 *Cladophlebis tianqiaolingensis*	……	Ⅱ/58/344
△铁法枝脉蕨(似鳞毛蕨?) *Cladophlebis* (*Dryopterites*?) *tiefensis*	……	Ⅱ/58/344
瓦尔顿枝脉蕨(似里白?) *Cladophlebis* (*Gleichenites*?) *waltoni*	……	Ⅱ/61/347
瓦克枝脉蕨 *Cladophlebis vaccensis*	……	Ⅱ/60/346
瓦克枝脉蕨(比较种) *Cladophlebis* cf. *vaccensis*	……	Ⅱ/60/346
威廉枝脉蕨 *Cladophlebis williamsonii*	……	Ⅱ/62/349
威廉枝脉蕨(似托第蕨) *Cladophlebis* (*Todites*) *williamsonii*	……	Ⅱ/62/349
△微凹枝脉蕨 *Cladophlebis emarginata*	……	Ⅱ/35/312
微齿枝脉蕨 *Cladophlebis serrulata*	……	Ⅱ/54/338
微尖枝脉蕨 *Cladophlebis argutula*	……	Ⅱ/28/302
微尖枝脉蕨(比较种) *Cladophlebis* cf. *argutula*	……	Ⅱ/29/303
微裂枝脉蕨 *Cladophlebis sublobata*	……	Ⅱ/56/342
微小枝脉蕨 *Cladophlebis parvula*	……	Ⅱ/49/331
微小枝脉蕨(比较种) *Cladophlebis* cf. *parvula*	……	Ⅱ/49/331
△乌兰枝脉蕨 *Cladophlebis ulanensis*	……	Ⅱ/60/346
△乌灶枝脉蕨 *Cladophlebis wuzaoensis*	……	Ⅱ/62/349
△西藏枝脉蕨 *Cladophlebis tibetica*	……	Ⅱ/58/344
△锡林枝脉蕨 *Cladophlebis xilinensis*	……	Ⅱ/62/349
△细刺枝脉蕨 *Cladophlebis spinellosus*	……	Ⅱ/56/341

细叶枝脉蕨 *Cladophlebis microphylla*	Ⅱ	/47 /328
细叶枝脉蕨（比较属种）*Cladophlebis* cf. *C. microphylla*	Ⅱ	/47 /328
△细叶枝脉蕨 *Cladophlebis tenuifolia*	Ⅱ	/58 /343
细叶枝脉蕨（比较种）*Cladophlebis* cf. *tenuifolia*	Ⅱ	/58 /343
狭脊枝脉蕨 *Cladophlebis stenolopha*	Ⅱ	/56 /341
△狭瘦枝脉蕨 *Cladophlebis angusta*	Ⅱ	/27 /301
△狭叶枝脉蕨 *Cladophlebis stenophylla*	Ⅱ	/56 /341
△狭直枝脉蕨 *Cladophlebis stricta* Yang et Sun,1982 (non Yang et Sun,1985)	Ⅱ	/56 /341
△狭直枝脉蕨 *Cladophlebis stricta* Yang et Sun,1985 (non Yang et Sun,1982)	Ⅱ	/56 /341
纤柔枝脉蕨 *Cladophlebis delicatula*	Ⅱ	/32 /308
△纤细枝脉蕨 *Cladophlebis gracilis*	Ⅱ	/38 /317
小型枝脉蕨 *Cladophlebis parva*	Ⅱ	/49 /331
小型枝脉蕨（比较种）*Cladophlebis* cf. *parva*	Ⅱ	/49 /331
△小叶枝脉蕨 *Cladophlebis foliolata*	Ⅱ	/36 /313
小叶枝脉蕨 *Cladophlebis parvifolia*	Ⅱ	/49 /331
△小枝脉蕨 *Cladophlebis mina*	Ⅱ	/47 /328
△斜脉枝脉蕨 *Cladophlebis plagionervis*	Ⅱ	/49 /331
△泄滩枝脉蕨 *Cladophlebis xietanensis*	Ⅱ	/62 /349
△谢氏枝脉蕨 *Cladophlebis hsiehiana*	Ⅱ	/41 /321
谢氏枝脉蕨（比较种）*Cladophlebis* cf. *hsiehiana*	Ⅱ	/41 /321
△新龙枝脉蕨 *Cladophlebis xinlongensis*	Ⅱ	/62 /349
△新丘枝脉蕨 *Cladophlebis xinqiuensis*	Ⅱ	/63 /349
△须家河枝脉蕨 *Cladophlebis xujiaheensis*	Ⅱ	/63 /350
△雅叶枝脉蕨 *Cladophlebis bella*	Ⅱ	/30 /305
△亚洲枝脉蕨 *Cladophlebis asiatica*	Ⅱ	/29 /303
亚洲枝脉蕨（比较种）*Cladophlebis* cf. *asiatica*	Ⅱ	/29 /305
亚洲枝脉蕨（亲近种）*Cladophlebis* aff. *asiatica*	Ⅱ	/29 /304
△宜君枝脉蕨 *Cladophlebis ichunensis*	Ⅱ	/42 /321
宜君枝脉蕨（比较属种）*Cladophlebis* cf. *C. ichunensis*	Ⅱ	/42 /322
△义乌枝脉蕨 *Cladophlebis yiwuensis*	Ⅱ	/63 /350
△异叶枝脉蕨 *Cladophlebis heterophylla*	Ⅱ	/41 /320
△异缘枝脉蕨 *Cladophlebis heteromarginata*	Ⅱ	/40 /320
△永仁枝脉蕨 *Cladophlebis yungjenensis*	Ⅱ	/63 /350
△云山枝脉蕨（似里白？）*Cladophlebis* (*Gleichenites*?) *yunshanensis*	Ⅱ	/63 /350
△皂郊枝脉蕨 *Cladophlebis zaojiaoensis*	Ⅱ	/63 /350
展开枝脉蕨 *Cladophlebis divaricata*	Ⅱ	/34 /311
展开枝脉蕨（比较种）*Cladophlebis* cf. *divaricata*	Ⅱ	/34 /311
△整洁枝脉蕨 *Cladophlebis tersus*	Ⅱ	/58 /343
△枝脉蕨型枝脉蕨 *Cladophlebis cladophleoides*	Ⅱ	/31 /307
中生代枝脉蕨 *Cladophlebis mesozoica*	Ⅱ	/46 /328
中生代枝脉蕨（比较种）*Cladophlebis* cf. *mesozoica*	Ⅱ	/46 /328
△皱褶枝脉蕨 *Cladophlebis complicata*	Ⅱ	/31 /307
竹山枝脉蕨（似里白？）*Cladophlebis* (*Gleichenites*?) *takeyamae*	Ⅱ	/58 /343
△壮丽枝脉蕨 *Cladophlebis nobilis*	Ⅱ	/48 /330
△锥叶蕨型枝脉蕨 *Cladophlebis coniopteroides*	Ⅱ	/31 /307

枝脉蕨(未定多种) *Cladophlebis* spp.	Ⅱ /63 /350
枝脉蕨?(未定多种) *Cladophlebis*? spp.	Ⅱ /73 /362
?枝脉蕨(未定种) ?*Cladophlebis* sp.	Ⅱ /73 /362
枝脉蕨(?拟紫萁)(未定种) *Cladophlebis* (?*Osmunopsis*) sp.	Ⅱ /74 /362
枝脉蕨(似里白?)(未定多种) *Cladophlebis* (*Gleichenites*?) spp.	Ⅱ /73 /362

枝羽叶属 *Ctenozamites* ...... Ⅲ /40 /365
    △宝鼎枝羽叶 *Ctenozamites baodingensis* ...... Ⅲ /41 /366
    △叉羽叶型枝羽叶 *Ctenozamites ptilozamioides* ...... Ⅲ /43 /368
    叉羽叶型枝羽叶(比较属种) *Ctenozamites* cf. *C. ptilozamioides* ...... Ⅲ /43 /369
    △齿羊齿型? 枝羽叶 *Ctenozamites*? *otontopteroides* ...... Ⅲ /43 /368
    △等形枝羽叶 *Ctenozamites aequalis* ...... Ⅲ /41 /365
    △耳状枝羽叶 *Ctenozamites otoeis* ...... Ⅲ /42 /368
    △广东枝羽叶 *Ctenozamites guangdongensis* ...... Ⅲ /42 /367
    △红泥枝羽叶 *Ctenozamites hongniensis* ...... Ⅲ /42 /367
    △吉安枝羽叶 *Ctenozamites jianensis* ...... Ⅲ /42 /367
    △坚直枝羽叶 *Ctenozamites rigida* ...... Ⅲ /43 /369
    △具泡枝羽叶 *Ctenozamites bullatus* ...... Ⅲ /41 /366
    △兰山枝羽叶 *Ctenozamites lanshanensis* ...... Ⅲ /42 /367
    △乐昌枝羽叶 *Ctenozamites lechangensis* ...... Ⅲ /42 /367
    镰形枝羽叶 *Ctenozamites falcata* ...... Ⅲ /41 /366
    △镰形枝羽叶 *Ctenozamites drepanoides* ...... Ⅲ /41 /366
    △奇特枝羽叶 *Ctenozamites difformis* ...... Ⅲ /41 /366
    △气孔枝羽叶 *Ctenozamites stoatigerus* ...... Ⅲ /44 /370
    沙兰枝羽叶 *Ctenozamites sarrani* ...... Ⅲ /43 /369
    沙兰枝羽叶(比较种) *Ctenozamites* cf. *sarrani* ...... Ⅲ /44 /370
    沙兰枝羽叶(比较属种) Cf. *Ctenozamites sarrani* ...... Ⅲ /44 /370
    苏铁枝羽叶 *Ctenozamites cycadea* ...... Ⅲ /40 /365
    苏铁枝羽叶(比较种) *Ctenozamites* cf. *cycadea* ...... Ⅲ /40 /365
    苏铁枝羽叶(比较属种) Cf. *Ctenozamites cycadea* ...... Ⅲ /40 /365
    △细小枝羽叶 *Ctenozamites pusillus* ...... Ⅲ /43 /369
    △狭叶枝羽叶 *Ctenozamites stenophylla* ...... Ⅲ /44 /370
    △线裂枝羽叶 *Ctenozamites linearilobus* ...... Ⅲ /42 /367
    △小叶枝羽叶 *Ctenozamites microloba* ...... Ⅲ /42 /368
    小叶枝羽叶(比较种) *Ctenozamites* cf. *microloba* ...... Ⅲ /42 /368
    △褶面枝羽叶 *Ctenozamites plicata* ...... Ⅲ /43 /368
    △指缘枝羽叶 *Ctenozamites digitata* ...... Ⅲ /41 /366
    △中国枝羽叶 *Ctenozamites chinensis* ...... Ⅲ /41 /366
    枝羽叶(未定多种) *Ctenozamites* spp. ...... Ⅲ /44 /370
    枝羽叶?(未定多种) *Ctenozamites*? spp. ...... Ⅲ /45 /371

栉羊齿属 *Pecopteris* ...... Ⅱ /162 /476
    △粗脉栉羊齿 *Pecopteris crassinervis* ...... Ⅱ /163 /476
    △厚脉栉羊齿 *Pecopteris lativenosa* ...... Ⅱ /163 /476
    厚脉栉羊齿(亲近种) *Pecopteris* aff. *lativenosa* ...... Ⅱ /163 /477
    怀特栉羊齿 *Pecopteris whitbiensis* ...... Ⅱ /163 /477
    怀特栉羊齿? *Pecopteris whitbiensis*? ...... Ⅱ /163 /477

柯顿栉羊齿(星囊蕨) *Pecopteris* (*Asterotheca*) *cottoni*	Ⅱ /163 /476
柯顿栉羊齿(星囊蕨)(比较种) *Pecopteris* (*Asterotheca*) cf. *cottoni*	Ⅱ /163 /476
△美羊齿型栉羊齿 *Pecopteris callipteroides*	Ⅱ /162 /476
△杨树沟栉羊齿 *Pecopteris yangshugouensis*	Ⅱ /163 /477
优雅栉羊齿 *Pecopteris concinna*	Ⅱ /162 /476
羽状栉羊齿 *Pecopteris pennaeformis*	Ⅱ /162 /476
栉羊齿(未定多种) *Pecopteris* spp.	Ⅱ /163 /477
△中国篦羽叶属 *Sinoctenis* ..... Ⅲ /187 /558
    △侧羽叶型中国篦羽叶 *Sinoctenis pterophylloides* ..... Ⅲ /189 /561
    △大叶中国篦羽叶 *Sinoctenis macrophylla* ..... Ⅲ /189 /561
    △等形中国篦羽叶 *Sinoctenis aequalis* ..... Ⅲ /187 /559
    △短叶? 中国篦羽叶 *Sinoctenis? brevis* ..... Ⅲ /187 /559
    △葛利普中国篦羽叶 *Sinoctenis grabauiana* ..... Ⅲ /187 /559
    △广元中国篦羽叶 *Sinoctenis guangyuanensis* ..... Ⅲ /189 /561
    △较小中国篦羽叶 *Sinoctenis minor* ..... Ⅲ /189 /561
    △美叶中国篦羽叶 *Sinoctenis calophylla* ..... Ⅲ /188 /559
    △密脉中国篦羽叶 *Sinoctenis venulosa* ..... Ⅲ /189 /562
    △沙镇溪中国篦羽叶 *Sinoctenis shazhenxiensis* ..... Ⅲ /189 /562
    △微美中国篦羽叶 *Sinoctenis pulcella* ..... Ⅲ /189 /562
    △细轴中国篦羽叶 *Sinoctenis stenorachis* ..... Ⅲ /189 /562
    △异羽叶型? 中国篦羽叶 *Sinoctenis? anomozamioides* ..... Ⅲ /187 /559
    △云南中国篦羽叶 *Sinoctenis yuannanensis* ..... Ⅲ /189 /562
    △中华中国篦羽叶 *Sinoctenis zhonghuaensis* ..... Ⅲ /190 /563
    中国篦羽叶(未定多种) *Sinoctenis* spp. ..... Ⅲ /190 /563
    中国篦羽叶?(未定多种) *Sinoctenis?* spp. ..... Ⅲ /190 /563
    ? 中国篦羽叶(未定种) ? *Sinoctenis* sp. ..... Ⅲ /190 /563
△中国似查米亚属 *Sinozamites* ..... Ⅲ /190 /563
    △湖北中国似查米亚 *Sinozamites hubeiensis* ..... Ⅲ /191 /564
    △较大中国似查米亚 *Sinozamites magnus* ..... Ⅲ /191 /564
    △李氏中国似查米亚 *Sinozamites leeiana* ..... Ⅲ /190 /563
    △密脉中国似查米亚 *Sinozamites myrioneurus* ..... Ⅲ /191 /564
    中国似查米亚(未定种) *Sinozamites* sp. ..... Ⅲ /191 /564
    中国似查米亚?(未定多种) *Sinozamites?* spp. ..... Ⅲ /191 /564
△中国叶属 *Sinophyllum* ..... Ⅳ /92 /281
    △孙氏中国叶 *Sinophyllum suni* ..... Ⅳ /92 /281
△中华古果属 *Sinocarpus* ..... Ⅵ /59 /182
    △下延中华古果 *Sinocarpus decussatus* ..... Ⅵ /60 /182
△中华缘蕨属 *Sinodicotis* ..... Ⅵ /60 /183
    中华缘蕨(sp. indet.) *Sinodicotis* sp. indet. ..... Ⅵ /60 /183
△中间苏铁属 *Mediocycas* ..... Ⅲ /77 /410
    △喀左中间苏铁 *Mediocycas kazuoensis* ..... Ⅲ /77 /410
柊叶属 *Phrynium* ..... Ⅵ /41 /161
    △西藏柊叶 *Phrynium tibeticum* ..... Ⅵ /41 /161
皱囊蕨属 *Ptychocarpus* ..... Ⅱ /170 /486
    哈克萨斯蒂库皱囊蕨 *Ptychocarpus hexastichus* ..... Ⅱ /171 /486

皱囊蕨(未定种) *Ptychocarpus* sp.	Ⅱ /171 /486
△侏罗木兰属 *Juramagnolia*	Ⅵ /31 /150
侏罗木兰(sp. indet.) *Juramagnolia* sp. indet.	Ⅵ /31 /150
△侏罗缘蕨属 *Juradicotis*	Ⅵ /30 /149
△直立侏罗缘蕨 *Juradicotis elrecta*	Ⅵ /31 /150
侏罗缘蕨(sp. indet.) *Juradicotis* sp. indet.	Ⅵ /31 /150
锥叶蕨属 *Coniopteris*	Ⅱ /81 /373
北极锥叶蕨 *Coniopteris arctica*	Ⅱ /82 /374
北极锥叶蕨(比较种) *Coniopteris* cf. *arctica*	Ⅱ /83 /375
△北京锥叶蕨 *Coniopteris beijingensis*	Ⅱ /83 /375
北京锥叶蕨(比较种) *Coniopteris* cf. *beijingensis*	Ⅱ /83 /375
△北票锥叶蕨 *Coniopteris beipiaoensis*	Ⅱ /83 /375
布列亚锥叶蕨 *Coniopteris burejensis*	Ⅱ /84 /376
布列亚锥叶蕨(比较种) *Coniopteris* cf. *burejensis*	Ⅱ /86 /379
布列亚锥叶蕨(比较属种) Cf. *Coniopteris burejensis*	Ⅱ /86 /379
△长叶形锥叶蕨 *Coniopteris longipinnate*	Ⅱ /94 /390
△常氏锥叶蕨 *Coniopteris changii*	Ⅱ /86 /379
△陈垸锥叶蕨 *Coniopteris chenyuanensis*	Ⅱ /86 /379
△大囊锥叶蕨 *Coniopteris macrosorata*	Ⅱ /94 /390
△大同锥叶蕨 *Coniopteris tatungensis*	Ⅱ /100 /399
大同锥叶蕨(比较种) *Coniopteris* cf. *tatungensis*	Ⅱ /102 /401
△度佳锥叶蕨 *Coniopteris dujiaensis*	Ⅱ /87 /381
多囊锥叶蕨 *Coniopteris perpolita*	Ⅱ /96 /393
△菲顿锥叶蕨 *Coniopteris fittonii*	Ⅱ /88 /381
弗氏锥叶蕨 *Coniopteris vsevolodii*	Ⅱ /103 /402
△阜新锥叶蕨 *Coniopteris fuxinensis*	Ⅱ /88 /382
△甘肃锥叶蕨 *Coniopteris gansuensis*	Ⅱ /88 /382
刚毛锥叶蕨 *Coniopteris setacea*	Ⅱ /97 /395
刚毛锥叶蕨(比较种) *Coniopteris* cf. *setacea*	Ⅱ /98 /395
△高家田锥叶蕨 *Coniopteris gaojiatianensis*	Ⅱ /88 /382
高家田? 锥叶蕨 *Coniopteris*? *gaojiatianensis*	Ⅱ /89 /383
海尔锥叶蕨 *Coniopteris heeriana*	Ⅱ /89 /383
△和什托洛盖? 锥叶蕨 *Coniopteris*? *hoxtolgayensis*	Ⅱ /89 /383
△黄家铺? 锥叶蕨 *Coniopteris*? *huangjiabaoensis*	Ⅱ /89 /383
△霍林河锥叶蕨 *Coniopteris huolinhensis*	Ⅱ /89 /383
夹竹桃型锥叶蕨 *Coniopteris nerifolia*	Ⅱ /95 /391
夹竹桃型锥叶蕨(比较属种) *Coniopteris* cf. *C. nerifolia*	Ⅱ /95 /392
简单锥叶蕨 *Coniopteris simplex*	Ⅱ /98 /396
简单锥叶蕨(类群种) *Coniopteris* ex gr. *simplex*	Ⅱ /99 /397
结普锥叶蕨 *Coniopteris depensis*	Ⅱ /87 /380
津丹锥叶蕨 *Coniopteris zindanensis*	Ⅱ /103 /403
津丹锥叶蕨(比较种) *Coniopteris* cf. *zindanensis*	Ⅱ /103 /403
卡腊秋锥叶蕨 *Coniopteris karatiubensis*	Ⅱ /94 /390
△宽甸锥叶蕨 *Coniopteris kuandianensis*	Ⅱ /94 /390
△兰州锥叶蕨 *Coniopteris lanzhouensis*	Ⅱ /94 /390

名称	页码
△鳞盖蕨型锥叶蕨 *Coniopteris microlepioides*	Ⅱ /94 /391
鳞盖蕨型锥叶蕨(比较种) *Coniopteris* cf. *microlepioides*	Ⅱ /95 /391
美丽锥叶蕨 *Coniopteris bella*	Ⅱ /83 /375
美丽锥叶蕨(比较种) *Coniopteris* cf. *bella*	Ⅱ /84 /376
美丽锥叶蕨(比较属种) *Coniopteris* cf. *C. bella*	Ⅱ /84 /376
△迷人锥叶蕨 *Coniopteris venusta*	Ⅱ /102 /402
△密脉锥叶蕨 *Coniopteris densivenata*	Ⅱ /87 /380
敏图尔锥叶蕨 *Coniopteris minturensis*	Ⅱ /95 /391
膜蕨型锥叶蕨 *Coniopteris hymenophylloides*	Ⅱ /89 /384
膜蕨型锥叶蕨(比较种) *Coniopteris* cf. *hymenophylloides*	Ⅱ /93 /389
默氏锥叶蕨 *Coniopteris murrayana*	Ⅱ /82 /373
默氏？锥叶蕨 *Coniopteris*? *murrayana*	Ⅱ /82 /374
默氏锥叶蕨(比较种) *Coniopteris* cf. *murrayana*	Ⅱ /82 /374
△尼勒克锥叶蕨 *Coniopteris nilkaensis*	Ⅱ /95 /392
拟金粉蕨型锥叶蕨 *Coniopteris onychioides*	Ⅱ /96 /392
拟金粉蕨型锥叶蕨(比较属种) Cf. *Coniopteris onychioides*	Ⅱ /96 /393
寝入锥叶蕨 *Coniopteris neiridaniensis*	Ⅱ /95 /391
△青海锥叶蕨 *Coniopteris qinghaiensis*	Ⅱ /96 /393
△荣县锥叶蕨 *Coniopteris rongxianensis*	Ⅱ /97 /394
△柔软锥叶蕨 *Coniopteris permollis*	Ⅱ /96 /393
萨波特锥叶蕨 *Coniopteris saportana*	Ⅱ /97 /394
"萨波特锥叶蕨" "*Coniopteris saportana*"	Ⅱ /97 /395
萨波特锥叶蕨(比较属种) Cf. *Coniopteris saportana*	Ⅱ /97 /395
△稍亮锥叶蕨 *Coniopteris nitidula*	Ⅱ /95 /392
双齿锥叶蕨 *Coniopteris bicrenata*	Ⅱ /84 /376
△顺发？锥叶蕨 *Coniopteris*? *shunfaensis*	Ⅱ /98 /396
△斯氏锥叶蕨 *Coniopteris szeiana*	Ⅱ /100 /398
苏氏锥叶蕨 *Coniopteris suessi*	Ⅱ /100 /398
梯尔米锥叶蕨 *Coniopteris tyrmica*	Ⅱ /102 /401
△铁山锥叶蕨 *Coniopteris tiehshanensis*	Ⅱ /102 /401
瓦氏锥叶蕨 *Coniopteris vachrameevii*	Ⅱ /102 /401
五瓣锥叶蕨 *Coniopteris quinqueloba*	Ⅱ /96 /393
西拉普锥叶蕨 *Coniopteris silapensis*	Ⅱ /98 /396
"西拉普锥叶蕨" "*Coniopteris silapensis*"	Ⅱ /98 /396
△西坡锥叶蕨 *Coniopteris xipoensis*	Ⅱ /103 /402
醒目锥叶蕨 *Coniopteris spectabilis*	Ⅱ /99 /398
醒目锥叶蕨(比较种) *Coniopteris* cf. *spectabilis*	Ⅱ /99 /398
秀厄德锥叶蕨 *Coniopteris sewardii*	Ⅱ /98 /395
△雅致锥叶蕨 *Coniopteris concinna*	Ⅱ /86 /380
△雅致锥叶蕨 *Coniopteris elegans*	Ⅱ /87 /381
△叶氏锥叶蕨 *Coniopteris ermolaevii*	Ⅱ /87 /381
蛹形锥叶蕨 *Coniopteris nympharum*	Ⅱ /95 /392
蛹形锥叶蕨(比较属种) Cf. *Coniopteris nympharum*	Ⅱ /96 /392
窄裂锥叶蕨 *Coniopteris angustiloba*	Ⅱ /82 /374
珍珠锥叶蕨 *Coniopteris margaretae*	Ⅱ /94 /391

△镇紫锥叶蕨 Coniopteris zhenziensis ················· Ⅱ /103 /402
△壮观锥叶蕨 Coniopteris magnifica ················· Ⅱ /94 /390
锥叶蕨(未定多种) Coniopteris spp. ················· Ⅱ /103 /403
锥叶蕨?(未定多种) Coniopteris? spp. ················· Ⅱ /104 /404

△准爱河羊齿属 Aipteridium ················· Ⅲ /1 /314
 △库车准爱河羊齿 Aipteridium kuqaense ················· Ⅲ /2 /314
 库车准爱河羊齿(比较种) Aipteridium cf. kuqaense ················· Ⅲ /2 /314
 △羽状准爱河羊齿 Aipteridium pinnatum ················· Ⅲ /2 /314
 △直罗准爱河羊齿 Aipteridium zhiluoense ················· Ⅲ /2 /314
 准爱河羊齿(未定多种) Aipteridium spp. ················· Ⅲ /2 /314

准柏属 Cyparissidium ················· Ⅴ /45 /293
 布拉克准柏 Cyparissidium blackii ················· Ⅴ /46 /293
 △结实准柏 Cyparissidium opimum ················· Ⅴ /46 /293
 鲁德兰特准柏 Cyparissidium rudlandicum ················· Ⅴ /46 /293
 细小准柏 Cyparissidium gracile ················· Ⅴ /46 /293
 准柏(未定多种) Cyparissidium spp. ················· Ⅴ /46 /293
 准柏?(未定多种) Cyparissidium? spp. ················· Ⅴ /46 /294
 ?准柏(未定种) ?Cyparissidium sp. ················· Ⅴ /46 /294

准莲座蕨属 Angiopteridium ················· Ⅱ /8 /278
 坚实准莲座蕨 Angiopteridium infarctum ················· Ⅱ /8 /278
 坚实准莲座蕨(比较种) Angiopteridium cf. infarctum ················· Ⅱ /8 /278
 敏斯特准莲座蕨 Angiopteridium muensteri ················· Ⅱ /8 /278

准马通蕨属 Matonidium ················· Ⅱ /153 /465
 葛伯特准马通蕨 Matonidium goeppertii ················· Ⅱ /153 /465

准脉羊齿属 Neuropteridium ················· Ⅲ /82 /415
 朝鲜准脉羊齿 Neuropteridium coreanicum ················· Ⅲ /82 /416
 大准脉羊齿 Neuropteridium grandifolium ················· Ⅲ /82 /416
 伏氏准脉羊齿 Neuropteridium voltzii ················· Ⅲ /82 /416
 △弧脉准脉羊齿 Neuropteridium curvinerve ················· Ⅲ /82 /416
 △缘边准脉羊齿 Neuropteridium margninatum ················· Ⅲ /82 /416
 准脉羊齿(未定多种) Neuropteridium spp. ················· Ⅲ /83 /417

准苏铁杉果属 Cycadocarpidium ················· Ⅴ /38 /284
 爱德曼准苏铁杉果 Cycadocarpidium erdmanni ················· Ⅴ /38 /284
 爱德曼准苏铁杉果(比较种) Cycadocarpidium cf. erdmanni ················· Ⅴ /40 /286
 △短舌形准苏铁杉果 Cycadocarpidium brachyglossum ················· Ⅴ /40 /286
 复活准苏铁杉果 Cycadocarpidium redivivum ················· Ⅴ /42 /288
 △极小准苏铁杉果 Cycadocarpidium minutissimum ················· Ⅴ /41 /287
 较小准苏铁杉果 Cycadocarpidium minor ················· Ⅴ /41 /287
 △巨大准苏铁杉果 Cycadocarpidium giganteum ················· Ⅴ /40 /287
 △宽卵形准苏铁杉果 Cycadocarpidium latiovatum ················· Ⅴ /41 /287
 卵形准苏铁杉果 Cycadocarpidium ovatum ················· Ⅴ /41 /288
 卵形准苏铁杉果(比较种) Cycadocarpidium cf. ovatum ················· Ⅴ /41 /288
 三胚珠准苏铁杉果 Cycadocarpidium tricarpum ················· Ⅴ /43 /290
 三胚珠准苏铁杉果(广义) Cycadocarpidium tricarpum (s.l.) ················· Ⅴ /43 /290
 △舌形准苏铁杉果 Cycadocarpidium glossoides ················· Ⅴ /41 /287

疏毛准苏铁杉果 *Cycadocarpidium pilosum*	Ⅴ/41/288	
疏毛准苏铁杉果(比较种) *Cycadocarpidium* cf. *pilosum*	Ⅴ/42/288	
△双阳准苏铁杉果 *Cycadocarpidium shuangyangensis*	Ⅴ/42/289	
斯瓦布准苏铁杉果 *Cycadocarpidium swabi*	Ⅴ/42/289	
索库特准苏铁杉果 *Cycadocarpidium sogutensis*	Ⅴ/42/288	
索库特准苏铁杉果(比较种) *Cycadocarpidium* cf. *sogutensis*	Ⅴ/42/289	
△细小准苏铁杉果 *Cycadocarpidium pusillum*	Ⅴ/42/288	
△狭小准苏铁杉果 *Cycadocarpidium angustum*	Ⅴ/40/286	
小准苏铁杉果 *Cycadocarpidium parvum*	Ⅴ/41/288	
小准苏铁杉果(比较种) *Cycadocarpidium* cf. *parvum*	Ⅴ/41/288	
△雅致准苏铁杉果 *Cycadocarpidium elegans*	Ⅴ/40/286	
准苏铁杉果(未定多种) *Cycadocarpidium* spp.	Ⅴ/43/290	
?准苏铁杉果(未定多种) ?*Cycadocarpidium* spp.	Ⅴ/44/292	
准苏铁杉果?(未定多种) *Cycadocarpidium*? spp.	Ⅴ/44/291	
准苏铁杉果(球果轴型) *Cycadocarpidium* (cone axis type)	Ⅴ/45/292	
准条蕨属 *Oleandridium*	Ⅲ/113/459	
△宽膜准条蕨 *Oleandridium eurychoron*	Ⅲ/113/460	
狭叶准条蕨 *Oleandridium vittatum*	Ⅲ/113/460	
准楔鳞杉属 *Sphenolepidium*	Ⅴ/153/422	
司腾伯准楔鳞杉 *Sphenolepidium sternbergianum*	Ⅴ/153/423	
△雅致准楔鳞杉 *Sphenolepidium elegans*	Ⅴ/154/423	
雅致准楔鳞杉(比较属种) Cf. *Sphenolepidium elegans*	Ⅴ/154/423	
准楔鳞杉(未定种) *Sphenolepidium* sp.	Ⅴ/154/423	
准银杏属 *Ginkgodium*	Ⅳ/41/219	
长叶?准银杏 *Ginkgodium*? *longifolium* Lebedev,1965 (non Huang et Zhou,1980)	Ⅳ/41/219	
那氏准银杏 *Ginkgodium nathorsti*	Ⅳ/41/219	
准银杏(未定多种) *Ginkgodium* spp.	Ⅳ/41/220	
准银杏?(未定种) *Ginkgodium*? sp.	Ⅳ/42/220	
准银杏属 *Ginkgoidium*	Ⅳ/42/220	
△长叶准银杏 *Ginkgoidium longifolium* Huang et Zhou,1980 (non Lebedev,1965)	Ⅳ/42/220	
△厚叶准银杏 *Ginkgoidium crassifolium*	Ⅳ/42/220	
△桨叶型准银杏 *Ginkgoidium eretmophylloidium*	Ⅳ/42/220	
△截形准银杏 *Ginkgoidium truncatum*	Ⅳ/42/221	
准银杏?(未定种) *Ginkgoidium*? sp.	Ⅳ/42/221	
△准枝脉蕨属 *Cladophlebidium*	Ⅱ/26/300	
△翁氏准枝脉蕨 *Cladophlebidium wongi*	Ⅱ/26/300	
?翁氏准枝脉蕨 ?*Cladophlebidium wongi*	Ⅱ/26/300	
紫萁属 *Osmunda*	Ⅱ/158/471	
白垩紫萁 *Osmunda cretacea*	Ⅱ/159/472	
白垩紫萁(比较种) *Osmunda* cf. *cretacea*	Ⅱ/159/472	
格陵兰紫萁 *Osmunda greenlandica*	Ⅱ/159/472	
△佳木紫萁 *Osmunda diamensis*	Ⅱ/159/472	
佳木紫萁(比较种) *Osmunda* cf. *diamensis*	Ⅱ/159/472	
紫萁座莲属 *Osmundacaulis*	Ⅱ/159/473	
△河北紫萁座莲 *Osmundacaulis hebeiensis*	Ⅱ/160/473	

| 斯开特紫萁座莲 Osmundacaulis skidegatensis | Ⅱ /160 /473 |
| 紫萁座莲(未定种) Osmundacaulis sp. | Ⅱ /160 /473 |

紫杉型木属 Taxoxylon ...... Ⅴ /167 /439
    法伦紫杉型木 Taxoxylon falunense ...... Ⅴ /167 /439
    △辽西紫杉型木 Taxoxylon liaoxiense ...... Ⅴ /167 /439
    △秀丽紫杉型木 Taxoxylon pulchrum ...... Ⅴ /167 /439

棕榈叶属 Amesoneuron ...... Ⅵ /3 /119
    瓢叶棕榈叶 Amesoneuron noeggerathiae ...... Ⅵ /3 /119
    棕榈叶(未定种) Amesoneuron sp. ...... Ⅵ /3 /119

纵裂蕨属 Rhinipteris ...... Ⅱ /174 /490
    美丽纵裂蕨 Rhinipteris concinna ...... Ⅱ /174 /490
    美丽纵裂蕨(比较种) Rhinipteris cf. concinna ...... Ⅱ /174 /490

酢浆草属 Oxalis ...... Ⅵ /40 /160
    △嘉荫酢浆草 Oxalis jiayinensis ...... Ⅵ /40 /160

Supported by Special Research Program of
Basic Science and Technology of the Ministry
of Science and Technology (2013FY113000)

Record of Megafossil Plants from China (1865—2005)

Index of Generic and Specific Names to Volumes Ⅰ—Ⅵ

Compiled by
WU Xiangwu and WANG Guan

University of Science and Technology of China Press

Brief Introduction

This index is the seventh volume of *Record of Megafossil Plants from China* (1865 — 2005). There are two parts of both Chinese and English versions, totally 4265 specific names have been documented (among them, 1928 specific names are established based on Chinese specimens), and 644 generic names (among them, 179 generic names are established based on Chinese specimens) in volumes I—VI of *Record of Megafossil Plants from China* (1865 — 2005).

GENERAL FOREWORD

As a branch of sciences studying organisms of the geological history, palaeontology relies utterly on the fossil record, so does the palaeobotany as a branch of palaeontology. The compilation and editing of fossil plant data started early in the 19 century. F. Unger published *Synopsis Plantarum Fossilium* and *Genera et Species Plantarium Fossilium* in 1845 and 1850 respectively, not long after the introduction of C. von Linné's binomial nomenclature to the study of fossil plants by K. M. von Sternberg in 1820. Since then, indices or catalogues of fossil plants have been successively compiled by many professional institutions and specialists. Amongst them, the most influential are catalogues of fossil plants in the Geological Department of British Museum written by A. C. Seward and others, *Fossilium Catalogus II : Palantae* compiled by W. J. Jongmans and his successor S. J. Dijkstra, *The Fossil Record* (Volume 1) and *The Fossil Revord* (Volume 2) chief-edited by W. B. Harland and others and afterwards by M. J. Benton, and *Index of Generic Names of Fossil Plants* compiled by H. N. Andrews Jr. and his successors A. D. Watt, A. M. Blazer and others. Based partly on Andrews' index, the digital database "Index Nominum Genericorum (ING)" was set up by the joint efforts of the International Association of Plant Taxonomy and the Smithsonian Institution. There are also numerous catalogues or indices of fossil plants of specific regions, periods or institutions, such as catalogues of Cretaceous and Tertiary plants of North America compiled by F. H. Knowlton, L. F. Ward and R. S. La Motte, Upper Triassic plants of the western United States by S. Ash, Carboniferous, Permian and Jurassic plants by M. Boersma and L. M. Broekmeyer, Indian fossil plants by R. N. Lakhanpal, and fossil record of plants by S. V. Meyen and index of sporophytes and gymnosperm referred to USSR by V. A. Vachrameev. All these have no doubt benefited to the academic exchanges between palaeobotanists from different countries, and contributed considerably to the development of palaeobotany.

Although China is amongst the countries with widely distributed terrestrial deposits and rich fossil resources, scientific researches on fossil plants began much later in our country than in many other countries. For a quite long time, in our country, there were only few researchers, who are engaged in palaeobotanical studies. Since the 1950s, especially the beginning of Reform and Opening to the outside world in the late 1980s, palaeobotany became blooming in our country as other disciplines of science and technology. During the development and construction of the country, both palaeobotanists and publications have been markedly increased. The editing and compilation of the fossil plant record has also been put on the agenda to meet the needs of increasing academic activities, along with participation in the "Plant Fossil Record (PFR)" project sponsored by the International Organization of Palaeobotany. Professor Wu is one of the few pioneers who have paid special attention to data accumulation and compilation of the fossil plant records in China. Back in 1993, He published *Record of Generic Names of Mesozoic Megafossil Plants from China (1865 — 1990)* and *Index of New Generic Names Founded on Mesozoic and Cenozoic Specimens from China (1865 — 1990)*. In 2006, he published the generic names after 1990. *Catalogue of the Cenozoic Megafossil Plants of China* was also Published by Liu and others (1996).

It is a time consuming task to compile a comprehensive catalogue containing the fossil records of all plant groups in the geological history. After years of hard work, all efforts finally bore fruits, and are able to publish separately according to classification and geological distribution, as well as the progress of data accumulating and editing. All data will eventually be incorporated into the databases of all China fossil records: "Palaeontological and Stratigraphical Database of China" and "Geobiodiversity Database (GBDB)".

The pubilication of *Record of Megafossil Plants from China (1865 — 2005)* is one of the milestones in the development of palaeobotany, undoubtedly it will provide a good foundation and platform for the further development of this discipline. As an aged researcher in palaeobotany, I look eagerly forward to seeing the publication of the serial fossil catalogues of China.

INTRODUCTION

In China, there is a long history of plant fossil discovery, as it is well documented in ancient literatures. Among them the voluminous work *Mengxi Bitan* (*Dream Pool Essays*) by Shen Kuo (1031 — 1095) in the Beisong (Northern Song) Dynasty is probably the earliest. In its 21st volume, fossil stems [later identified as stems of *Equisctites* or pith-casts of *Neocalamites* by Deng (1976)] from Yongningguan, Yanzhou, Shaanxi (now Yanshuiguan of Yanchuan County, Yan'an City, Shaanxi Province) were named "bamboo shoots" and described in details, which based on an interesting interpretation on palaeogeography and palaeoclimate was offered.

Like the living plants, the binary nomenclature is the essential way for recognizing, naming and studying fossil plants. The binary nomenclature (nomenclatura binominalis) was originally created for naming living plants by Swedish explorer and botanist Carl von Linné in his *Species Plantarum* firstly published in 1753. The nomenclature was firstly adopted for fossil plants by the Czech mineralogist and botanist K. M. von Sternberg in his *Versuch einer Geognostisch , Botanischen Darstellung der Flora der Vorwelt* issued since 1820. The *International Code of Botanical Nomenclature* thus set up the beginning year of modern botanical and palaeobotanical nomenclature as 1753 and 1820 respectively. Our series volumes of Chinese megafossil plants also follows this rule, compile generic and specific names of living plants set up in and after 1753 and of fossil plants set up in and after 1820. As binary nomenclature was firstly used for naming fossil plants found in China by J. S. Newberry [1865 (1867)] at the Smithsonian Institute, USA, his paper *Description of Fossil Plants from the Chinese Coal-bearing Rocks* naturally becomes the starting point of the compiling of Chinese megafossil plant records of the current series.

China has a vast territory covers well developed terrestrial strata, which yield abundant fossil plants. During the past one and over a half centuries, particularly after the two milestones of the founding of PRC in 1949 and the beginning of Reform and Opening to the outside world in late 1970s, to meet the growing demands of the development and construction of the country, various scientific disciplines related to geological prospecting and meaning have been remarkably developed, among which palaeobotanical studies have been also well-developed with lots of fossil materials being accumulated. Preliminary statistics has shown that during 1865 (1867) — 2000, more than 2000 references related to Chinese megafossil plants had been published [Zhou and Wu (chief compilers), 2002]; 525 genera of Mesozoic megafossil plants discovered in China had been reported during 1865 (1867) — 1990 (Wu,1993a), while 281 genera of Cenozoic megafossil plants found in China had been documented by 1993 (Liu et al.,1996); by the year of 2000, totally about 154 generic names have been established based on Chinese fossil plant material for the Mesozoic and Cenozoic deposits (Wu,1993b,2006). The above-mentioned megafossil plant records were published scatteredly in various periodicals or scientific magazines in different languages, such as Chinese, English, German, French, Japanese, Russian, etc., causing much inconvenience for the use and exchange of colleagues of palaeobotany and related fields both at home and abroad.

To resolve this problem, besides bibliographies of palaeobotany [Zhou and Wu (chief compilers),2002], the compilation of all fossil plant records is an efficient way, which has already obtained enough attention in China since the 1980s (Wu, 1993a, 1993b, 2006). Based on the previous compilation as well as extensive searching for the bibliographies and literatures, now we are planning to publish series volumes of *Record of Megafossil Plants from China* (1865 — 2005) which is tentatively scheduled to comprise volumes of bryophytes, lycophytes, sphenophytes, filicophytes, cycadophytes, ginkgophytes, coniferophytes, angiosperms and others. These volumes are mainly focused on the Mesozoic megafossil plant data that were published from 1865 to 2005.

In each volume, only records of the generic and specific ranks are compiled, with higher ranks in the taxonomical hierarchy, e.g., families, orders, only mentioned in the item of "taxonomy" under each record. For a complete compilation and a well understanding for geological records of the megafossil plants, those genera and species with their type species and type specimens not originally described from China are also included in the volume.

Records of genera are organized alphabetically, followed by the items of author(s) of genus, publishing year of genus, type species (not necessary for genera originally set up for living plants), and taxonomy and others.

Under each genus, the type species (not necessary for genera originally set up for living plants) is firstly listed, and other species are then organized alphabetically. Every taxon with symbols of "aff.""Cf.""cf.""ex gr." or "?" and others in its name is also listed as an individual record but arranged after the species without any symbol. Undetermined species (sp.) are listed at the end of each genus entry. If there are more than one undetermined species (spp.), they will be arranged chronologically. In every record of species (including undetermined species) items of author of species, establishing year of species, and so on, will be included.

Under each record of species, all related reports (on species or specimens) officially published are covered with the exception of those shown solely as names with neither description nor illustration. For every report of the species or specimen, the following items are included: publishing year, author(s) or the person(s) who identify the specimen (species), page(s) of the literature, plate(s), figure(s), preserved organ(s), locality(ies), horizon(s) or stratum(a) and age(s). Different reports of the same specimen (species) is (are) arranged chronologically, and then alphabetically by authors' names, which may further classified into a, b, etc., if the same author(s) published more than one report within one year on the same species.

Records of generic and specific names founded on Chinese specimen(s) is (are) marked by the symbol "△". Information of these records are documented as detailed as possible based on their original publication.

To completely document *Record of Megafossil Plants from China* (1865 — 2005), we compile all records faithfully according to their original publication without doing any delection or modification, nor offering annotations. However, all related modification and comments published later are included under each record, particularly on those with obvious problems, e.g., invalidly published naked names (nom. nud.).

According to *International Code of Botanical Nomenclature (Vienna Code)* article 36.3, in order to be validly published, a name of a new taxon of fossil plants published on or after January 1st, 1996 must be accompanied by a Latin or English description or diagnosis or by a reference to a previously and effectively published Latin or English description or diagnosis (McNeill and others, 2006; Zhou, 2007; Zhou Zhiyan, Mei Shengwu, 1996; *Brief News of Palaeobotany in China*, No. 38). The current series follows article 36.3 and the original language(s) of description and/or diagnosis is (are) shown in the records for those published on or after January 1st, 1996.

For the convenience of both Chinese speaking and non-Chinese speaking colleagues, every record in this series is compiled as two parts that are of essentially the same contents, in Chinese and English respectively. All cited references are listed only in western language (mainly English) strictly following the format of the English part of Zhou and Wu (chief compilers) (2002).

The publication of series volumes of *Record of Megafossil Plants from China* (1865 — 2005) is the necessity for the discipline accumulation and development. It provides further references for understanding the plant fossil biodiversity evolution and radiation of major plant groups through the geological ages. We hope that the publication of these volumes will be helpful forpromoting the professional exchange at home and abroad of palaeobotany.

This index is volume Ⅶ of *Record of Megafossil Plants from China* (1865 —2005). There are two parts of both Chinese and English versions, totally 644 generic names (among them, 179 generic names are established based on Chinese specimens), and 4265 specific names have been documented (among them, 1928 specific names are established based on Chinese specimens) in volumes Ⅰ — Ⅵ of *Record of Megafossil Plants from China* (1865 —2005).

Volume Ⅰ: *Record of Megafossil Bryophytes, Mesozoic Megafossil Lycophytes and Sphenophytes from China* includes totally 52 generic names (among them, 16 generic names are established based on Chinese specimens), and totally 353 specific names (among them, 169 specific names are established based on Chinese specimens).

Volume Ⅱ: *Record of Mesozoic Megafossil Filicophytes from China* includes totally 106 generic names (among them, 34 generic names are established based on Chinese specimens), and totally 902 specific names (among them, 400 specific names are established based on Chinese specimens).

Volume Ⅲ: *Record of Mesozoic Megafossil Cycadophytes from China* includes totally 144 generic names (among them, 52 generic names are established based on Chinese specimens), and totally 1315 specific names (among them, 676 specific names are established based on Chinese specimens).

Volume Ⅳ: *Record of Megafossil Ginkgophytes from China* includes totally 63 generic names (among them, 14 generic names were established based on Chinese specimens), and totally 583 specific names (among them, 240 specific names are established based on Chinese specimens).

Volume Ⅴ: *Record of Mesozoic Megafossil Coniferophytes from China* includes totally 139 generic names (among them, 24 generic names are established based on Chinese specimens), and totally 828 specific names (among them, 353 specific names are established based on Chinese specimens).

Volume Ⅵ: *Record of Mesozoic Megafossil Angiosperms from China* includes totally 140 generic names (among them, 39 generic names are established based on Chinese specimens), and totally 283 specific names (among them, 90 specific names are established based on Chinese specimens).

This work is jointly supported by the Basic Work of Science and Technology (2013FY113000) and the State Key Program of Basic Research (2012CB822003) of the Ministry of Science and Technology, the National Natural Sciences Foundation of China (No. 41272010), the State Key Laboratory of Palaeobiology and Stratigraphy (No. 103115), the Important Directional Project (ZKZCX2-YW-154) and the Information Construction

Project (INF105-SDB-1-42) of Knowledge Innovation Program of the Chinese Academy of Sciences.

We thank Prof. Wang Jun and others many colleagues and experts from the Department of Palaeobotany and Palynology of Nanjing Institute of Geology and Palaeontology (NIGPS), CAS for helpful suggestions and support. Special thanks are due to Acad. Zhou Zhiyan for his kind help and support for this work, and writing "General Foreword" of this book. We also acknowledge our sincere thanks to Prof. Yang Qun (the director of NIGPAS), Acad. Rong Jiayu, Acad. Shen Shuzhong and Prof. Yuan Xunlai (the head of State Key La-boratory of Palaeobiology and Stratigraphy), for their support for successful compilation and publication of this book. Ms. Zhang Xiaoping and Ms. Feng Man from the Liboratory of NIGPAS are appreciated for assistances of books and literatures collections.

Editor

Chapter 1 Index of Generic Names (Volumes Ⅰ—Ⅵ)

(Arranged alphabetically, generic name and the volume number / the page number in English part / the page number in Chinese part, "△" indicates the generic name established based on Chinese material)

A

△*Abropteris* 华脉蕨属 ······ Ⅱ /269 /1
△*Acanthopteris* 刺蕨属 ······ Ⅱ /269 /1
△*Acerites* 似槭树属 ······ Ⅵ /117 /1
Acitheca 尖囊蕨属 ······ Ⅱ /274 /5
△*Aconitites* 似乌头属 ······ Ⅵ /117 /1
Acrostichopteris 卤叶蕨属 ······ Ⅱ /274 /5
△*Acthephyllum* 奇叶属 ······ Ⅲ /313 /1
Adiantopteris 似铁线蕨属 ······ Ⅱ /276 /6
Adiantum 铁线蕨属 ······ Ⅱ /277 /7
△*Aetheopteris* 奇羊齿属 ······ Ⅲ /313 /1
Aethophyllum 奇叶杉属 ······ Ⅴ /239 /1
△*Aipteridium* 准爱河羊齿属 ······ Ⅲ /314 /1
Aipteris 爱河羊齿属 ······ Ⅲ /314 /2
Alangium 八角枫属 ······ Ⅵ /118 /2
Albertia 阿尔贝杉属 ······ Ⅴ /239 /1
Allicospermum 裸籽属 ······ Ⅳ /169 /1
△*Alloephedra* 异麻黄属 ······ Ⅴ /241 /2
△*Allophyton* 奇异木属 ······ Ⅱ /277 /8
Alnites Hisinger, 1837 (non Deane, 1902) 似桤属 ······ Ⅵ /118 /2
Alnites Deane, 1902 (non Hisinger, 1837) 似桤属 ······ Ⅵ /118 /2
Alnus 桤属 ······ Ⅵ /119 /3
Amdrupia 安杜鲁普蕨属 ······ Ⅲ /316 /3
△*Amdrupiopsis* 拟安杜鲁普蕨属 ······ Ⅲ /317 /4
△*Amentostrobus* 花穗杉果属 ······ Ⅴ /241 /3
Amesoneuron 棕榈叶属 ······ Ⅵ /119 /3
Ammatopsis 拟安马特衫属 ······ Ⅴ /241 /3
Ampelopsis 蛇葡萄属 ······ Ⅵ /120 /4
△*Amphiephedra* 疑麻黄属 ······ Ⅴ /242 /3
Androstrobus 雄球果属 ······ Ⅲ /318 /5
Angiopteridium 准莲座蕨属 ······ Ⅱ /278 /8

Angiopteris 莲座蕨属	Ⅱ	/278/9
△*Angustiphyllum* 窄叶属	Ⅲ	/319/6
Annalepis 脊囊属	Ⅰ	/140/12
Annularia 轮叶属	Ⅰ	/144/15
Annulariopsis 拟轮叶属	Ⅰ	/144/15
Anomopteris 异形羊齿属	Ⅱ	/279/9
Anomozamites 异羽叶属	Ⅲ	/319/6
Antholites 石花属	Ⅳ	/169/1
Antholithes 石花属	Ⅳ	/170/2
Antholithus 石花属	Ⅳ	/170/2
Anthrophyopsis 大网羽叶属	Ⅲ	/333/16
Aphlebia 变态叶属	Ⅲ	/337/19
Aralia 楤木属	Ⅵ	/120/4
Araliaephyllum 楤木叶属	Ⅵ	/121/4
Araucaria 南洋杉属	Ⅴ	/242/4
Araucarioxylon 南洋杉型木属	Ⅴ	/242/4
Araucarites 似南洋杉属	Ⅴ	/244/5
△*Archaefructus* 古果属	Ⅵ	/121/5
△*Archimagnolia* 始木兰属	Ⅵ	/123/6
Arctobaiera 北极拜拉属	Ⅳ	/171/3
Arctopteris 北极蕨属	Ⅱ	/280/10
△*Areolatophyllum* 华网蕨属	Ⅱ	/283/12
Arthollia 阿措勒叶属	Ⅵ	/123/6
△*Asiatifolium* 亚洲叶属	Ⅵ	/123/7
Aspidiophyllum 盾形叶属	Ⅵ	/124/7
Asplenium 铁角蕨属	Ⅱ	/283/13
Asterotheca 星囊蕨属	Ⅱ	/285/14
Athrotaxites 似密叶杉属	Ⅴ	/245/6
Athrotaxopsis 拟密叶杉属	Ⅴ	/246/7
Athyrium 蹄盖蕨属	Ⅱ	/289/17

B

Baiera 拜拉属	Ⅳ	/171/3
△*Baiguophyllum* 白果叶属	Ⅳ	/192/18
Baisia 贝西亚果属	Ⅵ	/125/8
Bauhinia 羊蹄甲属	Ⅵ	/125/8
Bayera 拜拉属	Ⅳ	/192/19
Beania 宾尼亚球果属	Ⅲ	/337/19
△*Beipiaoa* 北票果属	Ⅵ	/125/9
△*Bennetdicotis* 本内缘蕨属	Ⅵ	/126/9
Bennetticarpus 本内苏铁果属	Ⅲ	/338/20
△*Benxipteris* 本溪羊齿属	Ⅲ	/339/21
Bernettia 伯恩第属	Ⅲ	/340/22

Bernouillia Heer, 1876 ex Seward, 1910 贝尔瑙蕨属	II /293 /19
Bernoullia Heer, 1876 贝尔瑙蕨属	II /292 /20
Betula 桦木属	VI /127 /10
Betuliphyllum 桦木叶属	VI /127 /10
Borysthenia 第聂伯果属	V /247 /8
Boseoxylon 鲍斯木属	III /340 /22
△*Botrychites* 似阴地蕨属	II /295 /22
Brachyoxylon 短木属	V /247 /8
Brachyphyllum 短叶杉属	V /248 /9
Bucklandia 巴克兰茎属	III /341 /22

C

Calamites Suckow, 1784 (non Schlotheim, 1820, nec Brongniart, 1828) 芦木属	I /148 /18
Calamites Schlotheim, 1820 (non Brongniart, 1828, nec Suckow, 1784) 芦木属	I /149 /19
Calamites Brongniart, 1828 (non Schlotheim, 1820, nec Suckow, 1784) 芦木属	I /149 /19
Calymperopsis 拟花藓属	I /127 /1
Cardiocarpus 心籽属	V /255 /15
Carpites 石果属	VI /127 /10
Carpolithes 或 *Carpolithus* 石籽属	V /256 /15
Cassia 决明属	VI /128 /11
Castanea 板栗属	VI /128 /11
△*Casuarinites* 似木麻黄属	VI /129 /12
Caulopteris 茎干蕨属	II /295 /22
Cedroxylon 雪松型木属	V /268 /25
Celastrophyllum 南蛇藤叶属	VI /129 /12
Celastrus 南蛇藤属	VI /130 /13
Cephalotaxopsis 拟粗榧属	V /268 /25
Ceratophyllum 金鱼藻属	VI /130 /13
Cercidiphyllum 连香树属	VI /131 /14
△*Chaoyangia* 朝阳序属	V /270 /27
△*Chaoyangia* 朝阳序属	VI /131 /14
△*Chengzihella* 城子河叶属	VI /132 /15
△*Chiaohoella* 小蛟河蕨属	II /296 /23
△*Chilinia* 吉林羽叶属	III /341 /23
Chiropteris 掌状蕨属	II /298 /24
△*Ciliatopteris* 细毛蕨属	II /299 /25
Cinnamomum 樟树属	VI /133 /15
Cissites 似白粉藤属	VI /133 /15
Cissus 白粉藤属	VI /134 /16
△*Cladophlebidium* 准枝脉蕨属	II /300 /26
Cladophlebis 枝脉蕨属	II /300 /26
Classostrobus 克拉松穗属	V /271 /27
Clathropteris 格子蕨属	II /362 /74

△*Clematites* 似铁线莲叶属	Ⅵ /134 /17
Compsopteris 蕉羊齿属	Ⅲ /343 /24
Coniferites 似松柏属	Ⅴ /271 /28
Coniferocaulon 松柏茎属	Ⅴ /272 /29
Coniopteris 锥叶蕨属	Ⅱ /373 /81
Conites 似球果属	Ⅴ /272 /29
Corylites 似榛属	Ⅵ /135 /17
Corylopsiphyllum 榛叶属	Ⅵ /135 /18
Corylus 榛属	Ⅵ /136 /18
Credneria 克里木属	Ⅵ /136 /18
Crematopteris 悬羽羊齿属	Ⅲ /345 /25
Cryptomeria 柳杉属	Ⅴ /275 /31
Ctenis 篦羽叶属	Ⅲ /346 /26
Ctenophyllum 梳羽叶属	Ⅲ /361 /37
Ctenopteris 篦羽羊齿属	Ⅲ /363 /39
Ctenozamites 枝羽叶属	Ⅲ /365 /40
Culgoweria 苦戈维里属	Ⅳ /192 /19
Cunninhamia 杉木属	Ⅴ /276 /32
Cupressinocladus 柏型枝属	Ⅴ /276 /32
Cupressinoxylon 柏型木属	Ⅴ /282 /37
Cupressus 柏木属	Ⅴ /283 /38
Cyathea 桫椤属	Ⅱ /405 /105
△*Cycadicotis* 苏铁缘蕨属	Ⅲ /371 /45
△*Cycadicotis* 苏铁缘蕨属	Ⅵ /137 /19
Cycadites Sternberg,1825(non Buckland,1836)似苏铁属	Ⅲ /372 /46
Cycadites Buckland,1836(non Sternberg,1825)似苏铁属	Ⅲ /373 /47
Cycadocarpidium 准苏铁杉果属	Ⅴ /284 /38
Cycadolepis 苏铁鳞片属	Ⅲ /374 /47
△*Cycadolepophyllum* 苏铁鳞叶属	Ⅲ /377 /50
Cycadospadix 苏铁掌苞属	Ⅲ /378 /50
Cyclopitys 轮松属	Ⅴ /292 /45
Cyclopteris 圆异叶属	Ⅲ /378 /51
Cycrocarya 青钱柳属	Ⅵ /138 /20
Cynepteris 连蕨属	Ⅱ /405 /105
Cyparissidium 准柏属	Ⅴ /293 /45
Cyperacites 似莎草属	Ⅵ /138 /20
Czekanowskia 茨康叶属	Ⅳ /193 /19
Czekanowskia (*Vachrameevia*) 茨康叶(瓦氏叶亚属)	Ⅳ /201 /26

D

Dadoxylon 台座木属	Ⅴ /294 /47
Danaeopsis 拟丹尼蕨属	Ⅱ /406 /105
△*Datongophyllum* 大同叶属	Ⅳ /201 /26

Davallia 骨碎补属	Ⅱ/411/110
Debeya 德贝木属	Ⅵ/138/20
Deltolepis 三角鳞属	Ⅲ/379/51
△*Dentopteris* 牙羊齿属	Ⅲ/379/52
Desmiophyllum 带状叶属	Ⅲ/380/52
Dianella 山菅兰属	Ⅵ/139/21
Dicksonia 蚌壳蕨属	Ⅱ/412/110
Dicotylophyllum Saporta,1894 (non Bandulska,1923) 双子叶属	Ⅵ/139/21
Dicotylophyllum Bandulska,1923 (non Saporta,1894) 双子叶属	Ⅵ/141/23
Dicranophyllum 叉叶属	Ⅳ/202/27
Dicrodium 二叉羊齿属	Ⅲ/382/54
Dictyophyllum 网叶蕨属	Ⅱ/414/112
Dictyozamites 网羽叶属	Ⅲ/386/57
Dioonites 似狄翁叶属	Ⅲ/386/57
Diospyros 柿属	Ⅵ/141/23
Disorus 双囊蕨属	Ⅱ/423/119
Doratophyllum 带叶属	Ⅲ/386/57
△*Dracopteris* 龙蕨属	Ⅱ/424/119
Drepanolepis 镰鳞果属	Ⅴ/295/47
Drepanozamites 镰刀羽叶属	Ⅲ/388/59
Dryophyllum 槲叶属	Ⅵ/142/23
Dryopteris 鳞毛蕨属	Ⅱ/424/120
Dryopterites 似鳞毛蕨属	Ⅱ/424/120
△*Dukouphyllum* 渡口叶属	Ⅲ/392/61
△*Dukouphyllum* 渡口叶属	Ⅳ/204/28
△*Dukouphyton* 渡口痕木属	Ⅲ/392/62

E

Eboracia 爱博拉契蕨属	Ⅱ/426/122
△*Eboraciopsis* 拟爱博拉契蕨属	Ⅱ/430/124
Elatides 似枞属	Ⅴ/295/48
Elatocladus 枞型枝属	Ⅴ/300/52
△*Eoglyptostrobus* 始水松属	Ⅴ/312/61
△*Eogonocormus* Deng,1995 (non Deng,1997) 始团扇蕨属	Ⅱ/430/125
△*Eogonocormus* Deng,1997 (non Deng,1995) 始团扇蕨属	Ⅱ/431/125
△*Eogymnocarpium* 始羽蕨属	Ⅱ/431/125
Ephedrites 似麻黄属	Ⅴ/313/62
Equisetites 似木贼属	Ⅰ/149/19
Equisetostachys 木贼穗属	Ⅰ/175/39
Equisetum 木贼属	Ⅰ/176/40
△*Eragrosites* 似画眉草属	Ⅴ/315/64
△*Eragrosites* 似画眉草属	Ⅵ/142/24
Erenia 伊仑尼亚属	Ⅵ/143/24

Eretmophyllum 桨叶属	Ⅳ /204 /29
Estherella 爱斯特拉属	Ⅲ /392 /62
Eucalyptus 桉属	Ⅵ /143 /25
△*Eucommioites* 似杜仲属	Ⅵ /144 /25
Euryphyllum 宽叶属	Ⅲ /393 /63

F

Ferganiella 费尔干杉属	Ⅴ /315 /64
Ferganodendron 费尔干木属	Ⅰ /183 /45
Ficophyllum 榕叶属	Ⅵ /144 /26
Ficus 榕属	Ⅵ /145 /26
△*Filicidicotis* 羊齿缘蕨属	Ⅵ /146 /27
△*Foliosites* 似茎状地衣属	Ⅰ /127 /1
Frenelopsis 拟节柏属	Ⅴ /319 /67

G

Gangamopteris 恒河羊齿属	Ⅲ /393 /63
△*Gansuphyllites* 甘肃芦木属	Ⅰ /183 /46
Geinitzia 盖涅茨杉属	Ⅴ /321 /68
△*Geminofoliolum* 双生叶属	Ⅰ /184 /46
△*Gigantopteris* 大羽羊齿属	Ⅲ /394 /64
Ginkgo 银杏属	Ⅳ /206 /30
Ginkgodium 准银杏属	Ⅳ /219 /41
Ginkgoidium 准银杏属	Ⅳ /220 /42
Ginkgoites 似银杏属	Ⅳ /221 /43
Ginkgoitocladus 似银杏枝属	Ⅳ /239 /57
Ginkgophyllum 银杏叶属	Ⅳ /239 /57
Ginkgophyton Matthew, 1910 (non Zalessky, 1918) 银杏木属	Ⅳ /240 /58
Ginkgophyton Zalessky, 1918 (non Matthew, 1910) 银杏木属	Ⅳ /240 /58
Ginkgophytopsis 拟银杏属	Ⅳ /241 /59
Ginkgoxylon 银杏型木属	Ⅳ /242 /60
Gleichenites 似里白属	Ⅱ /432 /126
Glenrosa 格伦罗斯杉属	Ⅴ /321 /68
Glossophyllum 舌叶属	Ⅳ /242 /60
Glossopteris 舌羊齿属	Ⅲ /395 /64
Glossotheca 舌鳞叶属	Ⅲ /396 /65
Glossozamites 舌似查米亚属	Ⅲ /397 /66
Glyptolepis 雕鳞杉属	Ⅴ /322 /69
Glyptostroboxylon 水松型木属	Ⅴ /322 /70
Glyptostrobus 水松属	Ⅴ /323 /70
Goeppertella 葛伯特蕨属	Ⅱ /439 /132
Gomphostrobus 棍穗属	Ⅴ /323 /71

Gonatosorus 屈囊蕨属	Ⅱ /441 /134
Graminophyllum 禾草叶属	Ⅵ /146 /27
Grammaephloios 棋盘木属	Ⅰ /184 /47
△*Guangxiophyllum* 广西叶属	Ⅲ /398 /67
Gurvanella 古尔万果属	Ⅴ /324 /71
Gurvanella 古尔万果属	Ⅵ /146 /28
△*Gymnogrammitites* 似雨蕨属	Ⅱ /443 /135

H

△*Hallea* 哈勒角籽属	Ⅴ /324 /71
Harrisiothecium 哈瑞士羊齿属	Ⅲ /398 /67
Hartzia Harris, 1935 (non Nikitin, 1965) 哈兹叶属	Ⅳ /247 /64
Hartzia Nikitin, 1965 (non Harris, 1935) 哈兹籽属	Ⅵ /147 /28
Hausmannia 荷叶蕨属	Ⅱ /443 /135
Hausmannia (*Protorhipis*) 荷叶蕨(原始扇状蕨亚属)	Ⅱ /446 /137
Haydenia 哈定蕨属	Ⅱ /449 /140
Heilungia 黑龙江羽叶属	Ⅲ /398 /68
Hepaticites 似苔属	Ⅰ /128 /2
△*Hexaphyllum* 六叶属	Ⅰ /184 /47
Hicropteris 里白属	Ⅱ /450 /141
Hirmerella 希默尔杉属	Ⅴ /325 /72
△*Hsiangchiphyllum* 香溪叶属	Ⅲ /399 /68
△*Hubeiophyllum* 湖北叶属	Ⅲ /400 /69
△*Hunanoequisetum* 湖南木贼属	Ⅰ /185 /47
Hymenophyllites 似膜蕨属	Ⅱ /450 /141
Hyrcanopteris 奇脉羊齿属	Ⅲ /401 /69

I

△*Illicites* 似八角属	Ⅵ /147 /28
Isoetes 水韭属	Ⅰ /185 /48
Isoetites 似水韭属	Ⅰ /186 /48
Ixostrobus 槲寄生穗属	Ⅳ /248 /65

J

Jacutiella 雅库蒂羽叶属	Ⅲ /402 /71
Jacutopteris 雅库蒂蕨属	Ⅱ /451 /142
△*Jaenschea* 耶氏蕨属	Ⅱ /452 /143
△*Jiangxifolium* 江西叶属	Ⅱ /452 /143
△*Jingmenophyllum* 荆门叶属	Ⅲ /403 /71
△*Jixia* 鸡西叶属	Ⅵ /148 /29
Juglandites 似胡桃属	Ⅵ /149 /30
△*Juradicotis* 侏罗缘蕨属	Ⅵ /149 /30

△*Juramagnolia* 侏罗木兰属 ·· Ⅵ/150/31

K

△*Kadsurrites* 似南五味子属 ·· Ⅵ/151/31
Karkenia 卡肯果属 ·· Ⅳ/251/67
Klukia 克鲁克蕨属 ·· Ⅱ/453/144
△*Klukiopsis* 似克鲁克蕨属 ··· Ⅱ/455/145
△*Kuandiania* 宽甸叶属 ··· Ⅲ/403/71
Kylikipteris 杯囊蕨属 ··· Ⅱ/455/146

L

Laccopteris 拉谷蕨属 ··· Ⅱ/456/146
Laricopsis 拟落叶松属 ··· Ⅴ/325/72
Laurophyllum 桂叶属 ·· Ⅵ/151/32
Leguminosites 似豆属 ·· Ⅵ/152/32
Lepidopteris 鳞羊齿属 ··· Ⅲ/404/72
Leptostrobus 薄果穗属 ·· Ⅳ/251/67
Lesangeana 勒桑茎属 ·· Ⅱ/457/147
Lesleya 列斯里叶属 ··· Ⅲ/407/74
Leuthardtia 劳达尔特属 ··· Ⅲ/407/75
△*Lhassoxylon* 拉萨木属 ·· Ⅴ/326/72
△*Lianshanus* 连山草属 ··· Ⅵ/152/33
△*Liaoningdicotis* 辽宁缘蕨属 ·· Ⅵ/153/33
△*Liaoningocladus* 辽宁枝属 ··· Ⅴ/326/73
△*Liaoxia* 辽西草属 ··· Ⅴ/326/74
△*Liaoxia* 辽西草属 ··· Ⅵ/153/34
△*Lilites* 似百合属 ··· Ⅵ/154/34
Lindleycladus 林德勒枝属 ·· Ⅴ/327/74
△*Lingxiangphyllum* 灵乡叶属 ··· Ⅲ/408/75
Lobatannularia 瓣轮叶属 ··· Ⅰ/186/49
△*Lobatannulariopsis* 拟瓣轮叶属 ··· Ⅰ/188/50
Lobifolia 裂叶蕨属 ·· Ⅱ/458/148
Lomatopteris 厚边羊齿属 ··· Ⅲ/408/76
△*Longfengshania* 龙凤山苔属 ··· Ⅰ/130/3
△*Longjingia* 龙井叶属 ·· Ⅵ/155/35
△*Luereticopteris* 吕蕨属 ··· Ⅱ/458/148
Lycopodites 似石松属 ·· Ⅰ/188/50
Lycostrobus 石松穗属 ·· Ⅰ/190/52

M

Macclintockia 马克林托叶属 ·· Ⅵ/155/35

Name	Ref
△*Macroglossopteris* 大舌羊齿属	Ⅲ /409 /76
Macrostachya 大芦孢穗属	Ⅰ /191 /52
Macrotaeniopteris 大叶带羊齿属	Ⅲ /409 /77
Manica 袖套杉属	Ⅴ /328 /75
△*Manica* (*Chanlingia*) 袖套杉(长岭杉亚属)	Ⅴ /329 /76
△*Manica* (*Manica*) 袖套杉(袖套杉亚属)	Ⅴ /330 /76
Marattia 合囊蕨属	Ⅱ /459 /149
Marattiopsis 拟合囊蕨属	Ⅱ /462 /151
Marchantiolites 古地钱属	Ⅰ /130 /4
Marchantites 似地钱属	Ⅰ /131 /4
Marskea 马斯克松属	Ⅴ /331 /78
Masculostrobus 雄球穗属	Ⅴ /332 /78
Matonidium 准马通蕨属	Ⅱ /465 /153
△*Mediocycas* 中间苏铁属	Ⅲ /410 /77
△*Membranifolia* 膜质叶属	Ⅲ /410 /78
Menispermites 似蝙蝠葛属	Ⅵ /155 /36
△*Metalepidodendron* 变态鳞木属	Ⅰ /191 /53
Metasequoia 水杉属	Ⅴ /332 /79
△*Metzgerites* 似叉苔属	Ⅰ /131 /5
Millerocaulis 米勒尔茎属	Ⅱ /465 /154
△*Mirabopteris* 奇异羊齿属	Ⅲ /411 /78
△*Mironeura* 奇脉叶属	Ⅲ /411 /78
△*Mixophylum* 间羽叶属	Ⅲ /412 /79
△*Mixopteris* 间羽蕨属	Ⅱ /466 /154
△*Mnioites* 似提灯藓属	Ⅰ /132 /5
Monocotylophyllum 单子叶属	Ⅵ /156 /36
Muscites 似藓属	Ⅰ /133 /6
Musophyllum 芭蕉叶属	Ⅵ /157 /37
Myrtophyllum 桃金娘叶属	Ⅵ /157 /37

N

Name	Ref
Nagatostrobus 长门果穗属	Ⅴ /333 /80
Nageiopsis 拟竹柏属	Ⅴ /334 /81
△*Nanpiaophyllum* 南票叶属	Ⅲ /412 /79
△*Nanzhangophyllum* 南漳叶属	Ⅲ /413 /80
Nathorstia 那氏蕨属	Ⅱ /466 /154
Neckera 平藓属	Ⅰ /134 /7
Nectandra 香南属	Ⅵ /158 /38
△*Neoannularia* 新轮叶属	Ⅰ /192 /53
Neocalamites 新芦木属	Ⅰ /193 /54
Neocalamostachys 新芦木穗属	Ⅰ /212 /68
△*Neostachya* 新孢穗属	Ⅰ /213 /68
Neozamites 新查米亚属	Ⅲ /413 /80

Neuropteridium 准脉羊齿属	Ⅲ/415/82
Nilssonia 蕉羽叶属	Ⅲ/417/83
Nilssoniopteris 蕉带羽叶属	Ⅲ/450/106
Noeggerathiopsis 匙叶属	Ⅲ/458/112
Nordenskioldia 落登斯基果属	Ⅵ/158/38
△*Norinia* 那琳壳斗属	Ⅲ/459/113
Nymphaeites 似睡莲属	Ⅵ/158/38

O

△*Odontosorites* 似齿囊蕨属	Ⅱ/467/155
Oleandridium 准条蕨属	Ⅲ/459/113
Onychiopsis 拟金粉蕨属	Ⅱ/467/155
△*Orchidites* 似兰属	Ⅵ/159/39
Osmunda 紫萁属	Ⅱ/471/158
Osmundacaulis 紫萁座莲属	Ⅱ/473/159
Osmundopsis 拟紫萁属	Ⅱ/473/160
Otozamites 耳羽叶属	Ⅲ/460/114
Ourostrobus 尾果穗属	Ⅴ/335/81
Oxalis 酢浆草属	Ⅵ/160/40

P

Pachypteris 厚羊齿属	Ⅲ/475/124
Pagiophyllum 坚叶杉属	Ⅴ/336/82
Palaeocyparis 古柏属	Ⅴ/342/87
Palaeovittaria 古维他叶属	Ⅲ/478/127
Palibiniopteris 帕利宾蕨属	Ⅱ/474/161
Palissya 帕里西亚杉属	Ⅴ/343/88
Paliurus 马甲子属	Ⅵ/160/40
Palyssia 帕里西亚杉属	Ⅴ/344/88
△*Pankuangia* 潘广叶属	Ⅲ/478/127
△*Papilionifolium* 蝶叶属	Ⅲ/479/127
△*Paraconites* 副球果属	Ⅴ/344/89
Paracycas 副苏铁属	Ⅲ/479/128
Paradoxopteris Hirmer,1927 (non Mi et Liu,1977) 奇异蕨属	Ⅱ/475/161
△*Paradoxopteris* Mi et Liu,1977 (non Hirmer,1927) 奇异羊齿属	Ⅲ/480/128
△*Paradrepanozamites* 副镰羽叶属	Ⅲ/480/129
△*Parafunaria* 副葫芦藓属	Ⅰ/134/7
△*Parastorgaardis* 拟斯托加枝属	Ⅴ/344/89
Parataxodium 副落羽杉属	Ⅴ/345/89
Paulownia 泡桐属	Ⅵ/161/40
△*Pavoniopteris* 雅蕨属	Ⅱ/475/162
Pecopteris 栉羊齿属	Ⅱ/476/162

Peltaspermum 盾籽属	Ⅲ	/481 /130
△*Perisemoxylon* 雅观木属	Ⅲ	/483 /131
Phlebopteris 异脉蕨属	Ⅱ	/477 /164
Phoenicopsis 拟刺葵属	Ⅳ	/253 /69
Phoenicopsis (*Culgoweria*) 拟刺葵(苦果维尔叶亚属)	Ⅳ	/262 /76
Phoenicopsis (*Phoenicopsis*) 拟刺葵(拟刺葵亚属)	Ⅳ	/263 /76
△*Phoenicopsis* (*Stephenophyllum*) 拟刺葵(斯蒂芬叶亚属)	Ⅳ	/263 /77
Phoenicopsis (*Windwardia*) 拟刺葵(温德瓦狄叶亚属)	Ⅳ	/264 /78
△*Phoroxylon* 贼木属	Ⅲ	/483 /131
Phrynium 柊叶属	Ⅵ	/161 /41
Phylladoderma 顶缺银杏属	Ⅳ	/265 /79
Phyllites 石叶属	Ⅵ	/161 /41
Phyllocladopsis 拟叶枝杉属	Ⅴ	/345 /90
Phyllocladoxylon 叶枝杉型木属	Ⅴ	/346 /90
Phyllotheca 杯叶属	Ⅰ	/213 /69
Picea 云杉属	Ⅴ	/347 /92
Piceoxylon 云杉型木属	Ⅴ	/348 /92
Pinites 似松属	Ⅴ	/349 /93
Pinoxylon 松木属	Ⅴ	/349 /94
Pinus 松属	Ⅴ	/350 /94
Pityites 拟松属	Ⅴ	/350 /95
Pityocladus 松型枝属	Ⅴ	/351 /95
Pityolepis 松型果鳞属	Ⅴ	/355 /98
Pityophyllum 松型叶属	Ⅴ	/359 /101
Pityospermum 松型子属	Ⅴ	/367 /107
Pityostrobus 松型果属	Ⅴ	/370 /110
Pityoxylon 松型木属	Ⅴ	/372 /112
Planera 普拉榆属	Ⅵ	/162 /42
Platanophyllum 悬铃木叶属	Ⅵ	/162 /42
Platanus 悬铃木属	Ⅵ	/163 /42
Pleuromeia 肋木属	Ⅰ	/216 /71
Podocarpites 似罗汉松属	Ⅴ	/372 /112
Podocarpoxylon 罗汉松型木属	Ⅴ	/374 /113
Podocarpus 罗汉松属	Ⅴ	/374 /114
Podozamites 苏铁杉属	Ⅴ	/375 /114
△*Polygatites* 似远志属	Ⅵ	/165 /44
Polygonites Saporta,1865 (non Wu S Q,1999) 似蓼属	Ⅵ	/165 /44
△*Polygonites* Wu S Q,1999 (non Saporta,1865) 似蓼属	Ⅵ	/165 /45
Polypodites 似水龙骨属	Ⅱ	/484 /168
Populites Viviani,1833 (non Goeppert,1852) 似杨属	Ⅵ	/166 /45
Populites Goeppert,1852 (non Viviani,1833) 似杨属	Ⅵ	/166 /45
Populus 杨属	Ⅵ	/167 /46
Potamogeton 眼子菜属	Ⅵ	/168 /47
△*Primoginkgo* 始拟银杏属	Ⅳ	/266 /80

Problematospermum 毛籽属	Ⅴ	/398 /132
Protoblechnum 原始鸟毛蕨属	Ⅲ	/484 /132
Protocedroxylon 原始雪松型木属	Ⅴ	/398 /132
Protocupressinoxylon 原始柏型木属	Ⅴ	/399 /133
Protoginkgoxylon 原始银杏型木属	Ⅳ	/266 /80
△*Protoglyptostroboxylon* 原始水松型木属	Ⅴ	/399 /134
Protophyllocladoxylon 原始叶枝杉型木属	Ⅴ	/400 /134
Protophyllum 元叶属	Ⅵ	/168 /47
Protopiceoxylon 原始云杉型木属	Ⅴ	/401 /135
Protopodocarpoxylon 原始罗汉松型木属	Ⅴ	/402 /136
△*Protosciadopityoxylon* 原始金松型木属	Ⅴ	/403 /137
Prototaxodioxylon 原始落羽杉型木属	Ⅴ	/404 /138
Pseudoctenis 假篦羽叶属	Ⅲ	/486 /134
Pseudocycas 假苏铁属	Ⅲ	/490 /137
Pseudodanaeopsis 假丹尼蕨属	Ⅲ	/491 /138
Pseudofrenelopsis 假拟节柏属	Ⅴ	/404 /138
Pseudolarix 金钱松属	Ⅴ	/408 /141
△*Pseudopolystichum* 假耳蕨属	Ⅱ	/484 /169
Pseudoprotophyllum 假元叶属	Ⅵ	/171 /50
△*Pseudorhipidopsis* 异叶属	Ⅳ	/267 /81
△*Pseudotaeniopteris* 假带羊齿属	Ⅲ	/492 /138
Pseudotorellia 假托勒利叶属	Ⅳ	/268 /82
△*Psygmophyllopsis* 拟掌叶属	Ⅳ	/270 /83
Psygmophyllum 掌叶属	Ⅳ	/270 /84
△*Pteridiopsis* 拟蕨属	Ⅱ	/485 /169
Pteridium 蕨属	Ⅱ	/485 /170
Pterocarya 枫杨属	Ⅵ	/172 /50
Pterophyllum 侧羽叶属	Ⅲ	/492 /139
Pterospermites 似翅籽树属	Ⅵ	/172 /50
Pterozamites 翅似查米亚属	Ⅲ	/528 /164
Ptilophyllum 毛羽叶属	Ⅲ	/528 /164
Ptilozamites 叉羽叶属	Ⅲ	/538 /171
Ptychocarpus 皱囊蕨属	Ⅱ	/486 /170
Pursongia 蒲逊叶属	Ⅲ	/541 /173

Q

△*Qionghaia* 琼海叶属	Ⅲ	/542 /174
Quercus 栎属	Ⅵ	/173 /51
Quereuxia 奎氏叶属	Ⅵ	/174 /52

R

△*Radiatifolium* 辐叶属	Ⅳ	/274 /87

Radicites 似根属	Ⅰ /222 /75
Ranunculaecarpus 毛茛果属	Ⅵ /174 /52
△*Ranunculophyllum* 毛茛叶属	Ⅵ /175 /53
Ranunculus 毛茛属	Ⅵ /175 /53
Raphaelia 拉发尔蕨属	Ⅱ /486 /171
△*Rehezamites* 热河似查米亚属	Ⅲ /542 /174
△*Reteophlebis* 网格蕨属	Ⅱ /489 /173
Rhabdotocaulon 棒状茎属	Ⅲ /543 /175
Rhacopteris 扇羊齿属	Ⅲ /543 /175
Rhamnites 似鼠李属	Ⅵ /175 /53
Rhamnus 鼠李属	Ⅵ /176 /54
Rhaphidopteris 针叶羊齿属	Ⅲ /544 /176
Rhinipteris 纵裂蕨属	Ⅱ /490 /174
Rhipidiocladus 扇状枝属	Ⅴ /408 /141
Rhipidopsis 扇叶属	Ⅳ /274 /87
Rhiptozamites 科达似查米亚属	Ⅲ /546 /177
△*Rhizoma* 根状茎属	Ⅵ /176 /54
Rhizomopteris 根茎蕨属	Ⅱ /490 /174
△*Riccardiopsis* 拟片叶苔属	Ⅰ /134 /7
△*Rireticopteris* 日蕨属	Ⅱ /492 /175
Rogersia 鬼灯檠属	Ⅵ /177 /55
Ruehleostachys 隐脉穗属	Ⅴ /410 /143
Ruffordia 鲁福德蕨属	Ⅱ /492 /176

S

△*Sabinites* 似圆柏属	Ⅴ /410 /143
Sagenopteris 鱼网叶属	Ⅲ /546 /177
Sahnioxylon 萨尼木属	Ⅲ /554 /183
Sahnioxylon 萨尼木属	Ⅵ /177 /55
Saliciphyllum Conwentz,1886 (non Fontaine,1889) 柳叶属	Ⅵ /178 /56
Saliciphyllum Fontaine,1889 (non Conwentz,1886) 柳叶属	Ⅵ /178 /56
Salix 柳属	Ⅵ /179 /56
Salvinia 槐叶萍属	Ⅱ /496 /178
Samaropsis 拟翅籽属	Ⅴ /411 /144
Sapindopsis 拟无患子属	Ⅵ /179 /57
Saportaea 铲叶属	Ⅳ /280 /91
Sassafras 檫木属	Ⅵ /180 /57
Scarburgia 斯卡伯格穗属	Ⅴ /413 /145
Schisandra 五味子属	Ⅵ /181 /58
Schizolepis 裂鳞果属	Ⅴ /414 /146
Schizoneura 裂脉叶属	Ⅰ /224 /77
Schizoneura-Echinostachys 裂脉叶-具刺孢穗属	Ⅰ /226 /79
Sciadopityoxylon 金松型木属	Ⅴ /419 /150

Name	Ref
Scleropteris Saporta,1872 (non Andrews,1942) 硬蕨属	Ⅱ /496 /179
Scleropteris Andrews,1942 (non Saporta,1872) 硬蕨属	Ⅱ /497 /180
Scoresbya 斯科勒斯比叶属	Ⅲ /554 /184
Scotoxylon 苏格兰木属	Ⅴ /420 /151
Scytophyllum 革叶属	Ⅲ /556 /185
Selaginella 卷柏属	Ⅰ /227 /80
Selaginellites 似卷柏属	Ⅰ /227 /80
Sequoia 红杉属	Ⅴ /420 /151
△*Setarites* 似狗尾草属	Ⅵ /181 /58
Sewardiodendron 西沃德杉属	Ⅴ /422 /153
△*Shanxicladus* 山西枝属	Ⅱ /498 /180
△*Shenea* 沈氏蕨属	Ⅱ /498 /180
△*Shenkuoia* 沈括叶属	Ⅵ /181 /59
△*Sinocarpus* 中华古果属	Ⅵ /182 /59
△*Sinoctenis* 中国篦羽叶属	Ⅲ /558 /187
△*Sinodicotis* 中华缘蕨属	Ⅵ /183 /60
△*Sinophyllum* 中国叶属	Ⅳ /281 /92
△*Sinozamites* 中国似查米亚属	Ⅲ /563 /190
Solenites 似管状叶属	Ⅳ /281 /93
Sorbaria 珍珠梅属	Ⅵ /183 /60
Sorosaccus 堆囊穗属	Ⅳ /283 /94
Sparganium 黑三棱属	Ⅵ /183 /60
△*Speirocarpites* 似卷囊蕨属	Ⅱ /498 /181
Sphenarion 小楔叶属	Ⅳ /283 /94
Sphenobaiera 楔拜拉属	Ⅳ /286 /96
△*Sphenobaieroanthus* 楔叶拜拉花属	Ⅳ /301 /108
△*Sphenobaierocladus* 楔叶拜拉枝属	Ⅳ /302 /109
Sphenolepidium 准楔鳞杉属	Ⅴ /422 /153
Sphenolepis 楔鳞杉属	Ⅴ /423 /154
Sphenophyllum 楔叶属	Ⅰ /230 /83
Sphenopteris 楔羊齿属	Ⅱ /499 /182
Sphenozamites 楔羽叶属	Ⅲ /565 /191
Spirangium 螺旋器属	Ⅲ /568 /194
Spiropteris 螺旋蕨属	Ⅱ /508 /189
Sporogonites 似孢子体属	Ⅰ /135 /8
△*Squamocarpus* 鳞籽属	Ⅴ /426 /156
△*Stachybryolites* 穗藓属	Ⅰ /135 /8
Stachyopitys 小果穗属	Ⅳ /302 /109
Stachyotaxus 穗杉属	Ⅴ /426 /157
Stachypteris 穗蕨属	Ⅱ /509 /190
△*Stalagma* 垂饰杉属	Ⅴ /427 /157
Staphidiophora 似葡萄果穗属	Ⅳ /302 /110
Stenopteris 狭羊齿属	Ⅲ /568 /194
Stenorhachis 狭轴穗属	Ⅳ /303 /110

△*Stephanofolium* 金藤叶属	Ⅵ	/184/61
Stephenophyllum 斯蒂芬叶属	Ⅳ	/307/113
Sterculiphyllum 苹婆叶属	Ⅵ	/184/61
Storgaardia 斯托加叶属	Ⅴ	/428/158
Strobilites 似果穗属	Ⅴ	/430/160
△*Suturovagina* 缝鞘杉属	Ⅴ	/433/162
Swedenborgia 史威登堡果属	Ⅴ	/434/163
△*Symopteris* 束脉蕨属	Ⅱ	/510/191

T

△*Tachingia* 大箐羽叶属	Ⅲ	/570/196
△*Taeniocladopsis* 拟带枝属	Ⅰ	/231/83
Taeniopteris 带羊齿属	Ⅲ	/571/196
Taeniozamites 带似查米亚属	Ⅲ	/587/208
△*Taipingchangella* 太平场蕨属	Ⅱ	/512/192
Taxites 似红豆杉属	Ⅴ	/437/165
Taxodioxylon 落羽杉型木属	Ⅴ	/437/165
Taxodium 落羽杉属	Ⅴ	/438/166
Taxoxylon 紫杉型木属	Ⅴ	/439/167
Taxus 红豆杉属	Ⅴ	/439/167
△*Tchiaohoella* 蛟河羽叶属	Ⅲ	/588/209
Tersiella 特西蕨属	Ⅲ	/588/209
Tetracentron 水青树属	Ⅵ	/185/62
Thallites 似叶状体属	Ⅰ	/136/8
△*Tharrisia* 哈瑞士叶属	Ⅲ	/589/210
△*Thaumatophyllum* 奇异羽叶属	Ⅲ	/589/210
Thaumatopteris 异叶蕨属	Ⅱ	/512/192
△*Thelypterites* 似金星蕨属	Ⅱ	/519/197
Thinnfeldia 丁菲羊齿属	Ⅲ	/590/211
Thomasiocladus 托马斯枝属	Ⅴ	/440/168
Thuites 似侧柏属	Ⅴ	/440/168
Thuja 崖柏属	Ⅴ	/441/169
Thyrsopteris 密锥蕨属	Ⅱ	/519/198
△*Tianshia* 天石枝属	Ⅳ	/308/114
Tiliaephyllum 椴叶属	Ⅵ	/185/62
Todites 似托第蕨属	Ⅱ	/520/198
△*Toksunopteris* 托克逊蕨属	Ⅱ	/534/209
△*Tongchuanophyllum* 铜川叶属	Ⅲ	/599/218
Torellia 托勒利叶属	Ⅳ	/308/114
Toretzia 托列茨果属	Ⅳ	/308/115
Torreya 榧属	Ⅴ	/441/169
△*Torreyocladus* 榧型枝属	Ⅴ	/443/170
Trapa 菱属	Ⅵ	/186/63

Trichopitys 毛状叶属	IV	/309 /115
△*Tricrananthus* 三裂穗属	V	/443 /171
Tricranolepis 三盔种鳞属	V	/444 /171
Trochodendroides 似昆栏树属	VI	/187 /63
Trochodendron 昆栏树属	VI	/188 /64
△*Tsiaohoella* 蛟河蕉羽叶属	III	/601 /219
Tsuga 铁杉属	V	/444 /172
Tuarella 图阿尔蕨属	II	/535 /209
Typha 香蒲属	VI	/188 /65
Typhaera 类香蒲属	VI	/188 /65
Tyrmia 基尔米亚叶属	III	/602 /220

U

Ullmannia 鳞杉属	V	/445 /172
Ulmiphyllum 榆叶属	VI	/189 /65
Umaltolepis 乌马果鳞属	IV	/309 /115
Uralophyllum 乌拉尔叶属	III	/607 /224
Uskatia 乌斯卡特藓属	I	/139 /11
Ussuriocladus 乌苏里枝属	V	/445 /172

V

Vardekloeftia 瓦德克勒果属	III	/608 /224
Viburniphyllum 荚蒾叶属	VI	/189 /66
Viburnum 荚蒾属	VI	/190 /66
Vitimia 维特米亚叶属	III	/608 /225
Vitiphyllum Nathorst,1888 (non Fontaine,1889) 葡萄叶属	VI	/191 /67
Vitiphyllum Fontaine,1889 (non Nathorst,1888) 葡萄叶属	VI	/191 /68
Vittaephyllum 书带蕨叶属	III	/609 /225
△*Vittifoliolum* 条叶属	IV	/310 /116
Voltzia 伏脂杉属	V	/446 /173

W

Weichselia 蝶蕨属	II	/535 /210
Weltrichia 韦尔奇花属	III	/609 /226
Williamsonia 威廉姆逊尼花属	III	/610 /227
Williamsoniella 小威廉姆逊尼花属	III	/612 /228
Willsiostrobus 威尔斯穗属	V	/448 /175

X

Xenoxylon 异木属	V	/450 /176

△*Xiajiajienia* 夏家街蕨属 ·· Ⅱ /536 /210
△*Xinganphyllum* 兴安叶属 ·· Ⅲ /614 /230
△*Xingxueina* 星学花序属 ·· Ⅵ /192 /68
△*Xingxuephyllum* 星学叶属 ·· Ⅵ /193 /69
△*Xinjiangopteris* Wu S Z,1983 (non Wu S Q et Zhou,1986) 新疆蕨属 ·········· Ⅱ /537 /211
△*Xinjiangopteris* Wu S Q et Zhou,1986 (non Wu S Z,1983) 新疆蕨属 ·········· Ⅱ /536 /211
△*Xinlongia* 新龙叶属 ·· Ⅲ /614 /230
△*Xinlongophyllum* 新龙羽叶属 ·· Ⅲ /615 /231

Y

Yabeiella 矢部叶属 ·· Ⅲ /616 /231
△*Yanjiphyllum* 延吉叶属 ·· Ⅵ /193 /69
△*Yanliaoa* 燕辽杉属 ·· Ⅴ /453 /179
△*Yimaia* 义马果属 ·· Ⅳ /312 /118
△*Yixianophyllum* 义县叶属 ·· Ⅲ /617 /232
Yuccites Martius,1822 (non Schimper et Mougeot,1844) 似丝兰属 ·········· Ⅴ /453 /179
Yuccites Schimper et Mougeot,1844 (non Martius,1822) 似丝兰属 ·········· Ⅴ /453 /179
△*Yungjenophyllum* 永仁叶属 ·· Ⅲ /617 /232

Z

Zamia 查米亚属 ·· Ⅲ /617 /233
Zamiophyllum 查米羽叶属 ·· Ⅲ /618 /233
Zamiopsis 拟查米蕨属 ·· Ⅱ /537 /211
Zamiopteris 匙羊齿属 ·· Ⅲ /620 /234
Zamiostrobus 查米果属 ·· Ⅲ /620 /235
Zamites 似查米亚属 ·· Ⅲ /621 /235
△*Zhengia* 郑氏叶属 ·· Ⅵ /193 /70
Zizyphus 枣属 ·· Ⅵ /194 /70

Chapter 2　Index of Specific Names（Volumes Ⅰ－Ⅵ）

(Arranged alphabetically, generic name or specific name and the volume number / the page number in English part / the page number in Chinese part, "△" indicates the generic or specific name established based on Chinese material)

A

△*Abropteris* 华脉蕨属 ⋯⋯ Ⅱ/269/1
　△*Abropteris virginiensis* 弗吉尼亚华脉蕨 ⋯⋯ Ⅱ/269/1
　△*Abropteris yongrenensis* 永仁华脉蕨 ⋯⋯ Ⅱ/269/1
△*Acanthopteris* 刺蕨属 ⋯⋯ Ⅱ/269/1
　△*Acanthopteris acutata* 尖叶刺蕨 ⋯⋯ Ⅱ/272/3
　△*Acanthopteris alata* 具翼刺蕨 ⋯⋯ Ⅱ/272/3
　△*Acanthopteris gothani* 高腾刺蕨 ⋯⋯ Ⅱ/270/2
　△*Acanthopteris onychioides* 拟金粉蕨型刺蕨 ⋯⋯ Ⅱ/273/4
　△*Acanthopteris szei* 斯氏刺蕨 ⋯⋯ Ⅱ/273/4
　Acanthopteris spp. 刺蕨（未定多种）⋯⋯ Ⅱ/274/4
　Acanthopteris? sp. 刺蕨？（未定种）⋯⋯ Ⅱ/274/5
△*Acerites* 似槭树属 ⋯⋯ Ⅵ/117/1
　Acerites sp. indet. 似槭树（sp. indet.）⋯⋯ Ⅵ/117/1
Acitheca 尖囊蕨属 ⋯⋯ Ⅱ/274/5
　Acitheca polymorpha 多型尖囊蕨 ⋯⋯ Ⅱ/274/5
　△*Acitheca qinghaiensis* 青海尖囊蕨 ⋯⋯ Ⅱ/274/5
△*Aconitites* 似乌头属 ⋯⋯ Ⅵ/117/1
　Aconitites sp. indet. 似乌头（sp. indet.）⋯⋯ Ⅵ/117/1
Acrostichopteris 卤叶蕨属 ⋯⋯ Ⅱ/274/5
　△*Acrostichopteris*? *baierioides* 拜拉型？卤叶蕨 ⋯⋯ Ⅱ/275/5
　△*Acrostichopteris interpinnula* 间小羽片卤叶蕨 ⋯⋯ Ⅱ/275/6
　△*Acrostichopteris liaoningensis* 辽宁卤叶蕨 ⋯⋯ Ⅱ/275/6
　△*Acrostichopteris*? *linhaiensis* 临海？卤叶蕨 ⋯⋯ Ⅱ/275/6
　Acrostichopteris longipennis 长羽片卤叶蕨 ⋯⋯ Ⅱ/275/5
　△*Acrostichopteris pingquanensis* 平泉卤叶蕨 ⋯⋯ Ⅱ/275/6
　△*Acrostichopteris xishanensis* 西山卤叶蕨 ⋯⋯ Ⅱ/275/6
　△*Acrostichopteris*? *zhangjiakouensis* 张家口？卤叶蕨 ⋯⋯ Ⅱ/276/6
　Acrostichopteris spp. 卤叶蕨（未定多种）⋯⋯ Ⅱ/276/6
△*Acthephyllum* 奇叶属 ⋯⋯ Ⅲ/313/1

| △*Acthephyllum kaixianense* 开县奇叶 | Ⅲ/313/1 |

Adiantopteris 似铁线蕨属 Ⅱ/276/6
    △*Adiantopteris eleganta* 雅致似铁线蕨 Ⅱ/276/7
    △*Adiantopteris schmidtianus* 希米德特似铁线蕨 Ⅱ/277/7
    Adiantopteris sewardii 秀厄德似铁线蕨 Ⅱ/276/7
    Adiantopteris cf. *sewardii* 秀厄德似铁线蕨(比较种) Ⅱ/276/7
    Adiantopteris sp. 似铁线蕨(未定种) Ⅱ/277/7

Adiantum 铁线蕨属 Ⅱ/277/7
    △*Adiantum szechenyi* 斯氏铁线蕨 Ⅱ/277/8

△*Aetheopteris* 奇羊齿属 Ⅲ/313/1
    △*Aetheopteris rigida* 坚直奇羊齿 Ⅲ/313/1

Aethophyllum 奇叶杉属 Ⅴ/239/1
    △*Aethophyllum*? *niuyingziensis* 牛营子?奇叶杉 Ⅴ/239/1
    Aethophyllum stipulare 有柄奇叶杉 Ⅴ/239/1
    Aethophyllum? sp. 奇叶杉?(未定种) Ⅴ/239/1

△*Aipteridium* 准爱河羊齿属 Ⅲ/314/1
    △*Aipteridium kuqaense* 库车准爱河羊齿 Ⅲ/314/2
    Aipteridium cf. *kuqaense* 库车准爱河羊齿(比较种) Ⅲ/314/2
    △*Aipteridium pinnatum* 羽状准爱河羊齿 Ⅲ/314/2
    △*Aipteridium zhiluoense* 直罗准爱河羊齿 Ⅲ/314/2
    Aipteridium spp. 准爱河羊齿(未定多种) Ⅲ/314/2

Aipteris 爱河羊齿属 Ⅲ/314/2
    Aipteris nerviconfluens 合脉爱河羊齿 Ⅲ/315/2
    △*Aipteris obovata* 卵圆形爱河羊齿 Ⅲ/315/3
    △*Aipteris shensiensis* 陕西爱河羊齿 Ⅲ/315/3
    Aipteris speciosa 灿烂爱河羊齿 Ⅲ/315/2
    △*Aipteris wuziwanensis* Chow et Huang, 1976 (non Huang et Chow, 1980)
        五字湾爱河羊齿 Ⅲ/315/3
    △*Aipteris wuziwanensis* Huang et Chow, 1980 (non Chow et Huang, 1976)
        五字湾爱河羊齿 Ⅲ/315/3
    "*Aipteris*" cf. *wuziwanensis* 五字湾"爱河羊齿"(比较种) Ⅲ/315/3
    Aipteris sp. 爱河羊齿(未定种) Ⅲ/316/3

Alangium 八角枫属 Ⅵ/118/2
    △*Alangium feijiajieense* 费家街八角枫 Ⅵ/118/2
    Alangium? sp. 八角枫?(未定种) Ⅵ/118/2

Albertia 阿尔贝杉属 Ⅴ/239/1
    Albertia elliptica 椭圆阿尔贝杉 Ⅴ/240/2
    Albertia latifolia 阔叶阿尔贝杉 Ⅴ/240/1
    Albertia cf. *latifolia* 阔叶阿尔贝杉(比较种) Ⅴ/240/2
    Albertia speciosa 华丽阿尔贝杉 Ⅴ/240/2
    Albertia cf. *speciosa* 华丽阿尔贝杉(比较种) Ⅴ/240/2
    Albertia spp. 阿尔贝杉(未定多种) Ⅴ/240/2
    Albertia? sp. 阿尔贝杉?(未定种) Ⅴ/241/2

Allicospermum 裸籽属 Ⅳ/169/1
    △*Allicospermum ovoides* 卵圆形裸籽 Ⅳ/169/1

Allicospermum xystum 光滑裸籽	Ⅳ/169/1
Allicospermum? xystum 光滑？裸籽	Ⅳ/169/1
Allicospermum sp. 裸籽(未定种)	Ⅳ/169/1
△*Alloephedra* 异麻黄属	Ⅴ/241/2
△*Alloephedra xingxuei* 星学异麻黄	Ⅴ/241/3
△*Allophyton* 奇异木属	Ⅱ/277/8
△*Allophyton dengqenensis* 丁青奇异木	Ⅱ/278/8
Alnites Hisinger,1837 (non Deane,1902) 似桤属	Ⅵ/118/2
Alnites friesii 弗利斯似桤	Ⅵ/118/2
Alnites Deane,1902 (non Hisinger,1837) 似桤属	Ⅵ/118/2
Alnites jelisejevii 杰氏似桤	Ⅵ/119/3
Alnites latifolia 宽叶似桤	Ⅵ/119/2
Alnus 桤属	Ⅵ/119/3
△*Alnus protobarbata* 原始髯毛桤	Ⅵ/119/3
Amdrupia 安杜鲁普蕨属	Ⅲ/316/3
△*Amdrupia? cladophleboides* 枝脉蕨型？安杜鲁普蕨	Ⅲ/316/4
△*Amdrupia kashiensis* 喀什安杜鲁普蕨	Ⅲ/316/4
△*Amdrupia? kwangyuanensis* 广元？安杜鲁普蕨	Ⅲ/317/4
△*Amdrupia sphenopteroides* 楔羊齿型安杜鲁普蕨	Ⅲ/317/4
Cf. *Amdrupia sphenopteroides* 楔羊齿型安杜鲁普蕨(比较属种)	Ⅲ/317/4
Amdrupia stenodonta 狭形安杜鲁普蕨	Ⅲ/316/3
Amdrupia sp. 安杜鲁普蕨(未定种)	Ⅲ/317/4
Amdrupia? spp. 安杜鲁普蕨?(未定多种)	Ⅲ/317/4
△*Amdrupiopsis* 拟安杜鲁普蕨属	Ⅲ/317/4
△*Amdrupiopsis sphenopteroides* 楔羊齿型拟安杜鲁普蕨	Ⅲ/317/5
△*Amentostrobus* 花穗杉果属	Ⅴ/241/3
Amentostrobus sp. indet. 花穗杉果(sp. indet.)	Ⅴ/241/3
Amesoneuron 棕榈叶属	Ⅵ/119/3
Amesoneuron noeggerathiae 瓢叶棕榈叶	Ⅵ/119/3
Amesoneuron sp. 棕榈叶(未定种)	Ⅵ/119/3
Ammatopsis 拟安马特杉属	Ⅴ/241/3
Ammatopsis mira 奇异拟安马特杉	Ⅴ/241/3
Cf. *Ammatopsis mira* 奇异拟安马特杉(比较属种)	Ⅴ/242/3
Ampelopsis 蛇葡萄属	Ⅵ/120/4
Ampelopsis acerifolia 槭叶蛇葡萄	Ⅵ/120/4
△*Amphiephedra* 疑麻黄属	Ⅴ/242/3
△*Amphiephedra rhamnoides* 鼠李型疑麻黄	Ⅴ/242/4
Androstrobus 雄球果属	Ⅲ/318/5
Androstrobus nathorsti 那氏雄球果	Ⅲ/318/5
Cf. *Androstrobus nathorsti* 那氏雄球果(比较属种)	Ⅲ/318/5
△*Androstrobus pagiodiformis* 塔状雄球果	Ⅲ/318/5
Androstrobus zamioides 查米亚型雄球果	Ⅲ/318/5
Androstrobus sp. 雄球果(未定种)	Ⅲ/318/5
Angiopteridium 准莲座蕨属	Ⅱ/278/8
Angiopteridium infarctum 坚实准莲座蕨	Ⅱ/278/8

Angiopteridium cf. *infarctum* 坚实准莲座蕨(比较种) ⋯⋯⋯⋯⋯⋯⋯⋯⋯⋯⋯⋯⋯⋯ Ⅱ/278/8
Angiopteridium muensteri 敏斯特准莲座蕨 ⋯⋯⋯⋯⋯⋯⋯⋯⋯⋯⋯⋯⋯⋯⋯⋯⋯⋯ Ⅱ/278/8
Angiopteris 莲座蕨属 ⋯⋯⋯⋯⋯⋯⋯⋯⋯⋯⋯⋯⋯⋯⋯⋯⋯⋯⋯⋯⋯⋯⋯⋯⋯⋯⋯⋯⋯ Ⅱ/278/9
　△*Angiopteris antiqua* 古莲座蕨 ⋯⋯⋯⋯⋯⋯⋯⋯⋯⋯⋯⋯⋯⋯⋯⋯⋯⋯⋯⋯⋯⋯⋯ Ⅱ/278/9
　△? *Angiopteris hongniensis* ? 红泥莲座蕨 ⋯⋯⋯⋯⋯⋯⋯⋯⋯⋯⋯⋯⋯⋯⋯⋯⋯⋯ Ⅱ/279/9
　△*Angiopteris richthofeni* 李希霍芬莲座蕨 ⋯⋯⋯⋯⋯⋯⋯⋯⋯⋯⋯⋯⋯⋯⋯⋯⋯⋯ Ⅱ/279/9
　△*Angiopteris*? *taeniopteroides* 带羊齿型? 莲座蕨 ⋯⋯⋯⋯⋯⋯⋯⋯⋯⋯⋯⋯⋯⋯ Ⅱ/279/9
　△*Angiopteris yungjenensis* 永仁莲座蕨 ⋯⋯⋯⋯⋯⋯⋯⋯⋯⋯⋯⋯⋯⋯⋯⋯⋯⋯⋯ Ⅱ/279/9
△*Angustiphyllum* 窄叶属 ⋯⋯⋯⋯⋯⋯⋯⋯⋯⋯⋯⋯⋯⋯⋯⋯⋯⋯⋯⋯⋯⋯⋯⋯⋯⋯⋯ Ⅲ/319/6
　△*Angustiphyllum yaobuense* 腰埠窄叶 ⋯⋯⋯⋯⋯⋯⋯⋯⋯⋯⋯⋯⋯⋯⋯⋯⋯⋯⋯⋯ Ⅲ/319/6
Annalepis 脊囊属 ⋯⋯⋯⋯⋯⋯⋯⋯⋯⋯⋯⋯⋯⋯⋯⋯⋯⋯⋯⋯⋯⋯⋯⋯⋯⋯⋯⋯⋯⋯⋯ Ⅰ/140/12
　△*Annalepis angusta* 狭尖脊囊 ⋯⋯⋯⋯⋯⋯⋯⋯⋯⋯⋯⋯⋯⋯⋯⋯⋯⋯⋯⋯⋯⋯⋯ Ⅰ/141/13
　△*Annalepis brevicystis* 短囊脊囊 ⋯⋯⋯⋯⋯⋯⋯⋯⋯⋯⋯⋯⋯⋯⋯⋯⋯⋯⋯⋯⋯⋯ Ⅰ/141/13
　△*Annalepis chudeensis* 承德脊囊 ⋯⋯⋯⋯⋯⋯⋯⋯⋯⋯⋯⋯⋯⋯⋯⋯⋯⋯⋯⋯⋯⋯ Ⅰ/141/13
　△*Annalepis furongqiqoensis* 芙蓉桥脊囊 ⋯⋯⋯⋯⋯⋯⋯⋯⋯⋯⋯⋯⋯⋯⋯⋯⋯⋯⋯ Ⅰ/142/13
　△*Annalepis latiloba* 宽叶脊囊 ⋯⋯⋯⋯⋯⋯⋯⋯⋯⋯⋯⋯⋯⋯⋯⋯⋯⋯⋯⋯⋯⋯⋯⋯ Ⅰ/142/13
　△*Annalepis sangzhiensis* 桑植脊囊 ⋯⋯⋯⋯⋯⋯⋯⋯⋯⋯⋯⋯⋯⋯⋯⋯⋯⋯⋯⋯⋯ Ⅰ/142/14
　△*Annalepis*? *shanxiensis* 山西? 脊囊 ⋯⋯⋯⋯⋯⋯⋯⋯⋯⋯⋯⋯⋯⋯⋯⋯⋯⋯⋯⋯ Ⅰ/143/14
　Annalepis zeilleri 蔡耶脊囊 ⋯⋯⋯⋯⋯⋯⋯⋯⋯⋯⋯⋯⋯⋯⋯⋯⋯⋯⋯⋯⋯⋯⋯⋯⋯ Ⅰ/140/12
　Annalepis cf. *zeilleri* 蔡耶脊囊(比较种) ⋯⋯⋯⋯⋯⋯⋯⋯⋯⋯⋯⋯⋯⋯⋯⋯⋯⋯⋯ Ⅰ/141/12
　Annalepis spp. 脊囊(未定多种) ⋯⋯⋯⋯⋯⋯⋯⋯⋯⋯⋯⋯⋯⋯⋯⋯⋯⋯⋯⋯⋯⋯⋯ Ⅰ/143/14
　Annalepis? sp. 脊囊? (未定种) ⋯⋯⋯⋯⋯⋯⋯⋯⋯⋯⋯⋯⋯⋯⋯⋯⋯⋯⋯⋯⋯⋯⋯⋯ Ⅰ/143/14
Annularia 轮叶属 ⋯⋯⋯⋯⋯⋯⋯⋯⋯⋯⋯⋯⋯⋯⋯⋯⋯⋯⋯⋯⋯⋯⋯⋯⋯⋯⋯⋯⋯⋯⋯ Ⅰ/144/15
　Annularia spinulosa 细刺轮叶 ⋯⋯⋯⋯⋯⋯⋯⋯⋯⋯⋯⋯⋯⋯⋯⋯⋯⋯⋯⋯⋯⋯⋯⋯ Ⅰ/144/15
　Annularia shirakii 短镰轮叶 ⋯⋯⋯⋯⋯⋯⋯⋯⋯⋯⋯⋯⋯⋯⋯⋯⋯⋯⋯⋯⋯⋯⋯⋯⋯ Ⅰ/144/15
Annulariopsis 拟轮叶属 ⋯⋯⋯⋯⋯⋯⋯⋯⋯⋯⋯⋯⋯⋯⋯⋯⋯⋯⋯⋯⋯⋯⋯⋯⋯⋯⋯⋯ Ⅰ/144/15
　△*Annulariopsis annularioides* 轮叶型拟轮叶 ⋯⋯⋯⋯⋯⋯⋯⋯⋯⋯⋯⋯⋯⋯⋯⋯⋯ Ⅰ/145/16
　△*Annulariopsis hechuanensis* 合川拟轮叶 ⋯⋯⋯⋯⋯⋯⋯⋯⋯⋯⋯⋯⋯⋯⋯⋯⋯⋯ Ⅰ/145/16
　Annulariopsis inopinata 东京拟轮叶 ⋯⋯⋯⋯⋯⋯⋯⋯⋯⋯⋯⋯⋯⋯⋯⋯⋯⋯⋯⋯⋯ Ⅰ/144/15
　Annulariopsis cf. *inopinata* 东京拟轮叶(比较种) ⋯⋯⋯⋯⋯⋯⋯⋯⋯⋯⋯⋯⋯⋯ Ⅰ/145/15
　Annulariopsis cf. *A. inopinata* 东京拟轮叶(比较属种) ⋯⋯⋯⋯⋯⋯⋯⋯⋯⋯⋯⋯ Ⅰ/145/16
　△*Annulariopsis lobatannularioides* 瓣轮叶型拟轮叶 ⋯⋯⋯⋯⋯⋯⋯⋯⋯⋯⋯⋯⋯⋯ Ⅰ/145/16
　△*Annulariopsis longifolia* 长叶拟轮叶 ⋯⋯⋯⋯⋯⋯⋯⋯⋯⋯⋯⋯⋯⋯⋯⋯⋯⋯⋯⋯ Ⅰ/145/16
　Annulariopsis simpsonii 辛普松拟轮叶 ⋯⋯⋯⋯⋯⋯⋯⋯⋯⋯⋯⋯⋯⋯⋯⋯⋯⋯⋯⋯ Ⅰ/145/16
　△*Annulariopsis*? *sinensis* 中国? 拟轮叶 ⋯⋯⋯⋯⋯⋯⋯⋯⋯⋯⋯⋯⋯⋯⋯⋯⋯⋯⋯ Ⅰ/146/16
　△*Annulariopsis xibeiensis* 西北拟轮叶 ⋯⋯⋯⋯⋯⋯⋯⋯⋯⋯⋯⋯⋯⋯⋯⋯⋯⋯⋯⋯ Ⅰ/146/17
　△*Annulariopsis yancaogouensis* 羊草沟拟轮叶 ⋯⋯⋯⋯⋯⋯⋯⋯⋯⋯⋯⋯⋯⋯⋯⋯ Ⅰ/146/17
　Annulariopsis spp. 拟轮叶(未定多种) ⋯⋯⋯⋯⋯⋯⋯⋯⋯⋯⋯⋯⋯⋯⋯⋯⋯⋯⋯⋯ Ⅰ/146/17
　Annulariopsis? spp. 拟轮叶? (未定多种) ⋯⋯⋯⋯⋯⋯⋯⋯⋯⋯⋯⋯⋯⋯⋯⋯⋯⋯ Ⅰ/147/18
Anomopteris 异形羊齿属 ⋯⋯⋯⋯⋯⋯⋯⋯⋯⋯⋯⋯⋯⋯⋯⋯⋯⋯⋯⋯⋯⋯⋯⋯⋯⋯⋯⋯ Ⅱ/279/9
　△ *Anomopteris*? *ermayingensis* 二马营? 异形羊齿 ⋯⋯⋯⋯⋯⋯⋯⋯⋯⋯⋯⋯⋯⋯ Ⅱ/280/10
　△*Anomopteris minima* 微小异形羊齿 ⋯⋯⋯⋯⋯⋯⋯⋯⋯⋯⋯⋯⋯⋯⋯⋯⋯⋯⋯⋯ Ⅱ/280/10
　Anomopteris mougeotii 穆氏异形羊齿 ⋯⋯⋯⋯⋯⋯⋯⋯⋯⋯⋯⋯⋯⋯⋯⋯⋯⋯⋯⋯ Ⅱ/279/10
　Anomopteris cf. *mougeotii* 穆氏异形羊齿(比较种) ⋯⋯⋯⋯⋯⋯⋯⋯⋯⋯⋯⋯⋯ Ⅱ/280/10
　Cf. *Anomopteris mougeotii* 穆氏异形羊齿(比较属种) ⋯⋯⋯⋯⋯⋯⋯⋯⋯⋯⋯⋯ Ⅱ/280/10

Anomopteris? sp. 异形羊齿?（未定种） …… Ⅱ /280 /10
Anomozamites 异羽叶属 …… Ⅲ /319 /6
 △*Anomozamites alternus* 间脉异羽叶 …… Ⅲ /320 /7
 Anomozamites amdrupiana 安氏异羽叶 …… Ⅲ /320 /7
 Anomozamites cf. *amdrupiana* 安氏异羽叶（比较种） …… Ⅲ /320 /7
 Anomozamites angulatus 狭角异羽叶 …… Ⅲ /321 /7
 Anomozamites cf. *angulatus* 狭角异羽叶（比较种） …… Ⅲ /321 /7
 Anomozamites arcticus 北极异羽叶 …… Ⅲ /321 /7
 △*Anomozamites chaoi* 赵氏异羽叶 …… Ⅲ /321 /8
 △*Anomozamites densinervis* 密脉异羽叶 …… Ⅲ /322 /8
 △*Anomozamites fangounus* 访欧异羽叶 …… Ⅲ /322 /8
 △*Anomozamites giganteus* 巨大异羽叶 …… Ⅲ /322 /8
 Anomozamites gracilis 纤细异羽叶 …… Ⅲ /322 /8
 Anomozamites cf. *gracilis* 纤细异羽叶（比较种） …… Ⅲ /322 /8
 Anomozamites cf. *A. gracilis* 纤细异羽叶（比较属种） …… Ⅲ /323 /9
 △*Anomozamites haifanggouensis* 海房沟异羽叶 …… Ⅲ /323 /9
 Anomozamites hartzii 哈兹异羽叶 …… Ⅲ /323 /9
 Anomozamites cf. *hartzii* 哈兹异羽叶（比较种） …… Ⅲ /323 /9
 Anomozamites inconstans 变异异羽叶 …… Ⅲ /319 /6
 Anomozamites cf. *inconstans* 变异异羽叶（比较种） …… Ⅲ /320 /7
 △*Anomozamites jingmenensis* 荆门异羽叶 …… Ⅲ /323 /9
 Anomozamites kornilovae 科尔尼洛夫异羽叶 …… Ⅲ /323 /9
 △*Anomozamites kuzhuensis* 苦竹异羽叶 …… Ⅲ /324 /9
 △*Anomozamites latirhachis* 宽轴异羽叶 …… Ⅲ /324 /9
 △*Anomozamites latipinnatus* 宽羽状异羽叶 …… Ⅲ /324 /9
 △*Anomozamites loczyi* 洛采异羽叶 …… Ⅲ /324 /10
 Anomozamites cf. *loczyi* 洛采异羽叶（比较种） …… Ⅲ /325 /10
 Anomozamites major 较大异羽叶 …… Ⅲ /325 /10
 Anomozamites major? 较大异羽叶? …… Ⅲ /325 /10
 Anomozamites cf. *major* 较大异羽叶（比较种） …… Ⅲ /325 /10
 Anomozamites marginatus 具缘异羽叶 …… Ⅲ /326 /11
 Anomozamites cf. *marginatus* 具缘异羽叶（比较种） …… Ⅲ /326 /11
 Cf. *Anomozamites marginatus* 具缘异羽叶（比较属种） …… Ⅲ /326 /11
 Anomozamites minor 较小异羽叶 …… Ⅲ /326 /11
 Anomozamites minor? 较小异羽叶? …… Ⅲ /327 /11
 Anomozamites cf. *minor* 较小异羽叶（比较种） …… Ⅲ /327 /12
 Cf. *Anomozamites minor* 较小异羽叶（比较属种） …… Ⅲ /328 /12
 Anomozamites morrisianus 莫理斯异羽叶 …… Ⅲ /328 /12
 △*Anomozamites multinervis* 多脉异羽叶 …… Ⅲ /328 /12
 Anomozamites nitida 光亮异羽叶 …… Ⅲ /328 /12
 Anomozamites cf. *nitida* 光亮异羽叶（比较种） …… Ⅲ /328 /13
 Anomozamites nilssoni 尼尔桑异羽叶 …… Ⅲ /328 /13
 Anomozamites cf. *nilssoni* 尼尔桑异羽叶（比较种） …… Ⅲ /329 /13
 △*Anomozamites orientalis* 东方异羽叶 …… Ⅲ /329 /13
 △*Anomozamites pachylomus* 厚缘异羽叶 …… Ⅲ /329 /13

△*Anomozamites paucinervis* 疏脉异羽叶	Ⅲ	/329 /13
Anomozamites cf. *paucinervis* 疏脉异羽叶（比较种）	Ⅲ	/329 /13
△*Anomozamites pseudomuensterii* 假敏斯特异羽叶	Ⅲ	/329 /13
△*Anomozamites ptilus* 羽毛异羽叶	Ⅲ	/330 /13
△*Anomozamites puqiensis* 蒲圻异羽叶	Ⅲ	/330 /14
△*Anomozamites qamdoensis* 昌都异羽叶	Ⅲ	/330 /14
△*Anomozamites quadratus* 方形异羽叶	Ⅲ	/330 /14
△*Anomozamites simplex* 简单异羽叶	Ⅲ	/330 /14
△*Anomozamites sinensis* 中国异羽叶	Ⅲ	/330 /14
△*Anomozamites specialis* 特别异羽叶	Ⅲ	/330 /14
Anomozamites thomasi 托氏异羽叶	Ⅲ	/331 /14
△*Anomozamites ulanensis* 乌兰异羽叶	Ⅲ	/331 /14
Anomozamites spp. 异羽叶（未定多种）	Ⅲ	/331 /15
Anomozamites? sp. 异羽叶?（未定种）	Ⅲ	/333 /16
Antholites 石花属	Ⅳ	/169 /1
△*Antholites chinensis* 中国石花	Ⅳ	/170 /2
Antholithes 石花属	Ⅳ	/170 /2
Antholithes liliacea 百合石花	Ⅳ	/170 /2
Antholithus 石花属	Ⅳ	/170 /2
△*Antholithus fulongshanensis* 富隆山石花	Ⅳ	/170 /2
△*Antholithus ovatus* 卵形石花	Ⅳ	/170 /2
Antholithus wettsteinii 魏氏石花	Ⅳ	/170 /2
△*Antholithus yangshugouensis* 杨树沟石花	Ⅳ	/171 /3
Antholithus spp. 石花（未定多种）	Ⅳ	/171 /3
Anthrophyopsis 大网羽叶属	Ⅲ	/333 /16
Anthrophyopsis crassinervis 粗脉大网羽叶	Ⅲ	/333 /16
Anthrophyopsis cf. *crassinervis* 粗脉大网羽叶（比较种）	Ⅲ	/334 /17
△*Anthrophyopsis leeana* 李氏大网羽叶	Ⅲ	/334 /17
△*Anthrophyopsis multinervis* 多脉大网羽叶	Ⅲ	/335 /17
Anthrophyopsis nilssoni 尼尔桑大网羽叶	Ⅲ	/333 /16
△*Anthrophyopsis*? *pilophorus* 具毛? 大网羽叶	Ⅲ	/335 /18
△*Anthrophyopsis ripples* 涟漪大网羽叶	Ⅲ	/335 /18
△*Anthrophyopsis tuberculata* 具瘤大网羽叶	Ⅲ	/335 /18
△*Anthrophyopsis venulosa* 细脉大网羽叶	Ⅲ	/336 /18
Anthrophyopsis spp. 大网羽叶（未定多种）	Ⅲ	/336 /18
Anthrophyopsis? sp. 大网羽叶?（未定种）	Ⅲ	/336 /19
Aphlebia 变态叶属	Ⅲ	/337 /19
Aphlebia acuta 急尖变态叶	Ⅲ	/337 /19
△*Aphlebi dissimilis* 异形变态叶	Ⅲ	/337 /19
Aphlebia sp. 变态叶（未定种）	Ⅲ	/337 /19
Aralia 楤木属	Ⅵ	/120 /4
△*Aralia firma* 坚强楤木	Ⅵ	/120 /4
△*Aralia mudanjiangensis* 牡丹江楤木	Ⅵ	/120 /4
Araliaephyllum 楤木叶属	Ⅵ	/121 /4
Araliaephyllum obtusilobum 钝裂片楤木叶	Ⅵ	/121 /5

Araucaria 南洋杉属	V /242 /4
△*Araucaria prodromus* 早熟南洋杉	V /242 /4
Araucarioxylon 南洋杉型木属	V /242 /4
△*Araucarioxylon batuense* 巴图南洋杉型木	V /243 /4
Araucarioxylon carbonceum 石炭南洋杉型木	V /243 /4
△*Araucarioxylon jimoense* 即墨南洋杉型木	V /243 /4
△*Araucarioxylon jeholense* 热河南洋杉型木	V /243 /5
Araucarioxylon japonicum 日本南洋杉型木	V /243 /5
Araucarioxylon sidugawaense 西都南洋杉型木	V /243 /5
△*Araucarioxylon xinchangense* 新昌南洋杉型木	V /243 /5
△*Araucarioxylon zigongense* 自贡南洋杉型木	V /243 /5
Araucarites 似南洋杉属	V /244 /5
Araucarites goeppertii 葛伯特似南洋杉	V /244 /5
△*Araucarites minor* 较小似南洋杉	V /244 /6
Araucarites minutus 微小似南洋杉	V /244 /6
Araucarites spp. 似南洋杉(未定多种)	V /244 /6
Araucarites? sp. 似南洋杉?(未定种)	V /245 /6
△*Archaefructus* 古果属	Ⅵ /121 /5
△*Archaefructus liaoningensis* 辽宁古果	Ⅵ /121 /5
△*Archaefructus sinensis* 中国古果	Ⅵ /122 /6
Archaefructus sp. 古果(未定种)	Ⅵ /122 /6
△*Archimagnolia* 始木兰属	Ⅵ /123 /6
△*Archimagnolia rostrato-stylosa* 喙柱始木兰	Ⅵ /123 /6
Arctobaiera 北极拜拉属	Ⅳ /171 /3
Arctobaiera flettii 弗里特北极拜拉	Ⅳ /171 /3
△*Arctobaiera renbaoi* 仁保北极拜拉	Ⅳ /171 /3
Arctopteris 北极蕨属	Ⅱ /280 /10
Arctopteris heteropinnula 异小羽片北极蕨	Ⅱ /281 /10
△*Arctopteris hulinensis* 虎林北极蕨	Ⅱ /281 /11
Arctopteris kolymensis 库累马北极蕨	Ⅱ /280 /10
△*Arctopteris latifolius* 宽叶北极蕨	Ⅱ /281 /11
△*Arctopteris maculatus* 斑点北极蕨	Ⅱ /281 /11
Arctopteris obtuspinnata 钝羽北极蕨	Ⅱ /281 /11
△*Arctopteris orientalis* 东方北极蕨	Ⅱ /281 /11
Arctopteris rarinervis 稀脉北极蕨	Ⅱ /282 /11
Arctopteris tschumikanensis 兹库密坎北极蕨	Ⅱ /282 /12
△*Arctopteris zhengyangensis* 正阳北极蕨	Ⅱ /282 /12
Arctopteris spp. 北极蕨(未定多种)	Ⅱ /282 /12
△*Areolatophyllum* 华网蕨属	Ⅱ /283 /12
△*Areolatophyllum qinghaiense* 青海华网蕨	Ⅱ /283 /12
Arthollia 阿措勒叶属	Ⅵ /123 /6
Arthollia pacifica 太平洋阿措勒叶	Ⅵ /123 /6
△*Arthollia sinenis* 中国阿措勒叶	Ⅵ /123 /7
△*Asiatifolium* 亚洲叶属	Ⅵ /123 /7
△*Asiatifolium elegans* 雅致亚洲叶	Ⅵ /124 /7

Aspidiophyllum 盾形叶属	Ⅵ /124 /7
Aspidiophyllum trilobatum 三裂盾形叶	Ⅵ /124 /8
Aspidiophyllum sp. 盾形叶(未定种)	Ⅵ /124 /8
Asplenium 铁角蕨属	Ⅱ /283 /13
Asplenium argutula 微尖铁角蕨	Ⅱ /283 /13
Asplenium dicksonianum 蚌壳蕨型铁角蕨	Ⅱ /283 /13
"*Asplenium*" *dicksonianum* 蚌壳蕨型"铁角蕨"	Ⅱ /284 /13
△*Asplenium parvum* 小叶铁角蕨	Ⅱ /284 /13
Asplenium petruschinense 彼德鲁欣铁角蕨	Ⅱ /284 /13
△*Asplenium phillipsi* 菲氏铁角蕨	Ⅱ /284 /13
Asplenium popovii 波波夫铁角蕨	Ⅱ /284 /14
△*Asplenium tiefanum* 铁法铁角蕨	Ⅱ /284 /14
Asplenium whitbiense 怀特铁角蕨	Ⅱ /285 /14
Asplenium sp. 铁角蕨(未定种)	Ⅱ /285 /14
Asplenium? sp. 铁角蕨?(未定种)	Ⅱ /285 /14
Asterotheca 星囊蕨属	Ⅱ /285 /14
△*Asterotheca acuminata* 渐尖星囊蕨	Ⅱ /286 /15
Asterotheca cottoni 柯顿星囊蕨	Ⅱ /286 /15
Asterotheca cf. *cottoni* 柯顿星囊蕨(比较种)	Ⅱ /286 /15
Cf. *Asterotheca cottoni* 柯顿星囊蕨(比较属种)	Ⅱ /286 /15
△*Asterotheca latepinnata* 偏羽星囊蕨	Ⅱ /286 /15
Asterotheca okafujii 冈藤星囊蕨	Ⅱ /287 /15
Asterotheca penticarpa 五果星囊蕨	Ⅱ /287 /16
△*Asterotheca phaenonerva* 显脉星囊蕨	Ⅱ /287 /16
Asterotheca sternbergii 司腾伯星囊蕨	Ⅱ /286 /15
Asterotheca szeiana 斯氏星囊蕨	Ⅱ /287 /16
△*Asterotheca*? *szeiana* 斯氏? 星囊蕨	Ⅱ /288 /16
Cf. *Asterotheca szeiana* 斯氏星囊蕨(比较属种)	Ⅱ /288 /17
Asterotheca? (*Cladophlebis*) *szeiana* 斯氏? 星囊蕨(枝脉蕨)	Ⅱ /288 /17
Asterotheca spp. 星囊蕨(未定多种)	Ⅱ /288 /17
Asterotheca? sp. 星囊蕨?(未定种)	Ⅱ /289 /17
Athrotaxites 似密叶杉属	Ⅴ /245 /6
Athrotaxites berryi 贝氏似密叶杉	Ⅴ /245 /6
Athrotaxites cf. *berryi* 贝氏似密叶杉(比较种)	Ⅴ /245 /7
Athrotaxites lycopodioides 石松型似密叶杉	Ⅴ /245 /6
△*Athrotaxites magnifolius* 大叶似密叶杉	Ⅴ /245 /7
△*Athrotaxites orientalis* 东方似密叶杉	Ⅴ /246 /7
Athrotaxopsis 拟密叶杉属	Ⅴ /246 /7
Athrotaxopsis expansa 膨胀拟密叶杉	Ⅴ /246 /8
Athrotaxopsis grandis 大拟密叶杉	Ⅴ /246 /7
Athrotaxopsis sp. 拟密叶杉(未定种)	Ⅴ /246 /8
Athrotaxopsis? sp. 拟密叶杉?(未定种)	Ⅴ /246 /8
Athyrium 蹄盖蕨属	Ⅱ /289 /17
△*Athyrium asymmetricum* 不对称蹄盖蕨	Ⅱ /289 /17
△*Athyrium cretaceum* 白垩蹄盖蕨	Ⅱ /289 /18

△*Athyrium dentosum* 齿状蹄盖蕨 ⋯⋯⋯⋯⋯⋯⋯⋯⋯⋯⋯⋯⋯⋯⋯⋯⋯⋯⋯⋯⋯⋯⋯⋯⋯⋯⋯⋯⋯ Ⅱ/290/18
△*Athyrium fuxinense* 阜新蹄盖蕨 ⋯⋯⋯⋯⋯⋯⋯⋯⋯⋯⋯⋯⋯⋯⋯⋯⋯⋯⋯⋯⋯⋯⋯⋯⋯⋯⋯⋯⋯⋯ Ⅱ/290/18
△*Athyrium hailaerianum* 海拉尔蹄盖蕨 ⋯⋯⋯⋯⋯⋯⋯⋯⋯⋯⋯⋯⋯⋯⋯⋯⋯⋯⋯⋯⋯⋯⋯⋯⋯⋯ Ⅱ/291/19
△*Athyrium hulunianum* 呼伦蹄盖蕨 ⋯⋯⋯⋯⋯⋯⋯⋯⋯⋯⋯⋯⋯⋯⋯⋯⋯⋯⋯⋯⋯⋯⋯⋯⋯⋯⋯⋯ Ⅱ/291/19
△*Athyrium neimongianum* 内蒙蹄盖蕨 ⋯⋯⋯⋯⋯⋯⋯⋯⋯⋯⋯⋯⋯⋯⋯⋯⋯⋯⋯⋯⋯⋯⋯⋯⋯⋯ Ⅱ/292/19

B

Baiera 拜拉属 ⋯⋯⋯⋯⋯⋯⋯⋯⋯⋯⋯⋯⋯⋯⋯⋯⋯⋯⋯⋯⋯⋯⋯⋯⋯⋯⋯⋯⋯⋯⋯⋯⋯⋯⋯⋯⋯⋯⋯ Ⅳ/171/3
    Baiera ahnertii 阿涅特拜拉 ⋯⋯⋯⋯⋯⋯⋯⋯⋯⋯⋯⋯⋯⋯⋯⋯⋯⋯⋯⋯⋯⋯⋯⋯⋯⋯⋯⋯ Ⅳ/172/4
    Baiera cf. *ahnertii* 阿涅特拜拉(比较种) ⋯⋯⋯⋯⋯⋯⋯⋯⋯⋯⋯⋯⋯⋯⋯⋯⋯⋯⋯⋯⋯⋯⋯ Ⅳ/172/4
    Baiera angustiloba 狭叶拜拉 ⋯⋯⋯⋯⋯⋯⋯⋯⋯⋯⋯⋯⋯⋯⋯⋯⋯⋯⋯⋯⋯⋯⋯⋯⋯⋯⋯⋯⋯ Ⅳ/172/4
    Baiera cf. *angustiloba* 狭叶拜拉(比较种) ⋯⋯⋯⋯⋯⋯⋯⋯⋯⋯⋯⋯⋯⋯⋯⋯⋯⋯⋯⋯⋯⋯ Ⅳ/172/4
    △*Baiera asadai* 浅田拜拉 ⋯⋯⋯⋯⋯⋯⋯⋯⋯⋯⋯⋯⋯⋯⋯⋯⋯⋯⋯⋯⋯⋯⋯⋯⋯⋯⋯⋯⋯⋯ Ⅳ/172/4
    Baiera cf. *asadai* 浅田拜拉(比较种) ⋯⋯⋯⋯⋯⋯⋯⋯⋯⋯⋯⋯⋯⋯⋯⋯⋯⋯⋯⋯⋯⋯⋯⋯ Ⅳ/173/4
    △*Baiera asymmetrica* 不对称拜拉 ⋯⋯⋯⋯⋯⋯⋯⋯⋯⋯⋯⋯⋯⋯⋯⋯⋯⋯⋯⋯⋯⋯⋯⋯⋯⋯ Ⅳ/173/5
    Baiera australis 南方拜拉 ⋯⋯⋯⋯⋯⋯⋯⋯⋯⋯⋯⋯⋯⋯⋯⋯⋯⋯⋯⋯⋯⋯⋯⋯⋯⋯⋯⋯⋯⋯ Ⅳ/173/5
    Baiera cf. *australis* 南方拜拉(比较种) ⋯⋯⋯⋯⋯⋯⋯⋯⋯⋯⋯⋯⋯⋯⋯⋯⋯⋯⋯⋯⋯⋯⋯⋯ Ⅳ/173/5
    △*Baiera baitianbaensis* 白田坝拜拉 ⋯⋯⋯⋯⋯⋯⋯⋯⋯⋯⋯⋯⋯⋯⋯⋯⋯⋯⋯⋯⋯⋯⋯⋯⋯ Ⅳ/173/5
    △*Baiera balejensis* 巴列伊拜拉 ⋯⋯⋯⋯⋯⋯⋯⋯⋯⋯⋯⋯⋯⋯⋯⋯⋯⋯⋯⋯⋯⋯⋯⋯⋯⋯⋯ Ⅳ/173/5
    △*Baiera borealis* 北方拜拉 ⋯⋯⋯⋯⋯⋯⋯⋯⋯⋯⋯⋯⋯⋯⋯⋯⋯⋯⋯⋯⋯⋯⋯⋯⋯⋯⋯⋯⋯ Ⅳ/174/5
    Baiera concinna 优雅拜拉 ⋯⋯⋯⋯⋯⋯⋯⋯⋯⋯⋯⋯⋯⋯⋯⋯⋯⋯⋯⋯⋯⋯⋯⋯⋯⋯⋯⋯⋯ Ⅳ/174/5
    Baiera cf. *concinna* 优雅拜拉(比较种) ⋯⋯⋯⋯⋯⋯⋯⋯⋯⋯⋯⋯⋯⋯⋯⋯⋯⋯⋯⋯⋯⋯⋯⋯ Ⅳ/174/6
    Cf. *Baiera concinna* 优雅拜拉(比较属种) ⋯⋯⋯⋯⋯⋯⋯⋯⋯⋯⋯⋯⋯⋯⋯⋯⋯⋯⋯⋯⋯⋯⋯ Ⅳ/174/6
    △*Baiera crassifolia* 厚叶拜拉 ⋯⋯⋯⋯⋯⋯⋯⋯⋯⋯⋯⋯⋯⋯⋯⋯⋯⋯⋯⋯⋯⋯⋯⋯⋯⋯⋯⋯ Ⅳ/175/6
    Baiera czekanowskiana 茨康诺斯基拜拉 ⋯⋯⋯⋯⋯⋯⋯⋯⋯⋯⋯⋯⋯⋯⋯⋯⋯⋯⋯⋯⋯⋯⋯ Ⅳ/175/6
    △*Baiera? dendritica* 树形? 拜拉 ⋯⋯⋯⋯⋯⋯⋯⋯⋯⋯⋯⋯⋯⋯⋯⋯⋯⋯⋯⋯⋯⋯⋯⋯⋯⋯ Ⅳ/175/6
    Baiera dichotoma 两裂拜拉 ⋯⋯⋯⋯⋯⋯⋯⋯⋯⋯⋯⋯⋯⋯⋯⋯⋯⋯⋯⋯⋯⋯⋯⋯⋯⋯⋯⋯⋯ Ⅳ/172/3
    △*Baiera donggongensis* 东巩拜拉 ⋯⋯⋯⋯⋯⋯⋯⋯⋯⋯⋯⋯⋯⋯⋯⋯⋯⋯⋯⋯⋯⋯⋯⋯⋯⋯ Ⅳ/175/6
    Baiera elegans 雅致拜拉 ⋯⋯⋯⋯⋯⋯⋯⋯⋯⋯⋯⋯⋯⋯⋯⋯⋯⋯⋯⋯⋯⋯⋯⋯⋯⋯⋯⋯⋯⋯ Ⅳ/175/6
    Baiera cf. *elegans* 雅致拜拉(比较种) ⋯⋯⋯⋯⋯⋯⋯⋯⋯⋯⋯⋯⋯⋯⋯⋯⋯⋯⋯⋯⋯⋯⋯⋯ Ⅳ/175/6
    △*Baiera exiliformis* 瘦形拜拉 ⋯⋯⋯⋯⋯⋯⋯⋯⋯⋯⋯⋯⋯⋯⋯⋯⋯⋯⋯⋯⋯⋯⋯⋯⋯⋯⋯⋯ Ⅳ/176/7
    △*Baiera exilis* 小型拜拉 ⋯⋯⋯⋯⋯⋯⋯⋯⋯⋯⋯⋯⋯⋯⋯⋯⋯⋯⋯⋯⋯⋯⋯⋯⋯⋯⋯⋯⋯⋯ Ⅳ/176/7
    Baiera furcata 叉状拜拉 ⋯⋯⋯⋯⋯⋯⋯⋯⋯⋯⋯⋯⋯⋯⋯⋯⋯⋯⋯⋯⋯⋯⋯⋯⋯⋯⋯⋯⋯⋯ Ⅳ/176/7
    Baiera cf. *furcata* 叉状拜拉(比较种) ⋯⋯⋯⋯⋯⋯⋯⋯⋯⋯⋯⋯⋯⋯⋯⋯⋯⋯⋯⋯⋯⋯⋯⋯ Ⅳ/178/8
    Cf. *Baiera furcata* 叉状拜拉(比较属种) ⋯⋯⋯⋯⋯⋯⋯⋯⋯⋯⋯⋯⋯⋯⋯⋯⋯⋯⋯⋯⋯⋯⋯ Ⅳ/178/8
    Baiera gracilis 纤细拜拉 ⋯⋯⋯⋯⋯⋯⋯⋯⋯⋯⋯⋯⋯⋯⋯⋯⋯⋯⋯⋯⋯⋯⋯⋯⋯⋯⋯⋯⋯⋯ Ⅳ/178/8
    Baiera cf. *gracilis* 纤细拜拉(比较种) ⋯⋯⋯⋯⋯⋯⋯⋯⋯⋯⋯⋯⋯⋯⋯⋯⋯⋯⋯⋯⋯⋯⋯⋯ Ⅳ/179/9
    Baiera guilhaumati 基尔豪马特拜拉 ⋯⋯⋯⋯⋯⋯⋯⋯⋯⋯⋯⋯⋯⋯⋯⋯⋯⋯⋯⋯⋯⋯⋯⋯⋯ Ⅳ/180/10
    Baiera cf. *guilhaumati* 基尔豪马特拜拉(比较种) ⋯⋯⋯⋯⋯⋯⋯⋯⋯⋯⋯⋯⋯⋯⋯⋯⋯⋯ Ⅳ/181/10
    △*Baiera hallei* 赫勒拜拉 ⋯⋯⋯⋯⋯⋯⋯⋯⋯⋯⋯⋯⋯⋯⋯⋯⋯⋯⋯⋯⋯⋯⋯⋯⋯⋯⋯⋯⋯⋯ Ⅳ/181/10
    Baiera cf. *hallei* 赫勒拜拉(比较种) ⋯⋯⋯⋯⋯⋯⋯⋯⋯⋯⋯⋯⋯⋯⋯⋯⋯⋯⋯⋯⋯⋯⋯⋯⋯ Ⅳ/181/11
    △*Baiera huangi* 黄氏拜拉 ⋯⋯⋯⋯⋯⋯⋯⋯⋯⋯⋯⋯⋯⋯⋯⋯⋯⋯⋯⋯⋯⋯⋯⋯⋯⋯⋯⋯⋯ Ⅳ/181/11
    △*Baiera kidoi* 木户拜拉 ⋯⋯⋯⋯⋯⋯⋯⋯⋯⋯⋯⋯⋯⋯⋯⋯⋯⋯⋯⋯⋯⋯⋯⋯⋯⋯⋯⋯⋯⋯ Ⅳ/182/11
    Baiera lindleyana 林德勒拜拉 ⋯⋯⋯⋯⋯⋯⋯⋯⋯⋯⋯⋯⋯⋯⋯⋯⋯⋯⋯⋯⋯⋯⋯⋯⋯⋯⋯⋯ Ⅳ/182/11

Baiera cf. *lindleyana* 林德勒拜拉(比较种)	Ⅳ/182/11
Cf. *Baiera lindleyana* 林德勒拜拉(比较属种)	Ⅳ/182/11
△*Baiera lingxiensis* 岭西拜拉	Ⅳ/182/11
Baiera longifolia 长叶拜拉	Ⅳ/182/11
Baiera cf. *longifolia* 长叶拜拉(比较种)	Ⅳ/182/11
Baiera luppovi 卢波夫拜拉	Ⅳ/183/12
△*Baiera manchurica* 东北拜拉	Ⅳ/183/12
△*Baiera minima* 最小拜拉	Ⅳ/183/12
Baiera cf. *minima* 最小拜拉(比较种)	Ⅳ/184/13
Baiera minuta 极小拜拉	Ⅳ/184/13
Baiera cf. *B. minuta* 极小拜拉(比较属种)	Ⅳ/184/13
Baiera muensteriana 敏斯特拜拉	Ⅳ/184/13
Baiera cf. *muensteriana* 敏斯特拜拉(比较种)	Ⅳ/185/13
△*Baiera muliensis* 木里拜拉	Ⅳ/185/14
△*Baiera multipartita* 多裂拜拉	Ⅳ/185/14
Baiera cf. *multipartita* 多裂拜拉(比较种)	Ⅳ/186/14
△*Baiera orientalis* 东方拜拉	Ⅳ/186/14
Baiera phillipsii 菲利蒲斯拜拉	Ⅳ/187/15
Baiera cf. *phillipsii* 菲利蒲斯拜拉(比较种)	Ⅳ/187/15
Baiera polymorpha 多型拜拉	Ⅳ/187/15
△*Baiera pseudogracilis* 假纤细拜拉	Ⅳ/187/15
Baiera pulchella 稍美丽拜拉	Ⅳ/187/15
△*Baiera? qinghaiensis* 青海?拜拉	Ⅳ/187/15
△*Baiera spinosa* 刺拜拉	Ⅳ/187/15
△*Baiera tenuistriata* 细脉拜拉	Ⅳ/188/15
△*Baiera valida* 强劲拜拉	Ⅳ/188/15
△*Baiera ziguiensis* Chen G X,1984 (non Meng,1987) 秭归拜拉	Ⅳ/188/16
△*Baiera ziguiensis* Meng,1987 (non Chen G X,1984) 秭归拜拉	Ⅳ/188/16
Baiera spp. 拜拉(未定多种)	Ⅳ/188/16
Baiera? spp. 拜拉?(未定多种)	Ⅳ/191/18
?*Baiera* spp. ?拜拉(未定多种)	Ⅳ/191/18
△*Baiguophyllum* 白果叶属	Ⅳ/192/18
△*Baiguophyllum lijianum* 利剑白果叶	Ⅳ/192/18
Baisia 贝西亚果属	Ⅵ/125/8
Baisia hirsuta 硬毛贝西亚果	Ⅵ/125/8
Baisia sp. 贝西亚果(未定种)	Ⅵ/125/8
Bauhinia 羊蹄甲属	Ⅵ/125/8
△*Bauhinia gracilis* 雅致羊蹄甲	Ⅵ/125/8
Bayera 拜拉属	Ⅳ/192/19
Bayera dichotoma 两裂拜拉	Ⅳ/192/19
Beania 宾尼亚球果属	Ⅲ/337/19
△*Beania chaoyangensis* 朝阳宾尼亚球果	Ⅲ/337/19
Beania gracilis 纤细宾尼亚球果	Ⅲ/337/19
△*Beania mishanensis* 密山宾尼亚球果	Ⅲ/337/20
Beania sp. 宾尼亚球果(未定种)	Ⅲ/338/20

Beania? sp. 宾尼亚球果?(未定种)	Ⅲ/338/20
△*Beipiaoa* 北票果属	Ⅵ/125/9
△*Beipiaoa parva* 小北票果	Ⅵ/126/9
△*Beipiaoa rotunda* 园形北票果	Ⅵ/126/9
△*Beipiaoa spinosa* 强刺北票果	Ⅵ/126/9
△*Bennetdicotis* 本内缘蕨属	Ⅵ/126/9
Bennetdicotis sp. indet. 本内缘蕨(sp. indet.)	Ⅵ/126/9
Bennetticarpus 本内苏铁果属	Ⅲ/338/20
Bennetticarpus oxylepidus 尖鳞本内苏铁果	Ⅲ/338/20
△*Bennetticarpus longmicropylus* 长珠孔本内苏铁果	Ⅲ/338/20
△*Bennetticarpus ovoides* 卵圆本内苏铁果	Ⅲ/338/20
Bennetticarpus sp. 本内苏铁果(未定种)	Ⅲ/338/20
△*Benxipteris* 本溪羊齿属	Ⅲ/339/21
△*Benxipteris acuta* 尖叶本溪羊齿	Ⅲ/339/21
△*Benxipteris densinervis* 密脉本溪羊齿	Ⅲ/339/21
△*Benxipteris partita* 裂缺本溪羊齿	Ⅲ/339/21
△*Benxipteris polymorpha* 多态本溪羊齿	Ⅲ/339/21
Benxipteris sp. 本溪羊齿(未定种)	Ⅲ/340/21
Bernettia 伯恩第属	Ⅲ/340/22
Bernettia inopinata 意外伯恩第	Ⅲ/340/22
Bernettia phialophora 蜂窝状伯恩第	Ⅲ/340/22
Bernouillia Heer,1876 ex Seward,1910 贝尔瑙蕨属	Ⅱ/292/19
△*Bernouillia danaeopsioides* 拟丹蕨型贝尔瑙蕨	Ⅱ/292/20
△*Bernouillia zeilleri* 蔡耶贝尔瑙蕨	Ⅱ/292/20
Bernoullia Heer,1876 贝尔瑙蕨属	Ⅱ/293/20
Bernoullia helvetica 瑞士贝尔瑙蕨	Ⅱ/293/20
Bernoullia cf. *helvetica* 瑞士贝尔瑙蕨(比较种)	Ⅱ/293/20
△*Bernoullia pecopteroides* 栉羽贝尔瑙蕨	Ⅱ/293/20
△*Bernoullia pseudolobifolia* 假裂叶贝尔瑙蕨	Ⅱ/293/21
△*Bernoullia thinnfeldioides* 丁菲羊齿型贝尔瑙蕨	Ⅱ/293/21
△*Bernoullia zeilleri* 蔡耶贝尔瑙蕨	Ⅱ/293/21
Bernoullia? sp. 贝尔瑙蕨?(未定种)	Ⅱ/295/22
?*Bernoullia* sp. ?贝尔瑙蕨(未定种)	Ⅱ/295/21
Betula 桦木属	Ⅵ/127/10
Betula prisca 古老桦木	Ⅵ/127/10
Betula sachalinensis 萨哈林桦木	Ⅵ/127/10
Betuliphyllum 桦木叶属	Ⅵ/127/10
△*Betuliphyllum hunchunensis* 珲春桦木叶	Ⅵ/127/10
Betuliphyllum patagonicum 巴塔哥尼亚桦木叶	Ⅵ/127/10
Borysthenia 第聂伯果属	Ⅴ/247/8
Borysthenia fasciculata 束状第聂伯果	Ⅴ/247/8
△*Borysthenia opulenta* 丰富第聂伯果	Ⅴ/247/8
△*Boseoxylon* 鲍斯木属	Ⅲ/340/22
△*Boseoxylon andrewii* 安德鲁斯鲍斯木	Ⅲ/340/22
△*Botrychites* 似阴地蕨属	Ⅱ/295/22

△*Botrychites reheensis* 热河似阴地蕨 ⋯⋯⋯⋯⋯⋯⋯⋯⋯⋯⋯⋯⋯⋯⋯⋯⋯⋯⋯⋯⋯⋯⋯⋯ II /295 /22
Brachyoxylon 短木属 ⋯⋯⋯⋯⋯⋯⋯⋯⋯⋯⋯⋯⋯⋯⋯⋯⋯⋯⋯⋯⋯⋯⋯⋯⋯⋯⋯⋯⋯⋯⋯⋯⋯ V /247 /8
    Brachyoxylon notabile 斑点短木 ⋯⋯⋯⋯⋯⋯⋯⋯⋯⋯⋯⋯⋯⋯⋯⋯⋯⋯⋯⋯⋯⋯⋯⋯ V /247 /9
    △*Brachyoxylon sahnii* 萨尼短木 ⋯⋯⋯⋯⋯⋯⋯⋯⋯⋯⋯⋯⋯⋯⋯⋯⋯⋯⋯⋯⋯⋯⋯⋯⋯ V /247 /9
    Brachyoxylon sp. 短木(未定种) ⋯⋯⋯⋯⋯⋯⋯⋯⋯⋯⋯⋯⋯⋯⋯⋯⋯⋯⋯⋯⋯⋯⋯⋯⋯⋯ V /248 /9
Brachyphyllum 短叶杉属 ⋯⋯⋯⋯⋯⋯⋯⋯⋯⋯⋯⋯⋯⋯⋯⋯⋯⋯⋯⋯⋯⋯⋯⋯⋯⋯⋯⋯⋯⋯⋯⋯ V /248 /9
    Brachyphyllum boreale 北方短叶杉 ⋯⋯⋯⋯⋯⋯⋯⋯⋯⋯⋯⋯⋯⋯⋯⋯⋯⋯⋯⋯⋯⋯⋯⋯ V /248 /9
    Brachyphyllum crassum 厚叶短叶杉 ⋯⋯⋯⋯⋯⋯⋯⋯⋯⋯⋯⋯⋯⋯⋯⋯⋯⋯⋯⋯⋯⋯⋯ V /248 /9
    △*Brachyphyllum elegans* 雅致短叶杉 ⋯⋯⋯⋯⋯⋯⋯⋯⋯⋯⋯⋯⋯⋯⋯⋯⋯⋯⋯⋯⋯⋯⋯ V /248 /9
    Brachyphyllum expansum 扩张短叶杉 ⋯⋯⋯⋯⋯⋯⋯⋯⋯⋯⋯⋯⋯⋯⋯⋯⋯⋯⋯⋯⋯⋯ V /249 /10
    △*Brachyphyllum hubeiense* 湖北短叶杉 ⋯⋯⋯⋯⋯⋯⋯⋯⋯⋯⋯⋯⋯⋯⋯⋯⋯⋯⋯⋯⋯⋯ V /249 /10
    Brachyphyllum japonicum 日本短叶杉 ⋯⋯⋯⋯⋯⋯⋯⋯⋯⋯⋯⋯⋯⋯⋯⋯⋯⋯⋯⋯⋯⋯ V /249 /10
    Brachyphyllum cf. *japonicum* 日本短叶杉(比较种) ⋯⋯⋯⋯⋯⋯⋯⋯⋯⋯⋯⋯⋯⋯⋯ V /249 /10
    △*Brachyphyllum lingxiangense* 灵乡短叶杉 ⋯⋯⋯⋯⋯⋯⋯⋯⋯⋯⋯⋯⋯⋯⋯⋯⋯⋯⋯ V /249 /10
    △*Brachyphyllum longispicum* 长穗短叶杉 ⋯⋯⋯⋯⋯⋯⋯⋯⋯⋯⋯⋯⋯⋯⋯⋯⋯⋯⋯ V /249 /10
    △*Brachyphyllum magnum* 大短叶杉 ⋯⋯⋯⋯⋯⋯⋯⋯⋯⋯⋯⋯⋯⋯⋯⋯⋯⋯⋯⋯⋯⋯⋯ V /250 /10
    Brachyphyllum mamillare 马咪勒短叶杉 ⋯⋯⋯⋯⋯⋯⋯⋯⋯⋯⋯⋯⋯⋯⋯⋯⋯⋯⋯⋯⋯ V /248 /9
    Brachyphyllum muensteri 敏氏短叶杉 ⋯⋯⋯⋯⋯⋯⋯⋯⋯⋯⋯⋯⋯⋯⋯⋯⋯⋯⋯⋯⋯⋯ V /250 /10
    Brachyphyllum (*Hirmerella*?) *muensteri* 敏氏短叶杉(希默尔杉?) ⋯⋯⋯⋯⋯⋯⋯ V /250 /11
    △*Brachyphyllum multiramosum* 密枝短叶杉 ⋯⋯⋯⋯⋯⋯⋯⋯⋯⋯⋯⋯⋯⋯⋯⋯⋯⋯⋯ V /250 /10
    △*Brachyphyllum nantianmense* 南天门短叶杉 ⋯⋯⋯⋯⋯⋯⋯⋯⋯⋯⋯⋯⋯⋯⋯⋯⋯ V /250 /11
    △*Brachyphyllum ningshiaense* 宁夏短叶杉 ⋯⋯⋯⋯⋯⋯⋯⋯⋯⋯⋯⋯⋯⋯⋯⋯⋯⋯⋯ V /250 /11
    Brachyphyllum cf. *ningshiaense* 宁夏短叶杉(比较种) ⋯⋯⋯⋯⋯⋯⋯⋯⋯⋯⋯⋯⋯⋯ V /250 /11
    Brachyphyllum obesum 粗肥短叶杉 ⋯⋯⋯⋯⋯⋯⋯⋯⋯⋯⋯⋯⋯⋯⋯⋯⋯⋯⋯⋯⋯⋯⋯ V /251 /11
    Brachyphyllum cf. *obesum* 粗肥短叶杉(比较种) ⋯⋯⋯⋯⋯⋯⋯⋯⋯⋯⋯⋯⋯⋯⋯⋯ V /252 /12
    △*Brachyphyllum obtusum* 钝短叶杉 ⋯⋯⋯⋯⋯⋯⋯⋯⋯⋯⋯⋯⋯⋯⋯⋯⋯⋯⋯⋯⋯⋯ V /252 /12
    Brachyphyllum cf. *obtusum* 钝短叶杉(比较种) ⋯⋯⋯⋯⋯⋯⋯⋯⋯⋯⋯⋯⋯⋯⋯⋯⋯ V /252 /12
    △*Brachyphyllum obtusicapitum* 钝头短叶杉 ⋯⋯⋯⋯⋯⋯⋯⋯⋯⋯⋯⋯⋯⋯⋯⋯⋯⋯ V /252 /12
    Brachyphyllum parceramosum 稀枝短叶杉 ⋯⋯⋯⋯⋯⋯⋯⋯⋯⋯⋯⋯⋯⋯⋯⋯⋯⋯⋯ V /252 /12
    △*Brachyphyllum rhombicum* 斜方短叶杉 ⋯⋯⋯⋯⋯⋯⋯⋯⋯⋯⋯⋯⋯⋯⋯⋯⋯⋯⋯⋯ V /252 /12
    △*Brachyphyllum rhombimaniferum* 菱突短叶杉 ⋯⋯⋯⋯⋯⋯⋯⋯⋯⋯⋯⋯⋯⋯⋯⋯⋯ V /253 /12
    Brachyphyllum cf. *rhombimaniferum* 菱突短叶杉(比较种) ⋯⋯⋯⋯⋯⋯⋯⋯⋯⋯⋯ V /253 /13
    Brachyphyllum spp. 短叶杉(未定多种) ⋯⋯⋯⋯⋯⋯⋯⋯⋯⋯⋯⋯⋯⋯⋯⋯⋯⋯⋯⋯⋯ V /253 /13
    Brachyphyllum? spp. 短叶杉?(未定多种) ⋯⋯⋯⋯⋯⋯⋯⋯⋯⋯⋯⋯⋯⋯⋯⋯⋯⋯⋯⋯ V /255 /14
    ?*Brachyphyllum* sp. ?短叶杉(未定种) ⋯⋯⋯⋯⋯⋯⋯⋯⋯⋯⋯⋯⋯⋯⋯⋯⋯⋯⋯⋯⋯⋯ V /255 /14
    Brachyphyllum (*Allocladus*?) sp. 短叶杉(异形枝?)(未定种) ⋯⋯⋯⋯⋯⋯⋯⋯⋯⋯ V /255 /15
Bucklandia 巴克兰茎属 ⋯⋯⋯⋯⋯⋯⋯⋯⋯⋯⋯⋯⋯⋯⋯⋯⋯⋯⋯⋯⋯⋯⋯⋯⋯⋯⋯⋯⋯⋯⋯⋯⋯ III /341 /22
    Bucklandia anomala 异型巴克兰茎 ⋯⋯⋯⋯⋯⋯⋯⋯⋯⋯⋯⋯⋯⋯⋯⋯⋯⋯⋯⋯⋯⋯⋯⋯ III /341 /22
    △*Bucklandia beipiaoensis* 北票巴克兰茎 ⋯⋯⋯⋯⋯⋯⋯⋯⋯⋯⋯⋯⋯⋯⋯⋯⋯⋯⋯⋯ III /341 /23
    △*Bucklandia minima* 极小巴克兰茎 ⋯⋯⋯⋯⋯⋯⋯⋯⋯⋯⋯⋯⋯⋯⋯⋯⋯⋯⋯⋯⋯⋯⋯ III /341 /23
    Bucklandia sp. 巴克兰茎(未定种) ⋯⋯⋯⋯⋯⋯⋯⋯⋯⋯⋯⋯⋯⋯⋯⋯⋯⋯⋯⋯⋯⋯⋯⋯ III /341 /23

C

Calamites Suckow, 1784 (non Schlotheim, 1820, nec Brongniart, 1828) 芦木属 ⋯⋯⋯⋯⋯⋯ I /148 /18

△*Calamites shanxiensis* 山西芦木 ⋯⋯⋯⋯⋯⋯⋯⋯⋯⋯⋯⋯⋯⋯⋯⋯⋯⋯⋯⋯⋯⋯ Ⅰ/148/18

Calamites sp. 芦木（未定种）⋯⋯⋯⋯⋯⋯⋯⋯⋯⋯⋯⋯⋯⋯⋯⋯⋯⋯⋯⋯⋯⋯⋯ Ⅰ/148/18

Calamites Schlotheim,1820（non Brongniart,1828,nec Suckow,1784） 芦木属 ⋯⋯⋯⋯⋯⋯ Ⅰ/149/19

Calamites cannaeformis 管状芦木 ⋯⋯⋯⋯⋯⋯⋯⋯⋯⋯⋯⋯⋯⋯⋯⋯⋯⋯⋯⋯⋯⋯ Ⅰ/149/19

Calamites Brongniart,1828（non Schlotheim,1820,nec Suckow,1784） 芦木属 ⋯⋯⋯⋯⋯⋯ Ⅰ/149/19

Calamites radiatus 辐射芦木 ⋯⋯⋯⋯⋯⋯⋯⋯⋯⋯⋯⋯⋯⋯⋯⋯⋯⋯⋯⋯⋯⋯⋯⋯ Ⅰ/149/19

Calymperopsis 拟花藓属 ⋯⋯⋯⋯⋯⋯⋯⋯⋯⋯⋯⋯⋯⋯⋯⋯⋯⋯⋯⋯⋯⋯⋯⋯⋯⋯⋯⋯ Ⅰ/127/1

△*Calymperopsis yunfuensis* 云浮拟花藓 ⋯⋯⋯⋯⋯⋯⋯⋯⋯⋯⋯⋯⋯⋯⋯⋯⋯⋯⋯⋯ Ⅰ/127/1

Cardiocarpus 心籽属 ⋯⋯⋯⋯⋯⋯⋯⋯⋯⋯⋯⋯⋯⋯⋯⋯⋯⋯⋯⋯⋯⋯⋯⋯⋯⋯⋯⋯⋯ Ⅴ/255/15

Cardiocarpus drupaceus 核果状心籽 ⋯⋯⋯⋯⋯⋯⋯⋯⋯⋯⋯⋯⋯⋯⋯⋯⋯⋯⋯⋯⋯⋯ Ⅴ/255/15

△*Cardiocarpus yuccinoides* 似丝兰型心籽 ⋯⋯⋯⋯⋯⋯⋯⋯⋯⋯⋯⋯⋯⋯⋯⋯⋯⋯⋯ Ⅴ/255/15

Cardiocarpus spp. 心籽（未定多种）⋯⋯⋯⋯⋯⋯⋯⋯⋯⋯⋯⋯⋯⋯⋯⋯⋯⋯⋯⋯⋯⋯ Ⅴ/256/15

Carpites 石果属 ⋯⋯⋯⋯⋯⋯⋯⋯⋯⋯⋯⋯⋯⋯⋯⋯⋯⋯⋯⋯⋯⋯⋯⋯⋯⋯⋯⋯⋯⋯⋯⋯ Ⅵ/127/10

Carpites pruniformis 核果状石果 ⋯⋯⋯⋯⋯⋯⋯⋯⋯⋯⋯⋯⋯⋯⋯⋯⋯⋯⋯⋯⋯⋯⋯ Ⅵ/128/11

Carpites sp. 石果（未定种）⋯⋯⋯⋯⋯⋯⋯⋯⋯⋯⋯⋯⋯⋯⋯⋯⋯⋯⋯⋯⋯⋯⋯⋯⋯⋯ Ⅵ/128/11

Carpolithes or *Carpolithus* 石籽属 ⋯⋯⋯⋯⋯⋯⋯⋯⋯⋯⋯⋯⋯⋯⋯⋯⋯⋯⋯⋯⋯⋯⋯⋯ Ⅴ/256/15

△*Carpolithus acanthus* 刺石籽 ⋯⋯⋯⋯⋯⋯⋯⋯⋯⋯⋯⋯⋯⋯⋯⋯⋯⋯⋯⋯⋯⋯⋯⋯ Ⅴ/256/16

△*Carpolithus auritus* 耳状石籽 ⋯⋯⋯⋯⋯⋯⋯⋯⋯⋯⋯⋯⋯⋯⋯⋯⋯⋯⋯⋯⋯⋯⋯⋯ Ⅴ/256/16

Carpolithus brookensis 布诺克石籽 ⋯⋯⋯⋯⋯⋯⋯⋯⋯⋯⋯⋯⋯⋯⋯⋯⋯⋯⋯⋯⋯⋯⋯ Ⅴ/257/16

Carpolithus cinctus 围绕石籽 ⋯⋯⋯⋯⋯⋯⋯⋯⋯⋯⋯⋯⋯⋯⋯⋯⋯⋯⋯⋯⋯⋯⋯⋯⋯ Ⅴ/257/16

Carpolithus cf. *cinctus* 围绕石籽（比较种）⋯⋯⋯⋯⋯⋯⋯⋯⋯⋯⋯⋯⋯⋯⋯⋯⋯⋯⋯ Ⅴ/257/16

△*Carpolithus fabiformis* 蚕豆形石籽 ⋯⋯⋯⋯⋯⋯⋯⋯⋯⋯⋯⋯⋯⋯⋯⋯⋯⋯⋯⋯⋯⋯ Ⅴ/257/16

△*Carpolithus globularis* 球状石籽 ⋯⋯⋯⋯⋯⋯⋯⋯⋯⋯⋯⋯⋯⋯⋯⋯⋯⋯⋯⋯⋯⋯⋯ Ⅴ/257/16

△*Carpolithus jidongensis* 鸡东石籽 ⋯⋯⋯⋯⋯⋯⋯⋯⋯⋯⋯⋯⋯⋯⋯⋯⋯⋯⋯⋯⋯⋯⋯ Ⅴ/257/16

△*Carpolithus latizonus* 厚缘刺石籽 ⋯⋯⋯⋯⋯⋯⋯⋯⋯⋯⋯⋯⋯⋯⋯⋯⋯⋯⋯⋯⋯⋯⋯ Ⅴ/258/17

△*Carpolithus lingxiangensis* 灵乡石籽 ⋯⋯⋯⋯⋯⋯⋯⋯⋯⋯⋯⋯⋯⋯⋯⋯⋯⋯⋯⋯⋯ Ⅴ/258/17

△*Carpolithus longiciliosus* 长纤毛石籽 ⋯⋯⋯⋯⋯⋯⋯⋯⋯⋯⋯⋯⋯⋯⋯⋯⋯⋯⋯⋯⋯ Ⅴ/258/17

△*Carpolithus multiseminalis* 多籽石籽 ⋯⋯⋯⋯⋯⋯⋯⋯⋯⋯⋯⋯⋯⋯⋯⋯⋯⋯⋯⋯⋯ Ⅴ/258/17

△*Carpolithus pachythelis* 肥瘤石籽 ⋯⋯⋯⋯⋯⋯⋯⋯⋯⋯⋯⋯⋯⋯⋯⋯⋯⋯⋯⋯⋯⋯ Ⅴ/258/17

△*Carpolithus retioformus* 网状石籽 ⋯⋯⋯⋯⋯⋯⋯⋯⋯⋯⋯⋯⋯⋯⋯⋯⋯⋯⋯⋯⋯⋯⋯ Ⅴ/258/17

△*Carpolithus rotundatus* 圆形石籽 ⋯⋯⋯⋯⋯⋯⋯⋯⋯⋯⋯⋯⋯⋯⋯⋯⋯⋯⋯⋯⋯⋯⋯ Ⅴ/258/17

Carpolithus cf. *rotundatus* 圆形石籽（比较种）⋯⋯⋯⋯⋯⋯⋯⋯⋯⋯⋯⋯⋯⋯⋯⋯⋯ Ⅴ/259/17

△*Carpolithus shouchangensis* 寿昌石籽 ⋯⋯⋯⋯⋯⋯⋯⋯⋯⋯⋯⋯⋯⋯⋯⋯⋯⋯⋯⋯⋯ Ⅴ/259/18

△*Carpolithus strumatus* 瘤状石籽 ⋯⋯⋯⋯⋯⋯⋯⋯⋯⋯⋯⋯⋯⋯⋯⋯⋯⋯⋯⋯⋯⋯⋯ Ⅴ/259/18

Carpolithus virginiensis 弗吉尼亚石籽 ⋯⋯⋯⋯⋯⋯⋯⋯⋯⋯⋯⋯⋯⋯⋯⋯⋯⋯⋯⋯⋯⋯ Ⅴ/259/18

△*Carpolithus yamasidai* 山下石籽 ⋯⋯⋯⋯⋯⋯⋯⋯⋯⋯⋯⋯⋯⋯⋯⋯⋯⋯⋯⋯⋯⋯⋯ Ⅴ/259/18

Carpolithus spp. 石籽（未定多种）⋯⋯⋯⋯⋯⋯⋯⋯⋯⋯⋯⋯⋯⋯⋯⋯⋯⋯⋯⋯⋯⋯⋯ Ⅴ/259/18

Carpolithus? spp. 石籽？（未定多种）⋯⋯⋯⋯⋯⋯⋯⋯⋯⋯⋯⋯⋯⋯⋯⋯⋯⋯⋯⋯⋯ Ⅴ/267/24

？*Carpolithus* spp. ？石籽（未定多种）⋯⋯⋯⋯⋯⋯⋯⋯⋯⋯⋯⋯⋯⋯⋯⋯⋯⋯⋯⋯⋯ Ⅴ/267/25

Carpolithus（Cf. *Trigonocarpus*）sp. 石籽（与三棱籽比较）（未定种）⋯⋯⋯⋯⋯⋯⋯ Ⅴ/267/25

Cassia 决明属 ⋯⋯⋯⋯⋯⋯⋯⋯⋯⋯⋯⋯⋯⋯⋯⋯⋯⋯⋯⋯⋯⋯⋯⋯⋯⋯⋯⋯⋯⋯⋯⋯⋯ Ⅵ/128/11

Cassia fayettensis 弗耶特决明 ⋯⋯⋯⋯⋯⋯⋯⋯⋯⋯⋯⋯⋯⋯⋯⋯⋯⋯⋯⋯⋯⋯⋯⋯ Ⅵ/128/11

Cassia cf. *fayettensis* 弗耶特决明（比较种）⋯⋯⋯⋯⋯⋯⋯⋯⋯⋯⋯⋯⋯⋯⋯⋯⋯⋯ Ⅵ/128/11

Cassia marshalensis 小叶决明 ⋯⋯⋯⋯⋯⋯⋯⋯⋯⋯⋯⋯⋯⋯⋯⋯⋯⋯⋯⋯⋯⋯⋯⋯ Ⅵ/128/11

Castanea 板栗属 ⋯⋯⋯⋯⋯⋯⋯⋯⋯⋯⋯⋯⋯⋯⋯⋯⋯⋯⋯⋯⋯⋯⋯⋯⋯⋯⋯⋯⋯⋯⋯⋯ Ⅵ/128/11

△*Castanea tangyuaensis* 汤原板栗	Ⅵ/129/11
△*Casuarinites* 似木麻黄属	Ⅵ/129/12
Casuarinites sp. indet. 似木麻黄(sp. indet.)	Ⅵ/129/12
Caulopteris 茎干蕨属	Ⅱ/295/22
△*Caulopteris nalajingensis* 纳拉箐茎干蕨	Ⅱ/296/22
Caulopteris primaeva 初生茎干蕨	Ⅱ/296/22
Caulopteris vogesiaca 孚日茎干蕨	Ⅱ/296/23
Caulopteris? spp. 茎干蕨?(未定多种)	Ⅱ/296/23
Cedroxylon 雪松型木属	Ⅴ/268/25
△*Cedroxylon jinshaense* 金沙雪松型木	Ⅴ/268/25
Cedroxylon withami 怀氏雪松型木	Ⅴ/268/25
Celastrophyllum 南蛇藤叶属	Ⅵ/129/12
Celastrophyllum attenuatum 狭叶南蛇藤叶	Ⅵ/129/12
Celastrophyllum newberryanum 新贝里南蛇藤叶	Ⅵ/129/12
Celastrophyllum ovale 卵形南蛇藤叶	Ⅵ/130/12
△*Celastrophyllum subprotophyllum* 亚原始叶南蛇藤叶	Ⅵ/130/12
△*Celastrophyllum zhouziense* 卓资南蛇藤叶	Ⅵ/130/13
Celastrophyllum sp. 南蛇藤叶(未定种)	Ⅵ/130/13
Celastrophyllum? sp. 南蛇藤叶?(未定种)	Ⅵ/130/13
Celastrus 南蛇藤属	Ⅵ/130/13
Celastrus minor 小叶南蛇藤	Ⅵ/130/13
Cephalotaxopsis 拟粗榧属	Ⅴ/268/25
△*Cephalotaxopsis asiatica* 亚洲拟粗榧	Ⅴ/269/26
Cephalotaxopsis cf. *asiatica* 亚洲拟粗榧(比较种)	Ⅴ/269/26
△*Cephalotaxopsis fuxinensis* 阜新拟粗榧	Ⅴ/269/26
△*Cephalotaxopsis haizhouensis* 海州拟粗榧	Ⅴ/269/26
△*Cephalotaxopsis leptophylla* 薄叶拟粗榧	Ⅴ/269/26
Cephalotaxopsis magnifolia 大叶拟粗榧	Ⅴ/268/25
Cephalotaxopsis cf. *magnifolia* 大叶拟粗榧(比较种)	Ⅴ/268/26
△*Cephalotaxopsis sinensis* 中国拟粗榧	Ⅴ/270/26
Cephalotaxopsis spp. 拟粗榧(未定多种)	Ⅴ/270/26
Cephalotaxopsis? sp. 拟粗榧?(未定种)	Ⅴ/270/27
?*Cephalotaxopsis* spp. ?拟粗榧(未定多种)	Ⅴ/270/27
Ceratophyllum 金鱼藻属	Ⅵ/130/13
△*Ceratophyllum jilinense* 吉林金鱼藻	Ⅵ/131/13
Cercidiphyllum 连香树属	Ⅵ/131/14
Cercidiphyllum arcticum 北极连香树	Ⅵ/131/14
Cercidiphyllum elliptcum 椭圆连香树	Ⅵ/131/14
Cercidiphyllum sp. 连香树(未定种)	Ⅵ/131/14
△*Chaoyangia* 朝阳序属	Ⅴ/270/27
△*Chaoyangia liangii* 梁氏朝阳序	Ⅴ/271/27
△*Chaoyangia* 朝阳序属	Ⅵ/131/14
△*Chaoyangia liangii* 梁氏朝阳序	Ⅵ/132/14
△*Chengzihella* 城子河叶属	Ⅵ/132/15
△*Chengzihella obovata* 倒卵城子河叶	Ⅵ/132/15

△*Chiaohoella* 小蛟河蕨属	Ⅱ	/296/23
△*Chiaohoella mirabilis* 奇异小蛟河蕨	Ⅱ	/296/23
△*Chiaohoella neozamioides* 新查米叶型小蛟河蕨	Ⅱ	/297/23
△*Chiaohoella papilioformia* 蝶形小蛟河蕨	Ⅱ	/297/24
Chiaohoella? spp. 小蛟河蕨？(未定多种)	Ⅱ	/297/24
△*Chilinia* 吉林羽叶属	Ⅲ	/341/23
△*Chilinia ctenioides* 篦羽叶型吉林羽叶	Ⅲ	/342/23
△*Chilinia elegans* 雅致吉林羽叶	Ⅲ	/342/24
△*Chilinia fuxinensis* 阜新吉林羽叶	Ⅲ	/342/24
△*Chilinia robusta* 健壮吉林羽叶	Ⅲ	/343/24
Chiropteris 掌状蕨属	Ⅱ	/298/24
Chiropteris digitata 指状掌状蕨	Ⅱ	/298/24
△*Chiropteris ginkgoformis* 银杏形掌状蕨	Ⅱ	/298/24
△*Chiropteris manasiensis* Gu et Hu,1979 (non Gu et Hu,1984, nec Gu et Hu,1987) 玛纳斯掌状蕨	Ⅱ	/298/24
△*Chiropteris manasiensis* Gu et Hu,1984 (non Gu et Hu,1979, nec Gu et Hu,1987) 玛纳斯掌状蕨	Ⅱ	/298/25
△*Chiropteris manasiensis* Gu et Hu,1987 (non Gu et Hu,1979, nec Gu et Hu,1984) 玛纳斯掌状蕨	Ⅱ	/298/25
△*Chiropteris taizihoensis* 太子河掌状蕨	Ⅱ	/298/25
Chiropteris yuanii 袁氏掌状蕨	Ⅱ	/299/25
△*Chiropteris*? *yuanii* 袁氏？掌状蕨	Ⅱ	/299/25
Chiropteris spp. 掌状蕨(未定多种)	Ⅱ	/299/25
Chiropteris? sp. 掌状蕨？(未定种)	Ⅱ	/299/25
?*Chiropteris* sp. ?掌状蕨(未定种)	Ⅱ	/299/25
△*Ciliatopteris* 细毛蕨属	Ⅱ	/299/25
△*Ciliatopteris pecotinata* 栉齿细毛蕨	Ⅱ	/299/26
Cinnamomum 樟树属	Ⅵ	/133/15
Cinnamomum hesperium 西方樟树	Ⅵ	/133/15
Cinnamomum newberryi 纽伯利樟树	Ⅵ	/133/15
Cissites 似白粉藤属	Ⅵ	/133/15
Cissites aceroides 槭树型似白粉藤	Ⅵ	/133/16
△*Cissites hunchunensis* 珲春似白粉藤	Ⅵ	/133/16
△*Cissites jingxiensis* 京西似白粉藤	Ⅵ	/133/16
Cissites sp. 似白粉藤(未定种)	Ⅵ	/134/16
Cissites? sp. 似白粉藤？(未定种)	Ⅵ	/134/16
Cissus 白粉藤属	Ⅵ	/134/16
Cissus marginata 边缘白粉藤	Ⅵ	/134/16
△*Cladophlebidium* 准枝脉蕨属	Ⅱ	/300/26
△*Cladophlebidium wongi* 翁氏准枝脉蕨	Ⅱ	/300/26
?*Cladophlebidium wongi* ?翁氏准枝脉蕨	Ⅱ	/300/26
Cladophlebis 枝脉蕨属	Ⅱ	/300/26
Cladophlebis acuta 急尖枝脉蕨	Ⅱ	/301/27
Cladophlebis acutiloba 急裂枝脉蕨	Ⅱ	/301/27
Cladophlebis aktashensis 阿克塔什枝脉蕨	Ⅱ	/301/27

Cladophlebis albertsii 阿尔培茨枝脉蕨	Ⅱ/301/27	
△*Cladophlebis angusta* 狭瘦枝脉蕨	Ⅱ/301/27	
Cladophlebis arguta 清晰枝脉蕨	Ⅱ/302/27	
Cladophlebis cf. *arguta* 清晰枝脉蕨(比较种)	Ⅱ/302/28	
Cladophlebis argutula 微尖枝脉蕨	Ⅱ/302/28	
Cladophlebis cf. *argutula* 微尖枝脉蕨(比较种)	Ⅱ/303/29	
△*Cladophlebis asiatica* 亚洲枝脉蕨	Ⅱ/303/29	
Cladophlebis cf. *asiatica* 亚洲枝脉蕨(比较种)	Ⅱ/305/29	
Cladophlebis aff. *asiatica* 亚洲枝脉蕨(亲近种)	Ⅱ/304/29	
△*Cladophlebis* (*Athyrium*?) *asymmetrica* 不对称枝脉蕨(蹄盖蕨?)	Ⅱ/305/30	
△*Cladophlebis beijingensis* 北京枝脉蕨	Ⅱ/305/30	
Cladophlebis cf. *beijingensis* 北京枝脉蕨(比较种)	Ⅱ/305/30	
△*Cladophlebis bella* 雅叶枝脉蕨	Ⅱ/305/30	
Cladophlebis bitchuensis 备中枝脉蕨	Ⅱ/305/30	
Cladophlebis cf. *bitchuensis* 备中枝脉蕨(比较种)	Ⅱ/305/30	
Cladophlebis cf. *C. bitchuensis* 备中枝脉蕨(比较属种)	Ⅱ/305/30	
Cladophlebis browniana 布朗枝脉蕨	Ⅱ/305/30	
Cladophlebis browniana? 布朗枝脉蕨?	Ⅱ/306/30	
Cladophlebis cf. *browniana* 布朗枝脉蕨(比较种)	Ⅱ/306/30	
△*Cladophlebis calcariformis* 矩羽枝脉蕨	Ⅱ/306/31	
△*Cladophlebis cladophleoides* 枝脉蕨型枝脉蕨	Ⅱ/307/31	
△*Cladophlebis complicata* 皱褶枝脉蕨	Ⅱ/307/31	
△*Cladophlebis coniopteroides* 锥叶蕨型枝脉蕨	Ⅱ/307/31	
△*Cladophlebis contracta* 收缩枝脉蕨	Ⅱ/307/31	
△*Cladophlebis crassicaulis* 粗轴枝脉蕨	Ⅱ/307/31	
△*Cladophlebis* (*Gleichenites*?) *dabashanensis* 大巴山枝脉蕨(似里白?)	Ⅱ/307/32	
△*Cladophlebis dameigouensis* 大煤沟枝脉蕨	Ⅱ/308/32	
△*Cladophlebis dangyangensis* 当阳枝脉蕨	Ⅱ/308/32	
△*Cladophlebis daxiensis* 大溪枝脉蕨	Ⅱ/308/32	
Cladophlebis delicatula 纤柔枝脉蕨	Ⅱ/308/32	
Cladophlebis denticulata 齿形枝脉蕨	Ⅱ/309/32	
Cladophlebis cf. *denticulata* 齿形枝脉蕨(比较种)	Ⅱ/310/33	
Cladophlebis denticulata var. *punctata* 齿形枝脉蕨斑点变种	Ⅱ/311/34	
Cladophlebis (*Todites*) *denticulata* 齿形枝脉蕨(似托第蕨)	Ⅱ/311/34	
Cladophlebis distanis 离生枝脉蕨	Ⅱ/311/34	
Cladophlebis divaricata 展开枝脉蕨	Ⅱ/311/34	
Cladophlebis cf. *divaricata* 展开枝脉蕨(比较种)	Ⅱ/311/34	
Cladophlebis dunkeri 董克枝脉蕨	Ⅱ/312/34	
△*Cladophlebis emarginata* 微凹枝脉蕨	Ⅱ/312/35	
Cladophlebis exiliformis 瘦形枝脉蕨	Ⅱ/312/35	
Cladophlebis cf. *exiliformis* 瘦形枝脉蕨(比较种)	Ⅱ/312/35	
Cladophlebis falcata 镰状枝脉蕨	Ⅱ/313/35	
Cladophlebis cf. *falcata* 镰状枝脉蕨(比较种)	Ⅱ/313/35	
△*Cladophlebis fangtzuensis* 坊子枝脉蕨	Ⅱ/313/35	
△*Cladophlebis foliolata* 小叶枝脉蕨	Ⅱ/313/36	

Cladophlebis frigida 寒冷枝脉蕨	Ⅱ	/314 /36
△*Cladophlebis fukiensis* 福建枝脉蕨	Ⅱ	/314 /36
△*Cladophlebis fuxiaensis* 富县枝脉蕨	Ⅱ	/314 /36
△*Cladophlebis fuxinensis* 阜新枝脉蕨	Ⅱ	/314 /36
Cladophlebis geyleriana 盖氏枝脉蕨	Ⅱ	/314 /37
Cladophlebis cf. *geyleriana* 盖氏枝脉蕨(比较种)	Ⅱ	/314 /37
Cladophlebis gigantea 巨大枝脉蕨	Ⅱ	/315 /37
Cladophlebis cf. *gigantea* 巨大枝脉蕨(比较种)	Ⅱ	/315 /37
Cladophlebis aff. *gigantea* 巨大枝脉蕨(亲近种)	Ⅱ	/315 /37
Cladophlebis goeppertianus 葛伯特枝脉蕨	Ⅱ	/316 /37
Cladophlebis cf. *goeppertianus* 葛伯特枝脉蕨(比较种)	Ⅱ	/316 /38
Cladophlebis (*Todites*) *goeppertianus* 葛伯特枝脉蕨(似托第蕨)	Ⅱ	/316 /38
△*Cladophlebis grabauiana* 葛利普枝脉蕨	Ⅱ	/316 /38
Cladophlebis cf. *grabauiana* 葛利普枝脉蕨(比较种)	Ⅱ	/316 /38
△*Cladophlebis gracilis* 纤细枝脉蕨	Ⅱ	/317 /38
△*Cladophlebis hadaensis* 哈达枝脉蕨	Ⅱ	/317 /39
Cladophlebis haiburensis 海庞枝脉蕨	Ⅱ	/317 /39
Cladophlebis cf. *haiburensis* 海庞枝脉蕨(比较种)	Ⅱ	/319 /40
△*Cladophlebis halleiana* 赫勒枝脉蕨	Ⅱ	/319 /40
△*Cladophlebis harpophylla* 镰形枝脉蕨	Ⅱ	/319 /40
△*Cladophlebis hebeiensis* 河北枝脉蕨	Ⅱ	/319 /40
△*Cladophlebis heitingshanensis* Yang et Sun,1982 (non Yang et Sun,1985) 黑顶山枝脉蕨	Ⅱ	/320 /40
△*Cladophlebis heitingshanensis* Yang et Sun,1985 (non Yang et Sun,1982) 黑顶山枝脉蕨	Ⅱ	/320 /40
△*Cladophlebis heteromarginata* 异缘枝脉蕨	Ⅱ	/320 /40
△*Cladophlebis heterophylla* 异叶枝脉蕨	Ⅱ	/320 /41
Cladophlebis hirta 毛点枝脉蕨	Ⅱ	/320 /41
△*Cladophlebis hsiehiana* 谢氏枝脉蕨	Ⅱ	/321 /41
Cladophlebis cf. *hsiehiana* 谢氏枝脉蕨(比较种)	Ⅱ	/321 /41
△*Cladophlebis ichunensis* 宜君枝脉蕨	Ⅱ	/321 /42
Cladophlebis cf. *C. ichunensis* 宜君枝脉蕨(比较属种)	Ⅱ	/322 /42
△*Cladophlebis imbricata* 覆瓦枝脉蕨	Ⅱ	/322 /42
Cladophlebis inclinata 倾斜枝脉蕨	Ⅱ	/322 /42
Cladophlebis cf. *inclinata* 倾斜枝脉蕨(比较种)	Ⅱ	/322 /42
Cladophlebis ingens 特大枝脉蕨	Ⅱ	/322 /42
Cladophlebis integra 全缘枝脉蕨	Ⅱ	/323 /43
△*Cladophlebis jiangshanensis* 江山枝脉蕨	Ⅱ	/324 /43
△*Cladophlebis jingyuanensis* 靖远枝脉蕨	Ⅱ	/324 /43
Cladophlebis kamenkensis 卡门克枝脉蕨	Ⅱ	/324 /43
△*Cladophlebis kansuensis* 甘肃枝脉蕨	Ⅱ	/324 /43
△*Cladophlebis kaoiana* 高氏枝脉蕨	Ⅱ	/324 /43
Cladophlebis cf. *C. kaoiana* 高氏枝脉蕨(比较属种)	Ⅱ	/325 /44
△*Cladophlebis kaxgensis* 喀什枝脉蕨	Ⅱ	/325 /44
Cladophlebis koraiensis 朝鲜枝脉蕨	Ⅱ	/325 /44

Cladophlebis (*Klukia*?) *koraiensis* 朝鲜枝脉蕨(克鲁克蕨?)	II /325 /44
△*Cladophlebis kwangyuanensis* 广元枝脉蕨	II /325 /44
△*Cladophlebis latibasis* 阔基枝脉蕨	II /326 /45
△*Cladophlebis lhorongensis* 洛隆枝脉蕨	II /326 /45
Cf. *Cladophlebis lhorongensis* 洛隆枝脉蕨(比较属种)	II /326 /45
Cladophlebis lobifolia 裂叶枝脉蕨	II /326 /45
Cladophlebis cf. *lobifolia* 裂叶枝脉蕨(比较种)	II /326 /45
Cladophlebis (*Eboracia*) *lobifolia* 裂叶枝脉蕨(爱博拉契蕨)	II /326 /45
Cladophlebis (?*Eboracia*) *lobifolia* 裂叶枝脉蕨(?爱博拉契蕨)	II /327 /45
Cladophlebis (*Eboracia*?) *lobifolia* 裂叶枝脉蕨(爱博拉契蕨?)	II /327 /45
Cladophlebis lobulata 浅裂枝脉蕨	II /327 /46
Cladophlebis cf. *lobulata* 浅裂枝脉蕨(比较种)	II /327 /46
Cladophlebis longipennis 长羽枝脉蕨	II /327 /46
△*Cladophlebis longquanensis* 龙泉枝脉蕨	II /328 /46
Cladophlebis magnifica 大叶枝脉蕨	II /328 /46
Cladophlebis mesozoica 中生代枝脉蕨	II /328 /46
Cladophlebis cf. *mesozoica* 中生代枝脉蕨(比较种)	II /328 /46
Cladophlebis microphylla 细叶枝脉蕨	II /328 /47
Cladophlebis cf. *C. microphylla* 细叶枝脉蕨(比较属种)	II /328 /47
△*Cladophlebis mina* 小枝脉蕨	II /328 /47
△*Cladophlebis minutusa* 极小枝脉蕨	II /328 /47
△*Cladophlebis mutatus* 变异枝脉蕨	II /329 /47
Cladophlebis nalivkini 纳利夫金枝脉蕨	II /329 /47
Cladophlebis cf. *C. nalivkini* 纳利夫金枝脉蕨(比较属种)	II /329 /47
Cladophlebis nebbensis 尼本枝脉蕨	II /329 /47
Cladophlebis cf. *nebbensis* 尼本枝脉蕨(比较种)	II /330 /48
△*Cladophlebis neimongensis* 内蒙枝脉蕨	II /330 /48
△*Cladophlebis nobilis* 壮丽枝脉蕨	II /330 /48
△*Cladophlebis obesus* 肥大枝脉蕨	II /330 /48
△*Cladophlebis oligodonta* 疏齿枝脉蕨	II /330 /48
△*Cladophlebis otophorus* 具耳枝脉蕨	II /330 /48
△*Cladophlebis paradelicatula* 副纤柔枝脉蕨	II /330 /48
△*Cladophlebis paralobifolia* 副裂叶枝脉蕨	II /331 /48
Cladophlebis cf. *paralobifolia* 副裂叶枝脉蕨(比较种)	II /331 /49
Cladophlebis parva 小型枝脉蕨	II /331 /49
Cladophlebis cf. *parva* 小型枝脉蕨(比较种)	II /331 /49
Cladophlebis parvifolia 小叶枝脉蕨	II /331 /49
Cladophlebis parvula 微小枝脉蕨	II /331 /49
Cladophlebis cf. *parvula* 微小枝脉蕨(比较种)	II /331 /49
△*Cladophlebis plagionervis* 斜脉枝脉蕨	II /331 /49
△*Cladophlebis* (?*Gleichnites*) *platyrachis* 宽轴枝脉蕨(?似里白)	II /331 /49
△*Cladophlebis pseudoargutula* 假微尖枝脉蕨	II /332 /49
Cladophlebis pseudodelicatula 假纤柔枝脉蕨	II /332 /49
Cladophlebis aff. *pseudodelicatula* 假纤柔枝脉蕨(亲近种)	II /332 /49
△*Cladophlebis psedodenticulata* 假细齿枝脉蕨	II /332 /50

Cladophlebis pseudoraciborskii 假拉氏枝脉蕨	Ⅱ/332/50	
△*Cladophlebis punctata* 斑点枝脉蕨	Ⅱ/332/50	
Cladophlebis cf. *punctata* 斑点枝脉蕨(比较种)	Ⅱ/333/50	
△*Cladophlebis qamdoensis* 昌都枝脉蕨	Ⅱ/333/50	
△*Cladophlebis qiandianziensis* 前甸子枝脉蕨	Ⅱ/333/50	
△*Cladophlebis qixinensis* 七星枝脉蕨	Ⅱ/333/50	
Cladophlebis raciborskii 拉氏枝脉蕨	Ⅱ/333/51	
Cladophlebis cf. *raciborskii* 拉氏枝脉蕨(比较种)	Ⅱ/335/52	
Cladophlebis cf. *C. raciborskii* 拉氏枝脉蕨(比较属种)	Ⅱ/336/52	
Cladophlebis roessertii 罗氏枝脉蕨	Ⅱ/336/52	
Cladophlebis cf. *roessertii* 罗氏枝脉蕨(比较种)	Ⅱ/336/52	
Cladophlebis (*Todea*) *roessertii* 罗氏枝脉蕨(托第蕨)	Ⅱ/336/53	
Cladophlebis (*Todites*) cf. *roessertii* 罗氏枝脉蕨(似托第蕨)(比较种)	Ⅱ/336/53	
Cladophlebis ruetimeyerii 吕氏枝脉蕨	Ⅱ/336/53	
Cladophlebis cf. *ruetimeyerii* 吕氏枝脉蕨(比较种)	Ⅱ/337/53	
Cladophlebis scariosa 乾膜质枝脉蕨	Ⅱ/337/53	
Cladophlebis cf. *scariosa* 乾膜质枝脉蕨(比较种)	Ⅱ/337/53	
Cladophlebis aff. *scariosa* 乾膜质枝脉蕨(亲近种)	Ⅱ/337/53	
Cladophlebis scoresbyensis 斯科勒斯比枝脉蕨	Ⅱ/338/54	
?*Cladophlebis scoresbyensis* ?斯科勒斯比枝脉蕨	Ⅱ/338/54	
Cladophlebis (*Todites*) *scoresbyensis* 斯科勒斯比枝脉蕨(似托第蕨)	Ⅱ/338/54	
Cladophlebis septentrionalis 北方枝脉蕨	Ⅱ/338/54	
Cladophlebis serrulata 微齿枝脉蕨	Ⅱ/338/54	
△*Cladophlebis shaheziensis* 沙河子枝脉蕨	Ⅱ/338/54	
△*Cladophlebis shanqiaoensis* 杉桥枝脉蕨	Ⅱ/338/54	
△*Cladophlebis shansiensis* 山西枝脉蕨	Ⅱ/338/54	
Cladophlebis cf. *shansiensis* 山西枝脉蕨(比较种)	Ⅱ/339/55	
△*Cladophlebis shansungensis* 杉松枝脉蕨	Ⅱ/339/55	
△*Cladophlebis shensiensis* 陕西枝脉蕨	Ⅱ/340/55	
Cladophlebis (*Todites*) *shensiensis* 陕西枝脉蕨(似托第蕨)	Ⅱ/340/56	
△*Cladophlebis shuixigouensis* 水西沟枝脉蕨	Ⅱ/340/56	
△*Cladophlebis spinellosus* 细刺枝脉蕨	Ⅱ/341/56	
Cladophlebis stenolopha 狭脊枝脉蕨	Ⅱ/341/56	
△*Cladophlebis stenophylla* 狭叶枝脉蕨	Ⅱ/341/56	
△*Cladophlebis stricta* Yang et Sun,1982 (non Yang et Sun,1985) 狭直枝脉蕨	Ⅱ/341/56	
△*Cladophlebis stricta* Yang et Sun,1985 (non Yang et Sun,1982) 狭直枝脉蕨	Ⅱ/341/56	
Cladophlebis sublobata 微裂枝脉蕨	Ⅱ/342/56	
Cladophlebis sulcata 沟槽枝脉蕨	Ⅱ/342/57	
Cladophlebis suluktensis 苏鲁克特枝脉蕨	Ⅱ/342/57	
Cladophlebis suluktensis var. *crassa* 苏鲁克特枝脉蕨粗变种	Ⅱ/342/57	
△*Cladophlebis suniana* 孙氏枝脉蕨	Ⅱ/342/57	
Cladophlebis svedbergii 斯维德贝尔枝脉蕨	Ⅱ/342/57	
△*Cladophlebis szeiana* 斯氏枝脉蕨	Ⅱ/343/57	
Cladophlebis (*Asterothaca*?) *szeiana* 斯氏枝脉蕨(星囊蕨?)	Ⅱ/343/57	
Cladophlebis (*Gleichenites*?) *takeyamae* 竹山枝脉蕨(似里白?)	Ⅱ/343/58	

△*Cladophlebis tenerus* 柔弱枝脉蕨	Ⅱ/343/58
△*Cladophlebis tenuifolia* 细叶枝脉蕨	Ⅱ/343/58
Cladophlebis cf. *tenuifolia* 细叶枝脉蕨(比较种)	Ⅱ/343/58
△*Cladophlebis tersus* 整洁枝脉蕨	Ⅱ/343/58
△*Cladophlebis tianqiaolingensis* 天桥岭枝脉蕨	Ⅱ/344/58
△*Cladophlebis tibetica* 西藏枝脉蕨	Ⅱ/344/58
△*Cladophlebis* (*Dryopterites*?) *tiefensis* 铁法枝脉蕨(似鳞毛蕨?)	Ⅱ/344/58
△*Cladophlebis tingii* 丁氏枝脉蕨	Ⅱ/344/58
△*Cladophlebis todioides* 似托第蕨型枝脉蕨	Ⅱ/344/59
Cladophlebis triangularis 三角形枝脉蕨	Ⅱ/344/59
△*Cladophlebis tsaidamensis* 柴达木枝脉蕨	Ⅱ/344/59
△*Cladophlebis tsaidamensis* f. *angustus* 柴达木枝脉蕨狭瘦异型	Ⅱ/345/59
Cladophlebis tschagdamensis 恰丹枝脉蕨	Ⅱ/345/59
Cladophlebis cf. *tschagdamensis* 恰丹枝脉蕨(比较种)	Ⅱ/345/59
△*Cladophlebis ulanensis* 乌兰枝脉蕨	Ⅱ/346/60
△*Cladophlebis undata* 波状枝脉蕨	Ⅱ/346/60
Cladophlebis vaccensis 瓦克枝脉蕨	Ⅱ/346/60
Cladophlebis cf. *vaccensis* 瓦克枝脉蕨(比较种)	Ⅱ/346/60
△*Cladophlebis variopinnulata* 变小羽片枝脉蕨	Ⅱ/346/60
Cladophlebis vasilevskae 华氏枝脉蕨	Ⅱ/346/60
△*Cladophlebis vulgaris* Chow et Zhang,1982 (non Zhou et Zhang,1984) 普通枝脉蕨	Ⅱ/347/60
△*Cladophlebis vulgaris* Zhou et Zhang,1984 (non Chow et Zhang,1982) 普通枝脉蕨	Ⅱ/347/61
Cladophlebis cf. *vulgaris* 普通枝脉蕨(比较种)	Ⅱ/347/61
Cladophlebis (*Gleichenites*?) *waltoni* 瓦尔顿枝脉蕨(似里白?)	Ⅱ/347/61
Cladophlebis whitbyensis 怀特枝脉蕨	Ⅱ/348/61
Cladophlebis cf. *whitbyensis* 怀特枝脉蕨(比较种)	Ⅱ/348/61
Cladophlebis aff. *whitbyensis* 怀特枝脉蕨(亲近种)	Ⅱ/348/61
Cladophlebis (*Todites*) *whitbyensis* 怀特枝脉蕨(似托第蕨)	Ⅱ/348/62
Cladophlebis (*Todites*) cf. *whitbyensis* 怀特枝脉蕨(似托第蕨)(比较种)	Ⅱ/348/62
Cladophlebis whitbyensis var. *punctata* 怀特枝脉蕨点痕变种	Ⅱ/349/62
Cladophlebis williamsonii 威廉枝脉蕨	Ⅱ/349/62
Cladophlebis (*Todites*) *williamsonii* 威廉枝脉蕨(似托第蕨)	Ⅱ/349/62
△*Cladophlebis wuzaoensis* 乌灶枝脉蕨	Ⅱ/349/62
△*Cladophlebis xietanensis* 泄滩枝脉蕨	Ⅱ/349/62
△*Cladophlebis xilinensis* 锡林枝脉蕨	Ⅱ/349/62
△*Cladophlebis xinlongensis* 新龙枝脉蕨	Ⅱ/349/62
△*Cladophlebis xinqiuensis* 新丘枝脉蕨	Ⅱ/349/63
△*Cladophlebis xujiaheensis* 须家河枝脉蕨	Ⅱ/350/63
△*Cladophlebis yiwuensis* 义乌枝脉蕨	Ⅱ/350/63
△*Cladophlebis yungjenensis* 永仁枝脉蕨	Ⅱ/350/63
△*Cladophlebis* (*Gleichenites*?) *yunshanensis* 云山枝脉蕨(似里白?)	Ⅱ/350/63
△*Cladophlebis zaojiaoensis* 皂郊枝脉蕨	Ⅱ/350/63
Cladophlebis spp. 枝脉蕨(未定多种)	Ⅱ/350/63
Cladophlebis? spp. 枝脉蕨?(未定多种)	Ⅱ/362/73
?*Cladophlebis* sp. ?枝脉蕨(未定种)	Ⅱ/362/73

Cladophlebis (*Gleichenites*?) spp. 枝脉蕨(似里白?)(未定多种)	Ⅱ	/362/73
Cladophlebis (?*Osmunopsis*) sp. 枝脉蕨(?拟紫萁)(未定种)	Ⅱ	/362/74
Classostrobus 克拉松穗属	Ⅴ	/271/28
△*Classostrobus cathayanus* 华夏克拉松穗	Ⅴ	/271/28
Classostrobus rishra 小克拉松穗	Ⅴ	/271/28
Clathropteris 格子蕨属	Ⅱ	/362/74
△*Clathropteris arcuata* 拱脉格子蕨	Ⅱ	/366/76
Clathropteris elegans 雅致格子蕨	Ⅱ	/366/76
Clathropteris cf. *elegans* 雅致格子蕨(比较种)	Ⅱ	/367/77
Clathropteris meniscioides 新月蕨型格子蕨	Ⅱ	/363/74
Clathropteris cf. *meniscioides* 新月蕨型格子蕨(比较种)	Ⅱ	/366/76
△*Clathropteris meniscioides* f. *minor* 新月蕨型格子蕨较小异型	Ⅱ	/366/76
Clathropteris mongugaica 蒙古盖格子蕨	Ⅱ	/367/77
Clathropteris cf. *mongugaica* 蒙古盖格子蕨(比较种)	Ⅱ	/367/77
Clathropteris obovata 倒卵形格子蕨	Ⅱ	/368/77
Clathropteris cf. *obovata* 倒卵形格子蕨(比较种)	Ⅱ	/368/78
△*Clathropteris pekingensis* 北京格子蕨	Ⅱ	/369/78
Clathropteris platyphylla 阔叶格子蕨	Ⅱ	/369/78
Clathropteris cf. *platyphylla* 阔叶格子蕨(比较种)	Ⅱ	/371/80
△*Clathropteris polygona* 多角格子蕨	Ⅱ	/371/80
△*Clathropteris pusilla* 极小格子蕨	Ⅱ	/371/80
△*Clathropteris tenuinervis* 密脉格子蕨	Ⅱ	/371/80
Clathropteris cf. *tenuinervis* 密脉格子蕨(比较种)	Ⅱ	/372/80
Clathropteris cf. *C. tenuinervis* 密脉格子蕨(比较属种)	Ⅱ	/372/80
△*Clathropteris zhenbaensis* 镇巴格子蕨	Ⅱ	/372/80
Clathropteris spp. 格子蕨(未定多种)	Ⅱ	/372/80
Clathropteris? spp. 格子蕨?(未定多种)	Ⅱ	/373/81
△*Clematites* 似铁线莲叶属	Ⅵ	/134/17
△*Clematites lanceolatus* 披针似铁线莲叶	Ⅵ	/135/17
Compsopteris 蕉羊齿属	Ⅲ	/343/24
△*Compsopteris acutifida* 尖裂蕉羊齿	Ⅲ	/343/24
Compsopteris adzvensis 阿兹蕉羊齿	Ⅲ	/343/24
△*Compsopteris crassinervis* 粗脉蕉羊齿	Ⅲ	/343/24
Compsopteris hughesii 休兹蕉羊齿	Ⅲ	/343/24
Compsopteris? *hughesii* 休兹? 蕉羊齿	Ⅲ	/343/25
△*Compsopteris laxivenosa* 疏脉蕉羊齿	Ⅲ	/344/25
△*Compsopteris platyphylla* 阔叶蕉羊齿	Ⅲ	/344/25
△*Compsopteris qinghaiensis* 青海蕉羊齿	Ⅲ	/344/25
△*Compsopteris tenuinervis* 细脉蕉羊齿	Ⅲ	/344/25
△*Compsopteris xiheensis* 西河蕉羊齿	Ⅲ	/344/25
△*Compsopteris zhonghuaensis* 中华蕉羊齿	Ⅲ	/344/25
Coniferites 似松柏属	Ⅴ	/271/28
Coniferites lignitum 木质似松柏	Ⅴ	/271/28
Coniferites marchaensis 马尔卡似松柏	Ⅴ	/272/28
Coniferocaulon 松柏茎属	Ⅴ	/272/29

Coniferocaulon colymbeaeforme 鸟形松柏茎	Ⅴ/272/29
Coniferocaulon rajmahalense 拉杰马哈尔松柏茎	Ⅴ/272/29
Coniferocaulon? sp. 松柏茎?(未定种)	Ⅴ/272/29
Coniopteris 锥叶蕨属	Ⅱ/373/81
Coniopteris angustiloba 窄裂锥叶蕨	Ⅱ/374/82
Coniopteris arctica 北极锥叶蕨	Ⅱ/374/82
Coniopteris cf. *arctica* 北极锥叶蕨(比较种)	Ⅱ/375/83
△*Coniopteris beijingensis* 北京锥叶蕨	Ⅱ/375/83
Coniopteris cf. *beijingensis* 北京锥叶蕨(比较种)	Ⅱ/375/83
△*Coniopteris beipiaoensis* 北票锥叶蕨	Ⅱ/375/83
Coniopteris bella 美丽锥叶蕨	Ⅱ/375/83
Coniopteris cf. *bella* 美丽锥叶蕨(比较种)	Ⅱ/376/84
Coniopteris cf. *C. bella* 美丽锥叶蕨(比较属种)	Ⅱ/376/84
Coniopteris bicrenata 双齿锥叶蕨	Ⅱ/376/84
Coniopteris burejensis 布列亚锥叶蕨	Ⅱ/376/84
Coniopteris cf. *burejensis* 布列亚锥叶蕨(比较种)	Ⅱ/379/86
Cf. *Coniopteris burejensis* 布列亚锥叶蕨(比较属种)	Ⅱ/379/86
△*Coniopteris changii* 常氏锥叶蕨	Ⅱ/379/86
△*Coniopteris chenyuanensis* 陈垸锥叶蕨	Ⅱ/379/86
△*Coniopteris concinna* 雅致锥叶蕨	Ⅱ/380/86
△*Coniopteris densivenata* 密脉锥叶蕨	Ⅱ/380/87
Coniopteris depensis 结普锥叶蕨	Ⅱ/380/87
△*Coniopteris dujiaensis* 度佳锥叶蕨	Ⅱ/381/87
△*Coniopteris elegans* 雅致锥叶蕨	Ⅱ/381/87
△*Coniopteris ermolaevii* 叶氏锥叶蕨	Ⅱ/381/87
△*Coniopteris fittonii* 菲顿锥叶蕨	Ⅱ/381/88
△*Coniopteris fuxinensis* 阜新锥叶蕨	Ⅱ/382/88
△*Coniopteris gansuensis* 甘肃锥叶蕨	Ⅱ/382/88
△*Coniopteris gaojiatianensis* 高家田锥叶蕨	Ⅱ/382/88
Coniopteris? *gaojiatianensis* 高家田?锥叶蕨	Ⅱ/383/89
Coniopteris heeriana 海尔锥叶蕨	Ⅱ/383/89
△*Coniopteris*? *hoxtolgayensis* 和什托洛盖?锥叶蕨	Ⅱ/383/89
△*Coniopteris*? *huangjiabaoensis* 黄家铺?锥叶蕨	Ⅱ/383/89
△*Coniopteris huolinhensis* 霍林河锥叶蕨	Ⅱ/383/89
Coniopteris hymenophylloides 膜蕨型锥叶蕨	Ⅱ/384/89
Coniopteris cf. *hymenophylloides* 膜蕨型锥叶蕨(比较种)	Ⅱ/389/93
Coniopteris karatiubensis 卡腊秋锥叶蕨	Ⅱ/390/94
△*Coniopteris kuandianensis* 宽甸锥叶蕨	Ⅱ/390/94
△*Coniopteris lanzhouensis* 兰州锥叶蕨	Ⅱ/390/94
△*Coniopteris longipinnate* 长叶形锥叶蕨	Ⅱ/390/94
△*Coniopteris macrosorata* 大囊锥叶蕨	Ⅱ/390/94
△*Coniopteris magnifica* 壮观锥叶蕨	Ⅱ/390/94
Coniopteris margaretae 珍珠锥叶蕨	Ⅱ/391/94
△*Coniopteris microlepioides* 鳞盖蕨型锥叶蕨	Ⅱ/391/94
Coniopteris cf. *microlepioides* 鳞盖蕨型锥叶蕨(比较种)	Ⅱ/391/95

Coniopteris minturensis 敏图尔锥叶蕨	II /391 /95
Coniopteris murrayana 默氏锥叶蕨	II /373 /82
Coniopteris? murrayana 默氏？锥叶蕨	II /374 /82
Coniopteris cf. *murrayana* 默氏锥叶蕨（比较种）	II /374 /82
Coniopteris neiridaniensis 寝入锥叶蕨	II /391 /95
Coniopteris nerifolia 夹竹桃型锥叶蕨	II /391 /95
Coniopteris cf. *C. nerifolia* 夹竹桃型锥叶蕨（比较属种）	II /392 /95
△*Coniopteris nilkaensis* 尼勒克锥叶蕨	II /392 /95
△*Coniopteris nitidula* 稍亮锥叶蕨	II /392 /95
Coniopteris nympharum 蛹形锥叶蕨	II /392 /95
Cf. *Coniopteris nympharum* 蛹形锥叶蕨（比较属种）	II /392 /96
Coniopteris onychioides 拟金粉蕨型锥叶蕨	II /392 /96
Cf. *Coniopteris onychioides* 拟金粉蕨型锥叶蕨（比较属种）	II /393 /96
△*Coniopteris permollis* 柔软锥叶蕨	II /393 /96
Coniopteris perpolita 多囊锥叶蕨	II /393 /96
△*Coniopteris qinghaiensis* 青海锥叶蕨	II /393 /96
Coniopteris quinqueloba 五瓣锥叶蕨	II /393 /96
△*Coniopteris rongxianensis* 荣县锥叶蕨	II /394 /97
Coniopteris saportana 萨波特锥叶蕨	II /394 /97
Cf. *Coniopteris saportana* 萨波特锥叶蕨（比较属种）	II /395 /97
"*Coniopteris saportana*" "萨波特锥叶蕨"	II /395 /97
Coniopteris setacea 刚毛锥叶蕨	II /395 /97
Coniopteris cf. *setacea* 刚毛锥叶蕨（比较种）	II /395 /98
Coniopteris sewardii 秀厄德锥叶蕨	II /395 /98
△*Coniopteris? shunfaensis* 顺发？锥叶蕨	II /396 /98
Coniopteris silapensis 西拉普锥叶蕨	II /396 /98
"*Coniopteris silapensis*" "西拉普锥叶蕨"	II /396 /98
Coniopteris simplex 简单锥叶蕨	II /396 /98
Coniopteris ex gr. *simplex* 简单锥叶蕨（类群种）	II /397 /99
Coniopteris spectabilis 醒目锥叶蕨	II /398 /99
Coniopteris cf. *spectabilis* 醒目锥叶蕨（比较种）	II /398 /99
Coniopteris suessi 苏氏锥叶蕨	II /398 /100
△*Coniopteris szeiana* 斯氏锥叶蕨	II /398 /100
△*Coniopteris tatungensis* 大同锥叶蕨	II /399 /100
Coniopteris cf. *tatungensis* 大同锥叶蕨（比较种）	II /401 /102
△*Coniopteris tiehshanensis* 铁山锥叶蕨	II /401 /102
Coniopteris tyrmica 梯尔米锥叶蕨	II /401 /102
Coniopteris vachrameevii 瓦氏锥叶蕨	II /401 /102
△*Coniopteris venusta* 迷人锥叶蕨	II /402 /102
Coniopteris vsevolodii 弗氏锥叶蕨	II /402 /103
△*Coniopteris xipoensis* 西坡锥叶蕨	II /402 /103
△*Coniopteris zhenziensis* 镇紫锥叶蕨	II /402 /103
Coniopteris zindanensis 津丹锥叶蕨	II /403 /103
Coniopteris cf. *zindanensis* 津丹锥叶蕨（比较种）	II /403 /103
Coniopteris spp. 锥叶蕨（未定多种）	II /403 /103

Coniopteris? spp. 锥叶蕨?（未定多种）	Ⅱ/404/104
Conites 似球果属	Ⅴ/272/29
Conites bucklandi 布氏似球果	Ⅴ/273/29
△*Conites longidens* 长齿似球果	Ⅴ/273/29
△*Conites shihjenkouensis* 石人沟似球果	Ⅴ/273/29
Conites spp. 似球果（未定多种）	Ⅴ/273/30
Conites? sp. 似球果?（未定种）	Ⅴ/275/31
Corylites 似榛属	Ⅵ/135/17
Corylites fosteri 福氏似榛	Ⅵ/135/17
△*Corylites hunchunensis* 珲春似榛	Ⅵ/135/17
Corylites macquarrii 麦氏似榛	Ⅵ/135/17
Corylopsiphyllum 榛叶属	Ⅵ/135/18
Corylopsiphyllum groenlandicum 格陵兰榛叶	Ⅵ/136/18
△*Corylopsiphyllum jilinense* 吉林榛叶	Ⅵ/136/18
Corylus 榛属	Ⅵ/136/18
Corylus kenaiana 肯奈榛	Ⅵ/136/18
Credneria 克里木属	Ⅵ/136/18
Credneria inordinata 不规则克里木	Ⅵ/136/19
Credneria integerrima 完整克里木	Ⅵ/136/18
Crematopteris 悬羽羊齿属	Ⅲ/345/25
△*Crematopteris brevipinnata* 短羽片悬羽羊齿	Ⅲ/345/26
△*Crematopteris ciricinalis* 旋卷悬羽羊齿	Ⅲ/345/26
Crematopteris typica 标准悬羽羊齿	Ⅲ/345/26
Crematopteris cf. *typica* 标准悬羽羊齿（比较种）	Ⅲ/345/26
Crematopteris spp. 悬羽羊齿（未定多种）	Ⅲ/346/26
Cryptomeria 柳杉属	Ⅴ/275/31
△*Cryptomeria*? *bamoca* 巴漠?柳杉	Ⅴ/275/31
Cryptomeria fortunei 长叶柳杉	Ⅴ/275/31
Ctenis 篦羽叶属	Ⅲ/346/26
△*Ctenis acinacea* 大刀篦羽叶	Ⅲ/346/27
△*Ctenis ananastomosans* 贫网篦羽叶	Ⅲ/347/27
△*Ctenis angustiloba* 狭裂片篦羽叶	Ⅲ/347/27
△*Ctenis anomozamioides* 异羽叶型篦羽叶	Ⅲ/347/27
Cf. *Ctenis anomozamioides* 异羽叶型篦羽叶（比较属种）	Ⅲ/347/27
△*Ctenis anthrophioides* 大网叶型篦羽叶	Ⅲ/347/27
△*Ctenis beijingensis* 北京篦羽叶	Ⅲ/347/28
△*Ctenis binxianensis* 宾县篦羽叶	Ⅲ/348/28
Ctenis burejensis 布列亚篦羽叶	Ⅲ/348/28
Ctenis cf. *burejensis* 布列亚篦羽叶（比较种）	Ⅲ/348/28
△*Ctenis chaoi* 赵氏篦羽叶	Ⅲ/348/28
Ctenis cf. *chaoi* 赵氏篦羽叶（比较种）	Ⅲ/349/29
△*Ctenis chinensis* 中华篦羽叶	Ⅲ/349/29
△*Ctenis consinna* 优雅篦羽叶	Ⅲ/350/29
△*Ctenis crassinervis* 粗脉篦羽叶	Ⅲ/350/29
△*Ctenis deformis* 畸形篦羽叶	Ⅲ/350/29

△*Ctenis delicatus* 优美篦羽叶	Ⅲ	/350 /30
△*Ctenis denticulata* 细齿篦羽叶	Ⅲ	/350 /30
Ctenis falcata 镰形篦羽叶	Ⅲ	/346 /27
△*Ctenis fangshanensis* 房山篦羽叶	Ⅲ	/351 /30
Ctenis formosa 美丽篦羽叶	Ⅲ	/351 /30
Ctenis cf. *formosa* 美丽篦羽叶（比较种）	Ⅲ	/351 /30
△*Ctenis gracilis* 纤细篦羽叶	Ⅲ	/351 /30
△*Cteni haisizhouensis* 海西州篦羽叶	Ⅲ	/351 /30
Ctenis japonica 日本篦羽叶	Ⅲ	/351 /30
Ctenis cf. *japonica* 日本篦羽叶（比较种）	Ⅲ	/352 /31
△*Ctenis jingmenensis* 荆门篦羽叶	Ⅲ	/352 /31
△*Ctenis kaixianensis* 开县篦羽叶	Ⅲ	/352 /31
△*Ctenis kaneharai* 金原篦羽叶	Ⅲ	/352 /31
△*Ctenis lanceolata* 披针篦羽叶	Ⅲ	/353 /31
△*Ctenis latior* 较宽篦羽叶	Ⅲ	/353 /31
△*Ctenis leeiana* 李氏篦羽叶	Ⅲ	/353 /32
△*Ctenis lingyuanensis* 凌源篦羽叶	Ⅲ	/353 /32
△*Ctenis litangensis* 理塘篦羽叶	Ⅲ	/353 /32
△*Ctenis lobata* 浅裂篦羽叶	Ⅲ	/354 /32
△*Ctenis lyrata* 七弦琴形篦羽叶	Ⅲ	/354 /32
△*Ctenis macropinnata* 大叶篦羽叶	Ⅲ	/354 /33
△*Ctenis mediata* 中间篦羽叶	Ⅲ	/355 /33
△*Ctenis? mirabilis* 奇异？篦羽叶	Ⅲ	/355 /33
△*Ctenis multinervis* 多脉篦羽叶	Ⅲ	/355 /33
Ctenis nilssonii 尼尔桑篦羽叶	Ⅲ	/355 /33
△*Ctenis niuyingziensis* 牛营子篦羽叶	Ⅲ	/355 /33
△*Ctenis oblonga* 长椭圆篦羽叶	Ⅲ	/355 /33
Ctenis orientalis 东方篦羽叶	Ⅲ	/356 /33
Ctenis orovillensis 奥洛维尔篦羽叶	Ⅲ	/356 /33
Ctenis cf. *orovillensis* 奥洛维尔篦羽叶（比较种）	Ⅲ	/356 /33
Ctenis pontica 庞特篦羽叶	Ⅲ	/356 /34
△*Ctenis pterophyoides* 侧羽叶型篦羽叶	Ⅲ	/356 /34
Ctenis rarinervis Kiritchkova, 1966 (non Cao et Shang, 1990) 稀脉篦羽叶	Ⅲ	/356 /34
△*Ctenis rarinervis* Cao et Shang, 1990 (non Kiritchkova, 1966) 稀脉篦羽叶	Ⅲ	/356 /34
△*Ctenis recurvus* 反弯篦羽叶	Ⅲ	/356 /34
Ctenis reedii 列氏篦羽叶	Ⅲ	/356 /34
△*Ctenis regularis* 规则篦羽叶	Ⅲ	/357 /34
△*Ctenis shimenzhaiensis* 石门寨篦羽叶	Ⅲ	/357 /34
Ctenis stewartiana 斯图瓦特篦羽叶	Ⅲ	/357 /34
Ctenis sulcicaulis 皱轴篦羽叶	Ⅲ	/357 /35
△*Ctenis szeiana* 斯氏篦羽叶	Ⅲ	/358 /35
△*Ctenis tarimensis* 塔里木篦羽叶	Ⅲ	/358 /35
△*Ctenis tianqiaolingensis* 天桥岭篦羽叶	Ⅲ	/358 /35
△*Ctenis uwatokoi* 上床篦羽叶	Ⅲ	/358 /35
Ctenis yamanarii 山成篦羽叶	Ⅲ	/358 /35

△*Ctenis yumenensis* 玉门箆羽叶 ⋯⋯⋯⋯⋯⋯⋯⋯⋯⋯⋯⋯⋯⋯⋯⋯⋯⋯⋯⋯⋯⋯⋯⋯⋯⋯⋯⋯ Ⅲ /359 /36
△*Ctenis yungjenensis* 永仁箆羽叶 ⋯⋯⋯⋯⋯⋯⋯⋯⋯⋯⋯⋯⋯⋯⋯⋯⋯⋯⋯⋯⋯⋯⋯⋯⋯⋯⋯ Ⅲ /359 /36
Ctenis cf. *C. yungjenensis* 永仁箆羽叶(比较属种) ⋯⋯⋯⋯⋯⋯⋯⋯⋯⋯⋯⋯⋯⋯⋯⋯ Ⅲ /359 /36
Ctenis spp. 箆羽叶(未定多种) ⋯⋯⋯⋯⋯⋯⋯⋯⋯⋯⋯⋯⋯⋯⋯⋯⋯⋯⋯⋯⋯⋯⋯⋯⋯⋯⋯ Ⅲ /359 /36
Ctenis? sp. 箆羽叶?(未定种) ⋯⋯⋯⋯⋯⋯⋯⋯⋯⋯⋯⋯⋯⋯⋯⋯⋯⋯⋯⋯⋯⋯⋯⋯⋯⋯⋯ Ⅲ /361 /37
?*Ctenis* sp. ?箆羽叶(未定种) ⋯⋯⋯⋯⋯⋯⋯⋯⋯⋯⋯⋯⋯⋯⋯⋯⋯⋯⋯⋯⋯⋯⋯⋯⋯⋯⋯ Ⅲ /361 /37
Ctenophyllum 梳羽叶属 ⋯⋯⋯⋯⋯⋯⋯⋯⋯⋯⋯⋯⋯⋯⋯⋯⋯⋯⋯⋯⋯⋯⋯⋯⋯⋯⋯⋯⋯⋯⋯ Ⅲ /361 /37
 Ctenophyllum braunianum 布劳恩梳羽叶 ⋯⋯⋯⋯⋯⋯⋯⋯⋯⋯⋯⋯⋯⋯⋯⋯⋯⋯⋯ Ⅲ /361 /38
 △*Ctenophyllum chenyuanense* 陈垸梳羽叶 ⋯⋯⋯⋯⋯⋯⋯⋯⋯⋯⋯⋯⋯⋯⋯⋯⋯⋯ Ⅲ /362 /38
 △*Ctenophyllum crassinerve* 粗脉梳羽叶 ⋯⋯⋯⋯⋯⋯⋯⋯⋯⋯⋯⋯⋯⋯⋯⋯⋯⋯⋯ Ⅲ /362 /38
 △*Ctenophyllum decurrens* 下延梳羽叶 ⋯⋯⋯⋯⋯⋯⋯⋯⋯⋯⋯⋯⋯⋯⋯⋯⋯⋯⋯⋯ Ⅲ /362 /38
 △*Ctenophyllum hubeiense* 湖北梳羽叶 ⋯⋯⋯⋯⋯⋯⋯⋯⋯⋯⋯⋯⋯⋯⋯⋯⋯⋯⋯⋯ Ⅲ /362 /38
 △*Ctenophyllum laxilobum* 疏叶梳羽叶 ⋯⋯⋯⋯⋯⋯⋯⋯⋯⋯⋯⋯⋯⋯⋯⋯⋯⋯⋯⋯ Ⅲ /362 /38
 △*Ctenophyllum macrophyllum* 大叶梳羽叶 ⋯⋯⋯⋯⋯⋯⋯⋯⋯⋯⋯⋯⋯⋯⋯⋯⋯⋯ Ⅲ /362 /38
 △*Ctenophyllum nervosum* 显脉梳羽叶 ⋯⋯⋯⋯⋯⋯⋯⋯⋯⋯⋯⋯⋯⋯⋯⋯⋯⋯⋯⋯ Ⅲ /363 /38
 Ctenophyllum sp. 梳羽叶(未定种) ⋯⋯⋯⋯⋯⋯⋯⋯⋯⋯⋯⋯⋯⋯⋯⋯⋯⋯⋯⋯⋯⋯ Ⅲ /363 /38
Ctenopteris 篦羽羊齿属 ⋯⋯⋯⋯⋯⋯⋯⋯⋯⋯⋯⋯⋯⋯⋯⋯⋯⋯⋯⋯⋯⋯⋯⋯⋯⋯⋯⋯⋯⋯⋯ Ⅲ /363 /39
 △*Ctenopteris anomozamioides* 异羽叶型篦羽羊齿 ⋯⋯⋯⋯⋯⋯⋯⋯⋯⋯⋯⋯⋯⋯⋯ Ⅲ /363 /39
 △*Ctenopteris chinensis* 中华篦羽羊齿 ⋯⋯⋯⋯⋯⋯⋯⋯⋯⋯⋯⋯⋯⋯⋯⋯⋯⋯⋯⋯⋯ Ⅲ /363 /39
 Ctenopteris cycadea 苏铁篦羽羊齿 ⋯⋯⋯⋯⋯⋯⋯⋯⋯⋯⋯⋯⋯⋯⋯⋯⋯⋯⋯⋯⋯⋯ Ⅲ /363 /39
 △*Ctenopteris megaphylla* 大叶篦羽羊齿 ⋯⋯⋯⋯⋯⋯⋯⋯⋯⋯⋯⋯⋯⋯⋯⋯⋯⋯⋯⋯ Ⅲ /364 /39
 △*Ctenopteris pterophylloides* 侧羽叶型篦羽羊齿 ⋯⋯⋯⋯⋯⋯⋯⋯⋯⋯⋯⋯⋯⋯⋯ Ⅲ /364 /39
 Ctenopteris sarranii 沙兰篦羽羊齿 ⋯⋯⋯⋯⋯⋯⋯⋯⋯⋯⋯⋯⋯⋯⋯⋯⋯⋯⋯⋯⋯⋯ Ⅲ /364 /39
 Cf. *Ctenopteris sarranii* 沙兰篦羽羊齿(比较属种) ⋯⋯⋯⋯⋯⋯⋯⋯⋯⋯⋯⋯⋯⋯ Ⅲ /364 /40
 Ctenopteris? sp. 篦羽羊齿?(未定种) ⋯⋯⋯⋯⋯⋯⋯⋯⋯⋯⋯⋯⋯⋯⋯⋯⋯⋯⋯⋯⋯ Ⅲ /364 /40
 ?*Ctenopteris* sp. ?篦羽羊齿(未定种) ⋯⋯⋯⋯⋯⋯⋯⋯⋯⋯⋯⋯⋯⋯⋯⋯⋯⋯⋯⋯⋯ Ⅲ /364 /40
Ctenozamites 枝羽叶属 ⋯⋯⋯⋯⋯⋯⋯⋯⋯⋯⋯⋯⋯⋯⋯⋯⋯⋯⋯⋯⋯⋯⋯⋯⋯⋯⋯⋯⋯⋯⋯ Ⅲ /365 /40
 △*Ctenozamites aequalis* 等形枝羽叶 ⋯⋯⋯⋯⋯⋯⋯⋯⋯⋯⋯⋯⋯⋯⋯⋯⋯⋯⋯⋯⋯⋯ Ⅲ /365 /41
 △*Ctenozamites baodingensis* 宝鼎枝羽叶 ⋯⋯⋯⋯⋯⋯⋯⋯⋯⋯⋯⋯⋯⋯⋯⋯⋯⋯⋯ Ⅲ /366 /41
 △*Ctenozamites bullatus* 具泡枝羽叶 ⋯⋯⋯⋯⋯⋯⋯⋯⋯⋯⋯⋯⋯⋯⋯⋯⋯⋯⋯⋯⋯⋯ Ⅲ /366 /41
 △*Ctenozamites chinensis* 中国枝羽叶 ⋯⋯⋯⋯⋯⋯⋯⋯⋯⋯⋯⋯⋯⋯⋯⋯⋯⋯⋯⋯⋯ Ⅲ /366 /41
 Ctenozamites cycadea 苏铁枝羽叶 ⋯⋯⋯⋯⋯⋯⋯⋯⋯⋯⋯⋯⋯⋯⋯⋯⋯⋯⋯⋯⋯⋯⋯ Ⅲ /365 /40
 Ctenozamites cf. *cycadea* 苏铁枝羽叶(比较种) ⋯⋯⋯⋯⋯⋯⋯⋯⋯⋯⋯⋯⋯⋯⋯⋯ Ⅲ /365 /40
 Cf. *Ctenozamites cycadea* 苏铁枝羽叶(比较属种) ⋯⋯⋯⋯⋯⋯⋯⋯⋯⋯⋯⋯⋯⋯⋯ Ⅲ /365 /40
 △*Ctenozamites difformis* 奇特枝羽叶 ⋯⋯⋯⋯⋯⋯⋯⋯⋯⋯⋯⋯⋯⋯⋯⋯⋯⋯⋯⋯⋯ Ⅲ /366 /41
 △*Ctenozamites digitata* 指缘枝羽叶 ⋯⋯⋯⋯⋯⋯⋯⋯⋯⋯⋯⋯⋯⋯⋯⋯⋯⋯⋯⋯⋯⋯ Ⅲ /366 /41
 △*Ctenozamites drepanoides* 镰形枝羽叶 ⋯⋯⋯⋯⋯⋯⋯⋯⋯⋯⋯⋯⋯⋯⋯⋯⋯⋯⋯⋯ Ⅲ /366 /41
 Ctenozamites falcata 镰形枝羽叶 ⋯⋯⋯⋯⋯⋯⋯⋯⋯⋯⋯⋯⋯⋯⋯⋯⋯⋯⋯⋯⋯⋯⋯⋯ Ⅲ /366 /41
 △*Ctenozamites guangdongensis* 广东枝羽叶 ⋯⋯⋯⋯⋯⋯⋯⋯⋯⋯⋯⋯⋯⋯⋯⋯⋯⋯ Ⅲ /367 /42
 △*Ctenozamites hongniensis* 红泥枝羽叶 ⋯⋯⋯⋯⋯⋯⋯⋯⋯⋯⋯⋯⋯⋯⋯⋯⋯⋯⋯⋯ Ⅲ /367 /42
 △*Ctenozamites jianensis* 吉安枝羽叶 ⋯⋯⋯⋯⋯⋯⋯⋯⋯⋯⋯⋯⋯⋯⋯⋯⋯⋯⋯⋯⋯ Ⅲ /367 /42
 △*Ctenozamites lanshanensis* 兰山枝羽叶 ⋯⋯⋯⋯⋯⋯⋯⋯⋯⋯⋯⋯⋯⋯⋯⋯⋯⋯⋯⋯ Ⅲ /367 /42
 △*Ctenozamites lechangensis* 乐昌枝羽叶 ⋯⋯⋯⋯⋯⋯⋯⋯⋯⋯⋯⋯⋯⋯⋯⋯⋯⋯⋯⋯ Ⅲ /367 /42
 △*Ctenozamites linearilobus* 线裂枝羽叶 ⋯⋯⋯⋯⋯⋯⋯⋯⋯⋯⋯⋯⋯⋯⋯⋯⋯⋯⋯⋯ Ⅲ /367 /42
 △*Ctenozamites microloba* 小叶枝羽叶 ⋯⋯⋯⋯⋯⋯⋯⋯⋯⋯⋯⋯⋯⋯⋯⋯⋯⋯⋯⋯⋯ Ⅲ /368 /42

Ctenozamites cf. *microloba* 小叶枝羽叶（比较种）	Ⅲ	/368 /42
△*Ctenozamites otoeis* 耳状枝羽叶	Ⅲ	/368 /42
△*Ctenozamites*? *otontopteroides* 齿羊齿型？枝羽叶	Ⅲ	/368 /43
△*Ctenozamites plicata* 褶面枝羽叶	Ⅲ	/368 /43
△*Ctenozamites ptilozamioides* 叉羽叶型枝羽叶	Ⅲ	/368 /43
Ctenozamites cf. *C. ptilozamioides* 叉羽叶型枝羽叶（比较属种）	Ⅲ	/369 /43
△*Ctenozamites pusillus* 细小枝羽叶	Ⅲ	/369 /43
△*Ctenozamites rigida* 坚直枝羽叶	Ⅲ	/369 /43
Ctenozamites sarrani 沙兰枝羽叶	Ⅲ	/369 /43
Ctenozamites cf. *sarrani* 沙兰枝羽叶（比较种）	Ⅲ	/370 /44
Cf. *Ctenozamites sarrani* 沙兰枝羽叶（比较属种）	Ⅲ	/370 /44
△*Ctenozamites stenophylla* 狭叶枝羽叶	Ⅲ	/370 /44
△*Ctenozamites stoatigerus* 气孔枝羽叶	Ⅲ	/370 /44
Ctenozamites spp. 枝羽叶（未定多种）	Ⅲ	/370 /44
Ctenozamites? spp. 枝羽叶？（未定多种）	Ⅲ	/371 /45
Culgoweria 苦戈维里属	Ⅳ	/192 /19
Culgoweria mirobilis 奇异苦戈维里叶	Ⅳ	/192 /19
△*Culgoweria xiwanensis* 西湾苦戈维里叶	Ⅳ	/193 /19
Cunninhamia 杉木属	Ⅴ	/276 /32
△*Cunninhamia asiatica* 亚洲杉木	Ⅴ	/276 /32
Cupressinocladus 柏型枝属	Ⅴ	/276 /32
△*Cupressinocladus crassirameus* 粗枝柏型枝	Ⅴ	/276 /32
△*Cupressinocladus calocedruformis* 肖楠柏型枝	Ⅴ	/276 /32
△*Cupressinocladus elegans* 雅致柏型枝	Ⅴ	/277 /33
Cupressinocladus cf. *elegans* 雅致柏型枝（比较种）	Ⅴ	/278 /33
△*Cupressinocladus gracilis* 细小柏型枝	Ⅴ	/278 /33
Cupressinocladus cf. *gracilis* 细小柏型枝（比较种）	Ⅴ	/279 /34
Cf. *Cupressinocladus gracilis* 细小柏型枝（比较属种）	Ⅴ	/279 /34
△*Cupressinocladus haifengensis* 海丰柏型枝	Ⅴ	/279 /34
△*Cupressinocladus hanshanensis* 含山柏型枝	Ⅴ	/279 /34
△*Cupressinocladus heterphyllus* 异叶柏型枝	Ⅴ	/279 /34
△*Cupressinocladus huangjiawuensis* 黄家坞柏型枝	Ⅴ	/279 /34
△*Cupressinocladus laiyangensis* 莱阳柏型枝	Ⅴ	/279 /34
Cupressinocladus cf. *laiyangensis* 莱阳柏型枝（比较种）	Ⅴ	/280 /35
△*Cupressinocladus laocunensis* 劳村柏型枝	Ⅴ	/280 /35
△*Cupressinocladus lii* 李氏柏型枝	Ⅴ	/280 /35
△*Cupressinocladus lingxiangensis* 灵乡柏型枝	Ⅴ	/280 /35
△*Cupressinocladus obtusirotundus* 钝圆柏型枝	Ⅴ	/280 /35
△*Cupressinocladus ovatus* 卵形柏型枝	Ⅴ	/280 /35
△*Cupressinocladus pulchelliformis* 美形柏型枝	Ⅴ	/280 /35
Cupressinocladus cf. *pulchelliformis* 美形柏型枝（比较种）	Ⅴ	/281 /35
Cupressinocladus salicornoides 柳型柏型枝	Ⅴ	/276 /32
△*Cupressinocladus shibiense* 石壁柏型枝	Ⅴ	/281 /35
△*Cupressinocladus simplex* 简单柏型枝	Ⅴ	/281 /35
△*Cupressinocladus speciosus* 美丽柏型枝	Ⅴ	/281 /36

△*Cupressinocladus suturovaginoides* 缝鞘杉型柏型枝	Ⅴ/281/36
Cupressinocladus spp. 柏型枝(未定多种)	Ⅴ/281/36
Cupressinocladus? spp. 柏型枝?(未定多种)	Ⅴ/282/36

Cupressinoxylon 柏型木属 ... Ⅴ/282/37
　△*Cupressinoxylon baomiqiaoense* 宝密桥柏型木 ... Ⅴ/282/37
　△*Cupressinoxylon fujeni* 辅仁柏型木 ... Ⅴ/282/37
　△*Cupressinoxylon hanshanense* 含山柏型木 ... Ⅴ/283/37
　△*Cupressinoxylon jiayinense* 嘉荫柏型木 ... Ⅴ/283/37
　Cupressinoxylon subaequale 亚等形柏型木 ... Ⅴ/282/37
　Cupressinoxylon spp. 柏型木(未定多种) ... Ⅴ/283/37
　Cupressinoxylon? sp. 柏型木?(未定种) ... Ⅴ/283/38
　?*Cupressinoxylon* sp. ?柏型木(未定种) ... Ⅴ/283/37

Cupressus 柏木属 ... Ⅴ/283/38
　?*Cupressus* sp. ?柏木(未定种) ... Ⅴ/283/38

Cyathea 桫椤属 ... Ⅱ/405/105
　△*Cyathea ordosica* 鄂尔多斯桫椤 ... Ⅱ/405/105
　Cyathea cf. *ordosica* 鄂尔多斯桫椤(比较种) ... Ⅱ/405/105

△*Cycadicotis* 苏铁缘蕨属 ... Ⅵ/137/19
　△*Cycadicotis nissonervis* 蕉羽叶脉苏铁缘蕨 ... Ⅵ/137/19
　Cycadicotis sp. indet. 苏铁缘蕨(sp. indet.) ... Ⅵ/137/19

△*Cycadicotis* 苏铁缘蕨属 ... Ⅲ/371/45
　△*Cycadicotis nilssonervis* 蕉羽叶脉苏铁缘蕨 ... Ⅲ/371/45
　Cycadicotis sp. indet. 苏铁缘蕨(sp. indet.) ... Ⅲ/372/46

Cycadites Sternberg, 1825 (non Buckland, 1836) 似苏铁属 ... Ⅲ/372/46
　△*Cycadites manchurensis* 东北似苏铁 ... Ⅲ/372/46
　Cycadites nilssoni 尼尔桑似苏铁 ... Ⅲ/372/46
　Cycadites saladini 萨氏似苏铁 ... Ⅲ/372/46
　Cycadites sulcatus 具沟似苏铁 ... Ⅲ/372/46
　△*Cycadites yingwoshanensis* 英窝山似苏铁 ... Ⅲ/373/46
　Cycadites spp. 似苏铁(未定多种) ... Ⅲ/373/46

Cycadites Buckland, 1836 (non Sternberg, 1825) 似苏铁属 ... Ⅲ/373/47
　Cycadites megalophyllas 大叶似苏铁 ... Ⅲ/373/47

Cycadocarpidium 准苏铁杉果属 ... Ⅴ/284/38
　△*Cycadocarpidium angustum* 狭小准苏铁杉果 ... Ⅴ/286/40
　△*Cycadocarpidium brachyglossum* 短舌形准苏铁杉果 ... Ⅴ/286/40
　△*Cycadocarpidium elegans* 雅致准苏铁杉果 ... Ⅴ/286/40
　Cycadocarpidium erdmanni 爱德曼准苏铁杉果 ... Ⅴ/284/38
　Cycadocarpidium cf. *erdmanni* 爱德曼准苏铁杉果(比较种) ... Ⅴ/286/40
　△*Cycadocarpidium giganteum* 巨大准苏铁杉果 ... Ⅴ/287/40
　△*Cycadocarpidium glossoides* 舌形准苏铁杉果 ... Ⅴ/287/41
　△*Cycadocarpidium latiovatum* 宽卵形准苏铁杉果 ... Ⅴ/287/41
　Cycadocarpidium minor 较小准苏铁杉果 ... Ⅴ/287/41
　△*Cycadocarpidium minutissimum* 极小准苏铁杉果 ... Ⅴ/287/41
　Cycadocarpidium ovatum 卵形准苏铁杉果 ... Ⅴ/288/41
　Cycadocarpidium cf. *ovatum* 卵形准苏铁杉果(比较种) ... Ⅴ/288/41

Cycadocarpidium parvum 小准苏铁杉果	Ⅴ	/288 /41
Cycadocarpidium cf. *parvum* 小准苏铁杉果(比较种)	Ⅴ	/288 /41
Cycadocarpidium pilosum 疏毛准苏铁杉果	Ⅴ	/288 /41
Cycadocarpidium cf. *pilosum* 疏毛准苏铁杉果(比较种)	Ⅴ	/288 /42
△*Cycadocarpidium pusillum* 细小准苏铁杉果	Ⅴ	/288 /42
Cycadocarpidium redivivum 复活准苏铁杉果	Ⅴ	/288 /42
Cycadocarpidium sogutensis 索库特准苏铁杉果	Ⅴ	/288 /42
Cycadocarpidium cf. *sogutensis* 索库特准苏铁杉果(比较种)	Ⅴ	/289 /42
△*Cycadocarpidium shuangyangensis* 双阳准苏铁杉果	Ⅴ	/289 /42
Cycadocarpidium swabi 斯瓦布准苏铁杉果	Ⅴ	/289 /42
Cycadocarpidium tricarpum 三胚珠准苏铁杉果	Ⅴ	/290 /43
Cycadocarpidium tricarpum (s. l.) 三胚珠准苏铁杉果(广义)	Ⅴ	/290 /43
Cycadocarpidium spp. 准苏铁杉果(未定多种)	Ⅴ	/290 /43
Cycadocarpidium? spp. 准苏铁杉果?(未定多种)	Ⅴ	/291 /44
?*Cycadocarpidium* spp. ?准苏铁杉果(未定多种)	Ⅴ	/292 /44
Cycadocarpidium (cone axis type) 准苏铁杉果(球果轴型)	Ⅴ	/292 /45
Cycadolepis 苏铁鳞片属	Ⅲ	/374 /47
Cycadolepis corrugata 褶皱苏铁鳞片	Ⅲ	/374 /47
△*Cycadolepis nanpiaoensis* 南票苏铁鳞片	Ⅲ	/375 /48
Cycadolepis nitens 光壳苏铁鳞片	Ⅲ	/375 /48
Cycadolepis rugosa 褶纹苏铁鳞片	Ⅲ	/375 /48
Cycadolepis rugosa? 褶纹苏铁鳞片?	Ⅲ	/375 /48
△*Cycadolepis speciosa* 优美苏铁鳞片	Ⅲ	/375 /48
Cycadolepis spheniscus 楔形苏铁鳞片	Ⅲ	/375 /49
△*Cycadolepis szei* 斯氏苏铁鳞片	Ⅲ	/376 /49
Cycadolepis thysanota 流苏苏铁鳞片	Ⅲ	/376 /49
△*Cycadolepis tomentosa* 茸毛苏铁鳞片	Ⅲ	/376 /49
△*Cycadolepis toyamae* 外山苏铁鳞片	Ⅲ	/376 /49
Cycadolepis villosa 长毛苏铁鳞片	Ⅲ	/374 /47
Cycadolepis spp. 苏铁鳞片(未定多种)	Ⅲ	/376 /49
Cycadolepis? spp. 苏铁鳞片?(未定多种)	Ⅲ	/377 /49
△*Cycadolepophyllum* 苏铁鳞叶属	Ⅲ	/377 /50
△*Cycadolepophyllum aequale* 等形苏铁鳞叶	Ⅲ	/377 /50
△*Cycadolepophyllum anomozamioides* 异羽叶型苏铁鳞叶	Ⅲ	/377 /50
△*Cycadolepophyllum changningense* 长宁苏铁鳞叶	Ⅲ	/377 /50
△*Cycadolepophyllum minor* 较小苏铁鳞叶	Ⅲ	/377 /50
Cycadospadix 苏铁掌苞属	Ⅲ	/378 /50
Cycadospadix hennocquei 何氏苏铁掌苞	Ⅲ	/378 /51
△*Cycadospadix scopulina* 帚苏铁掌苞	Ⅲ	/378 /51
Cyclopitys 轮松属	Ⅴ	/292 /45
Cyclopitys nordenskioeldi 诺氏轮松	Ⅴ	/292 /45
Cyclopteris 圆异叶属	Ⅲ	/378 /51
Cyclopteris reniformis 肾形圆异叶	Ⅲ	/378 /51
Cyclopteris sp. 圆异叶(未定种)	Ⅲ	/378 /51
Cycrocarya 青钱柳属	Ⅵ	/138 /20

△*Cycrocarya macroptera* 大翅青钱柳 ············ Ⅵ/138/20
Cynepteris 连蕨属 ············ Ⅱ/405/105
 Cynepteris lasiophora 具毛连蕨 ············ Ⅱ/405/105
Cyparissidium 准柏属 ············ Ⅴ/293/45
 Cyparissidium blackii 布拉克准柏 ············ Ⅴ/293/46
 Cyparissidium gracile 细小准柏 ············ Ⅴ/293/46
 △*Cyparissidium opimum* 结实准柏 ············ Ⅴ/293/46
 Cyparissidium rudlandicum 鲁德兰特准柏 ············ Ⅴ/293/46
 Cyparissidium spp. 准柏(未定多种) ············ Ⅴ/293/46
 Cyparissidium? spp. 准柏?(未定多种) ············ Ⅴ/294/46
 ?*Cyparissidium* sp. ?准柏(未定种) ············ Ⅴ/294/46
Cyperacites 似莎草属 ············ Ⅵ/138/20
 Cyperacites dubius 可疑似莎草 ············ Ⅵ/138/20
 Cyperacites sp. 似莎草(未定种) ············ Ⅵ/138/20
Czekanowskia 茨康叶属 ············ Ⅳ/193/19
 △*Czekanowskia? debilis* 柔弱?茨康叶 ············ Ⅳ/195/21
 △*Czekanowskia elegans* 雅致茨康叶 ············ Ⅳ/195/21
 △*Czekanowskia explicita* 宽展茨康叶 ············ Ⅳ/195/21
 △*Czekanowskia fuguensis* 府谷茨康叶 ············ Ⅳ/195/21
 Czekanowskia cf. *fuguensis* 府谷茨康叶(比较种) ············ Ⅳ/195/21
 Czekanowskia hartzi 哈兹茨康叶 ············ Ⅳ/195/21
 Czekanowskia latifolia 宽叶茨康叶 ············ Ⅳ/195/22
 Czekanowskia cf. *latifolia* 宽叶茨康叶(比较种) ············ Ⅳ/196/22
 Czekanowskia murrayana 穆雷茨康叶 ············ Ⅳ/196/22
 Czekanowskia nathorsti 那氏茨康叶 ············ Ⅳ/196/22
 Czekanowskia cf. *nathorsti* 那氏茨康叶(比较种) ············ Ⅳ/196/22
 △*Czekanowskia pumila* 矮小茨康叶 ············ Ⅳ/196/22
 Czekanowskia rigida 坚直茨康叶 ············ Ⅳ/196/22
 ?*Czekanowskia rigida* ?坚直茨康叶 ············ Ⅳ/199/24
 Czekanowskia rigida? 坚直茨康叶? ············ Ⅳ/199/24
 Czekanowskia cf. *rigida* 坚直茨康叶(比较种) ············ Ⅳ/199/24
 Czekanowskia ex gr. *rigida* 坚直茨康叶(集合种) ············ Ⅳ/199/24
 △*Czekanowskia shenmuensis* 神木茨康叶 ············ Ⅳ/199/24
 △*Czekanowskia speciosa* 奇丽茨康叶 ············ Ⅳ/199/24
 Czekanowskia setacea 刚毛茨康叶 ············ Ⅳ/193/20
 Czekanowskia cf. *setacea* 刚毛茨康叶(比较种) ············ Ⅳ/194/21
 Czekanowskia ex gr. *setacea* 刚毛茨康叶(集合种) ············ Ⅳ/194/21
 △*Czekanowskia stenophylla* 狭窄茨康叶 ············ Ⅳ/199/25
 Czekanowskia spp. 茨康叶(未定多种) ············ Ⅳ/200/25
 Czekanowskia? spp. 茨康叶?(未定多种) ············ Ⅳ/201/26
 ?*Czekanowskia* spp. ?茨康叶(未定多种) ············ Ⅳ/201/26
 Czekanowskia (*Vachrameevia*) 茨康叶(瓦氏叶亚属) ············ Ⅳ/201/26
  Czekanowskia (*Vachrameevia*) *australis* 澳大利亚茨康叶(瓦氏叶) ············ Ⅳ/201/26
  Czekanowskia (*Vachrameevia*) sp. 茨康叶(瓦氏叶)(未定种) ············ Ⅳ/201/26

D

Dadoxylon 台座木属 · Ⅴ /294 /47
    Dadoxylon (*Araucarioxylon*) *japonicus* 日本台座木(南洋杉型木) · Ⅴ /294 /47
    Dadoxylon (*Araucarioxylon*) cf. *japonicus* 日本台座木(南洋杉型木)(比较种) · Ⅴ /294 /47
    Dadoxylon withami 怀氏台座木 · Ⅴ /294 /47

Danaeopsis 拟丹尼蕨属 · Ⅱ /406 /105
    Danaeopsis fecunda 多实拟丹尼蕨 · Ⅱ /406 /106
    ? *Danaeopsis fecunda* ? 多实拟丹尼蕨 · Ⅱ /409 /108
    Danaeopsis cf. *fecunda* 多实拟丹尼蕨(比较种) · Ⅱ /409 /108
    △*Danaeopsis* (*Pseudodanaeopsis*) *hallei* 赫勒拟丹尼蕨(假拟丹尼蕨) · Ⅱ /409 /108
    Danaeopsis hughesi 休兹拟丹尼蕨 · Ⅱ /409 /108
    "*Danaeopsis*" *hughesi* 休兹"拟丹尼蕨" · Ⅱ /410 /109
    △*Danaeopsis magnifolia* 大叶拟丹尼蕨 · Ⅱ /410 /109
    Danaeopsis marantacea 枯萎拟丹尼蕨 · Ⅱ /406 /106
    Danaeopsis cf. *marantacea* 枯萎拟丹尼蕨(比较种) · Ⅱ /406 /106
    △*Danaeopsis minuta* 极小拟丹尼蕨 · Ⅱ /410 /109
    △*Danaeopsis plana* 扁平拟丹尼蕨 · Ⅱ /410 /109
    Danaeopsis cf. *plana* 扁平拟丹尼蕨(比较种) · Ⅱ /410 /109
    Danaeopsis spp. 拟丹尼蕨(未定多种) · Ⅱ /410 /109
    Danaeopsis? spp. 拟丹尼蕨?(未定多种) · Ⅱ /411 /109
    ? *Danaeopsis* sp. ?拟丹尼蕨(未定种) · Ⅱ /411 /110

△*Datongophyllum* 大同叶属 · Ⅳ /201 /26
    △*Datongophyllum longipetiolatum* 长柄大同叶 · Ⅳ /201 /26
    Datongophyllum sp. 大同叶(未定种) · Ⅳ /202 /27

Davallia 骨碎补属 · Ⅱ /411 /110
    △*Davallia niehhutzuensis* 泥河子骨碎补 · Ⅱ /411 /110
    Davallia? *niehhutzuensis* 泥河子? 骨碎补 · Ⅱ /411 /110

Debeya 德贝木属 · Ⅵ /138 /20
    Debeya serrata 锯齿德贝木 · Ⅵ /139 /20
    Debeya tikhonovichii 第氏德贝木 · Ⅵ /139 /21

Deltolepis 三角鳞属 · Ⅲ /379 /51
    Deltolepis credipota 圆洞三角鳞 · Ⅲ /379 /51
    △*Deltolepis*? *longior* 较长? 三角鳞 · Ⅲ /379 /52
    Deltolepis spp. 三角鳞(未定多种) · Ⅲ /379 /52
    Deltolepis? sp. 三角鳞?(未定种) · Ⅲ /379 /52

△*Dentopteris* 牙羊齿属 · Ⅲ /379 /52
    △*Dentopteris stenophylla* 窄叶牙羊齿 · Ⅲ /379 /52
    △*Dentopteris platyphylla* 宽叶牙羊齿 · Ⅲ /380 /52

Desmiophyllum 带状叶属 · Ⅲ /380 /52
    Desmiophyllum gracile 纤细带状叶 · Ⅲ /380 /52
    △*Desmiophyllum haisizhouense* 海西州带状叶 · Ⅲ /380 /53
    △*Desmiophyllum speciosum* 特别带状叶 · Ⅲ /380 /53
    Desmiophyllum spp. 带状叶(未定多种) · Ⅲ /380 /53

Dianella 山菅兰属 ········· Ⅵ/139/21
 △*Dianella longifolia* 长叶山菅兰 ········· Ⅵ/139/21
Dicksonia 蚌壳蕨属 ········· Ⅱ/412/110
 Dicksonia arctica 北极蚌壳蕨 ········· Ⅱ/412/110
 △*Dicksonia changheyingziensis* 常河营子蚌壳蕨 ········· Ⅱ/412/111
 △*Dicksonia charieisa* 喜悦蚌壳蕨 ········· Ⅱ/412/111
 Dicksonia concinna 优雅蚌壳蕨 ········· Ⅱ/412/111
 Dicksonia cf. *concinna* 优雅蚌壳蕨(比较种) ········· Ⅱ/413/111
 △*Dicksonia coriacea* 革质蚌壳蕨 ········· Ⅱ/413/111
 Dicksonia kendallii 肯达尔蚌壳蕨 ········· Ⅱ/413/111
 Dicksonia mariopteris 马利羊齿式蚌壳蕨 ········· Ⅱ/413/111
 △*Dicksonia silapensis* 西拉普蚌壳蕨 ········· Ⅱ/413/111
 △*Dicksonia suessii* 索氏蚌壳蕨 ········· Ⅱ/414/112
 △*Dicksonia sunjiawanensis* 孙家湾蚌壳蕨 ········· Ⅱ/414/112
 Dicksonia sp. 蚌壳蕨(未定种) ········· Ⅱ/414/112
 Dicksonia? sp. 蚌壳蕨?(未定种) ········· Ⅱ/414/112
Dicotylophyllum Saporta,1894 (non Bandulska,1923) 双子叶属 ········· Ⅵ/139/21
 Dicotylophyllum cerciforme 尾状双子叶 ········· Ⅵ/139/21
 △*Dicotylophyllum hunchuniphyllum* 珲春叶双子叶 ········· Ⅵ/139/21
 △*Dicotylophyllum minutissimus* 微小双子叶 ········· Ⅵ/139/21
 Dicotylophyllum rhomboidale 菱形双子叶 ········· Ⅵ/140/22
 △*Dicotylophyllum subpyrifolium* 亚梨形双子叶 ········· Ⅵ/140/22
 Dicotylophyllum spp. 双子叶(未定多种) ········· Ⅵ/140/22
Dicotylophyllum Bandulska,1923 (non Saporta,1894) 双子叶属 ········· Ⅵ/141/23
 Dicotylophyllum stopesii 斯氏双子叶 ········· Ⅵ/141/23
Dicranophyllum 叉叶属 ········· Ⅳ/202/27
 △*Dicranophyllum angustifolium* 狭叶叉叶 ········· Ⅳ/202/27
 △*Dicranophyllum*? *decurrens* 下延?叉叶 ········· Ⅳ/202/27
 △*Dicranophyllum furcatum* 叉状叉叶 ········· Ⅳ/202/27
 Dicranophyllum gallicum 鸡毛状叉叶 ········· Ⅳ/202/27
 △*Dicranophyllum latum* 宽叉叶 ········· Ⅳ/202/27
 Dicranophyllum cf. *latum* 宽叉叶(比较种) ········· Ⅳ/203/27
 Cf. *Dicranophyllum latum* 宽叉叶(比较属种) ········· Ⅳ/203/27
 Dicranophyllum paulum 小叉叶 ········· Ⅳ/203/28
 △?*Dicranophyllum quadrilobatum* ?四裂叉叶 ········· Ⅳ/203/28
 Dicranophyllum spp. 叉叶(未定多种) ········· Ⅳ/203/28
 Dicranophyllum? spp. 叉叶?(未定多种) ········· Ⅳ/203/28
 ?*Dicranophyllum* spp. ?叉叶(未定多种) ········· Ⅳ/204/28
Dicrodium 二叉羊齿属 ········· Ⅲ/382/54
 Dicrodium odontopteroides 齿羊齿型二叉羊齿 ········· Ⅲ/382/54
 △*Dicrodium allophyllum* 变形二叉羊齿 ········· Ⅲ/382/54
Dictyophyllum 网叶蕨属 ········· Ⅱ/414/112
 △*Dictyophyllum aquale* 等形网叶蕨 ········· Ⅱ/414/113
 △*Dictyophyllum chengdeense* 承德网叶蕨 ········· Ⅱ/415/113
 Dictyophyllum exile 瘦长网叶蕨 ········· Ⅱ/415/113

△*Dictyophyllum exquisitum* 优美网叶蕨 …… Ⅱ /415 /113
△*Dictyophyllum gracile* 小网网叶蕨 …… Ⅱ /416 /114
Dictyophyllum kotakiensis 小龙网叶蕨 …… Ⅱ /416 /114
Dictyophyllum kryshtofoviochii 克氏网叶蕨 …… Ⅱ /416 /114
△*Dictyophyllum minum* 较小网叶蕨 …… Ⅱ /416 /114
Dictyophyllum muensteri 敏斯特网叶蕨 …… Ⅱ /416 /114
Dictyophyllum cf. *muensteri* 敏斯特网叶蕨(比较种) …… Ⅱ /417 /114
Dictyophyllum nathorsti 那托斯特网叶蕨 …… Ⅱ /417 /114
Dictyophyllum cf. *nathorsti* 那托斯特网叶蕨(比较种) …… Ⅱ /420 /116
Dictyophyllum nilssoni 尼尔桑网叶蕨 …… Ⅱ /420 /116
Dictyophyllum cf. *nilssoni* 尼尔桑网叶蕨(比较种) …… Ⅱ /421 /117
Dictyophyllum rugosum 皱纹网叶蕨 …… Ⅱ /414 /112
Dictyophyllum serratum 锯缘网叶蕨 …… Ⅱ /422 /118
△*Dictyophyllum tanii* 谭氏网叶蕨 …… Ⅱ /422 /118
Dictyophyllum spp. 网叶蕨(未定多种) …… Ⅱ /422 /118
Dictyophyllum? spp. 网叶蕨?(未定多种) …… Ⅱ /423 /119
?*Dictyophyllum* sp. ?网叶蕨(未定种) …… Ⅱ /423 /119

Dictyozamites 网羽叶属 …… Ⅲ /382 /54
    Dictyozamites asseretoi 阿氏网羽叶 …… Ⅲ /382 /55
    △*Dictyozamites baitianbaensis* 白田坝网羽叶 …… Ⅲ /383 /55
    △*Dictyozamites baqenensis* 巴青网羽叶 …… Ⅲ /383 /55
    △*Dictyozamites callophyllus* 美叶网羽叶 …… Ⅲ /383 /55
    Dictyozamites cordatus 心形网羽叶 …… Ⅲ /383 /55
    △*Dictyozamites dictyozamioides* 网羽叶型网羽叶 …… Ⅲ /383 /55
    Dictyozamites falcata 镰形网羽叶 …… Ⅲ /382 /54
    △*Dictyozamites hunanensis* 湖南网羽叶 …… Ⅲ /384 /55
    Dictyozamites kawasakii 川崎网羽叶 …… Ⅲ /384 /56
    Dictyozamites cf. *latifolius* 阔叶网羽叶(比较种) …… Ⅲ /384 /56
    △*Dictyozamites linanensis* 临安网羽叶 …… Ⅲ /384 /56
    Dictyozamites reniformis 肾形网羽叶 …… Ⅲ /384 /56
    △*Dictyozamites zhonghuaensis* 中华网羽叶 …… Ⅲ /385 /56
    Dictyozamites spp. 网羽叶(未定多种) …… Ⅲ /385 /56
    Dictyozamites? sp. 网羽叶?(未定种) …… Ⅲ /385 /57

Dioonites 似狄翁叶属 …… Ⅲ /386 /57
    Dioonites brongniarti 布朗尼阿似狄翁叶 …… Ⅲ /386 /57
    Dioonites feneonis 窗状似狄翁叶 …… Ⅲ /386 /57
    Dioonites kotoi 小藤似狄翁叶 …… Ⅲ /386 /57

Diospyros 柿属 …… Ⅵ /141 /23
    Diospyros rotundifolia 圆叶柿 …… Ⅵ /142 /23

Disorus 双囊蕨属 …… Ⅱ /423 /119
    △*Disorus minimus* 最小双囊蕨 …… Ⅱ /423 /119
    Disorus nimakanensis 尼马康双囊蕨 …… Ⅱ /423 /119

Doratophyllum 带叶属 …… Ⅲ /386 /57
    Doratophyllum astartensis 阿斯塔脱带叶 …… Ⅲ /386 /58
    Doratophyllum cf. *astartensis* 阿斯塔脱带叶(比较种) …… Ⅲ /386 /58

Cf. *Doratophyllum astartensis* 阿斯塔脱带叶(比较属种)	Ⅲ /387 /58	
Doratophyllum cf. *D. astartensis* 阿斯塔脱带叶(比较属种)	Ⅲ /387 /58	
△*Doratophyllum decoratum* 美丽带叶	Ⅲ /387 /58	
Doratophyllum? cf. *decoratum* 美丽?带叶(比较种)	Ⅲ /387 /58	
△*Doratophyllum hsuchiahoense* 须家河带叶	Ⅲ /387 /58	
Doratophyllum hsuchiahoense? 须家河带叶?	Ⅲ /388 /59	
?*Doratophyllum* cf. *hsuchiahoense* ?须家河带叶(比较种)	Ⅲ /388 /59	
Doratophyllum sp. 带叶(未定种)	Ⅲ /388 /59	
△*Dracopteris* 龙蕨属	Ⅱ /424 /119	
△*Dracopteris liaoningensis* 辽宁龙蕨	Ⅱ /424 /119	
Drepanolepis 镰鳞果属	Ⅴ /295 /47	
Drepanolepis angustior 狭形镰鳞果	Ⅴ /295 /47	
△*Drepanolepis formosa* 美丽镰鳞果	Ⅴ /295 /47	
Drepanozamites 镰刀羽叶属	Ⅲ /388 /59	
△*Drepanozamites densinervis* 密脉镰刀羽叶	Ⅲ /390 /60	
△*Drepanozamites incisus* 锐裂镰刀羽叶	Ⅲ /390 /60	
△*Drepanozamites lobata* 裂瓣镰刀羽叶	Ⅲ /390 /60	
△*Drepanozamites minor* 较小镰刀羽叶	Ⅲ /390 /60	
△*Drepanozamites multipartitus* 多裂镰刀羽叶	Ⅲ /390 /60	
△*Drepanozamites nanzhangensis* 南漳镰刀羽叶	Ⅲ /390 /61	
Drepanozamites nilssoni 尼尔桑镰刀羽叶	Ⅲ /388 /59	
Drepanozamites cf. *nilssoni* 尼尔桑镰刀羽叶(比较种)	Ⅲ /390 /60	
△*Drepanozamites*? *p'anii* 潘氏?镰刀羽叶	Ⅲ /391 /61	
△*Drepanozamites schizophylla* 裂叶镰刀羽叶	Ⅲ /391 /61	
△*Drepanozamites yimaensis* 义马镰刀羽叶	Ⅲ /391 /61	
Drepanozamites spp. 镰刀羽叶(未定多种)	Ⅲ /391 /61	
Drepanozamites? spp. 镰刀羽叶?(未定多种)	Ⅲ /391 /61	
Dryophyllum 槲叶属	Ⅵ /142 /23	
Dryophyllum subcretaceum 亚镰槲叶	Ⅵ /142 /23	
Dryopteris 鳞毛蕨属	Ⅱ /424 /120	
△*Dryopteris sinensis* 中国鳞毛蕨	Ⅱ /424 /120	
Dryopterites 似鳞毛蕨属	Ⅱ /424 /120	
△*Dryopterites erecta* 直立似鳞毛蕨	Ⅱ /425 /120	
△*Dryopterites elegans* 雅致似鳞毛蕨	Ⅱ /425 /120	
△*Dryopterites gracilis* 纤细似鳞毛蕨	Ⅱ /425 /121	
△*Dryopterites liaoningensis* 辽宁似鳞毛蕨	Ⅱ /425 /121	
Dryopterites macrocarpa 细囊似鳞毛蕨	Ⅱ /424 /120	
△*Dryopterites sinensis* 中国似鳞毛蕨	Ⅱ /425 /121	
△*Dryopterites triangularis* 三角似鳞毛蕨	Ⅱ /426 /121	
Dryopterites virginica 弗吉尼亚似鳞毛蕨	Ⅱ /426 /121	
Dryopterites sp. 似鳞毛蕨(未定种)	Ⅱ /426 /122	
△*Dukouphyllum* 渡口叶属	Ⅳ /204 /28	
△*Dukouphyllum noeggerathioides* 诺格拉齐蕨型渡口叶	Ⅳ /204 /29	
△*Dukouphyllum shensiense* 陕西渡口叶	Ⅳ /204 /29	
△*Dukouphyllum* 渡口叶属	Ⅲ /392 /61	

△*Dukouphyllum noeggerathioides* 诺格拉齐蕨型渡口叶 ⋯⋯⋯⋯⋯⋯⋯⋯⋯⋯⋯ Ⅲ /392 /62
△*Dukouphyton* 渡口痕木属⋯⋯⋯⋯⋯⋯⋯⋯⋯⋯⋯⋯⋯⋯⋯⋯⋯⋯⋯⋯⋯⋯⋯⋯⋯⋯⋯ Ⅲ /392 /62
  △*Dukouphyton minor* 较小渡口痕木 ⋯⋯⋯⋯⋯⋯⋯⋯⋯⋯⋯⋯⋯⋯⋯⋯⋯⋯⋯ Ⅲ /392 /62

E

Eboracia 爱博拉契蕨属 ⋯⋯⋯⋯⋯⋯⋯⋯⋯⋯⋯⋯⋯⋯⋯⋯⋯⋯⋯⋯⋯⋯⋯⋯⋯⋯⋯⋯⋯⋯ Ⅱ /426 /122
  △*Eboracia kansuensis* 康苏爱博拉契蕨 ⋯⋯⋯⋯⋯⋯⋯⋯⋯⋯⋯⋯⋯⋯⋯⋯⋯⋯⋯ Ⅱ /429 /124
  Eboracia lobifolia 裂叶爱博拉契蕨 ⋯⋯⋯⋯⋯⋯⋯⋯⋯⋯⋯⋯⋯⋯⋯⋯⋯⋯⋯⋯⋯ Ⅱ /427 /122
  Eboracia cf. *lobifolia* 裂叶爱博拉契蕨(比较种) ⋯⋯⋯⋯⋯⋯⋯⋯⋯⋯⋯⋯⋯⋯⋯ Ⅱ /429 /124
  Cf. *Eboracia lobifolia* 裂叶爱博拉契蕨(比较属种) ⋯⋯⋯⋯⋯⋯⋯⋯⋯⋯⋯⋯⋯⋯ Ⅱ /429 /124
  △*Eboracia major* 较大爱博拉契蕨 ⋯⋯⋯⋯⋯⋯⋯⋯⋯⋯⋯⋯⋯⋯⋯⋯⋯⋯⋯⋯⋯ Ⅱ /429 /124
  △*Eboracia uniforma* 同形爱博拉契蕨 ⋯⋯⋯⋯⋯⋯⋯⋯⋯⋯⋯⋯⋯⋯⋯⋯⋯⋯⋯ Ⅱ /430 /124
  △*Eboracia yungjenensis* 永仁爱博拉契蕨 ⋯⋯⋯⋯⋯⋯⋯⋯⋯⋯⋯⋯⋯⋯⋯⋯⋯⋯ Ⅱ /430 /124
△*Eboraciopsis* 拟爱博拉契蕨属 ⋯⋯⋯⋯⋯⋯⋯⋯⋯⋯⋯⋯⋯⋯⋯⋯⋯⋯⋯⋯⋯⋯⋯⋯⋯⋯ Ⅱ /430 /124
  △*Eboraciopsis trilobifolia* 三裂叶拟爱博拉契蕨 ⋯⋯⋯⋯⋯⋯⋯⋯⋯⋯⋯⋯⋯⋯ Ⅱ /430 /124
Elatides 似枞属 ⋯⋯⋯⋯⋯⋯⋯⋯⋯⋯⋯⋯⋯⋯⋯⋯⋯⋯⋯⋯⋯⋯⋯⋯⋯⋯⋯⋯⋯⋯⋯⋯⋯ Ⅴ /295 /48
  △*Elatides araucarioides* 南洋杉型似枞 ⋯⋯⋯⋯⋯⋯⋯⋯⋯⋯⋯⋯⋯⋯⋯⋯⋯⋯⋯ Ⅴ /296 /48
  Elatides cf. *araucarioides* 南洋杉型似枞(比较种) ⋯⋯⋯⋯⋯⋯⋯⋯⋯⋯⋯⋯⋯ Ⅴ /296 /48
  Elatides asiatica 亚洲似枞 ⋯⋯⋯⋯⋯⋯⋯⋯⋯⋯⋯⋯⋯⋯⋯⋯⋯⋯⋯⋯⋯⋯⋯⋯ Ⅴ /296 /48
  Elatides bommeri 薄氏似枞 ⋯⋯⋯⋯⋯⋯⋯⋯⋯⋯⋯⋯⋯⋯⋯⋯⋯⋯⋯⋯⋯⋯⋯⋯ Ⅴ /296 /49
  Elatides brandtiana 布兰迪似枞 ⋯⋯⋯⋯⋯⋯⋯⋯⋯⋯⋯⋯⋯⋯⋯⋯⋯⋯⋯⋯⋯⋯ Ⅴ /296 /49
  Elatides? *brandtiana* 布兰迪? 似枞 ⋯⋯⋯⋯⋯⋯⋯⋯⋯⋯⋯⋯⋯⋯⋯⋯⋯⋯⋯⋯ Ⅴ /296 /49
  △*Elatides chinensis* 中国似枞 ⋯⋯⋯⋯⋯⋯⋯⋯⋯⋯⋯⋯⋯⋯⋯⋯⋯⋯⋯⋯⋯⋯ Ⅴ /296 /49
  "*Elatides*" *chinensis* 中国"似枞" ⋯⋯⋯⋯⋯⋯⋯⋯⋯⋯⋯⋯⋯⋯⋯⋯⋯⋯⋯⋯⋯ Ⅴ /297 /49
  Elatides curvifolia 弯叶似枞 ⋯⋯⋯⋯⋯⋯⋯⋯⋯⋯⋯⋯⋯⋯⋯⋯⋯⋯⋯⋯⋯⋯⋯ Ⅴ /297 /49
  Elatides cf. *curvifolia* 弯叶似枞(比较种) ⋯⋯⋯⋯⋯⋯⋯⋯⋯⋯⋯⋯⋯⋯⋯⋯ Ⅴ /297 /49
  Cf. *Elatides curvifolia* 弯叶似枞(比较属种) ⋯⋯⋯⋯⋯⋯⋯⋯⋯⋯⋯⋯⋯⋯⋯ Ⅴ /297 /49
  △*Elatides cylindrica* 圆柱似枞 ⋯⋯⋯⋯⋯⋯⋯⋯⋯⋯⋯⋯⋯⋯⋯⋯⋯⋯⋯⋯⋯⋯ Ⅴ /297 /49
  Elatides falcata 镰形似枞 ⋯⋯⋯⋯⋯⋯⋯⋯⋯⋯⋯⋯⋯⋯⋯⋯⋯⋯⋯⋯⋯⋯⋯⋯ Ⅴ /298 /50
  △*Elatides harrisii* 哈氏似枞 ⋯⋯⋯⋯⋯⋯⋯⋯⋯⋯⋯⋯⋯⋯⋯⋯⋯⋯⋯⋯⋯⋯⋯ Ⅴ /298 /50
  △*Elatides leptolepis* 薄叶似枞 ⋯⋯⋯⋯⋯⋯⋯⋯⋯⋯⋯⋯⋯⋯⋯⋯⋯⋯⋯⋯⋯⋯ Ⅴ /298 /50
  △*Elatides*? *majianensis* 马涧? 似枞 ⋯⋯⋯⋯⋯⋯⋯⋯⋯⋯⋯⋯⋯⋯⋯⋯⋯⋯⋯ Ⅴ /298 /50
  △*Elatides manchurensis* 满洲似枞 ⋯⋯⋯⋯⋯⋯⋯⋯⋯⋯⋯⋯⋯⋯⋯⋯⋯⋯⋯⋯ Ⅴ /298 /50
  Elatides? *manchurensis* 满洲? 似枞 ⋯⋯⋯⋯⋯⋯⋯⋯⋯⋯⋯⋯⋯⋯⋯⋯⋯⋯⋯ Ⅴ /299 /50
  Elatides ovalis 卵形似枞 ⋯⋯⋯⋯⋯⋯⋯⋯⋯⋯⋯⋯⋯⋯⋯⋯⋯⋯⋯⋯⋯⋯⋯⋯⋯ Ⅴ /295 /48
  Elatides cf. *ovalis* 卵形似枞(比较种) ⋯⋯⋯⋯⋯⋯⋯⋯⋯⋯⋯⋯⋯⋯⋯⋯⋯⋯⋯ Ⅴ /295 /48
  Elatides williamsoni 威廉逊似枞 ⋯⋯⋯⋯⋯⋯⋯⋯⋯⋯⋯⋯⋯⋯⋯⋯⋯⋯⋯⋯⋯⋯ Ⅴ /299 /51
  Cf. *Elatides williamsoni* 威廉逊似枞(比较属种) ⋯⋯⋯⋯⋯⋯⋯⋯⋯⋯⋯⋯⋯⋯ Ⅴ /299 /51
  △*Elatides zhangjiakouensis* 张家口似枞 ⋯⋯⋯⋯⋯⋯⋯⋯⋯⋯⋯⋯⋯⋯⋯⋯⋯⋯ Ⅴ /299 /51
  Elatides spp. 似枞(未定多种) ⋯⋯⋯⋯⋯⋯⋯⋯⋯⋯⋯⋯⋯⋯⋯⋯⋯⋯⋯⋯⋯⋯⋯ Ⅴ /299 /51
  Elatides? spp. 似枞? (未定多种) ⋯⋯⋯⋯⋯⋯⋯⋯⋯⋯⋯⋯⋯⋯⋯⋯⋯⋯⋯⋯⋯ Ⅴ /300 /51
  ?*Elatides* sp. ?似枞(未定种) ⋯⋯⋯⋯⋯⋯⋯⋯⋯⋯⋯⋯⋯⋯⋯⋯⋯⋯⋯⋯⋯⋯⋯⋯ Ⅴ /300 /52
Elatocladus 枞型枝属 ⋯⋯⋯⋯⋯⋯⋯⋯⋯⋯⋯⋯⋯⋯⋯⋯⋯⋯⋯⋯⋯⋯⋯⋯⋯⋯⋯⋯⋯⋯⋯ Ⅴ /300 /52
  △*Elatocladus* (*Cephalotaxopsis*?) *angustifolius* 狭叶枞型枝(拟粗榧?) ⋯⋯⋯⋯⋯⋯ Ⅴ /301 /52

Elatocladus brevifolius 短叶枞型枝	Ⅴ/301/52
Elatocladus cf. *brevifolius* 短叶枞型枝(比较种)	Ⅴ/301/52
Elatocladus cephalotaxoides 粗榧型枞型枝	Ⅴ/301/52
Elatocladus cf. *cephalotaxoides* 粗榧型枞型枝(比较种)	Ⅴ/301/53
△*Elatocladus* (*Elatides*) *curvifolia* 弯叶枞型枝(似枞)	Ⅴ/302/53
Elatocladus dunii 董氏枞型枝	Ⅴ/302/53
Elatocladus cf. *dunii* 董氏枞型枝(比较种)	Ⅴ/302/53
Elatocladus heterophylla 异叶枞型枝	Ⅴ/301/52
Elatocladus cf. *heterophylla* 异叶枞型枝(比较种)	Ⅴ/301/52
△*Elatocladus iwaianus* 岩井枞型枝	Ⅴ/302/53
△*Elatocladus* (*Cephalotaxopsis*) *jurassica* 侏罗枞型枝(拟三尖杉)	Ⅴ/302/53
△*Elatocladus* (*Cephalotaxopsis*?) *krasseri* 克氏枞型枝(拟粗榧?)	Ⅴ/302/53
△*Elatocladus leptophyllus* 薄叶枞型枝	Ⅴ/303/54
△*Elatocladus liaoxiensis* 辽西枞型枝	Ⅴ/303/54
△*Elatocladus lindongensis* 林东枞型枝	Ⅴ/303/54
△*Elatocladus manchurica* 满洲枞型枝	Ⅴ/303/54
Elatocladus cf. *manchurica* 满洲枞型枝(比较种)	Ⅴ/305/55
Elatocladus aff. *manchurica* 满洲枞型枝(亲近种)	Ⅴ/305/55
Elatocladus minutus 细小枞型枝	Ⅴ/305/55
Elatocladus pactens 开展枞型枝	Ⅴ/305/56
Elatocladus cf. *pactens* 开展枞型枝(比较种)	Ⅴ/306/56
△*Elatocladus pinnatus* 羽状枞型枝	Ⅴ/306/56
△*Elatocladus qaidamensis* 柴达木枞型枝	Ⅴ/306/56
Elatocladus ramosus 疏松枞型枝	Ⅴ/306/56
Elatocladus cf. *ramosus* 疏松枞型枝(比较种)	Ⅴ/306/56
Elatocladus smittianus 斯密特枞型枝	Ⅴ/306/56
△*Elatocladus splendidus* 华彩枞型枝	Ⅴ/306/56
△*Elatocladus submanchurica* 亚满洲枞型枝	Ⅴ/307/57
Elatocladus cf. *submanchurica* 亚满洲枞型枝(比较种)	Ⅴ/307/57
Elatocladus subzamioides 亚查米亚型枞型枝	Ⅴ/307/57
Elatocladus tenerrimus 细弱枞型枝	Ⅴ/308/57
△*Elatocladus wanqunensis* 万全枞型枝	Ⅴ/308/57
Elatocladus spp. 枞型枝(未定多种)	Ⅴ/308/57
Elatocladus (*Cephalotaxopsis*?) spp. 枞型枝(拟粗榧?)(未定多种)	Ⅴ/312/61
Elatocladus (?*Torreya*) sp. 枞型枝(?榧)(未定种)	Ⅴ/312/61
△*Eoglyptostrobus* 始水松属	Ⅴ/312/61
△*Eoglyptostrobus sabioides* 清风藤型始水松	Ⅴ/313/62
△*Eogonocormus* Deng,1995 (non Deng,1997) 始团扇蕨属	Ⅱ/430/125
△*Eogonocormus cretaceum* Deng,1995 (non Deng,1997) 白垩始团扇蕨	Ⅱ/430/125
△*Eogonocormus linearifolium* 线形始团扇蕨	Ⅱ/431/125
△*Eogonocormus* Deng,1997 (non Deng,1995) 始团扇蕨属	Ⅱ/431/125
△*Eogonocormus cretaceum* Deng,1997 (non Deng,1995) 白垩始团扇蕨	Ⅱ/431/125
△*Eogymnocarpium* 始羽蕨属	Ⅱ/431/125
△*Eogymnocarpium sinense* 中国始羽蕨	Ⅱ/432/126
Ephedrites 似麻黄属	Ⅴ/313/62

Ephedrites antiquus 古似麻黄	Ⅴ	/313/62
△*Ephedrites chenii* 陈氏似麻黄	Ⅴ	/313/62
△*Ephedrites? elegans* 雅致？似麻黄	Ⅴ	/314/63
△*Ephedrites exhibens* 明显似麻黄	Ⅴ	/314/63
△*Ephedrites guozhongiana* 国忠似麻黄	Ⅴ	/314/63
Ephedrites johnianus 约氏似麻黄	Ⅴ	/313/62
△*Ephedrites sinensis* 中国似麻黄	Ⅴ	/314/63
Ephedrites spp. 似麻黄（未定多种）	Ⅴ	/315/63
Equisetites 似木贼属	Ⅰ	/149/19
△*Equisetites acanthodon* 尖齿似木贼	Ⅰ	/150/20
Equisetites arenaceus 巨大似木贼	Ⅰ	/150/20
Equisetites cf. *arenaceus* 巨大似木贼（比较种）	Ⅰ	/151/20
Equisetites beanii 苹氏似木贼	Ⅰ	/151/20
Equisetites cf. *beanii* 苹氏似木贼（比较种）	Ⅰ	/151/21
△*Equisetites beijingensis* 北京似木贼	Ⅰ	/151/21
△*Equisetites brevidentatus* 短齿似木贼	Ⅰ	/151/21
△*Equisetites brevitubatus* 短鞘似木贼	Ⅰ	/152/21
Equisetites burchardti 布氏似木贼	Ⅰ	/152/21
Equisetites cf. *burchardti* 布氏似木贼（比较种）	Ⅰ	/152/21
Equisetites burejensis 布列亚似木贼	Ⅰ	/152/21
Equisetites cf. *burejensis* 布列亚似木贼（比较种）	Ⅰ	/153/22
Equisetites columnaris 柱状似木贼	Ⅰ	/153/22
Equisetites cf. *columnaris* 柱状似木贼（比较种）	Ⅰ	/153/22
△*Equisetites deltodon* 三角齿似木贼	Ⅰ	/153/22
△*Equisetites densatis* 稠齿似木贼	Ⅰ	/153/22
△*Equisetites exiliformis* 瘦形似木贼	Ⅰ	/153/22
Equisetites ferganensis 费尔干似木贼	Ⅰ	/153/22
△*Equisetites funnelformis* 漏斗似木贼	Ⅰ	/154/23
Equisetites giganteus 巨大似木贼	Ⅰ	/154/23
Equisetites gracilis 纤细似木贼	Ⅰ	/154/23
Equisetites cf. *gracilis* 纤细似木贼（比较种）	Ⅰ	/155/23
Equisetites cf. *E. gracilis* 纤细似木贼（比较属种）	Ⅰ	/155/23
△*Equisetites hulunensis* 呼伦似木贼	Ⅰ	/155/23
△*Equisetites hulukouensis* 葫芦口似木贼	Ⅰ	/155/24
Equisetites intermedius 纵条似木贼	Ⅰ	/155/24
Equisetites iwamuroensis 石村似木贼	Ⅰ	/155/24
Equisetites cf. *iwamuroensis* 石村似木贼（比较种）	Ⅰ	/155/24
△*Equisetites jingmenensis* 荆门似木贼	Ⅰ	/156/24
△*Equisetites junggarensis* 准噶尔似木贼	Ⅰ	/156/24
△*Equisetites kaomingensis* 高明似木贼	Ⅰ	/156/24
Equisetites koreanicus 朝鲜似木贼	Ⅰ	/156/24
Equisetites cf. *koreanicus* 朝鲜似木贼（比较种）	Ⅰ	/157/25
Equisetites laevis 平滑似木贼	Ⅰ	/157/25
Equisetites lateralis 侧生似木贼	Ⅰ	/157/25
Equisetites cf. *lateralis* 侧生似木贼（比较种）	Ⅰ	/158/25

△*Equisetites lechangensis* 乐昌似木贼	Ⅰ/158/26
△*Equisetites? linearis* 线形？似木贼	Ⅰ/158/26
△*Equisetites longevaginatus* 长鞘似木贼	Ⅰ/158/26
△*Equisetites longiconis* 长筒似木贼	Ⅰ/159/26
△*Equisetites longidens* 长齿似木贼	Ⅰ/159/26
△*Equisetites lufengensis* 禄丰似木贼	Ⅰ/159/26
Equisetites cf. *lufengensis* 禄丰似木贼(比较种)	Ⅰ/159/27
△*Equisetites macrovalis* 大卵形似木贼	Ⅰ/160/27
Equisetites mobergii 莫贝尔基似木贼	Ⅰ/160/27
Equisetites cf. *mobergii* 莫贝尔基似木贼(比较种)	Ⅰ/160/27
Equisetites cf. *mougeoti* 穆氏似木贼(比较种)	Ⅰ/160/27
Equisetites multidentatus 多齿似木贼	Ⅰ/160/27
Equisetites cf. *multidentatus* 多齿似木贼(比较种)	Ⅰ/160/27
Equisetites aff. *multidentatus* 多齿似木贼(亲近种)	Ⅰ/160/27
Equisetites cf. *E. multidentatus* 多齿似木贼(比较属种)	Ⅰ/160/27
Equisetites münsteri 敏斯特似木贼	Ⅰ/149/19
Equisetites cf. *münsteri* 敏斯特似木贼(比较种)	Ⅰ/150/20
Equisetites (*Equisetostachys*) cf. *E. münsteri* 敏斯特似木贼(木贼穗)(比较属种)	Ⅰ/150/20
Equisetites naktongensis 洛东似木贼	Ⅰ/161/28
Equisetites naktongensis var. *tenuicaulis* 洛东似木贼细茎变种	Ⅰ/161/28
Equisetites cf. *naktongensis* var. *tenuicaulis* 洛东似木贼细茎变种(比较种)	Ⅰ/161/28
△*Equisetites paradeltodon* 拟三角齿似木贼	Ⅰ/161/28
△*Equisetites pengxianensis* 彭县似木贼	Ⅰ/161/28
△*Equisetites planus* 扁平似木贼	Ⅰ/161/28
Equisetites platyodon 宽齿似木贼	Ⅰ/161/28
Equisetites praelongus 伸长似木贼	Ⅰ/161/28
△*Equisetites qionghaiensis* 琼海似木贼	Ⅰ/162/28
Equisetites ramosus 多枝似木贼	Ⅰ/162/29
Equisetites rogersii 罗格西似木贼	Ⅰ/162/29
Equisetites rugosus 皱纹似木贼	Ⅰ/162/29
Equisetites sarrani 沙兰似木贼	Ⅰ/162/29
Equisetites cf. *sarrani* 沙兰似木贼(比较种)	Ⅰ/164/30
Equisetites cf. *E. sarrani* 沙兰似木贼(比较属种)	Ⅰ/164/30
Equisetites scanicus 斯堪尼似木贼	Ⅰ/164/30
Equisetites cf. *E. scanicus* 斯堪尼似木贼(比较属种)	Ⅰ/164/31
△*Equisetites shandongensis* 山东似木贼	Ⅰ/165/31
△*Equisetites shenmuensis* 神木似木贼	Ⅰ/165/31
△*Equisetites sichuanensis* 四川似木贼	Ⅰ/165/31
△*Equisetites shuangyangensis* 双阳似木贼	Ⅰ/165/31
△*Equisetites stenodon* 坚齿似木贼	Ⅰ/165/31
Equisetites cf. *stenodon* 坚齿似木贼(比较种)	Ⅰ/166/31
Equisetites takahashii 宽脊似木贼	Ⅰ/166/32
Equisetites cf. *takahashii* 宽脊似木贼(比较种)	Ⅰ/166/32
△*Equisetites tongchuanensis* 铜川似木贼	Ⅰ/166/32
Equisetites virginicus 维基尼亚似木贼	Ⅰ/166/32

Equisetites cf. *virginicus* 维基尼亚似木贼(比较种) ·················· Ⅰ/166/32
△*Equisetites weiyuanensis* 威远似木贼 ·················· Ⅰ/166/32
△*Equisetites yimaensis* 义马似木贼 ·················· Ⅰ/167/32
△*Equisetites yangcaogouensis* 羊草沟似木贼 ·················· Ⅰ/167/32
Equisetites spp. 似木贼(未定多种) ·················· Ⅰ/167/33
Equisetites? spp. 似木贼?(未定多种) ·················· Ⅰ/174/38
Equisetites (*Equisetostachys*) spp. 似木贼(木贼穗)(未定多种) ·················· Ⅰ/174/38
Equisetites (*Neocalamites*?) sp. 似木贼(新芦木?)(未定种) ·················· Ⅰ/174/38
Equisetostachys 木贼穗属 ·················· Ⅰ/175/39
Equisetostachys sp. 木贼穗(未定种) ·················· Ⅰ/175/39
Equisetostachys spp. 木贼穗(未定多种) ·················· Ⅰ/175/39
Equisetostachys? spp. 木贼穗?(未定多种) ·················· Ⅰ/176/40
Equisetum 木贼属 ·················· Ⅰ/176/40
Equisetum arenaceus 砂地木贼 ·················· Ⅰ/176/40
Equisetum asiaticum 亚洲木贼 ·················· Ⅰ/176/40
Equisetum beanii 苹氏木贼 ·················· Ⅰ/177/40
Equisetum burchardtii 布尔查特木贼 ·················· Ⅰ/177/41
Equisetum burejense 布列亚木贼 ·················· Ⅰ/177/41
△*Equisetum deltodon* 三角齿木贼 ·················· Ⅰ/177/41
Equisetum ferganense 费尔干木贼 ·················· Ⅰ/177/41
Equisetum cf. *ferganense* 费尔干木贼(比较种) ·················· Ⅰ/177/41
Equisetum filum 线形木贼 ·················· Ⅰ/178/41
△*Equisetum furongense* 芙蓉木贼 ·················· Ⅰ/178/41
Equisetum gracile 纤细木贼 ·················· Ⅰ/178/42
△*Equisetum guojiadianense* 郭家店木贼 ·················· Ⅰ/178/42
△*Equisetum hallei* 赫勒木贼 ·················· Ⅰ/178/42
△*Equisetum hunchunense* 珲春木贼 ·················· Ⅰ/178/42
Equisetum ilmijense 伊尔米亚木贼 ·················· Ⅰ/178/42
△*Equisetum lamagouense* 拉马沟木贼 ·················· Ⅰ/178/42
△*Equisetum laohugouense* 老虎沟木贼 ·················· Ⅰ/178/42
Equisetum laterale 侧生木贼 ·················· Ⅰ/179/42
Equisetum cf. *laterale* 侧生木贼(比较种) ·················· Ⅰ/179/43
△*Equisetum lisangouense* 李三沟木贼 ·················· Ⅰ/179/43
Equisetum mougeotii 穆氏木贼 ·················· Ⅰ/179/43
Equisetum multidendatum 多齿木贼 ·················· Ⅰ/180/43
Equisetum naktongense 洛东木贼 ·················· Ⅰ/180/43
△*Equisetum neocalamioides* 新芦木型木贼 ·················· Ⅰ/180/43
Equisetum ramosus 多枝木贼 ·················· Ⅰ/180/43
Equisetum cf. *ramosus* 多枝木贼(比较种) ·················· Ⅰ/180/43
Equisetum sarrani 沙兰木贼 ·················· Ⅰ/180/44
Equisetum cf. *sarrani* 沙兰木贼(比较种) ·················· Ⅰ/181/44
△*Equisetum shandongense* 山东木贼 ·················· Ⅰ/181/44
△*Equisetum sibiricum* 西伯利亚木贼 ·················· Ⅰ/181/44
Equisetum takahashii 宽脊木贼 ·················· Ⅰ/181/44
Equisetum cf. *takahashii* 宽脊木贼(比较种) ·················· Ⅰ/181/44

Equisetum ushimarense 牛凡木贼	I	/181/44
△*Equisetum xigeduense* 西圪堵木贼	I	/182/44
Equisetum spp. 木贼(未定多种)	I	/182/44
Equisetum? sp. 木贼?(未定种)	I	/183/45
△*Eragrosites* 似画眉草属	V	/315/64
△*Eragrosites changii* 常氏似画眉草	V	/315/64
△*Eragrosites* 似画眉草属	VI	/142/24
△*Eragrosites changii* 常氏似画眉草	VI	/142/24
Erenia 伊仑尼亚属	VI	/143/24
Erenia stenoptera 狭翼伊仑尼亚	VI	/143/24
Eretmophyllum 桨叶属	IV	/204/29
△*Eretmophyllum latifolium* 宽桨叶	IV	/205/29
△*Eretmophyllum latum* 宽叶桨叶	IV	/205/29
Eretmophyllum pubescens 柔毛桨叶	IV	/205/29
Eretmophyllum cf. *pubescens* 柔毛桨叶(比较种)	IV	/205/29
Eretmophyllum saighanense 赛汗桨叶	IV	/205/30
△*Eretmophyllum subtile* 柔弱桨叶	IV	/205/30
Eretmophyllum spp. 桨叶(未定多种)	IV	/205/30
Eretmophyllum? spp. 桨叶?(未定多种)	IV	/205/30
Estherella 爱斯特拉属	III	/392/62
△*Estherella delicatula* 纤细爱斯特拉	III	/393/62
Estherella gracilis 细小爱斯特拉	III	/393/62
Eucalyptus 桉属	VI	/143/25
Eucalyptus angusta 狭叶桉	VI	/143/25
Eucalyptus geinitzii 盖氏桉	VI	/143/25
△*Eucalyptus oblongifolia* 矩圆桉	VI	/144/25
Eucalyptus sp. 桉(未定种)	VI	/144/25
△*Eucommioites* 似杜仲属	VI	/144/25
△*Eucommioites orientalis* 东方似杜仲	VI	/144/25
Euryphyllum 宽叶属	III	/393/63
Euryphyllum whittianum 怀特宽叶	III	/393/63
Euryphyllum? sp. 宽叶?(未定种)	III	/393/63

F

Ferganiella 费尔干杉属	V	/315/64
Ferganiella lanceolatus 披针形费尔干杉	V	/316/65
Ferganiella cf. *lanceolatus* 披针形费尔干杉(比较种)	V	/316/65
△*Ferganiella mesonervis* 间细脉费尔干杉	V	/316/65
△*Ferganiella*? *otozamioides* 耳羽叶型?费尔干杉	V	/316/65
△*Ferganiella paucinervis* 疏脉费尔干杉	V	/316/65
Ferganiella cf. *paucinervis* 疏脉费尔干杉(比较种)	V	/317/65
△*Ferganiella podozamioides* 苏铁杉型费尔干杉	V	/317/65
Ferganiella cf. *podozamioides* 苏铁杉型费尔干杉(比较种)	V	/318/66
Ferganiella cf. *F. podozamioides* 苏铁杉型费尔干杉(比较属种)	V	/318/66

Ferganiella urjachaica 乌梁海费尔干杉	Ⅴ	/316/64
Ferganiella cf. *urjachaica* 乌梁海费尔干杉(比较种)	Ⅴ	/316/64
△*Ferganiella weiyuanensis* 威远费尔干杉	Ⅴ	/318/66
Ferganiella spp. 费尔干杉(未定多种)	Ⅴ	/318/66
Ferganiella? spp. 费尔干杉?(未定多种)	Ⅴ	/319/67
Ferganodendron 费尔干木属	Ⅰ	/183/45
Ferganodendron sauktangensis 塞克坦费尔干木	Ⅰ	/183/45
Ferganodendron sp. 费尔干木(未定种)	Ⅰ	/183/46
?*Ferganodendron* sp. ?费尔干木(未定种)	Ⅰ	/183/46
Ficophyllum 榕叶属	Ⅵ	/144/26
Ficophyllum crassinerve 粗脉榕叶	Ⅵ	/144/26
Ficophyllum sp. 榕叶(未定种)	Ⅵ	/145/26
Ficus 榕属	Ⅵ	/145/26
Ficus daphnogenoides 瑞香型榕	Ⅵ	/145/26
Ficus myrtifolius 番石榴叶榕	Ⅵ	/145/26
Ficus platanicostata 悬铃木型榕	Ⅵ	/145/27
Ficus steophensoni 施特凡榕	Ⅵ	/145/27
△*Filicidicotis* 羊齿缘蕨属	Ⅵ	/145/27
Filicidicotis sp. indet 羊齿缘蕨(sp. indet.)	Ⅵ	/146/27
△*Foliosites* 似茎状地衣属	Ⅰ	/127/1
△*Foliosites formosus* 美丽似茎状地衣	Ⅰ	/127/1
△*Foliosites gracilentus* 纤细似茎状地衣	Ⅰ	/128/2
Foliosites sp. 似茎状地衣(未定种)	Ⅰ	/128/2
Frenelopsis 拟节柏属	Ⅴ	/319/67
△*Frenelopsis elegans* 雅致拟节柏	Ⅴ	/319/67
Frenelopsis hoheneggeri 霍氏拟节柏	Ⅴ	/319/67
Cf. *Frenelopsis hoheneggeri* 霍氏拟节柏(比较属种)	Ⅴ	/319/67
Frenelopsis parceramosa 少枝拟节柏	Ⅴ	/320/67
Frenelopsis ramosissima 多枝拟节柏	Ⅴ	/320/68
Frenelopsis cf. *ramosissima* 多枝拟节柏(比较种)	Ⅴ	/320/68
Frenelopsis spp. 拟节柏(未定多种)	Ⅴ	/320/68
Frenelopsis? spp. 拟节柏?(未定多种)	Ⅴ	/320/68

G

Gangamopteris 恒河羊齿属	Ⅲ	/393/63
Gangamopteris angostifolia 狭叶恒河羊齿	Ⅲ	/394/63
△*Gangamopteris qinshuiensis* 沁水恒河羊齿	Ⅲ	/394/63
△*Gangamopteris? tuncunensis* 屯村?恒河羊齿	Ⅲ	/394/63
△*Gansuphyllites* 甘肃芦木属	Ⅰ	/183/46
△*Gansuphyllites multivervis* 多脉甘肃芦木	Ⅰ	/183/46
Geinitzia 盖涅茨杉属	Ⅴ	/321/68
Geinitzia cretacea 白垩盖涅茨杉	Ⅴ	/321/68
Geinitzia spp. 盖涅茨杉(未定多种)	Ⅴ	/321/68
△*Geminofoliolum* 双生叶属	Ⅰ	/184/46

△*Geminofoliolum gracilis* 纤细双生叶	Ⅰ/184/46
△*Gigantopteris* 大羽羊齿属	Ⅲ/394/64
Gigantopteris dentata 齿状大羽羊齿	Ⅲ/395/64
△*Gigantopteris nicotianaefolia* 烟叶大羽羊齿	Ⅲ/394/64
Gigantopteris sp. 大羽羊齿(未定种)	Ⅲ/395/64
Ginkgo 银杏属	Ⅳ/206/30
Ginkgo acosmia 不整齐银杏	Ⅳ/206/30
Ginkgo adiantoides 铁线蕨型银杏	Ⅳ/206/30
Ginkgo cf. *adiantoides* 铁线蕨型银杏(比较种)	Ⅳ/206/31
△*Ginkgo apodes* 无珠柄银杏	Ⅳ/207/31
△*Ginkgo beijingensis* 北京银杏	Ⅳ/207/31
△*Ginkgo chilinensis* 吉林银杏	Ⅳ/207/31
Ginkgo coriacea 革质银杏	Ⅳ/207/32
△*Ginkgo? crassinervis* 粗脉?银杏	Ⅳ/208/32
△*Ginkgo curvata* 弯曲银杏	Ⅳ/208/32
△*Ginkgo dayanensis* 大雁银杏	Ⅳ/208/32
Ginkgo digitata 指状银杏	Ⅳ/208/32
Ginkgo cf. *digitata* 指状银杏(比较种)	Ⅳ/209/33
△*Ginkgo elegans* 雅致似银杏	Ⅳ/209/33
Ginkgo ferganensis 费尔干银杏	Ⅳ/209/33
Ginkgo cf. *ferganensis* 费尔干银杏(比较种)	Ⅳ/210/33
Ginkgo flabellata 扇形银杏	Ⅳ/210/33
Ginkgo (*Baiera?*) *hermelini* 海氏银杏(拜拉?)	Ⅳ/210/34
Ginkgo cf. *hermelini* 海氏银杏(比较种)	Ⅳ/210/34
Ginkgo huttoni 胡顿银杏	Ⅳ/210/34
Ginkgo cf. *huttoni* 胡顿银杏(比较种)	Ⅳ/211/35
Cf. *Ginkgo huttoni* 胡顿银杏(比较属种)	Ⅳ/211/34
△*Ginkgo ingentiphylla* 巨叶银杏	Ⅳ/211/35
Ginkgo lepida 清晰银杏	Ⅳ/211/35
Ginkgo cf. *lepida* 清晰银杏(比较种)	Ⅳ/212/35
Ginkgo lobata 浅裂银杏	Ⅳ/212/35
Ginkgo longifolius 长叶银杏	Ⅳ/212/35
Cf. *Ginkgo longifolius* 长叶银杏(比较属种)	Ⅳ/212/36
Ginkgo magnifolia 大叶银杏	Ⅳ/213/36
Ginkgo cf. *magnifolia* 大叶银杏(比较种)	Ⅳ/213/36
△*Ginkgo manchurica* 东北银杏	Ⅳ/213/36
Ginkgo marginatus 具边银杏	Ⅳ/213/36
Ginkgo cf. *marginatus* 具边银杏(比较种)	Ⅳ/213/36
△*Ginkgo mixta* 楔拜拉状银杏	Ⅳ/213/36
△*Ginkgo obrutschewi* 奥勃鲁契夫银杏	Ⅳ/214/37
Ginkgo cf. *obrutschewi* 奥勃鲁契夫银杏(比较种)	Ⅳ/214/37
△*Ginkgo orientalis* 东方银杏	Ⅳ/214/37
Ginkgo cf. *orientalis* 东方银杏(比较种)	Ⅳ/214/37
Ginkgo paradiantoides 副铁线蕨型银杏	Ⅳ/214/37
Ginkgo pluripartita 多裂银杏	Ⅳ/214/37

Ginkgo pusilla 极细银杏	IV	/215/37
△*Ginkgo qaidamensis* 柴达木银杏	IV	/215/38
Ginkgo schmidtiana 施密特银杏	IV	/215/38
△*Ginkgo schmidtiana* var. *parvifolia* 施密特银杏细小变种	IV	/215/38
△*Ginkgo setacea* 刚毛银杏	IV	/215/38
Ginkgo sibirica 西伯利亚银杏	IV	/215/38
Ginkgo cf. *sibirica* 西伯利亚银杏(比较种)	IV	/216/39
△*Ginkgo sphenophylloides* 楔叶型银杏	IV	/216/39
Ginkgo taeniata 带状银杏	IV	/216/39
△*Ginkgo tatongensis* 大同银杏	IV	/216/39
△*Ginkgo truncata* 截形银杏	IV	/217/39
Ginkgo whitbiensis 怀特比银杏	IV	/217/39
Ginkgo cf. *whitbiensis* 怀特银杏(比较种)	IV	/217/39
△*Ginkgo xiahuayuanensis* 下花园银杏	IV	/217/39
△*Ginkgo yimaensis* 义马银杏	IV	/217/39
Ginkgo spp. 银杏(未定多种)	IV	/218/40
Ginkgo? sp. 银杏?(未定种)	IV	/219/41
Cf. *Ginkgo* sp. 银杏(比较属,未定种)	IV	/219/41
Ginkgodium 准银杏属	IV	/219/41
Ginkgodium? *longifolium* Lebedev,1965 (non Huang et Zhou,1980) 长叶?准银杏	IV	/219/41
Ginkgodium nathorsti 那氏准银杏	IV	/219/41
Ginkgodium spp. 准银杏(未定多种)	IV	/220/41
Ginkgodium? sp. 准银杏?(未定种)	IV	/220/42
Ginkgoidium 准银杏属	IV	/220/42
△*Ginkgoidium crassifolium* 厚叶准银杏	IV	/220/42
△*Ginkgoidium eretmophylloidium* 桨叶型准银杏	IV	/220/42
△*Ginkgoidium longifolium* Huang et Zhou,1980 (non Lebedev,1965) 长叶准银杏	IV	/220/42
△*Ginkgoidium truncatum* 截形准银杏	IV	/221/42
Ginkgoidium? sp. 准银杏?(未定种)	IV	/221/42
Ginkgoites 似银杏属	IV	/221/43
Ginkgoites acosmia 不整齐似银杏	IV	/221/43
Ginkgoites cf. *acosmia* 不整齐似银杏(比较种)	IV	/221/43
Ginkgoites adiantoides 铁线蕨型似银杏	IV	/221/43
△*Ginkgoites aganzhenensis* 阿干镇似银杏	IV	/221/43
△*Ginkgoites baoshanensis* 宝山似银杏	IV	/222/43
△*Ginkgoites beijingensis* 北京似银杏	IV	/222/43
△*Ginkgoites borealis* 北方似银杏	IV	/222/43
△*Ginkgoites chilinensis* 吉林似银杏	IV	/222/44
△*Ginkgoites chowi* 周氏似银杏	IV	/222/44
Ginkgoites cf. *chowi* 周氏似银杏(比较种)	IV	/223/44
Ginkgoites crassinervis 粗脉似银杏	IV	/223/44
△*Ginkgoites*? *crassinervis* 粗脉?似银杏	IV	/223/44
△*Ginkgoites cuneifolius* 楔叶似银杏	IV	/223/44
Ginkgoites digitatus 指状似银杏	IV	/223/44
Ginkgoites cf. *digitatus* 指状似银杏(比较种)	IV	/223/45

Ginkgoites digitatus var. *huttoni* 指状似银杏胡顿变种	Ⅳ	/223 /45
△*Ginkgoites elegans* Yang,Sun et Shen,1988（non Cao,1992）雅致似银杏	Ⅳ	/224 /45
△*Ginkgoites elegans* Cao,1992（non Yang,Sun et Shen,1988）雅致似银杏	Ⅳ	/224 /45
Ginkgoites ferganensis 费尔干似银杏	Ⅳ	/224 /45
Ginkgoites cf. *ferganensis* 费尔干似银杏（比较种）	Ⅳ	/224 /45
△*Ginkgoites fuxinensis* 阜新似银杏	Ⅳ	/224 /45
△*Ginkgoites gigantea* 大叶似银杏	Ⅳ	/224 /45
Ginkgoites heeri 海尔似银杏	Ⅳ	/224 /46
Ginkgoites hermelini 赫氏似银杏	Ⅳ	/225 /46
Ginkgoites huttoni 胡顿似银杏	Ⅳ	/225 /46
Ginkgoites cf. *G. huttoni* 胡顿似银杏（比较属种）	Ⅳ	/225 /46
Ginkgoites laramiensis 拉拉米似银杏	Ⅳ	/225 /46
Ginkgoites cf. *laramiensis* 拉拉米似银杏（比较种）	Ⅳ	/225 /46
Ginkgoites lepidus 清晰似银杏	Ⅳ	/225 /46
Ginkgoites cf. *lepidus* 清晰似银杏（比较种）	Ⅳ	/226 /47
Ginkgoites magnifolius 大叶似银杏	Ⅳ	/226 /47
Ginkgoites cf. *magnifolius* 大叶似银杏（比较种）	Ⅳ	/226 /47
△*Ginkgoites manchuricus* 东北似银杏	Ⅳ	/226 /47
Ginkgoites marginatus 具边似银杏	Ⅳ	/227 /47
Ginkgoites cf. *marginatus* 具边似银杏（比较种）	Ⅳ	/227 /48
△*Ginkgoites microphyllus* 小叶似银杏	Ⅳ	/227 /48
△*Ginkgoites minisculus* 较小似银杏	Ⅳ	/228 /48
△*Ginkgoites myrioneurus* 多脉似银杏	Ⅳ	/228 /48
△*Ginkgoites obesus* 肥胖似银杏	Ⅳ	/228 /48
Ginkgoites obovatus 椭圆似银杏	Ⅳ	/221 /43
△*Ginkgoites obrutschewi* 奥勃鲁契夫似银杏	Ⅳ	/228 /48
Ginkgoites cf. *obrutschewi* 奥勃鲁契夫似银杏（比较种）	Ⅳ	/229 /49
△*Ginkgoites orientalis* 东方似银杏	Ⅳ	/229 /49
△*Ginkgoites papilionaceous* 蝶形似银杏	Ⅳ	/229 /49
△*Ginkgoites permica* 二叠似银杏	Ⅳ	/229 /49
△*Ginkgoites pingzhuangensis* 平庄似银杏	Ⅳ	/229 /49
△*Ginkgoites qamdoensis* 昌都似银杏	Ⅳ	/229 /50
△*Ginkgoites*? *quadrilobus* 四瓣？似银杏	Ⅳ	/230 /50
△*Ginkgoites robustus* 强壮似银杏	Ⅳ	/230 /50
Ginkgoites romanowskii 罗曼诺夫斯基似银杏	Ⅳ	/230 /50
△*Ginkgoites rotundus* 近圆似银杏	Ⅳ	/230 /50
Ginkgoites sibiricus 西伯利亚似银杏	Ⅳ	/230 /50
Ginkgoites aff. *sibiricus* 西伯利亚似银杏（亲近种）	Ⅳ	/232 /51
Ginkgoites cf. *sibiricus* 西伯利亚似银杏（比较种）	Ⅳ	/232 /51
Cf. *Ginkgoites sibiricus* 西伯利亚似银杏（比较属种）	Ⅳ	/232 /51
△*Ginkgoites sichuanensis* 四川似银杏	Ⅳ	/233 /52
△*Ginkgoites sinophylloides* 中国叶型似银杏	Ⅳ	/233 /52
△*Ginkgoites subadiantoides* 亚铁线蕨型似银杏	Ⅳ	/233 /52
Ginkgoites taeniata 带状似银杏	Ⅳ	/233 /52
Ginkgoites cf. *taeniata* 带状似银杏（比较种）	Ⅳ	/233 /52

△*Ginkgoites taochuanensis* 桃川似银杏	Ⅳ	/234 /53
△*Ginkgoites tasiakouensis* 大峡口似银杏	Ⅳ	/234 /53
△*Ginkgoites tetralobus* 四裂似银杏	Ⅳ	/234 /53
△*Ginkgoites truncatus* 截形似银杏	Ⅳ	/234 /53
Ginkgoites cf. *truncatus* 截形似银杏(比较种)	Ⅳ	/234 /53
△*Ginkgoites wangqingensis* 汪清似银杏	Ⅳ	/235 /53
△*Ginkgoites wulungensis* 五龙似银杏	Ⅳ	/235 /53
△*Ginkgoites xinhuaensis* 新化似银杏	Ⅳ	/235 /54
△*Ginkgoites xinlongensis* 新龙似银杏	Ⅳ	/235 /54
Ginkgoites cf. *xinlongensis* 新龙似银杏(比较种)	Ⅳ	/235 /54
△*Ginkgoites yaojiensis* 窑街似银杏	Ⅳ	/235 /54
Ginkgoites spp. 似银杏(未定多种)	Ⅳ	/235 /54
Ginkgoites? spp. 似银杏?(未定多种)	Ⅳ	/238 /56
?*Ginkgoites* sp. ?似银杏(未定种)	Ⅳ	/238 /57
Ginkgoitocladus 似银杏枝属	Ⅳ	/239 /57
Ginkgoitocladus burejensis 布列英似银杏枝	Ⅳ	/239 /57
Ginkgoitocladus cf. *burejensis* 布列英似银杏枝(比较种)	Ⅳ	/239 /57
Ginkgoitocladus sp. 似银杏枝(未定种)	Ⅳ	/239 /57
Ginkgophyllum 银杏叶属	Ⅳ	/239 /57
Ginkgophyllum grasseti 格拉塞银杏叶	Ⅳ	/239 /57
△*Ginkgophyllum zhongguoense* 中国银杏叶	Ⅳ	/239 /57
Ginkgophyllum spp. 银杏叶(未定多种)	Ⅳ	/240 /58
Ginkgophyllum? sp. 银杏叶?(未定种)	Ⅳ	/240 /58
Ginkgophyton Matthew,1910 (non Zalessky,1918) 银杏木属	Ⅳ	/240 /58
Ginkgophyton leavitti 雷维特银杏木	Ⅳ	/240 /58
Ginkgophyton Zalessky,1918 (non Matthew,1910) 银杏木属	Ⅳ	/240 /58
△*Ginkgophyton*? *spiratum* 旋? 银杏木	Ⅳ	/240 /59
Ginkgophyton sp. 银杏木(未定种)	Ⅳ	/240 /58
Ginkgophytopsis 拟银杏属	Ⅳ	/241 /59
△*Ginkgophytopsis chuoerheensis* 绰尔河拟银杏	Ⅳ	/241 /59
Ginkgophytopsis flabellata 扇形拟银杏	Ⅳ	/241 /59
△*Ginkgophytopsis fukienensis* 福建拟银杏	Ⅳ	/241 /59
Ginkgophytopsis cf. *fukienensis* 福建拟银杏(比较种)	Ⅳ	/241 /59
△*Ginkgophytopsis spinimarginalis* 刺缘拟银杏	Ⅳ	/241 /59
Ginkgophytopsis xinganensis 兴安拟银杏	Ⅳ	/242 /59
△*Ginkgophytopsis*? *xinganensis* 兴安? 拟银杏	Ⅳ	/241 /59
△*Ginkgophytopsis zhonguoensis* 中国拟银杏	Ⅳ	/242 /60
Ginkgophytopsis spp. 拟银杏(未定多种)	Ⅳ	/242 /60
Ginkgoxylon 银杏型木属	Ⅳ	/242 /60
Ginkgoxylon asiaemediae 中亚银杏型木	Ⅳ	/242 /60
△*Ginkgoxylon chinense* 中国银杏型木	Ⅳ	/242 /60
Gleichenites 似里白属	Ⅱ	/432 /126
△*Gleichenites benxiensis* 本溪似里白	Ⅱ	/433 /127
△*Gleichenites*? *brevipennatus* 短羽? 似里白	Ⅱ	/433 /127
△*Gleichenites chaoyangensis* 朝阳似里白	Ⅱ	/433 /127

Gleichenites cycadina 苏铁状似里白	Ⅱ/433/127
△*Gleichenites dongningensis* 东宁似里白	Ⅱ/433/127
Gleichenites? *erecta* 直立? 状似里白	Ⅱ/434/127
Gleichenites? cf. *erecta* 直立? 似里白(比较种)	Ⅱ/434/127
△*Gleichenites*? *gerzeensis* 改则? 似里白	Ⅱ/434/127
Gleichenites gieseckianus 吉萨克似里白	Ⅱ/434/128
Cf. *Gleichenites gieseckianus* 吉萨克似里白(比较属种)	Ⅱ/434/128
△*Gleichenites gladiatus* 剑状似里白	Ⅱ/434/128
Gleichenites gracilis 纤细似里白	Ⅱ/435/128
Cf. *Gleichenites gracilis* 纤细似里白(比较属种)	Ⅱ/435/128
△*Gleichenites jixiensis* 鸡西似里白	Ⅱ/435/128
△*Gleichenites mishanensis* 密山似里白	Ⅱ/435/128
△*Gleichenites monosoratus* 单囊群似里白	Ⅱ/435/129
Gleichenites nipponensis 日本似里白	Ⅱ/435/129
Gleichenites cf. *nipponensis* 日本似里白(比较种)	Ⅱ/436/129
Gleichenites nitida 整洁似里白	Ⅱ/436/129
Gleichenites nordenskioldi 诺登斯基似里白	Ⅱ/436/130
Gleichenites porsildi 濮氏似里白	Ⅱ/432/126
△*Gleichenites takeyamae* 竹山似里白	Ⅱ/437/130
Gleichenites cf. *takeyamae* 竹山似里白(比较种)	Ⅱ/437/130
△*Gleichenites yuanbaoshanensis* 元宝山似里白	Ⅱ/437/130
△*Gleichenites yipinglangensis* 一平浪似里白	Ⅱ/437/130
Gleichenites yuasensis 汤浅似里白	Ⅱ/438/131
Gleichenites spp. 似里白(未定多种)	Ⅱ/438/131
Gleichenites? spp. 似里白?(未定多种)	Ⅱ/439/131
Glenrosa 格伦罗斯杉属	Ⅴ/321/69
△*Glenrosa nanjingensis* 南京格伦罗斯杉	Ⅴ/321/69
Glenrosa texensis 得克萨斯格伦罗斯杉	Ⅴ/321/69
Glossophyllum 舌叶属	Ⅳ/242/60
Glossophyllum florini 傅兰林舌叶	Ⅳ/243/60
Glossophyllum cf. *florini* 傅兰林舌叶(比较种)	Ⅳ/243/61
Cf. *Glossophyllum florini* 傅兰林舌叶(比较属种)	Ⅳ/243/61
△*Glossophyllum*? *longifolium* (Salfeld) Lee, 1963 (non Yang, 1978) 长叶? 舌叶	Ⅳ/243/61
△*Glossophyllum longifolium* Yang, 1978 [non (Salfeld) Lee, 1963] 长叶舌叶	Ⅳ/243/61
Glossophyllum shensiense 陕西舌叶	Ⅳ/243/61
△*Glossophyllum*? *shensiense* 陕西? 舌叶	Ⅳ/244/62
Cf. *Glossophyllum shensiense* 陕西舌叶(比较属种)	Ⅳ/244/62
Glossophyllum zeilleri 蔡耶舌叶	Ⅳ/246/63
△*Glossophyllum*? *zeilleri* 蔡耶? 舌叶	Ⅳ/246/63
Glossophyllum spp. 舌叶(未定多种)	Ⅳ/246/63
Glossophyllum? spp. 舌叶?(未定多种)	Ⅳ/246/63
?*Glossophyllum* spp. ?舌叶(未定多种)	Ⅳ/247/64
Glossopteris 舌羊齿属	Ⅲ/395/64
Glossopteris angustifolia 狭叶舌羊齿	Ⅲ/395/65
Glossopteris cf. *angustifolia* 狭叶舌羊齿(比较种)	Ⅲ/395/65

Glossopteris browniana 布朗舌羊齿	Ⅲ	/395 /65
△*Glossopteris chinensis* 中华舌羊齿	Ⅲ	/395 /65
Glossopteris indica 印度舌羊齿	Ⅲ	/396 /65
△*Glossopteris shanxiensis* 山西舌羊齿	Ⅲ	/396 /65
Glossopteris? sp. 舌羊齿?(未定种)	Ⅲ	/396 /65

Glossotheca 舌鳞叶属 Ⅲ /396 /65
    △*Glossotheca cochlearis* 匙舌鳞叶 Ⅲ /396 /66
    △*Glossotheca cuneiformis* 楔舌鳞叶 Ⅲ /396 /66
    △*Glossotheca petiolata* 具柄舌鳞叶 Ⅲ /397 /66
    Glossotheca utakalensis 乌太卡尔舌鳞叶 Ⅲ /396 /66

Glossozamites 舌似查米亚属 Ⅲ /397 /66
    △*Glossozamites acuminatus* 尖头舌似查米亚 Ⅲ /397 /66
    △*Glossozamites hohenggeri* 霍氏舌似查米亚 Ⅲ /397 /66
    Glossozamites oblongifolius 长叶舌似查米亚 Ⅲ /397 /66
    Cf. *Glossozamites* sp. 舌似查米亚(比较种,未定种) Ⅲ /397 /67

Glyptolepis 雕鳞杉属 Ⅴ /322 /69
    Glyptolepis keuperiana 考侬普雕鳞杉 Ⅴ /322 /69
    Glyptolepis longbracteata 长苞雕鳞杉 Ⅴ /322 /69
    Cf. *Glyptolepis longbracteata* 长苞雕鳞杉(比较属种) Ⅴ /322 /69
    Glyptolepis sp. 雕鳞杉(未定种) Ⅴ /322 /70

Glyptostroboxylon 水松型木属 Ⅴ /322 /70
    Glyptostroboxylon goepperti 葛伯特水松型木 Ⅴ /323 /70
    △*Glyptostroboxylon xidapoense* 西大坡水松型木 Ⅴ /323 /70

Glyptostrobus 水松属 Ⅴ /323 /70
    Glyptostrobus europaeus 欧洲水松 Ⅴ /323 /70

Goeppertella 葛伯特蕨属 Ⅱ /439 /132
    △*Goeppertella kochobei* 舌形葛伯特蕨 Ⅱ /440 /132
    △*Goeppertella kwanyuanensis* 广元葛伯特蕨 Ⅱ /440 /132
    Goeppertella cf. *kwanyuanensis* 广元葛伯特蕨(比较种) Ⅱ /440 /133
    Goeppertella memoria-watanabei 多间羽葛伯特蕨 Ⅱ /440 /133
    △*Goeppertella mianningensis* 冕宁葛伯特蕨 Ⅱ /440 /133
    Goeppertella microloba 小裂片葛伯特蕨 Ⅱ /439 /132
    △*Goeppertella nalajingensis* 纳拉箐葛伯特蕨 Ⅱ /440 /133
    △*Goeppertella thaumatopteroides* 异叶蕨型葛伯特蕨 Ⅱ /441 /133
    △*Goeppertella xiangchengensis* 乡城葛伯特蕨 Ⅱ /441 /133
    Goeppertella spp. 葛伯特蕨(未定多种) Ⅱ /441 /133
    Goeppertella? sp. 葛伯特蕨?(未定种) Ⅱ /441 /134

Gomphostrobus 棍穗属 Ⅴ /323 /71
    Gomphostrobus bifidus 分裂棍穗 Ⅴ /324 /71
    Gomphostrobus heterophylla 异叶棍穗 Ⅴ /323 /71

Gonatosorus 屈囊蕨属 Ⅱ /441 /134
    △*Gonatosorus dameigouensis* 大煤沟屈囊蕨 Ⅱ /442 /134
    Gonatosorus ketova 凯托娃屈囊蕨 Ⅱ /442 /134
    Cf. *Gonatosorus ketova* 凯托娃屈囊蕨(比较属种) Ⅱ /442 /134
    Gonatosorus lobifolius 裂瓣屈囊蕨 Ⅱ /442 /135

Gonatosorus nathorsti 那氏屈囊蕨	Ⅱ /441 /134
△*Gonatosorus shansiensis* 山西屈囊蕨	Ⅱ /443 /135
Gonatosorus? sp. 屈囊蕨?(未定种)	Ⅱ /443 /135
Graminophyllum 禾草叶属	Ⅵ /146 /27
Graminophyllum succineum 琥珀禾草叶	Ⅵ /146 /27
Graminophyllum sp. 禾草叶(未定种)	Ⅵ /146 /27
Grammaephloios 棋盘木属	Ⅰ /184 /47
Grammaephloios icthya 鱼鳞状棋盘木	Ⅰ /184 /47
△*Guangxiophyllum* 广西叶属	Ⅲ /398 /67
△*Guangxiophyllum shangsiense* 上思广西叶	Ⅲ /398 /67
Gurvanella 古尔万果属	Ⅴ /324 /71
Gurvanella dictyoptera 网翅古尔万果	Ⅴ /324 /71
△*Gurvanella exquisites* 优美古尔万果	Ⅴ /324 /71
Gurvanella 古尔万果属	Ⅵ /146 /28
Gurvanella dictyoptera 网翅古尔万果	Ⅵ /146 /28
△*Gurvanella exquisites* 优美古尔万果	Ⅵ /147 /28
△*Gymnogrammitites* 似雨蕨属	Ⅱ /443 /135
△*Gymnogrammitites ruffordioides* 鲁福德蕨型似雨蕨	Ⅱ /443 /135

H

△*Hallea* 哈勒角籽属	Ⅴ /324 /71
△*Hallea pekinensis* 北京哈勒角籽	Ⅴ /324 /72
Hirmerella 希默尔杉属	Ⅴ /325 /72
Hirmerella muensteri 敏斯特希默尔杉	Ⅴ /325 /72
Cf. *Hirmerella muensteri* 敏斯特希默尔杉(比较属种)	Ⅴ /325 /72
Hirmerella rhatoliassica 瑞替里阿斯希默尔杉	Ⅴ /325 /72
△*Hirmerella xiangtanensis* 湘潭希默尔杉	Ⅴ /325 /72
Harrisiothecium 哈瑞士羊齿属	Ⅲ /398 /67
Harrisiothecium marsilioides 苹型哈瑞士羊齿	Ⅲ /398 /67
Harrisiothecium? sp. 哈瑞士羊齿?(未定种)	Ⅲ /398 /67
Hartzia Harris,1935 (non Nikitin,1965) 哈兹叶属	Ⅳ /247 /64
△*Hartzia latifolia* 宽叶哈兹叶	Ⅳ /248 /64
Hartzia tenuis 细弱哈兹叶	Ⅳ /247 /64
?*Hartzia tenuis* ?细弱哈兹叶	Ⅳ /248 /64
Cf. *Hartzia tenuis* 细弱哈兹叶(比较属种)	Ⅳ /247 /64
Hartzia sp. 哈兹叶(未定种)	Ⅳ /248 /64
Hartzia Nikitin,1965 (non Harris,1935) 哈兹籽属	Ⅵ /147 /28
Hartzia rosenkjari 洛氏哈兹籽	Ⅵ /147 /28
Hausmannia 荷叶蕨属	Ⅱ /443 /135
△*Hausmannia chiropterioides* 似掌叶型荷叶蕨	Ⅱ /443 /136
Hausmannia crenata 圆齿荷叶蕨	Ⅱ /444 /136
Hausmannia dichotoma 二歧荷叶蕨	Ⅱ /443 /136
△*Hausmannia emeiensis* 峨眉荷叶蕨	Ⅱ /444 /136
△*Hausmannia leeiana* 李氏荷叶蕨	Ⅱ /444 /136

△*Hausmannia shebudaiensis* 蛇不歹荷叶蕨 ⋯⋯⋯⋯⋯⋯⋯⋯⋯⋯⋯⋯⋯⋯⋯⋯⋯⋯ Ⅱ/444/136
Hausmannia ussuriensis 乌苏里荷叶蕨⋯⋯⋯⋯⋯⋯⋯⋯⋯⋯⋯⋯⋯⋯⋯⋯⋯⋯⋯ Ⅱ/445/136
Hausmannia cf. *ussuriensis* 乌苏里荷叶蕨(比较种) ⋯⋯⋯⋯⋯⋯⋯⋯⋯⋯⋯⋯⋯ Ⅱ/445/137
Hausmannia spp. 荷叶蕨(未定多种) ⋯⋯⋯⋯⋯⋯⋯⋯⋯⋯⋯⋯⋯⋯⋯⋯⋯⋯⋯ Ⅱ/446/137
Hausmannia (*Protorhipis*) 荷叶蕨(原始扇状蕨亚属) ⋯⋯⋯⋯⋯⋯⋯⋯⋯⋯⋯⋯⋯ Ⅱ/446/137
Hausmannia (*Protorhipis*) *buchii* 布氏荷叶蕨(原始扇状蕨) ⋯⋯⋯⋯⋯⋯⋯⋯ Ⅱ/446/138
Hausmannia (*Protorhipis*) *crenata* 圆齿荷叶蕨(原始扇状蕨) ⋯⋯⋯⋯⋯⋯⋯ Ⅱ/446/138
Hausmannia (*Protorhipis*) *dentata* 齿状荷叶蕨(原始扇状蕨) ⋯⋯⋯⋯⋯⋯⋯ Ⅱ/446/138
Hausmannia (*Protorhipis*) cf. *dentata* 齿状荷叶蕨(原始扇状蕨)(比较种) ⋯⋯ Ⅱ/446/138
△*Hausmannia* (*Protorhipis*) *emeiensis* 峨眉荷叶蕨(原始扇状蕨) ⋯⋯⋯⋯⋯ Ⅱ/447/138
△*Hausmannia* (*Protorhipis*) cf. *emeiensis* 峨眉荷叶蕨(原始扇状蕨)(比较种) ⋯ Ⅱ/447/138
△*Hausmannia* (*Protorhipis*) *leeiana* 李氏荷叶蕨(原始扇状蕨) ⋯⋯⋯⋯⋯⋯ Ⅱ/447/138
Hausmannia (*Protorhipis*) *nariwaensis* 成羽荷叶蕨(原始扇状蕨) ⋯⋯⋯⋯⋯ Ⅱ/448/139
△*Hausmannia* (*Protorhipis*) *papilionacea* Chow et Huang, 1976 (non Liu, 1980)
  蝶形荷叶蕨(原始扇状蕨) ⋯⋯⋯⋯⋯⋯⋯⋯⋯⋯⋯⋯⋯⋯⋯⋯⋯⋯⋯⋯⋯⋯ Ⅱ/448/139
△*Hausmannia* (*Protorhipis*) *papilionacea* Liu, 1980 (non Chow et Huang, 1976)
  蝶形荷叶蕨(原始扇状蕨) ⋯⋯⋯⋯⋯⋯⋯⋯⋯⋯⋯⋯⋯⋯⋯⋯⋯⋯⋯⋯⋯⋯ Ⅱ/448/139
Hausmannia (*Protorhipis*) *rara* 珍贵荷叶蕨(原始扇状蕨) ⋯⋯⋯⋯⋯⋯⋯⋯ Ⅱ/448/139
Hausmannia (*Protorhipis*) *ussuriensis* 乌苏里荷叶蕨(原始扇状蕨) ⋯⋯⋯⋯ Ⅱ/448/139
△*Hausmannia* (*Protorhipis*) *wanlongensis* 万龙荷叶蕨(原始扇状蕨) ⋯⋯⋯⋯ Ⅱ/449/140
Hausmannia (*Protorhipis*) spp. 荷叶蕨(原始扇状蕨)(未定多种) ⋯⋯⋯⋯⋯⋯ Ⅱ/449/140
Haydenia 哈定蕨属 ⋯⋯⋯⋯⋯⋯⋯⋯⋯⋯⋯⋯⋯⋯⋯⋯⋯⋯⋯⋯⋯⋯⋯⋯⋯⋯⋯ Ⅱ/449/140
Haydenia thyrsopteroides 伞序蕨型哈定蕨 ⋯⋯⋯⋯⋯⋯⋯⋯⋯⋯⋯⋯⋯⋯⋯⋯ Ⅱ/450/141
?*Haydenia thyrsopteroides* ?伞序蕨型哈定蕨 ⋯⋯⋯⋯⋯⋯⋯⋯⋯⋯⋯⋯⋯⋯⋯ Ⅱ/450/141
Heilungia 黑龙江羽叶属 ⋯⋯⋯⋯⋯⋯⋯⋯⋯⋯⋯⋯⋯⋯⋯⋯⋯⋯⋯⋯⋯⋯⋯⋯⋯⋯ Ⅲ/398/68
Heilungia amurensis 阿穆尔黑龙江羽叶 ⋯⋯⋯⋯⋯⋯⋯⋯⋯⋯⋯⋯⋯⋯⋯⋯⋯ Ⅲ/399/68
Heilungia sp. 黑龙江羽叶(未定种) ⋯⋯⋯⋯⋯⋯⋯⋯⋯⋯⋯⋯⋯⋯⋯⋯⋯⋯⋯ Ⅲ/399/68
Hepaticites 似苔属 ⋯⋯⋯⋯⋯⋯⋯⋯⋯⋯⋯⋯⋯⋯⋯⋯⋯⋯⋯⋯⋯⋯⋯⋯⋯⋯⋯⋯ Ⅰ/128/2
△*Hepaticites elegans* 雅致似苔 ⋯⋯⋯⋯⋯⋯⋯⋯⋯⋯⋯⋯⋯⋯⋯⋯⋯⋯⋯⋯ Ⅰ/128/2
△*Hepaticites hebeiensis* 河北似苔⋯⋯⋯⋯⋯⋯⋯⋯⋯⋯⋯⋯⋯⋯⋯⋯⋯⋯⋯ Ⅰ/128/2
Hepaticites kidstoni 启兹顿似苔 ⋯⋯⋯⋯⋯⋯⋯⋯⋯⋯⋯⋯⋯⋯⋯⋯⋯⋯⋯⋯ Ⅰ/128/2
△*Hepaticites lui* 卢氏似苔 ⋯⋯⋯⋯⋯⋯⋯⋯⋯⋯⋯⋯⋯⋯⋯⋯⋯⋯⋯⋯⋯⋯ Ⅰ/128/2
△*Hepaticites minutus* 极小似苔 ⋯⋯⋯⋯⋯⋯⋯⋯⋯⋯⋯⋯⋯⋯⋯⋯⋯⋯⋯⋯ Ⅰ/129/2
Hepaticites solenotus 螺展似苔 ⋯⋯⋯⋯⋯⋯⋯⋯⋯⋯⋯⋯⋯⋯⋯⋯⋯⋯⋯⋯ Ⅰ/129/3
Cf. *Hepaticites solenotus* 螺展似苔(比较属种) ⋯⋯⋯⋯⋯⋯⋯⋯⋯⋯⋯⋯⋯ Ⅰ/129/3
△*Hepaticites subrotuntus* 近圆形似苔 ⋯⋯⋯⋯⋯⋯⋯⋯⋯⋯⋯⋯⋯⋯⋯⋯⋯ Ⅰ/129/3
△*Hepaticites xinjiangensis* 新疆似苔 ⋯⋯⋯⋯⋯⋯⋯⋯⋯⋯⋯⋯⋯⋯⋯⋯⋯ Ⅰ/129/3
△*Hepaticites yaoi* 姚氏似苔 ⋯⋯⋯⋯⋯⋯⋯⋯⋯⋯⋯⋯⋯⋯⋯⋯⋯⋯⋯⋯⋯ Ⅰ/129/3
Hepaticites sp. 似苔(未定种) ⋯⋯⋯⋯⋯⋯⋯⋯⋯⋯⋯⋯⋯⋯⋯⋯⋯⋯⋯⋯⋯ Ⅰ/130/3
△*Hexaphyllum* 六叶属 ⋯⋯⋯⋯⋯⋯⋯⋯⋯⋯⋯⋯⋯⋯⋯⋯⋯⋯⋯⋯⋯⋯⋯⋯⋯⋯⋯ Ⅰ/184/47
△*Hexaphyllum sinense* 中国六叶 ⋯⋯⋯⋯⋯⋯⋯⋯⋯⋯⋯⋯⋯⋯⋯⋯⋯⋯⋯⋯ Ⅰ/185/47
Hicropteris 里白属 ⋯⋯⋯⋯⋯⋯⋯⋯⋯⋯⋯⋯⋯⋯⋯⋯⋯⋯⋯⋯⋯⋯⋯⋯⋯⋯⋯⋯ Ⅱ/450/141
△*Hicropteris triassica* 三叠里白 ⋯⋯⋯⋯⋯⋯⋯⋯⋯⋯⋯⋯⋯⋯⋯⋯⋯⋯⋯⋯ Ⅱ/450/141
△*Hsiangchiphyllum* 香溪叶属 ⋯⋯⋯⋯⋯⋯⋯⋯⋯⋯⋯⋯⋯⋯⋯⋯⋯⋯⋯⋯⋯⋯⋯⋯ Ⅲ/399/68
△*Hsiangchiphyllum trinerve* 三脉香溪叶 ⋯⋯⋯⋯⋯⋯⋯⋯⋯⋯⋯⋯⋯⋯⋯⋯⋯ Ⅲ/399/68

Hsiangchiphyllum trinerve? 三脉香溪叶?	Ⅲ /400 /69
△*Hubeiophyllum* 湖北叶属	Ⅲ /400 /69
△*Hubeiophyllum angustum* 狭细湖北叶	Ⅲ /400 /69
△*Hubeiophyllum cuneifolium* 楔形湖北叶	Ⅲ /400 /69
△*Hunanoequisetum* 湖南木贼属	Ⅰ /185 /47
△*Hunanoequisetum liuyangense* 浏阳湖南木贼	Ⅰ /185 /47
Hymenophyllites 似膜蕨属	Ⅱ /450 /141
Hymenophyllites quercifolius 槲叶似膜蕨	Ⅱ /451 /141
△*Hymenophyllites amplus* 宽大似膜蕨	Ⅱ /451 /142
△*Hymenophyllites hailarense* 海拉尔似膜蕨	Ⅱ /451 /142
△*Hymenophyllites linearifolius* 线形似膜蕨	Ⅱ /451 /142
△*Hymenophyllites tenellus* 娇嫩似膜蕨	Ⅱ /451 /142
Hyrcanopteris 奇脉羊齿属	Ⅲ /401 /69
△*Hyrcanopteris magnifolia* 大叶奇脉羊齿	Ⅲ /401 /70
Hyrcanopteris sevanensis 谢万奇脉羊齿	Ⅲ /401 /70
△*Hyrcanopteris sinensis* 中国奇脉羊齿	Ⅲ /401 /70
Hyrcanopteris cf. *sinensis* 中国奇脉羊齿(比较种)	Ⅲ /402 /70
△*Hyrcanopteris zhonghuaensis* 中华奇脉羊齿	Ⅲ /402 /70
Hyrcanopteris spp. 奇脉羊齿(未定多种)	Ⅲ /402 /70

I

△*Illicites* 似八角属	Ⅵ /147 /28
Illicites sp. indet. 似八角(sp. indet.)	Ⅵ /147 /29
Isoetes 水韭属	Ⅰ /185 /48
△*Isoetes ermayingensis* 二马营水韭	Ⅰ /185 /48
Isoetites 似水韭属	Ⅰ /186 /48
Isoetites cruciformis 交叉似水韭	Ⅰ /186 /48
△*Isoetites sagittatus* 箭头似水韭	Ⅰ /186 /49
Ixostrobus 槲寄生穗属	Ⅳ /248 /65
△*Ixostrobus delicatus* 柔弱槲寄生穗	Ⅳ /248 /65
Ixostrobus groenlandicus 格陵兰槲寄生穗	Ⅳ /249 /65
△*Ixostrobus hailarensis* 海拉尔槲寄生穗	Ⅳ /249 /65
Ixostrobus heeri 海尔槲寄生穗	Ⅳ /249 /65
Ixostrobus lepida 清晰槲寄生穗	Ⅳ /249 /66
△*Ixostrobus magnificus* 美丽槲寄生穗	Ⅳ /250 /66
Ixostrobus cf. *magnificus* 美丽槲寄生穗(比较种)	Ⅳ /250 /66
Ixostrobus siemiradzkii 斯密拉兹基槲寄生穗	Ⅳ /248 /65
Ixostrobus whitbiensis 怀特槲寄生穗	Ⅳ /250 /66
Ixostrobus cf. *whitbiensis* 怀特槲寄生穗(比较种)	Ⅳ /250 /66
Ixostrobus spp. 槲寄生穗(未定多种)	Ⅳ /250 /66
Ixostrobus? sp. 槲寄生穗?(未定种)	Ⅳ /250 /67

J

Jacutiella 雅库蒂羽叶属 ⋯⋯⋯⋯⋯⋯⋯⋯⋯⋯⋯⋯⋯⋯⋯⋯⋯⋯⋯⋯⋯⋯⋯⋯⋯⋯⋯ Ⅲ/402/71
 Jacutiella amurensis 阿穆尔雅库蒂羽叶 ⋯⋯⋯⋯⋯⋯⋯⋯⋯⋯⋯⋯⋯⋯⋯⋯ Ⅲ/402/71
 △*Jacutiella denticulata* 细齿雅库蒂羽叶 ⋯⋯⋯⋯⋯⋯⋯⋯⋯⋯⋯⋯⋯⋯⋯⋯ Ⅲ/403/71
Jacutopteris 雅库蒂蕨属 ⋯⋯⋯⋯⋯⋯⋯⋯⋯⋯⋯⋯⋯⋯⋯⋯⋯⋯⋯⋯⋯⋯⋯⋯⋯⋯⋯ Ⅱ/451/142
 △*Jacutopteris houlaomiaoensis* 后老庙雅库蒂蕨 ⋯⋯⋯⋯⋯⋯⋯⋯⋯⋯⋯⋯⋯ Ⅱ/452/142
 Jacutopteris lenaensis 勒拿雅库蒂蕨 ⋯⋯⋯⋯⋯⋯⋯⋯⋯⋯⋯⋯⋯⋯⋯⋯⋯⋯ Ⅱ/451/142
 △*Jacutopteris tianshuiensis* 天水雅库蒂蕨 ⋯⋯⋯⋯⋯⋯⋯⋯⋯⋯⋯⋯⋯⋯⋯ Ⅱ/452/143
△*Jaenschea* 耶氏蕨属 ⋯⋯⋯⋯⋯⋯⋯⋯⋯⋯⋯⋯⋯⋯⋯⋯⋯⋯⋯⋯⋯⋯⋯⋯⋯⋯⋯⋯ Ⅱ/452/143
 △*Jaenschea sinensis* 中国耶氏蕨 ⋯⋯⋯⋯⋯⋯⋯⋯⋯⋯⋯⋯⋯⋯⋯⋯⋯⋯⋯⋯ Ⅱ/452/143
△*Jiangxifolium* 江西叶属 ⋯⋯⋯⋯⋯⋯⋯⋯⋯⋯⋯⋯⋯⋯⋯⋯⋯⋯⋯⋯⋯⋯⋯⋯⋯⋯ Ⅱ/452/143
 △*Jiangxifolium denticulatum* 细齿江西叶 ⋯⋯⋯⋯⋯⋯⋯⋯⋯⋯⋯⋯⋯⋯⋯⋯ Ⅱ/453/143
 △*Jiangxifolium mucronatum* 短尖头江西叶 ⋯⋯⋯⋯⋯⋯⋯⋯⋯⋯⋯⋯⋯⋯⋯ Ⅱ/452/143
△*Jingmenophyllum* 荆门叶属 ⋯⋯⋯⋯⋯⋯⋯⋯⋯⋯⋯⋯⋯⋯⋯⋯⋯⋯⋯⋯⋯⋯⋯⋯ Ⅲ/403/71
 △*Jingmenophyllum xiheense* 西河荆门叶 ⋯⋯⋯⋯⋯⋯⋯⋯⋯⋯⋯⋯⋯⋯⋯⋯ Ⅲ/403/71
△*Jixia* 鸡西叶属 ⋯⋯⋯⋯⋯⋯⋯⋯⋯⋯⋯⋯⋯⋯⋯⋯⋯⋯⋯⋯⋯⋯⋯⋯⋯⋯⋯⋯⋯⋯ Ⅵ/148/29
 △*Jixia chenzihenura* 城子河鸡西叶 ⋯⋯⋯⋯⋯⋯⋯⋯⋯⋯⋯⋯⋯⋯⋯⋯⋯⋯⋯ Ⅵ/148/29
 △*Jixia pinnatipartita* 羽裂鸡西叶 ⋯⋯⋯⋯⋯⋯⋯⋯⋯⋯⋯⋯⋯⋯⋯⋯⋯⋯⋯ Ⅵ/148/29
 Jixia sp. 鸡西叶(未定种) ⋯⋯⋯⋯⋯⋯⋯⋯⋯⋯⋯⋯⋯⋯⋯⋯⋯⋯⋯⋯⋯⋯⋯ Ⅵ/149/30
Juglandites 似胡桃属 ⋯⋯⋯⋯⋯⋯⋯⋯⋯⋯⋯⋯⋯⋯⋯⋯⋯⋯⋯⋯⋯⋯⋯⋯⋯⋯⋯⋯ Ⅵ/149/30
 Juglandites nuxtaurinensis 纽克斯塔林似胡桃 ⋯⋯⋯⋯⋯⋯⋯⋯⋯⋯⋯⋯⋯ Ⅵ/149/30
 △*Juglandites polophyllus* 灰叶似胡桃 ⋯⋯⋯⋯⋯⋯⋯⋯⋯⋯⋯⋯⋯⋯⋯⋯⋯ Ⅵ/149/30
 Juglandites sinuatus 深波似胡桃 ⋯⋯⋯⋯⋯⋯⋯⋯⋯⋯⋯⋯⋯⋯⋯⋯⋯⋯⋯ Ⅵ/149/30
△*Juradicotis* 侏罗缘蕨属 ⋯⋯⋯⋯⋯⋯⋯⋯⋯⋯⋯⋯⋯⋯⋯⋯⋯⋯⋯⋯⋯⋯⋯⋯⋯⋯ Ⅵ/149/30
 △*Juradicotis elrecta* 直立侏罗缘蕨 ⋯⋯⋯⋯⋯⋯⋯⋯⋯⋯⋯⋯⋯⋯⋯⋯⋯⋯⋯ Ⅵ/150/31
 Juradicotis sp. indet. 侏罗缘蕨(sp. indet.) ⋯⋯⋯⋯⋯⋯⋯⋯⋯⋯⋯⋯⋯⋯ Ⅵ/150/31
△*Juramagnolia* 侏罗木兰属 ⋯⋯⋯⋯⋯⋯⋯⋯⋯⋯⋯⋯⋯⋯⋯⋯⋯⋯⋯⋯⋯⋯⋯⋯⋯ Ⅵ/150/31
 Juramagnolia sp. indet. 侏罗木兰(sp. indet.) ⋯⋯⋯⋯⋯⋯⋯⋯⋯⋯⋯⋯⋯ Ⅵ/150/31

K

△*Kadsurrites* 似南五味子属 ⋯⋯⋯⋯⋯⋯⋯⋯⋯⋯⋯⋯⋯⋯⋯⋯⋯⋯⋯⋯⋯⋯⋯⋯⋯ Ⅵ/151/31
 Kadsurrites sp. indet. 似南五味子(sp. indet.) ⋯⋯⋯⋯⋯⋯⋯⋯⋯⋯⋯⋯⋯ Ⅵ/151/32
Karkenia 卡肯果属 ⋯⋯⋯⋯⋯⋯⋯⋯⋯⋯⋯⋯⋯⋯⋯⋯⋯⋯⋯⋯⋯⋯⋯⋯⋯⋯⋯⋯⋯ Ⅳ/251/67
 △*Karkenia henanensis* 河南卡肯果 ⋯⋯⋯⋯⋯⋯⋯⋯⋯⋯⋯⋯⋯⋯⋯⋯⋯⋯⋯ Ⅳ/251/67
 Karkenia incurva 内弯卡肯果 ⋯⋯⋯⋯⋯⋯⋯⋯⋯⋯⋯⋯⋯⋯⋯⋯⋯⋯⋯⋯⋯ Ⅳ/251/67
Klukia 克鲁克蕨属 ⋯⋯⋯⋯⋯⋯⋯⋯⋯⋯⋯⋯⋯⋯⋯⋯⋯⋯⋯⋯⋯⋯⋯⋯⋯⋯⋯⋯⋯ Ⅱ/453/144
 Klukia browniana 布朗克鲁克蕨 ⋯⋯⋯⋯⋯⋯⋯⋯⋯⋯⋯⋯⋯⋯⋯⋯⋯⋯⋯⋯ Ⅱ/453/144
 Cf. *Klukia browniana* 布朗克鲁克蕨(比较属种) ⋯⋯⋯⋯⋯⋯⋯⋯⋯⋯⋯ Ⅱ/454/144
 Cf. *Klukia* (*Cladophlebis*) *browniana* 布朗克鲁克蕨(枝脉蕨)(比较属种) ⋯⋯⋯ Ⅱ/454/144
 Klukia exilis 瘦直克鲁克蕨 ⋯⋯⋯⋯⋯⋯⋯⋯⋯⋯⋯⋯⋯⋯⋯⋯⋯⋯⋯⋯⋯⋯ Ⅱ/453/144
 Cf. *Klukia exilis* 瘦直克鲁克蕨(比较属种) ⋯⋯⋯⋯⋯⋯⋯⋯⋯⋯⋯⋯⋯⋯ Ⅱ/453/144
 △*Klukia mina* 小克鲁克蕨 ⋯⋯⋯⋯⋯⋯⋯⋯⋯⋯⋯⋯⋯⋯⋯⋯⋯⋯⋯⋯⋯⋯⋯ Ⅱ/454/144

△*Klukia wenchengensis* 文成克鲁克蕨	Ⅱ	/454 /145
△*Klukia xizangensis* 西藏克鲁克蕨	Ⅱ	/454 /145
Klukia sp. 克鲁克蕨(未定种)	Ⅱ	/455 /145
Klukia? sp. 克鲁克蕨?(未定种)	Ⅱ	/455 /145
△*Klukiopsis* 似克鲁克蕨属	Ⅱ	/455 /145
△*Klukiopsis jurassica* 侏罗似克鲁克蕨	Ⅱ	/455 /145
△*Kuandiania* 宽甸叶属	Ⅲ	/403 /71
△*Kuandiania crassicaulis* 粗茎宽甸叶	Ⅲ	/403 /72
Kylikipteris 杯囊蕨属	Ⅱ	/455 /146
Kylikipteris argula 微尖杯囊蕨	Ⅱ	/455 /146
△*Kylikipteris simplex* 简单杯囊蕨	Ⅱ	/456 /146

L

Laccopteris 拉谷蕨属	Ⅱ	/456 /146
Laccopteris elegans 雅致拉谷蕨	Ⅱ	/456 /146
Laccopteris polypodioides 水龙骨型拉谷蕨	Ⅱ	/456 /146
Laccopteris cf. *polypodioides* 水龙骨型拉谷蕨(比较种)	Ⅱ	/457 /147
Laricopsis 拟落叶松属	Ⅴ	/325 /73
Laricopsis logifolia 长叶拟落叶松	Ⅴ	/326 /73
Laurophyllum 桂叶属	Ⅵ	/151 /32
Laurophyllum beilschmiedioides 琼楠型桂叶	Ⅵ	/151 /32
Laurophyllum spp. 桂叶(未定多种)	Ⅵ	/151 /32
Leguminosites 似豆属	Ⅵ	/152 /32
Leguminosites subovatus 亚旦形似豆	Ⅵ	/152 /32
Leguminosites spp. 似豆(未定多种)	Ⅵ	/152 /32
Lepidopteris 鳞羊齿属	Ⅲ	/404 /72
△*Lepidopteris dukouensis* 渡口鳞羊齿	Ⅲ	/404 /72
Lepidopteris dulanensis 都兰鳞羊齿	Ⅲ	/404 /73
△*Lepidopteris*? *dulanensis* 都兰? 鳞羊齿	Ⅲ	/404 /72
△*Lepidopteris guanyuanensis* 广元鳞羊齿	Ⅲ	/405 /73
Lepidopteris ottonis 奥托鳞羊齿	Ⅲ	/405 /73
Cf. *Lepidopteris ottonis* 奥托鳞羊齿(比较属种)	Ⅲ	/406 /74
△*Lepidopteris sichuanensis* 四川鳞羊齿	Ⅲ	/406 /74
Lepidopteris stuttgartiensis 司图加鳞羊齿	Ⅲ	/404 /72
Lepidopteris toretziensis 托勒兹鳞羊齿	Ⅲ	/406 /74
Lepidopteris cf. *toretziensis* 托勒兹鳞羊齿(比较种)	Ⅲ	/407 /74
△*Lepidopteris xujiahensis* 须家河鳞羊齿	Ⅲ	/407 /74
Lepidopteris sp. 鳞羊齿(未定种)	Ⅲ	/407 /74
Leptostrobus 薄果穗属	Ⅳ	/251 /67
Leptostrobus cancer 蟹壳薄果穗	Ⅳ	/252 /68
Leptostrobus cf. *L. cancer* 蟹壳薄果穗(比较属种)	Ⅳ	/252 /68
△*Leptostrobus latior* 较宽薄果穗	Ⅳ	/252 /68
Leptostrobus laxiflora 疏花薄果穗	Ⅳ	/251 /67
Leptostrobus cf. *laxiflora* 疏花薄果穗(比较种)	Ⅳ	/251 /68

Cf. *Leptostrobus laxiflora* 疏花薄果穗(比较属种)	Ⅳ	/251/67
Leptostrobus longus 长薄果穗	Ⅳ	/252/68
Leptostrobus cf. *longus* 长薄果穗(比较种)	Ⅳ	/252/68
△*Leptostrobus lundbladiae* 龙布拉德薄果穗	Ⅳ	/252/68
Leptostrobus marginatus 具边薄果穗	Ⅳ	/252/68
Leptostrobus cf. *marginatus* 具边薄果穗(比较种)	Ⅳ	/252/68
△*Leptostrobus sinensis* 中华薄果穗	Ⅳ	/252/68
△*Leptostrobus sphaericus* 球形薄果穗	Ⅳ	/253/69
Leptostrobus spp. 薄果穗(未定多种)	Ⅳ	/253/69
Lesangeana 勒桑茎属	Ⅱ	/457/147
△*Lesangeana qinxianensis* 沁县勒桑茎	Ⅱ	/457/147
Lesangeana vogesiaca 孚日勒桑茎	Ⅱ	/457/147
Lesangeana voltzii 伏氏勒桑茎	Ⅱ	/457/147
Lesleya 列斯里叶属	Ⅲ	/407/74
Lesleya grandis 谷粒列斯里叶	Ⅲ	/407/75
△*Lesleya triassica* 三叠列斯里叶	Ⅲ	/407/75
Leuthardtia 劳达尔特属	Ⅲ	/407/75
Leuthardtia ovalis 卵形劳达尔特	Ⅲ	/408/75
△*Lhassoxylon* 拉萨木属	Ⅴ	/326/73
△*Lhassoxylon aptianum* 阿普特拉萨木	Ⅴ	/326/73
△*Lianshanus* 连山草属	Ⅵ	/152/33
Lianshanus sp. indet. 连山草(sp. indet.)	Ⅵ	/152/33
△*Liaoningdicotis* 辽宁缘蕨属	Ⅵ	/153/33
Liaoningdicotis sp. indet. 辽宁缘蕨(sp. indet.)	Ⅵ	/153/33
△*Liaoningocladus* 辽宁枝属	Ⅴ	/326/73
△*Liaoningocladus boii* 薄氏辽宁枝	Ⅴ	/326/73
△*Liaoxia* 辽西草属	Ⅴ	/327/74
△*Liaoxia chenii* 陈氏辽西草	Ⅴ	/327/74
△*Liaoxia* 辽西草属	Ⅵ	/153/34
△*Liaoxia changii* 常氏辽西草	Ⅵ	/154/34
△*Liaoxia chenii* 陈氏辽西草	Ⅵ	/153/34
△*Lilites* 似百合属	Ⅵ	/154/34
△*Lilites reheensis* 热河似百合	Ⅵ	/154/35
Lindleycladus 林德勒枝属	Ⅴ	/327/74
Lindleycladus lanceolatus 披针林德勒枝	Ⅴ	/327/74
Cf. *Lindleycladus lanceolatus* 披针林德勒枝(比较属种)	Ⅴ	/328/75
△*Lindleycladus podozamioides* 苏铁杉型林德勒枝	Ⅴ	/328/75
Lindleycladus sp. 林德勒枝(未定种)	Ⅴ	/328/75
△*Lingxiangphyllum* 灵乡叶属	Ⅲ	/408/75
△*Lingxiangphyllum princeps* 首要灵乡叶	Ⅲ	/408/75
Lobatannularia 瓣轮叶属	Ⅰ	/186/49
△*Lobatannularia chuandianensis* 川滇瓣轮叶	Ⅰ	/187/49
Lobatannularia cf. *heianensis* 平安瓣轮叶(比较种)	Ⅰ	/187/49
△*Lobatannularia hechuanensis* 合川瓣轮叶	Ⅰ	/187/49
Lobatannularia inequifolia 不等叶瓣轮叶	Ⅰ	/187/49

△*Lobatannularia kaixianensis* 开县瓣轮叶	Ⅰ /187 /49	
△*Lobatannularia lujiashanensis* 吕家山瓣轮叶	Ⅰ /187 /49	
Lobatannularia spp. 瓣轮叶(未定多种)	Ⅰ /187 /50	
Lobatannularia? sp. 瓣轮叶?(未定种)	Ⅰ /188 /50	
△*Lobatannulariopsis* 拟瓣轮叶属 ⋯⋯ Ⅰ /188 /50
　△*Lobatannulariopsis yunnanensis* 云南拟瓣轮叶 ⋯⋯ Ⅰ /188 /50
Lobifolia 裂叶蕨属 ⋯⋯ Ⅱ /458 /148
　Lobifolia novopokovskii 新包氏裂叶蕨 ⋯⋯ Ⅱ /458 /148
Lomatopteris 厚边羊齿属 ⋯⋯ Ⅲ /408 /76
　Lomatopteris jurensis 侏罗厚边羊齿 ⋯⋯ Ⅲ /408 /76
　△*Lomatopteris zixingensis* 资兴厚边羊齿 ⋯⋯ Ⅲ /409 /76
△*Longfengshania* 龙凤山苔属 ⋯⋯ Ⅰ /130 /3
　△*Longfengshania stipitata* 柄龙凤山苔 ⋯⋯ Ⅰ /130 /3
△*Longjingia* 龙井叶属 ⋯⋯ Ⅵ /155 /35
　△*Longjingia gracilifolia* 细叶龙井叶 ⋯⋯ Ⅵ /155 /35
△*Luereticopteris* 吕蕨属 ⋯⋯ Ⅱ /458 /148
　△*Luereticopteris megaphylla* 大叶吕蕨 ⋯⋯ Ⅱ /458 /148
Lycopodites 似石松属 ⋯⋯ Ⅰ /188 /50
　Lycopodites falcatus 镰形似石松 ⋯⋯ Ⅰ /188 /50
　△*Lycopodites faustus* 多产似石松 ⋯⋯ Ⅰ /189 /51
　△*Lycopodites huantingensis* 华亭似石松 ⋯⋯ Ⅰ /189 /51
　△*Lycopodites huayansiensis* 华严寺似石松 ⋯⋯ Ⅰ /189 /51
　△*Lycopodites magnificus* 壮丽似石松 ⋯⋯ Ⅰ /189 /51
　△*Lycopodites multifurcatus* 多枝似石松 ⋯⋯ Ⅰ /190 /51
　△*Lycopodites ovatus* 卵形似石松 ⋯⋯ Ⅰ /190 /51
　Lycopodites taxiformis 紫杉形似石松 ⋯⋯ Ⅰ /188 /50
　Lycopodites williamsoni 威氏似石松 ⋯⋯ Ⅰ /190 /52
　Lycopodites sp. 似石松(未定种) ⋯⋯ Ⅰ /190 /52
Lycostrobus 石松穗属 ⋯⋯ Ⅰ /190 /52
　Lycostrobus scottii 斯苛脱石松穗 ⋯⋯ Ⅰ /190 /52
　△*Lycostrobus petiolatus* 具柄石松穗 ⋯⋯ Ⅰ /190 /52

M

Macclintockia 马克林托叶属 ⋯⋯ Ⅵ /155 /35
　Macclintockia dentata 齿状马克林托叶 ⋯⋯ Ⅵ /155 /35
　Macclintockia cf. *trinervis* 三脉马克林托叶(比较种) ⋯⋯ Ⅵ /155 /35
△*Macroglossopteris* 大舌羊齿属 ⋯⋯ Ⅲ /409 /76
　△*Macroglossopteris leeiana* 李氏大舌羊齿 ⋯⋯ Ⅲ /409 /76
　Cf. *Macroglossopteris leeiana* 李氏大舌羊齿(比较属种) ⋯⋯ Ⅲ /409 /76
Macrostachya 大芦孢穗属 ⋯⋯ Ⅰ /191 /52
　△*Macrostachya gracilis* Wang Z et Wang L,1989 (non Wang Z et Wang L,1990)
　　纤细大芦孢穗 ⋯⋯ Ⅰ /191 /53
　△*Macrostachya gracilis* Wang Z et Wang L,1990 (non Wang Z et Wang L,1989)
　　纤细大芦孢穗 ⋯⋯ Ⅰ /191 /53

Macrostachya infundibuliformis 漏斗状大芦孢穗	Ⅰ	/191 /52
Macrotaeniopteris 大叶带羊齿属	Ⅲ	/409 /77
Macrotaeniopteris californica 加利福尼亚大叶带羊齿	Ⅲ	/410 /77
Macrotaeniopteris cf. *californica* 加利福尼亚大叶带羊齿(比较种)	Ⅲ	/410 /77
Macrotaeniopteris major 大大叶带羊齿	Ⅲ	/409 /77
△*Macrotaeniopteris richthofeni* 李希霍芬大叶带羊齿	Ⅲ	/410 /77
Manica 袖套杉属	Ⅴ	/328 /75
Manica parceramosa 希枝袖套杉	Ⅴ	/329 /75
△*Manica* (*Chanlingia*) 袖套杉(长岭杉亚属)	Ⅴ	/329 /76
△*Manica* (*Chanlingia*?) *sparsa* 疏孔袖套杉(长岭杉?)	Ⅴ	/329 /76
△*Manica* (*Chanlingia*) *tholistoma* 穹孔袖套杉(长岭杉)	Ⅴ	/329 /76
△*Manica* (*Manica*) 袖套杉(袖套杉亚属)	Ⅴ	/330 /76
△*Manica* (*Manica*) *dalatzensis* 大拉子袖套杉(袖套杉)	Ⅴ	/330 /77
△*Manica* (*Manica*) *foveolata* 窝穴袖套杉(袖套杉)	Ⅴ	/330 /77
△*Manica* (*Manica*) *papillosa* 乳突袖套杉(袖套杉)	Ⅴ	/331 /77
Manica (*Manica*) cf. *papillosa* 乳突袖套杉(袖套杉)(比较种)	Ⅴ	/331 /78
△*Manica* (*Manica*) *parceramosa* 希枝袖套杉(袖套杉)	Ⅴ	/330 /76
Manica (*Manica*) cf. *parceramosa* 希枝袖套杉(袖套杉)(比较种)	Ⅴ	/330 /77
Marattia 合囊蕨属	Ⅱ	/459 /149
△*Marattia antiqua* 古合囊蕨	Ⅱ	/459 /149
Marattia asiatica 亚洲合囊蕨	Ⅱ	/459 /149
Marattia cf. *asiatica* 亚洲合囊蕨(比较种)	Ⅱ	/460 /150
Marattia hoerensis 霍尔合囊蕨	Ⅱ	/460 /150
Marattia muensteri 敏斯特合囊蕨	Ⅱ	/461 /150
△*Marattia ovalis* 卵形合囊蕨	Ⅱ	/461 /151
△*Marattia paucicostata* 少脉合囊蕨	Ⅱ	/461 /151
△*Marattia sichuanensis* 四川合囊蕨	Ⅱ	/462 /151
Marattia sp. 合囊蕨(未定种)	Ⅱ	/462 /151
Marattia? sp. 合囊蕨?(未定种)	Ⅱ	/462 /151
Marattiopsis 拟合囊蕨属	Ⅱ	/462 /151
Marattiopsis asiatica 亚洲拟合囊蕨	Ⅱ	/463 /152
Marattiopsis hoerensis 霍尔拟合囊蕨	Ⅱ	/464 /153
△*Marattiopsis litangensis* 理塘拟合囊蕨	Ⅱ	/464 /153
Marattiopsis muensteri 敏斯特拟合囊蕨	Ⅱ	/462 /151
Marattiopsis cf. *muensteri* 敏斯特拟合囊蕨(比较种)	Ⅱ	/463 /152
△*Marattiopsis orientalis* 东方拟合囊蕨	Ⅱ	/464 /153
Marchantiolites 古地钱属	Ⅰ	/130 /4
Marchantiolites blairmorensis 布莱尔莫古地钱	Ⅰ	/131 /4
Marchantiolites porosus 多孔古地钱	Ⅰ	/130 /4
△*Marchantiolites sulcatus* 沟槽古地钱	Ⅰ	/131 /4
Marchantites 似地钱属	Ⅰ	/131 /4
Marchantites sesannensis 塞桑似地钱	Ⅰ	/131 /4
△*Marchantites taoshanensis* 桃山似地钱	Ⅰ	/131 /4
Marchantites sp. 似地钱(未定种)	Ⅰ	/131 /5
Marskea 马斯克松属	Ⅴ	/331 /78

Marskea thomasiana 托马斯马斯克松	Ⅴ/331/78
Marskea spp. 马斯克松(未定多种)	Ⅴ/332/78
Masculostrobus 雄球穗属	Ⅴ/332/78
△*Masculostrobus? prolatus* 伸长？雄球穗	Ⅴ/332/78
Masculostrobus zeilleri 蔡氏雄球穗	Ⅴ/332/78
Matonidium 准马通蕨属	Ⅱ/465/153
Matonidium goeppertii 葛伯特准马通蕨	Ⅱ/465/153
△*Mediocycas* 中间苏铁属	Ⅲ/410/77
△*Mediocycas kazuoensis* 喀左中间苏铁	Ⅲ/410/77
△*Membranifolia* 膜质叶属	Ⅲ/410/78
△*Membranifolia admirabilis* 奇异膜质叶	Ⅲ/410/78
Menispermites 似蝙蝠葛属	Ⅵ/155/36
Menispermites kujiensis 久慈似蝙蝠葛	Ⅵ/156/36
Menispermites obtsiloba 钝叶似蝙蝠葛	Ⅵ/156/36
Menispermites potomacensis? 波托马克似蝙蝠葛？	Ⅵ/156/36
△*Metalepidodendron* 变态鳞木属	Ⅰ/191/53
△*Metalepidodendron sinensis* 中国变态鳞木	Ⅰ/191/53
△*Metalepidodendron xiabanchengensis* 下板城变态鳞木	Ⅰ/192/53
Metasequoia 水杉属	Ⅴ/332/79
Metasequoia disticha 二列水杉	Ⅴ/333/79
Metasequoia cuneata 楔形水杉	Ⅴ/333/79
△*Metasequoia glyptostroboides* 水松型水杉	Ⅴ/333/79
Metasequoia sp. 水杉(未定种)	Ⅴ/333/79
△*Metzgerites* 似叉苔属	Ⅰ/131/5
△*Metzgerites barkolensis* 巴里坤似叉苔	Ⅰ/132/5
△*Metzgerites exhibens* 明显似叉苔	Ⅰ/132/5
△*Metzgerites multiramea* 多枝似叉苔	Ⅰ/132/5
△*Metzgerites yuxinanensis* 蔚县似叉苔	Ⅰ/132/5
Millerocaulis 米勒尔茎属	Ⅱ/465/154
Millerocaulis dunlopii 顿氏米勒尔茎	Ⅱ/465/154
△*Millerocaulis liaoningensis* 辽宁米勒尔茎	Ⅱ/465/154
△*Mirabopteris* 奇异羊齿属	Ⅲ/411/78
△*Mirabopteris hunjiangensis* 浑江奇异羊齿	Ⅲ/411/78
△*Mironeura* 奇脉叶属	Ⅲ/411/78
△*Mironeura dakengensis* 大坑奇脉叶	Ⅲ/411/78
△*Mironeura hubeiensis* 湖北奇脉叶	Ⅲ/412/79
△*Mironeura multinervis* 多脉奇脉叶	Ⅲ/412/79
Mironeura sp. 奇脉叶(未定种)	Ⅲ/412/79
△*Mixophylum* 间羽叶属	Ⅲ/412/79
△*Mixophylum simplex* 简单间羽叶	Ⅲ/412/79
△*Mixopteris* 间羽蕨属	Ⅱ/466/154
△*Mixopteris intercalaris* 插入间羽蕨	Ⅱ/466/154
△*Mnioites* 似提灯藓属	Ⅰ/132/5
△*Mnioites brachyphylloides* 短叶杉型似提灯藓	Ⅰ/132/6
Monocotylophyllum 单子叶属	Ⅵ/156/36

Monocotylophyllum sp. 单子叶(未定种)	Ⅵ/156/36
Monocotylophyllum spp. 单子叶(未定多种)	Ⅵ/156/37
Muscites 似藓属	Ⅰ/133/6
△*Muscites drepanophyllus* 镰状叶似藓	Ⅰ/133/6
△*Muscites meteorioides* 蔓藓型似藓	Ⅰ/133/6
△*Muscites nantimenensis* 南天门似藓	Ⅰ/133/6
△*Muscites tenellus* 柔弱似藓	Ⅰ/133/6
Muscites tournalii 图氏似藓	Ⅰ/133/6
Muscites sp. 似藓(未定种)	Ⅰ/134/7
Musophyllum 芭蕉叶属	Ⅵ/157/37
Musophyllum truncatum 截形芭蕉叶	Ⅵ/157/37
Musophyllum sp. 芭蕉叶(未定种)	Ⅵ/157/37
Myrtophyllum 桃金娘叶属	Ⅵ/157/37
Myrtophyllum geinitzi 盖尼茨桃金娘叶	Ⅵ/157/37
Myrtophyllum penzhinense 平子桃金娘叶	Ⅵ/157/37
Myrtophyllum sp. 桃金娘叶(未定种)	Ⅵ/157/37

N

Nagatostrobus 长门果穗属	Ⅴ/333/80
△*Nagatostrobus bitchuensis*? 备中长门果穗?	Ⅴ/334/80
Nagatostrobus linearis 线形长门果穗	Ⅴ/334/80
Nagatostrobus naitoi 内藤长门果穗	Ⅴ/334/80
Nageiopsis 拟竹柏属	Ⅴ/334/81
Nageiopsis angustifolia 狭叶拟竹柏	Ⅴ/335/81
Nageiopsis longifolia 长叶拟竹柏	Ⅴ/335/81
Nageiopsis zamioides 查米亚型拟竹柏	Ⅴ/335/81
Nageiopsis ex gr. *zamioides* 查米亚型拟竹柏(类群种)	Ⅴ/335/81
Nageiopsis? sp. 拟竹柏?(未定种)	Ⅴ/335/81
△*Nanpiaophyllum* 南票叶属	Ⅲ/412/79
△*Nanpiaophyllum cordatum* 心形南票叶	Ⅲ/413/80
△*Nanzhangophyllum* 南漳叶属	Ⅲ/413/80
△*Nanzhangophyllum donggongense* 东巩南漳叶	Ⅲ/413/80
Nathorstia 那氏蕨属	Ⅱ/466/154
Nathorstia angustifolia 狭叶那氏蕨	Ⅱ/466/155
Nathorstia pectinnata 栉形那氏蕨	Ⅱ/466/155
Neckera 平藓属	Ⅰ/134/7
△*Neckera shanwanica* 山旺平藓	Ⅰ/134/7
Nectandra 香南属	Ⅵ/158/38
△*Nectandra guangxiensis* 广西香南	Ⅵ/158/38
Nectandra prolifica 细脉香南	Ⅵ/158/38
△*Neoannularia* 新轮叶属	Ⅰ/192/53
△*Neoannularia chuandianensis* 川滇新轮叶	Ⅰ/192/54
△*Neoannularia confertifolia* 密叶新轮叶	Ⅰ/193/54
△*Neoannularia shaanxiensis* 陕西新轮叶	Ⅰ/192/54

△*Neoannularia triassica* Gu et Hu,1979 (non Gu et Hu,1984,nec Gu et Hu,1987)
  三叠新轮叶 ··· Ⅰ/193/54
△*Neoannularia triassica* Gu et Hu,1984 (non Gu et Hu,1987,nec Gu et Hu,1979)
  三叠新轮叶 ··· Ⅰ/193/54
△*Neoannularia triassica* Gu et Hu,1987 (non Gu et Hu,1984,nec Gu et Hu,1979)
  三叠新轮叶 ··· Ⅰ/193/54
Neocalamites 新芦木属 ··· Ⅰ/193/54
  △*Neocalamites angustifolius* 细叶新芦木 ··· Ⅰ/196/57
  △*Neocalamites annulariopsis* 拟轮叶型新芦木 ····································· Ⅰ/197/57
  △*Neocalamites asperrimus* 粗糙新芦木 ··· Ⅰ/197/57
  △*Neocalamites brevifolius* 短叶新芦木 ··· Ⅰ/197/57
  Neocalamites carcinoides 蟹形新芦木 ··· Ⅰ/197/57
  ?*Neocalamites carcinoides* ?蟹形新芦木 ··· Ⅰ/199/59
  Neocalamites cf. *carcinoides* 蟹形新芦木(比较种) ······························· Ⅰ/199/59
  Neocalamites cf. *N. carcinoides* 蟹形新芦木(比较属种) ·························· Ⅰ/199/59
  Neocalamites carrerei 卡勒莱新芦木 ··· Ⅰ/200/59
  Neocalamites cf. *carrerei* 卡勒莱新芦木(比较种) ································· Ⅰ/204/61
  △*Neocalamites dangyangensis* 当阳新芦木 ······································· Ⅰ/204/62
  △*Neocalamites? filifolius* 丝状?新芦木 ·· Ⅰ/204/62
  △*Neocalamites haifanggouensis* 海房沟新芦木 ··································· Ⅰ/205/62
  △*Neocalamites haixizhouensis* 海西州新芦木 ····································· Ⅰ/205/62
  Neocalamites hoerensis 霍尔新芦木 ··· Ⅰ/193/55
  Neocalamites hoerensis? 霍尔新芦木? ·· Ⅰ/196/56
  Neocalamites cf. *hoerensis* 霍尔新芦木(比较种) ································· Ⅰ/196/56
  Neocalamites merianii 米氏新芦木 ·· Ⅰ/205/62
  Neocalamites cf. *merianii* 米氏新芦木(比较种) ·································· Ⅰ/206/63
  Cf. *Neocalamites merianii* 米氏新芦木(比较属种) ································· Ⅰ/205/63
  △*Neocalamites nanzhangensis* 南漳新芦木 ······································· Ⅰ/206/63
  Neocalamites nathorsti 那氏新芦木 ·· Ⅰ/206/63
  Neocalamites cf. *nathorst* 那氏新芦木(比较种) ·································· Ⅰ/207/63
  △*Neocalamites rugosus* 皱纹新芦木 ··· Ⅰ/207/63
  △*Neocalamites shanxiensis* 山西新芦木 ·· Ⅰ/208/64
  △*Neocalamites? tubercalatus* 瘤状?新芦木 ······································· Ⅰ/208/64
  △*Neocalamites wuzaoensis* 乌灶新芦木 ·· Ⅰ/208/64
  Neocalamites spp. 新芦木(未定多种) ·· Ⅰ/208/64
  Neocalamites? spp. 新芦木?(未定多种) ·· Ⅰ/211/67
  ?*Neocalamites* sp. ?新芦木(未定种) ··· Ⅰ/212/68
  Cf. *Neocalamites* sp. 新芦木(比较属,未定种) ····································· Ⅰ/212/68
Neocalamostachys 新芦木穗属 ·· Ⅰ/212/68
  Neocalamostachys pedunculatus 总花梗新芦木穗 ·································· Ⅰ/213/68
  Neocalamostachys? sp. 新芦木穗?(未定种) ······································ Ⅰ/213/68
△*Neostachya* 新孢穗属 ··· Ⅰ/213/68
  △*Neostachya shaanxiensis* 陕西新孢穗 ··· Ⅰ/213/69
Neozamites 新查米亚属 ·· Ⅲ/413/80
  Neozamites denticulatus 锯齿新查米亚 ··· Ⅲ/414/81

Neozamites elongatus 伸长新查米亚	Ⅲ	/415 /81
△*Neozamites incisus* 锐裂新查米亚	Ⅲ	/415 /81
Neozamites lebedevii 列氏新查米亚	Ⅲ	/415 /81
Neozamites cf. *lebedevii* 列氏新查米亚(比较种)	Ⅲ	/415 /81
Neozamites verchojanensis 维尔霍扬新查米亚	Ⅲ	/414 /80
Neozamites verchojanensis？维尔霍扬新查米亚？	Ⅲ	/414 /81
Neozamites cf. *verchojanensis* 维尔霍扬新查米亚(比较种)	Ⅲ	/414 /81
Neuropteridium 准脉羊齿属	Ⅲ	/415 /82
Neuropteridium coreanicum 朝鲜准脉羊齿	Ⅲ	/416 /82
△*Neuropteridium curvinerve* 弧脉准脉羊齿	Ⅲ	/416 /82
Neuropteridium grandifolium 大准脉羊齿	Ⅲ	/416 /82
△*Neuropteridium margninatum* 缘边准脉羊齿	Ⅲ	/416 /82
Neuropteridium voltzii 伏氏准脉羊齿	Ⅲ	/416 /82
Neuropteridium spp. 准脉羊齿(未定多种)	Ⅲ	/417 /83
Nilssonia 蕉羽叶属	Ⅲ	/417 /83
Nilssonia acuminata 渐尖蕉羽叶	Ⅲ	/418 /83
Nilssonia cf. *acuminata* 渐尖蕉羽叶(比较种)	Ⅲ	/418 /84
△*Nilssonia acutifolia* 尖叶蕉羽叶	Ⅲ	/419 /84
△*Nilssonia angustissima* 窄小蕉羽叶	Ⅲ	/419 /84
△*Nilssonia asiatica* 亚洲蕉羽叶	Ⅲ	/420 /85
Nilssonia brevis 短叶蕉羽叶	Ⅲ	/417 /83
Nilssonia cf. *brevis* 短叶蕉羽叶(比较种)	Ⅲ	/418 /83
△*Nilssonia complicatis* 褶皱蕉羽叶	Ⅲ	/420 /85
Nilssonia compta 装饰蕉羽叶	Ⅲ	/420 /85
Nilssonia cf. *compta* 装饰蕉羽叶(比较种)	Ⅲ	/421 /85
Nilssonia cf. *N. compta* 装饰蕉羽叶(比属较种)	Ⅲ	/421 /86
△*Nilssonia comtigua* 紧挤蕉羽叶	Ⅲ	/421 /86
△*Nilssonia connata* 合生蕉羽叶	Ⅲ	/421 /86
△*Nilssonia corrugata* 具褶蕉羽叶	Ⅲ	/421 /86
△*Nilssonia costanervis* 凸脉蕉羽叶	Ⅲ	/422 /86
△*Nilssonia crassiaxis* 粗轴蕉羽叶	Ⅲ	/422 /86
△*Nilssonia cultrata* 小刀形蕉羽叶	Ⅲ	/422 /86
Cf. *Nilssonia cultrata* 小刀形蕉羽叶(比较属种)	Ⅲ	/422 /86
△*Nilssonia delinghaensis* 德令哈蕉羽叶	Ⅲ	/422 /87
Nilssonia densinervis 密脉蕉羽叶	Ⅲ	/422 /87
Nilssonia cf. *densinervis* 密脉蕉羽叶(比较种)	Ⅲ	/423 /87
△*Nilssonia dukouensis* 渡口蕉羽叶	Ⅲ	/423 /87
△*Nilssonia elegantissima* 最美蕉羽叶	Ⅲ	/423 /87
Nilssonia fragilis 脆弱蕉羽叶	Ⅲ	/423 /87
△*Nilssonia furcata* 叉脉蕉羽叶	Ⅲ	/423 /87
△*Nilssonia gigantea* 巨大蕉羽叶	Ⅲ	/424 /88
△*Nilssonia glossa* 舌形蕉羽叶	Ⅲ	/424 /88
△*Nilssonia grandifolia* Chow et Huang,1976 (non Huang et Chow,1980) 大叶蕉羽叶	Ⅲ	/424 /88

△*Nilssonia grandifolia* Huang et Chow,1980 (non Huang et Chow,1976)		
大叶蕉羽叶	Ⅲ /424 /88	
Nilssonia grossinervis 粗脉蕉羽叶	Ⅲ /425 /88	
△*Nilssonia helmerseniana* 赫氏蕉羽叶	Ⅲ /425 /88	
Nilssonia cf. *helmerseniana* 赫氏蕉羽叶（比较种）	Ⅲ /425 /88	
△*Nilssonia hongniensis* 红泥蕉羽叶	Ⅲ /425 /89	
△*Nilssonia hubeiensis* 湖北蕉羽叶	Ⅲ /425 /89	
Nilssonia incisoserrata 锯齿蕉羽叶	Ⅲ /426 /89	
Nilssonia cf. *incisoserrata* 锯齿蕉羽叶（比较种）	Ⅲ /426 /89	
Nilssonia inouyei 井上蕉羽叶	Ⅲ /426 /89	
Nilssonia cf. *inouyei* 井上蕉羽叶（比较种）	Ⅲ /426 /89	
△*Nilssonia jiangsuensis* 江苏蕉羽叶	Ⅲ /426 /89	
△*Nilssonia jiangyouensis* 江油蕉羽叶	Ⅲ /426 /89	
Nilssonia kendallii 肯达尔蕉羽叶	Ⅲ /426 /89	
△*Nilssonia kuntouyingziensis* 坤头营子蕉羽叶	Ⅲ /427 /89	
△*Nilssonia latifolia* 宽叶蕉羽叶	Ⅲ /427 /90	
△*Nilssonia laxa* 疏松蕉羽叶	Ⅲ /427 /90	
△*Nilssonia lechangensis* 乐昌蕉羽叶	Ⅲ /427 /90	
△*Nilssonia liaoningensis* 辽宁蕉羽叶	Ⅲ /427 /90	
△*Nilssonia linearis* 线形蕉羽叶	Ⅲ /427 /90	
△*Nilssonia linglingensis* 零陵蕉羽叶	Ⅲ /428 /91	
△*Nilssonia liujiangensis* 柳江蕉羽叶	Ⅲ /428 /91	
△*Nilssonia liuyangensis* 浏阳蕉羽叶	Ⅲ /429 /91	
Nilssonia lobatidentata 浅齿蕉羽叶	Ⅲ /429 /91	
△*Nilssonia longpuensis* 砻铺蕉羽叶	Ⅲ /429 /91	
△*Nilssonia loriformis* 带状蕉羽叶	Ⅲ /429 /91	
Nilssonia magnifolia Samylina,1964 (non Tsao,1968,nec Chen G X,1984)		
大蕉羽叶	Ⅲ /429 /91	
△*Nilssonia magnifolia* Tsao,1968 (non Samylina,1964,nec Chen G X,1984)		
大蕉羽叶	Ⅲ /429 /91	
△*Nilssonia magnifolia* Chen G X,1984 (non Samylina,1964,nec Tsao,1968)		
大蕉羽叶	Ⅲ /430 /92	
Nilssonia mediana 中间蕉羽叶	Ⅲ /430 /92	
△*Nilssonia minutus* 微小蕉羽叶	Ⅲ /430 /92	
△*Nilssonia moshanensis* 磨山蕉羽叶	Ⅲ /430 /92	
△*Nilssonia mosserayi* 摩西拉蕉羽叶	Ⅲ /430 /92	
Nilssonia cf. *mosserayi* 摩西拉蕉羽叶（比较种）	Ⅲ /431 /92	
Nilssonia muensteri 敏斯特蕉羽叶	Ⅲ /431 /92	
?*Nilssonia muensteri* ?敏斯特蕉羽叶	Ⅲ /431 /93	
Nilssonia cf. *muensteri* 敏斯特蕉羽叶（比较种）	Ⅲ /431 /93	
Nilssonia cf. *N. muensteri* 敏斯特蕉羽叶（比较属种）	Ⅲ /431 /93	
△*Nilssonia multinervis* 多脉蕉羽叶	Ⅲ /431 /93	
△*Nilssonia nanzhangensis* 南漳蕉羽叶	Ⅲ /432 /93	
Nilssonia nathorsti (*Pterophyllum nathorsti*) 那氏蕉羽叶（那氏侧羽叶）	Ⅲ /432 /93	
Nilssonia orientalis 东方蕉羽叶	Ⅲ /432 /93	

Nilssonia cf. *orientalis* 东方蕉羽叶（比较种）	Ⅲ	/433 /94
Nilssonia cf. *N. orientalis* 东方蕉羽叶（比较属种）	Ⅲ	/434 /94
Nilssonia ex gr. *orientalis* 东方蕉羽叶（集合种）	Ⅲ	/433 /94
△*Nilssonia parabrevis* 副短蕉羽叶	Ⅲ	/434 /94
?*Nilssonia parabrevis* ?副短蕉羽叶	Ⅲ	/434 /95
Nilssonia parvula 稍小蕉羽叶	Ⅲ	/434 /95
△*Nilssonia pecten* 栉形蕉羽叶	Ⅲ	/434 /95
Nilssonia polymorpha 多型蕉羽叶	Ⅲ	/435 /95
Nilssonia cf. *polymorpha* 多型蕉羽叶（比较种）	Ⅲ	/435 /95
Nilssonia cf. *N. polymorpha* 多型蕉羽叶（比较属种）	Ⅲ	/435 /95
Nilssonia princeps 首要蕉羽叶	Ⅲ	/435 /95
Nilssonia cf. *princeps* 首要蕉羽叶（比较种）	Ⅲ	/435 /96
Nilssonia pterophylloides 侧羽叶型蕉羽叶	Ⅲ	/436 /96
Nilssonia cf. *pterophylloides* 侧羽叶型蕉羽叶（比较种）	Ⅲ	/437 /96
△*Nilssonia ptilophylloides* 毛羽叶型蕉羽叶	Ⅲ	/437 /97
△*Nilssonia qaidamensis* 柴达木蕉羽叶	Ⅲ	/437 /97
Nilssonia saighanensis 赛甘蕉羽叶	Ⅲ	/437 /97
Nilssonia cf. *saighanensis* 赛甘蕉羽叶（比较种）	Ⅲ	/438 /97
Nilssonia schaumburgensis 绍姆堡蕉羽叶	Ⅲ	/438 /97
Nilssonia cf. *schaumburgensis* 绍姆堡蕉羽叶（比较种）	Ⅲ	/438 /97
Nilssonia schmidtii 施密特蕉羽叶	Ⅲ	/438 /97
Nilssonia cf. *schmidtii* 施密特蕉羽叶（比较种）	Ⅲ	/438 /97
Nilssonia serotina 迟熟蕉羽叶	Ⅲ	/438 /98
△*Nilssonia shuangyangensis* 双阳蕉羽叶	Ⅲ	/439 /98
△*Nilssonia shuangyashanensis* 双鸭山蕉羽叶	Ⅲ	/439 /98
Nilssonia simplex 简单蕉羽叶	Ⅲ	/439 /98
?*Nilssonia simplex* ?简单蕉羽叶	Ⅲ	/439 /98
Nilssonia cf. *simplex* 简单蕉羽叶（比较种）	Ⅲ	/439 /98
△*Nilssonia sinensis* 中国蕉羽叶	Ⅲ	/439 /98
Nilssonia cf. *sinensis* 中国蕉羽叶（比较种）	Ⅲ	/441 /99
Nilssonia spinosa 刺蕉羽叶	Ⅲ	/441 /99
△*Nilssonia splendens* 华丽蕉羽叶	Ⅲ	/442 /99
△*Nilssonia sterophylla* 硬叶蕉羽叶	Ⅲ	/442 /100
Nilssonia? *sterophylla* 硬叶?蕉羽叶	Ⅲ	/442 /100
Nilssonia syllis 合生蕉羽叶	Ⅲ	/442 /100
Nilssonia cf. *N. syllis* 合生蕉羽叶（比较属种）	Ⅲ	/442 /100
Nilssonia taeniopteroides 带羊齿型蕉羽叶	Ⅲ	/442 /100
Nilssonia cf. *taeniopteroides* 带羊齿型蕉羽叶（比较种）	Ⅲ	/442 /100
Nilssonia tenuicaulis 柔轴蕉羽叶	Ⅲ	/442 /100
Nilssonia cf. *tenuicaulis* 柔轴蕉羽叶（比较种）	Ⅲ	/443 /101
Nilssonia tenuinervis 柔脉蕉羽叶	Ⅲ	/443 /101
Nilssonia cf. *tenuinervis* 柔脉蕉羽叶（比较种）	Ⅲ	/443 /101
Nilssonia cf. *N. tenuinervis* 柔脉蕉羽叶（比较属种）	Ⅲ	/444 /101
Nilssonia thomasii 托马斯蕉羽叶	Ⅲ	/444 /101
△*Nilssonia triagularis* 三角形蕉羽叶	Ⅲ	/444 /101

Nilssonia undulata 波皱蕉羽叶	Ⅲ	/444/101
Nilssonia cf. *undulata* 波皱蕉羽叶(比较种)	Ⅲ	/444/101
Nilssonia cf. *N. undulata* 波皱蕉羽叶(比较属种)	Ⅲ	/444/101
△*Nilssonia wandashanensis* 完达山蕉羽叶	Ⅲ	/444/101
△*Nilssonia weii* 魏氏蕉羽叶	Ⅲ	/445/102
△*Nilssonia xinxingensis* 新兴蕉羽叶	Ⅲ	/445/102
△*Nilssonia yunheensis* 云和蕉羽叶	Ⅲ	/445/102
△*Nilssonia yunyangensis* 云阳蕉羽叶	Ⅲ	/445/102
△*Nilssonia zelimunsia* 哲里木蕉羽叶	Ⅲ	/445/102
△*Nilssonia zhaitangensis* 斋堂蕉羽叶	Ⅲ	/445/102
Nilssonia cf. *N. zhaitangensis* 斋堂蕉羽叶(比较属种)	Ⅲ	/446/102
Nilssonia spp. 蕉羽叶(未定多种)	Ⅲ	/446/102
Nilssonia? spp. 蕉羽叶?(未定多种)	Ⅲ	/450/105
Nilssoniopteris 蕉带羽叶属	Ⅲ	/450/106
△*Nilssoniopteris angustifolia* 狭蕉带羽叶	Ⅲ	/451/106
△*Nilssoniopteris aniana* 安氏蕉带羽叶	Ⅲ	/451/106
Nilssoniopteris (*Taniopteris*) *beyrichii* 贝氏蕉带羽叶(带羊齿)	Ⅲ	/451/106
Nilssoniopteris beyrichii 贝氏蕉带羽叶	Ⅲ	/451/107
△*Nilssoniopteris bolei* 伯乐蕉带羽叶	Ⅲ	/452/107
△*Nilssoniopteris conjugata* 联接蕉带羽叶	Ⅲ	/452/107
△*Nilssoniopteris didaoensis* 滴道蕉带羽叶	Ⅲ	/452/107
Nilssoniopteris groenlandensis 格陵兰蕉带羽叶	Ⅲ	/452/107
Nilssoniopteris cf. *groenlandensis* 格陵兰蕉带羽叶(比较种)	Ⅲ	/452/107
Cf. *Nilssoniopteris groenlandensis* 格陵兰蕉带羽叶(比较属种)	Ⅲ	/452/107
△*Nilssoniopteris hailarensis* 海拉尔蕉带羽叶	Ⅲ	/452/107
△*Nilssoniopteris huolinhensis* 霍林河蕉带羽叶	Ⅲ	/452/108
Nilssoniopteris immersa 下凹蕉带羽叶	Ⅲ	/453/108
Cf. *Nilssoniopteris immersa* 下凹蕉带羽叶(比较属种)	Ⅲ	/453/108
△*Nilssoniopteris inconstans* 变异蕉带羽叶	Ⅲ	/453/108
△*Nilssoniopteris introvenius* 间脉蕉带羽叶	Ⅲ	/453/108
Nilssoniopteris jourdyi 密脉蕉带羽叶	Ⅲ	/453/108
Nilssoniopteris jourdyi? 密脉蕉带羽叶?	Ⅲ	/454/109
Nilssoniopteris cf. *jourdyi* 密脉蕉带羽叶(比较种)	Ⅲ	/454/109
Cf. *Nilssoniopteris jourdyi* 密脉蕉带羽叶(比较属种)	Ⅲ	/454/109
Nilssoniopteris latifolia Kiritchkova,1973 (non Zheng et Zhang,1996) 宽叶蕉带羽叶	Ⅲ	/454/109
△*Nilssoniopteris latifolia* Zheng et Zhang,1996 (non Kiritchkova,1973) 宽叶蕉带羽叶	Ⅲ	/454/109
△*Nilssoniopteris lixinensis* 立新蕉带羽叶	Ⅲ	/454/109
Nilssoniopteris longifolius Doludenko,1969 (non Chang,1976) 狭长蕉带羽叶	Ⅲ	/455/109
△*Nilssoniopteris longifolius* Chang,1976 (non Doludenko,1969) 狭长蕉带羽叶	Ⅲ	/455/109
Cf. *Nilssoniopteris longifolius* 狭长蕉带羽叶(比较属种)	Ⅲ	/455/109
△*Nilssoniopteris multiformis* 多形蕉带羽叶	Ⅲ	/455/109
△*Nilssoniopteris oligotricha* 疏毛蕉带羽叶	Ⅲ	/455/110
Nilssoniopteris ovalis 卵形蕉带羽叶	Ⅲ	/455/110

Nilssoniopteris pristis 箭齿蕉带羽叶	Ⅲ	/456 /110
Nilssoniopteris prynadae 普利纳达蕉带羽叶	Ⅲ	/456 /110
△*Nilssoniopteris shuangyashanensis* 双鸭山蕉带羽叶	Ⅲ	/456 /110
Nilssoniopteris tenuinervis 弱脉蕉带羽叶	Ⅲ	/450 /106
Nilssoniopteris cf. *tenuinervis* 弱脉蕉带羽叶(比较种)	Ⅲ	/451 /106
Cf. *Nilssoniopteris tenuinervis* 弱脉蕉带羽叶(比较属种)	Ⅲ	/451 /106
△*Nilssoniopteris? undufolia* 波状?蕉带羽叶	Ⅲ	/456 /110
△*Nilssoniopteris? uwatokoi* 上床?蕉带羽叶	Ⅲ	/456 /111
Nilssoniopteris vittata 狭叶蕉带羽叶	Ⅲ	/457 /111
Nilssoniopteris? vittata 狭叶?蕉带羽叶	Ⅲ	/457 /111
Nilssoniopteris cf. *vittata* 狭叶蕉带羽叶(比较种)	Ⅲ	/457 /111
Cf. *Nilssoniopteris vittata* 狭叶蕉带羽叶(比较属种)	Ⅲ	/457 /111
△*Nilssoniopteris xuiana* 徐氏蕉带羽叶	Ⅲ	/458 /111
Nilssoniopteris spp. 蕉带羽叶(未定多种)	Ⅲ	/458 /112
Noeggerathiopsis 匙叶属	Ⅲ	/458 /112
Noeggerathiopsis hislopi 希氏匙叶	Ⅲ	/459 /112
△*Noeggerathiopsis? hubeiensis* 湖北?匙叶	Ⅲ	/459 /112
△*Noeggerathiopsis liaoningensis* 辽宁匙叶	Ⅲ	/459 /113
Nordenskioldia 落登斯基果属	Ⅵ	/158 /38
Nordenskioldia borealis 北方落登斯基果	Ⅵ	/158 /38
Nordenskioldia cf. *borealis* 北方落登斯基果(比较种)	Ⅵ	/158 /38
△*Norinia* 那琳壳斗属	Ⅲ	/459 /113
△*Norinia cucullata* 僧帽状那琳壳斗	Ⅲ	/459 /113
Norinia sp. 那琳壳斗(未定种)	Ⅲ	/459 /113
Nymphaeites 似睡莲属	Ⅵ	/158 /38
Nymphaeites arethusae 泉女兰似睡莲	Ⅵ	/159 /39
Nymphaeites browni 布朗似睡莲	Ⅵ	/159 /39

O

△*Odontosorites* 似齿囊蕨属	Ⅱ	/467 /155
△*Odontosorites heerianus* 海尔似齿囊蕨	Ⅱ	/467 /155
Oleandridium 准条蕨属	Ⅲ	/459 /113
△*Oleandridium eurychoron* 宽膜准条蕨	Ⅲ	/460 /113
Oleandridium vittatum 狭叶准条蕨	Ⅲ	/460 /113
Onychiopsis 拟金粉蕨属	Ⅱ	/467 /155
Onychiopsis elongata 伸长拟金粉蕨	Ⅱ	/467 /156
△*Onychiopsis ovata* 卵形拟金粉蕨	Ⅱ	/469 /157
Onychiopsis psilotoides 松叶兰型拟金粉蕨	Ⅱ	/469 /157
△*Onychiopsis sphenoforma* 楔形拟金粉蕨	Ⅱ	/471 /158
Onychiopsis spp. 拟金粉蕨(未定多种)	Ⅱ	/471 /158
Onychiopsis? sp. 拟金粉蕨?(未定种)	Ⅱ	/471 /158
△*Orchidites* 似兰属	Ⅵ	/159 /39
△*Orchidites lancifolius* 披针叶似兰	Ⅵ	/159 /39
△*Orchidites linearifolius* 线叶似兰	Ⅵ	/159 /39

Osmunda 紫萁属 ··· Ⅱ /471 /158
   Osmunda cretacea 白垩紫萁 ·· Ⅱ /472 /159
   Osmunda cf. *cretacea* 白垩紫萁(比较种) ·· Ⅱ /472 /159
   △*Osmunda diamensis* 佳木紫萁 ·· Ⅱ /472 /159
   Osmunda cf. *diamensis* 佳木紫萁(比较种) ·· Ⅱ /472 /159
   Osmunda greenlandica 格陵兰紫萁 ·· Ⅱ /472 /159
Osmundacaulis 紫萁座莲属 ··· Ⅱ /473 /159
   Osmundacaulis skidegatensis 斯开特紫萁座莲 ·· Ⅱ /473 /160
   △*Osmundacaulis hebeiensis* 河北紫萁座莲 ··· Ⅱ /473 /160
   Osmundacaulis sp. 紫萁座莲(未定种) ·· Ⅱ /473 /160
Osmundopsis 拟紫萁属 ··· Ⅱ /473 /160
   Osmundopsis plectrophora 距羽拟紫萁 ··· Ⅱ /474 /160
   Osmundopsis cf. *plectrophora* 距羽拟紫萁(比较种) ·· Ⅱ /474 /161
   △*Osmundopsis plectrophora* var. *punctata* 距羽拟紫萁点痕变种 ···································· Ⅱ /474 /161
   Osmundopsis sturii 司都尔拟紫萁 ·· Ⅱ /473 /160
   Cf. *Osmundopsis sturii* 司都尔拟紫萁(比较属种) ·· Ⅱ /474 /160
   Osmundopsis sp. 拟紫萁(未定种) ·· Ⅱ /474 /161
   ?*Osmundopsis* sp. ?拟紫萁(未定种) ·· Ⅱ /474 /161
Otozamites 耳羽叶属 ·· Ⅲ /460 /114
   Otozamites anglica 英国耳羽叶 ·· Ⅲ /460 /114
   △*Otozamites*? *anlungensis* 安龙?耳羽叶 ··· Ⅲ /461 /114
   △*Otozamites apiculatus* 亚尖头耳羽叶 ·· Ⅲ /461 /114
   △*Otozamites baiguowanensis* 白果湾耳羽叶 ··· Ⅲ /461 /114
   Otozamites beani 边氏耳羽叶 ·· Ⅲ /461 /114
   Otozamites bechei 毕氏耳羽叶 ··· Ⅲ /461 /115
   Otozamites bengalensis 孟加拉耳羽叶 ·· Ⅲ /461 /115
   Otozamites cf. *bengalensis* 孟加拉耳羽叶(比较种) ·· Ⅲ /462 /115
   △*Otozamites cathayanus* 华夏耳羽叶 ··· Ⅲ /462 /115
   △*Otozamites chuensis* 楚耳羽叶 ·· Ⅲ /462 /115
   Otozamites denticulatus 齿状耳羽叶 ··· Ⅲ /462 /115
   △*Otozamites falcata* 镰状耳羽叶 ··· Ⅲ /463 /116
   △*Otozamites gigantipinnatus* 大羽耳羽叶 ·· Ⅲ /463 /116
   Otozamites gramineus 草状耳羽叶 ··· Ⅲ /463 /116
   Otozamites graphicus 尖头耳羽叶 ··· Ⅲ /463 /116
   △*Otozamites hsiangchiensis* 香溪耳羽叶 ··· Ⅲ /463 /116
   △*Otozamites huaanensis* 华安耳羽叶 ··· Ⅲ /465 /117
   Otozamites indosinensis 中印耳羽叶 ··· Ⅲ /465 /117
   Otozamites cf. *indosinensis* 中印耳羽叶(比较种) ··· Ⅲ /465 /117
   △*Otozamites jiangyouensis* 江油耳羽叶 ·· Ⅲ /465 /117
   △*Otozamites jingmenensis* 荆门耳羽叶 ·· Ⅲ /465 /118
   Otozamites klipsteinii 克氏耳羽叶 ··· Ⅲ /466 /118
   Otozamites cf. *klipsteinii* 克氏耳羽叶(比较种) ·· Ⅲ /466 /118
   △*Otozamites lanceolatus* 披针耳羽叶 ·· Ⅲ /466 /118
   Otozamites lancifolius 针形耳羽叶 ··· Ⅲ /466 /118
   Otozamites cf. *lancifolius* 针形耳羽叶(比较种) ··· Ⅲ /466 /118

△*Otozamites lanxiensis* 兰溪耳羽叶	Ⅲ	/466 /118
Otozamites leckenbyi 林肯耳羽叶	Ⅲ	/466 /118
△*Otozamites linguifolius* 舌状耳羽叶	Ⅲ	/466 /118
△*Otozamites margaritaceus* 串珠耳羽叶	Ⅲ	/467 /119
Otozamites mattiellianus 马蒂耳羽叶	Ⅲ	/467 /119
△*Otozamites megaphyllus* 大叶耳羽叶	Ⅲ	/467 /119
Otozamites mimetes 拟态耳羽叶	Ⅲ	/468 /119
Otozamites cf. *mimetes* 拟态耳羽叶(比较种)	Ⅲ	/468 /119
△*Otozamites minor* 较小耳羽叶	Ⅲ	/468 /119
△*Otozamites mixomorphus* 混型耳羽叶	Ⅲ	/468 /120
Otozamites cf. *mixomorphus* 混型耳羽叶(比较种)	Ⅲ	/469 /120
△*Otozamites nalajingensis* 纳拉箐耳羽叶	Ⅲ	/469 /120
△*Otozamites nanzhangensis* 南漳耳羽叶	Ⅲ	/469 /120
Otozamites obtusus 钝耳羽叶	Ⅲ	/460 /114
Otozamites pamiricus 帕米尔耳羽叶	Ⅲ	/470 /120
△*Otozamites parviensifolius* 小剑耳羽叶	Ⅲ	/470 /120
△*Otozamites parvus* 小耳羽叶	Ⅲ	/470 /121
Otozamites ptilophylloides 毛羽叶型耳羽叶	Ⅲ	/470 /121
Cf. *Otozamites ptilophylloides* 毛羽叶型耳羽叶(比较属种)	Ⅲ	/470 /121
△*Otozamites recurvus* 反弯耳羽叶	Ⅲ	/470 /121
Otozamites sewardii 秀厄德耳羽叶	Ⅲ	/470 /121
△*Otozamites szeianus* 斯氏耳羽叶	Ⅲ	/471 /121
△*Otozamites tangyangensis* 当阳耳羽叶	Ⅲ	/471 /121
△*Otozamites tenellus* 纤柔耳羽叶	Ⅲ	/471 /121
Otozamites turkestanica 土耳库斯坦耳羽叶	Ⅲ	/471 /121
△*Otozamites xiaoxiangensis* 潇湘耳羽叶	Ⅲ	/471 /122
△*Otozamites xinanensis* 西南耳羽叶	Ⅲ	/471 /122
△*Otozamites yabulaense* 雅布赖耳羽叶	Ⅲ	/472 /122
△*Otozamites yizhangensis* 宜章耳羽叶	Ⅲ	/472 /122
△*Otozamites yunheensis* 云和耳羽叶	Ⅲ	/472 /122
Otozamites spp. 耳羽叶(未定多种)	Ⅲ	/472 /122
Otozamites? spp. 耳羽叶?(未定多种)	Ⅲ	/475 /124
Ourostrobus 尾果穗属	Ⅴ	/335 /81
Ourostrobus nathorsti 那氏尾果穗	Ⅴ	/335 /81
Cf. *Ourostrobus nathorsti* 那氏尾果穗(比较属种)	Ⅴ	/335 /82
Oxalis 酢浆草属	Ⅵ	/160 /40
△*Oxalis jiayinensis* 嘉荫酢浆草	Ⅵ	/160 /40

P

Pachypteris 厚羊齿属	Ⅲ	/475 /124
△*Pachypteris chinensis* 中国厚羊齿	Ⅲ	/475 /125
Cf. *Pachypteris chinensis* 中国厚羊齿(比较属种)	Ⅲ	/476 /125
Pachypteris lanceolata 披针厚羊齿	Ⅲ	/475 /125
Pachypteris cf. *lanceolata* 披针形厚羊齿(比较种)	Ⅲ	/475 /125

△*Pachypteris lepingensis* 乐平厚羊齿	Ⅲ /476 /125	
△*Pachypteris pamirensis* 帕米尔厚羊齿	Ⅲ /476 /125	
△*Pachypteris orientalis* 东方厚羊齿	Ⅲ /476 /125	
Pachypteris rhomboidalis 菱形厚羊齿	Ⅲ /476 /125	
Pachypteris specifica 美丽厚羊齿	Ⅲ /476 /126	
Pachypteris speikernensis 斯拜肯厚羊齿	Ⅲ /477 /126	
Pachypteris cf. *speikernensis* 斯拜肯厚羊齿(比较种)	Ⅲ /477 /126	
△*Pachypteris stellata* 星芒厚羊齿	Ⅲ /477 /126	
△*Pachypteris tarimensis* 塔里木厚羊齿	Ⅲ /477 /126	
△*Pachypteris yungjenensis* 永仁厚羊齿	Ⅲ /477 /126	
Pachypteris spp. 厚羊齿(未定多种)	Ⅲ /477 /126	
Pagiophyllum 坚叶杉属	Ⅴ /336 /82	
Pagiophyllum ambiguum 可疑坚叶杉	Ⅴ /336 /82	
△*Pagiophyllum beipiaoense* 北票坚叶杉	Ⅴ /336 /82	
Pagiophyllum circincum 圆形坚叶杉	Ⅴ /336 /82	
Pagiophyllum crassifolium 厚叶坚叶杉	Ⅴ /336 /82	
Pagiophyllum cf. *crassifolium* 厚叶坚叶杉(比较种)	Ⅴ /336 /82	
△*Pagiophyllum delicatum* 柔弱坚叶杉	Ⅴ /337 /83	
Pagiophyllum falcatum 镰形坚叶杉	Ⅴ /337 /83	
Pagiophyllum cf. *falcatum* 镰形坚叶杉(比较种)	Ⅴ /337 /83	
Pagiophyllum feistmanteli 法司曼达坚叶杉	Ⅴ /337 /83	
Pagiophyllum cf. *feistmanteli* 法司曼达氏坚叶杉(比较种)	Ⅴ /337 /83	
△*Pagiophyllum gracile* 纤细坚叶杉	Ⅴ /337 /83	
Pagiophyllum cf. *gracile* 纤细坚叶杉(比较种)	Ⅴ /338 /83	
△*Pagiophyllum laocunense* 劳村坚叶杉	Ⅴ /338 /83	
△*Pagiophyllum linhaiense* 临海坚叶杉	Ⅴ /338 /83	
△*Pagiophyllum obtusior* 钝头坚叶杉	Ⅴ /338 /84	
Pagiophyllum peregriun 奇异坚叶杉	Ⅴ /338 /84	
Pagiophyllum cf. *peregriun* 奇异坚叶杉(比较种)	Ⅴ /338 /84	
△*Pagiophyllum pusillum* 细小坚叶杉	Ⅴ /338 /84	
△*Pagiophyllum shahozium* 沙河子坚叶杉	Ⅴ /339 /84	
△*Pagiophyllum stenopapillae* 强乳突坚叶杉	Ⅴ /339 /84	
△*Pagiophyllum touliense* 坨里坚叶杉	Ⅴ /339 /84	
Pagiophyllum triangulare 三角坚叶杉	Ⅴ /339 /85	
△*Pagiophyllum unguifolium* 爪形坚叶杉	Ⅴ /339 /85	
△*Pagiophyllum xinchangense* 新昌坚叶杉	Ⅴ /340 /85	
△*Pagiophyllum zhejiangense* 浙江坚叶杉	Ⅴ /340 /85	
Pagiophyllum spp. 坚叶杉(未定多种)	Ⅴ /340 /85	
Pagiophyllum? sp. 坚叶杉?(未定种)	Ⅴ /342 /87	
Pagiophyllum (*Araucarites*?) sp. 坚叶杉(似南羊杉?)(未定种)	Ⅴ /342 /87	
Pagiophyllum (?*Athrotaxopsis*) sp. 坚叶杉(?拟密叶杉)(未定种)	Ⅴ /342 /87	
Pagiophyllum (*Sphenolepis*?) sp. 坚叶杉(楔鳞杉?)(未定种)	Ⅴ /342 /87	
Palaeocyparis 古柏属	Ⅴ /342 /87	
Palaeocyparis expansus 扩张古柏	Ⅴ /343 /87	
Palaeocyparis flexuosa 弯曲古柏	Ⅴ /343 /87	

Name	Vol.	Page
Palaeocyparis cf. *flexuosa* 弯曲古柏(比较种)	V	/343 /88
Palaeovittaria 古维他叶属	Ⅲ	/478 /127
Palaeovittaria kurzii 库兹古维他叶	Ⅲ	/478 /127
△*Palaeovittaria shanxiensis* 山西古维他叶	Ⅲ	/478 /127
Palibiniopteris 帕利宾蕨属	Ⅱ	/474 /161
Palibiniopteris inaequipinnata 不等叶帕利宾蕨	Ⅱ	/475 /161
△*Palibiniopteris variafolius* 变叶帕利宾蕨	Ⅱ	/475 /161
Palissya 帕里西亚杉属	V	/343 /88
Palissya brunii 布劳恩帕里西亚杉	V	/343 /88
△*Palissya manchurica* 满洲帕里西亚杉	V	/343 /88
Palissya sp. 帕里西亚杉(未定种)	V	/343 /88
Paliurus 马甲子属	Ⅵ	/160 /40
△*Paliurus jurassinicus* 中华马甲子	Ⅵ	/160 /40
Palyssia 帕里西亚杉属	V	/344 /88
△*Palyssia manchurica* 满洲帕里西亚杉	V	/344 /88
△*Pankuangia* 潘广叶属	Ⅲ	/478 /127
△*Pankuangia haifanggouensis* 海房沟潘广叶	Ⅲ	/478 /127
△*Papilionifolium* 蝶叶属	Ⅲ	/479 /127
△*Papilionifolium hsui* 徐氏蝶叶	Ⅲ	/479 /128
△*Paraconites* 副球果属	V	/344 /89
△*Paraconites longifolius* 伸长副球果	V	/344 /89
Paracycas 副苏铁属	Ⅲ	/479 /128
Paracycas cteis 梳子副苏铁	Ⅲ	/479 /128
Paracycas cf. *cteis* 梳子副苏铁(比较种)	Ⅲ	/479 /128
Paracycas rigida 劲直副苏铁	Ⅲ	/480 /128
△*Paracycas*? *rigida* 劲直? 副苏铁	Ⅲ	/479 /128
△*Paracycas*? *sanxiaenses* 三峡? 副苏铁	Ⅲ	/480 /128
Paradoxopteris Hirmer,1927 (non Mi et Liu,1977) 奇异蕨属	Ⅱ	/475 /161
Paradoxopteris stromeri 司氏奇异蕨	Ⅱ	/475 /161
△*Paradoxopteris* Mi et Liu,1977 (non Hirmer,1927) 奇异羊齿属	Ⅲ	/480 /128
△*Paradoxopteris hunjiangensis* 浑江奇异羊齿	Ⅲ	/480 /129
△*Paradrepanozamites* 副镰羽叶属	Ⅲ	/480 /129
△*Paradrepanozamites dadaochangensis* 大道场副镰羽叶	Ⅲ	/481 /129
△*Paradrepanozamites minor* 小副镰羽叶	Ⅲ	/481 /129
△*Parafunaria* 副葫芦藓属	Ⅰ	/134 /7
△*Parafunaria sinensis* 中国副葫芦藓	Ⅰ	/134 /7
△*Parastorgaardis* 拟斯托加枝属	V	/344 /89
△*Parastorgaardis mentoukouensis* 门头沟拟斯托加枝	V	/345 /89
Parataxodium 副落羽杉属	V	/345 /89
Parataxodium jacutensis 雅库特副落羽杉	V	/345 /90
Parataxodium wigginsii 魏更斯副落羽杉	V	/345 /89
Paulownia 泡桐属	Ⅵ	/161 /40
△*Paulownia*? *shangzhiensis* 尚志? 泡桐	Ⅵ	/161 /40
△*Pavoniopteris* 雅蕨属	Ⅱ	/475 /162
△*Pavoniopteris matonioides* 马通蕨型雅蕨	Ⅱ	/475 /162

Pecopteris 栉羊齿属		Ⅱ/476/162
△*Pecopteris callipteroides* 美羊齿型栉羊齿		Ⅱ/476/162
Pecopteris concinna 优雅栉羊齿		Ⅱ/476/162
Pecopteris (*Asterotheca*) *cottoni* 柯顿栉羊齿(星囊蕨)		Ⅱ/476/163
Pecopteris (*Asterotheca*) cf. *cottoni* 柯顿栉羊齿(星囊蕨)(比较种)		Ⅱ/476/163
△*Pecopteris crassinervis* 粗脉栉羊齿		Ⅱ/476/163
△*Pecopteris lativenosa* 厚脉栉羊齿		Ⅱ/476/163
Pecopteris aff. *lativenosa* 厚脉栉羊齿(亲近种)		Ⅱ/477/163
Pecopteris pennaeformis 羽状栉羊齿		Ⅱ/476/162
Pecopteris whitbiensis 怀特栉羊齿		Ⅱ/477/163
Pecopteris whitbiensis? 怀特栉羊齿?		Ⅱ/477/163
△*Pecopteris yangshugouensis* 杨树沟栉羊齿		Ⅱ/477/163
Pecopteris spp. 栉羊齿(未定多种)		Ⅱ/477/163
Peltaspermum 盾籽属		Ⅲ/481/130
△*Peltaspermum calycinum* 萼状形盾籽		Ⅲ/482/130
△*Peltaspermum lobulatum* 圆瓣形盾籽		Ⅲ/482/130
△*Peltaspermum miracarinatum* 奇肋盾籽		Ⅲ/482/130
△*Peltaspermum multicostatum* 多脊盾籽		Ⅲ/482/130
Peltaspermum rotula 圆形盾籽		Ⅲ/481/130
Peltaspermum cf. *rotula* 圆形盾籽(比较种)		Ⅲ/481/130
Peltaspermum spp. 盾籽(未定多种)		Ⅲ/483/131
?*Peltaspermum* sp. ?盾籽(未定种)		Ⅲ/483/131
△*Perisemoxylon* 雅观木属		Ⅲ/483/131
△*Perisemoxylon bispirale* 双螺纹雅观木		Ⅲ/483/131
Perisemoxylon sp. 雅观木(未定种)		Ⅲ/483/131
Phlebopteris 异脉蕨属		Ⅱ/477/164
Phlebopteris angustloba 狭叶异脉蕨		Ⅱ/479/165
Phlebopteris brauni 布劳异脉蕨		Ⅱ/479/165
?*Phlebopteris brauni* ?布劳异脉蕨		Ⅱ/480/165
Phlebopteris cf. *brauni* 布劳异脉蕨(比较种)		Ⅱ/480/165
△*Phlebopteris digitata* Chow et Huang,1976 (non Liu,1980) 指状异脉蕨		Ⅱ/480/166
△*Phlebopteris digitata* Liu,1980 (non Chow et Huang,1976) 指状异脉蕨		Ⅱ/480/166
△*Phlebopteris gonjoensis* 贡觉异脉蕨		Ⅱ/480/166
△*Phlebopteris hubeiensis* 湖北异脉蕨		Ⅱ/480/166
△*Phlebopteris*? *linearifolis* 线叶?异脉蕨		Ⅱ/481/166
△*Phlebopteris microphylla* 小叶异脉蕨		Ⅱ/481/166
Phlebopteris muensteri 敏斯特异脉蕨		Ⅱ/481/166
Phlebopteris polypodioides 水龙骨异脉蕨		Ⅱ/478/164
Phlebopteris cf. *polypodioides* 水龙骨异脉蕨(比较种)		Ⅱ/478/164
△*Phlebopteris shiguaigouensis* 石拐沟异脉蕨		Ⅱ/481/166
△*Phlebopteris sichuanensis* 四川异脉蕨		Ⅱ/481/166
△*Phlebopteris splendidus* 华丽异脉蕨		Ⅱ/482/167
Phlebopteris torosa 念珠状异脉蕨		Ⅱ/482/167
Phlebopteris cf. *torosa* 念珠状异脉蕨(比较种)		Ⅱ/482/167
△*Phlebopteris xiangyuensis* 祥云异脉蕨		Ⅱ/482/167

△*Phlebopteris ziguiensis* 秭归异脉蕨	II	/483 /168
Phlebopteris spp. 异脉蕨(未定多种)	II	/483 /168
Phlebopteris? sp. 异脉蕨?(未定种)	II	/483 /168
Cf. *Phlebopteris* sp. 异脉蕨(比较属,未定种)	II	/483 /168
Phoenicopsis 拟刺葵属	IV	/253 /69
Phoenicopsis angustifolia 狭叶拟刺葵	IV	/253 /69
Phoenicopsis cf. *angustifolia* 狭叶拟刺葵(比较种)	IV	/256 /71
Cf. *Phoenicopsis angustifolia* 狭叶拟刺葵(比较属种)	IV	/256 /71
Phoenicopsis aff. *angustifolia* 狭叶拟刺葵(亲近种)	IV	/256 /71
Phoenicopsis ex gr. *angustifolia* 狭叶拟刺葵(集合种)	IV	/256 /71
△*Phoenicopsis angustifolia* f. *media* 狭叶拟刺葵中间异型	IV	/256 /71
Phoenicopsis angustissima 窄小拟刺葵	IV	/256 /71
Phoenicopsis enissejensis 厄尼塞捷拟刺葵	IV	/256 /72
△*Phoenicopsis euthyphylla* 直叶拟刺葵	IV	/257 /72
△*Phoenicopsis hunanensis* 湖南拟刺葵	IV	/257 /72
△*Phoenicopsis latifolia* 宽叶拟刺葵	IV	/257 /72
Phoenicopsis latior 较宽拟刺葵	IV	/257 /72
Phoenicopsis cf. *latior* 较宽拟刺葵(比较种)	IV	/257 /72
Phoenicopsis magnum 大拟刺葵	IV	/257 /72
△*Phoenicopsis manchurensis* Yabe et Ôishi,1935 满洲拟刺葵	IV	/257 /72
Phoenicopsis cf. *manchurensis* 满洲拟刺葵(比较种)	IV	/258 /72
△*Phoenicopsis manchurica* Yabe et Ôishi ex Ôishi,1940 满洲拟刺葵	IV	/258 /73
△*Phoenicopsis media* 中间拟刺葵	IV	/258 /73
△*Phoenicopsis potoniei* 波托尼拟刺葵	IV	/258 /73
Phoenicopsis speciosa 华丽拟刺葵	IV	/258 /73
Phoenicopsis cf. *speciosa* 华丽拟刺葵(比较种)	IV	/260 /74
Cf. *Phoenicopsis speciosa* 华丽拟刺葵(比较属种)	IV	/260 /74
Phoenicopsis aff. *speciosa* 华丽拟刺葵(亲近种)	IV	/260 /74
?*Phoenicopsis* aff. *speciosa* ?华丽拟刺葵(亲近种)	IV	/260 /74
△*Phoenicopsis taschkessiensis* 塔什克斯拟刺葵	IV	/260 /74
△*Phoenicopsis*? *yamadai* 山田?拟刺葵	IV	/260 /75
Phoenicopsis spp. 拟刺葵(未定多种)	IV	/261 /75
Phoenicopsis? spp. 拟刺葵?(未定多种)	IV	/261 /75
Cf. *Phoenicopsis* sp. 拟刺葵(比较属,未定种)	IV	/262 /76
Phoenicopsis (*Culgoweria*) 拟刺葵(苦果维尔叶亚属)	IV	/262 /76
△*Phoenicopsis* (*Culgoweria*) *huolinheiana* 霍林河拟刺葵(苦戈维尔叶)	IV	/262 /76
△*Phoenicopsis* (*Culgoweria*) *jus'huaensis* 珠斯花拟刺葵(苦戈维尔叶)	IV	/262 /76
Phoenicopsis (*Culgoweria*) *mirabilis* 奇异拟刺葵(苦戈维尔叶)	IV	/262 /76
Phoenicopsis (*Phoenicopsis*) 拟刺葵(拟刺葵亚属)	IV	/263 /76
Phoenicopsis (*Phoenicopsis*) *angustifolia* 狭叶拟刺葵(拟刺葵)	IV	/263 /77
Phoenicopsis (*Phoenicopsis*) cf. *angustifolia* 狭叶拟刺葵(拟刺葵)(比较种)	IV	/263 /77
Phoenicopsis (*Phoenicopsis*?) sp. 拟刺葵(拟刺葵?)(未定种)	IV	/263 /77
△*Phoenicopsis* (*Stephenophyllum*) 拟刺葵(斯蒂芬叶亚属)	IV	/263 /77
△*Phoenicopsis* (*Stephenophyllum*) *decorata* 美形拟刺葵(斯蒂芬叶)	IV	/263 /77
△*Phoenicopsis* (*Stephenophyllum*) *enissejensis* 厄尼塞捷拟刺葵(斯蒂芬叶)	IV	/264 /77

△*Phoenicopsis* (*Stephenophyllum*) *mira* 特别拟刺葵（斯蒂芬叶）·········· Ⅳ /264 /78
△*Phoenicopsis* (*Stephenophyllum*) *solmsi* 索尔姆斯拟刺葵（斯蒂芬叶） ·········· Ⅳ /263 /77
△*Phoenicopsis* (*Stephenophyllum*) *taschkessiensis* 塔什克斯拟刺葵（斯蒂芬叶）········· Ⅳ /264 /78
Phoenicopsis (*Stephenophyllum*) cf. *taschkessiensis* 塔什克斯拟刺葵（斯蒂芬叶）
（比较种）·········· Ⅳ /264 /78
Phoenicopsis (*Windwardia*) 拟刺葵（温德瓦狄叶亚属）·········· Ⅳ /264 /78
△*Phoenicopsis* (*Windwardia*) *chaoshuiensis* 潮水拟刺葵（温德瓦狄叶）·········· Ⅳ /265 /79
Phoenicopsis (*Windwardia*) *crookalii* 克罗卡利拟刺葵（温德瓦狄叶）·········· Ⅳ /265 /78
△*Phoenicopsis* (*Windwardia*) *jilinensis* 吉林拟刺葵（温德瓦狄叶）·········· Ⅳ /265 /79
Phoenicopsis (*Windwardia*) *silapensis* 西勒普拟刺葵（温德瓦狄叶）·········· Ⅳ /265 /79
Phoenicopsis (*Windwardia*) sp. 拟刺葵（温德瓦狄叶）（未定种）·········· Ⅳ /265 /79
△*Phoroxylon* 贼木属·········· Ⅲ /483 /131
△*Phoroxylon multiforium* 多列椭线贼木·········· Ⅲ /484 /132
△*Phoroxylon qieziheense* 茄子河贼木·········· Ⅲ /484 /132
△*Phoroxylon scalariforme* 梯纹状贼木·········· Ⅲ /484 /132
Phrynium 柊叶属·········· Ⅵ /161 /41
△*Phrynium tibeticum* 西藏柊叶·········· Ⅵ /161 /41
Phylladoderma 顶缺银杏属·········· Ⅳ /265 /79
Phylladoderma arberi 舌形顶缺银杏·········· Ⅳ /266 /79
Phylladoderma cf. *arberi* 舌形顶缺银杏（比较种）·········· Ⅳ /266 /79
Phylladoderma? sp. 顶缺银杏?（未定种）·········· Ⅳ /266 /80
Phylladoderma (*Aequistomia*) sp. 顶缺银杏（等孔叶）（未定种）·········· Ⅳ /266 /80
Phyllites 石叶属·········· Ⅵ /161 /41
Phyllites populina 白杨石叶·········· Ⅵ /161 /41
Phyllites spp. 石叶（未定多种）·········· Ⅵ /162 /41
?*Phyllites* sp. ?石叶（未定种）·········· Ⅵ /162 /41
Phyllocladopsis 拟叶枝杉属·········· Ⅴ /345 /90
Phyllocladopsis heterophylla 异叶拟叶枝杉·········· Ⅴ /345 /90
Phyllocladopsis cf. *heterophylla* 异叶拟叶枝杉（比较种）·········· Ⅴ /345 /90
Phyllocladoxylon 叶枝杉型木属·········· Ⅴ /346 /90
△*Phyllocladoxylon densum* 密轮叶枝杉型木·········· Ⅴ /346 /91
Phyllocladoxylon eboracense 象牙叶枝杉型木·········· Ⅴ /346 /91
Phyllocladoxylon cf. *eboracense* 象牙叶枝杉型木（比较种）·········· Ⅴ /346 /91
△*Phyllocladoxylon hailaerense* 海拉尔叶枝杉型木·········· Ⅴ /346 /91
Phyllocladoxylon heizyoense 平壤叶枝杉型木·········· Ⅴ /347 /91
Phyllocladoxylon muelleri 缪勒叶枝杉型木·········· Ⅴ /346 /90
△*Phyllocladoxylon xinqiuense* 新丘叶枝杉型木·········· Ⅴ /347 /91
Phyllocladoxylon spp. 叶枝杉型木（未定多种）·········· Ⅴ /347 /91
Phyllocladoxylon? spp. 叶枝杉型木?（未定多种）·········· Ⅴ /347 /91
Phyllotheca 杯叶属·········· Ⅰ /213 /69
Phyllotheca australis 澳洲杯叶·········· Ⅰ /214 /69
△*Phyllotheca bella* 华美杯叶·········· Ⅰ /214 /69
△*Phyllotheca bicruris* 双枝杯叶·········· Ⅰ /214 /69
Phyllotheca cf. *deliquescens* 伞状杯叶（比较种）·········· Ⅰ /214 /69
Phyllotheca cf. *equisetoides* 似木贼型杯叶（比较种）·········· Ⅰ /214 /69

△*Phyllotheca marginans* 缘边杯叶 …………………………………………… Ⅰ/214/69
Phyllotheca sibirica 西伯利亚杯叶 ………………………………………… Ⅰ/215/70
Phyllotheca cf. *sibirica* 西伯利亚杯叶(比较种) ……………………………… Ⅰ/215/70
△*Phyllotheca yusheensis* 榆社杯叶 ………………………………………… Ⅰ/215/70
Phyllotheca spp. 杯叶(未定多种) ……………………………………………… Ⅰ/215/70
Phyllotheca? spp. 杯叶?(未定多种) …………………………………………… Ⅰ/215/70
Picea 云杉属 …………………………………………………………………………… Ⅴ/347/92
 ?*Picea smithiana* ?长叶云杉 …………………………………………………… Ⅴ/347/92
 Picea sp. 云杉(未定种) ………………………………………………………… Ⅴ/348/92
Piceoxylon 云杉型木属 ………………………………………………………………… Ⅴ/348/92
 △*Piceoxylon dongguanense* 东莞云杉型木 …………………………………… Ⅴ/348/92
 △*Piceoxylon manchuricum* 满洲云杉型木 …………………………………… Ⅴ/348/92
 Piceoxylon pseudotsugae 假铁杉云杉型木 …………………………………… Ⅴ/348/92
 △*Piceoxylon priscum* 原始云杉型木 …………………………………………… Ⅴ/348/93
 △*Piceoxylon zaocishanense* 枣刺山云杉型木 ………………………………… Ⅴ/348/93
Pinites 似松属 ……………………………………………………………………… Ⅴ/349/93
 Pinites brandlingi 勃氏似松 …………………………………………………… Ⅴ/349/93
 △*Pinites kubukensis* 库布克似松 ……………………………………………… Ⅴ/349/93
 Pinites (*Pityophyllum*) *lindstroemi* 林氏似松(松型叶) ……………………… Ⅴ/349/93
 △*Pinites* (*Pityophyllum*) *thiohoense* 蛟河似松(松型叶) …………………… Ⅴ/349/93
Pinoxylon 松木属 ……………………………………………………………………… Ⅴ/349/94
 Pinoxylon dacotense 达科他松木 ……………………………………………… Ⅴ/350/94
 △*Pinoxylon yabei* 矢部松木 …………………………………………………… Ⅴ/350/94
Pinus 松属 …………………………………………………………………………… Ⅴ/350/94
 Pinus nordenskioeldi 诺氏松 …………………………………………………… Ⅴ/350/94
 △*Pinus luanpingensis* 滦平松 ………………………………………………… Ⅴ/350/94
Pityites 拟松属 ……………………………………………………………………… Ⅴ/350/95
 △*Pityites iwaiana* 岩井拟松 …………………………………………………… Ⅴ/351/95
 Pityites solmsi 索氏拟松 ……………………………………………………… Ⅴ/351/95
Pityocladus 松型枝属 ………………………………………………………………… Ⅴ/351/95
 △*Pityocladus abiesoides* 冷杉型松型枝 ……………………………………… Ⅴ/351/95
 △*Pityocladus acusifolius* 针叶松型枝 ………………………………………… Ⅴ/351/95
 △*Pityocladus densifolius* 密叶松型枝 ………………………………………… Ⅴ/352/95
 Pityocladus ferganensis 费尔干松型枝 ……………………………………… Ⅴ/352/96
 △*Pityocladus iwaianus* 岩井松型枝 …………………………………………… Ⅴ/352/96
 △*Pityocladus jianshangouensis* 尖山沟松型枝 ……………………………… Ⅴ/352/96
 △*Pityocladus kobukensis* 库布克松型枝 ……………………………………… Ⅴ/352/96
 △*Pityocladus lingdongensis* 岭东松型枝 ……………………………………… Ⅴ/353/96
 Pityocladus longifolius 长叶松型枝 …………………………………………… Ⅴ/351/95
 △*Pityocladus pseudolarixioides* 假金钱松型松型枝 ………………………… Ⅴ/353/96
 △*Pityocladus robustus* 粗壮松型枝 …………………………………………… Ⅴ/353/97
 △*Pityocladus shantungensis* 山东松型枝 …………………………………… Ⅴ/353/97
 △*Pityocladus suziheensis* 苏子河松型枝 ……………………………………… Ⅴ/353/97
 △*Pityocladus taizishanensis* 台子山松型枝 ………………………………… Ⅴ/353/97
 △*Pityocladus yabei* 矢部松型枝 ………………………………………………… Ⅴ/354/97

Pityocladus cf. *yabei* 矢部松型枝(比较种)	……	Ⅴ/354/97
△*Pityocladus yingchengensis* 营城松型枝	……	Ⅴ/354/97
△*Pityocladus zalainorense* 扎赉诺尔松型枝	……	Ⅴ/354/98
Pityocladus spp. 松型枝(未定多种)	……	Ⅴ/355/98
Pityocladus? sp. 松型枝?(未定种)	……	Ⅴ/355/98
Pityolepis 松型果鳞属	……	Ⅴ/355/98
△*Pityolepis deltatus* 三角松型果鳞	……	Ⅴ/356/99
△*Pityolepis larixiformis* 落叶松形松型果鳞	……	Ⅴ/356/99
△*Pityolepis liaoxiensis* 辽西松型果鳞	……	Ⅴ/356/99
△*Pityolepis lingyuanensis* 凌源松型果鳞	……	Ⅴ/356/99
"*Pityolepis*" *lingyuanensis* 凌源"松型果鳞"	……	Ⅴ/356/99
△*Pityolepis monorimosus* 单裂松型果鳞	……	Ⅴ/356/99
Pityolepis oblonga 椭圆松型果鳞	……	Ⅴ/357/99
△*Pityolepis ovatus* 卵圆松型果鳞	……	Ⅴ/357/99
Pityolepis? *ovatus* 卵圆?松型果鳞	……	Ⅴ/357/100
△*Pityolepis pachylachis* 粗肋松型果鳞	……	Ⅴ/357/100
△*Pityolepis pingquanensis* 平泉松型果鳞	……	Ⅴ/357/100
△*Pityolepis pseudotsugaoides* 黄杉型松型果鳞	……	Ⅴ/357/100
△"*Pityolepis*" *pulandianensis* 普兰店"松型果鳞"	……	Ⅴ/357/100
△*Pityolepis*? *shanxiensis* 山西? 松型果鳞	……	Ⅴ/358/100
△*Pityolepis sphenoides* 楔形松型果鳞	……	Ⅴ/358/100
Pityolepis tsugaeformis 铁杉形松型果鳞	……	Ⅴ/356/99
△"*Pityolepis*" *zhuixingensis* 锥型"松型果鳞"	……	Ⅴ/358/100
Pityolepis spp. 松型果鳞(未定多种)	……	Ⅴ/358/100
Pityolepis? spp. 松型果鳞?(未定多种)	……	Ⅴ/358/101
Pityophyllum 松型叶属	……	Ⅴ/359/101
Pityophyllum angustifolium 狭叶松型叶	……	Ⅴ/360/102
Pityophyllum (*Pityocladus*) *kobukensis* 库布克松型叶(松型枝)	……	Ⅴ/360/102
△*Pityophyllum krasseri* 克拉梭松型叶	……	Ⅴ/360/102
Pityophyllum latifolium 宽叶松型叶	……	Ⅴ/360/102
Pityophyllum (*Pityocladus*?) *latifolium* 宽叶松型叶(松型枝?)	……	Ⅴ/361/103
Pityophyllum lindstroemi 林氏松型叶	……	Ⅴ/361/103
Pityophyllum cf. *lindstroemi* 林氏松型叶(比较种)	……	Ⅴ/362/103
Cf. *Pityophyllum lindstroemi* 林氏松型叶(比较属种)	……	Ⅴ/363/104
Pityophyllum aff. *lindstroemi* 林氏松型叶(亲近种)	……	Ⅴ/362/103
Pityophyllum longifolium 长叶松型叶	……	Ⅴ/363/104
Pityophyllum cf. *longifolium* 长叶松型叶(比较种)	……	Ⅴ/364/105
Cf. *Pityophyllum longifolium* 长叶松型叶(比较属种)	……	Ⅴ/364/105
Pityophyllum nordenskioldi 诺氏松型叶	……	Ⅴ/365/105
Pityophyllum cf. *nordenskioldi* 诺氏松型叶(比较种)	……	Ⅴ/365/106
Pityophyllum staratschini 史氏松型叶	……	Ⅴ/359/101
Pityophyllum cf. *staratschini* 史氏松型叶(比较种)	……	Ⅴ/360/102
△*Pityophyllum thiohoense* 蛟河松型叶	……	Ⅴ/366/106
Pityophyllum spp. 松型叶(未定多种)	……	Ⅴ/366/106
Pityophyllum? sp. 松型叶?(未定种)	……	Ⅴ/367/107

Pityophyllum (*Marskea*?) sp. 松型叶（马斯克松?）（未定种）	Ⅴ	/367 /107
Cf. *Pityophyllum* sp. 松型叶（比较属）（未定种）	Ⅴ	/367 /107

Pityospermum 松型子属 ………………………………………… Ⅴ /367 /107
    △*Pityospermum insutum* 异常松型子 ……………………… Ⅴ /367 /108
    Pityospermum maakanum 马肯松型子 ……………………… Ⅴ /367 /107
    Pityospermum cf. *maakanum* 马肯松型子（比较种） ……… Ⅴ /367 /108
    △*Pityospermum minimum* 最小松型子 ……………………… Ⅴ /367 /108
    Pityospermum cf. *moelleri* 缪勒松型子（比较种） ………… Ⅴ /368 /108
    Pityospermum nanseni 南赛松型子 ………………………… Ⅴ /368 /108
    Pityospermum cf. *nanseni* 南赛松型子（比较种） ………… Ⅴ /368 /108
    Pityospermum prynadae 普里那达松型子 …………………… Ⅴ /368 /108
    Pityospermum cf. *prynadae* 普里那达松型子（比较种） … Ⅴ /368 /108
    Pityospermum spp. 松型子（未定多种） ……………………… Ⅴ /368 /108
    Pityospermum? sp. 松型子?（未定种） ……………………… Ⅴ /369 /109

Pityostrobus 松型果属 ………………………………………… Ⅴ /370 /110
    Pityostrobus dunkeri 董克尔松型果 ………………………… Ⅴ /370 /110
    Pityostrobus cf. *dunkeri* 董克尔松型果（比较种） ………… Ⅴ /370 /110
    △*Pityostrobus endo-riujii* 远藤隆次松型果 ………………… Ⅴ /370 /110
    △*Pityostrobus hebeiensis* 河北松型果 ……………………… Ⅴ /370 /110
    Pityostrobus heeri 海尔松型果 ……………………………… Ⅴ /370 /110
    △*Pityostrobus liufanziensis* 刘房子松型果 ………………… Ⅴ /371 /110
    Pityostrobus macrocephalus 粗榧型松型果 ……………… Ⅴ /370 /110
    △*Pityostrobus nieerkuensis* 聂尔库松型果 ………………… Ⅴ /371 /111
    △*Pityostrobus szeianus* 斯氏松型果 ………………………… Ⅴ /371 /111
    △*Pityostrobus weichangensis* 围场松型果 ………………… Ⅴ /371 /111
    △*Pityostrobus yanbianensis* 盐边松型果 ………………… Ⅴ /371 /111
    △*Pityostrobus yixianensis* 义县松型果 …………………… Ⅴ /371 /111
    Pityostrobus spp. 松型果（未定多种） ……………………… Ⅴ /372 /111
    Pityostrobus? sp. 松型果?（未定种） ……………………… Ⅴ /372 /112

Pityoxylon 松型木属 …………………………………………… Ⅴ /372 /112
    Pityoxylon sandbergerii 桑德伯格松型木 ………………… Ⅴ /372 /112

Planera 普拉榆属 ……………………………………………… Ⅵ /162 /42
    Planera cf. *microphylla* 小叶普拉榆（比较种） …………… Ⅵ /162 /42

Platanophyllum 悬铃木叶属 ………………………………… Ⅵ /162 /42
    Platanophyllum crossinerve 叉脉悬铃木叶 ……………… Ⅵ /162 /42
    Platanophyllum sp. 悬铃木叶（未定种） …………………… Ⅵ /163 /42

Platanus 悬铃木属 …………………………………………… Ⅵ /163 /42
    Platanus appendiculata 附属悬铃木 ……………………… Ⅵ /163 /42
    Platanus cuneifolia 楔形悬铃木 …………………………… Ⅵ /163 /43
    Platanus cf. *cuneifolia* 楔形悬铃木（比较种） …………… Ⅵ /163 /43
    △*Platanus densinervis* 密脉悬铃木 ………………………… Ⅵ /163 /43
    Platanus cf. *newberryana* 纽贝里悬铃木（比较种） ……… Ⅵ /163 /43
    Platanus pseudoguillemae 假奎列尔悬铃木 ……………… Ⅵ /163 /43
    Platanus raynoldii 瑞氏悬铃木 …………………………… Ⅵ /164 /43
    "*Platanus*" *raynoldii* 瑞氏"悬铃木" ……………………… Ⅵ /164 /43

Platanus? *raynoldii* 瑞氏? 悬铃木	VI	/164/43
Platanus septentrioalis 北方悬铃木	VI	/164/43
△*Platanus sinensis* 中华悬铃木	VI	/164/43
△*Platanus subnoblis* 亚显赫悬铃木	VI	/164/44
Platanus spp. 悬铃木(未定多种)	VI	/164/44

Pleuromeia 肋木属 … Ⅰ/216/71
    △*Pleuromeia altinis* 肥厚肋木 … Ⅰ/217/71
    △*Pleuromeia epicharis* 美丽肋木 … Ⅰ/217/72
    △*Pleuromeia hunanensis* 湖南肋木 … Ⅰ/217/72
    △*Pleuromeia jiaochengensis* 交城肋木 … Ⅰ/217/72
    △*Pleuromeia labiata* 唇形肋木 … Ⅰ/218/72
    △*Pleuromeia marginulata* 缘边肋木 … Ⅰ/218/73
    △*Pleuromeia pateriformis* 盘形肋木 … Ⅰ/219/73
    Pleuromeia rossica 俄罗斯肋木 … Ⅰ/219/73
    △*Pleuromeia sanxiaensis* 三峡肋木 … Ⅰ/219/74
    Pleuromeia sternbergi 斯氏肋木 … Ⅰ/216/71
    △*Pleuromeia tongchuanensis* 铜川肋木 … Ⅰ/220/74
    △*Pleuromeia wuziwanensis* Chow et Huang,1976 (non Huang et Chow,1980)
        五字湾肋木 … Ⅰ/220/74
    △*Pleuromeia wuziwanensis* Huang et Chow,1980 (non Chow et Huang,1976)
        五字湾肋木 … Ⅰ/221/74
    Pleuromeia spp. 肋木(未定多种) … Ⅰ/221/75
    Pleuromeia? sp. 肋木?(未定种) … Ⅰ/221/75
    ?*Pleuromeia* spp. ?肋木(未定多种) … Ⅰ/221/75

Podocarpites 似罗汉松属 … Ⅴ/372/112
    Podocarpites acicularis 尖头似罗汉松 … Ⅴ/373/112
    △*Podocarpites mentoukouensis* 门头沟似罗汉松 … Ⅴ/373/112
    "*Podocarpites*" *mentoukouensis* 门头沟"似罗汉松" … Ⅴ/373/113
    Cf. "*Podocarpites*" *mentoukouensis* 门头沟"似罗汉松"(比较属种) … Ⅴ/373/113
    △*Podocarpites reheensis* 热河似罗汉松 … Ⅴ/373/113
    △*Podocarpites salicifolia* 柳叶似罗汉松 … Ⅴ/373/113
    △"*Podocarpites*" *tubercaulis* 瘤轴"似罗汉松" … Ⅴ/373/113

Podocarpoxylon 罗汉松型木属 … Ⅴ/374/113
    △*Podocarpoxylon dacrydioides* 陆均松型罗汉松型木 … Ⅴ/374/113
    Podocarpoxylon juniperoides 桧型罗汉松型木 … Ⅴ/374/113
    Podocarpoxylon spp. 罗汉松型木(未定多种) … Ⅴ/374/113

Podocarpus 罗汉松属 … Ⅴ/374/114
    △*Podocarpus fuxinensis* 阜新罗汉松 … Ⅴ/374/114
    Podocarpus tsagajanicus 查加扬罗汉松 … Ⅴ/375/114
    Cf. *Podocarpus tsagajanicus* 查加扬罗汉松(比较属种) … Ⅴ/375/114
    Podocarpus? sp. 罗汉松?(未定种) … Ⅴ/375/114

Podozamites 苏铁杉属 … Ⅴ/375/114
    Podozamites agardhianus 阿戈迪安苏铁杉 … Ⅴ/376/115
    Podozamites cf. *agardhianus* 阿戈迪安苏铁杉(比较种) … Ⅴ/376/115
    Podozamites angustifolius 狭叶苏铁杉 … Ⅴ/376/116

Podozamites astartensis 阿斯塔特苏铁杉	Ⅴ /377 /116
△*Podozamites austro-sinensis* 华南苏铁杉	Ⅴ /377 /116
△*Podozamites bullus* 美丽苏铁杉	Ⅴ /377 /116
Podozamites distans 间离苏铁杉	Ⅴ /375 /115
Podozamites cf. *distans* 间离苏铁杉(比较种)	Ⅴ /376 /115
Podozamites distans-Podozamites lanceolatus 间离苏铁杉-披针苏铁杉	Ⅴ /376 /115
Podozamites distanstinervis 远脉苏铁杉	Ⅴ /378 /117
Podozamites eichwaldii 爱希华苏铁杉	Ⅴ /378 /117
?*Podozamites eichwaldii* ?爱希华苏铁杉	Ⅴ /378 /117
Podozamites cf. *eichwaldii* 爱希华苏铁杉(比较种)	Ⅴ /378 /117
△*Podozamites emmonsii* 恩蒙斯苏铁杉	Ⅴ /378 /117
△*Podozamites giganteus* 巨大苏铁杉	Ⅴ /379 /117
Podozamites gracilis 纤细苏铁杉	Ⅴ /379 /118
Podozamites cf. *gracilis* 纤细苏铁杉(比较种)	Ⅴ /379 /118
Podozamites gramineus 草本苏铁杉	Ⅴ /379 /118
Podozamites issykkulensis 伊萨克库耳苏铁杉	Ⅴ /379 /118
Podozamites cf. *P. issykkulensis* 伊萨克库苏铁杉(比较属种)	Ⅴ /379 /118
Podozamites lanceolatus 披针苏铁杉	Ⅴ /380 /118
?*Podozamites lanceolatus* ?披针苏铁杉	Ⅴ /384 /121
Podozamites cf. *lanceolatus* 披针苏铁杉(比较种)	Ⅴ /384 /121
Podozamites ex gr. *lanceolatus* 披针苏铁杉(类群种)	Ⅴ /385 /121
Podozamites lanceolatus f. *eichwaldi* 披针苏铁杉爱希瓦特异型	Ⅴ /385 /122
Podozamites lanceolatus f. *intermedius* 披针苏铁杉中间异型	Ⅴ /385 /122
△*Podozamites lanceolatus* f. *latior* 披针苏铁杉较宽异型	Ⅴ /385 /122
Podozamites lanceolatus f. *minor* 披针苏铁杉较小异型	Ⅴ /386 /122
△*Podozamites lanceolatus* f. *multinervis* 披针苏铁杉多脉异型	Ⅴ /386 /122
Podozamites lanceolatus f. *ovalis* 披针苏铁杉卵圆异型	Ⅴ /386 /122
Podozamites lanceolatus f. *ovalis*? 披针苏铁杉卵圆异型?	Ⅴ /386 /123
△*Podozamites lanceolatus* f. *typica* 披针苏铁杉标准异型	Ⅴ /386 /123
△*Podozamites lanceolatus* var. *brevis* 披针苏铁杉短叶变种	Ⅴ /387 /123
Podozamites lanceolatus var. *distans* 披针苏铁杉疏脉变种	Ⅴ /387 /123
Podozamites lanceolatus var. *eichwaldi* 披针苏铁杉爱希瓦特变种	Ⅴ /387 /123
Podozamites lanceolatus var. *genuina* 披针苏铁杉典型变种	Ⅴ /387 /124
Podozamites lanceolatus var. *latifolia* 披针苏铁杉较宽变种	Ⅴ /387 /124
Podozamites lanceolatus cf. *latifolius* 披针苏铁杉较宽变种(比较变种)	Ⅴ /388 /124
Podozamites latifolius 宽叶苏铁杉	Ⅴ /388 /124
△*Podozamites latior* 较宽苏铁杉	Ⅴ /388 /124
△*Podozamites minutus* 极小苏铁杉	Ⅴ /388 /125
Podozamites mucronatus 尖头苏铁杉	Ⅴ /389 /125
Podozamites cf. *mucronatus* 尖头苏铁杉(比较种)	Ⅴ /389 /125
Podozamites aff. *mucronatus* 尖头苏铁杉(亲近种)	Ⅴ /389 /125
△*Podozamites nobilis* 显赫苏铁杉	Ⅴ /389 /125
Podozamites olenekensis 奥列尼克苏铁杉	Ⅴ /389 /125
△*Podozamites opimus* 肥胖苏铁杉	Ⅴ /389 /125
Podozamites ovalis 椭圆苏铁杉	Ⅴ /390 /126

△*Podozamites paralanceolatus* 副披针苏铁杉	Ⅴ	/390 /126
Podozamites pulechellus 美丽苏铁杉	Ⅴ	/390 /126
Podozamites cf. *pulechellus* 美丽苏铁杉(比较种)	Ⅴ	/390 /126
Podozamites punctatus 点痕苏铁杉	Ⅴ	/390 /126
Podozamites cf. *punctatus* 点痕苏铁杉(比较种)	Ⅴ	/390 /126
Podozamites cf. *P. punctatus* 点痕苏铁杉(比较属种)	Ⅴ	/390 /126
△*Podozamites rarinervis* 稀脉苏铁杉	Ⅴ	/390 /126
Podozamites reinii 任尼苏铁杉	Ⅴ	/390 /126
Cf. *Podozamites reinii* 任尼苏铁杉(比较属种)	Ⅴ	/391 /126
Podozamites schenki 欣克苏铁杉	Ⅴ	/391 /126
△*Podozamites shanximiaoensis* 沙溪庙苏铁杉	Ⅴ	/392 /128
△*Podozamites sichuanensis* 四川苏铁杉	Ⅴ	/393 /128
Podozamites stewartensis 斯特瓦尔苏铁杉	Ⅴ	/393 /128
Podozamites cf. *P. stewartensis* 斯特瓦尔苏铁杉(比较属种)	Ⅴ	/393 /128
△*Podozamites? subovalis* 亚卵形?苏铁杉	Ⅴ	/393 /128
Podozamites spp. 苏铁杉(未定多种)	Ⅴ	/393 /128
Podozamites? spp. 苏铁杉?(未定多种)	Ⅴ	/397 /131
Cf. *Podozamites* sp. 苏铁杉(比较属,未定种)	Ⅴ	/397 /132
△*Polygatites* 似远志属	Ⅵ	/165 /44
Polygatites sp. indet. 似远志(sp. indet.)	Ⅵ	/165 /44
Polygonites Saporta,1865 (non Wu S Q,1999) 似蓼属	Ⅵ	/165 /44
Polygonites ulmaceus 榆科似蓼	Ⅵ	/165 /44
△*Polygonites* Wu S Q,1999 (non Saporta,1865) 似蓼属	Ⅵ	/165 /45
△*Polygonites planus* 扁平似蓼	Ⅵ	/166 /45
△*Polygonites polyclonus* 多小枝似蓼	Ⅵ	/166 /45
Polypodites 似水龙骨属	Ⅱ	/484 /168
Polypodites mantelli 曼脱尔似水龙骨	Ⅱ	/484 /169
Polypodites polysorus 多囊群似水龙骨	Ⅱ	/484 /169
"*Polypodites*" *polysorus* 多囊群"似水龙骨"	Ⅱ	/484 /169
Populites Viviani,1833 (non Goeppert,1852) 似杨属	Ⅵ	/166 /45
Populites phaetonis 蝴蝶状似杨	Ⅵ	/166 /45
Populites Goeppert,1852 (non Viviani,1833) 似杨属	Ⅵ	/166 /45
Populites litigiosus 争论似杨	Ⅵ	/167 /46
Populites cf. *litigiosus* 争论似杨(比较种)	Ⅵ	/167 /46
Populites platyphyllus 宽叶似杨	Ⅵ	/166 /46
Populus 杨属	Ⅵ	/167 /46
Populus carneosa 鲜艳叶杨	Ⅵ	/167 /46
Populus latior 宽叶杨	Ⅵ	/167 /46
"*Populus*" *potomacensis* 波托马克"杨"	Ⅵ	/167 /46
Populus sp. 杨(未定种)	Ⅵ	/167 /46
Potamogeton 眼子菜属	Ⅵ	/168 /47
△*Potamogeton jeholensis* 热河眼子菜	Ⅵ	/168 /47
Potamogeton? jeholensis 热河?眼子菜	Ⅵ	/168 /47
Potamogeton sp. 眼子菜(未定种)	Ⅵ	/168 /47
Potamogeton? sp. 眼子菜?(未定种)	Ⅵ	/168 /47

△*Primoginkgo* 始拟银杏属	Ⅳ	/266 /80
△*Primoginkgo dissecta* 深裂始拟银杏	Ⅳ	/266 /80
Problematospermum 毛籽属	Ⅴ	/398 /132
△*Problematospermum beipiaoense* 北票毛籽	Ⅴ	/398 /132
Problematospermum ovale 卵形毛籽	Ⅴ	/398 /132
Protoblechnum 原始鸟毛蕨属	Ⅲ	/484 /132
Protoblechnum holdeni 霍定原始鸟毛蕨	Ⅲ	/484 /132
Protoblechnum hughesi 休兹原始鸟毛蕨	Ⅲ	/485 /132
?*Protoblechnum hughesi* ?休兹原始鸟毛蕨	Ⅲ	/485 /133
△*Protoblechnum? magnificum* 壮观?原始鸟毛蕨	Ⅲ	/485 /133
△*Protoblechnum? nanzhangense* 南漳?原始鸟毛蕨	Ⅲ	/485 /133
△*Protoblechnum wongii* 翁氏原始鸟毛蕨	Ⅲ	/486 /133
Protoblechnum sp. 原始鸟毛蕨(未定种)	Ⅲ	/486 /133
Protocedroxylon 原始雪松型木属	Ⅴ	/398 /132
Protocedroxylon araucarioides 南洋杉型原始雪松型木	Ⅴ	/398 /133
△*Protocedroxylon lingwuense* 灵武原始雪松型木	Ⅴ	/398 /133
△*Protocedroxylon orientale* 东方原始雪松型木	Ⅴ	/399 /133
Protocupressinoxylon 原始柏型木属	Ⅴ	/399 /133
Protocupressinoxylon cupressoides 柏木型原始柏型木	Ⅴ	/399 /133
△*Protocupressinoxylon mishaniense* 密山原始柏型木	Ⅴ	/399 /133
Protocupressinoxylon sp. 原始柏型木(未定种)	Ⅴ	/399 /133
Protoginkgoxylon 原始银杏型木属	Ⅳ	/266 /80
△*Protoginkgoxylon benxiense* 本溪原始银杏型木	Ⅳ	/267 /80
△*Protoginkgoxylon daqingshanense* 大青山原始银杏型木	Ⅳ	/267 /80
Protoginkgoxylon dockumenense 土库曼原始银杏型木	Ⅳ	/267 /80
△*Protoglyptostroboxylon* 原始水松型木属	Ⅴ	/399 /134
△*Protoglyptostroboxylon giganteum* 巨大原始水松型木	Ⅴ	/400 /134
△*Protoglyptostroboxylon yimiense* 伊敏原始水松型木	Ⅴ	/400 /134
Protophyllocladoxylon 原始叶枝杉型木属	Ⅴ	/400 /134
△*Protophyllocladoxylon chaoyangense* 朝阳原始叶枝杉型木	Ⅴ	/400 /134
Protophyllocladoxylon francoicum 弗兰克原始叶枝杉型木	Ⅴ	/400 /134
△*Protophyllocladoxylon haizhouense* 海州原始叶枝杉型木	Ⅴ	/400 /134
△*Protophyllocladoxylon lechangense* 乐昌原始叶枝杉型木	Ⅴ	/400 /135
Protophyllocladoxylon leuchsi 洛伊希斯原始叶枝杉型木	Ⅴ	/400 /134
△*Protophyllocladoxylon szei* 斯氏原始叶枝杉型木	Ⅴ	/401 /135
Protophyllum 元叶属	Ⅵ	/168 /47
△*Protophyllum cordifolium* 心形元叶	Ⅵ	/169 /48
Protophyllum haydenii 海旦元叶	Ⅵ	/169 /48
Protophyllum cf. *haydenii* 海旦元叶(比较种)	Ⅵ	/169 /48
△*Protophyllum microphyllum* 小元叶	Ⅵ	/169 /48
Protophyllum multinerve 多脉元叶	Ⅵ	/170 /48
△*Protophyllum ovatifolium* Guo et Li,1979 (non Tao,1986) 卵形元叶	Ⅵ	/170 /49
△*Protophyllum ovatifolium* Tao,1986 (non Guo et Li,1979) 卵形元叶	Ⅵ	/170 /49
△*Protophyllum renifolium* 肾形元叶	Ⅵ	/170 /49
△*Protophyllum rotundum* 圆形元叶	Ⅵ	/171 /49

Protophyllum sternbergii 司腾伯元叶	……	Ⅵ /169 /47
△*Protophyllum undulotum* 波边元叶	……	Ⅵ /171 /49
△*Protophyllum wuyunense* 乌云元叶	……	Ⅵ /171 /49
Protophyllum zaissanicum 斋桑元叶	……	Ⅵ /171 /49
Protopiceoxylon 原始云杉型木属	……	Ⅴ /401 /135
△*Protopiceoxylon amurense* 黑龙江原始云杉型木	……	Ⅴ /401 /135
△*Protopiceoxylon chaoyangense* 朝阳原始云杉型木	……	Ⅴ /401 /135
△*Protopiceoxylon dakotense* 达科他原始云杉型木	……	Ⅴ /401 /135
Protopiceoxylon extinctum 绝灭原始云杉型木	……	Ⅴ /401 /135
△*Protopiceoxylon mohense* 漠河原始云杉型木	……	Ⅴ /402 /136
△*Protopiceoxylon xinjiangense* 新疆原始云杉型木	……	Ⅴ /402 /136
△*Protopiceoxylon yabei* 矢部原始云杉型木	……	Ⅴ /402 /136
△*Protopiceoxylon yizhouense* 宜州原始云杉型木	……	Ⅴ /402 /136
Protopodocarpoxylon 原始罗汉松型木属	……	Ⅴ /402 /136
△*Protopodocarpoxylon arnatum* 装饰原始罗汉松型木	……	Ⅴ /403 /136
△*Protopodocarpoxylon batuyingziense* 巴图营子原始罗汉松型木	……	Ⅴ /403 /137
Protopodocarpoxylon blevillense 勃雷维尔原始罗汉松型木	……	Ⅴ /402 /136
△*Protopodocarpoxylon jinshaense* 金沙原始罗汉松型木	……	Ⅴ /403 /137
△*Protopodocarpoxylon jingangshanense* 金刚山原始罗汉松型木	……	Ⅴ /403 /137
△*Protopodocarpoxylon lalongense* 洛隆原始罗汉松型木	……	Ⅴ /403 /137
Protopodocarpoxylon orientalis 东方原始罗汉松型木	……	Ⅴ /403 /137
△*Protosciadopityoxylon* 原始金松型木属	……	Ⅴ /403 /137
△*Protosciadopityoxylon jeholense* 热河原始金松型木	……	Ⅴ /404 /137
△*Protosciadopityoxylon liaoningense* 辽宁原始金松型木	……	Ⅴ /404 /137
△*Protosciadopityoxylon liaoxiense* 辽西原始金松型木	……	Ⅴ /404 /138
Prototaxodioxylon 原始落羽杉型木属	……	Ⅴ /404 /138
Prototaxodioxylon choubertii 孔氏原始落羽杉型木	……	Ⅴ /404 /138
Prototaxodioxylon romanense 罗曼原始落羽杉型木	……	Ⅴ /404 /138
Pseudoctenis 假篦羽叶属	……	Ⅲ /486 /134
△*Pseudoctenis bifurcata* 二叉假篦羽叶	……	Ⅲ /486 /134
Pseudoctenis brevipennis 短羽假篦羽叶	……	Ⅲ /486 /134
Pseudoctenis crassinervis 粗脉假篦蕉羽叶	……	Ⅲ /487 /134
Pseudoctenis cf. *crassinervis* 粗脉假篦蕉羽叶(比较种)	……	Ⅲ /487 /134
Pseudoctenis eathiensis 伊兹假篦羽叶	……	Ⅲ /486 /134
△*Pseudoctenis gigantea* 大叶假篦羽叶	……	Ⅲ /487 /134
△*Pseudoctenis hechuanensis* 合川假篦羽叶	……	Ⅲ /487 /135
Pseudoctenis herriesi 赫氏假篦羽叶	……	Ⅲ /487 /135
Pseudoctenis cf. *herriesi* 赫氏假篦羽叶(比较种)	……	Ⅲ /487 /135
△*Pseudoctenis hsui* 徐氏假篦羽叶	……	Ⅲ /488 /135
Pseudoctenis lanei 兰氏假篦羽叶	……	Ⅲ /488 /135
Pseudoctenis cf. *lanei* 兰氏假篦羽叶(比较种)	……	Ⅲ /488 /135
△*Pseudoctenis longiformis* 长叶假篦羽叶	……	Ⅲ /488 /135
△*Pseudoctenis mianzhuensis* 绵竹假篦羽叶	……	Ⅲ /488 /135
△*Pseudoctenis? minor* 较小?假篦羽叶	……	Ⅲ /488 /135
Pseudoctenis oleosa 多脂假篦羽叶	……	Ⅲ /488 /135

Pseudoctenis cf. *oleosa* 多脂假篦羽叶(比较种)	Ⅲ	/488 /135
△*Pseudoctenis pachyphylla* 厚叶假篦羽叶	Ⅲ	/489 /136
△*Pseudoctenis pulchra* 美丽假篦羽叶	Ⅲ	/489 /136
△*Pseudoctenis rhabdoides* 棒状假篦羽叶	Ⅲ	/489 /136
△*Pseudoctenis tieshanensis* 铁山假篦羽叶	Ⅲ	/489 /136
△*Pseudoctenis xiphida* 剑形假篦羽叶	Ⅲ	/489 /136
Pseudoctenis spp. 假篦羽叶(未定多种)	Ⅲ	/489 /136
Pseudoctenis? sp. 假篦羽叶?(未定种)	Ⅲ	/490 /137
?*Pseudoctenis* sp. ?假篦羽叶(未定种)	Ⅲ	/490 /137
Pseudocycas 假苏铁属	Ⅲ	/490 /137
Pseudocycas insignis 特殊假苏铁	Ⅲ	/490 /137
△*Pseudocycas manchurensis* 满洲假苏铁	Ⅲ	/490 /137
Pseudocycas? *pecten* 栉形?假苏铁	Ⅲ	/491 /137
Pseudocycas sp. 假苏铁(未定种)	Ⅲ	/491 /138
Pseudocycas? sp. 假苏铁?(未定种)	Ⅲ	/491 /138
Pseudodanaeopsis 假丹尼蕨属	Ⅲ	/491 /138
Pseudodanaeopsis seticulata 刚毛状假丹尼蕨	Ⅲ	/491 /138
△*Pseudodanaeopsis sinensis* 中国假丹尼蕨	Ⅲ	/491 /138
Pseudodanaeopsis sp. 假丹尼蕨(未定种)	Ⅲ	/492 /138
Pseudofrenelopsis 假拟节柏属	Ⅴ	/404 /138
△*Pseudofrenelopsis dalatzensis* 大拉子假拟节柏	Ⅴ	/405 /138
Pseudofrenelopsis cf. *dalatzensis* 大拉子假拟节柏(比较种)	Ⅴ	/405 /139
Pseudofrenelopsis felixi 费尔克斯假拟节柏	Ⅴ	/405 /138
△*Pseudofrenelopsis foveolata* 窝穴假拟节柏	Ⅴ	/405 /139
△*Pseudofrenelopsis gansuensis* 甘肃假拟节柏	Ⅴ	/405 /139
△*Pseudofrenelopsis heishanensis* 黑山假拟节柏	Ⅴ	/405 /139
△*Pseudofrenelopsis papillosa* 乳突假拟节柏	Ⅴ	/406 /139
Pseudofrenelopsis cf. *papillosa* 乳突假拟节柏(比较种)	Ⅴ	/406 /140
Pseudofrenelopsis parceramosa 少枝假拟节柏	Ⅴ	/406 /140
△*Pseudofrenelopsis sparsa* 疏孔假拟节柏	Ⅴ	/407 /140
△*Pseudofrenelopsis tholistoma* 穹孔假拟节柏	Ⅴ	/407 /140
Pseudofrenelopsis spp. 假拟节柏(未定多种)	Ⅴ	/407 /140
Pseudolarix 金钱松属	Ⅴ	/408 /141
Pseudolarix asiatica 亚洲金钱松	Ⅴ	/408 /141
△"*Pseudolarix*" *sinensis* 中国"金钱松"	Ⅴ	/408 /141
"*Pseudolarix*" sp. "金钱松"(未定种)	Ⅴ	/408 /141
△*Pseudopolystichum* 假耳蕨属	Ⅱ	/484 /169
△*Pseudopolystichum cretaceum* 白垩假耳蕨	Ⅱ	/484 /169
Pseudoprotophyllum 假元叶属	Ⅵ	/171 /50
Pseudoprotophyllum dentatum 具齿假元叶	Ⅵ	/172 /50
Pseudoprotophyllum cf. *dentatum* 具齿假元叶(比较种)	Ⅵ	/172 /50
Pseudoprotophyllum emarginatum 无边假元叶	Ⅵ	/172 /50
△*Pseudorhipidopsis* 异叶属	Ⅳ	/267 /81
△*Pseudorhipidopsis baieroides* 拜拉型异叶	Ⅳ	/268 /81
△*Pseudorhipidopsis brevicaulis* 短茎异叶	Ⅳ	/267 /81

Pseudorhipidopsis sp. 异叶(未定种) ⋯⋯⋯⋯⋯⋯⋯⋯⋯⋯⋯⋯⋯⋯⋯⋯⋯⋯⋯⋯⋯⋯⋯⋯⋯⋯⋯⋯⋯⋯⋯⋯⋯⋯⋯⋯⋯⋯ Ⅳ /268 /81
△*Pseudotaeniopteris* 假带羊齿属 ⋯⋯⋯⋯⋯⋯⋯⋯⋯⋯⋯⋯⋯⋯⋯⋯⋯⋯⋯⋯⋯⋯⋯⋯⋯⋯⋯⋯⋯⋯⋯⋯⋯⋯⋯⋯⋯⋯⋯ Ⅲ /492 /138
　　△*Pseudotaeniopteris piscatorius* 鱼形假带羊齿 ⋯⋯⋯⋯⋯⋯⋯⋯⋯⋯⋯⋯⋯⋯⋯⋯⋯⋯⋯⋯⋯⋯⋯⋯⋯⋯⋯ Ⅲ /492 /138
Pseudotorellia 假托勒利叶属 ⋯⋯⋯ Ⅳ /268 /82
　　△*Pseudotorellia changningensis* 常宁假托勒利叶 ⋯⋯⋯⋯⋯⋯⋯⋯⋯⋯⋯⋯⋯⋯⋯⋯⋯⋯⋯⋯⋯⋯⋯⋯⋯⋯ Ⅳ /268 /82
　　Pseudotorellia ensiformis 刀形假托勒利叶 ⋯⋯⋯⋯⋯⋯⋯⋯⋯⋯⋯⋯⋯⋯⋯⋯⋯⋯⋯⋯⋯⋯⋯⋯⋯⋯⋯⋯⋯⋯ Ⅳ /269 /82
　　Pseudotorellia ensiformis f. *latior* 刀形假托勒利叶宽型 ⋯⋯⋯⋯⋯⋯⋯⋯⋯⋯⋯⋯⋯⋯⋯⋯⋯⋯⋯⋯⋯ Ⅳ /269 /82
　　Pseudotorellia ephela 埃菲假托勒利叶 ⋯⋯⋯⋯⋯⋯⋯⋯⋯⋯⋯⋯⋯⋯⋯⋯⋯⋯⋯⋯⋯⋯⋯⋯⋯⋯⋯⋯⋯⋯⋯⋯ Ⅳ /269 /82
　　Pseudotorellia cf. *ephela* 埃菲假托勒利叶(比较种) ⋯⋯⋯⋯⋯⋯⋯⋯⋯⋯⋯⋯⋯⋯⋯⋯⋯⋯⋯⋯⋯⋯⋯⋯ Ⅳ /269 /82
　　△*Pseudotorellia hunanensis* 湖南假托勒利叶 ⋯⋯⋯⋯⋯⋯⋯⋯⋯⋯⋯⋯⋯⋯⋯⋯⋯⋯⋯⋯⋯⋯⋯⋯⋯⋯⋯⋯ Ⅳ /269 /82
　　△*Pseudotorellia longilancifolia* 长披针形假托勒利叶 ⋯⋯⋯⋯⋯⋯⋯⋯⋯⋯⋯⋯⋯⋯⋯⋯⋯⋯⋯⋯⋯⋯⋯⋯ Ⅳ /269 /83
　　Pseudotorellia nordenskiöldi 诺氏假托勒利叶 ⋯⋯⋯⋯⋯⋯⋯⋯⋯⋯⋯⋯⋯⋯⋯⋯⋯⋯⋯⋯⋯⋯⋯⋯⋯⋯⋯⋯ Ⅳ /268 /82
　　△*Pseudotorellia qinghaiensis* 青海假托勒利叶 ⋯⋯⋯⋯⋯⋯⋯⋯⋯⋯⋯⋯⋯⋯⋯⋯⋯⋯⋯⋯⋯⋯⋯⋯⋯⋯⋯ Ⅳ /269 /83
　　Pseudotorellia spp. 假托勒利叶(未定多种) ⋯⋯⋯⋯⋯⋯⋯⋯⋯⋯⋯⋯⋯⋯⋯⋯⋯⋯⋯⋯⋯⋯⋯⋯⋯⋯⋯⋯⋯⋯ Ⅳ /270 /83
　　Pseudotorellia? spp. 假托勒利叶?(未定多种) ⋯⋯⋯⋯⋯⋯⋯⋯⋯⋯⋯⋯⋯⋯⋯⋯⋯⋯⋯⋯⋯⋯⋯⋯⋯⋯⋯⋯ Ⅳ /270 /83
△*Psygmophyllopsis* 拟掌叶属 ⋯⋯ Ⅳ /270 /83
　　△*Psygmophyllopsis norinii* 诺林拟掌叶 ⋯⋯⋯⋯⋯⋯⋯⋯⋯⋯⋯⋯⋯⋯⋯⋯⋯⋯⋯⋯⋯⋯⋯⋯⋯⋯⋯⋯⋯⋯⋯ Ⅳ /270 /84
Psygmophyllum 掌叶属 ⋯⋯⋯ Ⅳ /270 /84
　　△*Psygmophyllum angustilobum* 尖裂掌叶 ⋯⋯⋯⋯⋯⋯⋯⋯⋯⋯⋯⋯⋯⋯⋯⋯⋯⋯⋯⋯⋯⋯⋯⋯⋯⋯⋯⋯⋯⋯ Ⅳ /271 /84
　　Psygmophyllum demetrianum 三裂掌叶 ⋯⋯⋯⋯⋯⋯⋯⋯⋯⋯⋯⋯⋯⋯⋯⋯⋯⋯⋯⋯⋯⋯⋯⋯⋯⋯⋯⋯⋯⋯⋯ Ⅳ /271 /84
　　Cf. *Psygmophyllum demetrianum* 三裂掌叶(比较属种) ⋯⋯⋯⋯⋯⋯⋯⋯⋯⋯⋯⋯⋯⋯⋯⋯⋯⋯⋯⋯⋯⋯⋯ Ⅳ /271 /84
　　Psygmophyllum flabellatum 扇形掌叶 ⋯⋯⋯⋯⋯⋯⋯⋯⋯⋯⋯⋯⋯⋯⋯⋯⋯⋯⋯⋯⋯⋯⋯⋯⋯⋯⋯⋯⋯⋯⋯⋯ Ⅳ /271 /84
　　Psygmophyllum cf. *flabellatum* 扇形掌叶(比较种) ⋯⋯⋯⋯⋯⋯⋯⋯⋯⋯⋯⋯⋯⋯⋯⋯⋯⋯⋯⋯⋯⋯⋯⋯⋯ Ⅳ /271 /84
　　△*Psygmophyllum ginkgoides* Hu et Xiao,1987 (non Hu,Xiao et Ma,1996) 等裂掌叶 ⋯⋯⋯ Ⅳ /271 /84
　　△*Psygmophyllum ginkgoides* Hu,Xiao et Ma,1996 (non Hu et Xiao,1987) 等裂掌叶 ⋯⋯⋯ Ⅳ /271 /84
　　△*Psygmophyllum lobulatum* 小裂掌叶 ⋯⋯⋯⋯⋯⋯⋯⋯⋯⋯⋯⋯⋯⋯⋯⋯⋯⋯⋯⋯⋯⋯⋯⋯⋯⋯⋯⋯⋯⋯⋯⋯ Ⅳ /271 /85
　　△*Psygmophyllum multipartitum* 多裂掌叶 ⋯⋯⋯⋯⋯⋯⋯⋯⋯⋯⋯⋯⋯⋯⋯⋯⋯⋯⋯⋯⋯⋯⋯⋯⋯⋯⋯⋯⋯⋯ Ⅳ /271 /85
　　Psygmophyllum cf. *multipartitum* 多裂掌叶(比较种) ⋯⋯⋯⋯⋯⋯⋯⋯⋯⋯⋯⋯⋯⋯⋯⋯⋯⋯⋯⋯⋯⋯⋯ Ⅳ /273 /85
　　Cf. *Psygmophyllum multipartitum* 多裂掌叶(比较属种) ⋯⋯⋯⋯⋯⋯⋯⋯⋯⋯⋯⋯⋯⋯⋯⋯⋯⋯⋯⋯⋯⋯ Ⅳ /273 /86
　　△*Psygmophyllum shallowpartitum* 浅裂掌叶 ⋯⋯⋯⋯⋯⋯⋯⋯⋯⋯⋯⋯⋯⋯⋯⋯⋯⋯⋯⋯⋯⋯⋯⋯⋯⋯⋯⋯ Ⅳ /273 /86
　　Psygmophyllum sibiricum 西利伯亚掌叶 ⋯⋯⋯⋯⋯⋯⋯⋯⋯⋯⋯⋯⋯⋯⋯⋯⋯⋯⋯⋯⋯⋯⋯⋯⋯⋯⋯⋯⋯⋯⋯ Ⅳ /273 /86
　　Psygmophyllum cf. *sibiricum* 西利伯亚掌叶(比较种) ⋯⋯⋯⋯⋯⋯⋯⋯⋯⋯⋯⋯⋯⋯⋯⋯⋯⋯⋯⋯⋯⋯⋯⋯ Ⅳ /273 /86
　　△*Psygmophyllum tianshanensis* 天山掌叶 ⋯⋯⋯⋯⋯⋯⋯⋯⋯⋯⋯⋯⋯⋯⋯⋯⋯⋯⋯⋯⋯⋯⋯⋯⋯⋯⋯⋯⋯⋯ Ⅳ /273 /86
　　Psygmophyllum ussuriensis 乌苏里掌叶 ⋯⋯⋯⋯⋯⋯⋯⋯⋯⋯⋯⋯⋯⋯⋯⋯⋯⋯⋯⋯⋯⋯⋯⋯⋯⋯⋯⋯⋯⋯⋯⋯ Ⅳ /273 /86
　　Psygmophyllum cf. *ussuriensis* 乌苏里掌叶(比较种) ⋯⋯⋯⋯⋯⋯⋯⋯⋯⋯⋯⋯⋯⋯⋯⋯⋯⋯⋯⋯⋯⋯⋯⋯ Ⅳ /273 /86
　　Psygmophyllum spp. 掌叶(未定多种) ⋯⋯⋯⋯⋯⋯⋯⋯⋯⋯⋯⋯⋯⋯⋯⋯⋯⋯⋯⋯⋯⋯⋯⋯⋯⋯⋯⋯⋯⋯⋯⋯⋯⋯ Ⅳ /273 /86
　　Psygmophyllum? spp. 掌叶?(未定多种) ⋯⋯⋯⋯⋯⋯⋯⋯⋯⋯⋯⋯⋯⋯⋯⋯⋯⋯⋯⋯⋯⋯⋯⋯⋯⋯⋯⋯⋯⋯⋯⋯ Ⅳ /274 /86
△*Pteridiopsis* 拟蕨属 ⋯⋯ Ⅱ /485 /169
　　△*Pteridiopsis didaoensis* 滴道拟蕨 ⋯⋯⋯⋯⋯⋯⋯⋯⋯⋯⋯⋯⋯⋯⋯⋯⋯⋯⋯⋯⋯⋯⋯⋯⋯⋯⋯⋯⋯⋯⋯⋯⋯⋯ Ⅱ /485 /170
　　△*Pteridiopsis shajingouensis* 沙金沟拟蕨 ⋯⋯⋯⋯⋯⋯⋯⋯⋯⋯⋯⋯⋯⋯⋯⋯⋯⋯⋯⋯⋯⋯⋯⋯⋯⋯⋯⋯⋯⋯ Ⅱ /485 /170
　　△*Pteridiopsis tenera* 柔弱拟蕨 ⋯⋯⋯⋯⋯⋯⋯⋯⋯⋯⋯⋯⋯⋯⋯⋯⋯⋯⋯⋯⋯⋯⋯⋯⋯⋯⋯⋯⋯⋯⋯⋯⋯⋯⋯⋯ Ⅱ /485 /170
Pteridium 蕨属 ⋯⋯ Ⅱ /485 /170
　　△*Pteridium dachingshanense* 大青山蕨 ⋯⋯⋯⋯⋯⋯⋯⋯⋯⋯⋯⋯⋯⋯⋯⋯⋯⋯⋯⋯⋯⋯⋯⋯⋯⋯⋯⋯⋯⋯⋯ Ⅱ /485 /170
Pterocarya 枫杨属 ⋯⋯ Ⅵ /172 /50
　　△*Pterocarya siniptera* 中华枫杨 ⋯⋯⋯⋯⋯⋯⋯⋯⋯⋯⋯⋯⋯⋯⋯⋯⋯⋯⋯⋯⋯⋯⋯⋯⋯⋯⋯⋯⋯⋯⋯⋯⋯⋯⋯ Ⅵ /172 /50

Pterophyllum 侧羽叶属	Ⅲ	/492 /139
Pterophyllum aequale 等形侧羽叶	Ⅲ	/493 /139
Pterophyllum aequale? 等形侧羽叶?	Ⅲ	/495 /141
Pterophyllum cf. *aequale* 等形侧羽叶(比较种)	Ⅲ	/495 /141
△*Pterophyllum angustifolium* 狭细形侧羽叶	Ⅲ	/495 /141
Pterophyllum angustum 狭细侧羽叶	Ⅲ	/495 /141
Pterophyllum cf. *angustum* 狭细侧羽叶(比较种)	Ⅲ	/496 /141
Cf. *Pterophyllum angustum* 狭细侧羽叶(比较属种)	Ⅲ	/496 /142
△*Pterophyllum arcustum* 弧形侧羽叶	Ⅲ	/496 /142
Pterophyllum astartense 阿斯他特侧羽叶	Ⅲ	/497 /142
Pterophyllum cf. *astartense* 阿斯他特侧羽叶(比较种)	Ⅲ	/497 /142
△*Pterophyllum baotoum* 包头侧羽叶	Ⅲ	/497 /142
Pterophyllum bavieri 极细侧羽叶	Ⅲ	/497 /142
?*Pterophyllum bavieri* ?极细侧羽叶	Ⅲ	/498 /143
Pterophyllum cf. *bavieri* 极细侧羽叶(比较种)	Ⅲ	/498 /143
Pterophyllum burejense 布列亚侧羽叶	Ⅲ	/498 /143
Pterophyllum cf. *burejense* 布列亚侧羽叶(比较种)	Ⅲ	/499 /143
Pterophyllum aff. *burejense* 布列亚侧羽叶(亲近种)	Ⅲ	/498 /143
△*Pterophyllum changningense* 长宁侧羽叶	Ⅲ	/499 /143
Pterophyllum concinnum 优雅侧羽叶	Ⅲ	/499 /143
△*Pterophyllum contiguum* 紧挤侧羽叶	Ⅲ	/499 /143
Pterophyllum cf. *contiguum* 紧挤侧羽叶(比较种)	Ⅲ	/499 /144
△*Pterophyllum costa* 膜脊侧羽叶	Ⅲ	/499 /144
△*Pterophyllum crassinervum* 粗脉侧羽叶	Ⅲ	/500 /144
Pterophyllum ctenoides 篦羽叶型侧羽叶	Ⅲ	/500 /144
△*Pterophyllum decurrens* 下延侧羽叶	Ⅲ	/500 /144
△*Pterophyllum dolicholobum* 长裂片侧羽叶	Ⅲ	/501 /145
△*Pterophyllum dongrongense* 东荣侧羽叶	Ⅲ	/501 /145
△*Pterophyllum dukouense* 渡口侧羽叶	Ⅲ	/501 /145
△*Pterophyllum exhibens* 明显侧羽叶	Ⅲ	/502 /145
△*Pterophyllum falcatum* 镰形侧羽叶	Ⅲ	/502 /146
△*Pterophyllum festum* 庄重侧羽叶	Ⅲ	/502 /146
△*Pterophyllum firmifolium* 硬叶侧羽叶	Ⅲ	/503 /146
△*Pterophyllum furcata* 叉脉侧羽叶	Ⅲ	/503 /146
△*Pterophyllum fuxinense* Zheng et Zhang,1984 (non Zhang Z C,1987) 阜新侧羽叶	Ⅲ	/503 /146
△*Pterophyllum fuxinense* Zhang Z C,1987 (non Zheng et Zhang,1984) 阜新侧羽叶	Ⅲ	/503 /146
△*Pterophyllum guizhouense* 贵州侧羽叶	Ⅲ	/503 /146
△*Pterophyllum hailarense* 海拉尔侧羽叶	Ⅲ	/504 /147
Pterophyllum hanesianum 大型侧羽叶	Ⅲ	/504 /147
△*Pterophyllum huabeiense* 华北侧羽叶	Ⅲ	/504 /147
△*Pterophyllum hubeiense* 湖北侧羽叶	Ⅲ	/504 /147
△*Pterophyllum huolinense* 霍林侧羽叶	Ⅲ	/504 /147
△*Pterophyllum inaequale* 不等形侧羽叶	Ⅲ	/504 /147
Pterophyllum inconstans 变异侧羽叶	Ⅲ	/505 /147
Pterophyllum cf. *inconstans* 变异侧羽叶(比较种)	Ⅲ	/505 /148

Pterophyllum (*Anomozamites*) *inconstans* 变异侧羽叶（异羽叶）	Ⅲ	/505/147
Pterophyllum issykkulense 伊塞克库尔侧羽叶	Ⅲ	/505/148
Pterophyllum jaegeri 耶格侧羽叶	Ⅲ	/505/148
Pterophyllum cf. *jaegeri* 耶格侧羽叶（比较种）	Ⅲ	/506/148
Pterophyllum cf. *P. jaegeri* 耶格侧羽叶（比较属种）	Ⅲ	/506/148
△*Pterophyllum jiangxiense* 江西侧羽叶	Ⅲ	/506/148
△*Pterophyllum jixiense* 鸡西侧羽叶	Ⅲ	/507/149
△*Pterophyllum kansuense* 甘肃侧羽叶	Ⅲ	/507/149
Pterophyllum kochii 科奇侧羽叶	Ⅲ	/507/149
△*Pterophyllum lamagouense* 拉马沟侧羽叶	Ⅲ	/507/149
△*Pterophyllum lechangensis* 乐昌侧羽叶	Ⅲ	/507/149
△*Pterophyllum leei* 李氏侧羽叶	Ⅲ	/507/149
△*Pterophyllum liaoningense* 辽宁侧羽叶	Ⅲ	/507/149
△*Pterophyllum liaoxiense* 辽西侧羽叶	Ⅲ	/508/149
△*Pterophyllum lingulatum* Chen G X,1984 (non Wu S Q,1999) 舌形侧羽叶	Ⅲ	/508/150
△*Pterophyllum lingulatum* Wu S Q,1999 (non Chen G X,1984) 舌形侧羽叶	Ⅲ	/508/150
△*Pterophyllum lingxiangense* 灵乡侧羽叶	Ⅲ	/508/150
Pterophyllum longifolium 长叶侧羽叶	Ⅲ	/492/139
Pterophyllum lyellianum 莱尔侧羽叶	Ⅲ	/508/150
Pterophyllum cf. *lyellianum* 莱尔侧羽叶（比较种）	Ⅲ	/508/150
△*Pterophyllum macrodecurrense* 大拖延侧羽叶	Ⅲ	/509/150
△*Pterophyllum magnificum* 壮观侧羽叶	Ⅲ	/509/150
Pterophyllum cf. *magnificum* 壮观侧羽叶（比较种）	Ⅲ	/509/150
△*Pterophyllum mentougouensis* 门头沟侧羽叶	Ⅲ	/509/150
△*Pterophyllum minor* 较小侧羽叶	Ⅲ	/509/151
△*Pterophyllum minutum* 细弱侧羽叶	Ⅲ	/509/151
Pterophyllum cf. *P. minutum* 细弱侧羽叶（比较属种）	Ⅲ	/510/151
Pterophyllum multilineatum 多条纹侧羽叶	Ⅲ	/510/151
Pterophyllum cf. *multilineatum* 多条纹侧羽叶（比较种）	Ⅲ	/510/151
Pterophyllum muensteri 敏斯特侧羽叶	Ⅲ	/510/151
Pterophyllum cf. *muensteri* 敏斯特侧羽叶（比较种）	Ⅲ	/510/151
△*Pterophyllum nathorsti* 那氏侧羽叶	Ⅲ	/511/152
Cf. *Pterophyllum nathorsti* 那氏侧羽叶（比较属种）	Ⅲ	/511/152
Pterophyllum nilssoni 尼尔桑侧羽叶	Ⅲ	/511/152
Pterophyllum (*Anomozamites*) *nilssoni* 尼尔桑侧羽叶（异羽叶）	Ⅲ	/512/152
△*Pterophyllum otoboliolatum* 小耳侧羽叶	Ⅲ	/512/152
Pterophyllum cf. *otoboliolatum* 小耳侧羽叶（比较种）	Ⅲ	/512/153
△*Pterophyllum paucicostatum* 稀脉侧羽叶	Ⅲ	/512/153
Pterophyllum pinnatifidum 羽状侧羽叶	Ⅲ	/512/153
Pterophyllum cf. *pinnatifidum* 羽状侧羽叶（比较种）	Ⅲ	/513/153
Pterophyllum portali 波氏侧羽叶	Ⅲ	/513/153
Pterophyllum cf. *portali* 波氏侧羽叶（比较种）	Ⅲ	/513/153
Pterophyllum propinquum 紧密侧羽叶	Ⅲ	/514/154
Pterophyllum cf. *propinquum* 紧密侧羽叶（比较种）	Ⅲ	/514/154
△*Pterophyllum pseudomuesteri* 假敏斯特侧羽叶	Ⅲ	/514/154

Pterophyllum ptilum 羽毛侧羽叶	Ⅲ	/514 /154
△*Pterophyllum pumulum* 矮小侧羽叶	Ⅲ	/516 /155
△*Pterophyllum punctatum* 斑点侧羽叶	Ⅲ	/516 /155
△*Pterophyllum qilianense* 祁连侧羽叶	Ⅲ	/517 /155
△*Pterophyllum regulare* 整齐侧羽叶	Ⅲ	/517 /156
△*Pterophyllum richthofeni* 李希霍芬侧羽叶	Ⅲ	/517 /156
Pterophyllum cf. *richthofeni* 李希霍芬侧羽叶（比较种）	Ⅲ	/517 /156
Pterophyllum schenkii 欣克侧羽叶	Ⅲ	/517 /156
?*Pterophyllum schenkii* ?欣克侧羽叶	Ⅲ	/517 /156
Pterophyllum sensinovianum 申西诺夫侧羽叶	Ⅲ	/517 /156
Pterophyllum cf. *sensinovianum* 申西诺夫侧羽叶（比较种）	Ⅲ	/518 /156
△*Pterophyllum shaanxiense* 陕西侧羽叶	Ⅲ	/518 /156
△*Pterophyllum sichuanense* 四川侧羽叶	Ⅲ	/518 /156
△*Pterophyllum sinense* 中国侧羽叶	Ⅲ	/518 /157
Pterophyllum cf. *sinense* 中国侧羽叶（比较种）	Ⅲ	/519 /157
Pterophyllum subaequale 亚等形侧羽叶	Ⅲ	/519 /157
△*Pterophyllum subangustum* 亚狭细侧羽叶	Ⅲ	/520 /158
Pterophyllum sutschanense 苏昌侧羽叶	Ⅲ	/520 /158
Pterophyllum cf. *sutschanense* 苏昌侧羽叶（比较种）	Ⅲ	/520 /158
△*Pterophyllum szei* 斯氏细侧羽叶	Ⅲ	/520 /158
Pterophyllum thomasi 托马斯侧羽叶	Ⅲ	/521 /158
Pterophyllum aff. *thomasi* 托马斯侧羽叶（亲近种）	Ⅲ	/521 /158
Pterophyllum tietzei 梯兹侧羽叶	Ⅲ	/521 /158
Pterophyllum cf. *tietzei* 梯兹侧羽叶（比较种）	Ⅲ	/521 /159
△*Pterophyllum variabilum* 变异侧羽叶	Ⅲ	/521 /159
△*Pterophyllum xiangxiensis* 香溪侧羽叶	Ⅲ	/521 /159
△*Pterophyllum xinanense* 西南侧羽叶	Ⅲ	/522 /159
△*Pterophyllum xiphida* 剑形侧羽叶	Ⅲ	/522 /159
△*Pterophyllum xiphioides* 剑型侧羽叶	Ⅲ	/522 /159
△*Pterophyllum yingchengense* 营城侧羽叶	Ⅲ	/522 /159
△*Pterophyllum yunnanense* 云南侧羽叶	Ⅲ	/522 /160
Pterophyllum cf. *yunnanense* 云南侧羽叶（比较种）	Ⅲ	/523 /160
△*Pterophyllum zhangpingeise* Wang,1982 (non He Dechang,1987) 漳平侧羽叶	Ⅲ	/523 /160
△*Pterophyllum zhangpingeise* He,1987 (non Wang Guoping,1982) 漳平侧羽叶	Ⅲ	/523 /160
Pterophyllum zygotacticum 对生侧羽叶	Ⅲ	/523 /160
Pterophyllum cf. *zygotacticum* 对生侧羽叶（比较种）	Ⅲ	/523 /160
Pterophyllum spp. 侧羽叶（未定多种）	Ⅲ	/523 /160
Pterophyllum? spp. 侧羽叶?（未定多种）	Ⅲ	/527 /163
Pterophyllum (*Anomozamites*) spp. 侧羽叶（异羽叶）（未定多种）	Ⅲ	/528 /164
Cf. *Pterophyllum* spp. 侧羽叶（比较属,未定多种）	Ⅲ	/527 /163
Pterospermites 似翅籽树属	Ⅵ	/172 /50
Pterospermites auriculaecordatus 心耳叶似翅籽树	Ⅵ	/173 /51
△*Pterospermites heilongjiangensis* 黑龙江似翅籽树	Ⅵ	/173 /51
△*Pterospermites orientalis* 东方似翅籽树	Ⅵ	/173 /51
△*Pterospermites peltatifolius* 盾叶似翅籽树	Ⅵ	/173 /51

Pterospermites vagans 漫游似翅籽树	Ⅵ/172/51
Pterospermites sp. 似翅籽树(未定种)	Ⅵ/173/51
Pterozamites 翅似查米亚属	Ⅲ/528/164
Pterozamites scitamineus 纤弱翅似查米亚	Ⅲ/528/164
△*Pterozamites sinensis* 中国翅似查米亚	Ⅲ/528/164
Ptilophyllum 毛羽叶属	Ⅲ/528/164
Ptilophyllum acutifolium 尖叶毛羽叶	Ⅲ/529/164
Ptilophyllum arcticum 北极毛羽叶	Ⅲ/529/165
Ptilophyllum cf. *arcticum* 北极毛羽叶(比较种)	Ⅲ/529/165
Ptilophyllum boreale 北方毛羽叶	Ⅲ/529/165
Ptilophyllum cf. *boreale* 北方毛羽叶(比较种)	Ⅲ/530/165
Cf. *Ptilophyllum boreale* 北方毛羽叶(比较属种)	Ⅲ/530/165
△*Ptilophyllum cathayanum* 华夏毛羽叶	Ⅲ/530/166
Ptilophyllum caucasicum 高加索毛羽叶	Ⅲ/530/166
△*Ptilophyllum contiguum* 紧挤毛羽叶	Ⅲ/531/166
△*Ptilophyllum elegans* 雅致毛羽叶	Ⅲ/532/167
△*Ptilophyllum grandifolium* 大叶毛羽叶	Ⅲ/532/167
△*Ptilophyllum guliqiaoense* 古里桥毛羽叶	Ⅲ/532/167
△*Ptilophyllum hongkongense* 香港毛羽叶	Ⅲ/532/167
△*Ptilophyllum hsingshanense* 兴山毛羽叶	Ⅲ/532/167
△*Ptilophyllum latipinnatum* 宽叶毛羽叶	Ⅲ/533/168
△*Ptilophyllum lechangensis* 乐昌毛羽叶	Ⅲ/533/168
Ptilophyllum pachyrachis 粗轴毛羽叶	Ⅲ/534/168
Ptilophyllum cf. *pachyrachis* 粗轴毛羽叶(比较种)	Ⅲ/534/168
Ptilophyllum pecten 栉形毛羽叶	Ⅲ/534/168
Ptilophyllum cf. *pecten* 栉形毛羽叶(比较种)	Ⅲ/535/168
Ptilophyllum pectinoides 扇状毛羽叶	Ⅲ/535/169
Ptilophyllum cf. *pectinoides* 扇状毛羽叶(比较种)	Ⅲ/535/169
△*Ptilophyllum reflexum* 反曲毛羽叶	Ⅲ/535/169
Ptilophyllum sokalense 索卡尔毛羽叶	Ⅲ/535/169
Ptilophyllum cf. *sokalense* 索卡尔毛羽叶(比较种)	Ⅲ/535/169
Ptilophyllum cf. *P. sokalense* 索卡尔毛羽叶(比较属种)	Ⅲ/535/169
△*Ptilophyllum taioense* 大澳毛羽叶	Ⅲ/536/169
△*Ptilophyllum wangii* 王氏毛羽叶	Ⅲ/536/169
△*Ptilophyllum yongjiaense* 永嘉毛羽叶	Ⅲ/536/169
△*Ptilophyllum yunheense* 云和毛羽叶	Ⅲ/536/170
△*Ptilophyllum zhengheense* 政和毛羽叶	Ⅲ/536/170
Ptilophyllum spp. 毛羽叶(未定多种)	Ⅲ/536/170
Ptilophyllum? spp. 毛羽叶?(未定多种)	Ⅲ/537/171
Ptilozamites 叉羽叶属	Ⅲ/538/171
△*Ptilozamites chinensis* 中国叉羽叶	Ⅲ/539/172
△*Ptilozamites lechangensis* 乐昌叉羽叶	Ⅲ/541/173
Ptilozamites nilssoni 尼尔桑叉羽叶	Ⅲ/538/171
Cf. *Ptilozamites nilssoni* 尼尔桑叉羽叶(比较属种)	Ⅲ/539/172
Ptilozamites tenuis 细弱叉羽叶	Ⅲ/541/173

Ptilozamites cf. *tenuis* 细弱叉羽叶（比较种） ……………………… III /541 /173
△*Ptilozamites xiaoshuiensis* 小水叉羽叶 …………………………… III /541 /173
Ptilozamites sp. 叉羽叶（未定种） ……………………………………… III /541 /173
Ptilozamites? sp. 叉羽叶?（未定种） ………………………………… III /541 /173
?*Ptilozamites* sp. ?叉羽叶（未定种） ………………………………… III /541 /173
Ptychocarpus 皱囊蕨属 …………………………………………………… II /486 /170
　　Ptychocarpus hexastichus 哈克萨斯蒂库皱囊蕨 ……………… II /486 /171
　　Ptychocarpus sp. 皱囊蕨（未定种） …………………………… II /486 /171
Pursongia 蒲逊叶属 ……………………………………………………… III /541 /173
　　Pursongia amalitzkii 阿姆利茨蒲逊叶 ………………………… III /542 /174
　　Pursongia? sp. 蒲逊叶?（未定种） ……………………………… III /542 /174

Q

△*Qionghaia* 琼海叶属 …………………………………………………… III /542 /174
　　△*Qionghaia carnosa* 肉质琼海叶 ……………………………… III /542 /174
Quercus 栎属 ……………………………………………………………… VI /173 /51
　　△*Quercus orbicularis* 圆叶栎 …………………………………… VI /174 /52
Quereuxia 奎氏叶属 ……………………………………………………… VI /174 /52
　　Quereuxia angulata 具棱奎氏叶 ……………………………… VI /174 /52

R

△*Radiatifolium* 辐叶属 …………………………………………………… IV /274 /87
　　△*Radiatifolium magnusum* 大辐叶 …………………………… IV /274 /87
Radicites 似根属 …………………………………………………………… I /222 /75
　　Radicites capillacea 毛发似根 ………………………………… I /222 /76
　　△*Radicites datongensis* 大同似根 …………………………… I /222 /76
　　△*Radicites eucallus* 美丽似根 ………………………………… I /222 /76
　　△*Radicites radiatus* 辐射似根 ………………………………… I /222 /76
　　△*Radicites shandongensis* 山东似根 ………………………… I /222 /76
　　Radicites spp. 似根（未定多种） ……………………………… I /223 /76
Ranunculaecarpus 毛茛果属 …………………………………………… VI /174 /52
　　Ranunculaecarpus quiquecarpellatus 五角形毛茛果 ……… VI /174 /52
　　Ranunculaecarpus sp. 毛茛果（未定种） ……………………… VI /174 /52
△*Ranunculophyllum* 毛茛叶属 ………………………………………… VI /175 /53
　　△*Ranunculophyllum pinnatisctum* 羽状全裂毛茛叶 ……… VI /175 /53
　　Ranunculophyllum pinnatisctum? 羽状全裂毛茛叶? ………… VI /175 /53
Ranunculus 毛茛属 ……………………………………………………… VI /175 /53
　　△*Ranunculus jeholensis* 热河毛茛 …………………………… VI /175 /53
Raphaelia 拉发尔蕨属 …………………………………………………… II /486 /171
　　△*Raphaelia cretacea* 白垩拉发尔蕨 …………………………… II /487 /171
　　△*Raphaelia denticulata* 齿状拉发尔蕨 ……………………… II /487 /171
　　△*Raphaelia diamensis* 狄阿姆拉发尔蕨 ……………………… II /487 /171
　　?*Raphaelia diamensis* ?狄阿姆拉发尔蕨 ……………………… II /488 /172

Raphaelia cf. *diamensis* 狄阿姆拉发尔蕨(比较种)	Ⅱ /488 /172
Raphaelia (*Osmunda*?) *diamensis* 狄阿姆拉发尔蕨(紫萁?)	Ⅱ /488 /172
△*Raphaelia glossoides* 舌形拉发尔蕨	Ⅱ /488 /172
Raphaelia nueropteroides 脉羊齿型拉发尔蕨	Ⅱ /486 /171
Raphaelia cf. *nueropteroides* 脉羊齿型拉发尔蕨(比较种)	Ⅱ /486 /171
Raphaelia prinadai 普里纳达拉发尔蕨	Ⅱ /488 /173
Raphaelia stricta 狭窄拉发尔蕨	Ⅱ /488 /173
Raphaelia spp. 拉发尔蕨(未定多种)	Ⅱ /489 /173
Raphaelia? spp. 拉发尔蕨?(未定多种)	Ⅱ /489 /173
△*Rehezamites* 热河似查米亚属	Ⅲ /542 /174
△*Rehezamites anisolobus* 不等裂热河似查米亚	Ⅲ /542 /174
Rehezamites sp. 热河似查米亚(未定种)	Ⅲ /543 /175
△*Reteophlebis* 网格蕨属	Ⅱ /489 /173
△*Reteophlebis simplex* 单式网格蕨	Ⅱ /489 /173
Rhabdotocaulon 棒状茎属	Ⅲ /543 /175
Rhabdotocaulon zeilleri 蔡氏棒状茎	Ⅲ /543 /175
Rhabdotocaulon sp. 棒状茎(未定种)	Ⅲ /543 /175
Rhacopteris 扇羊齿属	Ⅲ /543 /175
Rhacopteris elegans 华丽扇羊齿	Ⅲ /544 /175
△*Rhacopteris*? *gothani* 高腾?扇羊齿	Ⅲ /544 /175
Rhacopteris (*Anisopteris*) sp. 扇羊齿(不等齿)(未定种)	Ⅲ /544 /176
Rhamnites 似鼠李属	Ⅵ /175 /53
Rhamnites eminens 显脉似鼠李	Ⅵ /176 /54
Rhamnites multinervatus 多脉似鼠李	Ⅵ /176 /54
Rhamnus 鼠李属	Ⅵ /176 /54
△*Rhamnus menchigensis* 门士鼠李	Ⅵ /176 /54
△*Rhamnus shangzhiensis* 尚志鼠李	Ⅵ /176 /54
Rhaphidopteris 针叶羊齿属	Ⅲ /544 /176
Rhaphidopteris astartensis 阿斯塔脱针叶羊齿	Ⅲ /544 /176
△*Rhaphidopteris bifurcata* 两叉针叶羊齿	Ⅲ /544 /176
△*Rhaphidopteris cornuta* 角形针叶羊齿	Ⅲ /544 /176
△*Rhaphidopteris gracilis* 纤细针叶羊齿	Ⅲ /545 /176
△*Rhaphidopteris hsuii* 徐氏针叶羊齿	Ⅲ /545 /176
△*Rhaphidopteris latiloba* 宽裂片针叶羊齿	Ⅲ /545 /177
△*Rhaphidopteris liuzhiensis* 六枝针叶羊齿	Ⅲ /545 /177
△*Rhaphidopteris rhipidoides* 拟扇型针叶羊齿	Ⅲ /545 /177
△*Rhaphidopteris rugata* 皱纹针叶羊齿	Ⅲ /545 /177
△*Rhaphidopteris shaohuae* 少华针叶羊齿	Ⅲ /545 /177
Rhinipteris 纵裂蕨属	Ⅱ /490 /174
Rhinipteris concinna 美丽纵裂蕨	Ⅱ /490 /174
Rhinipteris cf. *concinna* 美丽纵裂蕨(比较种)	Ⅱ /490 /174
Rhipidiocladus 扇状枝属	Ⅴ /408 /141
△*Rhipidiocladus acuminatus* 渐尖扇状枝	Ⅴ /409 /142
Rhipidiocladus flabellata 小扇状枝	Ⅴ /408 /141
△*Rhipidiocladus hebeiensis* 河北扇状枝	Ⅴ /409 /142

△*Rhipidiocladus mucronata* 细尖扇状枝	Ⅴ/409/142
Rhipidopsis 扇叶属	Ⅳ/274/87
Rhipidopsis baieroides 拜拉型扇叶	Ⅳ/275/87
△*Rhipidopsis concava* 凹顶扇叶	Ⅳ/275/88
Rhipidopsis ginkgoides 银杏状扇叶	Ⅳ/274/87
Rhipidopsis cf. *ginkgoides* 银杏状扇叶(比较种)	Ⅳ/275/87
Rhipidopsis gondwanensis 冈瓦那扇叶	Ⅳ/275/88
△*Rhipidopsis guizhouensis* 贵州扇叶	Ⅳ/275/88
△*Rhipidopsis hongshanensis* 红山扇叶	Ⅳ/275/88
△*Rhipidopsis imaizumii* 今泉扇叶	Ⅳ/276/88
△*Rhipidopsis lobata* 瓣扇叶	Ⅳ/276/88
Cf. *Rhipidopsis lobata* 瓣扇叶(比较属种)	Ⅳ/276/88
△*Rhipidopsis lobulata* 多裂扇叶	Ⅳ/276/88
△*Rhipidopsis longifolia* 长叶扇叶	Ⅳ/276/89
△*Rhipidopsis minor* 小扇叶	Ⅳ/276/89
△*Rhipidopsis minutus* 最小扇叶	Ⅳ/277/89
△*Rhipidopsis multifurcata* 多分叉扇叶	Ⅳ/277/89
Rhipidopsis palmata 掌状扇叶	Ⅳ/277/89
Rhipidopsis cf. *palmata* 掌状扇叶(比较种)	Ⅳ/277/89
Rhipidopsis aff. *palmata* 掌状扇叶(亲近种)	Ⅳ/277/89
△*Rhipidopsis p'anii* 潘氏扇叶	Ⅳ/277/89
Rhipidopsis cf. *p'anii* 潘氏扇叶(比较种)	Ⅳ/278/90
△*Rhipidopsis radiata* 射扇叶	Ⅳ/278/90
△*Rhipidopsis shifaensis* 石发扇叶	Ⅳ/278/90
△*Rhipidopsis shuichengensis* 水城扇叶	Ⅳ/278/90
△*Rhipidopsis tangwangheensis* 汤旺河扇叶	Ⅳ/279/90
△*Rhipidopsis taohaiyingensis* 陶海营扇叶	Ⅳ/279/90
△*Rhipidopsis xinganensis* 兴安扇叶	Ⅳ/279/90
△*Rhipidopsis yamadai* 山田扇叶	Ⅳ/279/91
Rhipidopsis spp. 扇叶(未定多种)	Ⅳ/279/91
Rhipidopsis? sp. 扇叶?(未定种)	Ⅳ/280/91
?*Rhipidopsis* sp. ?扇叶(未定种)	Ⅳ/280/91
Rhiptozamites 科达似查米亚属	Ⅲ/546/177
Rhiptozamites goeppertii 葛伯特科达似查米亚	Ⅲ/546/177
△*Rhizoma* 根状茎属	Ⅵ/176/54
△*Rhizoma elliptica* 椭圆形根状茎	Ⅵ/177/54
Rhizomopteris 根茎蕨属	Ⅱ/490/174
Rhizomopteris lycopodioides 石松型根茎蕨	Ⅱ/490/174
△*Rhizomopteris sinensis* Gu,1978 (non Gu,1984) 中华根茎蕨	Ⅱ/490/174
△*Rhizomopteris sinensis* Gu,1984 (non Gu,1978) 中华根茎蕨	Ⅱ/491/174
△*Rhizomopteris taeniana* 带状根茎蕨	Ⅱ/491/175
△*Rhizomopteris yaojiensis* Sun et Shen,1986 (non Sun et Shen,1998) 窑街根茎蕨	Ⅱ/491/175
△*Rhizomopteris yaojiensis* Sun et Shen,1998 (non Sun et Shen,1986) 窑街根茎蕨	Ⅱ/491/175
Rhizomopteris spp. 根茎蕨(未定多种)	Ⅱ/491/175
△*Riccardiopsis* 拟片叶苔属	Ⅰ/134/7

△*Riccardiopsis hsüi* 徐氏拟片叶苔	Ⅰ /134 /7
△*Rireticopteris* 日蕨属	Ⅱ /492 /175
△*Rireticopteris microphylla* 小叶日蕨	Ⅱ /492 /176
Rogersia 鬼灯檠属	Ⅵ /177 /55
Rogersia angustifolia 窄叶鬼灯檠	Ⅵ /177 /55
Rogersia lanceolata 披针形鬼灯檠	Ⅵ /177 /55
Rogersia longifolia 长叶鬼灯檠	Ⅵ /177 /55
Ruehleostachys 隐脉穗属	Ⅴ /410 /143
△*Ruehleostachys? hongyantouensis* 红崖头? 隐脉穗	Ⅴ /410 /143
Ruehleostachys pseudarticulatus 假有节隐脉穗	Ⅴ /410 /143
Ruffordia 鲁福德蕨属	Ⅱ /492 /176
Ruffordia goepperti 葛伯特鲁福德蕨	Ⅱ /492 /176
Cf. *Ruffordia goepperti* 葛伯特鲁福德蕨(比较属种)	Ⅱ /495 /178
Ruffordia (*Sphenopteris*) *goepperti* 葛伯特鲁福德蕨(楔羊齿)	Ⅱ /495 /178
Cf. *Ruffordia* (*Sphenopteris*) *goepperti* 葛伯特鲁福德蕨(楔羊齿)(比较属种)	Ⅱ /495 /178
Ruffordia sp. 鲁福德蕨(未定种)	Ⅱ /495 /178
Ruffordia? sp. 鲁福德蕨?(未定种)	Ⅱ /495 /178

S

△*Sabinites* 似圆柏属	Ⅴ /410 /143
△*Sabinites gracilis* 纤细似圆柏	Ⅴ /411 /143
△*Sabinites neimonglica* 内蒙古似圆柏	Ⅴ /411 /143
Sagenopteris 鱼网叶属	Ⅲ /546 /177
Sagenopteris bilobara 两瓣鱼网叶	Ⅲ /547 /178
Sagenopteris colpodes 鞘状鱼网叶	Ⅲ /547 /178
Sagenopteris cf. *colpodes* 鞘状鱼网叶(比较种)	Ⅲ /547 /178
△*Sagenopteris? dictyozamioides* 网状? 鱼网叶	Ⅲ /547 /178
Sagenopteris elliptica 椭圆鱼网叶	Ⅲ /547 /178
△*Sagenopteris ginkgoides* 似银杏型鱼网叶	Ⅲ /547 /179
△*Sagenopteris glossopteroides* 舌羊齿型鱼网叶	Ⅲ /547 /179
Sagenopteris hallei 赫勒鱼网叶	Ⅲ /548 /179
Sagenopteris cf. *hallei* 赫勒鱼网叶(比较种)	Ⅲ /548 /179
△*Sagenopteris jiaodongensis* 胶东鱼网叶	Ⅲ /548 /179
△*Sagenopteris jinxiensis* 京西鱼网叶	Ⅲ /548 /179
△*Sagenopteris laiyangensis* 莱阳鱼网叶	Ⅲ /548 /179
△*Sagenopteris lanceolatus* Li et He,1979 [non Wang X F (MS) ex Wang Z Q,1984, nec Huang et Chow,1980] 披针形鱼网叶	Ⅲ /548 /179
△*Sagenopteris lanceolatus* Huang et Chow,1980 [non Wang X F (MS) ex Wang Z Q, 1984,nec Li et He,1979] 披针形鱼网叶	Ⅲ /548 /179
△*Sagenopteris lanceolatus* Wang X F (MS) ex Wang Z Q,1984 (non Li et He,1979, nec Huang et Chow,1980) 披针形鱼网叶	Ⅲ /549 /180
△*Sagenopteris liaoxiensis* 辽西鱼网叶	Ⅲ /549 /180
△*Sagenopteris linanensis* 临安鱼网叶	Ⅲ /549 /180
△*Sagenopteris loxosteleor* 偏柄鱼网叶	Ⅲ /549 /180

Sagenopteris mantelli 曼特尔鱼网叶	III /549 /180
Sagenopteris cf. *mantelli* 曼特尔鱼网叶(比较种)	III /550 /180
△*Sagenopteris mediana* 居中鱼网叶	III /550 /180
△*Sagenopteris mishanensis* 密山鱼网叶	III /550 /180
Sagenopteris nilssoniana 尼尔桑鱼网叶	III /546 /178
Sagenopteris cf. *nilssoniana* 尼尔桑鱼网叶(比较种)	III /546 /178
Sagenopteris petiolata 具柄鱼网叶	III /550 /180
Sagenopteris phillipsii 菲氏鱼网叶	III /550 /181
△*Sagenopteris shouchangensis* 寿昌鱼网叶	III /550 /181
Sagenopteris cf. *shouchangensis* 寿昌鱼网叶(比较种)	III /550 /181
△*Sagenopteris spatulata* 匙形鱼网叶	III /551 /181
Sagenopteris cf. *spatulata* 匙形鱼网叶(比较种)	III /551 /181
△*Sagenopteris stenofolia* 窄叶鱼网叶	III /551 /181
△*Sagenopteris suifengensis* 绥芬鱼网叶	III /551 /181
Sagenopteris williamsii 魏氏鱼网叶	III /552 /182
Sagenopteris cf. *williamsii* 魏氏鱼网叶(比较种)	III /552 /182
△*Sagenopteris yunganensis* 永安鱼网叶	III /552 /182
Sagenopteris spp. 鱼网叶(未定多种)	III /552 /182
Sagenopteris? spp. 鱼网叶?(未定多种)	III /553 /183
Sahnioxylon 萨尼木属	VI /177 /55
Sahnioxylon rajmahalense 拉杰马哈尔萨尼木	VI /178 /55
Sahnioxylon 萨尼木属	III /554 /183
Sahnioxylon rajmahalense 拉杰马哈尔萨尼木	III /554 /183
Saliciphyllum Conwentz,1886 (non Fontaine,1889) 柳叶属	VI /178 /56
Saliciphyllum succineum 琥珀柳叶	VI /178 /56
Saliciphyllum Fontaine,1889 (non Conwentz,1886) 柳叶属	VI /178 /56
Saliciphyllum longifolium 长叶柳叶	VI /178 /56
Saliciphyllum sp. 柳叶(未定种)	VI /179 /56
Salix 柳属	VI /179 /56
Salix meeki 米克柳	VI /179 /57
Salix cf. *meeki* 米克柳(比较种)	VI /179 /57
Salvinia 槐叶萍属	II /496 /178
△*Salvinia jilinensis* 吉林槐叶萍	II /496 /178
Salvinia sp. 槐叶萍(未定种)	II /496 /178
Samaropsis 拟翅籽属	V /411 /144
△*Samaropsis obliqua* 偏斜拟翅籽	V /411 /144
Samaropsis parvula 细小拟翅籽	V /411 /144
△*Samaropsis qinghaiensis* 青海拟翅籽	V /411 /144
△*Samaropsis rhombicus* 菱形拟翅籽	V /412 /144
Samaropsis rotundata 圆形拟翅籽	V /412 /144
Samaropsis ulmiformis 榆树形拟翅籽	V /411 /144
Samaropsis spp. 拟翅籽(未定多种)	V /412 /145
Sapindopsis 拟无患子属	VI /179 /57
Sapindopsis cordata 心形拟无患子	VI /179 /57
Sapindopsis magnifolia 大叶拟无患子	VI /179 /57

Sapindopsis cf. *variabilis* 变异拟无患子(比较种)	Ⅵ	/180 /57
Saportaea 铲叶属	Ⅳ	/280 /91
△*Saportaea nervosa* 多脉铲叶	Ⅳ	/280 /92
Saportaea cf. *nervosa* 多脉铲叶(比较种)	Ⅳ	/281 /92
Saportaea salisburioides 掌叶型铲叶	Ⅳ	/280 /92
Saportaea sp. 铲叶(未定种)	Ⅳ	/281 /92
Sassafras 檫木属	Ⅵ	/180 /57
Sassafras cretaceoue var. *heterobum* 白垩檫木异型变种	Ⅵ	/180 /58
Cf. *Sassafras cretaceoue* var. *heterobum* 白垩檫木异型变种(比较属种)	Ⅵ	/180 /58
"*Sassafras*" *potomacensis* 波托马克"檫木"	Ⅵ	/180 /58
Sassafras sp. 檫木(未定种)	Ⅵ	/180 /58
Scarburgia 斯卡伯格穗属	Ⅴ	/413 /145
△*Scarburgia circularis* 圆形斯卡伯格穗	Ⅴ	/413 /145
Scarburgia hilli 希尔斯卡伯格穗	Ⅴ	/413 /145
△*Scarburgia triangularis* 三角斯卡伯格穗	Ⅴ	/413 /146
Scarburgia sp. 斯卡伯格穗(未定种)	Ⅴ	/413 /146
Schisandra 五味子属	Ⅵ	/181 /58
△*Schisandra durbudensis* 杜尔伯达五味子	Ⅵ	/181 /58
Schizolepis 裂鳞果属	Ⅴ	/414 /146
Schizolepis acuminata 渐尖裂鳞果	Ⅴ	/414 /146
Schizolepis angustipeduncuraris 狭足裂鳞果	Ⅴ	/414 /146
△*Schizolepis beipiaoensis* Wu S Q,1999 (non Zheng,2001) 北票裂鳞果	Ⅴ	/414 /146
△*Schizolepis beipiaoensis* Zheng,2001 (non Wu S Q,1999) 北票裂鳞果	Ⅴ	/415 /147
△*Schizolepis carinatus* 龙骨状裂鳞果	Ⅴ	/415 /147
△*Schizolepis chilitica* 唇形裂鳞果	Ⅴ	/415 /147
Schizolepis cretaceus 白垩裂鳞果	Ⅴ	/415 /147
Schizolepis cf. *cretaceus* 白垩裂鳞果(比较种)	Ⅴ	/415 /147
△*Schizolepis dabangouensis* 大板沟裂鳞果	Ⅴ	/415 /147
△*Schizolepis fengningensis* 丰宁裂鳞果	Ⅴ	/415 /147
△*Schizolepis gigantea* 巨大裂鳞果	Ⅴ	/416 /147
△*Schizolepis gracilis* 纤细裂鳞果	Ⅴ	/416 /148
△*Schizolepis heilongjiangensis* 黑龙江裂鳞果	Ⅴ	/416 /148
△*Schizolepis jeholensis* 热河裂鳞果	Ⅴ	/416 /148
Schizolepis liaso-keuperinus 侏罗-三叠裂鳞果	Ⅴ	/414 /146
△*Schizolepis liaoxiensis* 辽西裂鳞果	Ⅴ	/417 /148
△*Schizolepis micropetra* 小翅裂鳞果	Ⅴ	/417 /149
Schizolepis moelleri 缪勒裂鳞果	Ⅴ	/417 /149
Schizolepis cf. *moelleri* 缪勒裂鳞果(比较种)	Ⅴ	/418 /149
Schizolepis exgr. *moelleri* 缪勒裂鳞果(类群种)	Ⅴ	/418 /149
△*Schizolepis neimengensis* 内蒙裂鳞果	Ⅴ	/418 /149
△*Schizolepis planidigesita* 平列裂鳞果	Ⅴ	/418 /149
Schizolepis prynadae 普里纳达裂鳞果	Ⅴ	/418 /149
△*Schizolepis pterygoideus* 翅形裂鳞果	Ⅴ	/418 /150
△*Schizolepis trilobata* 三瓣裂鳞果	Ⅴ	/418 /150
Schizolepis spp. 裂鳞果(未定多种)	Ⅴ	/419 /150

Schizoneura 裂脉叶属	Ⅰ	/224 /77
Schizoneura carrerei 卡勒莱裂脉叶	Ⅰ	/224 /78
Schizoneura gondwanensis 冈瓦那裂脉叶	Ⅰ	/224 /78
? *Schizoneura gondwanensis* ? 冈瓦那裂脉叶	Ⅰ	/224 /78
Schizoneura hoerensis 霍尔裂脉叶	Ⅰ	/225 /78
? *Schizoneura hoerensis* ? 霍尔裂脉叶	Ⅰ	/225 /78
Schizoneura lateralis 侧生裂脉叶	Ⅰ	/225 /78
△*Schizoneura* (*Echinostachys*?) *megaphylla* 大叶裂脉叶(具刺孢穗?)	Ⅰ	/225 /78
Schizoneura ornata 装饰裂脉叶	Ⅰ	/225 /78
Schizoneura paradoxa 奇异裂脉叶	Ⅰ	/224 /77
△*Schizoneura tianquqnensis* 天全裂脉叶	Ⅰ	/225 /79
Schizoneura spp. 裂脉叶(未定多种)	Ⅰ	/225 /79
Schizoneura? spp. 裂脉叶?(未定多种)	Ⅰ	/226 /79
Schizoneura-Echinostachys 裂脉叶-具刺孢穗属	Ⅰ	/226 /79
Schizoneura-Echinostachys paradoxa 奇异裂脉叶-具刺孢穗	Ⅰ	/226 /79
Sciadopityoxylon 金松型木属	Ⅴ	/419 /150
△*Sciadopityoxylon heizyoense* 平壤金松型木	Ⅴ	/419 /151
△*Sciadopityoxylon liaoningensis* 辽宁金松型木	Ⅴ	/420 /151
Sciadopityoxylon vestuta 具罩金松型木	Ⅴ	/419 /150
Sciadopityoxylon wettsteini 魏氏金松型木	Ⅴ	/419 /151
Scleropteris Saporta,1872 (non Andrews,1942) 硬蕨属	Ⅱ	/496 /179
△*Scleropteris juncta* 基连硬蕨	Ⅱ	/496 /179
Scleropteris pomelii 帕氏硬蕨	Ⅱ	/496 /179
△*Scleropteris saportana* 萨氏硬蕨	Ⅱ	/497 /179
△ "*Scleropteris*" *saportana* 萨氏"硬蕨"	Ⅱ	/497 /179
△*Scleropteris tibetica* 西藏硬蕨	Ⅱ	/497 /179
Scleropteris verchojaensis 维尔霍扬硬蕨	Ⅱ	/497 /180
Scleropteris Andrews,1942 (non Saporta,1872) 硬蕨属	Ⅱ	/497 /180
Scleropteris illinoienses 伊利诺斯硬蕨	Ⅱ	/498 /180
Scoresbya 斯科勒斯比叶属	Ⅲ	/554 /184
Scoresbya dentata 齿状斯科勒斯比叶	Ⅲ	/554 /184
Scoresbya cf. *dentata* 齿状斯科勒斯比叶(比较种)	Ⅲ	/555 /184
△*Scoresbya entegra* 全缘斯科勒斯比叶	Ⅲ	/555 /184
△*Scoresbya integrifolia* 完整斯科勒斯比叶	Ⅲ	/555 /184
△*Scoresbya*? *speciosa* 美丽? 斯科勒斯比叶	Ⅲ	/555 /185
△*Scoresbya szeiana* 斯氏斯科勒斯比叶	Ⅲ	/556 /185
Scoresbya sp. 斯科勒斯比叶(未定种)	Ⅲ	/556 /185
Scoresbya? sp. 斯科勒斯比叶?(未定种)	Ⅲ	/556 /185
Scotoxylon 苏格兰木属	Ⅴ	/420 /151
Scotoxylon horneri 霍氏苏格兰木	Ⅴ	/420 /151
△*Scotoxylon yanqingense* 延庆苏格兰木	Ⅴ	/420 /151
Scytophyllum 革叶属	Ⅲ	/556 /185
Scytophyllum bergeri 培根革叶	Ⅲ	/556 /185
Scytophyllum cf. *bergeri* 培根革叶(比较种)	Ⅲ	/556 /185
△*Scytophyllum chaoyangensis* 朝阳革叶	Ⅲ	/556 /185

△*Scytophyllum? cryptonerve* 隐脉？革叶	Ⅲ	/557/186
△*Scytophyllum hunanense* 湖南革叶	Ⅲ	/557/186
△*Scytophyllum kuqaense* 库车革叶	Ⅲ	/557/186
△*Scytophyllum obovatifolium* 倒卵形革叶	Ⅲ	/557/186
△*Scytophyllum wuziwanensis* 五字湾革叶	Ⅲ	/558/186
Scytophyllum spp. 革叶（未定多种）	Ⅲ	/558/186
Selaginella 卷柏属	Ⅰ	/227/80
△*Selaginella yunnanensis* 云南卷柏	Ⅰ	/227/80
Selaginellites 似卷柏属	Ⅰ	/227/80
△*Selaginellites angustus* 狭细似卷柏	Ⅰ	/227/80
Selaginellites? angustus 狭细？似卷柏	Ⅰ	/227/80
?*Selaginellites angustus* ?狭细似卷柏	Ⅰ	/228/81
△*Selaginellites asiatica* 亚洲似卷柏	Ⅰ	/228/81
△*Selaginellites chaoyangensis* 朝阳似卷柏	Ⅰ	/228/81
△*Selaginellites drepaniformis* 镰形似卷柏	Ⅰ	/228/81
△*Selaginellites fausta* 多产似卷柏	Ⅰ	/228/81
△*Selaginellites sinensis* 中国似卷柏	Ⅰ	/229/81
△*Selaginellites spatulatus* 匙形似卷柏	Ⅰ	/229/82
Selaginellites suissei 索氏似卷柏	Ⅰ	/227/80
△*Selaginellites suniana* 孙氏似卷柏	Ⅰ	/229/82
△*Selaginellites yunnanensis* 云南似卷柏	Ⅰ	/229/82
Selaginellites spp. 似卷柏（未定多种）	Ⅰ	/230/82
Selaginellites? spp. 似卷柏？（未定多种）	Ⅰ	/230/83
Sequoia 红杉属	Ⅴ	/420/151
Sequoia affinis 相关红杉	Ⅴ	/420/151
△*Sequoia chinensis* 中华红杉	Ⅴ	/421/152
△*Sequoia gracilis* 纤细红杉	Ⅴ	/421/152
△*Sequoia jeholensis* 热河红杉	Ⅴ	/421/152
Sequoia? jeholensis 热河？红杉	Ⅴ	/421/152
Sequoia minuta 小红杉	Ⅴ	/421/152
△*Sequoia obesa* 宽叶红杉	Ⅴ	/421/152
Sequoia reichenbachii 雷氏红杉	Ⅴ	/422/152
Sequoia sp. 红杉（未定种）	Ⅴ	/422/153
Sequoia? spp. 红杉？（未定多种）	Ⅴ	/422/153
△*Setarites* 似狗尾草属	Ⅵ	/181/58
Setarites sp. indet. 似狗尾草（sp. indet.）	Ⅵ	/181/59
Sewardiodendron 西沃德杉属	Ⅴ	/422/153
Sewardiodendron laxum 疏松西沃德杉	Ⅴ	/422/153
△*Shanxicladus* 山西枝属	Ⅱ	/498/180
△*Shanxicladus pastulosus* 疹形山西枝	Ⅱ	/498/180
△*Shenea* 沈氏蕨属	Ⅱ	/498/180
△*Shenea hirschmeierii* 希氏沈氏蕨	Ⅱ	/498/181
△*Shenkuoia* 沈括叶属	Ⅵ	/181/59
△*Shenkuoia caloneura* 美脉沈括叶	Ⅵ	/182/59
△*Sinocarpus* 中华古果属	Ⅵ	/182/59

△*Sinocarpus decussatus* 下延中华古果	Ⅵ/182/60
△*Sinoctenis* 中国篦羽叶属	Ⅲ/558/187
△*Sinoctenis aequalis* 等形中国篦羽叶	Ⅲ/559/187
△*Sinoctenis? anomozamioides* 异羽叶型? 中国篦羽叶	Ⅲ/559/187
△*Sinoctenis? brevis* 短叶? 中国篦羽叶	Ⅲ/559/187
△*Sinoctenis calophylla* 美叶中国篦羽叶	Ⅲ/559/188
△*Sinoctenis grabauiana* 葛利普中国篦羽叶	Ⅲ/559/187
△*Sinoctenis guangyuanensis* 广元中国篦羽叶	Ⅲ/561/189
△*Sinoctenis macrophylla* 大叶中国篦羽叶	Ⅲ/561/189
△*Sinoctenis minor* 较小中国篦羽叶	Ⅲ/561/189
△*Sinoctenis pterophylloides* 侧羽叶型中国篦羽叶	Ⅲ/561/189
△*Sinoctenis pulcella* 微美中国篦羽叶	Ⅲ/562/189
△*Sinoctenis shazhenxiensis* 沙镇溪中国篦羽叶	Ⅲ/562/189
△*Sinoctenis stenorachis* 细轴中国篦羽叶	Ⅲ/562/189
△*Sinoctenis venulosa* 密脉中国篦羽叶	Ⅲ/562/189
△*Sinoctenis yuannanensis* 云南中国篦羽叶	Ⅲ/562/189
△*Sinoctenis zhonghuaensis* 中华中国篦羽叶	Ⅲ/563/190
Sinoctenis spp. 中国篦羽叶(未定多种)	Ⅲ/563/190
Sinoctenis? spp. 中国篦羽叶?(未定多种)	Ⅲ/563/190
?*Sinoctenis* sp. ?中国篦羽叶(未定种)	Ⅲ/563/190
△*Sinodicotis* 中华缘蕨属	Ⅵ/183/60
Sinodicotis sp. indet. 中华缘蕨(sp. indet.)	Ⅵ/183/60
△*Sinophyllum* 中国叶属	Ⅳ/281/92
△*Sinophyllum suni* 孙氏中国叶	Ⅳ/281/92
△*Sinozamites* 中国似查米亚属	Ⅲ/563/190
△*Sinozamites hubeiensis* 湖北中国似查米亚	Ⅲ/564/191
△*Sinozamites leeiana* 李氏中国似查米亚	Ⅲ/563/190
△*Sinozamites magnus* 较大中国似查米亚	Ⅲ/564/191
△*Sinozamites myrioneurus* 密脉中国似查米亚	Ⅲ/564/191
Sinozamites sp. 中国似查米亚(未定种)	Ⅲ/564/191
Sinozamites? spp. 中国似查米亚?(未定多种)	Ⅲ/564/191
Solenites 似管状叶属	Ⅳ/281/93
△*Solenites luanpingensis* 滦平似管状叶	Ⅳ/282/93
Solenites murrayana 穆雷似管状叶	Ⅳ/281/93
Solenites cf. *murrayana* 穆雷似管状叶(比较种)	Ⅳ/282/93
△*Solenites orientalis* 东方似管状叶	Ⅳ/282/94
Solenites vimineus 柳条似管状叶	Ⅳ/283/94
Sorbaria 珍珠梅属	Ⅵ/183/60
△*Sorbaria wuyunensis* 乌云珍珠梅	Ⅵ/183/60
Sorosaccus 堆囊穗属	Ⅳ/283/94
Sorosaccus gracilis 细纤堆囊穗	Ⅳ/283/94
Sparganium 黑三棱属	Ⅵ/183/60
△*Sparganium? fengningense* 丰宁? 黑三棱	Ⅵ/184/61
△*Speirocarpites* 似卷囊蕨属	Ⅱ/498/181
△*Speirocarpites dukouensis* 渡口似卷囊蕨	Ⅱ/499/181

△*Speirocarpites rireticopteroides* 日蕨型似卷囊蕨	II /499 /181
△*Speirocarpites virginiensis* 弗吉尼亚似卷囊蕨	II /499 /181
△*Speirocarpites zhonguoensis* 中国似卷囊蕨	II /499 /181
Sphenarion 小楔叶属	IV /283 /94
△*Sphenarion dicrae* 开叉小楔叶	IV /284 /95
Sphenarion latifolia 宽叶小楔叶	IV /284 /95
Sphenarion leptophylla 薄叶小楔叶	IV /284 /95
Cf. *Sphenarion leptophylla* 薄叶小楔叶(比较属种)	IV /285 /95
Sphenarion cf. *S. leptophylla* 薄叶小楔叶(比较属种)	IV /285 /96
△*Sphenarion lineare* 线形小楔叶	IV /285 /96
△*Sphenarion parilis* 均匀小楔叶	IV /285 /96
△*Sphenarion parvum* 小叶小楔叶	IV /285 /96
Sphenarion paucipartita 疏裂小楔叶	IV /283 /95
Cf. *Sphenarion paucipartita* 疏裂小楔叶(比较属种)	IV /284 /95
△*Sphenarion tianqiaolingense* 天桥岭小楔叶	IV /285 /96
△*Sphenarion xuii* 徐氏小楔叶	IV /285 /96
Sphenarion spp. 小楔叶(未定多种)	IV /285 /96
Sphenobaiera 楔拜拉属	IV /286 /96
Sphenobaiera abschirica 阿勃希里克楔拜拉	IV /287 /98
△*Sphenobaiera acubasis* 尖基楔拜拉	IV /288 /98
Sphenobaiera angustifolia 狭叶楔拜拉	IV /288 /98
△*Sphenobaiera beipiaoensis* 北票楔拜拉	IV /288 /98
△*Sphenobaiera bifurcata* 两叉楔拜拉	IV /288 /98
Sphenobaiera biloba Prynada,1938 (non Feng,1977) 双裂楔拜拉	IV /288 /98
△*Sphenobaiera biloba* Feng,1977 (non Prynada,1938) 二裂楔拜拉	IV /288 /98
Sphenobaiera boeggildiana 波氏楔拜拉	IV /289 /99
Cf. *Sphenobaiera boeggildiana* 波氏楔拜拉(比较属种)	IV /289 /99
△*Sphenobaiera chenzihensis* 城子河楔拜拉	IV /289 /99
Sphenobaiera colchica 科尔奇楔拜拉	IV /289 /99
△*Sphenobaiera crassinervis* 粗脉楔拜拉	IV /289 /99
Sphenobaiera cf. *crassinervis* 粗脉楔拜拉(比较种)	IV /289 /99
Sphenobaiera cretosa 白垩楔拜拉	IV /290 /99
Sphenobaiera cf. *cretosa* 白垩楔拜拉(比较种)	IV /290 /99
△*Sphenobaiera crispifolia* 皱叶楔拜拉	IV /290 /99
△*Sphenobaiera eurybasis* 宽基楔拜拉	IV /290 /100
△*Sphenobaiera fujiaensis* 福建楔拜拉	IV /290 /100
Sphenobaiera furcata 叉状楔拜拉	IV /290 /100
?*Sphenobaiera furcata* ?叉状楔拜拉	IV /290 /100
△*Sphenobaiera ginkgooides* 银杏状楔拜拉	IV /290 /100
△*Sphenobaiera grandis* 大楔拜拉	IV /291 /100
△*Sphenobaiera huangi* (Sze) Hsu,1954 (non Sze,1956,nec Krassilov,1972) 黄氏楔拜拉	IV /291 /100
△*Sphenobaiera huangi* (Sze) Sze,1956 (non Hsu,1954,nec Krassilov,1972) 黄氏楔拜拉	IV /292 /101

△*Sphenobaiera huangi* (Sze) Krassilov,1972 (non Hsu,1954,nec Sze,1956)
黄氏楔拜拉 ·· Ⅳ /292 /101
Sphenobaiera cf. *huangi* 黄氏楔拜拉(比较种) ··· Ⅳ /292 /101
Sphenobaiera ikorfatensis 伊科法特楔拜拉 ·· Ⅳ /292 /101
△*Sphenobaiera jugata* 并列楔拜拉 ··· Ⅳ /293 /101
△*Sphenobaiera lata* 宽叶楔拜拉 ··· Ⅳ /293 /102
Sphenobaiera leptophylla 细叶楔拜拉 ·· Ⅳ /293 /102
△*Sphenobaiera lobifolia* 裂叶楔拜拉 ·· Ⅳ /293 /102
Sphenobaiera longifolia 长叶楔拜拉 ·· Ⅳ /293 /102
Sphenobaiera cf. *longifolia* 长叶楔拜拉(比较种) ······································ Ⅳ /295 /103
△*Sphenobaiera micronervis* 微脉楔拜拉 ··· Ⅳ /295 /103
△*Sphenobaiera multipartita* 多裂楔拜拉 ··· Ⅳ /295 /103
△*Sphenobaiera nantianmensis* 南天门楔拜拉 ··· Ⅳ /295 /103
Sphenobaiera ophioglossum 瓶尔小草状楔拜拉 ······································· Ⅳ /295 /103
Sphenobaiera cf. *ophioglossum* 瓶尔小草状楔拜拉(比较种) ······················· Ⅳ /295 /104
Sphenobaiera paucipartita 少裂楔拜拉 ··· Ⅳ /295 /104
Sphenobaiera pecten 栉形楔拜拉 ·· Ⅳ /296 /104
Sphenobaiera pulchella 稍美楔拜拉 ·· Ⅳ /296 /104
Sphenobaiera cf. *pulchella* 稍美楔拜拉(比较种) ······································· Ⅳ /296 /104
Sphenobaiera pulchella f. *lata* 稍美楔拜拉宽异型 ···································· Ⅳ /296 /104
△*Sphenobaiera qaidamensis* 柴达木楔拜拉 ·· Ⅳ /296 /104
△*Sphenobaiera qiandianziense* 前甸子楔拜拉 ··· Ⅳ /296 /104
△*Sphenobaiera qixingensis* 七星楔拜拉 ·· Ⅳ /297 /105
△*Sphenobaiera*? *rugata* Zhou,1984 /Mar. (non Wang,1984 /Dec.) 具皱?楔拜拉 ··· Ⅳ /297 /105
△*Sphenobaiera rugata* Wang,1984 /Dec. (non Zhou,1984 /Mar.) 皱纹楔拜拉 ········ Ⅳ /297 /105
△*Sphenobaiera setacea* 刚毛楔拜拉 ·· Ⅳ /297 /105
Sphenobaiera spectabilis 奇丽楔拜拉 ··· Ⅳ /286 /97
Sphenobaiera cf. *spectabilis* 奇丽楔拜拉(比较种) ···································· Ⅳ /287 /97
△*Sphenobaiera spinosa* 刺楔拜拉 ·· Ⅳ /297 /105
△*Sphenobaiera*? *spirata* 旋?楔拜拉 ·· Ⅳ /297 /105
△*Sphenobaiera szeiana* 斯氏楔拜拉 ··· Ⅳ /298 /105
△*Sphenobaiera tenuistriata* 多脉楔拜拉 ·· Ⅳ /298 /105
Sphenobaiera cf. *tenuistriata* 多脉楔拜拉(比较种) ··································· Ⅳ /298 /106
Sphenobaiera uninervis 单脉楔拜拉 ·· Ⅳ /298 /106
Sphenobaiera spp. 楔拜拉(未定多种) ·· Ⅳ /298 /106
Sphenobaiera? spp. 楔拜拉?(未定多种) ··· Ⅳ /301 /108
Sphenobaiera (?*Baiera*) sp. 楔拜拉(?拜拉)(未定种) ······························· Ⅳ /301 /108
△*Sphenobaieroanthus* 楔叶拜拉花属 ··· Ⅳ /301 /108
△*Sphenobaieroanthus sinensis* 中国楔叶拜拉花 ······································· Ⅳ /301 /108
△*Sphenobaierocladus* 楔叶拜拉枝属 ··· Ⅳ /302 /109
△*Sphenobaierocladus sinensis* 中国楔叶拜拉枝 ······································· Ⅳ /302 /109
Sphenolepidium 准楔鳞杉属 ·· Ⅴ /422 /153
△*Sphenolepidium elegans* 雅致准楔鳞杉 ·· Ⅴ /423 /154
Cf. *Sphenolepidium elegans* 雅致准楔鳞杉(比较属种) ······························· Ⅴ /423 /154
Sphenolepidium sternbergianum 司腾伯准楔鳞杉 ···································· Ⅴ /423 /153

Sphenolepidium sp. 准楔鳞杉(未定种)		Ⅴ /423 /154
Sphenolepis 楔鳞杉属		Ⅴ /423 /154
△*Sphenolepis arborscens* 树形楔鳞杉		Ⅴ /424 /155
△*Sphenolepis? concinna* 优雅? 楔鳞杉		Ⅴ /424 /155
△*Sphenolepis? densifolia* 密叶? 楔鳞杉		Ⅴ /424 /155
△*Sphenolepis elegans* 雅致楔鳞杉		Ⅴ /424 /155
△*Sphenolepis gracilis* 纤细楔鳞杉		Ⅴ /425 /155
Sphenolepis kurriana 库尔楔鳞杉		Ⅴ /425 /155
Sphenolepis cf. *kurriana* 库尔楔鳞杉(比较种)		Ⅴ /425 /156
Cf. *Sphenolepis kurriana* 库尔楔鳞杉(比较属种)		Ⅴ /425 /155
Sphenolepis sternbergiana 司腾伯楔鳞杉		Ⅴ /424 /154
Cf. *Sphenolepis sternbergiana* 司腾伯楔鳞杉(比较属种)		Ⅴ /424 /154
Sphenolepis spp. 楔鳞杉(未定多种)		Ⅴ /426 /156
Sphenolepis? spp. 楔鳞杉? (未定多种)		Ⅴ /426 /156
Sphenolepis? (*Pagiophyllum?*) spp. 楔鳞杉? (坚叶杉?)(未定多种)		Ⅴ /426 /156
Sphenophyllum 楔叶属		Ⅰ /230 /83
Sphenophyllum emarginatum 微缺楔叶		Ⅰ /230 /83
Sphenophyllum? sp. 楔叶? (未定种)		Ⅰ /231 /83
Sphenopteris 楔羊齿属		Ⅱ /499 /182
Sphenopteris acrodentata 尖齿楔羊齿		Ⅱ /500 /182
△*Sphenopteris ahnerti* 阿氏楔羊齿		Ⅱ /500 /182
△*Sphenopteris bifurcata* 两叉楔羊齿		Ⅱ /500 /182
△*Sphenopteris boliensis* 勃利楔羊齿		Ⅱ /500 /182
Sphenopteris brulensis 布鲁尔楔羊齿		Ⅱ /500 /183
Sphenopteris chowkiawanensis 周家湾楔羊齿		Ⅱ /501 /183
△*Sphenopteris? chowkiawanensis* 周家湾? 楔羊齿		Ⅱ /501 /183
△*Sphenopteris cretacea* 白垩楔羊齿		Ⅱ /501 /183
△*Sphenopteris delabens* 凋落楔羊齿		Ⅱ /501 /183
△*Sphenopteris diamensis* 佳木楔羊齿		Ⅱ /502 /183
△*Sphenopteris digitata* 指状楔羊齿		Ⅱ /502 /184
Sphenopteris elegans 雅致楔羊齿		Ⅱ /500 /182
Sphenopteris (*Onychiopsis*) *elegans* 雅致楔羊齿(拟金粉蕨)		Ⅱ /500 /182
Sphenopteris (*Gleichenites?*) *erecta* 直立楔羊齿(似里白?)		Ⅱ /502 /184
Sphenopteris (*Gleichenites?*) cf. *erecta* 直立楔羊齿(似里白?)(比较种)		Ⅱ /502 /184
Sphenopteris cf. *erecta* 直立楔羊齿(比较种)		Ⅱ /502 /184
Sphenopteris goepperti 葛伯特楔羊齿		Ⅱ /502 /184
△*Sphenopteris hymenophylla* 膜质楔羊齿		Ⅱ /502 /184
Sphenopteris interstifolia 间羽片楔羊齿		Ⅱ /503 /184
Sphenopteris johnstrupii 约氏楔羊齿		Ⅱ /503 /184
Sphenopteris (*Asplenium?*) *johnstrupii* 约氏楔羊齿(铁角蕨?)		Ⅱ /503 /184
△*Sphenopteris liaoningensis* 辽宁楔羊齿		Ⅱ /503 /185
△*Sphenopteris lobifolia* 裂叶楔羊齿		Ⅱ /503 /185
△*Sphenopteris lobophylla* 叶裂楔羊齿		Ⅱ /503 /185
Sphenopteris mclearni 麦氏楔羊齿		Ⅱ /503 /185
△*Sphenopteris mishanensis* 密山楔羊齿		Ⅱ /504 /185

Sphenopteris modesta 适中楔羊齿	II /504 /185
△*Sphenopteris nitidula* 稍亮楔羊齿	II /504 /185
Cf. *Sphenopteris nitidula* 稍亮楔羊齿(比较属种)	II /504 /186
△*Sphenopteris obliqua* 斜形楔羊齿	II /505 /186
△*Sphenopteris orientalis* 东方楔羊齿	II /505 /186
△ *Sphenopteris* (*Coniopteris*?) *pengzhuangensis* 彭庄楔羊齿(锥叶蕨?)	II /505 /186
Sphenopteris pinnatifida 浅羽楔羊齿	II /505 /186
△*Sphenopteris pusilla* 细小楔羊齿	II /505 /186
△ *Sphenopteris* (*Coniopteris*?) *suessi* 孙氏楔羊齿(锥叶蕨?)	II /505 /186
△*Sphenopteris tiefensis* 铁法楔羊齿	II /505 /187
Sphenopteris williamsonii 威廉姆逊楔羊齿	II /506 /187
△*Sphenopteris yusheensis* 榆社楔羊齿	II /506 /187
Sphenopteris spp. 楔羊齿(未定多种)	II /506 /187
Sphenopteris? spp. 楔羊齿?(未定多种)	II /508 /189
Sphenopteris (*Coniopteris*?) sp. 楔羊齿(锥叶蕨?)(未定种)	II /508 /189
Sphenozamites 楔羽叶属	III /565 /191
Sphenozamites beani 毕氏楔羽叶	III /565 /191
△*Sphenozamites changi* 章氏楔蕉羽叶	III /565 /192
Sphenozamites cf. *changi* 章氏楔羽叶(比较种)	III /565 /192
Sphenozamites cf. *S. changi* 章氏楔羽叶(比较属种)	III /565 /192
△*Sphenozamites donggongensis* 东巩楔羽叶	III /565 /192
△*Sphenozamites*? *drepanoides* 镰形?楔羽叶	III /566 /192
△*Sphenozamites evidens* 明显楔羽叶	III /566 /192
△*Sphenozamites fenshuilingensis* 分水岭楔羽叶	III /566 /192
△*Sphenozamites hunanensis* 湖南楔羽叶	III /566 /192
△*Sphenozamites jingmenensis* 荆门楔羽叶	III /566 /193
Sphenozamites marionii 斜楔羽叶	III /567 /193
Sphenozamites cf. *marionii* 斜楔羽叶(比较种)	III /567 /193
△*Sphenozamites nanzhangensis* 南漳楔羽叶	III /567 /193
△*Sphenozamites rhombifolius* 菱形楔羽叶	III /567 /193
△*Sphenozamites yunjenensis* 永仁楔羽叶	III /567 /193
Sphenozamites cf. *yunjenensis* 永仁楔羽叶(比较种)	III /567 /193
Sphenozamites spp. 楔羽叶(未定多种)	III /567 /193
Sphenozamites? sp. 楔羽叶?(未定种)	III /568 /194
Spirangium 螺旋器属	III /568 /194
Spirangium carbonicum 石炭螺旋器	III /568 /194
△*Spirangium sino-coreanum* 中朝螺旋器	III /568 /194
Spiropteris 螺旋蕨属	II /508 /189
Spiropteris miltoni 米氏螺旋蕨	II /508 /189
Spiropteris spp. 螺旋蕨(未定多种)	II /508 /189
Sporogonites 似孢子体属	I /135 /8
Sporogonites exuberans 茂盛似孢子体	I /135 /8
△*Sporogonites yunnanense* 云南似孢子体	I /135 /8
Squamocarpus 鳞籽属	V /426 /156
△*Squamocarpus papilioformis* 蝶形鳞籽	V /426 /156

△*Stachybryolites* 穗藓属	I /135 /8
△*Stachybryolites zhoui* 周氏穗藓	I /135 /8
Stachyopitys 小果穗属	IV /302 /109
Stachyopitys preslii 普雷斯利小果穗	IV /302 /109
Stachyopitys sp. 小果穗(未定种)	IV /302 /109
Stachyotaxus 穗杉属	V /426 /157
Stachyotaxus elegana 雅致穗杉	V /427 /157
Stachyotaxus elegana? 雅致穗杉?	V /427 /157
△*Stachyotaxus saladinii* 沙氏穗杉	V /427 /157
Stachyotaxus septentionalis 北方穗杉	V /427 /157
Stachypteris 穗蕨属	II /509 /190
Stachypteris spicans 穗状穗蕨	II /509 /190
△*Stachypteris alata* 膜翼穗蕨	II /510 /190
△*Stachypteris*? *anomala* Meng et Xu,1997 (non Meng,2003) 畸形? 穗蕨	II /510 /190
△*Stachypteris*? *anomala* Meng,2003 (non Meng et Xu,1997) 畸形? 穗蕨	II /510 /191
△*Stalagma* 垂饰杉属	V /427 /157
△*Stalagma samara* 翅籽垂饰杉	V /428 /158
Staphidiophora 似葡萄果穗属	IV /302 /110
Staphidiophora? *exilis* 弱小? 似葡萄果穗	IV /303 /110
Cf. *Staphidiophora*? *exilis* 弱小? 似葡萄果穗(比较属种)	IV /303 /110
Staphidiophora secunda 一侧生似葡萄果穗	IV /303 /110
Staphidiophora spp. 似葡萄果穗(未定多种)	IV /303 /110
Stenopteris 狭羊齿属	III /568 /194
△*Stenopteris bifurcata* 两叉狭羊齿	III /569 /194
Stenopteris dinosaurensis 迪纳塞尔狭羊齿	III /569 /195
Stenopteris desmomera 束状狭羊齿	III /569 /194
△*Stenopteris gracilis* 纤细狭羊齿	III /569 /195
△*Stenopteris spectabilis* 优美狭羊齿	III /570 /195
Stenopteris virginica 弗吉尼亚狭羊齿	III /570 /195
Stenopteris cf. *virginica* 弗吉尼亚狭羊齿(比较种)	III /570 /195
Stenopteris williamsonii 威氏狭羊齿	III /570 /195
Stenopteris cf. *williamsonii* 威氏狭羊齿(比较种)	III /570 /195
Stenopteris sp. 狭羊齿(未定种)	III /570 /196
Stenorhachis 狭轴穗属	IV /303 /110
△*Stenorachis beipiaoensis* 北票狭轴穗	IV /303 /111
△*Stenorachis bellus* 美丽狭轴穗	IV /304 /111
Stenorachis bitchuensis 备中狭轴穗	IV /304 /111
△*Stenorachis callistachyus* 美狭轴穗	IV /304 /111
△*Stenorachis furcata* 叉状狭轴穗	IV /304 /111
△*Stenorachis guyangensis* 固阳狭轴穗	IV /304 /111
Stenorachis (*Ixostrobus*?) *konianus* 圆锥形狭轴穗(槲寄生穗?)	IV /304 /111
Stenorachis (*Ixostrobus*?) cf. *konianus* 圆锥形狭轴穗(槲寄生穗?)(比较种)	IV /304 /111
?*Stenorachis* (*Ixostrobus*?) *konianus* ?圆锥狭轴穗(槲寄生穗?)	IV /304 /111
Stenorachis lepida 清晰狭轴穗	IV /305 /112
Stenorachis cf. *lepida* 清晰狭轴穗(比较种)	IV /306 /112

△*Stenorachis longistitata* 长柄狭轴穗	Ⅳ	/306/112
Stenorhachis ponseleti 庞氏狭轴穗	Ⅳ	/303/110
Stenorachis scanicus 斯堪尼亚狭轴穗	Ⅳ	/306/112
Stenorachis sibirica 西伯利亚狭轴穗	Ⅳ	/306/113
Stenorachis spp. 狭轴穗(未定多种)	Ⅳ	/306/113
△*Stephanofolium* 金藤叶属	Ⅵ	/184/61
△*Stephanofolium ovatiphyllum* 卵形金藤叶	Ⅵ	/184/61
Stephenophyllum 斯蒂芬叶属	Ⅳ	/307/113
Stephenophyllum solmis 索氏斯蒂芬叶	Ⅳ	/307/113
Stephenophyllum cf. *solmis* 索氏斯蒂芬叶(比较种)	Ⅳ	/307/114
Sterculiphyllum 苹婆叶属	Ⅵ	/184/61
Sterculiphyllum eleganum 优美苹婆叶	Ⅵ	/184/61
Sterculiphyllum limbatum 具边苹婆叶	Ⅵ	/184/61
Storgaardia 斯托加叶属	Ⅴ	/428/158
△*Storgaardia*? *baijenhuaense* 白音花?斯托加叶	Ⅴ	/429/158
△*Storgaardia*? *gigantes* 巨大?斯托加叶	Ⅴ	/429/159
△*Storgaardia gracilis* 纤细斯托加叶	Ⅴ	/429/159
△*Storgaardia*? *mentoukiouensis* (Stockm. et Math.) Chen,Dou et Huang,1984 (non Duan,1987)门头沟?斯托加叶	Ⅴ	/430/159
△*Storgaardia mentoukiouensis* (Stockm. et Math.) Duan,1987 (non Chen,Dou et Huang,1984) 门头沟斯托加叶	Ⅴ	/429/159
△*Storgaardia pityophylloides* 松形叶型斯托加叶	Ⅴ	/430/159
△*Storgaardia sinensis* 中华斯托加叶	Ⅴ	/430/159
Storgaardia spectablis 奇观斯托加叶	Ⅴ	/428/158
Storgaardia cf. *spectablis* 奇观斯托加叶(比较种)	Ⅴ	/428/158
Cf. *Storgaardia spectablis* 奇观斯托加叶(比较属种)	Ⅴ	/428/158
Storgaardia sp. 斯托加叶(未定种)	Ⅴ	/430/160
Storgaardia? spp. 斯托加叶?(未定多种)	Ⅴ	/430/160
Strobilites 似果穗属	Ⅴ	/430/160
△*Strobilites contigua* 紧挤似果穗	Ⅴ	/431/160
Strobilites elongata 伸长似果穗	Ⅴ	/430/160
△*Strobilites interjecta* 居间似果穗	Ⅴ	/431/160
△*Strobilites taxusoides* 红豆杉型似果穗	Ⅴ	/431/160
△*Strobilites wuzaoensis* 乌灶似果穗	Ⅴ	/431/160
△*Strobilites yabei* 矢部似果穗	Ⅴ	/431/160
Strobilites? *yabei* 矢部?似果穗	Ⅴ	/431/161
Strobilites spp. 似果穗(未定多种)	Ⅴ	/431/161
Strobilites? sp. 似果穗?(未定种)	Ⅴ	/433/162
△*Suturovagina* 缝鞘杉属	Ⅴ	/433/162
△*Suturovagina intermedia* 过渡缝鞘杉	Ⅴ	/434/163
Suturovagina sp. 缝鞘杉(未定种)	Ⅴ	/434/163
Swedenborgia 史威登堡果属	Ⅴ	/434/163
Swedenborgia cryptomerioides 柳杉型史威登堡果	Ⅴ	/435/163
? *Swedenborgia cryptomerioides* ?柳杉型史威登堡果	Ⅴ	/436/164
Swedenborgia cf. *cryptomerioides* 柳杉型史威登堡果(比较种)	Ⅴ	/436/164

△*Swedenborgia linjiaensis* 林家史威登堡果 ⋯⋯⋯⋯⋯⋯⋯⋯⋯⋯⋯⋯⋯⋯⋯⋯⋯⋯⋯⋯⋯⋯⋯⋯⋯⋯⋯ V /436 /164
Swedenborgia minor 较小史威登堡果 ⋯⋯⋯⋯⋯⋯⋯⋯⋯⋯⋯⋯⋯⋯⋯⋯⋯⋯⋯⋯⋯⋯⋯⋯⋯⋯⋯⋯⋯ V /436 /164
Swedenborgia spp. 史威登堡果(未定多种) ⋯⋯⋯⋯⋯⋯⋯⋯⋯⋯⋯⋯⋯⋯⋯⋯⋯⋯⋯⋯⋯⋯⋯⋯⋯⋯⋯ V /436 /164
Swedenborgia? sp. 史威登堡果?(未定种) ⋯⋯⋯⋯⋯⋯⋯⋯⋯⋯⋯⋯⋯⋯⋯⋯⋯⋯⋯⋯⋯⋯⋯⋯⋯⋯⋯ V /436 /165
△*Symopteris* 束脉蕨属 ⋯⋯⋯⋯⋯⋯⋯⋯⋯⋯⋯⋯⋯⋯⋯⋯⋯⋯⋯⋯⋯⋯⋯⋯⋯⋯⋯⋯⋯⋯⋯⋯⋯⋯⋯⋯⋯ II /510 /191
 △*Symopteris densinervis* 密脉束脉蕨 ⋯⋯⋯⋯⋯⋯⋯⋯⋯⋯⋯⋯⋯⋯⋯⋯⋯⋯⋯⋯⋯⋯⋯⋯⋯⋯⋯⋯ II /511 /191
 Symopteris cf. *densinervis* 密脉束脉蕨(比较种) ⋯⋯⋯⋯⋯⋯⋯⋯⋯⋯⋯⋯⋯⋯⋯⋯⋯⋯⋯⋯⋯ II /511 /191
 △*Symopteris helvetica* 瑞士束脉蕨 ⋯⋯⋯⋯⋯⋯⋯⋯⋯⋯⋯⋯⋯⋯⋯⋯⋯⋯⋯⋯⋯⋯⋯⋯⋯⋯⋯⋯⋯ II /511 /191
 Cf. *Symopteris helvetica* 瑞士束脉蕨(比较属种) ⋯⋯⋯⋯⋯⋯⋯⋯⋯⋯⋯⋯⋯⋯⋯⋯⋯⋯⋯⋯⋯ II /511 /191
 △*Symopteris zeilleri* 蔡耶束脉蕨 ⋯⋯⋯⋯⋯⋯⋯⋯⋯⋯⋯⋯⋯⋯⋯⋯⋯⋯⋯⋯⋯⋯⋯⋯⋯⋯⋯⋯⋯⋯ II /511 /191
 Symopteris sp. 束脉蕨(未定种) ⋯⋯⋯⋯⋯⋯⋯⋯⋯⋯⋯⋯⋯⋯⋯⋯⋯⋯⋯⋯⋯⋯⋯⋯⋯⋯⋯⋯⋯⋯ II /512 /192

T

△*Tachingia* 大箐羽叶属 ⋯⋯⋯⋯⋯⋯⋯⋯⋯⋯⋯⋯⋯⋯⋯⋯⋯⋯⋯⋯⋯⋯⋯⋯⋯⋯⋯⋯⋯⋯⋯⋯⋯⋯⋯⋯⋯ III /570 /196
 △*Tachingia pinniformis* 羽状大箐羽叶 ⋯⋯⋯⋯⋯⋯⋯⋯⋯⋯⋯⋯⋯⋯⋯⋯⋯⋯⋯⋯⋯⋯⋯⋯⋯⋯⋯⋯ III /570 /196
△*Taeniocladopsis* 拟带枝属 ⋯⋯⋯⋯⋯⋯⋯⋯⋯⋯⋯⋯⋯⋯⋯⋯⋯⋯⋯⋯⋯⋯⋯⋯⋯⋯⋯⋯⋯⋯⋯⋯⋯⋯⋯ I /231 /83
 △*Taeniocladopsis rhizomoides* 假根茎型拟带枝 ⋯⋯⋯⋯⋯⋯⋯⋯⋯⋯⋯⋯⋯⋯⋯⋯⋯⋯⋯⋯⋯⋯⋯ I /231 /83
 Taeniocladopsis spp. 拟带枝(未定多种) ⋯⋯⋯⋯⋯⋯⋯⋯⋯⋯⋯⋯⋯⋯⋯⋯⋯⋯⋯⋯⋯⋯⋯⋯⋯⋯ I /232 /84
Taeniopteris 带羊齿属 ⋯⋯⋯⋯⋯⋯⋯⋯⋯⋯⋯⋯⋯⋯⋯⋯⋯⋯⋯⋯⋯⋯⋯⋯⋯⋯⋯⋯⋯⋯⋯⋯⋯⋯⋯⋯⋯⋯ III /571 /196
 Taeniopteris abnormis 异形带羊齿 ⋯⋯⋯⋯⋯⋯⋯⋯⋯⋯⋯⋯⋯⋯⋯⋯⋯⋯⋯⋯⋯⋯⋯⋯⋯⋯⋯⋯⋯⋯ III /571 /197
 △*Taeniopteris alternata* 间脉带羊齿 ⋯⋯⋯⋯⋯⋯⋯⋯⋯⋯⋯⋯⋯⋯⋯⋯⋯⋯⋯⋯⋯⋯⋯⋯⋯⋯⋯⋯⋯ III /572 /197
 △*Taeniopteris cavata* 凹顶带羊齿 ⋯⋯⋯⋯⋯⋯⋯⋯⋯⋯⋯⋯⋯⋯⋯⋯⋯⋯⋯⋯⋯⋯⋯⋯⋯⋯⋯⋯⋯⋯ III /572 /197
 △*Taeniopteris costiformis* 脊带羊齿 ⋯⋯⋯⋯⋯⋯⋯⋯⋯⋯⋯⋯⋯⋯⋯⋯⋯⋯⋯⋯⋯⋯⋯⋯⋯⋯⋯⋯⋯ III /572 /197
 △*Taeniopteris crispata* 皱波状带羊齿 ⋯⋯⋯⋯⋯⋯⋯⋯⋯⋯⋯⋯⋯⋯⋯⋯⋯⋯⋯⋯⋯⋯⋯⋯⋯⋯⋯⋯ III /572 /197
 △*Taeniopteris densissima* 密脉带羊齿 ⋯⋯⋯⋯⋯⋯⋯⋯⋯⋯⋯⋯⋯⋯⋯⋯⋯⋯⋯⋯⋯⋯⋯⋯⋯⋯⋯⋯ III /572 /197
 △*Taeniopteris de terrae* 德·特拉带羊齿 ⋯⋯⋯⋯⋯⋯⋯⋯⋯⋯⋯⋯⋯⋯⋯⋯⋯⋯⋯⋯⋯⋯⋯⋯⋯⋯ III /573 /198
 △*Taeniopteris didaoensis* 滴道带羊齿 ⋯⋯⋯⋯⋯⋯⋯⋯⋯⋯⋯⋯⋯⋯⋯⋯⋯⋯⋯⋯⋯⋯⋯⋯⋯⋯⋯⋯ III /573 /198
 △*Taeniopteris daochengensis* 稻城带羊齿 ⋯⋯⋯⋯⋯⋯⋯⋯⋯⋯⋯⋯⋯⋯⋯⋯⋯⋯⋯⋯⋯⋯⋯⋯⋯⋯ III /572 /197
 △*Taeniopteris donggongensis* 东巩带羊齿 ⋯⋯⋯⋯⋯⋯⋯⋯⋯⋯⋯⋯⋯⋯⋯⋯⋯⋯⋯⋯⋯⋯⋯⋯⋯⋯ III /573 /198
 △*Taeniopteris elegans* 雅致带羊齿 ⋯⋯⋯⋯⋯⋯⋯⋯⋯⋯⋯⋯⋯⋯⋯⋯⋯⋯⋯⋯⋯⋯⋯⋯⋯⋯⋯⋯⋯ III /573 /198
 △*Taeniopteris elliptica* 椭圆带羊齿 ⋯⋯⋯⋯⋯⋯⋯⋯⋯⋯⋯⋯⋯⋯⋯⋯⋯⋯⋯⋯⋯⋯⋯⋯⋯⋯⋯⋯⋯ III /573 /198
 Taeniopteris emarginata 微缺带羊齿 ⋯⋯⋯⋯⋯⋯⋯⋯⋯⋯⋯⋯⋯⋯⋯⋯⋯⋯⋯⋯⋯⋯⋯⋯⋯⋯⋯⋯ III /573 /198
 Taeniopteris cf. *emarginata* 微缺带羊齿(比较种) ⋯⋯⋯⋯⋯⋯⋯⋯⋯⋯⋯⋯⋯⋯⋯⋯⋯⋯⋯ III /573 /198
 Taeniopteris gigantea 大带羊齿 ⋯⋯⋯⋯⋯⋯⋯⋯⋯⋯⋯⋯⋯⋯⋯⋯⋯⋯⋯⋯⋯⋯⋯⋯⋯⋯⋯⋯⋯⋯ III /574 /198
 Taeniopteris cf. *gigantea* 大带羊齿(比较种) ⋯⋯⋯⋯⋯⋯⋯⋯⋯⋯⋯⋯⋯⋯⋯⋯⋯⋯⋯⋯⋯⋯⋯ III /574 /198
 △*Taeniopteris hainanensis* 海南带羊齿 ⋯⋯⋯⋯⋯⋯⋯⋯⋯⋯⋯⋯⋯⋯⋯⋯⋯⋯⋯⋯⋯⋯⋯⋯⋯⋯⋯ III /574 /198
 △*Taeniopteris hongniensis* 红泥带羊齿 ⋯⋯⋯⋯⋯⋯⋯⋯⋯⋯⋯⋯⋯⋯⋯⋯⋯⋯⋯⋯⋯⋯⋯⋯⋯⋯⋯ III /574 /198
 Taeniopteris immersa 下凹带羊齿 ⋯⋯⋯⋯⋯⋯⋯⋯⋯⋯⋯⋯⋯⋯⋯⋯⋯⋯⋯⋯⋯⋯⋯⋯⋯⋯⋯⋯⋯ III /574 /199
 Taeniopteris cf. *immersa* 下凹带羊齿(比较种) ⋯⋯⋯⋯⋯⋯⋯⋯⋯⋯⋯⋯⋯⋯⋯⋯⋯⋯⋯⋯⋯⋯ III /574 /199
 Taeniopteris lanceolata 披针带羊齿 ⋯⋯⋯⋯⋯⋯⋯⋯⋯⋯⋯⋯⋯⋯⋯⋯⋯⋯⋯⋯⋯⋯⋯⋯⋯⋯⋯⋯ III /574 /199
 △*Taeniopteris leclerei* 列克勒带羊齿 ⋯⋯⋯⋯⋯⋯⋯⋯⋯⋯⋯⋯⋯⋯⋯⋯⋯⋯⋯⋯⋯⋯⋯⋯⋯⋯⋯⋯ III /575 /199
 Taeniopteris cf. *leclerei* 列克勒带羊齿(比较种) ⋯⋯⋯⋯⋯⋯⋯⋯⋯⋯⋯⋯⋯⋯⋯⋯⋯⋯⋯⋯⋯ III /576 /200
 Taeniopteris cf. *T. leclerei* 列克勒带羊齿(比较属种) ⋯⋯⋯⋯⋯⋯⋯⋯⋯⋯⋯⋯⋯⋯⋯⋯ III /576 /200
 △*Taeniopteris linearis* 线形带羊齿 ⋯⋯⋯⋯⋯⋯⋯⋯⋯⋯⋯⋯⋯⋯⋯⋯⋯⋯⋯⋯⋯⋯⋯⋯⋯⋯⋯⋯⋯ III /576 /200

△*Taeniopteris liujiangensis* 柳江带羊齿	Ⅲ	/576/200
△*Taeniopteris? longxianensis* 陇县？带羊齿	Ⅲ	/576/200
Taeniopteris mac clellandi 马氏带羊齿	Ⅲ	/576/200
Taeniopteris mac clellandi? 马氏带羊齿？	Ⅲ	/576/200
Taeniopteris magnifolia 大叶带羊齿	Ⅲ	/576/200
Taeniopteris cf. *magnifolia* 大叶带羊齿（比较种）	Ⅲ	/577/200
△*Taeniopteris marginata* 具边带羊齿	Ⅲ	/577/201
△*Taeniopteris mashanensis* 麻山带羊齿	Ⅲ	/577/201
△*Taeniopteris minuscula* 细小带羊齿	Ⅲ	/577/201
△*Taeniopteris mirabilis* 奇异带羊齿	Ⅲ	/577/201
△*Taeniopteris mironervis* 奇脉带羊齿	Ⅲ	/577/201
△*Taeniopteris multiplicata* 多褶带羊齿	Ⅲ	/577/201
Taeniopteris nabaensis 难波带羊齿	Ⅲ	/578/201
Taeniopteris cf. *nabaensis* 难波带羊齿（比较种）	Ⅲ	/578/201
△*Taeniopteris nanzhangensis* 南漳带羊齿	Ⅲ	/578/201
Taeniopteris nervosa 多脉带羊齿	Ⅲ	/578/202
Taeniopteris nilssonioides 尼尔桑型带羊齿	Ⅲ	/578/202
△*Taeniopteris obliqua* 斜脉带羊齿	Ⅲ	/578/202
△*Taeniopteris pachyloma* 厚缘带羊齿	Ⅲ	/579/202
Taeniopteris parvula 稍小带羊齿	Ⅲ	/579/202
?*Taeniopteris parvula* ?稍小带羊齿	Ⅲ	/579/202
Taeniopteris cf. *parvula* 稍小带羊齿（比较种）	Ⅲ	/579/202
Taeniopteris platyrachis 宽轴带羊齿	Ⅲ	/579/203
Taeniopteris cf. *platyrachis* 宽轴带羊齿（比较种）	Ⅲ	/580/203
△*Taeniopteris puqiensis* 蒲圻带羊齿	Ⅲ	/580/203
△*Taeniopteris rarinervis* 少脉带羊齿	Ⅲ	/580/203
△*Taeniopteris remotinervis* 疏脉带羊齿	Ⅲ	/580/203
△*Taeniopteris richthofeni* 李希霍芬带羊齿	Ⅲ	/580/203
Taeniopteris spathulata 窄薄带羊齿	Ⅲ	/581/203
Taeniopteris stenophylla 狭叶带羊齿	Ⅲ	/581/203
Taeniopteris cf. *stenophylla* 狭叶带羊齿（比较种）	Ⅲ	/581/204
Taeniopteris tenuinervis 细脉带羊齿	Ⅲ	/581/204
Taeniopteris cf. *tenuinervis* 细脉带羊齿（比较种）	Ⅲ	/582/204
Taeniopteris cf. *T. tenuinervis* 细脉带羊齿（比较属种）	Ⅲ	/582/204
△*Taeniopteris tianqiaolingensis* 天桥岭带羊齿	Ⅲ	/582/204
Taeniopteris vittata 条纹带羊齿	Ⅲ	/571/196
Taeniopteris vittata? 条纹带羊齿？	Ⅲ	/571/197
Taeniopteris cf. *vittata* 条纹带羊齿（比较种）	Ⅲ	/571/197
△*Taeniopteris uwatokoi* 上床带羊齿	Ⅲ	/583/205
△*Taeniopteris yangcaogouensis* 羊草沟带羊齿	Ⅲ	/583/205
△*Taeniopteris yangyuanensis* 洋源带羊齿	Ⅲ	/583/205
Taeniopteris youndyi 雄德带羊齿	Ⅲ	/583/205
△*Taeniopteris yunyangensis* 云阳带羊齿	Ⅲ	/583/205
Taeniopteris spp. 带羊齿（未定多种）	Ⅲ	/583/205
Taeniopteris? spp. 带羊齿？（未定多种）	Ⅲ	/587/208

Taeniozamites 带似查米亚属	Ⅲ	/587 /208
Taeniozamites vittata 狭叶带似查米亚	Ⅲ	/587 /209
△Taeniozamites uwatokoi 上床带似查米亚	Ⅲ	/587 /209
△Taipingchangella 太平场蕨属	Ⅱ	/512 /192
△Taipingchangella zhongguoensis 中国太平场蕨	Ⅱ	/512 /192
Taxites 似红豆杉属	Ⅴ	/437 /165
△Taxites latior 宽叶似红豆杉	Ⅴ	/437 /165
△Taxites spatulatus 匙形似红豆杉	Ⅴ	/437 /165
Taxites tournalii 杜氏似红豆杉	Ⅴ	/437 /165
Taxodioxylon 落羽杉型木属	Ⅴ	/437 /165
Taxodioxylon cryptomerioides 柳杉型落羽杉型木	Ⅴ	/437 /166
Taxodioxylon goepperti 葛伯特落羽杉型木	Ⅴ	/437 /166
Taxodioxylon sequoianum 红杉式落羽杉型木	Ⅴ	/438 /166
△Taxodioxylon szei 斯氏落羽杉型木	Ⅴ	/438 /166
Taxodium 落羽杉属	Ⅴ	/438 /166
Taxodium olrokii 奥尔瑞克落羽杉	Ⅴ	/438 /166
Taxoxylon 紫杉型木属	Ⅴ	/439 /167
Taxoxylon falunense 法伦紫杉型木	Ⅴ	/439 /167
△Taxoxylon liaoxiense 辽西紫杉型木	Ⅴ	/439 /167
△Taxoxylon pulchrum 秀丽紫杉型木	Ⅴ	/439 /167
Taxus 红豆杉属	Ⅴ	/439 /167
△Taxus acuta 急尖红豆杉	Ⅴ	/439 /167
△Taxus intermedium 中间红豆杉	Ⅴ	/439 /167
△Tchiaohoella 蛟河羽叶属	Ⅲ	/588 /209
△Tchiaohoella mirabilis 奇异蛟河羽叶	Ⅲ	/588 /209
Tchiaohoella sp. 蛟河羽叶(未定种)	Ⅲ	/588 /209
Tersiella 特西蕨属	Ⅲ	/588 /209
Tersiella beloussovae 贝氏特西蕨	Ⅲ	/588 /209
Tersiella radczenkoi 拉氏特西蕨	Ⅲ	/588 /209
Tetracentron 水青树属	Ⅵ	/185 /62
△Tetracentron wuyunense 乌云水青树	Ⅵ	/185 /62
Thallites 似叶状体属	Ⅰ	/136 /8
△Thallites dasyphyllus 厚叶似叶状体	Ⅰ	/136 /9
Thallites erectus 直立似叶状体	Ⅰ	/136 /9
△Thallites hallei 哈赫似叶状体	Ⅰ	/136 /9
△Thallites jiangninensis 江宁似叶状体	Ⅰ	/136 /9
△Thallites jianshangouensis 尖山沟似叶状体	Ⅰ	/136 /9
△Thallites jiayingensis 嘉荫似叶状体	Ⅰ	/137 /9
△Thallites pinghsiangensis 萍乡似叶状体	Ⅰ	/137 /9
△Thallites riccioides 像钱苔似叶状体	Ⅰ	/137 /10
△Thallites yiduensis 宜都似叶状体	Ⅰ	/137 /10
△Thallites yunnanensis 云南似叶状体	Ⅰ	/138 /10
Thallites zeilleri 蔡耶似叶状体	Ⅰ	/138 /10
Thallites spp. 似叶状体(未定多种)	Ⅰ	/138 /10
△Tharrisia 哈瑞士叶属	Ⅲ	/589 /210

△*Tharrisia dinosaurensis* 迪纳塞尔哈瑞士叶	Ⅲ/589/210
△*Tharrisia lata* 侧生瑞士叶	Ⅲ/589/210
△*Tharrisia spectabilis* 优美哈瑞士叶	Ⅲ/589/210
△*Thaumatophyllum* 奇异羽叶属 ·········· Ⅲ/589/210
△*Thaumatophyllum multilineatum* 多条纹奇异羽叶	Ⅲ/590/211
△*Thaumatophyllum ptilum* 羽毛奇异羽叶	Ⅲ/590/210
△*Thaumatophyllum ptilum* var. *obesum* 羽毛奇异羽叶粗肥变种	Ⅲ/590/211
Thaumatopteris 异叶蕨属 ·········· Ⅱ/512/192
Thaumatopteris brauniana 布劳异叶蕨	Ⅱ/512/192
Thaumatopteris cf. *brauniana* 布劳异叶蕨(比较种)	Ⅱ/513/193
△*Thaumatopteris contracta* 收缩异叶蕨	Ⅱ/513/193
Thaumatopteris dunkeri 董克异叶蕨	Ⅱ/514/193
Thaumatopteris cf. *dunkeri* 董克异叶蕨(比较种)	Ⅱ/514/193
Thaumatopteris elongata 伸长异叶蕨	Ⅱ/514/194
Thaumatopteris cf. *elongata* 伸长异叶蕨(比较种)	Ⅱ/514/194
△*Thaumatopteris expansa* 脊柱异叶蕨	Ⅱ/514/194
Thaumatopteris fuchsi 异缘异叶蕨	Ⅱ/514/194
△*Thaumatopteris fujianensis* 福建异叶蕨	Ⅱ/515/194
Thaumatopteris hissarica 吉萨尔异叶蕨	Ⅱ/515/194
△*Thaumatopteris huiliensis* 会理异叶蕨	Ⅱ/515/194
△*Thaumatopteris lianpingensis* 连平异叶蕨	Ⅱ/515/194
Thaumatopteris nipponica 日本异叶蕨	Ⅱ/515/194
Thaumatopteris cf. *nipponica* 日本异叶蕨(比较种)	Ⅱ/516/195
△*Thaumatopteris nodosa* 结节异叶蕨	Ⅱ/516/195
Thaumatopteris pusilla 细小异叶蕨	Ⅱ/516/195
Thaumatopteris cf. *pusilla* 细小异叶蕨(比较种)	Ⅱ/516/195
Thaumatopteris remauryi 雷氏异叶蕨	Ⅱ/516/195
Thaumatopteris cf. *remauryi* 雷氏异叶蕨(比较种)	Ⅱ/517/195
Thaumatopteris schenkii 欣克异叶蕨	Ⅱ/517/196
Thaumatopteris cf. *schenkii* 欣克异叶蕨(比较种)	Ⅱ/517/196
△*Thaumatopteris*? *tenuinervis* 细脉?异叶蕨	Ⅱ/517/196
Thaumatopteris vieillardii 维氏异叶蕨	Ⅱ/517/196
△*Thaumatopteris xiangchengensis* 乡城异叶蕨	Ⅱ/517/196
△*Thaumatopteris xinlongensis* 新龙异叶蕨	Ⅱ/518/196
△*Thaumatopteris yiwuensis* 义乌异叶蕨	Ⅱ/518/196
Thaumatopteris spp. 异叶蕨(未定多种)	Ⅱ/518/196
Thaumatopteris? sp. 异叶蕨?(未定种)	Ⅱ/518/197
△*Thelypterites* 似金星蕨属 ·········· Ⅱ/519/197
| *Thelypterites* sp. A 似金星蕨(未定种 A) | Ⅱ/519/197 |
| *Thelypterites* spp. 似金星蕨(未定多种) | Ⅱ/519/197 |
Thinnfeldia 丁菲羊齿属 ·········· Ⅲ/590/211
△*Thinnfeldia alethopteroides* 座延羊齿型丁菲羊齿	Ⅲ/592/212
Thinnfeldia cf. *alethopteroides* 座延羊齿型丁菲羊齿(比较种)	Ⅲ/592/212
△*Thinnfeldia elegans* 雅致丁菲羊齿	Ⅲ/592/212
△*Thinnfeldia ensifolium* 剑形丁菲羊齿	Ⅲ/592/213

Thinnfeldia incisa 锐裂丁菲羊齿	Ⅲ/593/213
△*Thinnfeldia jiangshanensis* 江山丁菲羊齿	Ⅲ/593/213
△*Thinnfeldia? kuqaensis* Gu et Hu,1979 (non Gu et Hu,1984,nec Gu et Hu,1987) 库车？丁菲羊齿	Ⅲ/593/213
△*Thinnfeldia? kuqaensis* Gu et Hu,1984 (non Gu et Hu,1979,nec Gu et Hu,1987) 库车？丁菲羊齿	Ⅲ/593/213
△*Thinnfeldia? kuqaensis* Gu et Hu,1987 (non Gu et Hu,1979,nec Gu et Hu,1984) 库车？丁菲羊齿	Ⅲ/593/213
△*Thinnfeldia laxa* 松弛丁菲羊齿	Ⅲ/593/213
△*Thinnfeldia? luchangensis* 鹿厂？丁菲羊齿	Ⅲ/594/214
△*Thinnfeldia? magica* 神奇？丁菲羊齿	Ⅲ/594/214
Thinnfeldia major 较大丁菲羊齿	Ⅲ/594/214
△"*Thinnfeldia*" *monopinnata* 单羽状"丁菲羊齿"	Ⅲ/594/214
△*Thinnfeldia nanzhangensis* 南漳丁菲羊齿	Ⅲ/594/214
Thinnfeldia nordenskioeldii 诺登斯基丁菲羊齿	Ⅲ/595/214
Thinnfeldia? nordenskioeldii 诺登斯基？丁菲羊齿	Ⅲ/596/215
?*Thinnfeldia nordenskioeldii* ?诺登斯基丁菲羊齿	Ⅲ/595/215
Cf. *Thinnfeldia nordenskioeldii* 诺登斯基丁菲羊齿(比较属种)	Ⅲ/596/215
△*Thinnfeldia orientalis* 东方丁菲羊齿	Ⅲ/596/215
△*Thinnfeldia puqiensis* 蒲圻丁菲羊齿	Ⅲ/596/215
Thinnfeldia rhomboidalis 菱形丁菲羊齿	Ⅲ/590/211
Thinnfeldia cf. *rhomboidalis* 菱形丁菲羊齿(比较种)	Ⅲ/592/212
Thinnfeldia cf. *Th. rhomboidalis* 菱形丁菲羊齿(比较属种)	Ⅲ/592/212
△*Thinnfeldia rigida* 坚直丁菲羊齿	Ⅲ/596/216
?*Thinnfeldia rigida* ?坚直丁菲羊齿	Ⅲ/597/216
△*Thinnfeldia simplex* 简单丁菲羊齿	Ⅲ/597/216
△*Thinnfeldia sinensis* 中华丁菲羊齿	Ⅲ/597/216
△*Thinnfeldia spatulata* 匙形丁菲羊齿	Ⅲ/597/216
Thinnfeldia spesiosa 华丽丁菲羊齿	Ⅲ/597/216
Thinnfeldia cf. *spesiosa* 华丽丁菲羊齿(比较种)	Ⅲ/597/216
△*Thinnfeldia stellata* 星芒丁菲羊齿	Ⅲ/597/216
△*Thinnfeldia xiangdongensis* 湘东丁菲羊齿	Ⅲ/598/217
△*Thinnfeldia xiaoshuiensis* 小水丁菲羊齿	Ⅲ/598/217
△*Thinnfeldia xiheensis* 西河丁菲羊齿	Ⅲ/598/217
△*Thinnfeldia yuanensis* 远安丁菲羊齿	Ⅲ/598/217
Thinnfeldia spp. 丁菲羊齿(未定多种)	Ⅲ/598/217
Thinnfeldia? spp. 丁菲羊齿?(未定多种)	Ⅲ/599/218
?*Thinnfeldia* sp. ?丁菲羊齿(未定种)	Ⅲ/599/218
Thomasiocladus 托马斯枝属	Ⅴ/440/168
Thomasiocladus zamioides 查米亚托马斯枝	Ⅴ/440/168
Cf. *Thomasiocladus zamioides* 查米亚托马斯枝(比较属种)	Ⅴ/440/168
Thuites 似侧柏属	Ⅴ/440/168
Thuites aleinus 奇异似侧柏	Ⅴ/441/168
Thuites? sp. 似侧柏?(未定种)	Ⅴ/441/168
Thuja 崖柏属	Ⅴ/441/169

Name	Volume/Page
Thuja cretacea 白垩崖柏	Ⅴ/441/169
△*Thuja heilongjiangensis* 黑龙江崖柏	Ⅴ/441/169
Thyrsopteris 密锥蕨属	Ⅱ/519/198
△*Thyrsopteris ahnertii* 阿氏密锥蕨	Ⅱ/519/198
△*Thyrsopteris orientalis* 东方密锥蕨	Ⅱ/519/198
Thyrsopteris prisca 原始密锥蕨	Ⅱ/519/198
△*Tianshia* 天石枝属	Ⅳ/308/114
△*Tianshia patens* 伸展天石枝	Ⅳ/308/114
Tiliaephyllum 椴叶属	Ⅵ/185/62
Tiliaephyllum dubium 可疑椴叶	Ⅵ/185/62
△*Tiliaephyllum jilinense* 吉林椴叶	Ⅵ/185/62
Tiliaephyllum tsagajannicum 查加杨椴叶	Ⅵ/185/62
Tiliaephyllum cf. *tsagajannicum* 查加杨椴叶(比较种)	Ⅵ/186/62
Cf. *Tiliaephyllum tsagajannicum* 查加杨椴叶(比较属种)	Ⅵ/186/62
Todites 似托第蕨属	Ⅱ/520/198
△*Todites asianus* 亚洲似托第蕨	Ⅱ/522/200
Todites crenatus 钝齿似托第蕨	Ⅱ/522/200
Cf. *Todites crenatus* 钝齿似托第蕨(比较属种)	Ⅱ/523/200
△*Todites daqingshanensis* 大青山似托第蕨	Ⅱ/523/200
Todites denticulatus 细齿似托第蕨	Ⅱ/523/200
Todites cf. *denticulatus* 细齿似托第蕨(比较种)	Ⅱ/525/202
Todites (*Cladophlebis*) *denticulatus* 细齿似托第蕨(枝脉蕨)	Ⅱ/525/202
Todites goeppertianus 葛伯特似托第蕨	Ⅱ/525/202
Todites cf. *goeppertianus* 葛伯特似托第蕨(比较种)	Ⅱ/526/203
Todites (*Cladophlebis*) *goeppertianus* 葛伯特似托第蕨(枝脉蕨)	Ⅱ/526/203
△*Todites hsiehiana* 谢氏似托第蕨	Ⅱ/526/203
△*Todites kwangyuanensis* 广元似托第蕨	Ⅱ/527/203
△*Todites leei* 李氏似托第蕨	Ⅱ/527/203
△*Todites major* 较大似托第蕨	Ⅱ/527/203
△*Todites microphylla* 小叶似托第蕨	Ⅱ/527/203
△*Todites nanjingensis* 南京似托第蕨	Ⅱ/527/203
△*Todites paralobifolius* 副裂叶似托第蕨	Ⅱ/527/203
Todites princeps 首要似托第蕨	Ⅱ/528/204
Todites cf. *princeps* 首要似托第蕨(比较种)	Ⅱ/530/205
Todites recurvatus 下弯似托第蕨	Ⅱ/530/205
Todites roessertii 洛氏似托第蕨	Ⅱ/530/205
Cf. *Todites roessertii* 洛氏似托第蕨(比较属种)	Ⅱ/530/205
Todites scoresbyensis 斯科勒斯比似托第蕨	Ⅱ/530/205
Todites cf. *T. scoresbyensis* 斯科勒斯比似托第蕨(比较属种)	Ⅱ/531/206
△*Todites shensiensis* 陕西似托第蕨	Ⅱ/531/206
Todites cf. *shensiensis* 陕西似托第蕨(比较种)	Ⅱ/533/207
Cf. *Todites shensiensis* 陕西似托第蕨(比较属种)	Ⅱ/533/207
Todites (*Cladophlebis*) *shensiensis* 陕西似托第蕨(枝脉蕨)	Ⅱ/533/207
△*Todites subtilis* 细瘦似托第蕨	Ⅱ/533/208
Todites thomasi 汤姆似托第蕨	Ⅱ/533/208

Todites cf. *thomasi* 汤姆似托第蕨（比较种）	Ⅱ /533 /208
Todites (*Cladophlebis*) *whitbyensis* 怀特似托第蕨（枝脉蕨）	Ⅱ /533 /208
Todites (*Cladophlebis*) cf. *whitbyensis* 怀特似托第蕨（枝脉蕨）（比较种）	Ⅱ /533 /208
Todites williamsoni 威廉姆逊似托第蕨	Ⅱ /520 /198
Todites cf. *williamsoni* 威廉姆逊似托第蕨（比较种）	Ⅱ /522 /199
△*Todites xiangxiensis* 香溪似托第蕨	Ⅱ /534 /208
△*Todites yanbianensis* 盐边似托第蕨	Ⅱ /534 /208
Todites spp. 似托第蕨（未定多种）	Ⅱ /534 /208
Todites? spp. 似托第蕨？（未定多种）	Ⅱ /534 /209
△*Toksunopteris* 托克逊蕨属	Ⅱ /534 /209
△*Toksunopteris opposita* 对生托克逊蕨	Ⅱ /535 /209
△*Tongchuanophyllum* 铜川叶属	Ⅲ /599 /218
△*Tongchuanophyllum concinnum* 优美铜川叶	Ⅲ /600 /218
Tongchuanophyllum cf. *concinnum* 优美铜川叶（比较种）	Ⅲ /600 /218
△*Tongchuanophyllum magnifolius* 巨叶铜川叶	Ⅲ /600 /218
△*Tongchuanophyllum minimum* 小铜川叶	Ⅲ /600 /219
△*Tongchuanophyllum shensiense* 陕西铜川叶	Ⅲ /600 /219
Tongchuanophyllum cf. *shensiense* 陕西铜川叶（比较种）	Ⅲ /601 /219
△*Tongchuanophyllum trigonus* 三角形铜川叶	Ⅲ /600 /219
Tongchuanophyllum spp. 铜川叶（未定多种）	Ⅲ /601 /219
Torellia 托勒利叶属	Ⅳ /308 /114
Torellia rigida 坚直托勒利叶	Ⅳ /308 /114
Torellia sp. 托勒利叶（未定种）	Ⅳ /308 /114
Toretzia 托列茨果属	Ⅳ /308 /115
Toretzia angustifolia 狭叶托列茨果	Ⅳ /309 /115
△*Toretzia shunfaensis* 顺发托列茨果	Ⅳ /309 /115
Torreya 榧属	Ⅴ /441 /169
△*Torreya borealis* 北方榧	Ⅴ /442 /169
△*Torreya*? *chowii* 周氏？榧	Ⅴ /442 /169
Torreya? cf. *chowii* 周氏榧？（比较种）	Ⅴ /442 /170
Torreya fargesii 巴山榧	Ⅴ /442 /170
△*Torreya fangshanensis* 房山榧	Ⅴ /442 /170
△*Torreya haizhouensis* 海州榧	Ⅴ /442 /170
Torreya? sp. 榧？（未定种）	Ⅴ /443 /170
?*Torreya* sp. ?榧（未定种）	Ⅴ /443 /170
△*Torreyocladus* 榧型枝属	Ⅴ /443 /170
△*Torreyocladus spectabilis* 明显榧型枝	Ⅴ /443 /170
Trapa 菱属	Ⅵ /186 /63
Trapa angulata 肖叶菱	Ⅵ /186 /63
Trapa? *microphylla* 小叶？菱	Ⅵ /186 /63
Trapa? sp. 菱？（未定种）	Ⅵ /186 /63
Trichopitys 毛状叶属	Ⅳ /309 /115
Trichopitys heteromorpha 不等形毛状叶	Ⅳ /309 /115
Trichopitys setacea 刚毛毛状叶	Ⅳ /309 /115
△*Tricrananthus* 三裂穗属	Ⅴ /443 /171

△*Tricrananthus lobatus* 瓣状三裂穗 ⋯⋯ Ⅴ /444 /171
△*Tricrananthus sagittatus* 箭头状三裂穗 ⋯⋯ Ⅴ /443 /171
Tricranolepis 三盔种鳞属 ⋯⋯ Ⅴ /444 /171
　Tricranolepis monosperma 单籽三盔种鳞 ⋯⋯ Ⅴ /444 /171
　△*Tricranolepis obtusiloba* 钝三盔种鳞 ⋯⋯ Ⅴ /444 /171
Trochodendroides 似昆栏树属 ⋯⋯ Ⅵ /187 /63
　Trochodendroides arctica 北极似昆栏树 ⋯⋯ Ⅵ /187 /64
　Trochodendroides rhomboideus 菱形似昆栏树 ⋯⋯ Ⅵ /187 /64
　Trochodendroides smilacifolia 渐尖似昆栏树 ⋯⋯ Ⅵ /187 /64
　Trochodendroides vassilenkoi 瓦西连柯似昆栏树 ⋯⋯ Ⅵ /187 /64
Trochodendron 昆栏树属 ⋯⋯ Ⅵ /188 /64
　Trochodendron sp. 昆栏树(未定种) ⋯⋯ Ⅵ /188 /64
△*Tsiaohoella* 蛟河蕉羽叶属 ⋯⋯ Ⅲ /601 /219
　△*Tsiaohoella mirabilis* 奇异蛟河蕉羽叶 ⋯⋯ Ⅲ /601 /219
　△*Tsiaohoella neozamioides* 新似查米亚型蛟河蕉羽叶 ⋯⋯ Ⅲ /601 /220
Tsuga 铁杉属 ⋯⋯ Ⅴ /444 /172
　△*Tsuga taxoides* 紫铁杉 ⋯⋯ Ⅴ /445 /172
　Tsuga sp. 铁杉(未定种) ⋯⋯ Ⅴ /445 /172
Tuarella 图阿尔蕨属 ⋯⋯ Ⅱ /535 /209
　Tuarella lobifolia 裂瓣图阿尔蕨 ⋯⋯ Ⅱ /535 /209
Typha 香蒲属 ⋯⋯ Ⅵ /188 /65
　Typha sp. 香蒲(未定种) ⋯⋯ Ⅵ /188 /65
Typhaera 类香蒲属 ⋯⋯ Ⅵ /188 /65
　Typhaera fusiformis 纺锤形类香蒲 ⋯⋯ Ⅵ /188 /65
Tyrmia 基尔米亚叶属 ⋯⋯ Ⅲ /602 /220
　△*Tyrmia acrodonta* 尖齿基尔米亚叶 ⋯⋯ Ⅲ /602 /220
　△*Tyrmia? aequalis* 等形?基尔米亚叶 ⋯⋯ Ⅲ /602 /220
　△*Tyrmia calcariformis* 矩形基尔米亚叶 ⋯⋯ Ⅲ /602 /220
　△*Tyrmia chaoyangensis* 朝阳基尔米亚叶 ⋯⋯ Ⅲ /602 /220
　△*Tyrmia densinervosa* 密脉基尔米亚叶 ⋯⋯ Ⅲ /603 /220
　△*Tyrmia eurypinnata* 宽羽基尔米亚叶 ⋯⋯ Ⅲ /603 /221
　△*Tyrmia furcata* 叉脉基尔米亚叶 ⋯⋯ Ⅲ /603 /221
　△*Tyrmia grandifolia* 大叶基尔米亚叶 ⋯⋯ Ⅲ /603 /221
　△*Tyrmia latior* 较宽基尔米亚叶 ⋯⋯ Ⅲ /603 /221
　△*Tyrmia lepida* 优美基尔米亚叶 ⋯⋯ Ⅲ /604 /221
　△*Tyrmia mirabilia* 奇异基尔米亚叶 ⋯⋯ Ⅲ /604 /221
　△*Tyrmia nathorsti* 那氏基尔米亚叶 ⋯⋯ Ⅲ /604 /222
　Tyrmia cf. *nathorsti* 那氏基尔米亚叶(比较种) ⋯⋯ Ⅲ /605 /222
　Cf. *Tyrmia nathorsti* 那氏基尔米亚叶(比较属种) ⋯⋯ Ⅲ /605 /222
　△*Tyrmia oblongifolia* 长椭圆基尔米亚叶 ⋯⋯ Ⅲ /605 /222
　△*Tyrmia pachyphylla* 厚叶基尔米亚叶 ⋯⋯ Ⅲ /605 /222
　Tyrmia polynovii 波利诺夫基尔米亚叶 ⋯⋯ Ⅲ /605 /222
　Tyrmia pterophyoides 侧羽叶型基尔米亚叶 ⋯⋯ Ⅲ /606 /223
　△*Tyrmia schenkii* 欣克基尔米亚叶 ⋯⋯ Ⅲ /606 /223
　△*Tyrmia sinensis* 中华基尔米亚叶 ⋯⋯ Ⅲ /606 /223

△*Tyrmia susongensis* 宿松基尔米亚叶 ⋯⋯⋯⋯⋯⋯⋯⋯⋯⋯⋯⋯⋯⋯⋯⋯⋯⋯⋯ Ⅲ/606/223
△*Tyrmia taizishanensis* 台子山基尔米亚叶 ⋯⋯⋯⋯⋯⋯⋯⋯⋯⋯⋯⋯⋯⋯⋯⋯ Ⅲ/606/223
Tyrmia tyrmensis 基尔米亚基尔米亚叶 ⋯⋯⋯⋯⋯⋯⋯⋯⋯⋯⋯⋯⋯⋯⋯⋯⋯⋯ Ⅲ/602/220
△*Tyrmia valida* 强壮基尔米亚叶 ⋯⋯⋯⋯⋯⋯⋯⋯⋯⋯⋯⋯⋯⋯⋯⋯⋯⋯⋯⋯⋯ Ⅲ/606/223
Tyrmia spp. 基尔米亚叶（未定多种）⋯⋯⋯⋯⋯⋯⋯⋯⋯⋯⋯⋯⋯⋯⋯⋯⋯⋯⋯ Ⅲ/606/223
Tyrmia? sp. 基尔米亚叶？（未定种）⋯⋯⋯⋯⋯⋯⋯⋯⋯⋯⋯⋯⋯⋯⋯⋯⋯⋯⋯ Ⅲ/607/224

U

Ullmannia 鳞杉属 ⋯⋯⋯⋯⋯⋯⋯⋯⋯⋯⋯⋯⋯⋯⋯⋯⋯⋯⋯⋯⋯⋯⋯⋯⋯⋯⋯⋯⋯ Ⅴ/445/172
 Ullmannia bronnii 布隆鳞杉 ⋯⋯⋯⋯⋯⋯⋯⋯⋯⋯⋯⋯⋯⋯⋯⋯⋯⋯⋯⋯⋯⋯ Ⅴ/445/172
 Ullmannia sp. 鳞杉（未定种）⋯⋯⋯⋯⋯⋯⋯⋯⋯⋯⋯⋯⋯⋯⋯⋯⋯⋯⋯⋯⋯ Ⅴ/445/172
Ulmiphyllum 榆叶属 ⋯⋯⋯⋯⋯⋯⋯⋯⋯⋯⋯⋯⋯⋯⋯⋯⋯⋯⋯⋯⋯⋯⋯⋯⋯⋯⋯⋯ Ⅵ/189/65
 Ulmiphyllum brookense 勃洛克榆叶 ⋯⋯⋯⋯⋯⋯⋯⋯⋯⋯⋯⋯⋯⋯⋯⋯⋯⋯⋯ Ⅵ/189/65
Umaltolepis 乌马果鳞属 ⋯⋯⋯⋯⋯⋯⋯⋯⋯⋯⋯⋯⋯⋯⋯⋯⋯⋯⋯⋯⋯⋯⋯⋯⋯⋯ Ⅳ/309/115
 △*Umaltolepis hebeiensis* 河北乌马果鳞 ⋯⋯⋯⋯⋯⋯⋯⋯⋯⋯⋯⋯⋯⋯⋯⋯⋯ Ⅳ/310/116
 Umaltolepis cf. *hebeiensis* 河北乌马果鳞（比较种）⋯⋯⋯⋯⋯⋯⋯⋯⋯⋯⋯ Ⅳ/310/116
 Umaltolepis vachrameevii 瓦赫拉梅耶夫乌马果鳞 ⋯⋯⋯⋯⋯⋯⋯⋯⋯⋯⋯⋯ Ⅳ/309/116
Uralophyllum 乌拉尔叶属 ⋯⋯⋯⋯⋯⋯⋯⋯⋯⋯⋯⋯⋯⋯⋯⋯⋯⋯⋯⋯⋯⋯⋯⋯⋯ Ⅲ/607/224
 Uralophyllum krascheninnikovii 克氏乌拉尔叶 ⋯⋯⋯⋯⋯⋯⋯⋯⋯⋯⋯⋯⋯⋯ Ⅲ/607/224
 Uralophyllum radczenkoi 拉氏乌拉尔叶 ⋯⋯⋯⋯⋯⋯⋯⋯⋯⋯⋯⋯⋯⋯⋯⋯⋯ Ⅲ/607/224
 Uralophyllum? cf. *radczenkoi* 拉氏？乌拉尔叶（比较种）⋯⋯⋯⋯⋯⋯⋯⋯⋯ Ⅲ/607/224
Uskatia 乌斯卡特藓属 ⋯⋯⋯⋯⋯⋯⋯⋯⋯⋯⋯⋯⋯⋯⋯⋯⋯⋯⋯⋯⋯⋯⋯⋯⋯⋯⋯ Ⅰ/139/11
 Uskatia conferta 密叶乌斯卡特藓 ⋯⋯⋯⋯⋯⋯⋯⋯⋯⋯⋯⋯⋯⋯⋯⋯⋯⋯⋯⋯ Ⅰ/139/11
 Uskatia sp. 乌斯卡特藓（未定种）⋯⋯⋯⋯⋯⋯⋯⋯⋯⋯⋯⋯⋯⋯⋯⋯⋯⋯⋯ Ⅰ/139/11
Ussuriocladus 乌苏里枝属 ⋯⋯⋯⋯⋯⋯⋯⋯⋯⋯⋯⋯⋯⋯⋯⋯⋯⋯⋯⋯⋯⋯⋯⋯⋯ Ⅴ/445/172
 △*Ussuriocladus antuensis* 安图乌苏里枝 ⋯⋯⋯⋯⋯⋯⋯⋯⋯⋯⋯⋯⋯⋯⋯⋯ Ⅴ/446/173
 Ussuriocladus racemosus 多枝乌苏里枝 ⋯⋯⋯⋯⋯⋯⋯⋯⋯⋯⋯⋯⋯⋯⋯⋯⋯ Ⅴ/445/173

V

Vardekloeftia 瓦德克勒果属 ⋯⋯⋯⋯⋯⋯⋯⋯⋯⋯⋯⋯⋯⋯⋯⋯⋯⋯⋯⋯⋯⋯⋯⋯ Ⅲ/608/224
 Vardekloeftia sulcata 具槽瓦德克勒果 ⋯⋯⋯⋯⋯⋯⋯⋯⋯⋯⋯⋯⋯⋯⋯⋯⋯⋯ Ⅲ/608/224
Viburniphyllum 荚蒾叶属 ⋯⋯⋯⋯⋯⋯⋯⋯⋯⋯⋯⋯⋯⋯⋯⋯⋯⋯⋯⋯⋯⋯⋯⋯⋯⋯ Ⅵ/189/66
 Viburniphyllum finale 疏齿荚蒾叶 ⋯⋯⋯⋯⋯⋯⋯⋯⋯⋯⋯⋯⋯⋯⋯⋯⋯⋯⋯ Ⅵ/189/66
 Viburniphyllum giganteum 大型荚蒾叶 ⋯⋯⋯⋯⋯⋯⋯⋯⋯⋯⋯⋯⋯⋯⋯⋯⋯ Ⅵ/189/66
 △*Viburniphyllum serrulutum* 细齿荚蒾叶 ⋯⋯⋯⋯⋯⋯⋯⋯⋯⋯⋯⋯⋯⋯⋯⋯ Ⅵ/189/66
Viburnum 荚蒾属 ⋯⋯⋯⋯⋯⋯⋯⋯⋯⋯⋯⋯⋯⋯⋯⋯⋯⋯⋯⋯⋯⋯⋯⋯⋯⋯⋯⋯⋯ Ⅵ/190/66
 Viburnum antiquum 古老荚蒾 ⋯⋯⋯⋯⋯⋯⋯⋯⋯⋯⋯⋯⋯⋯⋯⋯⋯⋯⋯⋯⋯ Ⅵ/190/66
 Viburnum asperum 粗糙荚蒾 ⋯⋯⋯⋯⋯⋯⋯⋯⋯⋯⋯⋯⋯⋯⋯⋯⋯⋯⋯⋯⋯⋯ Ⅵ/190/66
 Viburnum cf. *contortum* 扭曲荚蒾（比较种）⋯⋯⋯⋯⋯⋯⋯⋯⋯⋯⋯⋯⋯⋯ Ⅵ/190/67
 Viburnum lakesii 拉凯斯荚蒾 ⋯⋯⋯⋯⋯⋯⋯⋯⋯⋯⋯⋯⋯⋯⋯⋯⋯⋯⋯⋯⋯⋯ Ⅵ/190/67
 Viburnum speciosum 美丽荚蒾 ⋯⋯⋯⋯⋯⋯⋯⋯⋯⋯⋯⋯⋯⋯⋯⋯⋯⋯⋯⋯⋯ Ⅵ/190/67
 Viburnum sp. 荚蒾（未定种）⋯⋯⋯⋯⋯⋯⋯⋯⋯⋯⋯⋯⋯⋯⋯⋯⋯⋯⋯⋯⋯⋯ Ⅵ/191/67
Vitimia 维特米亚叶属 ⋯⋯⋯⋯⋯⋯⋯⋯⋯⋯⋯⋯⋯⋯⋯⋯⋯⋯⋯⋯⋯⋯⋯⋯⋯⋯⋯⋯ Ⅲ/608/225

Vitimia doludenkoi 多氏维特米亚叶	III	/608 /225
△*Vitimia oblongifolia* 长圆维特米亚叶	III	/608 /225
△*Vitimia yanshanensis* 燕山维特米亚叶	III	/609 /225

Vitiphyllum Nathorst,1888 (non Fontaine,1889) 葡萄叶属 ⋯⋯ VI /191 /67
    Vitiphyllum raumanni 劳孟葡萄叶 ⋯⋯ VI /191 /67
    △*Vitiphyllum jilinense* 吉林葡萄叶 ⋯⋯ VI /191 /67

Vitiphyllum Fontaine,1889 (non Nathorst,1888) 葡萄叶属 ⋯⋯ VI /191 /68
    Vitiphyllum crassiflium 厚叶葡萄叶 ⋯⋯ VI /191 /68
    Vitiphyllum sp. 葡萄叶(未定种) ⋯⋯ VI /192 /68
    Vitiphyllum? sp. 葡萄叶？(未定种) ⋯⋯ VI /192 /68

Vittaephyllum 书带蕨叶属 ⋯⋯ III /609 /225
    Vittaephyllum bifurcata 二叉书带蕨叶 ⋯⋯ III /609 /225
    Vittaephyllum sp. 书带蕨叶(未定种) ⋯⋯ III /609 /225

△*Vittifoliolum* 条叶属 ⋯⋯ IV /310 /116
    △*Vittifoliolum multinerve* 多脉条叶 ⋯⋯ IV /311 /117
    Cf. *Vittifoliolum multinerve* 多脉条叶(比较属种) ⋯⋯ IV /311 /117
    △*Vittifoliolum paucinerve* 少脉条叶 ⋯⋯ IV /311 /117
    △*Vittifoliolum segregatum* 游离条叶 ⋯⋯ IV /310 /116
    Vittifoliolum cf. *segregatum* 游离条叶(比较种) ⋯⋯ IV /311 /117
    Cf. *Vittifoliolum segregatum* 游离条叶(比较属种) ⋯⋯ IV /311 /117
    △*Vittifoliolum segregatum* f. *costatum* 游离条叶脊条异型 ⋯⋯ IV /311 /117
    Vittifoliolum spp. 条叶(未定多种) ⋯⋯ IV /311 /117
    Vittifoliolum? sp. 条叶?(未定种) ⋯⋯ IV /311 /117

Voltzia 伏脂杉属 ⋯⋯ V /446 /173
    Voltzia brevifolia 宽叶伏脂杉 ⋯⋯ V /446 /173
    △*Voltzia curtifolis* 弯叶伏脂杉 ⋯⋯ V /446 /173
    Voltzia heterophylla 异叶伏脂杉 ⋯⋯ V /446 /173
    Voltzia cf. *heterophylla* 异叶伏脂杉(比较种) ⋯⋯ V /447 /174
    Voltzia cf. *koeneni* 克伦伏脂杉(比较种) ⋯⋯ V /447 /174
    △*Voltzia quinquepetala* 五瓣伏脂杉 ⋯⋯ V /447 /174
    Voltzia walchiaeformis 瓦契杉形伏脂杉 ⋯⋯ V /447 /174
    Voltzia cf. *walchiaeformis* 瓦契杉形伏脂杉(比较种) ⋯⋯ V /447 /174
    Voltzia weismanni 魏斯曼伏脂杉 ⋯⋯ V /447 /174
    Voltzia spp. 伏脂杉(未定多种) ⋯⋯ V /448 /174
    Voltzia? spp. 伏脂杉?(未定多种) ⋯⋯ V /448 /175

W

Weichselia 蝶蕨属 ⋯⋯ II /535 /210
    Weichselia ludovicae 连生蝶蕨 ⋯⋯ II /535 /210
    Weichselia reticulata 具网蝶蕨 ⋯⋯ II /536 /210

Weltrichia 韦尔奇花属 ⋯⋯ III /609 /226
    △*Weltrichia daohugouensis* 道虎沟韦尔奇花 ⋯⋯ III /609 /226
    △*Weltrichia huangbanjigouensis* 黄半吉沟韦尔奇花 ⋯⋯ III /610 /226
    Weltrichia mirabilis 奇异韦尔奇花 ⋯⋯ III /609 /226

Weltrichia spp. 韦尔奇花(未定多种)	Ⅲ	/610/226
Weltrichia? sp. 韦尔奇花?(未定种)	Ⅲ	/610/226
Williamsonia 威廉姆逊尼花属	Ⅲ	/610/227
△*Williamsonia bella* 美丽威廉姆逊尼花	Ⅲ	/611/227
△*Williamsonia exiguos* 微小威廉姆逊尼花	Ⅲ	/611/227
Williamsonia gigas 大威廉姆逊尼花	Ⅲ	/610/227
△*Williamsonia jianshangouensis* 尖山沟威廉姆逊尼花	Ⅲ	/611/227
△*Williamsonia? lanceolobata* 披针形? 威廉姆逊尼花	Ⅲ	/611/227
△*Williamsonia? shebudaiensis* 蛇不歹? 威廉姆逊尼花	Ⅲ	/611/228
Williamsonia virginiensis 弗吉尼亚威廉姆逊尼花	Ⅲ	/612/228
Williamsonia cf. *virginiensis* 弗吉尼亚威廉姆逊尼花(比较种)	Ⅲ	/612/228
Williamsonia spp. 威廉姆逊尼花(未定多种)	Ⅲ	/612/228
?*Williamsonia* sp. ?威廉姆逊尼花(未定种)	Ⅲ	/612/228
Williamsoniella 小威廉姆逊尼花属	Ⅲ	/612/228
Williamsoniella burakove 布拉科娃小威廉姆逊尼花	Ⅲ	/612/229
Williamsoniella coronata 科罗纳小威廉姆逊尼花	Ⅲ	/612/228
△*Williamsoniella dabuensis* 大堡小威廉姆逊尼花	Ⅲ	/613/229
△*Williamsoniella? exiliforma* 瘦形? 小威廉姆逊尼花	Ⅲ	/613/229
△*Williamsoniella jianshangouensis* 尖山沟小威廉姆逊尼花	Ⅲ	/613/229
Williamsoniella karataviensis 卡拉套小威廉姆逊尼花	Ⅲ	/613/229
Williamsoniella cf. *karataviensis* 卡拉套小威廉姆逊尼花(比较种)	Ⅲ	/613/229
Williamsoniella minima 最小小威廉姆逊尼花	Ⅲ	/613/229
△*Williamsoniella sinensis* 中国小威廉姆逊尼花	Ⅲ	/613/229
Williamsoniella spp. 小威廉姆逊尼花(未定多种)	Ⅲ	/614/229
Willsiostrobus 威尔斯穗属	Ⅴ	/448/175
Willsiostrobus cordiformis 心形威尔斯穗	Ⅴ	/449/175
Willsiostrobus cf. *cordiformis* 心形威尔斯穗(比较种)	Ⅴ	/449/175
Willsiostrobus denticulatus 齿形威尔斯穗	Ⅴ	/449/176
Willsiostrobus cf. *denticulatus* 齿形威尔斯穗(比较种)	Ⅴ	/449/176
△*Willsiostrobus hongyantouensis* 红崖头威尔斯穗	Ⅴ	/449/176
Willsiostrobus ligulatus 舌形威尔斯穗	Ⅴ	/449/176
Willsiostrobus willsii 威氏威尔斯穗	Ⅴ	/448/175
Willsiostrobus cf. *willsii* 威氏威尔斯穗(比较种)	Ⅴ	/448/175
Willsiostrobus sp. 威尔斯穗(未定种)	Ⅴ	/450/176

X

Xenoxylon 异木属	Ⅴ	/450/176
Xenoxylon conchylianum 康氏异木	Ⅴ	/451/177
Xenoxylon ellipticum 椭圆异木	Ⅴ	/451/177
△*Xenoxylon fuxinense* 阜新异木	Ⅴ	/451/177
△*Xenoxylon hopeiense* 河北异木	Ⅴ	/451/178
△*Xenoxylon huolinhense* 霍林河异木	Ⅴ	/451/178
Xenoxylon japonicum 日本异木	Ⅴ	/452/178
Xenoxylon latiporosum 宽孔异木	Ⅴ	/450/177

△*Xenoxylon liaoningense* 辽宁异木 ⋯⋯⋯⋯⋯⋯⋯⋯⋯⋯⋯⋯⋯⋯⋯⋯⋯⋯⋯⋯ Ⅴ/452/178
Xenoxylon liaoningense？辽宁异木？⋯⋯⋯⋯⋯⋯⋯⋯⋯⋯⋯⋯⋯⋯⋯⋯⋯⋯⋯ Ⅴ/452/178
△*Xenoxylon peidense* 裴德异木 ⋯⋯⋯⋯⋯⋯⋯⋯⋯⋯⋯⋯⋯⋯⋯⋯⋯⋯⋯⋯⋯ Ⅴ/452/178
△*Xenoxylon yixianense* 义县异木 ⋯⋯⋯⋯⋯⋯⋯⋯⋯⋯⋯⋯⋯⋯⋯⋯⋯⋯⋯⋯ Ⅴ/452/178
Xenoxylon sp. 异木（未定种）⋯⋯⋯⋯⋯⋯⋯⋯⋯⋯⋯⋯⋯⋯⋯⋯⋯⋯⋯⋯⋯⋯ Ⅴ/452/178
△*Xiajiajienia* 夏家街蕨属 ⋯⋯⋯⋯⋯⋯⋯⋯⋯⋯⋯⋯⋯⋯⋯⋯⋯⋯⋯⋯⋯⋯⋯⋯ Ⅱ/536/210
△*Xiajiajienia mirabila* 奇异夏家街蕨 ⋯⋯⋯⋯⋯⋯⋯⋯⋯⋯⋯⋯⋯⋯⋯⋯⋯⋯ Ⅱ/536/210
△*Xinganphyllum* 兴安叶属 ⋯⋯⋯⋯⋯⋯⋯⋯⋯⋯⋯⋯⋯⋯⋯⋯⋯⋯⋯⋯⋯⋯⋯⋯ Ⅲ/614/230
△*Xinganphyllum aequale* 等形兴安叶 ⋯⋯⋯⋯⋯⋯⋯⋯⋯⋯⋯⋯⋯⋯⋯⋯⋯⋯ Ⅲ/614/230
△*Xinganphyllum? grandifolium* 大叶？兴安叶 ⋯⋯⋯⋯⋯⋯⋯⋯⋯⋯⋯⋯⋯ Ⅲ/614/230
△*Xingxueina* 星学花序属 ⋯⋯⋯⋯⋯⋯⋯⋯⋯⋯⋯⋯⋯⋯⋯⋯⋯⋯⋯⋯⋯⋯⋯⋯ Ⅵ/192/68
△*Xingxueina heilongjiangensis* 黑龙江星学花序 ⋯⋯⋯⋯⋯⋯⋯⋯⋯⋯⋯⋯ Ⅵ/192/68
△*Xingxuephyllum* 星学叶属 ⋯⋯⋯⋯⋯⋯⋯⋯⋯⋯⋯⋯⋯⋯⋯⋯⋯⋯⋯⋯⋯⋯⋯ Ⅵ/193/69
△*Xingxuephyllum jixiense* 鸡西星学叶 ⋯⋯⋯⋯⋯⋯⋯⋯⋯⋯⋯⋯⋯⋯⋯⋯ Ⅵ/193/69
△*Xinjiangopteris* Wu S Z,1983 (non Wu S Q et Zhou,1986) 新疆蕨属 ⋯⋯ Ⅱ/536/211
△*Xinjiangopteris toksunensis* 托克逊新疆蕨 ⋯⋯⋯⋯⋯⋯⋯⋯⋯⋯⋯⋯⋯ Ⅱ/537/211
△*Xinjiangopteris* Wu S Q et Zhou,1986 (non Wu S Z,1983) 新疆蕨属 ⋯⋯ Ⅱ/537/211
△*Xinjiangopteris opposita* 对生新疆蕨 ⋯⋯⋯⋯⋯⋯⋯⋯⋯⋯⋯⋯⋯⋯⋯⋯ Ⅱ/537/211
△*Xinlongia* 新龙叶属 ⋯⋯⋯⋯⋯⋯⋯⋯⋯⋯⋯⋯⋯⋯⋯⋯⋯⋯⋯⋯⋯⋯⋯⋯⋯⋯ Ⅲ/614/230
△*Xinlongia pterophylloides* 侧羽叶型新龙叶 ⋯⋯⋯⋯⋯⋯⋯⋯⋯⋯⋯⋯⋯ Ⅲ/615/230
△*Xinlongia hoheneggeri* 和恩格尔新龙叶 ⋯⋯⋯⋯⋯⋯⋯⋯⋯⋯⋯⋯⋯⋯⋯ Ⅲ/615/230
△*Xinlongia zamioides* 似查米亚新龙叶 ⋯⋯⋯⋯⋯⋯⋯⋯⋯⋯⋯⋯⋯⋯⋯⋯ Ⅲ/615/231
△*Xinlongophyllum* 新龙羽叶属 ⋯⋯⋯⋯⋯⋯⋯⋯⋯⋯⋯⋯⋯⋯⋯⋯⋯⋯⋯⋯⋯ Ⅲ/615/231
△*Xinlongophyllum ctenopteroides* 篦羽羊齿型新龙羽叶 ⋯⋯⋯⋯⋯⋯⋯ Ⅲ/615/231
△*Xinlongophyllum multilineatum* 多条纹新龙羽叶 ⋯⋯⋯⋯⋯⋯⋯⋯⋯⋯ Ⅲ/615/231

Y

Yabeiella 矢部叶属 ⋯⋯⋯⋯⋯⋯⋯⋯⋯⋯⋯⋯⋯⋯⋯⋯⋯⋯⋯⋯⋯⋯⋯⋯⋯⋯⋯⋯ Ⅲ/616/231
Yabeiella brachebuschiana 短小矢部叶 ⋯⋯⋯⋯⋯⋯⋯⋯⋯⋯⋯⋯⋯⋯⋯⋯ Ⅲ/616/232
Yabeiella mareyesiaca 马雷耶斯矢部叶 ⋯⋯⋯⋯⋯⋯⋯⋯⋯⋯⋯⋯⋯⋯⋯⋯ Ⅲ/616/232
Yabeiella cf. *mareyesiaca* 马雷耶斯矢部叶（比较种）⋯⋯⋯⋯⋯⋯⋯⋯⋯ Ⅲ/616/232
△*Yabeiella multinervis* 多脉矢部叶 ⋯⋯⋯⋯⋯⋯⋯⋯⋯⋯⋯⋯⋯⋯⋯⋯⋯⋯ Ⅲ/616/232
△*Yanjiphyllum* 延吉叶属 ⋯⋯⋯⋯⋯⋯⋯⋯⋯⋯⋯⋯⋯⋯⋯⋯⋯⋯⋯⋯⋯⋯⋯⋯ Ⅵ/193/69
△*Yanjiphyllum ellipticum* 椭圆延吉叶 ⋯⋯⋯⋯⋯⋯⋯⋯⋯⋯⋯⋯⋯⋯⋯⋯⋯ Ⅵ/193/69
△*Yanliaoa* 燕辽杉属 ⋯⋯⋯⋯⋯⋯⋯⋯⋯⋯⋯⋯⋯⋯⋯⋯⋯⋯⋯⋯⋯⋯⋯⋯⋯⋯⋯ Ⅴ/453/179
△*Yanliaoa sinensis* 中国燕辽杉 ⋯⋯⋯⋯⋯⋯⋯⋯⋯⋯⋯⋯⋯⋯⋯⋯⋯⋯⋯⋯ Ⅴ/453/179
Yanliaoa cf. *sinensis* 中国燕辽杉（比较种）⋯⋯⋯⋯⋯⋯⋯⋯⋯⋯⋯⋯⋯⋯ Ⅴ/453/179
△*Yimaia* 义马果属 ⋯⋯⋯⋯⋯⋯⋯⋯⋯⋯⋯⋯⋯⋯⋯⋯⋯⋯⋯⋯⋯⋯⋯⋯⋯⋯⋯⋯ Ⅳ/312/118
△*Yimaia recurva* 外弯义马果 ⋯⋯⋯⋯⋯⋯⋯⋯⋯⋯⋯⋯⋯⋯⋯⋯⋯⋯⋯⋯⋯ Ⅳ/312/118
△*Yimaia hallei* 赫勒义马果 ⋯⋯⋯⋯⋯⋯⋯⋯⋯⋯⋯⋯⋯⋯⋯⋯⋯⋯⋯⋯⋯⋯ Ⅳ/312/118
△*Yixianophyllum* 义县叶属 ⋯⋯⋯⋯⋯⋯⋯⋯⋯⋯⋯⋯⋯⋯⋯⋯⋯⋯⋯⋯⋯⋯⋯ Ⅲ/617/232
△*Yixianophyllum jinjiagouensie* 金家沟义县叶 ⋯⋯⋯⋯⋯⋯⋯⋯⋯⋯⋯⋯ Ⅲ/617/232
Yuccites Martius,1822 (non Schimper et Mougeot,1844) 似丝兰属 ⋯⋯⋯⋯⋯ Ⅴ/453/179
Yuccites microlepis 小叶似丝兰 ⋯⋯⋯⋯⋯⋯⋯⋯⋯⋯⋯⋯⋯⋯⋯⋯⋯⋯⋯⋯ Ⅴ/453/179

Yuccites Schimper et Mougeot, 1844 (non Martius, 1822) 似丝兰属 ⋯⋯⋯⋯⋯⋯⋯⋯⋯⋯⋯⋯⋯⋯ Ⅴ /453 /179
 △*Yuccites anastomosis* 网结似丝兰 ⋯⋯⋯⋯⋯⋯⋯⋯⋯⋯⋯⋯⋯⋯⋯⋯⋯⋯⋯ Ⅴ /454 /180
 △*Yuccites decus* 优美似丝兰 ⋯⋯⋯⋯⋯⋯⋯⋯⋯⋯⋯⋯⋯⋯⋯⋯⋯⋯⋯⋯⋯⋯ Ⅴ /454 /180
 △*Yuccites ensiformis* 剑形似丝兰 ⋯⋯⋯⋯⋯⋯⋯⋯⋯⋯⋯⋯⋯⋯⋯⋯⋯⋯⋯⋯ Ⅴ /455 /180
 Yuccites spathulata 匙形似丝兰 ⋯⋯⋯⋯⋯⋯⋯⋯⋯⋯⋯⋯⋯⋯⋯⋯⋯⋯⋯⋯⋯ Ⅴ /455 /180
 Yuccites vogesiacus 大叶似丝兰 ⋯⋯⋯⋯⋯⋯⋯⋯⋯⋯⋯⋯⋯⋯⋯⋯⋯⋯⋯⋯⋯ Ⅴ /454 /180
 Yuccites spp. 似丝兰(未定多种) ⋯⋯⋯⋯⋯⋯⋯⋯⋯⋯⋯⋯⋯⋯⋯⋯⋯⋯⋯⋯ Ⅴ /455 /181
 Yuccites? sp. 似丝兰?(未定种) ⋯⋯⋯⋯⋯⋯⋯⋯⋯⋯⋯⋯⋯⋯⋯⋯⋯⋯⋯⋯ Ⅴ /455 /181
△*Yungjenophyllum* 永仁叶属 ⋯⋯⋯⋯⋯⋯⋯⋯⋯⋯⋯⋯⋯⋯⋯⋯⋯⋯⋯⋯⋯⋯⋯⋯⋯⋯ Ⅲ /617 /232
 △*Yungjenophyllum grandifolium* 大叶永仁叶 ⋯⋯⋯⋯⋯⋯⋯⋯⋯⋯⋯⋯⋯⋯ Ⅲ /617 /233

Z

Zamia 查米亚属 ⋯⋯⋯⋯⋯⋯⋯⋯⋯⋯⋯⋯⋯⋯⋯⋯⋯⋯⋯⋯⋯⋯⋯⋯⋯⋯⋯⋯⋯⋯⋯⋯⋯ Ⅲ /617 /233
 Zamia sp. 查米亚(未定种) ⋯⋯⋯⋯⋯⋯⋯⋯⋯⋯⋯⋯⋯⋯⋯⋯⋯⋯⋯⋯⋯⋯⋯ Ⅲ /618 /233
Zamiophyllum 查米羽叶属 ⋯⋯⋯⋯⋯⋯⋯⋯⋯⋯⋯⋯⋯⋯⋯⋯⋯⋯⋯⋯⋯⋯⋯⋯⋯⋯⋯⋯ Ⅲ /618 /233
 Zamiophyllum angustifolium 狭叶查米羽叶 ⋯⋯⋯⋯⋯⋯⋯⋯⋯⋯⋯⋯⋯⋯⋯⋯ Ⅲ /619 /234
 Zamiophyllum buchianum 布契查米羽叶 ⋯⋯⋯⋯⋯⋯⋯⋯⋯⋯⋯⋯⋯⋯⋯⋯⋯ Ⅲ /618 /233
 Cf. *Zamiophyllum buchianum* 布契查米羽叶(比较属种) ⋯⋯⋯⋯⋯⋯⋯⋯ Ⅲ /619 /234
 △*Zamiophyllum*? *minor* 较小?查米羽叶 ⋯⋯⋯⋯⋯⋯⋯⋯⋯⋯⋯⋯⋯⋯⋯⋯ Ⅲ /619 /234
 Zamiophyllum sp. 查米羽叶(未定种) ⋯⋯⋯⋯⋯⋯⋯⋯⋯⋯⋯⋯⋯⋯⋯⋯⋯ Ⅲ /620 /234
Zamiopsis 拟查米蕨属 ⋯⋯⋯⋯⋯⋯⋯⋯⋯⋯⋯⋯⋯⋯⋯⋯⋯⋯⋯⋯⋯⋯⋯⋯⋯⋯⋯⋯⋯ Ⅱ /537 /211
 Zamiopsis pinnafida 羽状拟查米蕨 ⋯⋯⋯⋯⋯⋯⋯⋯⋯⋯⋯⋯⋯⋯⋯⋯⋯⋯⋯ Ⅱ /538 /212
 △*Zamiopsis fuxinensis* 阜新拟查米蕨 ⋯⋯⋯⋯⋯⋯⋯⋯⋯⋯⋯⋯⋯⋯⋯⋯⋯ Ⅱ /538 /212
Zamiopteris 匙羊齿属 ⋯⋯⋯⋯⋯⋯⋯⋯⋯⋯⋯⋯⋯⋯⋯⋯⋯⋯⋯⋯⋯⋯⋯⋯⋯⋯⋯⋯⋯⋯ Ⅲ /620 /234
 △*Zamiopteris dongningensis* 东宁匙羊齿 ⋯⋯⋯⋯⋯⋯⋯⋯⋯⋯⋯⋯⋯⋯⋯⋯ Ⅲ /620 /235
 Zamiopteris glossopteroides 舌羊齿型匙羊齿 ⋯⋯⋯⋯⋯⋯⋯⋯⋯⋯⋯⋯⋯⋯ Ⅲ /620 /235
 △*Zamiopteris minor* 微细匙羊齿 ⋯⋯⋯⋯⋯⋯⋯⋯⋯⋯⋯⋯⋯⋯⋯⋯⋯⋯⋯ Ⅲ /620 /235
Zamiostrobus 查米果属 ⋯⋯⋯⋯⋯⋯⋯⋯⋯⋯⋯⋯⋯⋯⋯⋯⋯⋯⋯⋯⋯⋯⋯⋯⋯⋯⋯⋯⋯ Ⅲ /620 /235
 Zamiostrobus macrocephala 大蕊查米果 ⋯⋯⋯⋯⋯⋯⋯⋯⋯⋯⋯⋯⋯⋯⋯⋯ Ⅲ /621 /235
 Zamiostrobus? sp. 查米果?(未定种) ⋯⋯⋯⋯⋯⋯⋯⋯⋯⋯⋯⋯⋯⋯⋯⋯⋯ Ⅲ /621 /235
Zamites 似查米亚属 ⋯⋯⋯⋯⋯⋯⋯⋯⋯⋯⋯⋯⋯⋯⋯⋯⋯⋯⋯⋯⋯⋯⋯⋯⋯⋯⋯⋯⋯⋯⋯ Ⅲ /621 /235
 △*Zamites decurens* 拖延似查米亚 ⋯⋯⋯⋯⋯⋯⋯⋯⋯⋯⋯⋯⋯⋯⋯⋯⋯⋯⋯ Ⅲ /621 /236
 Zamites distans 分离似查米亚 ⋯⋯⋯⋯⋯⋯⋯⋯⋯⋯⋯⋯⋯⋯⋯⋯⋯⋯⋯⋯⋯ Ⅲ /622 /236
 △*Zamites donggongensis* 东巩似查米亚 ⋯⋯⋯⋯⋯⋯⋯⋯⋯⋯⋯⋯⋯⋯⋯⋯ Ⅲ /622 /236
 △*Zamites ensitformis* 剑形似查米亚 ⋯⋯⋯⋯⋯⋯⋯⋯⋯⋯⋯⋯⋯⋯⋯⋯⋯ Ⅲ /622 /236
 △*Zamites falcatus* 镰状似查米亚 ⋯⋯⋯⋯⋯⋯⋯⋯⋯⋯⋯⋯⋯⋯⋯⋯⋯⋯⋯ Ⅲ /622 /236
 △*Zamites*? *fanjiachangensis* 范家塘?似查米亚 ⋯⋯⋯⋯⋯⋯⋯⋯⋯⋯⋯⋯ Ⅲ /622 /237
 Zamites feneonis 秣叶似查米亚 ⋯⋯⋯⋯⋯⋯⋯⋯⋯⋯⋯⋯⋯⋯⋯⋯⋯⋯⋯⋯ Ⅲ /622 /237
 Zamites gigas 巨大似查米亚 ⋯⋯⋯⋯⋯⋯⋯⋯⋯⋯⋯⋯⋯⋯⋯⋯⋯⋯⋯⋯⋯⋯ Ⅲ /621 /236
 Zamites cf. *gigas* 巨大似查米亚(比较种) ⋯⋯⋯⋯⋯⋯⋯⋯⋯⋯⋯⋯⋯⋯ Ⅲ /621 /236
 △*Zamites hoheneggerii* 和恩格尔似查米亚 ⋯⋯⋯⋯⋯⋯⋯⋯⋯⋯⋯⋯⋯⋯⋯ Ⅲ /623 /237
 Zamites cf. *hoheneggerii* 和恩格尔似查米亚(比较种) ⋯⋯⋯⋯⋯⋯⋯⋯⋯ Ⅲ /623 /237
 △*Zamites* (*Otozanites*?) *huatingensis* 华亭似查米亚(耳羽叶?) ⋯⋯⋯⋯ Ⅲ /623 /237
 △*Zamites hubeiensis* 湖北似查米亚 ⋯⋯⋯⋯⋯⋯⋯⋯⋯⋯⋯⋯⋯⋯⋯⋯⋯⋯ Ⅲ /623 /237

△*Zamites insignis* 分明似查米亚 ⋯⋯⋯⋯⋯⋯⋯⋯⋯⋯⋯⋯⋯⋯⋯⋯⋯⋯⋯⋯⋯⋯⋯⋯⋯⋯⋯ Ⅲ/623/237
△*Zamites jiangxiensis* 江西似查米亚 ⋯⋯⋯⋯⋯⋯⋯⋯⋯⋯⋯⋯⋯⋯⋯⋯⋯⋯⋯⋯⋯⋯⋯⋯⋯ Ⅲ/623/238
Zamites lanceolatus (Lindley et Hutton) Braun,1840 (non Cao,Liang et Ma,1995)
　　披针似查米亚 ⋯⋯⋯⋯⋯⋯⋯⋯⋯⋯⋯⋯⋯⋯⋯⋯⋯⋯⋯⋯⋯⋯⋯⋯⋯⋯⋯⋯⋯⋯⋯⋯⋯⋯ Ⅲ/624/238
△*Zamites lanceolatus* Cao,Liang et Ma,1995 [non (Lindley et Hutton) Braun,1840]
　　披针似查米亚 ⋯⋯⋯⋯⋯⋯⋯⋯⋯⋯⋯⋯⋯⋯⋯⋯⋯⋯⋯⋯⋯⋯⋯⋯⋯⋯⋯⋯⋯⋯⋯⋯⋯⋯ Ⅲ/624/238
△*Zamites linguifolium* 舌形似查米亚 ⋯⋯⋯⋯⋯⋯⋯⋯⋯⋯⋯⋯⋯⋯⋯⋯⋯⋯⋯⋯⋯⋯⋯⋯⋯ Ⅲ/624/238
△*Zamites longgongensis* 龙宫似查米亚 ⋯⋯⋯⋯⋯⋯⋯⋯⋯⋯⋯⋯⋯⋯⋯⋯⋯⋯⋯⋯⋯⋯⋯⋯ Ⅲ/624/238
△*Zamites macrophyllus* 大叶似查米亚 ⋯⋯⋯⋯⋯⋯⋯⋯⋯⋯⋯⋯⋯⋯⋯⋯⋯⋯⋯⋯⋯⋯⋯⋯ Ⅲ/625/239
△*Zamites oblanceolatus* 倒披针形似查米亚 ⋯⋯⋯⋯⋯⋯⋯⋯⋯⋯⋯⋯⋯⋯⋯⋯⋯⋯⋯⋯⋯ Ⅲ/625/239
△*Zamites sinensis* 中国似查米亚 ⋯⋯⋯⋯⋯⋯⋯⋯⋯⋯⋯⋯⋯⋯⋯⋯⋯⋯⋯⋯⋯⋯⋯⋯⋯⋯⋯ Ⅲ/625/239
Zamites cf. *sinensis* 中国似查米亚(比较种) ⋯⋯⋯⋯⋯⋯⋯⋯⋯⋯⋯⋯⋯⋯⋯⋯⋯⋯⋯⋯⋯ Ⅲ/625/239
△*Zamites sichuanensis* 四川似查米亚 ⋯⋯⋯⋯⋯⋯⋯⋯⋯⋯⋯⋯⋯⋯⋯⋯⋯⋯⋯⋯⋯⋯⋯⋯ Ⅲ/625/239
Zamites tosanus 土佐似查米亚 ⋯⋯⋯⋯⋯⋯⋯⋯⋯⋯⋯⋯⋯⋯⋯⋯⋯⋯⋯⋯⋯⋯⋯⋯⋯⋯⋯ Ⅲ/626/239
Zamites truncatus 截形似查米亚 ⋯⋯⋯⋯⋯⋯⋯⋯⋯⋯⋯⋯⋯⋯⋯⋯⋯⋯⋯⋯⋯⋯⋯⋯⋯⋯ Ⅲ/626/239
△*Zamites yaoheensis* 姚河似查米亚 ⋯⋯⋯⋯⋯⋯⋯⋯⋯⋯⋯⋯⋯⋯⋯⋯⋯⋯⋯⋯⋯⋯⋯⋯⋯ Ⅲ/626/239
△*Zamites yixianensis* 义县似查米亚 ⋯⋯⋯⋯⋯⋯⋯⋯⋯⋯⋯⋯⋯⋯⋯⋯⋯⋯⋯⋯⋯⋯⋯⋯⋯ Ⅲ/626/240
△*Zamites ziguiensis* 秭归似查米亚 ⋯⋯⋯⋯⋯⋯⋯⋯⋯⋯⋯⋯⋯⋯⋯⋯⋯⋯⋯⋯⋯⋯⋯⋯⋯⋯ Ⅲ/626/240
Zamites zittellii 齐氏似查米亚 ⋯⋯⋯⋯⋯⋯⋯⋯⋯⋯⋯⋯⋯⋯⋯⋯⋯⋯⋯⋯⋯⋯⋯⋯⋯⋯⋯ Ⅲ/626/240
Zamites cf. *zittellii* 齐氏似查米亚(比较种) ⋯⋯⋯⋯⋯⋯⋯⋯⋯⋯⋯⋯⋯⋯⋯⋯⋯⋯⋯⋯⋯ Ⅲ/626/240
Zamites spp. 似查米亚(未定多种) ⋯⋯⋯⋯⋯⋯⋯⋯⋯⋯⋯⋯⋯⋯⋯⋯⋯⋯⋯⋯⋯⋯⋯⋯⋯ Ⅲ/627/240
Zamites? spp. 似查米亚?(未定多种) ⋯⋯⋯⋯⋯⋯⋯⋯⋯⋯⋯⋯⋯⋯⋯⋯⋯⋯⋯⋯⋯⋯⋯⋯ Ⅲ/628/241
△*Zhengia* 郑氏叶属 ⋯⋯⋯⋯⋯⋯⋯⋯⋯⋯⋯⋯⋯⋯⋯⋯⋯⋯⋯⋯⋯⋯⋯⋯⋯⋯⋯⋯⋯⋯⋯⋯⋯⋯ Ⅵ/193/70
　　△*Zhengia chinensis* 中国郑氏叶 ⋯⋯⋯⋯⋯⋯⋯⋯⋯⋯⋯⋯⋯⋯⋯⋯⋯⋯⋯⋯⋯⋯⋯⋯⋯ Ⅵ/193/70
Zizyphus 枣属 ⋯⋯⋯⋯⋯⋯⋯⋯⋯⋯⋯⋯⋯⋯⋯⋯⋯⋯⋯⋯⋯⋯⋯⋯⋯⋯⋯⋯⋯⋯⋯⋯⋯⋯⋯⋯⋯ Ⅵ/194/70
　　△*Zizyphus liaoxijujuba* 辽西枣 ⋯⋯⋯⋯⋯⋯⋯⋯⋯⋯⋯⋯⋯⋯⋯⋯⋯⋯⋯⋯⋯⋯⋯⋯⋯⋯ Ⅵ/194/70
　　△*Zizyphus pseudocretacea* 假白垩枣 ⋯⋯⋯⋯⋯⋯⋯⋯⋯⋯⋯⋯⋯⋯⋯⋯⋯⋯⋯⋯⋯⋯⋯ Ⅵ/194/70

REFERENCES

Andrews H N,1942. Contributions to our knowledge of American Carboniferous floras: Part 1 *Scleropteris*, gen. nov., *Mesoxylon* and *Amyelon*. Missouri Bot. Garden Annals, 29: 1-11, pls. 1-4.

Andrews H N Jr., 1970. Index of generic names of fossil plants (1820-1965). US Geological Survey Bulletin (1300): 1-354.

Ash S R,1969. Ferns from the Chinle Formation (Upper Triassic) in the Fort Wingate area, New Mexico. US Geol. Surv. Prof. Paper 613-D: D1-D52, pls. 1-5, figs. 1-19.

Bandulska H,1923. A preliminary paper on the cuticular structure of certain dicotyledonous and coniferous leaves from the MiddleEocene flora of Bournemouth. J. of the Linnean Soc. of London: Botany, 46: 241-270, pls. 20, 21.

Blazer A M,1975. Index of generic names of fossil plants (1966-1973). US Geological Survey Bulletin (1396): 1-54.

Braun C F W, 1840. Verzeichniss der in der Kreis-naturalien Sammlung zu Bayreuth befindlichen petrefacten. Leipzig: 1-118, pls. 1-22.

Brongniart A,1828. Prodrome d'une histoire des veegeetaux fossiles Dictionnaire Sci. Nat., V. 57: 16-212.

Buckland W, 1836. Geology and Mineralogy considered with reference to natural theology. William Pichering, V. 1: 1-599; V. 2: 1-128, pls. 1-69.

Cao Zhengyao (曹正尧),1992. Fossil ginkgophytes from Chengzihe Formation Shuangyashan-Suibin region of eastern Heilongjiang. Acta Palaeontologica Sinica, 31 (2): 232-248, pls. 1-6, text-figs. 1-5. (in Chinese with English summary)

Cao Zhengyao (曹正尧), Liang Shijing (梁诗经), Ma Aishuang (马爱双),1995. Fossil plants from Early Cretaceous Nanyuan Formation in Zhenghe, Fujian. Acta Palaeontologica Sinica,34 (1): 1-17, pls. 1-4. (in Chinese with English summary)

Cao Zhengyao (曹正尧), Shang Ping (商平),1990. Some Middle Jurassic plants from Beipiao Couty, Liaoning Province. Journal of Fuxin Mining Institute, 19 (2): 45-61, pls. 1-10. (in Chinese with English summary)

Chang Chichen (张志诚), 1976. Plant kingdom // Bureau of Geology of Inner Mongolia Autonomous Region, Northeast Institute of Geological Sciences (eds). Palaeotologica Atlas of North China, Inner Mongolia Volume: II   Mesozoic and Cenozoic. Beijing: Geological Publishing House: 179-204. (in Chinese)

Chen Fen (陈芬), Dou Yawei (窦亚伟), Huang Qisheng (黄其胜),1984. The Jurassic flora of West Hills, Beijing (Peking). Beijing: Geological Publishing House: 1-136, pls. 1-38, text-figs. 1-18. (in Chinese with English summary)

Chen Gongxin (陈公信), 1984. Pteridophyta, Spermatophyta// Regional Geological Surveying Team of Hubei Province (ed). The Palaeontological Atlas of Hubei Province. Wuhan: Hubei Science and Technology Press: 556-615, 797-812, pls. 216-270, figs. 117-133. (in Chinese with English title)

Chow Huiqin (周惠琴), Huang Zhigao (黄枝高), Chang Chichen (张志诚), 1976. Plants// Bureau of Geology of Inner Mongolia Autonomous Region, Northeast Institute of Geological Sciences (eds). Fossils Atlas of North China, Inner Mongolia: Volume II. Beijing: Geological Publishing House: 179-211, pls. 86-120. (in Chinese)

Conwentz H, 1886. Die flora des Bernsteins: Band 2. Danzig: Wilhelm Engelmann: 1-140, pls. 13.

Deane H, 1902. Notes on fossil leaves from the Tertiary deposits of Wingello and Bungonia. NSW Geol. Surv. Rec., 7(2): 59-65, pls. 15-17.

Deng Longhua (邓龙华), 1976. A review of the "bamboo shoot" fossils at Yenzhou recorded in "Dream pool essays" with notes on Shen Kuo's contribution to the development of paleontology. Acta Palaeontologica Sinica, 15 (1): 1-6; text-figs. 1-4. (in Chinese with English summary)

Deng Shenghui (邓胜徽), 1995a. New materials of the Early Cretaceous monolete spore ferns and their taxonomic study. Acta Botanica Sinica, 37 (6): 483-491, pls. 1, 2. (in Chinese with English summary)

Deng Shenghui (邓胜徽), 1995b. Early Cretaceous Flora of Huolinhe Basin, Inner Mongolia, Northeast China. Beijing: Geological Publishing House: 1-125, pls. 1-48; text-figs. 1-23. (in Chinese with English summary)

Deng Shenghui (邓胜徽), 1997. *Eogonocormus*: a new Early Cretaceous fern of Hymenophyllaceae from Northeast China. Australian Systematic Botany, 10 (1): 59-67, pls. 1-4, fig. 1.

Doludenko M P, Svanidze C I, 1969. The Late Jurassic flora of Georgia. M.: Nauka: 1-116.

Dou Yawei (窦亚伟), Sun Zhehua (孙喆华), Wu Shaozu (吴绍祖), Gu Daoyuan (顾道源), 1983. Vegetable kingdom// Regional Geological Surveying Team, Institute of Geosciences of Xinjiang Bureau of Geology, Geological Surveying Department, Xinjiang Bureau of Petroleum (eds). Palaeontological Atlas of Northwest China, Uygur Autonomous Region of Xinjiang: 2. Beijing: Geological Publishing House: 561-614, pls. 189-226. (in Chinese)

Duan Shuying (段淑英), 1987. The Jurassic flora of Zhaitang, West Hill of Beijing. Department of Geology, University of Stockholm, Department of Palaeonbotang, Swedish Museum of Natural History, Stockholm: 1-95, pls. 1-22; text-figs. 1-17.

Feng Shaonan (冯少南), Chen Gongxing (陈公信), Xi Yunhong (席运宏), Zhang Caifan (张采繁), 1977. Plants// Hubei Institute of Geological Sciences, et al. (eds). Fossil Atlas of Middle-South China: II. Beijing: Geological Publishing House: 622-674, pls. 230-253. (in Chinese)

Feng Shaonan (冯少南), Meng Fansong (孟繁嵩), Chen Gongxin (陈公信), Xi Yunhong (席运宏), Zhang Caifan (张采繁), Liu Yongan (刘永安), 1977. Plants// Hupei Institute Geological Sciences et al. (eds). Fossil atlas of Middle-South China: III. Beijing: Geological Publishing House: 195-262, pls. 70-107. (in Chinese)

Fontaine W M, 1889. The Potomac or younger Mesozoic flora. Monogr. U S Geol. Surv., 15: 1-377, pls. 1-180.

Goeppert H R, 1852a. Beiträge zur tertiärflora Schlesiens. Paleontographica, 2: 257-285, pls. 33-38.

Goeppert H R, 1852b. Fossile flora des übergangsgebirges. Nova Acta Leopoldina, 22: 1-199, pls. 1-44.

Guo Shuangxing (郭双兴), Li Haomin (李浩敏), 1979. Late Cretaceous flora from Hunchun of Jilin. Acta Palaeontologica Sinica, 18 (6): 547-560, pls. 1-4. (in Chinese with English summary)

Gu Daoyuan (顾道源), 1978. *Rhizomopteris sinensis*, a new species of fossil plants from the Jurassic of Sinkiang. Acta Palaeontologica Sinica, 17 (1): 97, 98, pl. 1. (in Chinese with English summary)

Gu Daoyuan (顾道源), 1984. Pteridiophyta and Gymnospermae // Geological Survey of Xinjiang Administrative Bureau of Petroleum, Regional Surveying Team of Xinjiang Geological Bureau (eds). Fossil Atlas of Northwest China, Xinjiang Uygur Autonomous Region Volume: Ⅲ Mesozoic and Cenozoic. Beijing: Geological Publishing House: 134-158, pls. 64-81. (in Chinese)

Gu Daoyuan (顾道源), Hu Yufan (胡雨帆), 1979. On the discovery of *Dictyophyllum-Clathropteris* flora from "Karroo Rocks", Sinkiang. Journal of Jianghan Petroleum Institute (1): 1-18, pls. 1, 2. (in Chinese with English summary)

Harris T M, 1935. The Rhaetic flora of Scoresby Sound, East Greenland. Medd. om Greenland, Bd. 112, Nr. 1: 1-176.

He Dechang (何德长), 1987. Fossil plants of some Mesozoic Coal-bearing strata from Zhejing, Hubei and Fujiang // Qian Lijun, Bai Qingzhao, Xiong Cunwei, Wu Jingjun, Xu Maoyu, He Dechang, Wang Saiyu (eds). Mesozoic Coal-bearing Strata from South China. Beijing: China Coal Industry Press: 1-322, pls. 1-69. (in Chinese)

He Yuanliang (何元良), Wu Xiuyuan (吴秀元), Wu Xiangwu (吴向午), Li Pejuan (李佩娟), Li Haomin (李浩敏), Guo Shuangxing (郭双兴), 1979. Plants // Nanjing Institute of Geology and Palaeontology, Chinese Academy of Sciences, Qinghai Institute of Geological Sciences (eds). Fossil Atlas of Northwest China, Qinghai Volume: Ⅱ. Beijing: Geological Publishing House: 129-167, pls. 50-82. (in Chinese)

Heer O, 1876a. Flora fossile halvetiae: Teil Ⅰ, Die Pflanzen der steinkohlen Periode. Zurich: 1-60, pls. 1-22.

Heer O, 1876b. Beitraege zur fossilen Flora Spitzbergens, in Flora fossilis arctica, Band 4, Heft 1. Kgl. Svenska Vetenskapsakad. Handlingar, V. 14: 1-141, pls. 1-32.

Heer O, 1876c. Beitraege zur Jura-Flora Ostsibitiens und des Amurlandes, in Flora fossilis arctica, Band 4, Heft 2. Acad. Imp. Sci. St. -Peetersbourg Meem., V. 22: 1-122, pls. 1-31.

Hirmer M, 1927. Handbuch der paläobotanik. Berlin, R. Oldenbourg V. 1: 1-708.

Hisinger W, 1837. Lethaea svecica seu Petrificata sveciae, iconibus et characteribus illustrata. Stockholm: Rare Books Club: 1-124, pls. 1-39.

Hu Yufan (胡雨帆), Gu Daoyuan (顾道源), 1987. Plant fossils from the Xiaoquangou Group of the Xinjiang and its flora and age. Botanical Research, 2: 207-234, pls. 1-5. (in Chinese with English summary)

Hu Yufan (胡雨帆), Xiao Zongzheng (萧宗正), 1987. On the age of the Hongmiaoling Formation in Xishan, Beijing. Geotogical Review, 33 (6): 559-562, pl. 1. (in Chinese with English summary)

Hu Yufan (胡雨帆), Xiao Zongzheng (萧宗正), Ma Jie (马洁), Wang Qiong (王琼), 1996. On the age and the fossil plants of the Hongmiaoling Formation in Xishan, Beijing. Memoirs of Beijing Natural History Museum (55): 87-89, pls. 1, 2. (in Chinese with English summary)

Huang Zhigao (黄枝高), Zhou Huiqin (周惠琴), 1980. Fossil plants//Mesozoic stratigraphy and palaeontology from the basin of Shaanxi, Gansu and Ningxia: I. Beijing: Geological Publishing House: 43-104, pls. 1-60. (in Chinese)

Kiangsi and Hunan Coal Exploring Command Post, Ministry of Coal (煤炭部湘赣煤田地质会战指挥部), Nanjing Institute of Geology and Palaeontology, Chinese Academy of Sciences (中国科学院南京地质古生物研究所) (eds), 1968. Fossil Atlas of Mesozoic Coal-bearing Strata in Kiangsi and Hunan Provinces: 1-115, pls. 1-47; text-figs. 1, 24. (in Chinese)

Krasser L M, 1943. Budingia nov. gen., eine neue Conifere aus dem Zechstein der Wetterau. Oberhessischen. Gesell. Natur. U. Heilkunde Giessen Ber., New Ser., Naturw., Abt. 1940-43, V. 20-22: 15-19, pl. 1.

Lebedev E L, 1965. Late Jurassic flora of the Zeia River and the Jurassic-Cretaceous boundary. Tr. Geol. Inst. Akad. Nauk. USSR, Moscow, 125: 1-142, pls. 1-36. (in Russian)

Lee H H (李星学), 1955. On the age of the Yunkang Series of the Datong (Tatung) Coal Field in North Shanxi (Shansi). Acta Palaeontologica Sinica, 3 (1): 25-46, pls. 1, 2; text-figs. 1-4. (in Chinese and English)

Liu Yusheng (刘裕生), Guo Shuangxing (郭双兴), Ferguson D K, 1996. A catalogue of Cenozoic megafossil plants in China. Palaeontographica, B., 238: 141-179.

Martius D C, 1822. De plantis nonnullis antediluvianis ope specierum inter tropicos viventium illustrandis. Kgl. Bayer. Bot. Gesell. Denkschr., V. 2: 121-147, pls. 2, 3.

Matthew G F, 1910. Revision of the flora of the Little River group: II Description of the type of *Dadoxylon ouangondianum*. Dawson: Royal Soc. Canada Proc. and Trans., Ser. 3, V. 3, Sec. 4: 77-113, pls. 1-4.

Meng Fansong (孟繁松), 1987. Fossil plants//Yichang Institute of Geology and Mineral Resources, CAGS (ed). Biostratigraphy of the Yangtze Gorges area: 4 Triassic and Jurassic. Beijing: Geological Publishing House: 239-257, pls. 24-37; text-figs. 18-20. (in Chinese with English summary)

Meng Fansong (孟繁松), Chen Dayou (陈大友), 1997. Fossil plants and palaeoclimatic environment from the Ziliujing Formation in the western Yangtze Gorges area, China. Geology and Mineral Resources of South China, (1): 51-59, pls. 1, 2. (in Chinese with English summary)

Meng Fansong (孟繁松), Li Xubing (李旭兵), Chen Huiming (陈辉明), 2003. Fossil plants from Dongyuemiao Member of the Ziliujing Formation and Lower-Middle Jurassic boundary in Sichuan Basin, China. Acta Palaeontologica Sinica, 42 (4): 525-536, pls. 1-4; text-figs. 1, 2. (in Chinese with English summary)

Nathorst A G, 1888. Zur fossilen Flora Janpan's. Palaeont, Abh., 4: 195-250, pls. 1-14 (17-30).

Newberry J S, 1867 (1865). Description of fossil plants from the Chinese Coal-bearing rocks// Pumpelly R (ed). Geological Researches in China, Mongolia and Japan During the Years 1862-1865. Smithsonian Contributions to Knowledge (Washington), 15 (202): 119-123, pl. 9.

Nikitin P A, 1965. Aquitanian seed flora of Lagernyi Sad (Tomsk). Tomsk Univ. Publishing

House:119,pl. 23.

Ôishi S,1935. Notes on some fossil plants from Tung-Ning, Province Pinchiang, Manchoukuo. J Fac Scie Hokkaido Imp Univ, Series 4,3 (1):79-95, pls. 6-8; text-figs. 1-8.

Ôishi S,1940. The Mesozoic Floras of Japan. Journ. Fac. Sci. Hokkaido Imp. Univ. , Ser. 4, Vol. 5, Nos. 2-4.

Prynada V D, 1938. Contribution to the Knowledge of the Mesozoic flora from the Kolyma Basin. Contribution to the Knowledge of the Kolyma-Indighirka Land, Series Geology and Geomorphology, Fascicle 13:1-67. (in Russian)

Samylina V A, 1964. The Mesozoic flora of the area to the west of the Kolyma River (the Zyrianka Coal Basin: 1 Equisetales, Filicales, Cycadales, Bennettitales. Paleobotanica (Akad. Nauk SSSR, Bot. Inst. Trudy, Ser. 8), No. 5:39-79. (in Russian)

Saporta G,1865. Etudes sur la vegetation du sud-est de la France a l'epoque tertiaire. Annales Sci. Nat. ,Botanique,5th Ser. ,4:5-264,pls. 1-13.

Saporta G, 1872a-1873b. Paléontologie française ou Description des fossiles de la France, plantes jurassiques. Paris, V. 1, Algues, Equisetaceees, Characeees, Fougeeres: 1-432 (1872a); 433-506 (1873a); Atlas, pls. 1-60 (1872b); pls. 61-70 (1873b).

Saporta G, 1894. Flore fossile du Portugal. Lisbon, Acad. Royale des Sci. ,1-288, pl. 39.

Schimper W P, Mougeot A, 1844. Monographie des plantesfossiles du grès bigarrè de la Chaine des Vosges. Leipzig:1-83, pls. 1-40.

Schlotheim E F, 1820. Die Petrefactenkunde auf ihrem jetzig Standpunkte durch die Beschreibung seiner Sammlung versteinerter und fossiler Überreste des Their und Pflanzenreichs der Vorwelt erlaeuter. Gotha, lxii: 437.

Seward A C,1910. Fossil plants:Cambridge University Press,2:1-624.

Sternberg G K,1820-1838. Versuch einer geognostischen botanischen Darstellung der Flora der Vorwelt:Leipsic and Prague, V. 1: Pt. 1: 1-24 (1820); Pt. 2: 1-33 (1822); Pt. 3: 1-39 (1823); Pt. 4:1-24 (1825); V. 2, Pt. 5,6:1-80 (1833); Pt. 7,8:81-220 (1838).

Sun Bainian（孙柏年），Shen Guanglong（沈光隆），1986. *Rhizomopteris yaojieensis* Sun et Shen,a new species of th genus *Rhizomopteris*. Journal of Lanzhou University (Natural Sciences),22 (3):127-130,figs. 1,2;text-fig. 1. (in Chinese with English summary)

Surveying Group of Department of Geological Exploration of Changchun College of Geology（长春地质学院地勘系），Regional Geological Surveying Team（吉林省地质局区测大队），the 102 Surveying Team of Coal Geology Exploration Company of Jilin (Kirin) Province（吉林省煤田地质勘探公司 102 队调查队），1977. Late Triassic stratigraphy and plants of Hunkiang, Kirin. Journal of Changchun College of Geology (3):2-12, pls. 1-4; text-fig. 1. (in Chinese)

Sze H C（斯行健），1956. On the occurrence of the Yenchang Pormation in Kuyuan district, Gansu (Kansu) Province. Acta Palaeeontologica Sinica,4 (3):285-292. (in Chinese and English)

Sze H C（斯行健），Hsu J（徐仁），1954. Index Fossils of China Plants. Beijing:Geological Publishing House:1-83, pls. 1-68. (in Chinese)

Sze H C（斯行健），Lee H H（李星学），et al.,1963. Fossil Plants of China:2 Mesozoic Plants from China. Beijing:Science Press:1-429, pls. 1-118; text-figs. 1-71. (in Chinese)

Tao Junrong (陶君容),Xiong Xianzheng (熊宪政),1986. The latest Cretaceous flora of Heilongjiang Province and the floristic relationship between East Asia and North America. Acta Phytotaxonomica Sinica,24（1）:1-15,pls. 1-16,fig. 1;24（2）:121-135.（in Chinese with English summary）

Vackrameev V A,1980a. The Mesozoic higher spolophytes of USSR. Moscow:Science Press:1-124.（in Russian）

Vackrameev V A,1980b. The Mesozoic Gymnosperms of USSR. Moscow:Science Press:1-230.（in Russian）

Viviani V,1833. Sur les testes de plantes fossiles trouvés dans les gypses tertiaires de la Stradella. Paris:Soc. Geol. France Mem. ,1:129-134,pls. 9,10.

Wang Guoping（王国平）,Chen Qishi（陈其奭）,Li Yunting（李云亭）,Lan Shanxian（蓝善先）,Ju Kuixiang（鞠魁祥）,1982. Kingdom plant（Mesozoic）// Nanjing Institute of Geology and Mineral Resources（editor-in-chief）. Palaeontological atlas of East China:Volume 3 Mesozoic and Cenozoic. Beijing:Geological Publishing House:236-294,392-401,pls. 108-134.（in Chinese with English title）

Wang Ziqiang（王自强）,1984. Plant kingdom // Tianjin Institute of Geology and Mineral Resources（ed）. Palaeontological atlas of North China:Ⅱ Mesozoic. Beijing:Geological Publishing House:223-296,367-384,pls. 108-174.（in Chinese with English title）

Wang Ziqiang（王自强）,Wang Lixin（王立新）,1989. Earlier Early Triassic fossil plants in the Shiqianfeng Group in North China. Shanxi Geology,4（1）:23-40,pls. 1-5,figs. 1,2.（in Chinese with English summary）

Wang Ziqiang（王自强）,Wang Lixin（王立新）,1990. Late Early Triassic fossil plants from upper part of the Shiqianfeng Group in North China. Shanxi Geology,5（2）:97-154,pls. 1,26,figs. 1-7.（in Chinese with English summary）

Watt A D,1982. Index of generic names of fossil plants,1974-1978. US Geological Survey Bulletin,(1517):1-63.

Wu Shunqing（吴舜卿）,1999. A preliminary study of the Jehol flora from western Liaoning. Paleoworld,11:7-57,pls. 1,20.（in Chinese with English summary）

Wu Shunqing（吴舜卿）,Zhou Hanzhong（周汉忠）,1986. Early Jurassic plants from east Tianshan Mountain. Acta Palaeontologica Sinica,25（6）:636-647,pls. 1-6.（in Chinese with English summary）

Wu Xiangwu（吴向午）,1993a. Record of generic names of Mesozoic Moreegafossil plants from China（1865-1990）. Nanjing:Nanjing University Press:1-250.（in Chinese with English summary）

Wu Xiangwu（吴向午）,1993b. Index of generic names founded on Mesozoic-Cenozoic specimens from China in 1865-1990. Acta Palaeontologica Sinica,32(4):495-524.（in Chinese with English summary）

Wu Xiangwu（吴向午）,2006 Record of Mesozoic-Cenozoic megafossil plant generic names founded on Chinese specimens（1991-2000）. Acta Palaeontologica Sinica,45（1）:114-140.（in Chinese with English summary）

Wu Xiangwu（吴向午）,Li Chunxiang（李春香）,Wang Yongdong（王永栋）,Wang Guan（王冠）,2018. Record of Megafossil Plants from China（1865-2005）,Ⅱ Mesozoic

Wu Xiangwu(吴向午),Wang Guan(王冠),2018a. Record of Megafossil Plants from China (1865-2005), Ⅰ Record of Megafossil Bryophytes, Mesozoic Megafossil Lycophytes and Sphenophytes from China. Hefei:University of Science and Technology of China Press:1-292. (in Chinese and English summary)

Wu Xiangwu(吴向午),Wang Guan(王冠),2018b. Record of Megafossil plants from China (1865-2005), Ⅴ Record of Mesozoic Megafossil Coniferophytes from China. Hefei: University of Science and Technology of China Press:1-583. (in Chinese and English summary)

Wu Xiangwu(吴向午),Wang Guan(王冠),2018c. Record of Megafossil Plants from China (1865-2005), Ⅵ Record of Mesozoic Megafossil Angiosperms from China. Hefei: University of Science and Technology of China Press:1-242. (in Chinese and English summary)

Wu Xiangwu(吴向午),Wang Guan(王冠),Li Chnxiang(冯曼),2018. Record of Megafossil Plants from China(1865-2005), Ⅲ Record of Mesozoic Megafossil Cycadophytes from China. Hefei:University of Science and Technology of China Press:1-723. (in Chinese and English)

Wu Xiangwu(吴向午),Wang Yongdong(王永栋),2018. Record of Megafossil Plants from China (1865-2005), Ⅳ Record of Megafossil Ginkgophytes from China. Hefei: University of Science and Technology of China Press:1-386. (in Chinese and English)

Yang Shu(杨恕),Sun Bainian(孙柏年),Shen Guanglong(沈光隆),1988. New materials of *Ginkgoites* from Jurassic in vicinity of Lanzhou, Gansu. Journal of Lanzhou University (Natural Sciences),24(Special Number of Geology):70-77,pls. 1, 2. (in Chinese with English summary)

Yang Xianhe(杨贤河),1978. The vegetable kingdom:Mesozoic// Chengdu Institute of Geology and Mineral Resources (The Southwest China Institute of Geological Science). Atlas of fossils of Southwest China, Sichuan Volume:Ⅱ Carboniferous to Mesozoic. Beijing:Geological Publishing House. 469-536,pl. 156-190. (in Chinese with English title)

Yang Xuelin(杨学林),Sun Liwen(孙礼文),1982. Early-Middle Jurassic Coal-bearing deposits and flora from the southeastern part of Da Hinggan Ling, China. Coal Geology of Jilin,1982 (1):1-67. (in Chinese with English summary)

Yang Xuelin(杨学林),Sun Liwen(孙礼文),1985. Jurassic fossil plants from the southern part of Da Hinggan Ling, China. Bulletin of the Shenyang Institute of Geology and Mineral Resources, Chinese Academy of Geological Sciences, 12:98-111, pls. 1-3, figs. 1-5. (in Chinese with English summary)

Zalessky M D,1918. Flore paleozoique de la serie d'Angara. Comite Geol. Russie Mem. 174: 1-76,pls. 1-63.

Zhang Caifan(张采繁),1982. Mesozoic and Cenozoic plants// Geological Bureau of Hunan (ed). The palaeontological atlas of Human. People's Republic of China, Ministry of Geology and Mineral Resources, Geological Memoirs, Series 2,1:521-543, pls. 334-358. (in Chinese)

Zhang Hong (张泓), Li Hengtang (李恒堂), Xiong Cunwei (熊存卫), Zhang Hui (张慧), Wang Yongdong (王永栋), He Zonglian (何宗莲), Lin Guangmao (蔺广茂), Sun Bainian (孙柏年), 1998. Jurassic coal-bearing strata and coal auucmulation in Northwest China. Beijing: Geological Publishing House: 1-317, pls. 1-100. (in Chinese with English summary)

Zhang Zhicheng (张志诚), 1987. Fossil plants from the Fuxin Formation in Fuxin district, Liaoning Province // Yu Xihan. Mesozoic stratigraphy and palaeontology of western Liaoning: 3. Beijing: Geological Publishing House: 369-386, pls. 1-7. (in Chinese with English summary)

Zheng Shaolin (郑少林), Zhang Wu (张武), 1984. A new species of *Pterophyllum* from Haizhou Formation of Fuxing. Acta Botanica Sinica, 26 (6): 664-667, pl. 1, fig. 1. (in Chinese with English summary)

Zheng Shaolin (郑少林), Zhang Wu (张武), 1996. Early Cretaceous flora from central Jilin and northern Liaoning, Northeast China. Palaeobotanist, 45: 378-388, pls. 1-4; text-fig. 1.

Zheng Shaolin (郑少林), Zhang Wu (张武), Ding Qiuhong (丁秋红), 2001. Discovery of fossil plants from Middle-Upper Jurassic Tuchengzi Formation in western Liaoning, China. Acta Palaeontologica Sinica, 40 (1): 68-82, pls. 1-3; text-figs. 1-5. (in Chinese with English summary)

Zhou Zhiyan (周志炎), 1984. Early Liassic Plants from southeastern Hunan, China. Palaeontologia Sinica, Whole Number 165, New Series A, 7: 1-91, pls. 1-34; text-figs. 1-14. (in Chinese with English summary)

Zhou Zhiyan (周志炎), Wu Xiangwu (吴向午) (chief compilers), 2002. Chinese bibliography of palaeobotany (megafossils) (1865-2000). Hefei: University of Science and Technology of China Press: 1-231 (in Chinese); 1-307 (in English).